Tacitus | Annalen

P. Cornelius Tacitus

Annalen

Übersetzung und Anmerkungen von
Walther Sontheimer
Mit einem Nachwort von Kai Brodersen

Reclam

Originaltitel: *Ab excessu divi Augusti*

RECLAMS UNIVERSAL-BIBLIOTHEK Nr. 18984

Gestaltung: Cornelia Feyll, Friedrich Forssman
Gesamtherstellung: Reclam, Ditzingen. Printed in Germany 2013

ISBN 978-3-15-018984-9
www.reclam.de

Annalen

Buch I

(1) In der Stadt Rom[1] regierten anfangs Könige. L. Brutus brachte die Freiheit und führte das Konsulat ein. Wenn man zu Diktaturen griff, geschah dies nur auf Zeit. Auch die Amtsgewalt der Dezemvirn dauerte nicht länger als zwei Jahre, wie auch die konsularische Befugnis der Militärtribunen nur von kurzer Dauer war. Nicht Cinnas, nicht Sullas Gewaltherrschaft erstreckte sich auf einen längeren Zeitraum, des Pompeius und des Crassus Macht ging rasch auf Caesar, des Lepidus und des Antonius militärische Gewalt auf Augustus über, der die ganze durch den bürgerlichen Hader erschöpfte Welt unter dem Namen eines Princeps seiner Herrschaft unterstellte. Doch des alten römischen Volkes glückliche oder auch unglückliche Geschichte haben ja berühmte Schriftsteller dargestellt[2], und auch bei der Schilderung der augusteischen Zeiten haben es rühmliche Talente so lange nicht an sich fehlen lassen, bis sie sich durch das überhandnehmende Kriechertum abschrecken ließen; des Tiberius, des Gaius, des Claudius und des Nero Regierung fanden während ihrer Lebenszeit, weil man sie fürchtete, eine verfälschte und nach ihrem Tode eine noch die frischen Hassgefühle atmende Darstellung. Daher habe ich mich entschlossen, kurz über Augustus, und zwar über seine letzten Lebensjahre zu berichten, dann das Principat des Tiberius und alles weitere darzulegen ohne Abneigung und Zuneigung, wozu ich entfernt keinen Grund habe.

(2) Nach dem gewaltsamen Tod des Brutus und des Cassius gab es keine inneren Konflikte mehr, die mit den Waffen ausgetragen wurden: Pompeius war bei Sizilien erledigt, Lepidus seiner Macht entkleidet, Antonius umgebracht. Auch die iulianische Partei verfügte, abgesehen von Caesar, über keinen Führer mehr. Er legte den Titel eines Triumvirs ab, trat als Konsul auf[3] und begnügte sich, um für die Sache der Plebs ein-

zutreten, mit dem tribunizischen Recht. Sobald er das Militär mit Geschenken, das Volk durch Getreidespenden[4], alle miteinander durch die Annehmlichkeit einer Friedenszeit für sich gewonnen hatte, erhob er allmählich höher sein Haupt und zog die Befugnisse des Senats, der Staatsverwaltung und der Gesetzgebung[5] an sich. Dabei fand er keinen Widersacher, da die tatkräftigsten Männer auf den Schlachtfeldern geblieben oder den Proskriptionen zum Opfer gefallen waren, während die übriggebliebenen Angehörigen der Nobilität bereitwillig das Joch der Knechtschaft auf sich nahmen und dafür umso höher an Reichtum und Ehren stiegen, ja die neue Lage sich zunutze machten und die sichere Gegenwart einer gefahrvollen Vergangenheit vorzogen. Auch die Provinzen lehnten sich gegen diesen Stand der Dinge nicht auf, da das Regiment des Senats und des Volkes wegen der Streitigkeiten der Machthaber und der Habsucht der Beamten in Misskredit gekommen war, wobei man von den Gesetzen, die durch Gewalttat und Parteilichkeit, ja zuletzt durch Bestechung unwirksam gemacht wurden, keine wirksame Hilfe zu erwarten hatte.

(3) Im übrigen erhob Augustus zur Unterstützung seiner Alleinherrschaft seinen noch sehr jungen Schwestersohn Claudius Marcellus[6] zum Pontifex und kurulischen Ädil, den nichtadeligen M. Agrippa, einen tüchtigen Kriegsmann, der der Gefährte auf seiner Siegeslaufbahn gewesen war, zweimal hintereinander zum Konsul. Nach dem Ableben des Marcellus nahm er ihn dann zum Schwiegersohn. Seine Stiefsöhne Tiberius Nero und Claudius Drusus zeichnete er mit dem Imperatorentitel aus, zu einer Zeit, da alle Mitglieder seiner Familie noch am Leben waren. Denn er hatte Agrippas Söhne, Gaius und Lucius, in die Familie der Caesaren aufgenommen und, obwohl sie das Knabenkleid noch nicht abgelegt hatten, ihre Ernennung zu »Führern der Jugend« und ihre Nominierung als Konsuln dringendst gewünscht, wobei er so tat, als ob er dies

ablehne. Als Agrippa aus dem Leben geschieden war, raffte den L. Caesar während einer Reise zu den spanischen Heeren und den an einer Verwundung leidenden Gaius auf dem Rückwege von Armenien ein frühzeitiges Todesgeschick – oder auch ein hinterhältiger Anschlag ihrer Stiefmutter Livia – hinweg. Da Drusus schon lange gestorben war, war Tiberius Nero allein von den Stiefsöhnen noch übrig, und damit fiel ihm alles zu. Er wurde adoptiert, zum Mitregenten und Mitinhaber der tribunizischen Gewalt gemacht und sämtlichen Heeren vorgestellt, wobei seine Mutter nicht mehr, wie früher, zu dunklen Machenschaften griff, sondern in aller Öffentlichkeit die treibende Kraft war. Denn sie hatte den greisen Augustus derart in ihren Bann gezogen, dass er seinen einzigen noch lebenden Enkel Agrippa Postumus, der zwar recht ungebildet war und auf seine körperlichen Kräfte dummdreist pochte, dem man jedoch keine einzige ehrlose Handlung nachweisen konnte, auf die Insel Planasia[7] verstieß. Aber, wahrhaftig[8], Germanicus, den Sohn des Drusus, machte er zum Befehlshaber über die acht Legionen, die am Rhein standen, und befahl Tiberius, ihn zu adoptieren, obgleich in der Familie des Tiberius ein jugendlicher Sohn[9] war. Doch Augustus wollte über eine vermehrte Zahl von Stützen verfügen.

Der einzige Krieg, der in dieser Zeit noch andauerte, war der gegen die Germanen; er sollte mehr die Schande des unter Quintilius Varus verlorenen Heeres tilgen als dem Wunsch nach Ausdehnung des Reiches oder sonst einem den Einsatz lohnenden Preise dienen. Im Innern war die Lage ruhig. Die Staatsämter hatten noch die gleichen Bezeichnungen, die Jungen waren nach dem Sieg bei Actium und auch die Alten zum größten Teil noch während der Bürgerkriege geboren. Wie wenige gab es da, die das freie Gemeinwesen erlebt hatten!

(4) So hatte sich denn die Staatsform gewandelt, und nirgends hatte diese Wandlung eine Spur der alten Sittenreinheit

hinterlassen. Die Gleichheit der Staatsbürger war beseitigt, und alle schauten nur noch auf die Befehle des Princeps, ohne dass für den Augenblick Anlass zu Befürchtungen gewesen wäre. Denn Augustus stand noch in rüstigem Alter und erhielt sich und sein Haus und damit den Frieden aufrecht. Als er dann in vorgerücktem Alter stand, Krankheit ihn körperlich schwächte und sein nahes Ende neue Hoffnungen erweckte, da fand sich eine Minderheit, die sich in leerem Gerede über das Gut der Freiheit erging; die Mehrzahl zitterte vor einem Kriege, andere wieder wünschten ihn. Der weitaus größte Teil stellte in allem möglichen Gerede Vermutungen über die kommenden Herren an. Brutal sei Agrippa und erbittert über die entehrende Behandlung, die ihm zuteil geworden sei; weder nach seinem Alter noch nach seiner Lebenserfahrung sei er einer so schweren Aufgabe gewachsen. Tiberius Nero sei zwar reif an Jahren und kriegserprobt, aber in ihm lebe der alte, der claudischen Familie angeborene Hochmut, und sein grausames Wesen künde sich in vielfacher Form an; zwar werde es noch unterdrückt, aber eines Tages werde es plötzlich hervorbrechen. Auch sei er von frühester Kindheit an in einem Herrscherhause aufgewachsen, in seinen Jugendjahren habe man ihn mit Konsulaten, Triumphen überhäuft, und auch in den Jahren, die er unter dem Schein freiwilliger Zurückgezogenheit, in Wirklichkeit als Verbannter, in Rhodus zugebracht habe[10], sei sein Sinn lediglich auf Rache, Verstellung und Befriedigung geheimer Sinnenlust gerichtet gewesen. Dazu komme noch seine Mutter mit ihrer weiblichen Unbeherrschtheit: Man müsse den Sklaven einer Frau und obendrein noch zweier Jünglinge spielen, die für das Gemeinwesen einstweilen noch eine drückende Last bilden, es später aber einmal in Stücke reißen.

(5) Während dieser und ähnlicher Betrachtungen verschlimmerte sich der Gesundheitszustand des Augustus. Manche

argwöhnten, es stecke ein Verbrechen seiner Gemahlin dahinter. Denn es war das Gerücht aufgekommen, vor einigen Monaten sei Augustus nach Planasia zu einem Besuch des Agrippa gefahren; eine Anzahl ausgewählter Leute sei in die Sache eingeweiht und Fabius Maximus als einziger Begleiter mitgenommen worden. Dort habe es auf beiden Seiten viele Tränen und viele Bekundungen der Liebe gegeben, und man habe in Aussicht genommen, den Jüngling dem großväterlichen Hause wieder zurückzugeben. Dies habe Maximus seiner Gattin Marcia mitgeteilt, die es an Livia weitergegeben habe. Dies sei dann auch dem Caesar zu Ohren gekommen. Und als bald darauf Maximus starb – man weiß nicht, ob Selbstmord vorlag –, habe man bei seiner Beisetzung Marcia jammern hören, die sich selbst vorwarf, die Schuld an dem Tod ihres Mannes zu haben. Mag dies nun geschehen sein, wie es will, kaum hatte Tiberius Illyricum betreten[11], als er durch einen Eilbrief seiner Mutter zurückberufen wurde. Es ist nicht einwandfrei festgestellt, ob er Augustus noch atmend oder schon tot in Nola[12] angetroffen hat; denn Livia hatte das Haus und die Straßen unter scharfe Bewachung stellen und absperren lassen, und von Zeit zu Zeit verbreitete man günstige Krankheitsberichte, bis die erforderlichen Vorkehrungen getroffen waren und gleichzeitig das Ableben des Augustus und der Regierungsantritt des Tiberius bekannt wurde.

(6) Das erste Verbrechen des neuen Principats war 14 n. Chr.
die Ermordung des Postumus Agrippa: er ahnte nichts und war ohne Waffen, als ihn ein Centurio – trotz aller Beherztheit nur mit Mühe – umbrachte. Tiberius gab über diese Angelegenheit vor dem Senat keine weitere Erklärung ab. Er gab vor, es handle sich um einen Befehl seines Vaters, in dem dieser dem zur Bewachung beigegebenen Tribunen die Weisung gegeben habe, unverzüglich Agrippa umzubringen, sobald er selbst verschieden sei. Allerdings hatte Augustus sich

vielfach erbittert über das Benehmen des Jünglings beklagt und durchgesetzt, dass seine Verbannung durch einen Senatsbeschluss bestätigt wurde. Aber seine Härte ging nie so weit, dass er den gewaltsamen Tod irgendeines seiner Angehörigen veranlasst hätte. Es wäre auch nicht glaubhaft gewesen, dass er seinen Enkel umbringen ließ, um seinen Stiefsohn sicherzustellen. Näher der Wahrheit kommt es, zu glauben, dass Tiberius und Livia die beschleunigte Ermordung des beargwöhnten und verhassten Jünglings veranlasst haben, der eine aus Furcht, die andere in stiefmütterlichen Hassgefühlen. Dem Centurio, der nach militärischem Brauch meldete, der Befehl sei durchgeführt, gab er den Bescheid, er habe keinen Befehl gegeben und die Tat müsse vor dem Senat verantwortet werden. Als dies Sallustius Crispus, der in sein geheimes Treiben eingeweiht war (er war es, der an den Tribunen das Handschreiben geschickt hatte), erfuhr, fürchtete er, als Schuldiger vorgeschoben zu werden, wobei etwaige falsche Aussagen gleich gefährlich seien wie wahre. Darum warnte er Livia, Familiengeheimnisse, Ratschläge von Freunden und militärische dienstliche Aufträge der Öffentlichkeit preiszugeben. Tiberius solle die Machtstellung des Principats nicht dadurch untergraben, dass er alles vor den Senat bringe. Denn der Grundsatz jeder herrscherlichen Gewalt sei es, dass ein Rechenschaftsbericht nur dann in Ordnung sei, wenn er allein dem Herrscher erstattet werde.

(7) Aber in Rom stürzte sich alles in die Knechtschaft: Konsuln, Väter, Ritter. Je höher sie standen, umso falscher und eilfertiger traten sie mit verstellter Miene auf, und um nicht über den Tod des alten Princeps Freude oder bei dem Regierungsantritt des neuen zu große Trauer zu verraten, zeigten sie ein Gemisch von Tränen und Freude, Klagen und Schmeichelei. Die Konsuln Sex. Pompeius und Sex. Appuleius[13] waren die ersten, die den Treueid auf Tiberius Caesar leisteten. In ih-

re Hände legten dann Seius Strabo und G. Turranius, jener als Befehlshaber der Prätorianerkohorten, dieser als Präfekt der Getreideversorgung, den Eid ab[14]. Ihnen folgten der Senat, das Militär und das Volk. Denn alle Amtshandlungen ließ Tiberius durch die Konsuln einleiten, als ob die alte republikanische Verfassung noch bestünde und er selbst unschlüssig wäre, ob er die Zügel der Regierung persönlich übernehmen solle. Auch das Edikt, durch das er die Väter in die Kurie berief, erließ er nur als Inhaber der tribunizischen Macht, die er unter Augustus erhalten hatte. Das Edikt war in einer knappen Form und in einem recht zurückhaltenden Ton abgefasst: hinsichtlich der letzten Ehren für seinen Vater wolle er den Senat befragen; er übe die Totenwache aus, und dies sei das einzige öffentliche Amt, das er für sich in Anspruch nehme. Und doch hatte er nach dem Tode des Augustus den Prätorianerkohorten die Parole als Imperator ausgegeben; die Wachen zogen in Waffen auf, und auch alles übrige trug das Gepräge eines fürstlichen Hofes; Militär bildete das Geleit zum Forum, Militär zu der Kurie. Er schickte schriftliche Erlasse zu den Heeren, als ob er das Principat angetreten habe; nirgends zeigte er Hemmungen, außer wenn er im Senat sprach. Sein hauptsächlicher Beweggrund war die Befürchtung, Germanicus, in dessen Hand so viele Legionen und zahllose bundesgenössische Hilfstruppen waren, der eine erstaunliche Beliebtheit beim Volke genoss, möchte lieber die Regierung in Händen haben als auf sie warten. Auch auf seinen Ruf nahm er Rücksicht, indem er lieber den Anschein erwecken wollte, von dem Gemeinwesen berufen und auserwählt zu sein, als durch das Ränkespiel einer Frau und die Adoption eines Greises sich eingeschlichen zu haben. Später erkannte man, dass er die Rolle des Zaudernden auch zu dem Zweck gespielt habe, in die Gesinnung der adeligen Kreise Einblick zu gewinnen. Denn die Worte, die er hörte, und die Mienen, die er sah, pflegte er in seinem Innern zu verbergen und als Verbrechen zu missdeuten.

(8) Am ersten Tag ließ er im Senat keinen anderen Verhandlungsgegenstand zu als die Leichenfeierlichkeiten für Augustus. In seinem Testament, das von den Jungfrauen der Vesta[15] hereingetragen wurde, waren Tiberius und Livia als Erben[16] eingesetzt. Livia wurde in die iulische Familie aufgenommen und erhielt den Titel Augusta. Als Erben zweiten Grades hatte Augustus seine Enkel und Urenkel, als solche dritten Grades die ersten Männer der Bürgerschaft eingesetzt, obwohl ihm sehr viele von ihnen verhasst waren. Aber er tat dies, um zu prahlen und um bei der Nachwelt Ruhm zu ernten. Die Vermächtnisse überstiegen nicht die übliche Höhe, nur dass er dem Staatsvolk und der Plebs dreiundvierzig Millionen fünfhunderttausend Sesterzen[17], den Prätorianerkohorten Mann für Mann tausend, den städtischen Kohorten je fünfhundert, den Legionssoldaten oder den Soldaten der römischen Bürgerkohorten[18] je dreihundert Sesterzen vermachte. Dann trat man in die Beratung über die Ehrungen ein: die hervorstechendsten unter den Anträgen, die gestellt wurden, waren der des Gallus Asinius, der Leichenzug solle durch ein Triumphtor geleitet werden, und der des L. Arruntius, es sollen die Titel der von Augustus erlassenen Gesetze sowie die Namen der von ihm besiegten Völker vorausgetragen werden. Messala Valerius fügte hinzu, jährlich solle der Eid auf den Namen des Tiberius neu geleistet werden. Von Tiberius befragt, ob er auf seine Anweisung hin diesen Antrag eingebracht habe, erklärte er, er habe dies von sich aus gesagt und er werde auch bei allen Staatsangelegenheiten lediglich seiner eigenen Erkenntnis folgen, selbst unter der Gefahr, Anstoß zu erregen. Dies war die einzige Art von Kriechertum, die es bisher nicht gab. Im Chor riefen die Väter, man solle den Leichnam auf den Schultern der Senatoren zu dem Scheiterhaufen tragen. Der Caesar zeigte

sich nachgiebig, anmaßend und bescheiden zugleich. Er ermahnte das Volk in einem Erlass, nicht so, wie sie einst allzu leidenschaftlich das Leichenbegängnis des göttlichen Iulius gestört hätten, jetzt zu wünschen, dass Augustus auf dem Forum anstatt auf dem Marsfeld, an dem vorbestimmten Ruheplatz, verbrannt werde. Am Tage des Leichenbegängnisses standen die Soldaten gleichsam als Sicherungstruppe da. Es wurde lebhaft von denen gespottet, die noch selbst jenen Tag erlebt oder auch durch ihre Eltern von ihm gehört hatten, an dem die Knechtschaft erst im Werden war und die Freiheit unter einem unglücklichen Stern wiedererstrebt wurde; damals, als die Ermordung des Diktators Caesar den einen als die verwerflichste, den andern als die herrlichste Tat erschien. Jetzt müsse man dem greisen Princeps, der so lange an der Macht gewesen sei und vorsorglich seinen Erben die Machtmittel, um sie gegen das Gemeinwesen zu gebrauchen, hinterlassen habe, natürlich mit militärischer Hilfe schützen, damit seine Beisetzung in Ruhe vor sich gehe.

(9) Ein vielfaches Gerede über Augustus selbst knüpfte sich daran, wobei man sich meistens über nichtige Dinge wunderte: dass der Tag seiner einstigen Regierungsübernahme[19] mit seinem letzten Lebenstag zusammengefallen sei, dass er in Nola in dem gleichen Haus und Schlafgemach, wie sein Vater Octavius[20], sein Leben beendet habe. Auch die Zahl seiner Konsulate, mit der er die von Valerius Corvus und C. Marius[21] zusammen erreicht hatte, hob man hervor, ferner die während siebenunddreißig Jahren ununterbrochen ausgeübte tribunizische Macht[22], den einundzwanzigmal erworbenen Titel Imperator[23] und andere Ehrungen, die ihm vielfach erwiesen oder auch zum Teil neu für ihn geschaffen worden waren. Aber die gebildeten Leute ergingen sich über sein Leben bald in Lob, bald in Tadel. Die einen hoben rühmend hervor, er sei aus Pflichtgefühl gegenüber seinem Vater[24] und durch die Notlage

des Gemeinwesens, in dem damals die Gesetze nichts mehr galten, zum Bürgerkrieg getrieben worden, den man freilich mit anständigen Mitteln weder vorbereiten noch durchführen konnte. Vielfach habe er dem Antonius, in dem Wunsche, sich an den Mördern seines Vaters zu rächen, nachgegeben, weithin auch dem Lepidus. Nachdem dieser alt und schlaff geworden und jener seinen sinnlichen Ausschweifungen zum Opfer gefallen sei, habe es für die in Zwietracht zerfallene Vaterstadt nur noch das Heilmittel der Monarchie gegeben. Dennoch habe er das Gemeinwesen nicht auf eine monarchische oder diktatorische Grundlage gestellt, sondern ihm den Namen »Principat« gegeben. Durch den Ozean oder durch fern liegende Flüsse sei das Reich abgeschirmt, Legionen, Provinzen, Flotten, alles sei eng untereinander verbunden. Recht werde gegen die Bürger, Rücksichtnahme gegen die Bundesgenossen geübt. Die Hauptstadt selbst stehe in prächtigem Schmuck da. Nur in ganz seltenen Fällen habe man Gewalt angewendet und nur, damit die anderen in Ruhe leben konnten.

(10) Von der Gegenseite wurde eingewendet: Das Pflichtgefühl gegenüber seinem Vater und die Notzeiten des Gemeinwesens habe er nur als Vorwand benutzt, in Wirklichkeit habe er aus Herrschsucht durch freigebige Spenden die Veteranen unter die Waffen gerufen, als Jüngling ohne eine amtliche Stellung ein Heer ausgerüstet, die Legionen des Konsuls verführt[25] und Sympathie für die pompeianische Partei vorgetäuscht. Als er dann auf Grund eines Beschlusses der Väter die Rutenbündel[26] und die prätorische Rechtsbefugnis[27] an sich gerissen, habe er nach dem Tode des Hirtius und Pansa – mögen nun beide ihren Feinden oder Pansa dem Gift, das man in seine Wunde geträufelt hatte, und Hirtius seinen eigenen Soldaten und dem Caesar, als dem Anstifter des hinterlistigen Anschlags, zum Opfer gefallen sein[28] – deren Truppen beschlagnahmt. Dem Senat sei trotz seinem Sträuben das Konsulat abgerungen wor-

den, und die Waffen, die der Caesar gegen Antonius erhalten habe, habe er gegen das Gemeinwesen gekehrt[29]. Die Ächtungen der Bürger, die Landaufteilung hätten nicht einmal die gelobt, von denen sie durchgeführt wurden. Wohl gehe der Tod des Cassius und der beiden Brutus auf deren Feindschaft gegen seinen Vater zurück – obwohl es sich gehöre, persönliche Hassgefühle zugunsten des Gemeinwesens zurückzustellen –, aber Pompeius sei durch das Trugbild eines Friedens, Lepidus durch die Vorspiegelung von Freundschaft getäuscht worden. Später habe dann Antonius, durch das Bündnis von Tarent und Brundisium und die Heirat mit seiner Schwester verlockt, die hinterlistige Verschwägerung mit dem Tode bezahlen müssen[30]. Freilich habe dann zweifellos Frieden geherrscht, aber ein blutiger. Lollius und Varus hätten Niederlagen erlitten[31], in Rom seien Männer wie Varro, Egnatius und Iullus hingerichtet worden[32]. Auch an seinen häuslichen Verhältnissen ging die Kritik nicht vorüber: er habe Nero seine Frau entführt und höhnisch die Priester gefragt, ob eine Ehe gültig sei, die eine schwangere Frau vor ihrer Entbindung eingehe[33], ferner wies man auf das Schlemmerleben eines Q. Vitellius und Vedius Pollio[34] hin, zuletzt auf Livia, die als Mutter schwer auf dem Gemeinwesen, als Stiefmutter auf dem Haus der Caesaren laste. Nichts sei für die Verehrung der Götter übriggeblieben, da er in Tempeln und im Götterbild durch Flamines und sonstige Priester verehrt werden wollte[35]. Auch Tiberius habe er nicht aus Liebe oder aus Fürsorge für das Gemeinwesen als Nachfolger bestimmt; sondern weil er in seine anmaßende und grausame Wesensart Einblick gewonnen habe, habe er für sich selbst Ruhm durch das Gegenbild eines Scheusals gesucht. Augustus hatte nämlich wenige Jahre zuvor, als er von den Vätern für Tiberius die erneute Übertragung der tribunizischen Gewalt verlangte[36], in einer zwar ehrenden Ansprache doch einige abfällige Bemerkungen über seine Haltung, sein Benehmen und seine Lebensgewohnheiten gemacht, die wie Entschuldigungen klangen, aber in Wirklichkeit Vorwürfe waren. Indessen erfolgte die Beisetzung dem Herkommen entsprechend, worauf für Augustus die Errichtung eines Tempels und göttlicher Kult beschlossen wurden.

(11) Dann wandte man sich an Tiberius mit Bitten. Seine Ausführungen liefen in verschiedenen Richtungen: er sprach über die Größe des Reichs und über seine eigene Unzulänglichkeit. Allein der Verstand des göttlichen Augustus sei einer so schweren Aufgabe gewachsen gewesen. Von Augustus zur Teilnahme an den Regierungsgeschäften berufen, habe ihn die Erfahrung gelehrt, wie schwierig, wie abhängig vom Glück die Last einer Gesamtregierung sei. Darum solle man in einer Bürgerschaft, die sich auf so viele erlauchte Männer stützen könne, nicht einem einzigen alles aufbürden. Eine größere Anzahl werde mit vereintem Bemühen die Staatsgeschäfte leichter erledigen. In einer solchen Art zu reden lag mehr edler Anstand als Aufrichtigkeit. Tiberius gebrauchte sogar da, wo er nichts verheimlichte, mag dies nun Veranlagung oder Gewohnheit gewesen sein, immer unverbindliche und hintergründige Worte. Jetzt, da er sich bemühte, seine Gedanken gänzlich zu verbergen, hüllten sich seine Worte vollends in eine vage Zweideutigkeit. Aber die Väter, die nur die einzige Angst hatten, er könnte ihnen anmerken, dass sie ihn durchschauen, ergingen sich in Klagen, Weinen und Bitten. Zu den Göttern, zu dem Bild des Augustus, ja zu seinen Knien streckten sie ihre Hände aus. Da befahl er, ein Schriftstück herbeizuholen und vorzulesen. Darin waren die Machtmittel des Reiches aufgeführt: die Zahl der unter Waffen stehenden Bürger und Bundesgenossen, ferner der Flotten, Königreiche[37] und Provinzen, die direkten und indirekten Steuern, die zwangsläufigen Ausgaben und die Schenkungen. Alles dies hatte Augustus eigenhändig niedergeschrieben und den Rat hinzugefügt, das Reich

auf seine jetzigen Grenzen zu beschränken, wobei es ungewiss ist, ob Besorgnis oder Missgunst das Motiv gewesen ist.

(12) Während sich der Senat zu dem demütigsten Flehen herbeiließ, sagte Tiberius beiläufig, er sei zwar nicht der gesamten Staatsführung gewachsen, werde aber jedes Teilgebiet, das man ihm übertrage, in seine Obhut nehmen. Da sagte Asinius Gallus: »Ich frage, Caesar, welchen Teil der Staatsführung willst du dir übertragen wissen?« Von der unerwarteten Frage betroffen, schwieg Tiberius eine Weile. Dann fasste er sich und antwortete, es stehe keineswegs seiner Bescheidenheit an, etwas von dem auszuwählen oder auch auszuschlagen, von dem als Ganzem er lieber verschont bleiben wolle. Gallus erwiderte (er hatte nämlich aus der Miene des Tiberius geschlossen, dass er Anstoß erregt hatte), nicht in der Absicht sei die Frage gestellt worden, ihn zu einer Teilung dessen zu veranlassen, das man doch nicht trennen könne, sondern er habe nur wollen, dass durch sein eigenes Zugeständnis klar erwiesen werde, das Gemeinwesen stelle einen einheitlichen Organismus dar und könne nur durch den Willen eines Mannes gelenkt werden. Er fügte ein Loblied auf Augustus hinzu und erinnerte Tiberius selbst an seine Siege und an seine hervorragenden langjährigen Leistungen im Frieden. Doch besänftigte er damit seinen Zorn nicht. Er war dem Tiberius schon von früher her verhasst, da er seit seiner Vermählung mit Vipsania, der Tochter des M. Agrippa[38], der einstigen Gattin des Tiberius, bei diesem den Verdacht erweckte, höhere Ziele zu verfolgen, als sie einem Bürger zukommen, und an dem starren Stolz seines Vaters Pollio Asinius[39] festzuhalten.

(13) Darauf beleidigte ihn L. Arruntius mit einer Ansprache, die sich nicht viel von der des Gallus unterschied, obwohl Tiberius keinen Zorn gegen Arruntius von früher her hegte. Aber er betrachtete ihn, der ein reicher und entschlossener Mann war und über eine hervorragende Bildung verfügte, der

auch sein Ruf in der Öffentlichkeit entsprach, mit Misstrauen. Denn als Augustus in seinen letzten Gesprächen die Frage aufwarf, welche Männer denn zu der Übernahme des Principats ausreichende Fähigkeit hätten ohne die Bereitschaft oder auch die Bereitschaft ohne ausreichende Fähigkeit oder beides zugleich, Fähigkeit und die Lust dazu, hatte er gesagt, M'. Lepidus habe zwar die Eignung für die Aufgabe, aber lehne sie ab, Gallus Asinius sei auf sie erpicht, aber ihr nicht gewachsen, L. Arruntius wäre ihrer nicht unwürdig und werde, wenn sich die Gelegenheit biete, das Wagnis versuchen. Hinsichtlich der ersten beiden ist man sich einig. An die Stelle des Arruntius haben manche Cn. Piso gesetzt. Alle außer Lepidus fielen in der Folge verschiedenen Anklagen auf Anstiften des Tiberius zum Opfer. Auch Q. Haterius und Mamercus Scaurus erregten bei seinem argwöhnischen Wesen Anstoß, Haterius mit der Frage: »Wie lange, Caesar, willst du es zulassen, dass dem Gemeinwesen sein Haupt fehlt?« und Scaurus mit der Bemerkung, die Tatsache, dass er gegen den Vertrag der Konsuln[40] nicht auf Grund seiner tribunizischen Gewalt Einspruch erhoben habe, lasse hoffen, die Bitten des Senats werden nicht vergeblich sein. Gegen Haterius fuhr er sofort los; Scaurus, dem er unversöhnlicher grollte, überging er mit Stillschweigen. Der Zurufe von allen Seiten und der aufdringlichen Bitten einzelner Senatoren müde, lenkte er allmählich ein, zwar nicht so weit, dass er erklärte, die Regierung zu übernehmen, doch hörte er auf, abzulehnen und sich bitten zu lassen. Fest steht, dass Haterius, als er, um Abbitte zu leisten, ins Palatium[41] gegangen war und sich dem hin und her gehenden Tiberius zu Füßen warf, beinahe von den Soldaten umgebracht worden wäre. Tiberius war nämlich, zufällig oder durch die Hände des Haterius behindert, zu Boden gefallen. Doch stimmte ihn die Gefahr, in der ein solcher Mann schwebte, nicht milde. Haterius musste erst die Augusta bitten, deren dringende Fürsprache ihn beschützte.

(14) Auch gegenüber der Augusta ergingen sich die Väter in vielfacher Schmeichelei: einige beantragten, sie »Parens«, andere, »Mater patriae«[42] zu nennen, eine große Zahl beantragte, dem Namen des Caesar solle »Sohn der Iulia«[43] beigeschrieben werden. Tiberius wies nachdrücklich darauf hin, man müsse bei den Ehrungen von Frauen Maß halten; er für seine Person werde bei den ihm zugedachten Ehren ja die gleiche Zurückhaltung üben. Doch war er von ängstlicher Eifersucht erfüllt und betrachtete die Erhöhung einer Frau als eine Herabsetzung seiner Person. Er ließ ihr nicht einmal einen Liktor zuweisen[44] und verhinderte die Weihung eines Altars zur Erinnerung an ihre Adoption, und anderes dergleichen. Jedoch für Germanicus Caesar erbat er das prokonsularische Imperium[45]. Und es wurde eine Gesandtschaft abgeschickt, es ihm zu überbringen und ihm zugleich das Beileid wegen des Todes des Augustus auszusprechen. Dass er nicht die gleiche Forderung für Drusus erhob, daran war nur der Umstand schuld, dass Drusus designierter Konsul[46] und in Rom anwesend war. Für die Prätur benannte er zwölf Kandidaten, was der von Augustus überkommenen Zahl entsprach. Als der Senat ihn aufforderte, diese Zahl zu erhöhen, verpflichtete er sich eidlich, über sie nicht hinauszugehen.

(15) Damals wurden die Wahlversammlungen zum ersten Mal von dem Marsfeld auf den Senat übertragen[47]. Denn bis zu diesem Zeitpunkt entschied zwar der Princeps in den wichtigsten Fragen selbst, jedoch hatten die Tribus die Möglichkeit, manchmal noch ihren Einfluss zur Geltung zu bringen[48]. Doch beschwerte sich das Volk über diese Entrechtung nur in leerem Gerede, und der Senat, der Bestechungen und entwürdigenden Bitten enthoben, war wohl damit zufrieden, dass Tiberius sich darauf beschränkte, nicht mehr als vier Kandidaten zu empfehlen, die ohne Ablehnung und ohne Bewerbung ernannt werden sollten. Damals baten die Volkstribunen um die

Genehmigung, auf eigene Kosten Spiele zu veranstalten, die unter dem Namen des Augustus in den Kalender aufgenommen und »Augustales« genannt werden sollten. Doch die Geldmittel bewilligte man ihnen aus dem Staatsschatz, zugleich mit der Genehmigung, im Zirkus im Gewande des Triumphators aufzutreten. Auf dem Triumphwagen zu fahren gestattete man ihnen nicht[49]. In der Folge wurde die Leitung der Spiele dem Prätor übertragen, dem die Rechtsprechung zwischen Bürgern und Fremden zugefallen war.

(16) So war die Lage in der Hauptstadt, als bei den in Pannonien[50] stehenden Legionen ein Aufstand ausbrach. Es lagen keine besonderen Beweggründe vor, es sei denn, dass der Regierungswechsel weiten Spielraum zu Unruhen bot und ein sich daran anschließender Bürgerkrieg die Aussicht auf Belohnungen eröffnete. Im gleichen Sommerlager standen drei Legionen unter dem Befehl des Iunius Blaesus, der auf die Kunde von dem Tode des Augustus und dem Regierungsantritt des Tiberius wegen der Staatstrauer – oder auch aus Freude – den üblichen Dienst eingestellt hatte. Dies führte zur Lockerung der militärischen Disziplin und zu Händeln und verschaffte dem Gerede der schlechtesten Elemente Gehör, kurz, man wünschte Wohlleben und Nichtstun und lehnte Zucht und anstrengenden Dienst ab. In dem Lager befand sich ein gewisser Percennius, einst der Anführer einer Theaterclaque, dann gemeiner Soldat, ein Mensch mit frechem Mundwerk, der sich dank seiner Betätigung im Theater darauf verstand, Menschenmassen aufzuwühlen. Dieser hetzte die unerfahrenen Leute, die in Ungewissheit über die Lage der Soldaten nach des Augustus Tode schwebten, allmählich in nächtlichen Gesprächen auf oder scharte bei Einbruch der Dunkelheit, wenn die anständigen Leute sich verzogen hatten, die minderwertigsten um sich.

(17) Zuletzt, als diese zum Losschlagen entschlossen waren

und sich andere zur Mitwirkung an dem Aufstand zur Verfügung stellten, richtete er an sie wie vor versammelter Mannschaft die Frage, warum sie denn nur einigen wenigen Centurionen und einer noch geringeren Zahl von Tribunen[51], wie Sklaven, Gehorsam leisteten. Wann sie es denn wagen würden, Abhilfe zu fordern, wenn sie nicht in dem jetzigen Zeitpunkt den neuen und noch unsicheren Princeps mit Bitten oder auch mit Waffen angingen? Genug habe man so viele Jahre lang aus Feigheit Fehler gemacht, mit dem Ergebnis, dass sie dreißig oder vierzig Dienstjahre als Greise und größtenteils wegen der Verwundungen als Krüppel über sich ergehen lassen. Auch nach der Entlassung sei der Kriegsdienst noch nicht zu Ende; sie müssten ja weiterhin unter den Fahnen bleiben und die gleichen Strapazen ertragen, nur unter einer anderen Bezeichnung. Und wenn einer so viele Schläge überlebt habe, werde er noch obendrein in entlegene Länder verschleppt, wo er unter der Bezeichnung Ackerland morastige Sümpfe oder unkultiviertes Berggelände erhalte. Der Kriegsdienst an sich sei doch wahrhaftig schon schwer und bringe nichts ein. Auf zehn As[52] täglich veranschlage man Leib und Leben. Davon müsse man Bekleidung, Waffen und Zelte bestreiten, davon sich von der Misshandlung durch die Centurionen loskaufen und sich Befreiung vom Dienst erkaufen. Aber wahrhaftig, Schläge und Wunden, harten Winter, strapaziöse Sommer, erbitterten Krieg oder ertraglosen Frieden gebe es dauernd. Da helfe nichts anderes, als unter bindenden Abmachungen den Dienst anzutreten: dass jeder einen Denar[53] Sold bekommt, mit dem sechzehnten Jahr die Dienstzeit[54] zu Ende ist, dass sie darüber hinaus nicht unter den Fahnen gehalten werden, sondern ihnen noch in dem gleichen Lager die Belohnung bar ausbezahlt wird. Ob denn die Prätorianerkohorten[55], bei denen jeder Mann zwei Denare Sold erhalten habe und die nach sechzehn Jahren in die Heimat entlassen werden, mehr Gefahren zu bestehen hätten? Er wolle den Wachdienst in der Hauptstadt nicht herabsetzen; doch sie hätten inmitten wilder Völker von ihren Zelten aus den Feind vor Augen.

(18) Die Menge zollte lärmenden Beifall. Jeden brachte etwas anderes in Erregung: die einen wiesen schimpfend auf die von Schlägen rührenden Striemen hin, andere auf ihr graues Haar, die meisten auf ihre abgeschabte Kleidung und ihren bloßen Körper. Zuletzt steigerten sie sich so sehr in ihre Wut hinein, dass sie den Plan erwogen, die drei Legionen in eine einzige zu verschmelzen. Doch brachte sie Eifersucht wieder davon ab, da jeder für seine Legion diese Ehre beanspruchte. Sie griffen zu einem anderen Mittel und stellten die drei Legionsadler und die Feldzeichen der Kohorten[56] zusammen. Zugleich schafften sie Rasenstücke herbei und errichteten eine Tribüne, damit der Standort der Fahnen deutlicher sichtbar sei. Während sie so eilig bei der Arbeit waren, kam Blaesus herbei. Er schalt und suchte den einen oder anderen zurückzuhalten, wobei er schrie: »Lieber befleckt mit meinem Blut eure Hände! Leichter wiegt das Verbrechen, wenn ihr einen Legaten ermordet, als wenn ihr von dem Oberfeldherrn abfallt. Entweder werde ich am Leben bleiben und die Legionen bei ihrer Treue erhalten, oder meine Ermordung wird sie beschleunigt zur Reue bringen.«

(19) Trotzdem setzten sie das Aufhäufen der Rasenstücke fort, und schon hatte der Hügel Brusthöhe erreicht, als sie endlich den hartnäckigen Vorstellungen nachgaben und von ihrem Beginnen abließen. Blaesus erklärte mit großer Beredsamkeit, nicht durch aufrührerische Unruhen dürfe man die Wünsche der Soldaten vor den Caesar bringen. So unerhörte Forderungen seien weder von den alten Heeren an ihre einstigen Oberfeldherren noch von ihnen selbst an den vergöttlichten Augustus gestellt worden. Und ganz zur Unzeit würden die Regierungsgeschäfte des Princeps gleich zu Beginn belastet. Wenn

sie dennoch darauf beharrten, im Frieden Forderungen zu erheben, die nicht einmal die Sieger in den Bürgerkriegen vorgebracht hätten, warum sie dann im Widerspruch zu dem herkömmlichen Gehorsam und zu der heiligen Pflicht, Disziplin zu wahren, an die Anwendung von Gewalt dächten? Sie sollten eine Abordnung bestimmen und dieser in seiner Anwesenheit ihre Aufträge erteilen. Sie zollten ihm lauten Beifall und forderten, der Sohn des Blaesus, der Tribun, solle die Führung dieser Abordnung übernehmen und für die Mannschaften die Entlassung nach einer Dienstzeit von sechzehn Jahren erbitten. Die weiteren Aufträge könnten sie ja erteilen, sobald sie mit den ersten Erfolg gehabt hätten. Nach der Abreise des jungen Mannes herrschte im allgemeinen Ruhe. Aber die Mannschaften ergingen sich in überheblichen Äußerungen: Dass der Sohn des Legaten als Fürsprecher ihres gemeinsamen Anliegens auftrete, erweise deutlich, wie durch Zwang erpresst worden sei, was sie bei diszipliniertem Verhalten ja doch nicht erreicht hätten.

(20) Inzwischen vernahmen die Manipel, die vor dem Beginn der Meuterei nach Nauportus zum Straßen- und Brückenbau und zu anderen Zwecken abkommandiert worden waren, von den im Lager ausgebrochenen Unruhen. Sie rissen ihre Fahnen aus dem Boden, plünderten die zunächstliegenden Dörfer und Nauportus[57] selbst, das die Stellung eines Municipiums[58] hatte, fielen über die Centurionen, die die Leute zurückzuhalten suchten, mit Spott und Schmähungen her und verprügelten sie zuletzt. Vornehmlich richtete sich die Erbitterung gegen den Lagerkommandanten Aufidienus Rufus. Sie rissen ihn von seinem Wagen herunter, luden ihm schweres Gepäck auf und ließen ihn an der Spitze der Kolonne marschieren, wobei sie ihn höhnisch fragten, ob es ihm Freude mache, so schwere Lasten zu tragen, so weite Märsche mitzumachen. Denn Rufus, der lange gewöhnlicher Soldat gewesen war,

dann Centurio und darauf Lagerkommandant wurde, suchte den alten, harten Dienst wieder einzuführen; alt geworden unter Mühsalen und Strapazen, war er umso unnachgiebiger, weil er ja selbst alles mitgemacht hatte.

(21) Bei ihrem Erscheinen im Lager brach die Empörung von neuem aus. Sie zogen in der Umgebung umher und plünderten. Blaesus ließ einige, die am schwersten mit Beute beladen waren, zur Abschreckung für die übrigen mit Stockschlägen bestrafen und befahl, sie einzusperren. Denn auch jetzt noch leisteten die Centurionen und die besten der Mannschaften dem Legaten Gehorsam. Die Festgenommenen widersetzten sich der Verhaftung, umfassten die Knie der Umstehenden, wobei sie einzelne beim Namen anriefen oder auch die ganze Centurie, der sie als gewöhnliche Soldaten angehörten, die Kohorte, die Legion, und schrien, das gleiche Schicksal stehe allen bevor. Zugleich überhäuften sie den Legaten mit Schimpfworten, riefen Himmel und Götter als Zeugen an und ließen nichts unversucht, um Hass und Mitleid, Furcht und Zorn zu erregen. Da liefen sie von allen Seiten herbei, stürmten das Gefängnis, befreiten die Gefesselten und nahmen sogar Fahnenflüchtige und zum Tod Verurteilte in ihre Mitte auf.

(22) Nun flammte der Aufruhr noch heftiger auf, und die Zahl der Rädelsführer wuchs. Ein gewisser Vibulenus, ein gewöhnlicher Soldat[59], wurde vor dem Tribunal[60] des Blaesus von den Umstehenden auf die Schultern gehoben und hielt vor den Meuterern, die gespannt darauf warteten, was er tun werde, folgende Ansprache: »Ihr habt diesen unschuldigen und armen Menschen Licht und Leben wiedergegeben. Aber wer gibt meinem Bruder das Leben, wer gibt mir den Bruder wieder? Ihn, der zu euch von dem germanischen Heer um unserer gemeinsamen Anliegen willen geschickt worden war, hat er in der letzten Nacht durch seine Gladiatoren, die er zum Verderben der Soldaten bei sich hat und mit Waffen versieht[61], ermorden

lassen. Antworte, Blaesus, wohin hast du den Leichnam geworfen? Auch die Feinde verweigern nicht die Bestattung. Wenn ich mit Küssen, wenn ich mit Tränen meinen Schmerz gestillt habe, gib Befehl, auch mich zu ermorden! Dann sollen uns diese Leute hier begraben, uns, die wir nicht wegen eines Verbrechens, sondern weil wir für das Wohl der Legionen eintraten, hingerichtet wurden!«

(23) Die Wirkung dieser Worte steigerte er noch dadurch, dass er unter Weinen Brust und Gesicht mit den Händen schlug. Dann stieß er die Leute, auf deren Schultern er stand, beiseite, sprang herab, warf sich einem nach dem andern vor die Füße und erregte eine solche Empörung und Erbitterung, dass die einen von den Mannschaften die Gladiatoren, die zum Dienstpersonal des Blaesus gehörten, die anderen seine übrige Dienerschaft fesselten, wieder andere wegrannten, um den Leichnam zu suchen. Und wenn nicht rasch bekanntgeworden wäre, dass überhaupt kein Leichnam aufzufinden sei, dass die Sklaven trotz Anwendung der Folter einen Mord in Abrede stellten und jener Mensch nie einen Bruder gehabt habe, hätte nicht viel gefehlt und der Legat wäre umgebracht worden. Die Tribunen jedoch und den Lagerkommandanten jagten sie davon und plünderten das Gepäck der Fliehenden. Auch wurde der Centurio Lucilius ermordet, dem der Soldatenwitz den Spitznamen »Noch einen« gegeben hatte. Denn hatte er einen Stock auf dem Rücken eines Soldaten entzweigeschlagen, pflegte er mit lauter Stimme nach einem zweiten und dritten zu rufen. Die übrigen hielten sich versteckt. Nur Clemens Iulius wurde festgehalten; man hielt ihn wegen seines entschlossenen Wesens für den geeigneten Mann, die Aufträge der Soldaten zu überbringen. Ja, sogar die achte und die fünfzehnte Legion machten Miene, aufeinander mit den Waffen loszugehen, da jene den Tod eines Centurio, namens Sirpicus, forderte, während ihn die Leute der fünfzehnten Legion in Schutz

nahmen. Jedoch die Mannschaften der neunten Legion griffen mit Bitten und gegen die Widersetzlichen mit Drohungen ein.

(24) So verschlossen Tiberius sonst war und so sehr er gerade die schlimmsten Vorgänge möglichst verheimlichte, so veranlassten ihn doch diese Nachrichten, seinen Sohn Drusus mit führenden Persönlichkeiten der Bürgerschaft und zwei Prätorianerkohorten abzusenden, ohne ihm genau bestimmte Aufträge mitzugeben. Er solle handeln, wie es die Lage erfordere. Auch wurden die Kohorten durch auserlesene Mannschaften außerordentlich verstärkt. Man gab ihnen einen großen Teil der prätorianischen Reiterei und die germanischen Kerntruppen bei, die damals die Leibwache des Imperators bildeten. Hinzu kam noch der Befehlshaber des Prätoriums, Aelius Seianus, der seinem Vater Strabo als Amtsgenosse beigegeben worden war, bei Tiberius in großem Ansehen stand und den jungen Drusus lenken sowie dem übrigen Gefolge zeigen sollte, wie man sich in Gefahren zu verhalten habe und wie man zu Belohnungen komme. Als Drusus sich dem Lager näherte, zogen ihm die Legionen gleichsam zur Ehrenbezeigung entgegen, aber nicht wie sonst in froher Stimmung und auch nicht im glänzenden Schmuck ihrer militärischen Abzeichen, sondern in entstellendem Schmutz und mit einer Miene, die zwar Trauer zum Ausdruck bringen sollte, aber eher Trotz widerspiegelte.

(25) Als er sich innerhalb der Verschanzungen befand, sicherten sie die Tore mit Posten und befahlen, bewaffnete Haufen sollten sich an bestimmten Punkten des Lagers bereithalten. Die übrigen umringten in einem riesigen Aufmarsch das Tribunal. Drusus stand da, mit der Hand Ruhe gebietend. Sooft die Leute ihre Blicke auf die Menschenmasse richteten, lärmten sie mit wilden Zurufen, wenn sie dann wieder auf den Caesar sahen, wurden sie zaghaft. Zuerst hörte man unbestimmtes Murren, dann ein wildes Geschrei, worauf plötzlich wieder

Stille eintrat. In wechselnder Stimmung zeigten sie bald Angst, bald suchten sie ihrerseits einzuschüchtern. Endlich brachte der Caesar die Lärmenden zum Schweigen und benützte die Pause, die Botschaft seines Vaters vorzulesen, in der es hieß, seine vornehmliche Fürsorge gelte seinen tapferen Legionen, mit denen er so viele Kriege durchgestanden habe. Sobald er sich von dem Leid erholt habe, werde er ihre Forderungen zur Verhandlung vor die Väter bringen. Einstweilen habe er seinen Sohn geschickt, der unverzüglich das bewilligen solle, was man sofort zubilligen könne. Das übrige müsse man dem Senat vorbehalten, der billigerweise nicht von der Möglichkeit ausgeschlossen werden dürfe, Güte oder auch Strenge walten zu lassen.

(26) Von der Soldatenversammlung wurde geantwortet, der Centurio Clemens habe Aufträge erhalten, die er überbringen solle. Dieser begann zu sprechen und forderte Entlassung nach sechzehn Dienstjahren, Belohnungen nach Beendigung der Dienstzeit, täglichen Sold in Höhe eines Denars, ferner, dass die Veteranen nicht weiter unter den Fahnen gehalten werden. Als Drusus angesichts dieser Forderungen sich auf die Zuständigkeit des Senats und seines Vaters berief, wurde er niedergeschrien. Warum er denn gekommen sei, wenn er keine Vollmacht habe, den Sold der Mannschaften zu erhöhen und ihren mühevollen Dienst zu erleichtern, kurz, überhaupt etwas Gutes zu tun. Dagegen stehe es wahrhaftig jedem frei, geprügelt und hingerichtet zu werden. Früher sei es Tiberius gewesen, der gewöhnlich unter Berufung auf Augustus die Wünsche der Legionen vereitelt habe. Die gleichen Kunstgriffe habe Drusus wieder eingeführt. Werden denn zu ihnen immer nur die unselbständigen Söhne[62] kommen? Es sei etwas gänzlich Neues, dass der Imperator nur das an den Senat verweise, was dem Wohl der Soldaten diene. Daher müsse auch der Senat befragt werden, sooft man Hinrichtungen oder eine Schlacht ankün-

dige. Ob Belohnungen den Gebietern vorbehalten, Strafen der Willkür überlassen würden?

(27) Zuletzt liefen sie von dem Tribunal weg und drohten, wo sie einem von den Prätorianern oder Freunden des Caesars begegneten, mit den Fäusten, was zu Händeln führte und den Beginn bewaffneter Auseinandersetzungen bildete. Ihre Erbitterung richtete sich in erster Linie gegen Cn. Lentulus; denn sie glaubten, er, der anderen an Lebensalter und Kriegsruhm voranging, bestärke Drusus in seiner Haltung und trete solchen militärischen Dienstvergehen mehr als alle anderen entgegen. Als er bald darauf mit dem Caesar sich entfernte und, da er die Gefahr voraussah, in das Winterlager zurückkehren wollte, umringten sie ihn und fragten, wohin er gehen wolle. Zu dem Imperator oder zu den Vätern? Um auch dort sich den Wünschen der Legionen entgegenzustellen? Zugleich drangen sie auf ihn ein und warfen mit Steinen. Schon blutete er, von einem Stein getroffen, und hatte den Tod vor Augen, als die vielen Leute, die mit Drusus gekommen waren, herbeieilten und ihn in Sicherheit brachten.

(28) Eine gefahrdrohende Nacht stand bevor, und es war damit zu rechnen, dass sie zu verbrecherischen Ausschreitungen ausgenützt werde. Da brachte ein Zufall Beruhigung. Man sah den Mond plötzlich am sternklaren Himmel sich verdunkeln[63]. Die Mannschaften, die sich den Vorgang nicht erklären konnten, bezogen ihn auf ihre augenblickliche Lage, und da sie die Verfinsterung des Gestirns mit ihren Mühsalen in Zusammenhang brachten, glaubten sie, der von ihnen beschrittene Weg werde zum Erfolg führen, wenn Glanz und Klarheit der Göttin wiedergegeben werde. Deshalb schlugen sie mit Getöse ihre Waffen aneinander und bliesen zusammen die Trompeten und die Hörner[64]. Je nachdem der Mond heller oder dunkler war, gaben sie ihrer Freude oder ihrer Betrübnis Ausdruck, und als aufziehende Wolken die Sicht nahmen und sie glaubten, der

Mond sei ganz in Finsternis gehüllt, da jammerten sie, wie nun einmal erschütterte Gemüter leicht zum Aberglauben neigten, ewige Mühsal werde ihnen prophezeit und von ihren Untaten wenden sich die Götter ab. Der Caesar glaubte, er müsse diesen Stimmungswechsel ausnützen und dem, was der Zufall schenke, klug Rechnung tragen. Und so befahl er, in den Zelten herumzugehen. Man rief den Centurio Clemens herbei und wer sonst noch wegen seiner guten Eigenschaften bei den Mannschaften beliebt war. Diese machten sich an die Posten, Feld- und Torwachen heran. Sie erweckten Hoffnung und verstärkten die Furcht. »Wie lange werden wir noch den Sohn des Imperators umlagern? Wann sollen die Streitigkeiten endlich aufhören? Sollen wir einem Percennius und Vibulenus den Fahneneid leisten? Werden Percennius und Vibulenus den Mannschaften den Sold zahlen, Ländereien den Ausgedienten anweisen? Sollen sie an Stelle eines Nero und Drusus die Regierung über das römische Volk übernehmen? Wäre es nicht geratener, wie wir als letzte uns vergangen haben, so die ersten zu sein, wenn es zu bereuen gilt? Nur langsam findet Erfüllung, was man als gemeinsame Forderung aufstellt. Ein einzelner kann ohne weiteres sich in Gunst setzen, ohne weiteres deren Früchte ernten.« Diese Vorstellungen machten Eindruck, und da man gegeneinander misstrauisch war, trennten sich die jungen Mannschaften von den Veteranen, eine Legion von der anderen. Dann kehrte allmählich wieder die Liebe zum Gehorsam zurück. Sie gaben die Tore frei und brachten die Fahnen, die sie bei Beginn des Aufstandes zusammengestellt hatten, wieder an ihren alten Platz zurück.

(29) Bei Tagesanbruch berief Drusus eine Soldatenversammlung. Wenn er auch kein geübter Redner war, sprach er doch mit natürlicher Vornehmheit seinen Tadel über ihr bisheriges Verhalten und seine Billigung ihres jetzigen Betragens aus. Er erklärte, Einschüchterung und Drohungen werde er

nicht nachgeben. Wenn er sehe, dass sie den Weg zur Disziplin zurückgefunden hätten, wenn er sie demütig bitten höre, werde er seinem Vater schreiben, er möge in versöhnlichem Geiste die Bitten der Legionen aufnehmen. Auf ihre Bitten wurde Blaesus noch einmal zusammen mit L. Aponius, einem römischen Ritter aus dem Gefolge des Drusus, und Iustus Catonius, einem Centurio der ersten Rangklasse, zu Tiberius abgesandt. Darauf kam es zu Meinungsverschiedenheiten; die einen meinten, man solle die Rückkehr der Abordnung abwarten und inzwischen die Mannschaften durch freundliches Entgegenkommen beruhigen, die anderen waren für ein Vorgehen mit wirksameren Mitteln. Bei den Mannschaften seien keine halben Maßnahmen am Platz. Sie schrecken andere, wenn sie selbst nicht Angst haben. Sobald sie in Furcht geraten, könne man sie unbesorgt verachten. Solange sie noch im Bann ihres Aberglaubens stehen, müsse der Befehlshaber sie dadurch in noch größere Angst versetzen, dass er die Rädelsführer beseitige. Drusus war seiner Veranlagung entsprechend für ein härteres Vorgehen. Er befahl, Vibulenus und Percennius herbeizuholen und hinzurichten. Nach der überwiegenden Überlieferung sind die beiden im Zelte des Befehlshabers verscharrt, nach anderen die Leichen allen zur Schau über den Wall geworfen worden.

(30) Dann wurden die Hauptschuldigen an der Meuterei zusammengesucht. Ein Teil, der sich außerhalb des Lagers herumtrieb, wurde von den Centurionen oder den Soldaten der Prätorianerkohorten erschlagen, ein anderer von den Manipeln selbst als Beweis ihrer Treue ausgeliefert. Die Besorgnis der Soldaten hatte der frühzeitige Einbruch des Winters noch vermehrt. Es regnete ununterbrochen, und zwar so heftig, dass sie die Zelte nicht verlassen, nicht miteinander zusammenkommen und kaum ihre Fahnen, die der Sturmwind und die Wassermassen fortzureißen drohten, schützen konnten. Auch

hielt die Angst vor dem Zorn der Götter an: es sei nicht von ungefähr, dass die Gestirne sich vor den Frevlern verdunkeln und Unwetter losbrechen. Es gebe kein anderes Mittel gegen die Unbilden, als das entweihte Unglückslager zu verlassen und entsühnt in die einzelnen Winterlager zurückgeführt zu werden. Zuerst kehrte die achte, dann die fünfzehnte Legion zurück. Die Leute der neunten hatten geschrien, man solle das Schreiben des Tiberius abwarten. Dann aber kamen sie, durch den Abzug der anderen allein gelassen, dem Zwang, mit dem sie zu rechnen hatten, aus eigenem Entschluss zuvor. Auch Drusus wartete die Rückkehr der Abordnung nicht ab, sondern kehrte, da sich nunmehr die Lage im allgemeinen beruhigt hatte, in die Hauptstadt zurück.

(31) Etwa in den gleichen Tagen brachen aus den gleichen Ursachen bei den germanischen Legionen Unruhen aus, die infolge deren größerer Zahl umso gewaltsamer waren. Auch hofften sie zuversichtlich, Germanicus Caesar werde die Regierung eines anderen sich nicht gefallen lassen können und sich den Legionen anvertrauen, die mit ihrem Schwung alles mit sich reißen würden. Zwei Heere standen an dem Rheinufer. Das sogenannte obere Heer befehligte der Legat C. Silius, das untere stand unter dem Kommando von A. Caecina[65]. Die oberste Führung lag in den Händen des Germanicus, der damals mit der Durchführung der Schätzung von Gallien beschäftigt war[66]. Während aber die unter dem Befehl des Silius stehenden Truppen unentschlossen waren und den Verlauf der Meuterei bei den anderen abwarten wollten, verfielen die Soldaten des unteren Heeres in den Zustand blinder Raserei. Diese nahm ihren Anfang bei der einundzwanzigsten und fünften Legion, und auch die erste und zwanzigste Legion wurde mit hineingerissen; denn sie lagen in dem gleichen Sommerlager im Gebiet der Ubier[67] in Ruhe oder hatten nur leichten Dienst. Und so redete auf die Kunde von dem Ende des Augustus die

Menge des großstädtischen Pöbels, die kürzlich in Rom ausgehoben worden war, gewohnt, sich nicht im Zaum zu halten, und nicht imstande, Strapazen zu ertragen, auf ihre leichtgläubigen Kameraden ein: die Zeit sei gekommen, da die Veteranen rechtzeitige Entlassung, die jüngeren Mannschaften reichlichen Sold, alle zusammen Erleichterung in ihrem Elend fordern und sich an den Centurionen für ihre Grausamkeit rächen sollten. So sprach nicht ein einzelner, wie Percennius bei den pannonischen Legionen, und man sprach auch nicht vor Soldaten, die ängstlich auf andere stärkere Heere blickten, sondern vielstimmig erscholl der Ruf zum Aufruhr: in ihre Hand sei das Schicksal Roms gelegt, ihre Siege stärken das Gemeinwesen, sie seien es, nach denen die Oberfeldherren ihren Beinamen erhalten[68].

(32) Der Legat stellte sich dem nicht entgegen. Das wahnsinnige Gebaren – die Mehrheit beteiligte sich daran – hatte ihn seiner Fassung beraubt. In einer plötzlichen Raserei stürzten sie sich mit gezückten Schwertern auf die Centurionen. Ihnen galten ja seit Urzeiten die Hassgefühle der Mannschaften, und sie waren auch das erste Ziel ihres Wutausbruches. Die Rasenden warfen die Centurionen auf den Boden und verprügelten sie, je sechzig einen einzigen, um die Anzahl der Centurionen mit der ihrigen in Einklang zu bringen[69]. Dann schleiften sie die Centurionen umher und warfen sie, zerfleischt und zum Teil leblos, vor den Wall oder in den Rhein. Septimius hatte sich zu dem Tribunal geflüchtet, und obgleich er sich Caecina zu Füßen warf, forderten sie so lange seine Auslieferung, bis er seinen Mördern überantwortet wurde. Cassius Chaerea, der später durch die Ermordung des C. Caesar[70] Ruhm bei der Nachwelt erlangte – damals ein jugendlicher Draufgänger –, bahnte sich mit dem Schwerte durch den bewaffneten Haufen einen Weg. Kein Tribun, kein Lagerpräfekt setzte sich in der Folge mit seinem Befehlsrecht durch. Man stellte Posten und

Wachen auf und teilte allen übrigen Dienst auf, soweit er im Augenblick erforderlich war. Wer in den Geist der Soldaten tieferen Einblick hatte, dem musste dies als besonderes Kennzeichen einer schweren, nicht zu beschwichtigenden Gärung erscheinen, dass die Empörung nicht vereinzelt und auch nicht von einer kleinen Zahl geschürt, sondern gleichmäßig aufflammte und dass dann wieder alle gleichmäßig schwiegen, und zwar so einheitlich und unbeirrbar, als stünden sie unter *einem* Kommando.

(33) Während Germanicus, wie gesagt, in Gallien die Schätzung vornahm, erhielt er die Nachricht von dem Tode des Augustus. Er war mit des Augustus Enkelin Agrippina verheiratet und hatte von ihr mehrere Kinder. Er selbst war ein Sohn des Drusus, des Bruders des Tiberius, und der Enkel der Augusta; aber er lebte in bedrückter Stimmung wegen des geheimen Hasses, den sein Oheim und seine Großmutter gegen ihn hegten und den seine Hintergründe noch verschärften, weil sie ungerecht waren. Denn Drusus stand bei dem römischen Volk in gutem Andenken, und man glaubte, er hätte, wenn er an die Regierung gekommen wäre, wieder die Freiheit hergestellt. Diese Beliebtheit übertrug sich auf Germanicus, von dem man das gleiche erwartete. Denn der junge Mann besaß ein umgängliches Wesen, eine ungewöhnliche Leutseligkeit, die sich weit von der Redeweise und der Miene des Tiberius, die beide anmaßend und undurchsichtig waren, abhob. Dazu kamen noch Unstimmigkeiten unter den Frauen. Livia war von stiefmütterlicher Eifersucht gegen Agrippina[71] beherrscht, und Agrippina selbst hatte ein etwas zu leidenschaftliches Temperament. Doch wusste sie in ihrer reinen Liebe zu ihrem Mann ihren unbändigen Sinn in gute Bahnen zu lenken.

(34) Aber je mehr für Germanicus die Aussicht, an die Herrschaft zu kommen, nahe rückte, umso nachdrücklicher setzte er sich für Tiberius ein. Er leistete für seine Person den Eid auf

Tiberius und ließ ihn auch sein unmittelbares Gefolge sowie die Gemeinden der Belgier schwören. Als er dann von dem Aufruhr der Legionen hörte, brach er eilends auf. Sie kamen ihm außerhalb des Lagers entgegen und standen vor ihm, die Augen wie in Reue zu Boden geschlagen. Als er in die Festungsanlagen eingezogen war, hörte man anfangs nur ein verworrenes Klagen. Einige ergriffen seine Hand, als wenn sie diese küssen wollten, und steckten seine Finger in ihren Mund, damit er ihre Zahnlücken fühle. Andere wiesen auf ihre vom Alter gekrümmten Glieder hin. Weil er sah, dass in der Menge, die sich vor ihm versammelt hatte, alles durcheinander stand, befahl er in Manipeln anzutreten. So, wie sie stünden, könnten sie besser hören, lautete die Antwort. Dann sollten sie die Feldzeichen nach vorn bringen, damit er so wenigstens die Kohorten unterscheiden könne. Nur zögernd gehorchten sie. Darauf sprach er zuerst von der Verehrung des Augustus und ging dann zu den Siegen und Triumphen des Tiberius über, wobei er mit besonderem Lob die herrlichen Taten hervorhob, die er in Germanien mit den dortigen Legionen vollbracht habe. Dann hob er die Einmütigkeit Italiens, die Treue Galliens hervor. Nirgends finde man Unruhe oder Zwietracht. Schweigend oder auch mit unterdrücktem Murren hörten sie es an.

(35) Sobald er aber die Meuterei berührte und fragte, wohin der militärische Gehorsam, wohin die alte rühmliche Disziplin gekommen seien, wohin sie denn die Tribunen, wohin die Centurionen verjagt hätten, entblößten sie insgesamt ihre Körper und wiesen unter Vorwürfen auf ihre von Verwundungen herrührenden Narben und auf die Striemen von den Schlägen hin. Dann schrien sie alle durcheinander und beschwerten sich über die hohen Kosten der Dienstbefreiungen, den schmalen Sold, den harten Arbeitsdienst, wobei sie besonders auf das Schanzen am Wall und auf das Graben sowie auf

das Herbeischleppen von Futter und Holz, und was sonst dringend benötigt wird, hinwiesen oder auf die Maßnahmen, die gegen die Muße im Lager ergriffen werden. Das wildeste Geschrei erhoben die Veteranen, die dreißig oder mehr Dienstjahre zählten und baten, er solle den Erschöpften helfen, damit die gleichen Mühsale nicht bis zu ihrem Tode auf ihnen lasten, sondern der so anstrengende Kriegsdienst zu Ende gehe und ihnen ein auskömmlicher Ruhestand zuteil werde. Einige forderten auch die Ausbezahlung des von dem vergöttlichten Augustus vermachten Geldes unter Glück- und Segenswünschen für Germanicus[72], dem sie, falls er die Regierung übernehmen wolle, tatkräftige Unterstützung in Aussicht stellten. Da freilich sprang er, als ob man ihm ein schandbares Verbrechen zumute, in einem Satz von dem Tribunal herunter. Sie hielten ihm, als er weggehen wollte, ihre Waffen entgegen und bedrohten ihn, wenn er nicht umkehre. Doch er riss mit dem Rufe: »Lieber sterben als seine Treue preisgeben!« sein Schwert von der Seite, hob es in die Höhe und hätte es sich in die Brust gestoßen, wenn nicht die ihm zunächst Stehenden seine Hand gefasst und mit Gewalt festgehalten hätten. Ganz hinten in dichtem Haufen stehende Teilnehmer der Versammlung und – es klingt kaum glaubhaft – auch einige vereinzelte Leute, die näher herzutraten, forderten ihn auf, er solle nur zustoßen. Ein Soldat namens Calusidius hielt ihm sein blankes Schwert hin mit der Bemerkung, dieses sei schärfer. Das erschien auch den Rasenden grausam und niederträchtig. Und so entstand eine Pause, in der der Caesar von seinen Freunden eilends in das Zelt entführt wurde.

(36) Dort beriet man über die Gegenmaßnahmen. Denn es kam die Nachricht, es werde eine Abordnung aufgestellt, die das obere Heer veranlassen solle, mit ihnen gemeinsame Sache zu machen. Die Stadt der Ubier sei zur Verwüstung ausersehen, und wenn man einmal mit dem Beutemachen begonnen

hätte, würde man in Gallien einbrechen, um auch dieses auszuplündern. Der Umstand, dass der Feind von der Meuterei bei den Römern erfahren habe und im Falle der Preisgabe des Rheinufers[73] voraussichtlich einen Einfall mache, erhöhte noch die Furcht. Aber wenn die Hilfstruppen und die Bundesgenossen[74] gegen die abziehenden Legionen eingesetzt würden, bedeute dies den Ausbruch des Bürgerkrieges. Gefährlich ist Strenge, Zugeständnisse sind eine Schande. Ob man den Mannschaften alles oder nichts bewilligt, in beiden Fällen befindet sich das Gemeinwesen in einer misslichen Lage. Nachdem man nun die verschiedenen Meinungen gegeneinander abgewogen hatte, beschloss man, im Namen des Princeps ein Schreiben mit folgenden Forderungen abzufassen: entlassen wird, wer zwanzig Dienstjahre hinter sich hat, in die Reserve wird übergeführt, wer sechzehn Jahre gedient hat. Dieser bleibt unter den Fahnen, jedoch befreit von allem anderen Dienst außer dem Kampf gegen die Feinde; die erbetenen Vermächtnisse werden in doppelter Höhe ausbezahlt.

(37) Die Soldaten merkten, dass es sich nur um Zugeständnisse handelte, die man für die augenblickliche Lage erfunden hatte, und verlangten ihre sofortige Erfüllung. Die Entlassung wurde von den Tribunen beschleunigt durchgeführt, die Ausbezahlung der Vermächtnisse für alle auf das Winterquartier aufgeschoben. Die fünfte und die einundzwanzigste Legion rückten nicht eher ab, bis man noch hier in dem Sommerlager das Geld ausbezahlte, das die Freunde des Caesars und dieser selbst aus ihrer Reisekasse zusammenlegten. Die erste und die zwanzigste Legion führte der Legat Caecina in die Stadt der Ubier zurück. Es war ein hässliches Bild, das die Kolonne bot, da die dem Imperator abgenommenen Geldkassen zwischen den Fahnen und zwischen den Adlern mitgeführt wurden[75]. Germanicus reiste zu dem oberen Heer ab und vereidigte[76] dort die zweite, dreizehnte und sechzehnte Legion, ohne dass

diese irgendwie gezögert hätten. Die vierzehnte hatte eine Zeitlang eine schwankende Haltung eingenommen. Das Geld und die Entlassung wurden ihnen angeboten, ohne dass sie dies gefordert hätten.

(38) Aber im Lande der Chauker[77] begann die dort als Besatzung eingesetzte Vexillariertruppe[78] der aufrührerischen Legionen zu meutern; doch wurde die Meuterei durch die augenblickliche Hinrichtung von zwei Soldaten[79] vorläufig unterdrückt. Den Befehl dazu hatte der Lagerkommandant M. Ennius gegeben, um ein Exempel zu statuieren; aber es fehlte ihm die rechtliche Grundlage. Als dann der Aufruhr anschwoll, floh er. Er wurde aber aufgefunden, und als er keine Möglichkeit mehr sah, sich zu verstecken und in Sicherheit zu bringen, nahm er seine Zuflucht zu kühnem Auftreten: nicht gegen den Lagerkommandanten, sondern gegen den Feldherrn Germanicus, ja gegen den Imperator Tiberius richte sich ihre Gewalttätigkeit. Und in dem Augenblick, da er die Leute, die ihm in den Weg getreten waren, verblüfft dastehen sah, riss er die Fahne an sich, machte sich in Richtung auf das Rheinufer auf, und mit dem Ruf: »Wer aus Reih und Glied tritt, wird als Fahnenflüchtiger behandelt« führte er die Aufrührer, ohne dass sie etwas dagegen wagten, in die Winterquartiere zurück.

(39) Inzwischen traf eine Abordnung vom Senat bei Germanicus ein, der bereits nach »Ara Ubiorum« zurückgekehrt war. Dort[80] überwinterten zwei Legionen, die erste und die zwanzigste, und die erst kürzlich in die Reserve entlassenen Veteranen. Die Leute, die aus Angst und Schuldbewusstsein ganz den Kopf verloren hatten, beschlich die Furcht, die Abordnung sei auf Befehl der Väter gekommen, um die Zusagen hinfällig zu machen, die sie durch Meuterei erpresst hatten. Und wie es die Art des gemeinen Mannes ist, auch bei falschen Behauptungen einen Schuldigen vorzuschieben, beschuldigten sie den ehemaligen Konsul Munatius Plancus, den Führer der Ab-

ordnung, er habe den Senatsbeschluss veranlasst. In tiefer Nacht begannen sie, die Herausgabe der Fahne[81], die in dem Hause des Germanicus verwahrt war, zu fordern. Es kam zu einer Zusammenrottung an der Türe, und sie sprengten die Türe auf. Dann rissen sie den Caesar aus seinem Bett und zwangen ihn unter Bedrohung mit dem Tode, die Fahne herauszugeben. Wie sie dann in den Lagerstraßen umherzogen, begegnete ihnen die Abordnung, die von dem Krawall gehört hatte und zu Germanicus eilte. Sie überhäuften die Abordnung mit Schmähungen und machten Miene, sie umzubringen, vor allem Plancus, den sein Gefühl für Würde an der Flucht gehindert hatte. Und in seiner gefährlichen Lage fand er lediglich in dem Lager der ersten Legion Zuflucht. Dort umklammerte er die Feldzeichen und den Adler und suchte sich durch deren Heiligkeit zu schützen. Und hätte nicht der Adlerträger Calpurnius die schlimmste Gewalttätigkeit verhindert, so hätte der Legat des römischen Volkes – eine Seltenheit sogar unter Feinden – in dem römischen Lager mit seinem Blut die Altäre der Götter befleckt. Erst mit Tagesanbruch, als man Vorgesetzte und Mannschaften unterscheiden und sich über das Geschehene klarwerden konnte, ging Germanicus in das Lager, befahl, Plancus zu ihm zu bringen, und nahm ihn auf das Tribunal mit. Dann schalt er das unselige Toben, dessen erneuter Ausbruch nicht dem Zorn der Soldaten, sondern dem der Götter zuzuschreiben sei, und gab bekannt, warum die Abordnung gekommen sei[82]. Er bedauerte in beredten Worten die Verletzung des Gesandtenrechtes und das schwere und unverdiente Geschick des Plancus selbst, zugleich die große Schande, die sich die Legion aufgeladen habe. Als die Versammlung eher verblüfft als beruhigt dastand, entließ er die Abordnung unter der Bedeckung von Reiterei aus den Hilfsvölkern.

(40) Darüber in Besorgnis, machten alle dem Germanicus Vorwürfe, dass er sich nicht zu dem oberen Heere begebe, wo

er Gehorsam und Unterstützung gegen die Meuterer finde. Genug und übergenug habe man mit der Bewilligung der Entlassung und des Geldes und mit nachgiebigen Beschlüssen gefehlt. Wenn ihm selbst schon sein Leben nichts wert sei, warum er seinen kleinen Sohn[83], seine schwangere Gemahlin unter den Rasenden lasse, die jegliches menschliches Recht mit Füßen treten? Sie wenigstens solle er dem Großvater und dem Gemeinwesen wiedergeben. Lange zögerte er, bis er seine sich widersetzende Gattin, die sich auf ihre Abstammung von dem vergöttlichten Augustus berief und versicherte, sie würde sich ihrer in gefährlicher Lage nicht unwürdig erweisen, veranlasste abzureisen, nachdem er zuletzt ihren Leib und ihren gemeinsamen Sohn unter vielen Tränen umschlungen hatte. So machte sich der jammervolle Zug von Frauen auf den Weg, die flüchtende Gattin des Heerführers, ihren kleinen Sohn auf den Armen tragend, umgeben von den klagenden Frauen der Freunde, die mitreisen mussten, wobei die Zurückbleibenden nicht weniger traurig waren.

(41) Nicht bot sich das Bild des in seinem Glück und in seinem eigenen Lager befindlichen Caesars, sondern es war, wie wenn man in einer besiegten Stadt wäre. Das Klagen und Jammern drang auch zu den Ohren der Soldaten. Sie kamen aus ihren Zelten heraus: »Was sollen diese Klagelaute? Was gibt es so Trauriges? Erlauchte Frauen, kein Centurio zu ihrem Schutz, kein Soldat, nichts, was der Gemahlin des Oberbefehlshabers zukommt, nichts von dem üblichen Geleit! Sie ziehen zu den Treverern[84], um sich in fremden Schutz zu begeben.« Da erwachte Scham und Mitleid bei ihnen und die Erinnerung an den Vater Agrippa und an den Großvater Augustus. Sie dachten daran, dass Drusus ihr Schwiegervater, sie selbst Mutter einer ansehnlichen Kinderzahl und eine ganz besonders sittsame Frau sei; ferner, dass ihr kleiner Sohn im Feldlager geboren, in der Zeltkameradschaft der Legionen groß ge-

worden sei, den man in der Soldatensprache Caligula nannte, weil man ihm gewöhnlich, um die Sympathie der Mannschaften zu gewinnen, Soldatenschuhe anzog. Aber nichts trug gleichermaßen zu dem Stimmungsumschlag bei wie die Eifersucht auf die Treverer. Inständig baten sie Agrippina, sie solle umkehren und dableiben, während sie zum Teil sich ihr in den Weg stellten und zum größten Teil sich wieder zu Germanicus wandten. Dieser begann, schmerzbewegt und erbittert über das eben Erlebte, zu den Soldaten, die in Haufen um ihn herumstanden, folgendermaßen zu sprechen:

(42) »Nicht Gattin oder Sohn sind mir teurer als mein Vater und das Gemeinwesen. Aber meinen Vater[85] wird seine Hoheit, das römische Reich werden die übrigen Heere schützen. Meine Gemahlin und meine Kinder, die ich, wenn es um euren Ruhm ginge, freudig opfern würde, entferne ich jetzt weit von euch Rasenden, damit das Verbrechen, welches auch immer hier zu erwarten ist, nur mit meinem Blute gesühnt wird und euch nicht die Ermordung des Urenkels des Augustus, der Tod von Tiberius' Schwiegertochter in noch größere Schuld verstrickt. Wozu habt ihr euch in diesen Tagen nicht vermessen und was habt ihr unentweiht gelassen? Welche Bezeichnung soll ich dieser Menschenansammlung geben? Soll ich euch Soldaten nennen, die ihr gegen den Sohn eures Imperators die Waffen erhoben und im Lager ihn eingeschlossen habt? Oder Bürger, die ihr das Ansehen des Senats so in den Staub gezogen habt? Sogar das bei den Feinden gültige Recht und die heilige Unverletzlichkeit einer Gesandtschaft sowie das Völkerrecht habt ihr gebrochen. Der vergöttlichte Iulius hat die aufflammende Meuterei seines Heeres mit einem einzigen Wort erstickt: er redete es mit Quiriten an, als es ihm den geleisteten Fahneneid brechen wollte[86]. Der vergöttlichte Augustus hat durch seinen Gesichtsausdruck und den Blick, den er auf die Legionen von Actium richtete, diese in Schrecken versetzt[87].

Wenn mich, der ich zwar noch nicht ihresgleichen, aber ihr unmittelbarer Nachkomme bin, die Soldaten vom spanischen oder syrischen Heere ablehnen würden, so wäre dies schon verwunderlich und empörend. Ihr von der ersten und ihr von der zwanzigsten Legion, ihr, die ihr von Tiberius die Fahnen empfangen habt, und ihr von der zwanzigsten, die ihr die Gefährten in so vielen Schlachten waret, die ihr so vielfach belohnt wurdet, ihr erweist eurem Heerführer herrlichen Dank. Soll ich diese Botschaft meinem Vater, der sonst immer nur frohe Kunde aus anderen Provinzen hört, bringen? Seine Rekruten, seine alten Soldaten seien nicht durch die Entlassung, nicht durch die Geldspende befriedigt? Nur hier ermorde man Centurionen, verjage man Tribunen, sperre man Legaten ein; blutbefleckt seien die Lager, blutgetränkt seien die Flüsse, während ich selbst gnadenweise mein Leben unter erbitterten Feinden friste.

(43) Warum habt ihr mir denn bei der Versammlung am ersten Tage das Schwert, das ich mir in die Brust stoßen wollte, entrissen, ihr kurzsichtigen Freunde? Besser und liebevoller meinte es der, der mir sein Schwert anbot. Ich hätte jedenfalls den Tod gefunden, noch ehe ich mitschuldig an so vielen Schandtaten meines Heeres geworden wäre. Ihr hättet euch einen Führer gewählt, der zwar meinen Tod ungestraft gelassen, aber doch wenigstens für den des Varus und seiner drei Legionen Rache genommen hätte. Denn das mögen die Götter verhüten, dass den Belgiern, auch wenn sie sich dazu anbieten, die Ehre und der Ruhm zuteil werde, den Römern zu Hilfe gekommen zu sein und die Völker Germaniens niedergeworfen zu haben. Dein in den Himmel aufgenommener Geist, vergöttlichter Augustus, dein Bild, Vater Drusus, dein Andenken möge zusammen mit den Soldaten, deren Gefühl für Ehre und Ruhm bereits wieder erwacht, diesen Schandfleck auslöschen und den Bruderzwist in das Verderben der Feinde umwandeln.

Auch ihr, deren Gesichter, deren Herzen ich jetzt verwandelt sehe, wenn ihr die Abordnung dem Senat, den Gehorsam dem Imperator, wenn ihr mir Gattin und Sohn wiedergebt, entfernt euch von dem Ansteckungsherd und trennt euch von den Meuterern. Dies wird die feste Grundlage für eure Reue sein, dies die Bürgschaft für eure Treue.«

(44) Sie bekannten demütig, seine Vorwürfe seien berechtigt, und baten, er solle die Schuldigen bestrafen, den Gestrauchelten verzeihen und sie gegen den Feind führen. Seine Gemahlin möge er zurückrufen, der Pflegling des Heeres solle zurückkehren und nicht den Galliern als Geisel überantwortet werden. Die Rückkehr Agrippinas lehnte er mit dem Hinweis auf ihre bevorstehende Niederkunft und den nahen Winter ab. Sein Sohn werde kommen. Alles Weitere sei ihre eigene Angelegenheit. Wie verwandelt liefen sie auseinander, schleppten die schlimmsten Meuterer gefesselt zu C. Caetronius, dem Legaten der ersten Legion, der über jeden der Reihe nach das Urteil sprach und auf folgende Weise die Strafe vollzog: die Legionen standen, wie zu einer Versammlung angetreten, mit blanken Schwertern da. Auf einer Erhöhung stand der Beschuldigte, wo ihn ein Tribun vorzeigte. Riefen sie »schuldig«, wurde er hinuntergestürzt und umgebracht. Die Mannschaften beteiligten sich freudig an dem Morden, als sprächen sie damit sich selbst frei, und der Caesar gebot keinen Einhalt, da er ja selbst keinen Befehl dazu gegeben hatte und auf sie ebenso die Grausamkeit ihres Vorgehens wie die Erbitterung darüber zurückfiel. Ihrem Beispiel schlossen sich die Veteranen an, die bald darauf nach Rätien[88] geschickt wurden, angeblich um die Provinz gegen die Bedrohung durch die Sueben[89] zu schützen, in Wirklichkeit, um sie aus einem Lager zu entfernen, in dem immer noch wilde Erregung herrschte, nicht weniger wegen der Härte, mit der sie behandelt worden waren, als wegen des Gedenkens an ihr Verbrechen. Darauf nahm er

die Musterung der Centurionen vor[90]. Von dem Oberfeldherrn aufgerufen, gab jeder Namen, Rang, Heimatort, Zahl der Dienstjahre, tüchtige Leistungen in der Schlacht und, falls vorhanden, militärische Auszeichnungen an. Wenn die Tribunen, wenn die Legion Diensteifer und Unbescholtenheit anerkannten, behielt er seinen Rang, wenn sie ihm Habsucht oder Grausamkeit einmütig vorwarfen, wurde er aus dem Dienst entlassen.

(45) Nachdem so für den Augenblick die Ordnung wiederhergestellt war, blieb noch eine nicht weniger schwierige Aufgabe zu lösen, die sich aus der widerspenstigen Haltung der fünften und einundzwanzigsten Legion ergab, die sechzig Meilen entfernt – der Ort heißt Vetera[91] – überwinterten. Sie hatten ja zuerst mit der Meuterei begonnen, und gerade die schlimmsten Verbrechen waren von ihnen begangen worden. Und sie ließen sich weder durch die Bestrafung ihrer Kameraden einschüchtern noch zur Reue bekehren, vielmehr verharrten sie in ihrer erbitterten Stimmung. Deshalb traf der Caesar Anstalten, Waffen, die Flotte[92] und Bundesgenossen den Rhein hinunterzuschicken, entschlossen, die Waffen entscheiden zu lassen, falls sie den Gehorsam verweigerten.

(46) Aber in Rom wusste man noch nicht, wie die Dinge in Illyricum verlaufen waren, und als man von dem Aufstand der germanischen Legionen hörte, beschuldigte die aufgeregte Bürgerschaft Tiberius, er habe Senat und Volk, die schwach und wehrlos seien, mit verstelltem Zögern zum besten, während es bei den Truppen zum Aufruhr komme, den man durch zwei Jünglinge, deren Ansehen noch nicht gefestigt sei, nicht unterdrücken könne. Er hätte selbst hingehen und seine Hoheit als Imperator den Leuten entgegenstellen sollen, die nachgäben, sobald sie in dem Princeps den Mann langer Erfahrung und zugleich die oberste Instanz für Strenge und Belohnung gesehen hätten. Wenn der altersmüde Augustus so oft den

Weg nach Germanien habe finden können, warum denn Tiberius in der Vollkraft seiner Jahre im Senat sitze und sich dabei über die Worte der Väter lustig mache? Genug habe man für die Knechtschaft in der Hauptstadt gesorgt. Für die Stimmung der Truppe müsse man besänftigende Mittel anwenden, damit sie sich gerne in friedliche Verhältnisse füge.

(47) Gegenüber solchem Gerede blieb Tiberius unbewegt und hielt an seinem Entschluss fest, die Hauptstadt des Reiches nicht sich selbst zu überlassen und auch nicht seine Person und das Gemeinwesen dem Zufall preiszugeben. Denn vielfache, verschiedenartige Ängste lasteten auf ihm: »Das Heer in Germanien sei stärker, das in Pannonien stehe näher, jenes stütze sich auf die Machtmittel Galliens, dieses bedrohe Italien. Welchem sollte er also den Vorzug geben? Und wie verhüten, dass die Zurückgesetzten dies als brennende Schmach empfinden? Aber durch seine Söhne könne er sich an beide Heere gleichermaßen wenden, unbeschadet seiner Hoheit, die, je weiter sie entfernt sei, umso größere Ehrfurcht genieße. Zugleich werde es den Jünglingen zugute gehalten, wenn sie in manchen Fragen den Vater für zuständig erklären, und falls Germanicus oder Drusus Widerstand fänden, könne er ihn ja noch abschwächen oder auch brechen. Wo gebe es aber einen Rückhalt, wenn man dem Imperator die Achtung versagt habe?« Doch tat er immer wieder so, als ob er jeden Augenblick abreisen werde, las sich sein Gefolge aus, ließ sein Reisegepäck zusammenholen und Schiffe ausrüsten. Dann schützte er wieder abwechselnd den Winter oder allerlei Geschäfte vor und täuschte so zuerst die einsichtigen Leute, dann die große Menge und am längsten die Provinzen.

(48) Germanicus aber glaubte, obgleich er das Heer zusammengezogen und alles zur Bestrafung der Meuterer vorbereitet hatte, doch eine weitere Frist geben zu sollen, ob sie vielleicht unter dem Eindruck der jüngsten Vorgänge sich eines besseren

besännen. Deshalb schickte er ein Schreiben an Caecina voraus, er komme mit starken Kräften, und wenn sie nicht im voraus die Übeltäter hinrichten würden, werde er alles ohne Unterschied umbringen lassen. Diesen Brief las Caecina den Adler- und Fahnenträgern und denen, die sonst noch im Lager eine saubere Gesinnung zeigten, heimlich vor und ermahnte sie, alle zusammen sich vor Schande, sich selbst vor dem Tode zu bewahren. Im Frieden schaue man auf Schuld und Verdienst; sobald es zum Krieg komme, fallen Schuldige wie Unschuldige. Jene machten sich an die Leute heran, die sie für zugänglich hielten, und als sie sahen, dass der größere Teil der Legionen sich zu ihrer Pflicht bekannte, setzten sie im Einverständnis mit dem Legaten eine Zeit fest, um über die gemeinsten Rädelsführer der Meuterei mit dem Schwert herzufallen. Dann drangen sie auf ein verabredetes Zeichen in die Zelte ein und machten die Ahnungslosen nieder, wobei niemand außer den Eingeweihten wusste, wo das Morden begann und wie es endigen solle.

(49) Es war ein Bild, das mit keinem in den bisherigen Bürgerkriegen zu vergleichen war. Nicht in einem regelrechten Kampf, nicht aus gegenüberliegenden Lagern, sondern von den gleichen Lagerstätten aus, die sie gemeinsam beim Essen am Tag, gemeinsam zur Ruhe bei Nacht eingenommen hatten, fielen sie, in zwei Parteien gespalten, bewaffnet übereinander her. Schreiende, Verwundete, Blutende waren vor aller Ohren und Augen; doch was der Anlass war, blieb im dunkeln. Überall waltete der Zufall. Und so verloren auch einige der Gutgesinnten das Leben, da auch die schlechten Elemente gemerkt hatten, wem das Wüten gelte, und zu den Waffen griffen. Und kein Legat oder Tribun war zur Stelle, der Einhalt geboten hätte. Der Masse war es überlassen, ihren Rachedurst nach Belieben zu stillen. Dann kam Germanicus in das Lager. Er bezeichnete unter vielen Tränen das Geschehene nicht als Heilmittel,

sondern als eine verlorene Schlacht und befahl, die Leichen zu verbrennen.

Immer noch herrschte eine wilde Erregung in der Truppe. Da wandelte sie plötzlich der Wunsch an, gegen den Feind zu ziehen, um ihre Raserei zu sühnen. Anders könnten sie die Geister der Kameraden nicht versöhnen, als wenn sie auf ihre frevelbeladene Brust ehrende Wunden empfingen. Der Caesar entsprach ihrem ungestümen Drängen und setzte auf einer Schiffbrücke zwölftausend Legionssoldaten[93], sechsundzwanzig Kohorten der Bundesgenossen und acht Reiterschwadronen über, die sich bei dieser Meuterei nicht gegen den Gehorsam vergangen hatten.

(50) Eine frohe Stimmung herrschte bei den Germanen, die nicht fern waren, während wir wegen des Todes von Augustus zuerst durch die Staatstrauer, dann durch die Meutereien in Anspruch genommen waren. Doch der Römer durchschnitt in Eilmärschen den Caesischen Wald[94] auf der von Tiberius begonnenen Bahn, schlug auf ihr ein Lager und sicherte sich vorn und im Rücken durch einen Wall, seitlich durch Verhaue. Dann zog er durch dunkle Waldgebiete und überlegte, ob er von zwei Wegen den kurzen und üblichen oder den schwierigeren, unbegangenen und daher von den Feinden unbewachten einschlagen solle. Man wählte den längeren Weg und betrieb alles Weitere mit großer Eile. Denn Kundschafter hatten mitgeteilt, von den Germanen werde in dieser Nacht mit den üblichen Gelagen und Spielen[95] ein Fest gefeiert. Caecina erhielt den Befehl, mit einsatzbereiten Kohorten vorauszumarschieren und den Weg durch den Wald von den Hindernissen frei zu machen. Die Legionen folgten in kurzem Abstand. Eine sternhelle Nacht kam zustatten. Man kam zu den Gehöften der Marser[96] und umstellte sie mit Feldwachen, während die Bewohner noch auf ihren Lagerstätten oder an den Tischen umherlagen, ohne jede Furcht und ohne Posten ausgestellt zu ha-

ben. In solcher Sorglosigkeit lagen sie überall zerstreut umher; sie fürchteten durchaus keinen Krieg, und auch der Friede, dem sie sich träge und schlaff hingaben, war nichts anderes als die Folge ihrer Betrunkenheit.

(51) Der Caesar teilte die kampfbegierigen Legionen, um ein desto größeres Gebiet zu verwüsten, in vier Kampfgruppen. Eine Strecke von fünfzig Meilen verheerte er mit Feuer und Schwert. Nicht Geschlecht, nicht Alter fand Mitleid. Privathäuser und Heiligtümer, auch der bei jenen Völkerschaften berühmte heilige Bezirk, den sie »Tamfana« nennen[97], wurden dem Erdboden gleichgemacht. Bei der Truppe gab es keine Verluste, da sie Halbschlafende und Waffenlose oder einzeln Umherstehende erschlagen hatten. Dieses Morden rief die Bructerer, Tubanten und Usipeter[98] auf den Plan. Sie besetzten die Waldgebiete, durch die das Heer zurückmarschieren musste. Der Feldherr erfuhr dies und marschierte mit seiner Truppe in einer Formation, aus der sie jederzeit den Kampf aufzunehmen vermochte. Ein Teil der Reiterei und die Kohorten der Hilfstruppen bildeten die Spitze, dann kam die erste Legion, der Tross wurde in die Mitte genommen, während die linke Flanke von der einundzwanzigsten und die rechte von der fünften gedeckt wurde. Im Rücken sicherte die zwanzigste Legion, und hinter ihr kamen die übrigen Bundesgenossen. Aber die Feinde rührten sich nicht, solange die Kolonne in ihrer ganzen Länge durch das Waldgebiet zog. Dann griffen sie mit schwachen Kräften von den Seiten und von vorn an und warfen sich mit ganzer Macht auf die Nachhut. Und schon gerieten die leichten Kohorten durch den Angriff der dichten Haufen der Germanen in Unordnung, als der Caesar zu der zwanzigsten Legion heranritt und mit lauter Stimme rief: »Jetzt ist die Zeit gekommen, die Meuterei vergessen zu machen. Marschiert weiter, verwandelt die Schuld in Ehre!« In aufflammendem Mute durchbrachen sie in einem einzigen Ansturm den Feind, war-

fen ihn ins freie Gelände und machten ihn nieder. Zugleich gelangten die Truppen der Vorhut aus dem Walde heraus und schlugen ein befestigtes Lager. Von da an blieb der Marsch unbehelligt. Vertrauend auf die frischen Erfolge sowie die vergangenen Geschehnisse vergessend, wurde die Truppe in die Winterquartiere gelegt.

(52) Diese Nachrichten erfüllten Tiberius mit Freude und Besorgnis. Die Freude galt der Niederwerfung des Aufstandes, aber er fühlte sich dadurch bedrückt, dass Germanicus durch Geldspenden und die übereilte Bewilligung der Entlassung sich um die Gunst der Truppe bemüht hatte. Dazu kam noch der Kriegsruhm, den sich dieser erworben hatte. Doch erstattete er vor dem Senat Bericht über die Erfolge des Germanicus und erging sich weitläufig über dessen Tüchtigkeit, wobei er zum Schein ausschmückende Phrasen verwendete, denen man anmerkte, dass sie nicht von Herzen kamen. Mit geringerem Wortaufwand lobte er dann Drusus und die Beendigung des illyrischen Aufstandes, aber seine Worte waren ernsthafter, und der Ton seiner Rede klang aufrichtig. Alles, was Germanicus zugestanden hatte, bestätigte er auch für die pannonischen Heere.

(53) In dem gleichen Jahr starb Iulia. Sie war einst wegen ihrer Sittenlosigkeit von ihrem Vater Augustus auf die Insel Pandateria[99] und dann in die Stadt der Reginer, der Anwohner der Sizilischen Meerenge[100], verbannt worden. Sie war mit Tiberius verheiratet gewesen, als Gaius und Lucius noch lebten, und hatte ihn als unebenbürtig ohne Achtung[101] behandelt. Und dies war auch der eigentliche tiefere Grund für Tiberius, sich nach Rhodus zu entfernen. Als er zur Regierung gelangt war, räumte er die des Landes verwiesene, verrufene und nach der Ermordung des Postumus Agrippa[102] gänzlich hoffnungslose Frau durch Hunger, der eine schleichende Schwindsucht zur Folge hatte, aus dem Wege, in dem Glauben, ihre Beseiti-

gung werde infolge der langen Dauer der Verbannung nicht weiter beachtet werden. Der gleiche Grund zur Unbarmherzigkeit lag bei Sempronius Gracchus vor, der, aus vornehmem Geschlecht[103] stammend, mit einem beweglichen Geist eine bösartige Redegewandtheit verband und eben diese Iulia in ihrer Ehe mit Marcus Agrippa verführt hatte. Doch damit war seine sinnliche Leidenschaft noch nicht befriedigt. Als sie dem Tiberius in die Ehe gegeben war[104], hielt er hartnäckig an seinem ehebrecherischen Treiben fest und hetzte sie zu Trotz und Hass gegen ihren Gatten auf. Und man hielt auch Gracchus für den Verfasser der Briefe, die Iulia an ihren Vater Augustus mit Angriffen auf Tiberius schrieb. Deshalb wurde er nach Cercina, einer Insel des afrikanischen Meeres[105], entfernt, wo er eine vierzehnjährige Verbannung ertrug. Jetzt trafen die Soldaten, die zu seiner Ermordung ausgeschickt worden waren, den von banger Ahnung Erfüllten an einem Vorsprung des Strandes. Bei deren Erscheinen bat er um eine kurze Frist, um seiner Gattin Alliaria seinen letzten Willen schriftlich mitzuteilen. Dann hielt er seinen Nacken den Mördern hin, in der Fassung, mit der er starb, nicht unwürdig des Namens und des Geschlechts der Sempronier, als dessen entarteter Spross er sich im Leben erwiesen hatte. Manche überliefern, nicht von Rom aus seien diese Soldaten geschickt worden, sondern von L. Asprenas, dem Prokonsul von Afrika[106], und zwar auf Veranlassung des Tiberius, der vergeblich gehofft hatte, auf Asprenas könne der Verdacht der Ermordung geschoben werden.

(54) Dieses Jahr brachte auch eine kultische Neuerung mit der Stiftung des Priestertums der Augustalischen Bruderschaft, nach dem Vorgang des T. Tatius, der einst zur Beibehaltung sabinischen Gottesdienstes die Bruderschaft der Titii eingerichtet hatte[107]. Durch das Los wählte man aus den ersten Männern der Bürgerschaft einundzwanzig Persönlichkeiten. Tiberius, Drusus, Claudius und Germanicus wurden hinzu er-

nannt. Die augustalischen Spiele, die jetzt zum ersten Mal gefeiert wurden, störte ein Streit der aufeinander eifersüchtigen Schauspieler. Augustus hatte diese Art von Volksbelustigung begünstigt, um dem Maecenas einen Gefallen zu erweisen, der leidenschaftlich in Bathyllus[108] verliebt war. Auch stand er selbst solchen Neigungen nicht fern und glaubte, sich beim Volk beliebt zu machen, wenn er an den Lustbarkeiten des Pöbels teilnehme. Des Tiberius Charakter und Lebensweise war anders geartet, aber er wagte es noch nicht, das Volk, das so viele Jahre lang verhätschelt worden war, härter anzufassen.

15 n. Chr.

(55) Unter dem Konsulat des Drusus Caesar und des C. Norbanus wurde dem Germanicus ein Triumph zuerkannt, obwohl der Krieg noch weiterging. Die Vorbereitungen, die er mit aller Macht betrieb, galten zwar erst einem Sommerfeldzug, doch griff er diesem zu Beginn des Frühlings durch einen plötzlichen Einfall in das Gebiet der Chatten[109] vor. Denn man rechnete damit, dass der Feind sich in zwei Parteien spalte, in die des Arminius und die des Segestes, von denen sich der eine durch Treulosigkeit, der andere durch Treue uns gegenüber auszeichnete. Arminius hatte Germanien aufgewiegelt; Segestes dagegen hatte den Varus auch sonst oft und erst wieder bei dem letzten Gastmahl, das unmittelbar vor dem Waffengang stattfand, auf die Vorbereitungen zu der Empörung hingewiesen und ihm geraten, ihn sowie Arminius und die übrigen Häuptlinge in Fesseln zu legen. Nichts werde das Volk wagen, wenn man ihm die Führer weggenommen habe, und Varus selbst werde Zeit gewinnen, Verbrecher und Unschuldige zu sondern. Aber das Schicksal und die Macht des Arminius brachten Varus zu Fall. Segestes wurde zwar durch die einmütige Erhebung des Volkes in den Krieg hineingezogen, aber er stand ihr innerlich ablehnend gegenüber. Auch wuchs sein Hass, weil Arminius seine Tochter, die mit einem anderen verlobt war, entführt hatte. Arminius war

der gehasste Schwiegersohn eines Schwiegervaters, der ihn als seinen persönlichen Feind betrachtete. Und was sonst in einem einträchtigen Verhältnis ein Band der Liebe, das war bei der gegenseitigen Erbitterung Zündstoff zum Hass.

(56) So übergab denn Germanicus dem Caecina vier Legionen und fünftausend Mann Hilfstruppen sowie ein in Eile ausgehobenes Aufgebot der diesseitigen Germanen. Ebenso viele Legionen und die doppelte Zahl Bundesgenossen führte er selbst an. Er legte auf den noch sichtbaren Resten des Stützpunktes seines Vaters auf dem Taunusgebirge ein Kastell an und eilte mit seinem Heer ohne den Tross in das Gebiet der Chatten, wobei er L. Apronius zur Herstellung von Wegen und Flussübergängen zurückließ. Denn – eine Seltenheit in jenem Himmelsstrich – infolge der Trockenheit und des niedrigen Wasserstandes der Flüsse hatte er unbehindert in Eilmärschen vorrücken können, aber für den Rückweg befürchtete man Regengüsse und Anschwellen der Flüsse. Aber für die Chatten erschien er so überraschend, dass alles Volk, das wegen des Alters und Geschlechtes nicht wehrfähig war, sofort gefangengenommen und erschlagen wurde. Die wehrfähige Mannschaft war über die Adrana[110] geschwommen und versuchte die Römer an dem Weiterbau einer Brücke zu hindern. Dann wurden sie durch den Einsatz von Schleudermaschinen und Pfeilschützen vertrieben, und nachdem sie vergebens versucht hatten, Friedensverhandlungen anzubahnen, ging eine Anzahl zu Germanicus über, während die übrigen ihre Dörfer und Gehöfte verließen und sich in die Wälder zerstreuten. Der Caesar steckte Mattium, den Vorort des Volksstammes[111], in Brand, verwüstete das flache Land und wandte sich dann zum Rhein, ohne dass es der Feind gewagt hätte, die abziehende Truppe im Rücken anzugreifen, was doch sonst seine Art ist, wenn mehr List als Furcht der Grund seines Zurückweichens gewesen ist. Die Cherusker hatten die Absicht gehabt, den

Chatten zu helfen. Aber Caecina schreckte sie dadurch, dass er sie bald hier, bald dort angriff. Und die Marser, die den Mut gehabt hatten, sich zum Kampf zu stellen, wies er durch ein erfolgreiches Gefecht in die Schranken.

(57) Bald darauf kamen Gesandte von Segestes mit der Bitte, ihm gegen die Gewalttätigkeit seiner Landsleute, von denen er belagert wurde, zu helfen. Arminius hatte bei ihnen größeren Einfluss, weil er zum Kriege riet. Denn bei den Barbaren richten sich das Vertrauen, das man einem Mann entgegenbringt, und sein Einfluss in bewegten Zeiten nach seinem Wagemut und seiner Entschlossenheit. Den Gesandten hatte Segestes seinen Sohn, namens Segimundus, beigegeben. Aber der junge Mann zögerte aus Schuldbewusstsein. Denn in dem Jahre, da Germanien abfiel, hatte er, in Ara Ubiorum zum Priester gewählt, seine Priesterbinden zerrissen und war zu den Meuterern geflüchtet. Doch die Hoffnung auf die römische Milde veranlasste ihn, die Aufträge seines Vaters zu überbringen. Er fand eine freundliche Aufnahme und wurde unter Bedeckung zum gallischen Ufer geschickt. Germanicus hielt es für lohnend, kehrtzumachen. Es kam zu einem Kampf mit den Belagerern, und Segestes wurde mit zahlreichen Verwandten und Klienten befreit. Darunter waren vornehme Frauen, auch die Gattin des Arminius, die ja die Tochter des Segestes war und mit dem Herzen mehr auf der Seite ihres Mannes als ihres Vaters stand. Sie ließ sich keine Träne entlocken und ließ kein demütiges Wort verlauten; die Hände unter dem Bausch ihres Kleides gefaltet, schaute sie auf ihren schwangeren Leib. Es kamen auch Rüstungen aus der Niederlage des Varus zum Vorschein, die den Männern, die sich jetzt ergaben, meistenteils als Beutestücke gegeben worden waren; zugleich erschien Segestes selbst, der, eine riesige Erscheinung, im Bewusstsein seiner guten Bundesgenossenschaft ganz ohne Furcht war.

(58) Er sprach etwa folgendermaßen: »Dies ist für mich

nicht der erste Tag, an dem ich meine unverbrüchliche Treue gegenüber dem römischen Volk zeige. Seitdem ich von dem vergöttlichten Augustus mit dem Bürgerrecht beschenkt worden bin, bestimmte euer Nutzen, wen ich als Freund und wen ich als Feind auserlas, und zwar nicht aus Hass gegen mein Vaterland – die Verräter sind ja auch denen, auf deren Seite sie sich stellen, verhasst –, sondern weil ich der Überzeugung war, dass der Vorteil der Römer auch der der Germanen ist, und weil ich den Frieden für besser als den Krieg hielt. Deshalb habe ich den Räuber meiner Tochter, der den Vertrag mit euch gebrochen hat, bei Varus, dem damaligen Befehlshaber des Heeres, angeklagt. Hingehalten durch die Saumseligkeit des Heerführers, habe ich, weil die Gesetze keinen richtigen Rückhalt boten, dringend gefordert, mich, Arminius und die in das Komplott Eingeweihten in Fesseln zu legen. Zeuge ist jene Nacht. Wäre sie doch lieber für mich die letzte gewesen! Was dann folgte, kann man zwar beweinen, aber nicht rechtfertigen. Jedoch habe ich Arminius in Ketten gelegt und habe solche meinerseits von seiner Partei erdulden müssen. Doch bei der ersten Gelegenheit, mit dir in Verbindung zu treten, gebe ich das Neue gegen das Alte hin, den Geist des Aufruhrs gegen den des Friedens, aber nicht in Erwartung einer Belohnung, sondern um mich der Rolle des Treulosen zu entledigen und dafür die des geeigneten Vermittlers für das germanische Volk zu übernehmen, falls es die Reue dem Verderben vorziehen sollte. Für die jugendbedingte Verirrung meines Sohnes bitte ich um Nachsicht. Dass meine Tochter mit Gewalt hierher gebracht worden ist, gestehe ich. Deine Sache wird es sein, zu beurteilen, was größeres Gewicht hat, dass sie ein Kind von Arminius bekommt oder dass sie meine leibliche Tochter ist.«
Der Caesar gab einen entgegenkommenden Bescheid, in dem er seinen Kindern und Verwandten versprach, es werde ihnen nichts geschehen, und ihm selbst einen Wohnsitz in der alten

Provinz[112] zusicherte. Sein Heer führte er zurück und nahm auf Anweisung des Tiberius den Titel »Imperator« an. Die Gattin des Arminius gebar einen Spross männlichen Geschlechts. Der Knabe wuchs in Ravenna auf. Von dem Spiel, das das Schicksal später mit ihm getrieben hat, werde ich zu gegebener Zeit berichten[113].

(59) Die Kunde von der Unterwerfung des Segestes und von seiner freundlichen Aufnahme wurde, je nachdem die Stimmung für oder gegen den Krieg war, mit Hoffnung oder Bedauern aufgenommen. Abgesehen von seiner angeborenen Leidenschaftlichkeit, trieb Arminius der Gedanke an den Raub seiner Gattin, an ihre Schwangerschaft, während der sie in der Sklaverei schmachtete, wie im Wahnsinn um. Er jagte in dem Cheruskerland umher und forderte Waffen gegen Segestes, Waffen gegen den Caesar. Auch mit Beschimpfungen sparte er nicht. Das sei ein hervorragender Vater, ein großer Imperator, ein tapferes Heer, das mit so viel Händen ein einziges schwaches Weib fortgeschleppt habe. Vor ihm seien drei Legionen und ebenso viele Legaten auf die Knie gesunken. Nicht mit Verrat, nicht gegen schwangere Frauen führe er Krieg, sondern offen gegen einen bewaffneten Feind. Immer noch sehe man in den Hainen der Germanen die römischen Feldzeichen, die er als Weihgabe für die heimischen Götter aufgehängt habe. Möge Segestes das unterworfene Ufergebiet bewohnen, seinem Sohn wieder das Priesteramt verschaffen: die Germanen werden nie sich damit abfinden, dass sie zwischen Elbe und Rhein Rutenbündel, Beile und die Toga gesehen haben. Andere Völkerschaften, die keine Bekanntschaft mit dem römischen Reich gemacht haben, wissen nichts von Blutgerichten und kennen keine Steuern. Diese Lasten hätten sie ja abgeschüttelt, und jener unter die Götter versetzte Augustus, jener als sein Nachfolger auserlesene Tiberius seien unverrichteter Dinge abgezogen. Darum sollten sie auch nicht jetzt vor einem uner-

fahrenen, ganz jungen Mann, vor einem meuternden Heer in Angst geraten. Wenn ihnen Vaterland, Eltern, die alten Verhältnisse höher stehen als Zwingherren und neue Ansiedlung, sollten sie lieber dem Arminius, dem Führer zu Ruhm und Freiheit, als dem Segestes, dem Führer zu schändlicher Knechtschaft, folgen.

(60) Dadurch wurden nicht nur die Cherusker, sondern auch die angrenzenden Völkerschaften aufgewiegelt und Inguiomerus, der Oheim des Arminius, der bei den Römern seit langem in Ansehen stand, zum Anschluss bewogen. So wuchs die Besorgnis des Caesar. Und damit nicht die ganze Wucht des Krieges auf einmal hereinbreche, schickte er Caecina mit vierzig römischen Kohorten, um den Feind zu zersplittern, durch das Gebiet der Bructerer an den Fluss Amisia[114], während die Reiterei der Befehlshaber Pedo durch das Gebiet der Friesen[115] führte. Er selbst fuhr mit vier Legionen, die er auf Schiffe verladen hatte, über die Seen[116]. Fußvolk, Reiterei und Flotte trafen gleichzeitig an dem vorbestimmten Fluss ein. Da die Chaucen Hilfstruppen zu stellen versprachen, wurden sie in die Heeresgemeinschaft aufgenommen. Die Bructerer, die selbst ihr Hab und Gut verbrannten, schlug L. Stertinius, den Germanicus mit einer leichten Heeresabteilung abgesandt hatte. Während des Mordens und Plünderns fand er den Adler der neunzehnten Legion, der unter Varus verlorengegangen war. Dann führte er sein Heer weiter bis zu der äußersten Grenze der Bructerer, und das ganze Gebiet zwischen den Flüssen Amisia und Lupia[117], nicht weit entfernt von dem Teutoburger Wald[118], in dem, wie es hieß, die Überreste des Varus und seiner Legionen unbegraben lagen, wurde verwüstet.

(61) Nun erwachte in dem Caesar das Verlangen, jenen Soldaten und ihrem Heerführer die letzte Ehre zu erweisen, wobei das ganze anwesende Heer von schmerzlichem Mitgefühl erfüllt war wegen der Verwandten und Freunde, kurz, wegen

der leidvollen Kriege und des menschlichen Loses. Caecina wurde vorausgeschickt, um die entlegenen Waldgebiete zu durchforschen und über das sumpfige Gelände und den trügerischen Moorboden Brücken und Dämme zu führen. Und nun betraten sie die Unglücksstätte, grässlich anzusehen und voll schrecklicher Erinnerungen. Das erste Lager des Varus wies an seinem weiten Umfang und der Absteckung des Hauptplatzes[119] auf die Arbeit von drei Legionen hin. Dann erkannte man an dem halbeingestürzten Wall und dem niedrigen Graben, dass die schon zusammengeschmolzenen Reste sich dort gelagert hatten. Mitten in dem freien Feld lagen die bleichenden Gebeine zerstreut oder in Haufen, je nachdem die Leute geflohen waren oder Widerstand geleistet hatten. Dabei lagen Bruchstücke von Waffen und Pferdegerippe, zugleich fanden sich an Baumstämmen angenagelte Köpfe. In den benachbarten Hainen standen die Altäre der Barbaren, an denen sie die Tribunen und die Centurionen der ersten Rangstufe geschlachtet hatten. Die Leute, die diese Niederlage überlebt hatten und der Schlacht oder der Gefangenschaft entronnen waren, erzählten, hier seien die Legaten gefallen, dort die Adler von den Feinden erbeutet worden; sie zeigten, wo Varus die erste Wunde erhalten, wo er mit seiner unseligen Rechten sich selbst den Todesstoß beigebracht habe; wo Arminius von der Tribüne herunter eine Ansprache gehalten habe, wie viele Galgen für die Gefangenen, was für Martergruben er habe herstellen lassen, wie er die Feldzeichen und Adler übermütig verhöhnt habe.

(62) Und nun setzte das hier befindliche römische Heer, sechs Jahre nach der Niederlage, die Gebeine von drei Legionen bei, in trauriger Stimmung und zugleich in wachsendem Zorn auf den Feind, ohne dass jemand erkannte, ob er die Überreste von Fremden oder von seinen eigenen Angehörigen in der Erde barg. Und es war, als ob sie alle zusammengehörten, als ob

sie Blutsverwandte seien. Das erste Rasenstück zur Aufschichtung des Hügels legte der Caesar als willkommensten Liebesdienst für die Toten und als Zeichen seiner Anteilnahme an dem Schmerz der Anwesenden. Dies fand jedoch nicht die Billigung des Tiberius, mag er nun alle Handlungen des Germanicus übel ausgelegt haben oder glaubte er, das Heer sei durch den Anblick der Erschlagenen und Unbegrabenen in seinem Kampfesmut geschwächt worden und fürchte sich nun mehr vor den Feinden. Der Oberfeldherr, der das Amt des Augurn versehe und uralte religiöse Handlungen zu verrichten habe, hätte nicht an einer Leichenbestattung teilnehmen dürfen.

(63) Aber Germanicus folgte dem Arminius, der sich in unwegsame Gegenden zurückzog, und befahl der Reiterei, sobald sich Gelegenheit dazu bot, vorzustürmen und dem Feind ein freies Feld, das er besetzt hatte, zu entreißen. Arminius forderte seine Leute auf, sich zusammenzuscharen und an das Waldgelände heranzurücken. Dann machte er plötzlich kehrt und gab den Abteilungen, die er überall in dem Waldgebiet versteckt hatte, das Zeichen zum Hervorbrechen. Jetzt wurde durch die neue Kampffront unsere Reiterei in Verwirrung gebracht, und die herbeigeschickten Reservekohorten, auf die der Strom der Fliehenden prallte, vermehrten noch die Bestürzung. Sie wären in das Sumpfgelände, in dem sich die Siegenden auskannten, während es für die Unkundigen gefährlich war, gedrängt worden, hätte nicht der Caesar die Legionen vorgeführt und zum Kampf aufgestellt. Dies erschreckte den Feind und ermutigte die eigene Truppe. Doch ohne dass es zu einer Entscheidung kam, trennte man sich.

Dann führte er das Heer an die Amisia zurück und brachte die Legionen zu Schiff, wie er sie hergeführt hatte, wieder zurück. Einem Teil der Reiterei befahl er, entlang der Küste zum Rhein zu marschieren. Caecina, der eine eigene Heeresabteilung führte, erhielt die Weisung, obgleich die Wege, auf denen er den Rückmarsch antreten wollte, bekannt waren, so rasch wie möglich die »Langen Brücken«[120] hinter sich zu bringen. Dies ist ein schmaler Fußpfad durch ausgedehntes Sumpfgelände, der einst von L. Domitius[121] als Damm aufgeführt worden war. Das übrige Gelände ist morastig, man bleibt dort im schweren Lehmboden hängen, oder Bachläufe machen es nur schwer begehbar. Ringsum stieg das Waldgelände langsam an, das Arminius jetzt dicht besetzte, nachdem er in Eilmärschen auf abgekürzten Wegen dem mit seinem Gepäck und mit Waffen belasteten römischen Heer zuvorgekommen war. Caecina, der unschlüssig war, wie er die im Laufe langer Zeit zusammengebrochenen Bohlenwege wiederherstellen und zugleich den Feind abwehren solle, beschloss an Ort und Stelle ein Lager abzustecken, damit der eine Teil mit der Befestigungsanlage beginnen, der andere den Kampf aufnehmen könne.

(64) Die Barbaren versuchten, die Postenkette zu durchbrechen und sich auf die Arbeitskommandos zu stürzen; sie forderten sie heraus, umzingelten sie und stürmten auf sie los. Durcheinander ertönte das Geschrei der Arbeitskommandos und der kämpfenden Truppe. Und überall stellten sich die gleichen Schwierigkeiten den Römern in den Weg: das grundlose Sumpfgelände, auf dem man nicht fest auftreten konnte und beim Vorwärtsgehen ausglitt, das Gewicht der Panzer, das auf dem Körper lastete, die Unmöglichkeit, im Wasser stehend die Wurfspeere zu schwingen. Dagegen waren die Cherusker an den Kampf im Sumpfgelände gewöhnt, waren hochgewachsen, führten gewaltige Lanzen, mit denen sie auch auf größere Entfernung ihre Gegner verwunden konnten. Erst die Nacht enthob die schon weichenden Legionen dem unter ungünstigen Bedingungen geführten Kampfe.

Die Germanen kannten angesichts ihrer Erfolge keine Müdigkeit. Sie gönnten sich auch jetzt keine Ruhe und leiteten alle Wasserläufe, die von den Anhöhen ringsum herunterkamen, in das tieferliegende Gelände ab. Dieses wurde überschwemmt und die schon fertiggestellten Befestigungsabschnitte verschüttet, wodurch die Mannschaften doppelte Arbeit zu leisten hatten. Es war das vierzigste Dienstjahr, in dem Caecina als Untergebener oder Vorgesetzter stand. Er hatte Erfahrung im Glück und Unglück gesammelt und ließ sich daher nicht in Schrecken versetzen. Und so fand er bei der Erwägung, welche weiteren Maßnahmen zu treffen seien, keinen anderen Ausweg, als den Feind aus dem Walde so lange nicht herauszulassen, bis die Verwundeten und der ganze schwere Tross einen Vorsprung gewonnen hätten. Denn in der Mitte zwischen den Bergen und den Sümpfen zog sich eine Ebene hin, die eine Aufstellung in schmaler Front ermöglichte. Von den Legionen wählte er die fünfte für die rechte, die einundzwanzigste für die linke Flanke, die erste für die Spitze der Marschkolonne, die zwanzigste als rückwärtige Deckung gegen eine etwaige Verfolgung aus.

(65) In der Nacht kam es aus verschiedenen Ursachen zu keiner Ruhe: die Talmulden und die widerhallenden Bergwälder waren erfüllt von dem fröhlichen Gesang oder dem wilden Lärmen der Barbaren, die festliche Gelage feierten; bei den Römern glimmten nur schwache Lagerfeuer, hörte man nur abgebrochene Laute, während sie selbst zerstreut an dem Wall herumlagen, in den Zelten umherirrten, mehr weil sie nicht schlafen konnten, als weil sie wachen wollten. Den Heerführer erschreckte ein grässliches nächtliches Traumbild: er glaubte, den blutbespritzten Quintilius Varus aus dem Sumpfgelände emportauchen zu sehen und ihn gleichsam rufen zu hören, ohne ihm jedoch Folge zu leisten; vielmehr stieß er die ausgestreckte Hand zurück. Bei Tagesanbruch verließen die zum Flankenschutz abgesandten Legionen aus Furcht oder Widersetzlichkeit ihre Stellung und besetzten eilig das freie Feld jenseits des Sumpfgeländes. Aber Arminius brach nicht sofort

hervor, obgleich seinem Angriff nichts im Wege gestanden hätte. Als aber der Tross im Schlamm und in den Gräben steckenblieb, überall bei den Soldaten Verwirrung um sich griff, die einzelnen Abteilungen nicht mehr geschlossen blieben und, wie es in einer solchen Lage zu gehen pflegt, jeder nur darauf bedacht war, rasch davonzukommen, und sich taub gegen Befehle stellte, da gab Arminius den Germanen den Befehl zum Angriff mit dem Ruf: »Seht da! Varus und die wiederum dem gleichen Verhängnis verfallenen Legionen!« Mit diesen Worten durchbrach er mit einer auserlesenen Truppe die Marschkolonne, wobei er hauptsächlich den Pferden Wunden beibrachte. Diese glitten in ihrem eigenen Blute und auf dem schlüpfrigen Sumpfboden aus, warfen die Reiter ab, trieben die Leute vor ihnen auseinander und zerstampften die am Boden liegenden. Der Kampf tobte hauptsächlich um die Adler, die weder gegen den Geschosshagel vorwärtsgetragen noch in dem schlammigen Boden festgemacht werden konnten. Während Caecina versuchte, den Kampf zum Stehen zu bringen, wurde sein Pferd unter ihm durchstochen. Er stürzte herab und wäre umzingelt worden, wenn nicht die erste Legion sich dem Feind entgegengeworfen hätte. Dabei kam die Habgier der Feinde zustatten, die von dem Morden abließen und sich auf das Beutemachen verlegten. So konnten sich die Legionen, als es Abend wurde, in offenes Gelände und auf festen Boden herausarbeiten. Doch damit war die Not noch nicht zu Ende: es musste ein Wall errichtet und Dammerde herbeigeschafft werden. Die Geräte für das Ausheben der Erde oder Ausstechen des Rasens waren größtenteils verlorengegangen, die Manipel hatten keine Zelte, für die Verwundeten gab es keine Verbandstoffe, die Nahrungsmittel, die man verteilte, waren durch Schmutz oder Blut verunreinigt, und die Soldaten jammerten über die Grabesnacht und dass so viele tausend Menschen nur noch einen einzigen Tag zu leben hätten.

(66) Zufällig riss sich ein Pferd von seinen Fesseln los, rannte, durch das Geschrei scheu geworden, umher und warf einige Leute um, die ihm in den Weg kamen. Man glaubte an einen Überfall der Germanen, und so kam es zu einer solchen Panik, dass alles zu den Toren stürzte, und zwar hauptsächlich zu dem rückwärts gelegenen Tor, das, vom Feinde abgelegen, den Fliehenden größere Sicherheit bot. Als Caecina feststellte, dass kein Grund zur Angst vorliege, er selbst jedoch weder durch sein Ansehen noch durch Bitten, ja nicht einmal durch tätliches Eingreifen dagegen etwas ausrichten oder die Mannschaften zurückhalten konnte, warf er sich auf die Schwelle des Tores. Erst indem er Mitleid erweckte, sperrte er den Weg, da man über den Körper des Legaten hätte gehen müssen. Zugleich klärten die Tribunen und Centurionen die Leute darüber auf, dass es blinder Alarm sei.

(67) Dann ließ er sie alle auf dem Hauptplatz antreten, forderte sie auf, seine Worte still anzuhören, und legte ihnen dar, was in der augenblicklichen Lage unbedingt erforderlich sei. Allein von den Waffen hätten sie Rettung zu erhoffen, jedoch müssten sie diese mit vorsichtiger Überlegung gebrauchen. Man solle innerhalb des Walles bleiben, bis die Feinde in der Hoffnung, ihn zu erstürmen, näher heranrückten. Dann müsse man auf allen Seiten einen Ausfall machen, wodurch man sich bis zum Rhein durchschlagen könne. Wenn sie fliehen, harren ihrer noch mehr Wälder, noch grundlosere Sümpfe und die Grausamkeit der Feinde. Aber wenn sie siegen, werden ihnen Ehre und Ruhm zuteil. Auch auf ihre Lieben in der Heimat und auf ihre Soldatenehre wies er sie hin. Von der schwierigen Lage schwieg er. Dann übergab er die Pferde, zuerst seine eigenen, dann die der Legaten und Tribunen ohne Ansehen der Person den tapfersten Kämpfern, damit zuerst diese zu Pferd und nach ihnen die Mannschaften zu Fuß auf den Feind losstürmten.

(68) Nicht geringere Unruhe herrschte bei den Germanen. Zuversicht und Kampflust erfüllten sie, während ihre Führer uneins waren. Arminius riet, die Feinde abziehen zu lassen und sie dann wieder in dem sumpfigen, unwegsamen Gelände zu umzingeln, während Inguiomerus für ein energischeres Vorgehen, das bei den Barbaren freudigen Anklang fand, eintrat und den Wall umzingeln und erstürmen wollte. Dies werde keine Mühe machen. Die Zahl der Gefangenen werde größer und die Beute unbeschädigt sein. Deshalb schütteten sie bei Tagesanbruch die Gräben zu, warfen Flechtwerk hinein und kletterten auf die Wallhöhe, auf der sich nur vereinzelte Leute zeigten, die vor Angst wie gelähmt waren. Als sie nun an den Befestigungen hingen[122], wurde den Kohorten unter dem Schmettern der Hörner und Trompeten das Zeichen zum Angriff gegeben. Mit Geschrei stürmten sie los und fassten die Germanen im Rücken, ihnen höhnisch zurufend: »Hier gibt es nicht Wälder noch Sümpfe; beiden Parteien bietet das Gelände, bieten die Götter die gleichen Möglichkeiten, sich zu bewähren!« Der Feind, der dachte, die Vernichtung der Römer werde keine Mühe machen, auch handle es sich nur um wenige halbbewaffnete Leute, wurde von dem Schmettern der Trompeten, dem Blitzen der Waffen, je weniger sie darauf gefasst waren, umso stärker betroffen. Und wie sie in günstiger Lage kampfbegierig losstürmten, so fielen sie jetzt in ungünstiger ohne alle Vorsicht. Arminius verließ unversehrt, Inguiomerus schwer verwundet das Kampffeld. Das Blutbad unter den Mannschaften hielt an, bis die Wut gestillt und der Tag zu Ende war. Erst bei Nacht kehrten die Legionen zurück. Zwar hatten sie noch mehr Verwundete als zuvor und litten unter dem gleichen Mangel an Lebensmitteln, doch der errungene Sieg ersetzte ihnen alles: Kraft, Gesundheit, Vorräte.

(69) Inzwischen hatte sich das Gerücht verbreitet, das Heer sei aufgerieben und die Germanen ziehen zum Angriff auf

Gallien heran. Und hätte nicht Agrippina den Abbruch der Rheinbrücke verhindert, hätten sich Leute gefunden, die zu diesem frevelhaften Tun aus Angst bereit waren. Aber die willensstarke Frau übernahm in diesen Tagen die Aufgaben des Heerführers und verteilte an alle bedürftigen Soldaten Kleidungsstücke und Verbandmittel. C. Plinius, der Geschichtsschreiber der Germanenkriege[123], überliefert, sie habe vorn an der Brücke gestanden und Lob und Dank den zurückgekehrten Legionen gesagt. Dies versetzte Tiberius in tiefe Unruhe. Solche Formen der Fürsorge seien nicht harmlos, und es seien nicht die auswärtigen Feinde, gegen die sich die Bemühungen um die Sympathie der Soldaten richten. Nichts mehr haben die Oberbefehlshaber zu tun und zu sagen, wenn eine Frau die Manipel mustere, sich zu den Feldzeichen stelle, es mit Schenkungen versuche, als ob es nicht genug des Buhlens um Gunst wäre, wenn sie den Sohn des Heerführers in Soldatentracht umhertrage und ihn Caesar Caligula genannt wissen wolle. Schon gelte Agrippina bei den Heeren mehr als die Legaten, als die Heerführer. Eine Frau habe eine Meuterei erstickt, der der Name des Princeps nicht habe Einhalt gebieten können. Seianus schürte das Feuer und verschärfte die Lage. Er kannte den Charakter des Tiberius und säte den Hass, auf lange Zeit berechnet, aus. Tiberius sollte den Hass in seinem Herzen bewahren, um ihn dann vervielfacht hervorbrechen zu lassen.

(70) Aber Germanicus übergab von den Legionen, die er zu Schiff herbeigeführt hatte, die zweite und vierzehnte dem P. Vitellius mit dem Befehl, sie auf dem Landweg weiterzuführen, damit die Flotte mit geringerer Belastung auf dem seichten Meere weiterfahre oder auch bei Ebbe nicht so sehr festsitze. Zuerst marschierte Vitellius ungestört auf trockenem Boden oder bei nur niederem Wasserstand zur Flutzeit. Dann aber wurde mit dem Aufkommen eines starken Nordwindes – es war die Zeit der Tagundnachtgleiche, wo der Ozean sehr

stark anschwillt – die Marschkolonne mit fortgerissen. Das Land wurde überflutet. Meer, Strand und Niederungen boten das gleiche Bild; unsicheren und festen Boden, seichte und tiefe Stellen konnte man nicht mehr unterscheiden. Die Leute wurden von den Fluten umgeworfen, von den Strudeln verschlungen: Zugtiere, Gepäck, Leichen schwammen umher, trieben ihnen entgegen. Die Manipel kamen durcheinander, da sie bald bis zur Brust, bald bis zum Mund im Wasser standen, bisweilen auch den Boden unter den Füßen verloren und auseinander gerieten oder untergingen. Kein Zuruf, kein gegenseitiger Zuspruch half gegen die anstürmende Wasserflut. Es machte keinen Unterschied, ob einer mutig oder feig, besonnen oder unbesonnen war, ob er überlegte oder sich dem Zufall überließ, alles wurde mit gleicher Gewalt fortgerissen. Endlich arbeitete sich Vitellius auf ein höher gelegenes Gelände hinauf, auf das er die Kolonne führte. Dort übernachteten sie ohne Lebensmittel, ohne Feuer, zum großen Teil ohne Kleidung oder mit zerschundenem Körper, in einem nicht minder bejammernswerten Zustand, als wenn sie vom Feind eingeschlossen wären. Denn in diesem Fall besteht wenigstens die Möglichkeit, ehrenvoll zu sterben, während hier nur ein unrühmlicher Untergang bevorstand. Bei Tagesanbruch sah man wieder die Erde, und der Marsch ging weiter bis zum Visurgis[124], wohin Germanicus mit der Flotte gefahren war. Dann wurden die Legionen eingeschifft, während sich das Gerücht verbreitete, sie seien ertrunken. Und nicht eher glaubte man an ihre Rettung, als man den Caesar mit seinem Heer zurückgekehrt sah.

(71) Schon hatte Stertinius, der vorausgeschickt war, um die Unterwerfung des Segimerus, des Bruders des Segestes, entgegenzunehmen, diesen selbst und seinen Sohn in die Stadt der Ubier verbracht. Beiden wurde Verzeihung gewährt, ohne weiteres Segimerus, zögernder seinem Sohn, weil es hieß, er habe den Leichnam des Quintilius Varus verhöhnt. Übrigens

boten Gallien, Spanien, Italien, um die Verluste des Heeres zu ergänzen, um die Wette das Kriegsmaterial an, über das jedes Land verfügte: Waffen, Pferde, Gold. Germanicus lobte ihren Eifer, nahm jedoch nur Waffen und Pferde für die Kriegführung an und half den Soldaten mit seinem eigenen Gelde. Und um die Erinnerung an das Unglück auch durch Leutseligkeit zu mildern, besuchte er die Verwundeten, rühmte die Taten jedes einzelnen, sah sich die Wunden an und stärkte bei den einen durch die Aussicht auf Beförderung, bei den andern durch die Erwähnung ihres rühmlichen Verhaltens, bei allen miteinander durch seinen Zuspruch und seine Fürsorge das Vertrauen zu seiner Person und den Mut für den weiteren Kampf.

(72) In diesem Jahr wurden die Triumphinsignien A. Caecina, L. Apronius und C. Silius wegen ihrer Taten unter Germanicus zuerkannt. Den Namen »Vater des Vaterlandes«[125], den ihm das Volk wiederholt hatte aufdrängen wollen, lehnte Tiberius ab. Auch gestattete er es trotz einem Antrag des Senats nicht, dass man auf seine Verordnungen einen Eid ablege[126], wobei er erklärte, alles Menschliche sei vergänglich, und je mehr er erreicht habe, desto schlüpfriger sei der Boden, auf dem er stehe. Trotzdem erweckte er keinen Glauben an seinen Bürgersinn. Denn er hatte das Majestätsgesetz, das in alter Zeit den gleichen Namen hatte, wieder in Kraft gesetzt. Aber es waren andere Fälle, die damals vor den Richterstuhl kamen: wenn man dem Heer durch Verrat oder dem Bürgerstand durch Aufwiegelung, überhaupt durch eine das Gemeinwesen schädigende Handlung der Hoheit des römischen Volkes Eintrag getan hatte. Nur Handlungen wurden gerichtlich verfolgt, Worte blieben unbestraft. Augustus war der erste, der unter Berufung auf dieses Gesetz eine Untersuchung über Schmähschriften einleitete[127], veranlasst durch die Hemmungslosigkeit, mit der Cassius Severus erlauchte Männer und Frauen in frechen Schriften verunglimpft hatte[128]. Später hat Tiberius auf

die Anfrage des Prätors Pompeius Macer, ob gerichtliche Verfahren wegen Majestätsverbrechen eingeleitet werden sollten, geantwortet, man solle die Gesetze anwenden. Auch ihn hatten Gedichte auf seine Hartherzigkeit und auf seinen Hochmut und auf die Misshelligkeiten zwischen ihm und seiner Mutter, die von unbekannten Verfassern verbreitet wurden, erbittert.

(73) Es wird nicht Missmut erregen, wenn ich von den Beschuldigungen berichte, die man als Vorspiel gegen Falanius und Rubrius, zwei unbedeutende römische Ritter, erhob, damit man erkennt, wie jenes schwere Unheil begonnen, wie geschickt Tiberius es sich hat einschleichen lassen, wie es dann wieder eingedämmt und zuletzt zu einem alles verzehrenden Brand wurde. Falanius warf sein Ankläger vor, dass er unter die Verehrer des Augustus, die in allen großen Häusern eine Art Kollegien[129] bildeten, einen Schauspieler, namens Cassius, der durch seine Unzucht verrufen war, aufgenommen sowie beim Verkauf seiner Gärten das Standbild des Augustus mitverkauft habe. Rubrius wurde beschuldigt, er habe durch einen Meineid des Augustus göttliche Hoheit verletzt. Als dies Tiberius erfuhr, brachte er in einem Schreiben an die Konsuln zum Ausdruck[130], nicht dazu habe man seinen Vater in den Himmel erhoben, dass diese Ehre Mitbürgern zum Verderben ausschlage. Der Schauspieler Cassius habe mit anderen Zunftgenossen gewöhnlich an den Spielen teilgenommen, die seine Mutter zum Andenken an Augustus geweiht habe. Und es verstoße nicht gegen die religiösen Vorschriften, wenn dessen Bildnis, wie andere Bilder von Gottheiten, beim Verkauf von Gärten und Häusern mitverkauft werden. Ein Meineid sei einer Täuschung Iuppiters gleichzusetzen. Vergehen gegen die Götter seien der Götter Angelegenheit.

(74) Doch bald darauf forderte den Prätor von Bithynien[131], Granius Marcellus, sein eigener Quästor Caepio Crispinus wegen Majestätsbeleidigung vor Gericht, wobei Romanus Hispo

die Anklage mit unterschrieb. Crispus schlug damit in seinem Leben eine Bahn ein, auf der er später infolge der elenden Zeiten und der menschlichen Frechheit zahlreiche Nachfolger gefunden hat. Denn während er, der in dürftigen Verhältnissen lebte, von niedriger Herkunft und ein umtriebiger Mensch war, mit geheimen Anklageschriften bei dem zur Grausamkeit neigenden Princeps sich einschlich und dann die berühmtesten Männer in Gefahr brachte, gewann er Einfluss bei dem einen und zog sich Hass bei allen zu. Er gab ein Beispiel, dessen Nachahmung aus Armen Reiche, aus Verachteten Gefürchtete machte und andere in das Verderben stürzte, dem sie zuletzt selbst anheimfielen. Aber Marcellus bezichtigte er, über Tiberius beleidigende Äußerungen getan zu haben, eine Beschuldigung, bei der es kein Entrinnen gab, da der Ankläger von den Wesenszügen des Princeps gerade die abscheulichsten auswählte, um dies dem Angeklagten vorzuwerfen. Denn weil es der Wahrheit entsprach, glaubte man, dass es der Angeklagte auch wirklich so gesagt habe. Hispo fügte noch hinzu, das Bild des Marcellus habe einen höheren Standort gehabt als die der Caesaren, und bei einem anderen Standbild habe er den Kopf des Augustus abgeschlagen und dafür den des Tiberius aufgesetzt. Darüber kam Tiberius derartig in Wut, dass er sein Schweigen brach und ausrief, auch er werde in dieser Sache seine Stimme abgeben, und zwar offen und unter Eid[132]. Damit sollten auch die anderen dazu gezwungen werden. Immer noch hielten sich Spuren der sterbenden Freiheit. Deshalb fragte Cn. Piso: An welcher Stelle willst du, Caesar, deine Stimme abgeben? Wenn an erster, weiß ich, welcher ich mich anzuschließen habe; wenn an letzter, befürchte ich, unwissentlich anderer Meinung zu sein[133]. Dadurch betroffen, nahm Tiberius, je unvorsichtiger er aufgebraust war, desto ruhiger und sein Verhalten bereuend, es hin, dass der Angeklagte von der Anschuldigung der Majestätsbeleidigung freigesprochen wurde. Die Anklage wegen Erpressung wurde an die Reciperatoren verwiesen[134].

(75) Da er an den Untersuchungen im Senat nicht genug hatte, saß er oft bei den ordentlichen Gerichtsverhandlungen in einer Ecke des Tribunals, um den Prätor nicht von seinem kurulischen Sessel zu verdrängen. Viele Beschlüsse wurden dort in seiner Anwesenheit gefasst, die sich gegen Amtserschleichung und die Fürsprache einflussreicher Persönlichkeiten richteten. Aber während so für die Wahrheit gesorgt wurde, wurde die Freiheit untergraben. Bei einem solchen Anlass klagte der Senator Pius Aurelius, durch den Bau einer öffentlichen Straße und durch eine Wasserleitung sei sein Haus baufällig geworden, und appellierte an die Unterstützung der Väter. Als die Prätoren der Staatskasse dagegen Einspruch erhoben, griff der Caesar ein und ließ dem Aurelius den Wert seines Hauses anweisen, in dem Wunsch, sein Geld zu anständigen Zwecken zu verwenden. Dieser Tugend blieb er noch lange treu, auch als er die übrigen ablegte. Dem früheren Prätor Propertius Celer, der wegen Armut um Entlassung aus dem Senatorenstand bat, schenkte er eine Million Sesterzen, da hinlänglich bekannt war, dass dessen Notlage schon von seinem Vater herrührte. Als jedoch andere den gleichen Versuch machten, befahl er ihnen, sich vor dem Senat auszuweisen, in seiner Neigung zur Strenge auch da hart, wo sein Handeln recht und billig war. So kam es, dass die andern lieber schwiegen und arm blieben, als sich öffentlich auszuweisen und Wohltaten zu empfangen.

(76) In demselben Jahr hatte der durch anhaltende Regengüsse angeschwollene Tiber die ebenen Stadtteile überschwemmt. Als das Hochwasser zurückging, zeigte es sich, dass Häuser und Menschen schweren Schaden erlitten hatten. Deshalb beantragte Asinius Gallus, man solle die Sibyllinischen Bücher befragen. Tiberius, der gegenüber menschlichen

wie göttlichen Dingen gleich verschlossen war, lehnte es ab. Die Aufgabe, durch Eindämmung des Flusses Abhilfe zu schaffen, wurde Ateius Capito und L. Arruntius[135] übertragen. Achaia und Macedonien[136], die um die Herabsetzung ihrer Lasten baten, beschloss man, für jetzt aus der prokonsularischen Verwaltungshoheit herauszunehmen und dem Caesar zu überweisen. Bei der Veranstaltung von Fechterspielen, die Drusus im Namen seines Bruders Germanicus und im eigenen Namen angeboten hatte, führte Drusus den Vorsitz – wobei er eine allzu große Freude an dem Blute, sowenig es auch wert war, zeigte. Dieses Verhalten erregte beim Volke angstvolle Gefühle, und auch sein Vater soll es gerügt haben. Warum Tiberius selbst dem Schauspiel fernblieb, fand eine unterschiedliche Erklärung: die einen sagten, schuld sei seine Abneigung gegen Menschenansammlungen gewesen, andere schoben es auf sein finsteres Wesen und die Scheu vor einem Vergleich mit Augustus, der bei dieser Gelegenheit seine Leutseligkeit gezeigt habe. Ich möchte nicht glauben, dass er seinem Sohn die Gelegenheit verschafft hat, seine Grausamkeit offen zu zeigen und beim Volk Anstoß zu erregen, obgleich auch davon die Rede war.

(77) Aber die Ausschreitungen im Theater, die schon im vorausgegangenen Jahr begonnen hatten, nahmen jetzt bedenklichere Formen an: es wurden nicht nur Angehörige der Plebs, sondern auch Soldaten und ein Centurio erschlagen und der Tribun einer Prätorianerkohorte verwundet, als sie gegen Beschimpfungen der Regierungsbeamten und gegen die Streitereien des Pöbels einschritten. Über diesen Krawall verhandelte man vor den Vätern, und es wurden Meinungen laut, man solle den Prätoren das Züchtigungsrecht gegen die Schauspieler zugestehen. Der Volkstribun Haterius Agrippa erhob dagegen Einspruch, weshalb er von Asinius Gallus in einer Rede hart angefahren wurde; Tiberius schwieg dabei und gewährte dem

Senat dieses Scheinbild von Freiheit. Dennoch drang der Einspruch durch, weil der vergöttlichte Augustus früher einmal den Bescheid gegeben hatte, die Schauspieler dürfen nicht geprügelt werden, und Tiberius nahm sich nicht das Recht heraus, dessen Anordnungen aufzuheben. Über die Beschränkung ihrer Gage und gegen die Hemmungslosigkeit ihres Anhangs wurden viele Beschlüsse gefasst. Unter ihnen sind die hervorstechendsten: kein Senator darf das Haus eines Pantomimen betreten; wenn sie auf die Straße gehen, darf kein römischer Ritter ihnen das Geleite geben; nur im Theater dürfen sie auftreten. Zuchtloses Benehmen der Zuschauer kann von den Prätoren mit Verbannung bestraft werden.

(78) Den Spaniern wurde auf ihr Ansuchen gestattet, einen Tempel in der Kolonie Tarraco[137] dem Augustus zu errichten, womit für alle Provinzen ein Beispiel gegeben wurde. Als das Volk die Abschaffung der Einprozentsteuer auf alle Handelswaren, die nach den Bürgerkriegen eingeführt worden war[138], erbat, erklärte Tiberius, die Kriegskasse stütze sich auf diese Einnahme. Auch könne das Gemeinwesen seiner Aufgabe nicht gerecht werden, wenn die Veteranen vor Ablauf von zwanzig Dienstjahren entlassen würden. So wurden die übel errungenen Erfolge des letzten Aufruhrs, bei dem man die Entlassung aus dem militärischen Dienst nach sechzehn Jahren erpresst hatte, für die Folge wieder abgeschafft.

(79) Darauf wurde im Senat von Arruntius und Ateius darüber Vortrag gehalten, ob man zur Eindämmung der Überschwemmungen des Tiber die Flüsse und Seen, die das Steigen des Wassers verursachen, ableiten solle. Man hörte dazu Abordnungen aus den Landstädten und Kolonien an. Die Florentiner baten, man solle nicht den Clanis[139] aus seinem bisherigen Bett verdrängen und in den Arnus[140] umleiten, was für sie selbst verhängnisvoll werde. Damit stimmten die Bedenken, die die Interamnaten[141] vorbrachten, überein: zugrunde gerich-

tet würden die fruchtbarsten Gefilde von Italien, wenn der Nar[142] – mit dieser Absicht ging man um –, in einzelne Kanäle aufgeteilt, Hochwasser führe. Auch die Reatiner[143] schwiegen nicht: sie lehnten den Plan ab, den Velinersee[144] an seinem Ausfluss in den Nar abzudämmen, da er in das umliegende Land sich Bahn brechen werde. Am besten habe immer noch für das menschliche Wohl die Natur Vorsorge getroffen, die den Flüssen ihre Mündungen, ihren Lauf und wie ihren Ursprung so auch ihr Ende gegeben habe. Auch müsse man die religiösen Gebräuche der Bundesgenossen[145] berücksichtigen, die Opferdienst, Haine und Altäre den heimischen Flüssen geweiht hätten. Ja, auch der Tiber wolle nicht, gänzlich seiner Nebenflüsse beraubt, mit verminderter Pracht dahinfließen. Mögen nun die Bitten der Kolonien oder die Schwierigkeiten des Unternehmens oder auch religiöse Rücksichten ins Gewicht gefallen sein, man pflichtete bei der Abstimmung dem Cn. Piso bei, der beantragt hatte, nichts zu ändern.

(80) Dem Poppaeus Sabinus[146] wurde die Verwaltung der Provinz Mösien[147] verlängert und Achaia sowie Macedonien[148] hinzugefügt. Auch dies war eine Eigenheit des Tiberius, militärische Befehlshaberstellen zu verlängern und deren Inhaber zum großen Teil lebenslänglich in den gleichen Heeren oder Richterämtern zu belassen. Dafür werden verschiedene Gründe angegeben: die einen sagen, er habe aus Widerwillen gegen eine neue Sorge das einmal Beschlossene als für alle Zeiten gültig beibehalten, andere wieder, das Motiv sei Neid gewesen; es sollte nicht eine größere Anzahl in den Genuss von solchen Stellen kommen; manche glauben auch, bei aller Schlauheit sei er ängstlich gewesen, wenn er einen Entschluss fassen sollte. Denn auf hervorstechende Tugenden legte er keinen Wert, aber er hasste auch menschliche Unzulänglichkeiten. Von den Besten befürchtete er Gefahr für seine Person, von den Schlechtesten Schande für das Gemeinwesen. Diese Unschlüssigkeit

brachte ihn zuletzt so weit, dass er manchen Männern Provinzen übertrug, die er aus der Hauptstadt gar nicht herauslassen wollte.

(81) Über die Konsulwahlen, wie sie jetzt zum ersten Mal unter diesem Princeps und dann auch weiterhin stattfanden, kann ich kaum etwas mit Bestimmtheit behaupten, so widersprechend sind die Angaben, die man ebenso bei den Schriftstellern wie in seinen eigenen Reden findet. Das eine Mal unterschlug er die Namen der Bewerber und machte lediglich Angaben über die Herkunft jedes einzelnen, seinen Lebenslauf und seine Dienstjahre, damit man merke, wer damit gemeint sei; ein andermal ließ er auch diese Andeutungen weg und ermahnte nur die Bewerber, die Wahlen nicht durch Umtriebe zu stören, wobei er versprach, seinerseits für die Aufrechterhaltung der Ordnung zu sorgen. Meistens äußerte er sich dahin, es hätten sich bei ihm nur die Bewerber gemeldet, deren Namen er den Konsuln mitgeteilt habe. Es könnten sich ja auch noch andere melden, sofern sie sich auf ihre Beliebtheit oder ihre Verdienste verlassen könnten. Schön klingende Worte, die in Wirklichkeit nichts besagten oder auch heimtückisch waren und die, je größer das Trugbild der Freiheit war, in das sie gekleidet waren, zu einer umso bittereren Knechtschaft führen sollten.

Buch II

(1) Unter dem Konsulat von Sisenna Statilius Taurus und L. Libo brachen Unruhen in den Königreichen des Orients und in den römischen Provinzen aus. Ihren Ausgang nahmen sie bei den Parthern, die den König, den sie von Rom baten und auch erhalten hatten, obwohl er vom Stamm der Arsaciden war, als einen Fremdling ablehnten. Dieser war Vonones, der von Phraates dem Augustus als Geisel gegeben worden war. Denn obgleich Phraates die römischen Heere und ihre Führer zurückgeschlagen hatte, hatte er alle Pflichten der Verehrung Augustus gegenüber erfüllt und einen Teil seiner Kinder zur Bekräftigung der Freundschaft dorthin geschickt, wobei er weniger aus Furcht vor uns handelte als vielmehr aus Misstrauen gegenüber seinen Landsleuten. 16 n. Chr.

(2) Nach dem Tode des Phraates und der nachfolgenden Könige kamen wegen Bluttaten im Lande Abgeordnete der parthischen Führungsschicht nach Rom, um Vonones, des Phraates ältesten Sohn[1], heimzuholen. Augustus betrachtete dies als eine besondere persönliche Ehrung und stattete ihn mit reichlichen Mitteln aus. Und die Barbaren nahmen ihn freudig auf, wie es die Regel ist, wenn ein neuer Herrscher kommt. Bald aber regte sich ihr Ehrgefühl: die Parther seien entartet, aus einer anderen Welt hätten sie sich ihren König geholt, der von dem Gebaren der Feinde sich habe anstecken lassen. Schon werde der Thron der Arsaciden wie eine römische Provinz behandelt und über ihn verfügt. Wo bleibe der Ruhm derer, die einen Crassus erschlugen, einen Antonius davonjagten, wenn ein Sklave des Caesaren, der so viele Jahre die Knechtschaft erduldet habe[2], über die Parther gebiete. Er selbst schürte noch die Empörung dadurch, dass er im Gegensatz zu den herkömmlichen Gebräuchen selten auf die Jagd ging, sich wenig um Pferde kümmerte, sich in einer Sänfte tragen ließ,

wenn er durch die Städte zog, und die einheimischen Schmausereien verachtete. Man spottete auch über sein griechisches Gefolge und darüber, dass er die wertlosesten Gebrauchsgegenstände unter Siegel verschloss. Aber man fand bei ihm ohne weiteres Einlass und entgegenkommende Freundlichkeit. Das waren bei den Parthern unbekannte Tugenden, die aber als neue Laster galten, und weil sie ihren eigenen Sitten fremd waren, erweckten seine Handlungen gleichen Hass, ob sie verwerflich oder edel waren.

(3) So riefen sie also Artabanus, aus dem Geschlecht der Arsaciden, der bei den Dahern[3] aufgewachsen war, herbei. Zwar wurde er beim ersten Zusammenstoß geschlagen, aber er stellte die Kampfkraft seiner Truppen wieder her und bemächtigte sich des Thrones.

Der besiegte Vonones fand in Armenien Zuflucht, das damals herrenlos zwischen dem Machtbereich der Parther und Römer lag und auf das man sich nicht verlassen konnte wegen der Freveltat des Antonius, der Artavasdes[4], den König der Armenier, unter dem Schein der Freundschaft zu sich gelockt, dann in Ketten gelegt und schließlich umgebracht hatte. Sein Sohn Artaxias, erbittert gegen uns im Gedenken an seinen Vater, sicherte mit der Macht der Arsaciden sich und seinen Thron. Nach der Ermordung des Artaxias durch einen hinterlistigen Anschlag seiner Verwandten gab Augustus den Armeniern Tigranes, der von Tiberius Nero auf den Thron gesetzt wurde[5]. Aber die Herrschaft des Tigranes dauerte nicht lange, auch nicht die seiner Kinder, obwohl sie nach fremdländischer Sitte sich heirateten und gemeinsam die Regierung ausübten.

(4) Dann wurde auf Befehl des Augustus Artavasdes eingesetzt und nicht ohne Verluste unsererseits wieder gestürzt. Darauf wurde C. Caesar[6] dafür ausersehen, die Ordnung in Armenien wiederherzustellen. Er setzte Ariobarzanes, einen gebürtigen Meder, über die Armenier, die damit wegen seiner

körperlichen Schönheit und seiner hervorragenden Gesinnung einverstanden waren. Als Ariobarzanes einem Zufall zum Opfer fiel, duldeten sie seine Nachkommen nicht. Sie versuchten es mit der Regierung einer Frau, die Erato hieß; aber sie wurde bald vertrieben, und die Armenier nahmen, unsicher und ohne festen Halt und mehr herrenlos als frei, den flüchtigen Vonones als ihren Herrscher an. Als aber Artabanus drohte und Vonones bei den Armeniern keine rechte Unterstützung fand, oder für den Fall, dass er durch unsere Macht verteidigt werden sollte, ein Krieg gegen die Parther in Kauf zu nehmen war, da beschied ihn der Statthalter von Syrien, Creticus Silanus[7], zu sich und stellte ihn unter Bewachung, während er ihm seine üppige Lebensweise und den Königstitel beließ. Mit welchen Mitteln nun Vonones diesem üblen Spiel, das man mit ihm trieb, zu entrinnen versucht hat, darüber werde ich am gegebenen Ort berichten[8].

(5) Übrigens kam es dem Tiberius nicht ungelegen, dass im Orient Unruhen ausbrachen. Er wollte unter diesem Vorwand Germanicus von seinen vertrauten Legionen entfernen und ihn über neue Provinzen setzen, um ihn so der Hinterlist und zugleich gefährlichen Zufällen auszusetzen. Doch je lebhafter sich ihm die Sympathien der Soldaten zuwandten und je stärker die Abneigung seines Oheims gegen ihn wuchs, umso mehr war er darauf bedacht, den Sieg zu beschleunigen. Und so beschäftigte er sich mit Plänen für kommende Schlachten und mit all den schrecklichen oder auch glücklichen Ereignissen während der verflossenen zwei Kriegsjahre: Die Germanen werden in der offenen Feldschlacht und auf normalem Gelände besiegt, aber es kommen ihnen zustatten Wälder und Sümpfe, ein kurzer Sommer und ein frühzeitiger Winter. Seine eigenen Mannschaften leiden nicht so sehr durch Verwundungen als durch weite Märsche und die Einbuße von Waffen. Gallien sei erschöpft durch die Lieferung von Pferden. Die lan-

ge Trosskolonne verlocke zu Überfällen und könne nur schwer verteidigt werden. Wenn er jedoch auf das Meer gehe, habe er auf diesem Gebiet freie Bahn, während sich die Feinde dort nicht auskennen. Zugleich könne man den Krieg früher beginnen und die Legionen gleichzeitig mit dem Nachschub befördern. Ungeschwächt werde die Reiterei mit ihren Pferden nach dem Transport von den Flussmündungen aus auf dem Wasserweg mitten nach Germanien gelangen.

(6) Diese Erwägungen bestimmten ihn nun zu folgenden Maßnahmen. P. Vitellius[9] und C. Antius wurden abgeschickt, um die Steuererhebung in Gallien durchzuführen. Indessen erhielten Silius, Anteius und Caecina den Auftrag, eine Flotte zu bauen. Tausend schleunigst gebaute Schiffe schienen ausreichend zu sein. Ein Teil war kurz mit schmalem Vorder- und Hinterdeck und weitem Bauch, um leichter der Flut standzuhalten. Manche hatten platte Kiele, um ohne Beschädigung auf Grund laufen zu können; eine größere Anzahl war mit Steuerrudern vorn und hinten ausgerüstet, um die Ruder plötzlich wenden und mit der einen oder anderen Seite landen zu können. Viele hatten Brückenüberbauten, auf denen man Geschütze bewegen konnte. Sie waren zugleich für den Transport von Pferden oder Kriegsbedarf geeignet. Mit leicht zu handhabendem Segelwerk und mit schnellbeweglichen Rudern ausgerüstet, wuchsen sie dank dem freudigen Einsatz der Soldaten heran und boten einen furchterregenden Anblick. Die Insel der Bataver[10] war als Sammelpunkt bestimmt wegen ihrer guten Landemöglichkeiten und weil sie sich zur Aufnahme von Vorräten und zur Verlegung des Kriegsschauplatzes eignete. Denn der Rhein, der bis dorthin in einem einheitlichen Strombett fließt oder nur um kleine Inseln sich herumwindet, teilt sich bei seinem Eintritt in das Bataverland gleichsam in zwei Flüsse, aber behält auf der germanischen Seite seinen Namen wie auch seine starke Strömung bei, bis er sich mit dem Ozean

vereinigt. An dem gallischen Ufer fließt er breiter und ruhiger (mit geändertem Namen nennen ihn die Anwohner Vahalis[11]), dann vertauscht er auch diesen Namen mit dem Flusse Mosa[12], und mit ihm zusammen mündet er in gewaltiger Breite in den Ozean.

(7) Aber während die Schiffe herangeführt wurden, befahl Germanicus dem Legaten Silius, mit einer leicht beweglichen Truppe in das Land der Chatten einzufallen. Er selbst führte auf die Nachricht, das an dem Flusse Lupia angelegte Kastell werde belagert, sechs Legionen dorthin. Doch konnte Silius wegen plötzlicher Regenfälle nichts weiter ausrichten. Er konnte nur unbedeutende Beute und die Gattin des Chattenfürsten Arpus mit ihrer Tochter entführen. Und auch dem Caesar gaben die Belagerer keine Gelegenheit zu einem Kampfe. Sie verschwanden bei der Kunde von seinem Erscheinen. Jedoch hatten sie den erst kürzlich für die Legionen des Varus errichteten Grabhügel und einen früher für Drusus gebauten Altar zerstört. Diesen stellte der Princeps wieder her und veranstaltete selbst an der Spitze der Legionen einen Vorbeimarsch. Den Hügel zu erneuern hielt er nicht für angebracht. Das ganze Gebiet zwischen dem Kastell Aliso[13] und dem Rhein wurde mit neuen Grenzwegen und Dämmen befestigt.

(8) Schon war die Flotte angekommen. Der Caesar hatte die Verpflegung vorausgesandt, die Legionen und die Bundesgenossen auf die Schiffe verteilt und war in den nach Drusus genannten Kanal[14] eingelaufen, wobei er zu seinem Vater Drusus betete, er möge ihm, da er jetzt das gleiche Wagnis auf sich nehme, huldreich und gnädig mit seinem Vorbild und dem Gedenken an seine Maßnahmen und Bauten zur Seite stehen. Von hier aus fuhr er durch die Seen und den Ozean bis zur Amisia in günstiger Fahrt. Die Flotte blieb in dem linken Flussbett der Amisia[15] zurück. Dabei beging er den Fehler, dass er sie nicht flussaufwärts fahren ließ. Er brachte die Truppe über den

Fluss hinüber, da sie in die rechts gelegenen Gebiete marschieren sollte. So wurden mehrere Tage auf den Bau von Brücken verwendet. Die Reiterei und die Legionen zogen zwar unerschrocken durch die ersten Niederungen, solange die Flut noch nicht stieg, jedoch die Nachhut, die aus Hilfstruppen bestand, einschließlich der dazugehörigen Bataver, kam, als sie in das Wasser sprangen und ihre Schwimmkunst zeigten, in Unordnung, wobei auch einige ertranken. Während der Caesar ein Lager abstecken ließ, wurde ihm der Aufstand der Angrivarier[16] in seinem Rücken gemeldet: er schickte Stertinius mit Reiterei und einer leichtbewaffneten Truppe sofort dahin und bestrafte mit Feuer und Schwert die Treulosigkeit.

(9) Der Strom Visurgis floss zwischen den Römern und Cheruskern. An ihrem Ufer stellte sich Arminius mit den anderen Häuptlingen auf und fragte, ob Germanicus gekommen sei. Als er die Antwort erhielt, er sei da, bat er um die Erlaubnis, mit seinem Bruder zu sprechen. Dieser befand sich bei dem römischen Heer, wo er den Beinamen Flavus führte, sich durch Treue auszeichnete und wenige Jahre vorher unter der Heerführung des Tiberius durch eine Verwundung ein Auge verloren hatte. Die Erlaubnis wurde erteilt; er trat vor und wurde von Arminius begrüßt. Dieser schickte sein Gefolge weg und verlangte, dass die an unserem Ufer aufgestellten Bogenschützen sich entfernen. Als dies geschehen war, fragte er seinen Bruder, wovon sein entstelltes Gesicht herrühre. Als ihm dieser den Ort und die Schlacht angab, fragte er weiter, was er denn für eine Belohnung erhalten habe. Flavus wies auf eine Erhöhung des Soldes, auf eine Halskette, auf einen Ehrenkranz sowie auf andere militärische Geschenke hin, die Arminius als armseligen Sklavenlohn verspottete.

(10) Dann entspann sich ein Wortwechsel: der eine sprach von der Größe Roms, von der Macht des Caesars und der schweren Bestrafung, die die Besiegten zu erwarten hätten,

während dem, der sich unterwerfe, Milde zuteil werde. Weder seine Gattin noch sein Sohn werde als Feind behandelt. Der andere sprach von der heiligen Pflicht gegenüber dem Vaterland, von der von den Vätern ererbten Freiheit, von den heimischen Göttern Germaniens, von der Mutter, die sich seinen Bitten anschließe. Er solle nicht zum abtrünnigen Verräter an seinen ferneren und näheren Verwandten, ja an seinem eigenen Volke, vielmehr dessen Heerführer werden. Dann kam es allmählich zu einer richtigen Zankerei, und nicht einmal der Fluss, der sie trennte, hätte sie daran gehindert, miteinander handgemein zu werden, wenn nicht Stertinius herbeigeeilt wäre und Flavus, der wutentbrannt Waffen und ein Pferd forderte, festgehalten hätte. Auf der Gegenseite sah man Arminius, der unter Drohungen eine Schlacht ankündigte. Dabei gebrauchte er sehr viele lateinische Ausdrücke. Er hatte ja im römischen Feldlager als Führer seiner Landsleute gedient.

(11) Am folgenden Tage stand das Heer der Germanen jenseits des Visurgis in Schlachtordnung. Der Caesar glaubte, einem Feldherrn stehe es nicht an, die Legionen ohne Rückhalt von Brücken und ohne deren Sicherung einem entscheidenden Kampf auszusetzen, und schickte daher seine Reiterei durch eine Furt über den Fluss. Stertinius und Aemilius, ein Primipilar, befehligten sie. Sie griffen an getrennnten Stellen an, um den Feind zur Teilung seiner Truppen zu veranlassen. Wo die Strömung am reißendsten war, ging der Führer der Bataver, Chariovalda, über den Fluss und stürmte vor. Ihn lockten die Cherusker, die zum Schein flohen, in eine Ebene, die rings von Bergwald umgeben war. Dann brachen sie hervor, stürmten von allen Seiten auf den Gegner ein, warfen ihn, wo er Widerstand leistete, zurück, verfolgten die Weichenden und, wenn diese kreisförmig sich zusammenschlossen, trieben sie sie teils im Nahkampf, teils im Fernkampf vor sich her. Chariovalda, der lange Zeit dem wilden Ansturm der Feinde standgehalten

hatte, ermahnte seine Leute, durch die anstürmenden Scharen mit geballten Kräften durchzubrechen. Er selbst stürzte sich auf den Feind, wo dieser am dichtesten stand, und sank unter einem Hagel von Geschossen von dem durchbohrten Pferd; eine große Anzahl der Edelleute fiel rings um ihn. Den Rest rettete aus der gefährlichen Lage eigene Kraft oder die Hilfe der Reiterei, die unter Stertinius und Aemilius herbeieilte.

(12) Der Caesar ging über den Visurgis und erfuhr durch die Aussage eines Überläufers den von Arminius ausersehenen Kampfplatz. Auch andere Stämme hätten sich in dem dem Hercules[17] geweihten Wald versammelt und würden es wagen, bei Nacht zum Sturm auf das Lager anzutreten. Man schenkte dieser Aussage Glauben, und wirklich erblickte man Lagerfeuer. Kundschafter, die sich näher heranschlichen, meldeten, man höre das Wiehern von Pferden und das dumpfe Geräusch einer riesigen, ungeordneten Marschkolonne. Weil eine entscheidende Schlacht bald zu erwarten war, glaubte nun der Caesar, die Stimmung der Soldaten erforschen zu sollen, und überlegte bei sich, wie er diese unverfälscht feststellen könne. Die Meldungen der Tribunen und Centurionen seien öfters nur darauf berechnet, erfreulich zu wirken, ohne den tatsächlichen Feststellungen zu entsprechen, die Freigelassenen zeigen eine Knechtsgesinnung, und den Freunden[18] sei kriecherisches Benehmen eigen. Wenn man eine Soldatenversammlung einberufe, würden auch dort einigen wenigen, die den Ton angeben, alle übrigen lärmenden Beifall zollen. Man müsse ihre Gedanken gründlich kennenlernen, und zwar, wenn sie unter sich und ohne Aufsicht bei dem Soldatenessen offen ihren Hoffnungen oder Befürchtungen Ausdruck geben.

(13) Bei Beginn der Nacht verließ er das Feldherrnzelt und ging heimlich, ohne dass die Wachen es bemerkten, mit einem einzigen Begleiter, einen Pelz um die Schultern, zu den Lagerstraßen, blieb an den Zelten stehen und erfreute sich des Lo-

bes, das er zu hören bekam: der eine pries den Adel des Heerführers, der andere seine stattliche Erscheinung, die meisten seine Ausdauer und seine Leutseligkeit, sein im Ernst und im Scherz gleichbleibendes Wesen, und sie sprachen offen aus, man müsse in der Schlacht den schuldigen Dank abstatten und zugleich die Treulosen und Vertragsbrüchigen der Rache und dem eigenen Ruhm opfern. Inzwischen ritt einer der Feinde, der der lateinischen Sprache mächtig war, an den Wall heran und versprach jedem Überläufer im Namen des Arminius mit lauter Stimme Frauen und Ländereien und für die Dauer des Krieges täglich hundert Sesterzen. Dieses schmachvolle Angebot entflammte den Zorn der Soldaten. Man möge es nur erst Tag werden und die Waffen sprechen lassen. Nehmen werden sich die Soldaten das Land der Germanen und fortschleppen ihre Frauen. Sie nehmen das gute Vorzeichen an: die Ehefrauen und das Geld der Feinde seien die Beute, die sie sich nehmen werden. Etwa um die dritte Nachtwache stürmte der Feind gegen das Lager heran; doch kam es zu keinem Geschosswechsel. Die Feinde hatten gemerkt, dass vorn auf den Befestigungen zahlreiche Kohorten standen und nichts versäumt war.

(14) Die gleiche Nacht brachte dem Germanicus ein beglückendes Traumgesicht. Er sah sich mit dem Opfer beschäftigt und hatte für seine blutbespritzte Praetexta aus den Händen seiner Großmutter Augusta eine andere schönere erhalten. Durch dieses Vorzeichen in gehobene Stimmung versetzt, berief er, da auch die Auspizien günstig ausfielen, die Soldaten zur Versammlung und legte die Maßnahmen dar, die er, wohl überlegt, als geeignet für den bevorstehenden Kampf getroffen habe. Nicht nur auf ebenem Gelände könne der römische Soldat mit Erfolg kämpfen, sondern auch in Wäldern und auf bewachsenen Höhen, wenn man nur den Verstand walten lasse. Denn die riesigen Schilde der Barbaren und ihre gewaltigen Lanzen lassen sich zwischen den Baumstämmen und dem Un-

terholz keineswegs so gut handhaben wie die Speere und Schwerter der Römer und ihre am Körper eng anliegende Rüstung. Sie sollten unentwegt draufschlagen und mit den Schwertspitzen auf das Gesicht zielen. Die Germanen hätten keine Panzer, keine Helme, auch ihre Schilde seien nicht mit Eisen oder Leder verstärkt, sondern nur ein Weidengeflecht oder ein dünnes, mit Farbe bestrichenes Brett. Die erste Reihe sei einigermaßen mit Lanzen ausgerüstet, aber alle übrigen hätten nur vorn im Feuer gehärtete kurze Lanzen. Äußerlich machen sie zwar einen grimmigen Eindruck, auch entwickeln sie einen beachtlichen, aber rasch erlahmenden Angriffsschwung, und wenn sie verwundet werden, seien sie zum Widerstand unfähig. Ohne Gefühl für Ehre und Schande, ohne sich um ihre Führer zu kümmern, laufen sie weg, fliehen davon, furchtsam im Unglück, im Glück nicht göttliches, nicht menschliches Recht achtend. Wenn sie der Märsche und der Seefahrten müde seien und ein Ende wünschten, so werde es diese Schlacht bringen. Schon seien sie der Elbe näher als dem Rhein, weiterhin sei kein Krieg mehr zu führen, wenn sie nur ihm, der den Spuren seines Vaters und Oheims folge, in eben diesem Lande zum Siege verhelfen.

(15) Die Rede des Heerführers erweckte bei den Soldaten begeisterte Kampfstimmung, und das Zeichen zur Schlacht wurde gegeben.

Auch Arminius und die übrigen Häuptlinge der Germanen unterließen es nicht, ihren Leuten zu versichern, hier habe man es mit den Römern des Varusheeres zu tun, die so ausgezeichnet zu fliehen verstehen und die, um keinen Krieg auf sich nehmen zu müssen, sich auf Meuterei verlegt hätten. Ein Teil von ihnen habe den Rücken voller Wunden, einem andern hätten die Sturmfluten die Glieder zerschunden, mit denen sie sich nun wieder ihren erbitterten Feinden und den ungnädigen Göttern ohne irgendwelche Aussicht auf Erfolg entgegenstellen. Sie hätten es mit der Flotte versucht und sich auf die entlegenen Bahnen des Ozeans begeben, damit niemand ihnen, wenn sie kommen, entgegentrete und niemand, wenn sie geschlagen würden, ihnen auf den Fersen bleibe. Aber sobald es zum Handgemenge komme, setzten sie als Besiegte vergeblich ihre Hoffnung auf die Hilfe von Winden und Rudern. Sie sollten nur an ihre Habsucht, ihre Grausamkeit und ihren Hochmut denken: bleibe ihnen da noch etwas anderes übrig, als entweder ihre Freiheit zu behaupten oder zu sterben, ehe man sie zu Sklaven mache.

(16) Als sie so begeistert die Schlacht forderten, führte man sie auf ein freies Feld, namens Idistaviso[19], hinunter. Dieses liegt in der Mitte zwischen dem Visurgis und den Hügeln und zieht sich in ungleichen Krümmungen hin, je nachdem die Ufer des Flusses zurücktreten oder Bergvorsprünge sich vorschieben. Im Rücken der Germanen zog sich an einer Anhöhe ein Wald hinauf mit hohen Baumkronen, während zwischen den Stämmen nackter Boden war. Die Ebene und den Waldrand hatte das barbarische Heer besetzt. Nur die Cherusker standen oben auf der Höhe, um während des Kampfes sich von oben auf die Römer zu stürzen. Unser Heer marschierte in folgender Gliederung: an der Spitze die gallischen und germanischen Hilfstruppen, hinter ihnen die Bogenschützen zu Fuß. Dann kamen vier Legionen und mit zwei Prätorianerkohorten sowie auserlesener Reiterei der Caesar, darauf die anderen vier Legionen und die leichtbewaffnete Truppe mit den berittenen Bogenschützen und die restlichen Kohorten der Bundesgenossen. Kampfbereit waren die Soldaten, darauf bedacht, dass sich der Aufmarsch aus der Kolonne zur Schlacht in Ordnung vollziehe.

(17) Als Germanicus die Scharen der Cherusker, die mit wildem Ungestüm hervorgestürmt waren, erblickte, befahl er dem Kern seiner Reiterei, sie in der Flanke zu fassen, dem Ster-

tinius mit den übrigen Reiterabteilungen eine Umgehungsbewegung zu machen und dem Feind in den Rücken zu fallen. Er selbst werde zu gegebener Zeit zur Stelle sein. Inzwischen lenkte ein herrliches Vorzeichen, acht Adler, die man auf die Wälder zu und dann in sie hineinfliegen sah, die Aufmerksamkeit des Oberfeldherrn auf sich. Er rief: »Los! Folget den Vögeln Roms, den Schutzgeistern der Legionen!« Zugleich ging das Fußvolk zum Angriff über, und die vorausgeschickte Reiterei drang im Rücken und auf den Flanken ein. Und – es klingt seltsam – zwei feindliche Heere flohen in entgegengesetzter Richtung, die Truppe, die den Wald besetzt hatte, rannte in das offene Gelände, diejenige, die in der Ebene Aufstellung genommen hatte, in den Wald. Mitten zwischen ihnen wurden die Cherusker von den Hügeln heruntergeworfen. In ihren Reihen suchte Arminius, deutlich erkennbar, durch persönlichen Einsatz, durch Zurufe und selbst verwundet, die Schlacht zum Stehen zu bringen. Er war auf unsere Bogenschützen eingedrungen und wäre hier durchgebrochen; doch warfen sich ihm die Kohorten der Räter, Vindelicier und Gallier entgegen. Aber dank seiner Körperkraft, mit der er sich Bahn brach, und seinem feurigen Pferde schlug er sich durch. Er hatte, um nicht erkannt zu werden, mit seinem eigenen Blute sich das Gesicht verschmiert. Manche haben überliefert, er sei von den Chaucen, die bei den römischen Hilfstruppen dienten[20], erkannt und durchgelassen worden. Gleiche Tapferkeit – oder List – ermöglichte auch dem Inguiomerus das Entrinnen. Die anderen wurden, wo man sie traf, niedergemacht; sehr viele fanden bei dem Versuch, über den Visurgis zu schwimmen, unter dem Geschosshagel oder in der starken Strömung des Flusses, zuletzt dadurch, dass die Menschenmassen übereinander stürzten und das Ufer einbrach, den Tod. Einige kletterten in schmählicher Flucht ganz oben auf die Bäume hinauf, wo sie sich in den Zweigen zu verstecken suchten und von herbeigeholten Pfeilschützen zur Kurzweil heruntergeschossen wurden.

(18) Groß war dieser Sieg und hatte uns kein Blut gekostet. Von der fünften Stunde des Tages bis zur Nacht dauerte das Morden, und auf einer Strecke von zehn Meilen war der Boden mit erschlagenen Feinden und Waffen bedeckt. Dabei fand man unter der Waffenbeute auch die Ketten, die sie, an ihren Erfolgen nicht zweifelnd, für die Römer mitgebracht hatten. Die Soldaten riefen Tiberius auf dem Schlachtfeld zum Imperator aus und errichteten einen Erdhügel, auf den sie nach Art von Siegesdenkmälern die erbeuteten Waffen legten und unten die Namen der besiegten Völkerschaften anbrachten.

(19) Nicht ihre Wunden, nicht ihre Trauer, nicht die Vernichtung ihrer Truppen schmerzte und erbitterte die Germanen so sehr wie dieser Anblick. Sie, die eben noch Anstalten trafen, ihre Wohnsitze zu verlegen und über die Elbe sich zurückzuziehen, wollten nun kämpfen, griffen eilends zu den Waffen. Volk und Adel, alte und junge Leute stürzten sich plötzlich auf die römische Marschkolonne und brachten sie in Verwirrung. Zuletzt suchten sie sich einen Kampfplatz aus, der von Fluss und Wald umschlossen war und in dem sich eine schmale, sumpfige Fläche befand. Auch um das Waldgebiet zog sich ein tiefer Sumpf, nur eine Seite hatten die Angrivarier durch einen breiten Damm erhöht, der die Grenzlinie zu den Cheruskern bilden sollte[21]. Hier ging das Fußvolk in Stellung. Die Reiterei nahm in den nahe gelegenen Lichtungen Deckung, um den Legionen, sobald sie in den Wald einmarschiert seien, in den Rücken zu fallen.

(20) Dem Caesar blieb von diesen Maßnahmen nichts verborgen. Er kannte die Absichten und die Stellungen der Feinde, ob sie nun offen vor Augen lagen oder verborgen waren, und ihre schlauen Berechnungen suchte er in ihr Verderben zu verwandeln. Dem Legaten Seius Tubero[22] übergab er die Reite-

rei und wies ihm das ebene Feld zu. Das Fußvolk stellte er so zum Kampf auf, dass ein Teil auf ebenem Gelände an den Wald heranrücken und in ihn einmarschieren und der andere den vor ihnen liegenden Erdwall erklimmen sollte. Diese schwierige Aufgabe behielt er sich persönlich vor, alles übrige überließ er den Legaten. Diejenigen, denen das ebene Gelände zugewiesen war, brachen mühelos in den Wald ein; diejenigen jedoch, die den Erdwall zu erstürmen hatten, hatten, wie wenn sie an eine Mauer heranrückten, unter einer schweren Beschießung von der Mauer herab zu leiden. Der Heerführer erkannte, wie ungleich dieser Nahkampf war. Er zog daher die Legionen ein wenig zurück und befahl den Schleuderern und Wurfschützen, ihre Geschosse zu werfen und den Feind vom Wall zu vertreiben. Von den Geschützen wurden Speere abgeschossen, und je sichtbarer die Verteidiger waren, mit umso größeren Verlusten wurden sie heruntergeworfen. An der Spitze seiner Prätorianerkohorten eroberte der Caesar den Wall und trat zum Sturmangriff auf den Wald an, wo man Mann gegen Mann rang. Den Feind riegelte im Rücken der Sumpf, die Römer der Fluss oder die Berge ab. Beide Teile mussten unbedingt ihre Stellung behaupten, sie konnten nur auf ihren Mannesmut sich verlassen und nur von einem Sieg Rettung erhoffen.

(21) Nicht geringerer Mut beseelte die Germanen. Aber durch ihre Kampfweise und durch die Art ihrer Waffen waren sie unterlegen. Die große Menschenmasse konnte in dem engen Raum ihre überlangen Lanzen weder vorstrecken noch zurückziehen und ihre körperliche Behendigkeit auch nicht zum Anrennen auf den Feind ausnützen, da sie zum Kampf auf einem festen Standort gezwungen war. Dagegen stachen die römischen Soldaten, ihre Schilde eng an die Brust gepresst und mit der Hand fest den Schwertgriff umfassend, auf die breiten Gliedmaßen der Barbaren und auf ihre ungeschützten Gesichter ein und bahnten sich über die Leichen der Feinde den Weg,

während es Arminius infolge der andauernden Kämpfe an Tatkraft fehlen ließ; vielleicht war er auch durch seine frische Verwundung gehemmt. Ja, auch den Inguiomerus, der auf dem ganzen Schlachtfeld umherflog, verließ weniger der Mannesmut als vielmehr das Glück. Germanicus hatte, um besser erkannt zu werden, seine Kopfbedeckung abgenommen und bat seine Leute, mit dem Morden nicht einzuhalten. Man brauche keine Gefangenen zu machen, nur die Vernichtung des Stammes werde dem Krieg ein Ende setzen. Es war schon spät am Tage, als er eine Legion von dem Kampfplatz abrücken ließ, um ein Lager zu schlagen. Die übrigen sättigten sich bis zum Eintritt der Nacht an dem Blut der Feinde. Der Kampf der Reiterei brachte keine Entscheidung.

(22) Der Caesar lobte vor versammelter Mannschaft die Sieger und ließ eine Waffenpyramide errichten mit der stolzen Aufschrift: »Nach Niederkämpfung der Völkerschaften zwischen Rhein und Elbe hat das Heer des Tiberius Caesar dieses Erinnerungsmal dem Mars und Iuppiter und Augustus geweiht.« Über sich selbst fügte er nichts hinzu. Entweder fürchtete er sich vor dem Neid, oder er glaubte, er könne zufrieden sein mit dem Bewusstsein seiner Leistung. Dann übertrug er die Kriegführung gegen die Angrivarier dem Stertinius für den Fall, dass sie sich nicht beschleunigt unterwerfen würden. Da sie demütig baten und sich mit allen Bedingungen einverstanden erklärten, wurde ihnen auch alles verziehen.

(23) Aber da es bereits Hochsommer war, wurde ein Teil der Legionen auf dem Landmarsch in die Winterquartiere zurückgeschickt. Den größeren Teil schiffte der Caesar ein und fuhr mit ihm auf der Amisia in den Ozean. Anfangs war die See noch ruhig; sie rauschte unter dem Ruderschlag von tausend Schiffen oder wogte auf, wenn die Segel aufgezogen wurden. Bald aber ging ein Hagelschauer aus einer schwarzen Wolkenwand nieder, und zugleich brausten von allen Seiten heftige

Böen heran, unberechenbare Flutwellen nahmen die Sicht und hinderten die Steuerung der Schiffe. Von den verzagten Mannschaften, die mit der Seefahrt nicht vertraut waren, wurden die Seeleute, denen sie unsachgemäß helfen wollten, gestört. Und sie machten so den sachkundigen Matrosen ihre Verrichtungen unmöglich. Dann wurde über den ganzen Himmel und das ganze Meer der Südwind Herr. Er führte von den feuchtdunstigen Ländern Germaniens und den tiefen Flüssen gewaltige Wolkenmassen mit Macht heran, und die Kälte des nahen Nordens machte ihn noch schrecklicher. Und so riss er die Schiffe fort und verschlug sie auf den offenen Ozean oder ließ sie an Inseln, die mit ihren schroffen Klippen oder verborgenen Untiefen gefährlich waren, stranden. War man diesen mit knapper Not und Mühe ausgewichen, so konnte man nachher, als die Flut wechselte und sich in der Windrichtung bewegte, die Schiffe nicht mehr fest verankern und auch nicht die hereinbrechenden Wassermassen ausschöpfen. Pferde, Zugtiere, Gepäck, sogar Waffen wurden über Bord geworfen, um den Schiffsraum zu entlasten, in den das Wasser durch die Bordwände eindrang und die Fluten von oben her hereinstürzten.

(24) Je stürmischer der Ozean als jedes andere Meer und das Wetter Germaniens grimmiger ist als anderwärts, umso mehr hob sich jenes, noch nie erlebte Unglück durch sein Ausmaß heraus; ringsum waren die Gestade in den Händen der Feinde oder das Meer so unermesslich und unergründlich, dass man glaubte, man sei am Ende der Welt und hinter ihm komme kein Land mehr. Ein Teil der Schiffe ging unter, die Mehrzahl strandete an weiter entfernt gelegenen Inseln, wo die Leute, da dort keine Menschen wohnten, verhungerten, mit Ausnahme derer, die sich mit dem Fleisch der ebenfalls an das Land geschwemmten Pferde am Leben erhielten. Nur der Dreiruderer des Germanicus landete im Gebiet der Chaucen. In allen diesen Tagen und Nächten stand er bei den Klippen und Küsten-

vorsprüngen und rief, er sei an diesem vernichtenden Unglück schuld, wobei er von seinen Freunden nur mit Mühe davon zurückgehalten werden konnte, in dem gleichen Meere den Tod zu suchen. Als endlich die Flut zurückging und ein günstiger Wind aufkam, fanden sich die Schiffe, beschädigt und mit spärlichem Ruderwerk oder mit ausgespannten Tüchern, einige auch im Schlepptau von stärkeren, wieder ein. Diese ließ er beschleunigt wieder instand setzen und schickte sie aus, um die Inseln abzusuchen. Dank dieser fürsorglichen Maßnahme wurden sehr viele Leute wieder zusammengeholt. Viele wurden auch durch die Angrivarier, die sich kürzlich unterworfen hatten, von den tiefer im Binnenland wohnenden Stämmen losgekauft und zurückgegeben. Einige, die nach Britannien verschleppt waren, wurden von den dortigen Fürsten zurückgeschickt. Wer aus weiter Ferne zurückgekehrt war, erzählte Wundergeschichten von gewaltigen Wirbelwinden und von Vögeln, von denen man noch nie vernommen habe, von Meerungeheuern und von Zwittergeschöpfen aus Mensch und Tier, mögen sie diese nun wirklich gesehen oder in der Angst es sich nur eingebildet haben.

(25) Aber die Kunde von dem Verlust der Flotte ermutigte einerseits die Germanen dazu, ihre Hoffnung auf den Krieg zu setzen, andererseits den Caesar, Gegenmaßnahmen zu treffen. Dem C. Silius befahl er mit dreißigtausend Mann zu Fuß und dreitausend Reitern in das Land der Chatten zu ziehen. Er selbst brach mit noch größerer Truppenmacht in das Gebiet der Marser ein, deren Führer Mallovendus erst kürzlich sich unterworfen hatte und nun aussagte, in einem nahen Hain sei der Adler einer varianischen Legion vergraben und werde nur schwach bewacht. Sofort wurde eine Abteilung abgeschickt, den Feind von vorne zu einem Kampf herauszulocken, während andere ihn im Rücken umgehen und den Adler ausgraben sollten. Beiden Abteilungen stand das Glück zur Seite. Umso

entschlossener setzte der Caesar den Marsch in das Innere des Landes fort, plünderte und brandschatzte, ohne dass sich der Feind zu stellen wagte; wo er Widerstand leistete, wurde er sofort geschlagen und, wie man von den Gefangenen erfuhr, wie nie zuvor in Schrecken versetzt. Denn sie erklärten, unbesiegbar und durch keine Schicksalsschläge bezwingbar seien die Römer, die nach Vernichtung ihrer Flotte, nach dem Verlust ihrer Waffen, nachdem die Gestade mit den Leichen von Pferden und Mannschaften bedeckt gewesen seien, mit dem gleichen Angriffsgeist und scheinbar mit vermehrter Truppenmacht in das Land eingebrochen seien.

(26) Dann wurden die Truppen in die Winterquartiere zurückgeführt. Sie waren in froher Stimmung, da das Missgeschick zur See durch die erfolgreiche Unternehmung zu Lande aufgewogen worden war. Und diese Stimmung erhöhte noch Germanicus durch Freigebigkeit: er ersetzte jedem seinen Schaden in der Höhe, die er angegeben hatte. Auch hielt man es für unzweifelhaft, dass der Widerstand der Feinde ins Wanken komme und sie sich mit der Absicht tragen, um Frieden zu bitten. Der Krieg könne beendigt werden, wenn man noch den nächsten Sommer hinzu nähme. Aber Tiberius mahnte Germanicus in wiederholten Briefen, er solle zur Feier des bewilligten Triumphes zurückkehren: es sei genug der Erfolge, genug der Misserfolge. Germanicus könne auf erfolgreiche und große Kämpfe zurückblicken. Er möge auch an all die schweren Verluste denken, die Stürme und Fluten verursacht hätten, für die zwar den Führer keine Schuld treffe, die aber doch schwer und schrecklich seien. Er selbst sei neunmal von dem vergöttlichten Augustus nach Germanien geschickt worden[23] und habe dort mehr durch kluges als durch gewaltsames Vorgehen erreicht. So hätten sich die Sugambrer unterworfen, so habe man die Sueben und den König Maroboduus[24] durch einen Frieden verpflichtet. Auch könne man die Cherusker und die

übrigen aufrührerischen Völkerschaften, da man ja der Rache Roms genuggetan habe, ihren inneren Zwistigkeiten überlassen. Als Germanicus um ein weiteres Jahr bat, um seine Unternehmungen zu Ende zu führen, appellierte er noch nachdrücklicher an seine Loyalität, indem er ihm ein zweites Konsulat anbot, das er persönlich in Rom antreten solle[25]. Daran knüpfte er die Bemerkung, wenn man weiterhin Krieg führen müsse, so solle er die Gelegenheit, Ruhm zu erwerben, seinem Bruder Drusus zubilligen, der, da es jetzt außer in Germanien keinen Feind mehr gebe, nur dort den Imperatortitel erlangen und den Lorbeer[26] sich holen könne. Germanicus zögerte nun nicht weiter, obgleich er merkte, dass dies alles nur vorgetäuscht sei und ihm aus Neid der bereits errungene Ruhm entrissen werde.

(27) Um die gleiche Zeit wurde Libo Drusus, der zu der Familie des Scribonier gehörte[27], angezeigt, er gehe mit Umsturzabsichten um. Ich will von diesem Handel Beginn, Verlauf und Ende genauer erörtern, weil damals zuerst die Machenschaften aufkamen, die dann so viele Jahre das Gemeinwesen zerfraßen. Der Senator Firmius Cato, einer der vertrautesten Freunde des Libo, trieb den unvorsichtigen, leerem Gerede leicht zugänglichen Jüngling den Chaldäern mit ihren Versprechungen und den Magiern mit ihren heiligen Gebräuchen, ja sogar Traumdeutern in die Arme, wobei er ihn auf seinen Urgroßvater Pompeius, seine Großtante Scribonia, die einst die Gattin des Augustus gewesen war, seine Vettern, die Caesaren[28], und auf sein mit Ahnenbildern volles Haus hinwies und ihn zu einer verschwenderischen Lebenshaltung und zum Schuldenmachen verführte. Dabei beteiligte er sich an seinen Ausschweifungen und an seinen Geldgeschäften, damit er umso mehr ihn belastendes Anzeigenmaterial zur Verfügung habe.

(28) Als er eine genügende Anzahl von Zeugen und auch von Sklaven, die die entsprechenden Aussagen machen wür-

den, gefunden hatte, bat er um eine Audienz bei dem Princeps, nachdem er auf die Beschuldigung und den Beschuldigten durch Vermittlung des römischen Ritters Flaccus Vesularius, der in näherem Verkehr mit Tiberius stand, aufmerksam gemacht hatte. Tiberius wies die Anzeige nicht zurück, war aber für eine persönliche Begegnung nicht zu haben. Es könnten ja durch Vermittlung eben dieses Flaccus die Gespräche fortgesetzt werden. Und inzwischen zeichnete er Libo durch Verleihung der Prätur aus, zog ihn zu seiner Tafel bei, ohne ihm eine ungnädige Miene zu zeigen oder in seinen Worten eine besondere Erregung zu verraten. So tief hatte er seinen Zorn in seinem Inneren verborgen, und obwohl er alle Äußerungen und Handlungen Libos verhindern konnte, wollte er sie lieber kennenlernen. Und dies ging so lange, bis ein gewisser Iunius, dem Libo zugemutet hatte, die Schatten aus der Unterwelt durch Zaubersprüche heraufzubeschwören, bei Fulcinius Trio Anzeige erstattete. Trios Talent als Ankläger war berühmt, und er hatte eine wahrhafte Gier, in einen schlechten Ruf zu kommen. Sofort stürzte er sich auf den Angeklagten, ging zu den Konsuln und verlangte eine Untersuchung durch den Senat. Und wirklich wurden die Väter einberufen mit der Ankündigung, es handle sich um die Beratung eines schwerwiegenden, schrecklichen Falles.

(29) Libo legte indessen Trauerkleidung an, machte mit Frauen aus den ersten Kreisen in den Häusern Besuche, bat seine Verwandten und forderte, sie möchten angesichts seiner bedrohlichen Lage für ihn Fürsprache einlegen. Aber alle lehnten dies ab, wobei sie verschiedene Gründe vorschützten, aber alle die gleiche Angst hatten. Da ließ er sich am Tage der Senatssitzung, zermürbt von Angst und Kummer oder, wie teilweise überliefert wird, unter Vorspiegelung einer Erkrankung, in einer Sänfte bis an die Tür der Kurie tragen. Sich auf seinen Bruder stützend und unter flehentlichen Bitten die Hände zu

Tiberius ausstreckend, wurde er von diesem mit eiserner Miene empfangen. Dann las der Caesar die Anklageschriften und die Namen der Verfasser vor, und zwar in einem so zurückhaltenden Tone, dass er die Beschuldigungen weder abzuschwächen noch zu verschärfen schien.

(30) Außer Trio und Catus waren noch als Ankläger Fonteius Agrippa und C. Vibius[29] aufgetreten. Sie stritten sich darum, wem das Recht zukommen solle, die Anklagerede zu halten, bis Vibius, weil keiner zugunsten des andern verzichten wollte und Libo ohne Verteidiger erschienen war, sich erbot, die Anklage in ihren einzelnen Punkten vorzutragen. Er legte ein Schriftstück vor, das ganz unsinnige Behauptungen enthielt: so habe Libo angefragt, ob er zu so großem Reichtum gelangen werde, dass er die Appische Straße bis nach Brundisium mit Geld pflastern könne. Darin stand noch anderes derartiges, lauter törichtes, leeres Gerede, das, wenn man es milder betrachten wollte, höchstens Mitleid verdiente. Jedoch in einer Schrift von Libos eigener Hand waren, wie der Ankläger vorbrachte, den Namen der Caesaren oder der Senatoren drohende oder auch geheime Zeichen beigefügt. Als der Angeklagte seine Schrift leugnete, während seine Sklaven sie bestätigten, beschloss man, diese auf der Folter zu befragen. Und weil ein alter Senatsbeschluss einer solchen peinlichen Befragung gegen ihren auf Tod und Leben Angeklagten Herrn im Wege stand, befahl der schlaue Erfinder neuen Rechtes, Tiberius, sie einzeln durch den Staatsagenten[30] freizukaufen, natürlich, damit die Sklaven unbeschadet des Senatsbeschlusses gegen Libo vernommen würden. Deshalb erbat der Angeklagte Aufschub um einen Tag, ging nach Hause und trug seinem Verwandten P. Quirinius auf, seine letzte Bitte dem Princeps zu überbringen.

(31) Die Antwort lautete, er solle den Senat bitten. Inzwischen umzingelten Soldaten sein Haus, lärmten sogar in der Vorhalle, so dass Libo sie hören und erblicken konnte. Wäh-

rend ihm die Henkersmahlzeit, die er sich hatte auftragen lassen, zur Qual wurde, rief er nach einem Mörder, fasste die Hände seiner Sklaven und drängte ihnen das Schwert auf. Doch diese flohen kopflos, wobei sie das auf dem Tisch stehende Licht umwarfen. In der Dunkelheit, die ihm schon wie die Todesnacht erschien, brachte er sich zwei Stiche in den Bauch bei. Als er stöhnend zusammenbrach, eilten seine Freigelassenen herbei, und die Soldaten, die ihn in seinem Blute liegen sahen, zogen ab. Dennoch wurde der Prozess mit unvermindertem Ernst vor dem Senat zu Ende geführt, und Tiberius schwor, er hätte, selbst für den Fall, dass Libo schuldig gewesen wäre, um sein Leben gebeten, hätte er nicht voreilig Selbstmord begangen.

(32) Sein Vermögen wurde unter die Ankläger verteilt, und soweit sie dem Senatorenstand angehörten, wurde ihnen die Prätur außer der Reihe verliehen. Dann beantragte Cotta Messalinus[31], das Bild Libos solle bei Leichenbegängnissen seiner Nachkommen nicht mitgeführt werden, Cn. Lentulus[32], kein Scribonier solle mehr den Beinamen Drusus annehmen. Tage für Dankfeste wurden auf Antrag des Pomponius Flaccus[33] festgesetzt; Geschenke Iuppiter, Mars und Concordia darzubringen und die Iden des September, an denen Libo sich das Leben genommen hatte, zum Festtag zu erklären, beantragten L. Plancus, Gallus Asinius, Papius Mutilus und L. Apronius[34]. Diese maßgebenden Persönlichkeiten mitsamt ihrem kriecherischen Benehmen habe ich deshalb erwähnt, damit man erfahre, wie alt dieses Übel in unserem Gemeinwesen sei. Auch über die Vertreibung der Astrologen und Magier aus Italien wurden Senatsbeschlüsse gefasst. Einer von ihnen, L. Pituanius, wurde von dem Tarpeiischen Felsen herabgestürzt, einen andern, P. Marcius, ließen die Konsuln vor dem Esquilinischen Tor, nachdem sie das Hornsignal hatten blasen lassen, nach alter Sitte hinrichten[35].

(33) In der nächsten Senatssitzung wurde viel gegen den Luxus der Bürgerschaft von dem Konsular Q. Haterius und dem ehemaligen Prätor Octavius Fronto[36] geredet. Es wurde beschlossen, dass kein Essgeschirr aus massivem Golde mehr hergestellt und von den Männern keine sie entstellenden Seidenkleider[37] getragen werden. Noch weiter ging Fronto mit der Forderung, für den Besitz von Silber, Hausrat und Dienstpersonal ein bestimmtes Maß festzusetzen. Denn immer noch kam es damals nicht selten vor, dass sie das, was sie für das Gemeinwesen förderlich erachteten, bei der Abstimmung auch offen aussprachen. Gallus Asinius trat gegen ihn auf und führte aus: Mit dem Wachsen des Reiches habe sich auch der Privatbesitz vermehrt, und dies sei nichts Neues, sondern entspreche uraltem Herkommen. Der Vermögensstand sei ein anderer bei den Fabriciern und wieder ein anderer bei den Scipionen gewesen. Und alles stehe im Verhältnis zu der Lage des Gemeinwesens. Sei dieses dürftig, herrsche auch in den Häusern seiner Bürger dürftige Enge. Seitdem es sich aber so glänzend entwickelt habe, nehme auch der Wohlstand des einzelnen zu. Auch gebe es in der Frage des Dienstpersonals oder des Besitzes von Silber und überhaupt von Gebrauchsgegenständen weder ein Zuviel noch ein bestimmtes Maß, sondern dafür sei die jeweilige Vermögenslage des Besitzers maßgebend. Der Senatoren- und Ritterzensus[38] hebe sich ab von dem der übrigen Bürger, nicht weil es sich hier um verschiedene natürliche Personen handle, sondern sie sollen, wie durch ihre Plätze im Theater, durch ihren Stand und ihren Rang, so auch in allem bevorzugt werden, was der geistigen Erholung und der körperlichen Gesundheit diene. Man müsste dann gerade den erlauchtesten Männern mehr Sorgen und größere Gefahren aufbürden und ihnen dabei die Möglichkeit, sich von Sorgen und Gefahren zu erholen, entziehen. Gallus fand willigen Beifall, da er das offene Geständnis seiner Laster mit beschönigen-

den Bezeichnungen versah und seine Zuhörer in ähnlicher Lage waren. Auch hatte Tiberius die Bemerkung hinzugefügt, es sei jetzt nicht Zeit, eine Zensur abzuhalten, und wenn auf sittlichem Gebiet irgend etwas krank sei, werde es nicht an einem Mann fehlen, der dafür eintrete, dass es in Ordnung komme.

(34) Bei diesem Anlass schalt L. Piso über die Umtriebe auf dem Forum, über die Bestechlichkeit der Gerichte, über die Brutalität der mit Anklagen drohenden Redner und erklärte, er ziehe weg und verlasse Rom, um in irgendeinem verborgenen Winkel fern auf dem Lande zu leben. Zugleich wollte er die Kurie verlassen. Tiberius war davon betroffen, und obgleich er bereits Piso begütigend zugeredet hatte, veranlasste er auch dessen Verwandte, ihn durch ihren Einfluss oder auch durch Bitten zurückzuhalten. Einen ebenso deutlichen Beweis seines freimütig geäußerten Unwillens gab derselbe Piso bald darauf, indem er Urgulania[39], die sich als Freundin der Augusta über die Gesetze hinweggesetzt hatte, vor Gericht forderte. Doch Urgulania leistete der Vorladung keine Folge, sondern fuhr, ohne sich um Piso zu kümmern, in den Palast des Caesaren. Aber auch Piso gab nicht nach, obwohl die Augusta sich beschwerte, sie werde beleidigt und herabgesetzt. Tiberius glaubte, als Bürger seiner Mutter so weit willfahren zu dürfen, dass er sich bereit erklärte, zu dem Tribunal des Richters zu gehen und die Sache der Urgulania zu vertreten. Er verließ das Palatium, nachdem er den Soldaten befohlen hatte, in einiger Entfernung zu folgen. Das Volk lief herbei, und man sah ihn, wie er mit ruhiger Miene unter allerlei Gesprächen die Zeit für den Weg dorthin hinzog, bis angesichts der vergeblichen Versuche der Verwandten, Piso zurückzuhalten, Augusta befahl, die geforderte Geldsumme herbeizubringen. Damit war dieser Fall zu Ende; Piso ging aus ihm nicht ohne Ruhm hervor, und die Achtung des Caesaren in der öffentlichen Meinung stieg. Übrigens genoss Urgulania einen solch übersteigerten Ein-

fluss in der Bürgerschaft, dass sie es als unvereinbar mit ihrer Würde erklärte, in einer vor dem Senat verhandelten Rechtssache als Zeugin zu erscheinen: es wurde ein Prätor abgeschickt, um sie in ihrer Wohnung zu verhören, während man doch nach alter Sitte sogar die Vestalischen Jungfrauen auf dem Forum und vor Gericht anhörte, wenn sie Zeugnis abzulegen hatten.

(35) Von der Vertagung der Verhandlungen in diesem Jahr würde ich nicht berichten, wenn es sich nicht lohnte, die Meinungsverschiedenheiten in dieser Frage zwischen Cn. Piso und Asinius Gallus kennenzulernen. Piso war der Meinung, obwohl der Caesar erklärt hatte, er werde von Rom abwesend sein, solle man umso nachdrücklicher die Verhandlungen weiterführen, damit es dem Gemeinwesen zur Ehre gereiche, wenn auch in Abwesenheit des Princeps Senat und Ritterschaft ihren Aufgaben gerecht zu werden vermögen. Weil Piso dem Gallus die Gelegenheit, mit seinem Freimut zu glänzen, vorweggenommen hatte, erklärte Gallus, es gebe keine eigentlich glanzvolle oder der Würde des römischen Volkes entsprechende Verhandlung, wenn sie nicht in Anwesenheit und vor den Augen des Caesaren vor sich gehe. Deshalb, so erklärte er, müsse man Veranstaltungen, zu denen die Menschen aus ganz Italien zusammenkommen und aus den Provinzen herbeiströmen, seiner persönlichen Anwesenheit vorbehalten. Vor den Augen des Tiberius, der sich in Schweigen hüllte, wurde dies mit großer Heftigkeit auf beiden Seiten verhandelt. Aber die Fragen wurden vertagt.

(36) Auch zwischen Gallus und dem Caesar kam es zu einer Auseinandersetzung. Gallus beantragte, man solle die Wahlen der Beamten für fünf Jahre abhalten, ferner, es sollten die Legionslegaten, die schon vor der Prätur dieses militärische Amt bekleideten, schon jetzt als Prätoren bestimmt werden, und der Princeps solle zwölf Bewerber für jedes Jahr benennen[40]. Es

war kein Zweifel, dass dieser Antrag einen tieferen Eingriff bedeutete und an die unantastbaren Grundlagen der Regierung rührte. Jedoch Tiberius sprach darüber, als ob damit seine Machtstellung erweitert würde: Es falle ihm in seiner Bescheidenheit schwer, so viele Männer auszuwählen, so viele zu vertrösten. Kaum könne man es bei einer jährlichen Wahl vermeiden, Anstoß zu erregen, obwohl doch der Zurückgewiesene sich mit der Aussicht trösten könne, nächstdem an die Reihe zu kommen. Welcher Hass sei erst von denen zu erwarten, die über fünf Jahre zurückgestellt würden. Wie man denn vorausschauen könne, wie sich bei jedem einzelnen in einem so langen Zeitraum seine Gesinnung, seine Familienverhältnisse, sein Vermögen entwickeln werden. Schon wenn sie für ein Jahr benannt werden, werden die Leute hochmütig. Wie erst, wenn sie sich mit der Ehrenstelle fünf Jahre lang beschäftigen? Zudem werden die Beamtenstellen geradezu verfünffacht, die Gesetze untergraben, die bestimmte Zeiträume festlegen, in der die Bewerber ihre Tatkraft zeigen, sich um Ehrenstellen bemühen oder auch solche erlangen könnten. Scheinbar enthielt seine Rede Zustimmung, in Wirklichkeit aber hielt er mit ihr seine Herrschermacht fest in Händen.

(37) Auch einigen Senatoren verhalf er zu dem gesetzlich vorgeschriebenen Vermögen. Umso seltsamer war es, dass er die Bitten von Marcus Hortalus, einem jungen Mann aus dem Adel, dessen Armut offen zutage lag, recht hochfahrend aufnahm. Er war ein Enkel des Redners Hortensius. Durch eine reiche Schenkung des vergöttlichten Augustus in Höhe von einer Million Sesterzen hatte er sich verlocken lassen, eine Ehe einzugehen und Kinder aufzuziehen, damit nicht die hochberühmte Familie aussterbe. Als nun bei einer Senatssitzung im Palatium seine vier Söhne vor der Türe des Versammlungsraumes standen, begann er, als die Stimmabgabe an ihn kam, bald den Blick auf das zwischen den Rednern befindliche Bild des

Hortensius, bald auf das des Augustus gerichtet, folgende Rede: »Versammelte Väter! Diese vier Söhne, die ihr im Knabenalter hier seht, habe ich nicht aus freien Stücken aufgezogen, sondern weil der Princeps es so wollte. Zugleich hatten meine Ahnen es verdient, Nachkommen zu haben. Denn ich, der ich nicht Geld, nicht Volksgunst, nicht Beredsamkeit, das angestammte Gut unseres Hauses, in der wechselnden Gunst der Zeiten hatte erben oder erwerben können[41], war damit zufrieden, wenn meine dürftigen Verhältnisse mir selbst keine Schande brächten und niemand sonst belasteten. Auf Befehl des Imperators bin ich in den Ehestand getreten. Seht hier den Stamm und die Nachkommenschaft so vieler Konsuln, so vieler Diktatoren. Doch nicht, um Neid zu erregen, sondern um Mitleid zu finden, spreche ich dies aus. Sie werden unter deiner segensreichen Regierung, Caesar, die Ehrenämter erlangen, die du verleihen wirst. Inzwischen schütze die Urenkel des Q. Hortensius, die Pflegesöhne des vergöttlichten Augustus, vor Not!«

(38) Die befürwortende Haltung des Senats reizte Tiberius zu einer umso bestimmteren Ablehnung. Er führte etwa folgendes aus: »Wenn alles, was arm ist, anfängt, hierher zu kommen und für seine Kinder um Geld zu betteln, so wird nicht jeder einzelne befriedigt, sondern nur das Gemeinwesen ausgebeutet. Und wahrlich, nicht dazu ist es von unseren Vorfahren genehmigt worden, manchmal von der Tagesordnung abzugehen und bei der Stimmabgabe eine gemeinnützige Frage vorzubringen, damit wir unsere privaten Geschäfte und unsere Familienangelegenheiten hier betreiben, wobei der Senat und der Princeps sich doch nur Missgunst zuziehen, mögen sie eine Schenkung bewilligen oder ablehnen. Das sind ja keine Bitten, sondern das ist Erpressung, und zwar eine unzeitige und unbedachte, aufzustehen, wenn die Senatoren zur Beratung anderer Fragen zusammengekommen sind, und mit dem

Hinweis auf die Zahl und das Alter seiner Kinder auf die Rücksichtnahme des Senates einen Druck auszuüben, die gleiche Zudringlichkeit bei mir anzuwenden und gleichsam einen Einbruch in den Staatsschatz zu verüben, den wir durch verwerfliche Handlungen wieder füllen müssen, wenn wir ihn persönlichen Rücksichten zuliebe geleert haben. Allerdings hat dir, Hortalus, der vergöttlichte Augustus Geld gegeben, aber nicht, weil du ihn darum angegangen hast, und auch nicht unter der Verpflichtung, dass es dir immer wieder gegeben wird. Sonst wird ja jede eigene Tatkraft erlahmen und der Trägheit Vorschub geleistet werden, wenn jeder nicht mehr in eigener Verantwortung fürchtet oder hofft, sondern sorglos auf fremde Hilfe wartet, weichlich sich selbst gegenüber, lästig für uns.« Diese und ähnliche Äußerungen wurden zwar von denen, die gewohnt sind, alle Handlungen von Fürsten, ehrenhafte und unehrenhafte, zu loben, mit Beifall angehört, die Mehrheit aber vernahm es schweigend oder mit unterdrücktem Gemurmel. Tiberius merkte es. Er schwieg eine Weile und sagte dann, er habe nur dem Hortalus geantwortet. Wenn es jedoch die Väter für richtig hielten, werde er jedem der Kinder männlichen Geschlechts 200 000 Sesterzen geben. Während andere ihrem Dank Ausdruck gaben, blieb Hortalus stumm, aus Angst oder auch, weil er trotz seiner schwierigen wirtschaftlichen Lage an seiner ererbten adeligen Gesinnung festhielt. Und auch in der Folge fand Tiberius kein Mitleid für ihn, obgleich das Haus des Hortensius in eine beschämende Armut herabsank.

(39) In dem gleichen Jahr hätte die Verwegenheit eines einzigen Sklaven, wenn man nicht zeitig zugegriffen hätte, das Gemeinwesen durch Zwietracht und Bürgerkrieg erschüttert. Ein Sklave des Postumus Agrippa[42], namens Clemens, der von dem Ende des Augustus erfahren hatte, fasste den keineswegs einer Sklavenseele entsprechenden Entschluss, sich nach der Insel Planasia zu begeben, Agrippa mit List oder Gewalt zu

entführen und zu den germanischen Heeren zu bringen. Nur die langsame Fahrt seines Frachtschiffes verhinderte die Ausführung dieses verwegenen Planes. Inzwischen wurde Agrippa ermordet. Nun wandte sich Clemens einem noch größeren und waghalsigeren Unternehmen zu. Er entwendete die Asche des Agrippa[43], fuhr nach Cosa, einem Vorgebirge Etruriens[44], versteckte sich dort so lange in einer abgelegenen Gegend, bis ihm sein Haupt- und Barthaar lang gewachsen war; denn an Alter und Aussehen war er seinem Herrn nicht unähnlich. Dann ließ er durch gewandte Leute, die in seine geheimen Absichten eingeweiht waren, die Kunde verbreiten, Agrippa sei noch am Leben. Zuerst sprach man nur im geheimen darüber, wie üblich bei verbotenen Dingen, dann ging ein unbestimmtes Gerücht um, das gerade von den unerfahrenen oder auch von aufrührerischen und daher einen Umsturz wünschenden Menschen gerne aufgegriffen wurde. Er selbst ging, wenn es dunkel wurde, in die Landstädte, ließ sich aber dort nicht öffentlich sehen, blieb auch nicht länger in der gleichen Gegend, sondern, weil die Wahrheit sich ja mehr durchsetzt, wenn man sie vor Augen hat und verweilt, und der Trug, wenn man sich beeilt und die Dinge im ungewissen lässt, ließ er das Gerücht von seiner Anwesenheit entweder hinter sich oder kam ihm zuvor.

(40) Inzwischen ging durch Italien die Kunde, Agrippa sei durch die Gnade der Götter gerettet worden, und fand auch in Rom Glauben. Schon bereitete ihm in Ostia, wo er landete, eine riesige Menschenmenge einen feierlichen Empfang, schon wurden in der Stadt geheime Versammlungen abgehalten, während Tiberius in zwiespältiger Sorge war, ob er mit militärischer Gewalt gegen seinen eigenen Sklaven[45] einschreiten oder warten solle, bis die törichte Leichtgläubigkeit mit der Zeit von selbst sich verflüchtige. Bald glaubte er, die Sache nicht leichtnehmen zu dürfen, bald, nicht alles fürchten zu sol-

len, und so schwankte er zwischen Selbstachtung und Furcht hin und her. Zuletzt übertrug er die Regelung der Angelegenheit dem Sallustius Crispus[46]. Dieser wählte zwei seiner Klienten – einige überliefern, es seien Soldaten gewesen – aus und gab ihnen die Anweisung, so zu tun, als ob sie in die Sache eingeweiht seien, und sich an Clemens heranzumachen, ihm Geld anzubieten und zu versprechen, ihm in allen Gefahren treu zur Seite zu stehen. Sie führten den Befehl aus. Dann warteten sie eine Nacht ab, in der er keine Wache um sich hatte, ließen sich eine ausreichende Mannschaft mitgeben und schleppten ihn gefesselt und mit einem Knebel im Munde in das Palatium. Als ihn Tiberius fragte, wie aus ihm Agrippa geworden sei, soll er geantwortet haben: »Wie aus dir der Caesar.« Zur Anzeige von Komplicen konnte er nicht bewegt werden. Tiberius wagte nicht, ihn öffentlich zu bestrafen. Er befahl, ihn in einem abgelegenen Teil des Palatiums umzubringen und die Leiche heimlich beiseite zu schaffen. Und obgleich, wie man sagte, viele aus der Familie des Princeps[47] sowie auch Ritter und Senatoren ihn mit Geld unterstützt und ihm mit Rat zur Seite gestanden hatten, kam es doch zu keiner gerichtlichen Untersuchung.

(41) Am Jahresende wurden bei dem Tempel des Saturnus[48] wegen der Wiedergewinnung der mit Varus verlorenen Feldzeichen, die unter der Führung des Germanicus und unter der Regierung des Tiberius erfolgt war, ein Triumphbogen, ferner ein Tempel der Fors Fortuna neben dem Tiber in dem Park, den der Diktator Caesar dem römischen Volk vermacht hatte[49], und eine Kapelle der iulischen Gens sowie ein Standbild dem vergöttlichten Augustus in Bovillae[50] geweiht.

17 n. Chr. Unter dem Konsulat des C. Caelius und L. Pomponius triumphierte Germanicus Caesar am 26. Mai über die Cherusker, Chatten und Angrivarier und die andern Völkerschaften, die bis zur Elbe hin wohnen. Mitgeführt wurden erbeutete Waffen, Gefangene, Bilder von Bergen, Flüssen

und Schlachten. Und weil man Germanicus daran gehindert hatte, den Krieg zu beendigen, nahm man ihn als beendigt an. Das Bild, das sich den Zuschauern bot, bekam noch durch des Germanicus hervorragende äußere Erscheinung einen besonderen Glanz sowie durch den Wagen, auf dem seine fünf Kinder fuhren. Aber man empfand zugleich ein geheimes Grauen bei dem Gedanken, dass die Gunst des Volkes seinem Vater kein Glück gebracht hatte und dass auch sein Oheim Marcellus in jugendlichem Alter der Plebs, die ihm mit heißem Herzen zugetan war, entrissen worden war. Kurzlebig und vom Unglück verfolgt seien die Lieblinge des römischen Volkes.

(42) Tiberius aber setzte im Namen des Germanicus für das Volk pro Kopf dreihundert Sesterzen aus und bestimmte sich selbst zum Amtsgenossen in dessen Konsulat. Aber trotzdem fand er keinen Glauben an die Redlichkeit seiner Liebe, und so beschloss er, den jungen Mann unter einem ehrenden Vorwand wegzuschaffen, wobei er die Begründung selbst erfand oder auch aufgriff, wie sie sich ihm gerade bot.

Der König Archelaus herrschte schon fünfzig[51] Jahre über Cappadocien. Er war dem Tiberius verhasst, weil er ihm während seines Aufenthaltes in Rhodus keinerlei Höflichkeit erwiesen hatte. Doch hatte dies Archelaus nicht aus Hochmut unterlassen, sondern er war von der engsten Umgebung des Augustus gewarnt worden. Denn als C. Caesar noch lebte und in den Orient geschickt worden war, um die Verhältnisse dort zu ordnen, galt die Freundschaft mit Tiberius für gefährlich. Als dann die Nachkommenschaft des Caesarenhauses ausgerottet war und Tiberius die Herrschaft erlangt hatte, lockte er den Archelaus durch einen Brief seiner Mutter herbei, die, ohne die Kränkungen ihres Sohnes zu verhehlen, ihm Begnadigung in Aussicht stellte, falls er komme, um Abbitte zu leisten. Jener merkte die Hinterlist nicht oder fürchtete auch Gewalt, wenn man glaube, er durchschaue sie. Und so machte er sich eilends auf den Weg in die Hauptstadt. Dort empfing ihn der Princeps ungnädig. Bald darauf wurde er im Senat angeklagt und endete durch Selbstmord – oder natürlichen Tod –, woran nicht etwa die Verbrechen, die man vorschützte, schuld waren, sondern die Angst, die ihn bedrückte, und die altersbedingte Erschöpfung. Könige sind ja nicht gewöhnt, andern gleichgestellt, geschweige denn untergeordnet zu werden. Sein Königreich wurde zur Provinz gemacht. Der Caesar verkündigte dabei, mit den Einkünften aus diesem könne die einprozentige Steuer herabgesetzt werden, und ermäßigte sie für die Zukunft auf die Hälfte[52].

Um dieselbe Zeit kam es nach dem Tode der Könige Antiochus von Commagene und Philopator von Cilicien[53] unter den dortigen Völkerschaften zu Unruhen, da die Mehrheit eine römische Herrschaft, ein Teil ein eigenes Königtum wünschte. Auch baten die Provinzen Syrien und Judäa, die durch die Steuerlasten schwer mitgenommen waren, dass die Abgaben herabgesetzt würden.

(43) Über diese Fragen nun und auch über Armenien, wie oben[54] erwähnt, sprach Tiberius im Senat. Die Unruhen im Orient könnten nur durch die Weisheit des Germanicus beigelegt werden. Seine eigenen Jahre seien gezählt und Drusus sei noch nicht genügend erwachsen. So wurden denn durch Senatsbeschluss Germanicus die Provinzen jenseits des Meeres übertragen, und zwar solle, wohin er auch komme, ihm eine größere Befehlsbefugnis als jedem anderen zustehen, dem eine Provinz durch das Los oder durch Auftrag des Princeps übertragen worden sei. Aber Tiberius hatte schon vorher aus Syrien Creticus Silanus entfernt, der mit Germanicus verschwägert war – des Silanus Tochter war mit seinem ältesten Sohn Nero verlobt –, und dafür Cn. Piso eingesetzt[55], einen Mann von gewalttätigem Wesen, der keinen Gehorsam kannte und von seinem Vater Piso den Trotz geerbt hatte. Dieser hatte

im Bürgerkrieg die in Afrika sich wieder erhebende Partei[56] leidenschaftlich gegen Caesar unterstützt, dann sich Brutus und Cassius angeschlossen und, als er die Erlaubnis zur Rückkehr erhalten hatte, sich von der Bewerbung um Ehrenämter ferngehalten, bis man ihn sogar darum anging, das ihm von Augustus angebotene Konsulat anzunehmen.

Pisos vom Vater ererbten Hochmut steigerte noch der Adel und der Reichtum seiner Gattin Plancina. Kaum erkannte er des Tiberius höhere Stellung an, auf dessen Söhne schaute er als auf weit unter ihm stehend herab. Er zweifelte auch nicht daran, dass er als Statthalter für Syrien dazu ausgewählt sei, die Hoffnungen des Germanicus einzuschränken. Manche glaubten, es seien ihm auch von Tiberius geheime Aufträge erteilt worden. Und zweifellos gab Augusta voll weiblicher Eifersucht Plancina Weisung, Agrippina Schwierigkeiten zu machen. Am Hofe gab es nämlich zwei Parteien, die sich befehdeten und von denen die eine mit Drusus, die andere mit Germanicus im stillen sympathisierte. Tiberius begünstigte Drusus als seinen eigenen leiblichen Sohn, dem Germanicus hatte die Abneigung seines Oheims noch größere Liebe bei den übrigen verschafft; auch war er mütterlicherseits von erlauchterer Abkunft, da er M. Antonius als Großvater, Augustus als Großoheim[57] aufzuweisen hatte. Dagegen schien Pomponius Atticus, der Urgroßvater des Drusus, als römischer Ritter für den Stammbaum der Claudier keine Zierde zu sein[58]. Auch überragte Agrippina, die Gattin des Germanicus, durch ihre Kinderzahl und durch ihren guten Ruf Livia, die Frau des Drusus[59]. Aber die Brüder[60] lebten in schönster Eintracht, die auch die Streitigkeiten ihrer nächsten Angehörigen nicht zu erschüttern vermochte.

(44) Nicht lange darauf wurde Drusus nach Illyricum geschickt, damit er sich an den Kriegsdienst gewöhne und sich die Zuneigung des Heeres erwerbe. Zugleich glaubte Tiberius,

dass der Jüngling, der sich dem üppigen Leben der Hauptstadt hingab, im Lager besser aufgehoben sei und es für ihn selbst größere Sicherheit bedeute, wenn beide Söhne Legionen befehligten. Aber als Vorwand dienten die Sueben, die um Hilfe gegen die Cherusker baten. Denn nach dem Abzug der Römer hatten sie, der Furcht vor dem auswärtigen Feind ledig, nach Stammesgewohnheit und jetzt in ruhmbegieriger Eifersucht die Waffen gegeneinander gekehrt. Die Stärke der beiden Stämme und die Tüchtigkeit ihrer Führer waren gleich. Aber Maroboduus machte bei seinen Landsleuten der Königsname verhasst, Arminius sein Kampf für die Freiheit beliebt.

(45) Und so griffen nicht nur die Cherusker und deren Verbündete, die alte Mannschaft des Arminius, zu den Waffen, sondern auch aus dem Königreich des Maroboduus fielen suebische Stämme, Semnonen und Langobarden[61], zu ihm ab. Mit diesem Zuwachs hätte er die Übermacht gehabt, wenn nicht Inguiomerus mit einer Schar seiner Klienten zu Maroboduus geflohen wäre, lediglich deshalb, weil es dem alten Oheim unwürdig erschien, dem jungen Sohn seines Bruders sich unterzuordnen. Die Heere stellten sich mit gleichen Siegeshoffnungen zur Schlacht auf. Aber sie stürmten nicht mehr, wie es früher bei den Germanen üblich war, regellos oder in getrennten Heerhaufen auf den Feind los. Denn sie hatten sich in langem Kriegsdienst gegen uns daran gewöhnt, den Fahnen zu folgen, sich durch Reserven zu sichern und auf die Befehle der Heerführer zu achten. Jetzt besichtigte Arminius zu Pferd alles und wies überall, wohin er ritt, auf die wiedergewonnene Freiheit, die erschlagenen Legionen und auf die den Römern abgenommenen Waffen hin, die immer noch in vieler Hände seien. Dagegen nannte er Maroboduus einen Ausreißer, der noch keine Schlacht mitgemacht habe, in den Verstecken des herkynischen Waldes[62] Schutz gesucht und dann durch Geschenke und Gesandtschaften um ein Bündnis gebeten habe, einen

Verräter des Vaterlandes, einen Trabanten des Caesaren, den man mit der gleichen Erbitterung verjagen müsse, wie sie Quintilius Varus erschlagen hätten. Sie sollten sich nur an die vielen Kämpfe erinnern, die schließlich mit der Vertreibung der Römer geendet hätten, wodurch ausreichend erwiesen sei, in wessen Händen die endgültige Entscheidung des Krieges gelegen habe.

(46) Auch Maroboduus sparte nicht mit prahlendem Eigenlob oder Beschimpfungen der Feinde. Dagegen beteuerte er, Inguiomerus an der Hand haltend, dessen Person sei der Inbegriff der ganzen Ehre der Cherusker, dessen Ratschlägen seien alle bisherigen Erfolge zu verdanken. Arminius nehme in seinem Wahn und in der Verkennung der wahren Lage fremden Ruhm für sich in Anspruch, weil er drei Legionen, die planlos daherzogen, und einen arglosen Führer treulos getäuscht habe, zum großen Unglück für Germanien und zu seiner eigenen Schande, da seine Gattin, da sein Sohn noch immer in Knechtschaft schmachten. Er aber habe, von zwölf Legionen unter der Führung des Tiberius angegriffen[63], den Ruhm der Germanen unbefleckt bewahrt, und dann habe man sich nach Abschluss eines Vergleichs getrennt. Und er bereue es nicht, dass es in ihrer Hand liege, ob sie lieber von neuem Krieg mit den Römern oder einen Frieden ohne Blutvergießen haben wollten. Außer diesen Worten, die bei den Heeren begeistert aufgenommen wurden, spornten sie noch besondere Gründe an: die Cherusker und Langobarden stritten für ihre alte Ehre oder für ihre neugewonnene Freiheit, die Gegner für die Erweiterung ihrer Herrschaft. Nirgends sonst war man mit größerer Wucht aufeinandergeprallt, und nie war der Ausgang zweifelhafter gewesen: auf beiden Seiten wurde der rechte Flügel geschlagen. Man erwartete, dass die Schlacht wieder aufgenommen würde. Doch Maroboduus zog seine Truppen in den Schutz eines Hügelgeländes zurück. Dies war das Zeichen dafür, dass er sich

geschlagen fühlte. Und da er allmählich durch das Überlaufen seiner Leute geschwächt wurde, zog er sich in das Gebiet der Marcomannen[64] zurück und schickte Gesandte an Tiberius mit der Bitte um Hilfe. Die Antwort lautete, er habe kein Recht, gegen die Cherusker römische Waffenhilfe anzurufen, da er ja den Römern bei ihrem Kampf gegen den gleichen Feind keinerlei Hilfe gewährt habe. Jedoch wurde Drusus, wie schon berichtet, abgeschickt, um den Frieden zu sichern[65].

(47) In demselben Jahr ließ ein nächtliches Erdbeben zwölf stark bevölkerte Städte Asiens[66] einstürzen. Da sich dies bei Nacht ereignete, kam das Unglück umso überraschender und war umso schwerer. Auch konnten sich die Menschen nicht, wie sonst bei einem solchen Unglück, durch die Flucht ins Freie retten, weil sie von Erdspalten verschlungen wurden. Man erzählt, dass gewaltige Berge sich gesenkt haben, dass man vorher ebenes Land steil sich auftürmen sah und zwischen den Trümmern Feuer aufflammte. Weil das Unheil Sardes[67] am schlimmsten heimgesucht hatte, fand es auch das größte Mitleid: zehn Millionen Sesterzen versprach ihnen der Caesar und erließ ihnen alle Zahlungsverpflichtungen an die Staatskasse oder an den Fiskus auf fünf Jahre. Magnesia am Sipylos galt als die Stadt, die den nächstgrößten Schaden erlitten hatte, und fand die entsprechende Unterstützung. Temnos, Philadelphia, Aegea, Apollonia und die sogenannten Mostener und macedonischen Hyrcaner, ebenso Hierocaesaria, Myrina, Cyme und Tmolus beschloss man, für die gleiche Zeit von Abgaben zu befreien und einen Vertreter des Senats zu schicken, der die Lage besichtigen und Erleichterung schaffen sollte. Ausersehen wurde dazu der gewesene Prätor M. Ateius, um zu verhüten, dass zwischen Gleichrangigen – Asien verwaltete ein ehemaliger Konsul – Eifersucht entstehe und sich dadurch Hemmnisse ergeben.

(48) Zu dieser großzügigen staatlichen Spende fügte der

Caesar ein weiteres, nicht minder willkommenes Zeichen seiner Freigebigkeit. Er übergab das Vermögen der reichen, ohne Testament verstorbenen Aemilia Musa, das dem Fiskus zugeschlagen werden sollte[68], an Aemilius Lepidus[69], zu dessen Familie sie vermutlich gehörte, und die Erbschaft des reichen römischen Ritters Pantuleius, obgleich er selbst als Miterbe im Testament eingesetzt war, an M. Servilius, der, wie er erfahren hatte, in einem früheren unverdächtigen Testament eingesetzt gewesen war, wobei er die Begründung voranstellte, man müsse bei beiden Männern ihre adelige Stellung durch Geld stützen. Er trat keine Erbschaft an, soweit er sie nicht einem Freundschaftsverhältnis verdankte. Leute, die er nicht kannte und die aus Feindschaft gegen andere den Princeps im Testament einsetzten, hielt er von sich fern. Wie er jedoch schuldlose Armut sittlich einwandfreier Leute linderte, so stieß er verschwenderische und wegen ihres liederlichen Lebenswandels verarmte, wie Vibidius Virro, Marius Nepos, Appius Appianus, Cornelius Sulla, Q. Vitellius, aus dem Senat oder ließ zu, dass sie freiwillig austraten.

(49) Um die gleiche Zeit weihte er Göttertempel, die durch Alter oder Feuer in Verfall geraten waren und die Augustus wieder aufzubauen begonnen hatte: einen für Liber und Libera sowie einen für Ceres, den der Diktator A. Postumius gelobt hatte[70], gleich neben dem Circus Maximus, einen andern auf dem gleichen Platze der Flora, den die beiden Ädilen Lucius und Marcus Publicius errichtet hatten, auch den Ianustempel, den beim Gemüsemarkt[71] C. Duilius erbaut hatte, der erste, der zur See für das römische Reich erfolgreich gekämpft und einen Seetriumph über die Punier verdient hat[72]. Ein Tempel der Spes wurde von Germanicus geweiht, den bereits A. Atilius in diesem Krieg gelobt hatte.

(50) Inzwischen gedieh das Majestätsgesetz. Appuleia Varilla, eine Enkelin der Schwester des Augustus[73], forderte ein De-

nunziant wegen Majestätsverbrechens vor Gericht, weil sie gesprächsweise den vergöttlichten Augustus sowie Tiberius und seine Mutter geschmäht und verspottet habe und als Verwandte des Caesaren Ehebruch treibe. Was den Ehebruch betraf, so schien die lex Iulia[74] ausreichende Vorkehrungen getroffen zu haben; für die Beschuldigung hinsichtlich des Majestätsverbrechens forderte der Caesar, einen Unterschied zu machen: man solle sie verurteilen, wenn sie über Augustus sich irgendwie unehrerbietig geäußert habe. Was sie gegen ihn persönlich vorgebracht habe, wolle er nicht untersucht wissen. Von dem Konsul befragt, was er von dem ungebührlichen Gerede über seine Mutter halte, dessen sie bezichtigt werde, schwieg er. Aber in der Senatssitzung am folgenden Tage bat er, auch im Namen seiner Mutter, es möge niemand wegen Äußerungen, die so oder so sie betroffen hätten, belangt werden. Und wirklich ließ er das Majestätsgesetz auf Appuleia nicht anwenden. In der Frage des Ehebruchs bat er, auf eine härtere Strafe zu verzichten, und riet, sie nach dem Beispiel der Vorfahren von ihren Angehörigen mehr als zweihundert Meilen zu verbannen. Der Ehebrecher Manlius wurde aus Italien und Afrika verwiesen.

18 n. Chr.

(51) Über die Nachwahl für den verstorbenen Prätor Vipstanus Gallus kam es zu einem Streit. Germanicus und Drusus – beide befanden sich damals noch in Rom – begünstigten Haterius Agrippa[75], einen Verwandten des Germanicus, während sehr viele dafür eintraten, dass die Kinderzahl bei der Bewerbung eine ausschlaggebende Rolle spiele, wie es auch das Gesetz[76] vorschrieb. Tiberius bereitete es ein Vergnügen, den Senat zwischen seinen Söhnen und den gesetzlichen Bestimmungen entscheiden zu sehen. Ohne Zweifel unterlag das Gesetz, aber nicht sofort und nur gegen eine kleine Stimmenmehrheit, wie ja die Gesetze damals schon unterlagen, als sie noch in Geltung waren.

(52) In demselben Jahr brach ein Krieg in Afrika aus, bei dem Tacfarinas[77] der Anführer der Feinde war. Dieser, ein Numider von Geburt, hatte im römischen Heer bei den Hilfstruppen gedient, war dann fahnenflüchtig geworden und hatte zuerst Landstreicher und an Raub gewöhnte Leute zu Plünderungs- und Beutezügen um sich geschart, dann richtige militärisch geordnete Abteilungen zu Fuß und zu Pferd gebildet und galt zuletzt nicht mehr als der Häuptling einer ungeordneten Bande, sondern als der Führer der Musulamier. Dieser an die afrikanische Wüste grenzende starke Volksstamm, der damals noch nicht in Städten wohnte, erhob die Waffen und zog die benachbarten Mauren in den Krieg hinein. Auch sie hatten einen Führer, namens Mazippa. Das Heer wurde in der Weise geteilt, dass Tacfarinas eine auserlesene, nach römischer Weise bewaffnete Truppe in seinem Feldlager halten und an Disziplin und Befehlsgebung gewöhnen, während Mazippa mit einer leichtbewaffneten Truppe durch Brennen und Sengen und durch Mord Schrecken verbreiten sollte. Und schon hatten sie auch die Cinithier, einen recht beachtlichen Volksstamm[78], auf ihre Seite gebracht, als Furius Camillus, der Prokonsul von Afrika, eine Legion und die bundesgenössischen Kontingente, die er unter den Fahnen hatte, zusammenzog und gegen den Feind führte, eine unansehnliche Truppe, wenn man sie mit der Übermacht der Numider und Mauren verglich. Aber vor nichts hatte man so sehr Sorge, als die Feinde könnten aus Furcht dem Kriege ausweichen. Die Hoffnung auf den Sieg verführte sie dazu, sich besiegen zu lassen. Und so wurde die Legion in der Mitte, die leichten Kohorten und zwei Reiterabteilungen auf den Flügeln aufgestellt. Tacfarinas wich dem Kampf nicht aus. Die Numider wurden geschlagen, und nach vielen Jahren schmückte den Namen Furius wieder kriegerischer Lorbeer. Denn seit jenem Wiedereroberer Roms und seinem Sohn Camillus[79] war der Feldherrnruhm an andere

Familien übergegangen, und der Camillus, von dem jetzt die Rede ist, galt als kriegsunerfahren. Umso mehr war Tiberius geneigt, seine Taten im Senat zu preisen. So bewilligten ihm denn die Väter die Triumphinsignien, wofür Camillus, da er sonst bescheiden lebte, unbestraft blieb.

(53) Im folgenden Jahr bekleidete Tiberius zum drittenmal, Germanicus zum zweitenmal das Konsulat. Aber dieses Ehrenamt trat Germanicus in der achäischen Stadt Nicopolis[80] an, wohin er entlang der illyrischen Küste nach einem Besuch bei seinem Bruder[81] Drusus, der in Dalmatien weilte, und nach dem Überstehen einer schlimmen Fahrt über das Adriatische und dann über das Ionische Meer gekommen war. Daher benötigte er dort einige Tage dazu, seine Flotte wieder instand zu setzen. Bei dieser Gelegenheit besuchte er den durch den Sieg bei Actium berühmten Golf und die von Augustus geweihten Waffentrophäen sowie das Lager des Antonius im Gedenken an seine Vorfahren. Denn wie ich schon berichtet habe, war Augustus sein Oheim mütterlicherseits und Antonius sein Großvater, und so bot sich ihm dort das eindrucksvolle Bild einer traurigen und zugleich glücklichen Vergangenheit. Von hier ging die Reise nach Athen. Mit Rücksicht auf die verbündete alte Stadt nahm er einen einzigen Liktor mit. Die Griechen empfingen ihn mit den ausgesuchtesten Ehren, wobei sie die alten Taten und Reden der Ihrigen in den Vordergrund stellten, um ihrer Huldigung größere Würde zu verleihen.

(54) Darauf besuchte er Euboea und fuhr von dort nach Lesbus hinüber, wo Agrippina ihr letztes Kind, Iulia, zur Welt brachte. Dann betrat er den Boden Asiens an seinem äußersten Punkt: er besuchte die thrakischen Städte Perinthus[82] und Byzantium, fuhr dann durch die Meerenge der Propontis nach der Einmündung des Pontus, da er die alten, vielgerühmten Orte kennenlernen wollte; zugleich versuchte er, den durch innere Streitigkeiten oder durch die Übergriffe der Beamten notlei-

denden Provinzen zu helfen. Auf der Rückfahrt wollte er die samothrakischen Mysterien[83] kennenlernen. Aber widrige Nordwinde trieben ihn ab. Und so besuchte er Ilium und dort die durch ihr wechselvolles Schicksal und den Ursprung unseres Volkes ehrwürdigen Stätten, fuhr dann der Küste von Asien entlang und landete in Colophon[84], um das Orakel des Apollo von Clarus zu befragen. Nicht eine Frau, wie in Delphi, sondern ein aus bestimmten Familien, und zwar in der Regel aus Milet, berufener Priester lässt sich dort lediglich die Zahl der das Orakel Befragenden sowie ihre Namen angeben. Dann steigt er in eine Höhle hinunter, trinkt Wasser aus einer geheimen Quelle und gibt, meistens ohne lesen und schreiben zu können und ohne sich auf die Dichtkunst zu verstehen, die Antworten in Versform über Dinge, die sich der Befragende ausgedacht hat. Germanicus soll er, wie man erzählte, in verhüllter Form, wie es bei Orakeln üblich ist, ein frühzeitiges Ende geweissagt haben.

(55) Doch um möglichst beschleunigt mit der Durchführung seines Vorhabens zu beginnen, rückte Cn. Piso stürmisch in Athen ein und schalt die dadurch aufgeschreckte Bürgerschaft in einer grimmigen Rede, nicht ohne einen Seitenhieb auf Germanicus, dass dieser entgegen der Ehre des römischen Namens nicht die Athener, die ja durch so viele Niederlagen ausgetilgt seien, sondern dieses Völkergemisch mit allzu großer Leutseligkeit beehrt habe. Bei den jetzigen Athenern handle es sich ja um des Mithridates Bundesgenossen gegen Sulla und um die des Antonius gegen den vergöttlichten Augustus[85]. Auch frühere Vorkommnisse warf er ihnen vor: ihr missglücktes Vorgehen gegen die Macedonier, ihr gewaltsames gegen ihre eigenen Mitbürger. Dabei war er gegen die Stadt auch aus einem persönlichen Groll aufgebracht, weil sie einen gewissen Theophilus, den der Areopag[86] wegen einer Fälschung verurteilt hatte, trotz seinen Bitten nicht begnadigen wollte. Darauf

erreichte er auf einer schnellen Fahrt durch die Cycladen auf dem kürzesten Wege bei der Insel Rhodus Germanicus, der wohl wusste, welchen Angriffen er ausgesetzt sein werde. Aber er zeigte eine solch entgegenkommende Haltung, dass er nach Ausbruch eines Sturmes, der Pisos Schiff an Klippen warf, wo der Untergang seines persönlichen Feindes auf einen Zufall hätte zurückgeführt werden können, Dreiruderer ausschickte, mit deren Hilfe Piso aus der gefährlichen Lage gerettet wurde. Dennoch ließ sich Piso nicht beschwichtigen; kaum gewann er es über sich, einen einzigen Tag zu verweilen. Er verließ Germanicus und eilte ihm voraus. Sobald er Syrien und die Legionen erreicht hatte, suchte er durch Spenden sich bei ihnen beliebt zu machen. Er begünstigte die untersten Dienstgrade, setzte die alten Centurionen und die strengen Tribunen ab und wies ihre Stellen seinen Klienten und dem übelsten Gesindel zu, duldete Müßiggang im Lager, Disziplinlosigkeit in den Städten, ließ die Mannschaften sich auf dem Lande zügellos herumtreiben und untergrub die Moral seiner Truppe so weitgehend, dass er in der Sprache des gemeinen Mannes der »Vater der Legionen« hieß. Und auch Plancina hielt nicht die einer anständigen Frau gezogenen Grenzen ein, sondern nahm an den Übungen der Reiterei, an den Manövern der Kohorten teil, erging sich in Schmähreden gegen Agrippina und gegen Germanicus, und schon fanden sich sogar manche der anständigen Soldaten bereit, verwerflichem Ansinnen nachzukommen, weil im geheimen das Gerücht umging, dass dies alles nicht gegen den Willen des Imperators geschehe. Dem Germanicus war dies bekannt. Aber im Augenblick war sein dringlicheres Anliegen, noch vor Piso zu den Armeniern zu kommen.

(56) Unzuverlässig war dieses Volk von jeher, was seiner Veranlagung entspricht, aber auch von der geographischen Lage herrührt: es zieht sich auf weite Strecken vor unseren Provinzen hin und reicht tief bis nach Medien hinein. Zwischen

zwei gewaltigen Reichen liegend, sind die Armenier untereinander häufig uneinig; sie hassen die Römer und sind erbitterte Feinde der Parther. Sie hatten damals nach der Beseitigung des Vonones[87] keinen König, doch neigte sich die Gunst des Volkes zu Zeno, dem Sohn des pontischen Königs Polemo[88], weil dieser von frühester Kindheit an die Gebräuche und die Lebensweise der Armenier nachgeahmt und durch Jagden, Gelage und durch anderweitige Liebhabereien der Barbaren Adel und Volk gleichermaßen für sich eingenommen hatte. Daher setzte ihm Germanicus in der Stadt Artaxata unter Zustimmung des Adels, umringt von einer großen Menschenmenge, das königliche Diadem auf das Haupt[89]. Alles Volk huldigte ihm und begrüßte ihn als König Artaxias, wie sie ihn nach der Stadt genannt hatten. Dagegen wurde Cappadocien zu einer Provinz gemacht und erhielt Q. Veranius als Legaten. Die königlichen Steuern wurden zum Teil herabgesetzt, um die Cappadocier auf ein milderes römisches Regiment hoffen zu lassen. Über Commagene wurde Q. Servaeus gesetzt, das damit zum erstenmal der Rechtsbefugnis eines Prätors[90] unterstellt wurde.

(57) So waren nun alle bundesgenössischen Angelegenheiten glücklich geordnet. Doch konnte Germanicus darüber nicht froh werden. Allzu hochfahrend war das Benehmen Pisos, der den Befehl erhalten hatte, einen Teil der Legionen persönlich oder durch seinen Sohn nach Armenien zu führen, aber weder das eine noch das andere beachtet hatte. Erst in Cyrrhus[91], in dem Winterlager der zehnten Legion, trafen sie zusammen, beide mit gefasster Miene, Piso, um keine Furcht zu verraten, Germanicus, damit man nicht glaube, er wolle drohen. Und Germanicus war wirklich, wie gesagt, versöhnlicher gestimmt. Aber seine Freunde, die sich schlau darauf verstanden, die Misshelligkeiten zu verschärfen, verlegten sich auf Übertreibungen, stellten falsche Behauptungen auf und beschuldigten Piso selbst und Plancina sowie ihre Söhne auf

jede nur mögliche Weise. Zuletzt kam es unter Teilnahme von wenigen Vertrauten zu einer Aussprache, bei der der Caesar in einem Ton begann, wie ihn die Erbitterung eingibt, die man nicht merken lassen will. Pisos Antwort bestand in Bitten, aus denen sein Trotz sprach. In offenem Hass schieden sie voneinander. Daraufhin zeigte sich Piso nur noch selten bei den Gerichtssitzungen des Caesaren[92], und wenn er an ihnen gelegentlich teilnahm, setzte er eine finstere Miene auf und ließ deutlich merken, dass er anderer Meinung sei. Auch hörte man bei einem Gastmahl, das der König der Nabatäer[93] gab, wobei dem Caesar und der Agrippina goldene Kränze von schwerem Gewicht, leichte Piso und den übrigen Teilnehmern überreicht wurden, von ihm den Ausspruch, es sei der Sohn des römischen Princeps, nicht der des Partherkönigs, dem dieses Gastmahl gelte. Damit warf er den Kranz weg und fügte noch viele Bemerkungen hinzu, die sich gegen den Luxus richteten, was Germanicus ruhig hinnahm, so kränkend es auch für ihn war.

(58) Inzwischen kamen von dem König der Parther Artabanus Gesandte. Er hatte sie geschickt, um an die vertraglich festgelegte Freundschaft zu erinnern. Auch wünsche er, dass das Treueverhältnis erneuert werde; er werde dem Germanicus zu Ehren an das Ufer des Euphrat kommen. Inzwischen bitte er, Vonones nicht in Syrien zu belassen, damit dieser nicht aus der Nähe durch Botschaft die Stammeshäuptlinge zu Aufsässigkeit verleite. Darauf gab Germanicus eine Antwort, die hinsichtlich des Bündnisses zwischen den Römern und den Parthern hoheitsvoll klang, hinsichtlich des beabsichtigten Erscheinens des Königs und der ihm persönlich zugedachten Ehrung Würde und Bescheidenheit verriet. Vonones wurde nach Pompeiopolis, einer Seestadt Ciliciens[94], entfernt. Damit wurde nicht nur eine Bitte des Artabanus erfüllt, sondern es geschah auch, um Piso zu kränken. Denn Vonones stand wegen zahlreicher

Gefälligkeiten und Geschenke, durch die er Plancina sich verpflichtet hatte, bei Piso in sehr hoher Gunst.

(59) Unter dem Konsulat des M. Silanus und L. Norbanus reiste Germanicus nach Ägypten, um die dortigen Altertümer kennenzulernen. Aber die Sorge für die Provinz diente als Vorwand. Durch die Öffnung der Speicher senkte er die Getreidepreise und erwies auch sonst dem Volk viele Gefälligkeiten[95]: er ging ohne militärische Begleitung aus, mit bloßen Füßen und in gleicher Tracht wie die Griechen, wobei er P. Scipio nachahmte, der, wie wir vernommen haben, es in Sizilien ebenso machte, obwohl der punische Krieg noch im vollen Gange war[96]. Während Tiberius seine Kleidung und sein ganzes Auftreten nur mit zurückhaltenden Worten rügte, tadelte er ihn aufs schärfste, dass er entgegen den Bestimmungen des Augustus ohne Einwilligung des Princeps Alexandria betreten habe. Denn zu den übrigen unantastbaren Grundlagen seiner Herrschaft gehörte das Verbot des Augustus für die Senatoren und römischen Ritter der höheren Rangstufen, ohne besondere Erlaubnis Ägypten zu betreten, das er zu seiner eigenen Domäne gemacht hatte. Er wollte damit verhüten, dass jeder, der in dieser Provinz, und damit an den Schlüsselpunkten des Landes und der See, mit noch so unbedeutender Truppenmacht auch gegen gewaltige Heere sich dort behaupten und Italien in eine bedrückende Hungersnot stürzen könne.

19 n. Chr.

(60) Aber Germanicus, der noch nicht erfahren hatte, dass seine Reise missbilligt werde, fuhr von der Stadt Canopus[97] aus den Nil hinauf. Spartaner haben sie gegründet, weil dort der Steuermann Canopus begraben wurde, damals, als Menelaus auf der Heimfahrt nach Griechenland in dieses entlegene Meer und an das libysche Land verschlagen wurde. Dann besuchte er die zunächstliegende Mündung des Flusses, die dem Hercules heilig ist; die Eingeborenen behaupten, er sei bei ihnen gebo-

ren und der Ihrige sei der älteste; diejenigen, die später gleich heldenhafte Männer gewesen seien, hätten dann von ihm ihren Namen bekommen. Darauf besichtigte er die mächtigen Ruinen des alten Theben, wo an den hohen Bauwerken noch die ägyptischen Inschriften erhalten waren, die von der einstigen Macht zeugten. Und einer von den älteren Priestern, den man aufforderte, die in einheimischer Sprache abgefasste Inschrift zu übersetzen[98], gab an: es haben einst hier siebenhunderttausend Männer in wehrfähigem Alter gewohnt, und mit diesem Heer hat der König Rhamses[99] Libyen, Äthiopien, Medien, Persien und Baktrien sowie das Scythenland unterworfen und alle Länder, die die Syrer, Armenier und die angrenzenden Cappadocier bewohnen, auf der einen Seite bis an das Bithynische, auf der andern bis an das Lycische Meer[100] unter seiner Herrschaft gehabt. Man las auch die den Völkerschaften auferlegten Tribute, das Gewicht des Silbers und Goldes, die Zahl der Waffen und Pferde und die Geschenke für die Tempel, Elfenbein und Räucherwerk, die Menge von Getreide und sonstigen Gegenständen für den täglichen Bedarf, die jedes Volk zu liefern hatte, alles in nicht weniger gewaltigem Ausmaß, als es jetzt von den Parthern auf der Grundlage von Gewalt oder von Rom auf der Grundlage seiner Macht auferlegt wird.

(61) Doch schenkte Germanicus seine Aufmerksamkeit auch anderen Wunderwerken. In erster Linie waren es das steinerne Bild des Memnon[101], das, von Sonnenstrahlen getroffen, zu tönen beginnt, ferner die zwischen weit ausgedehnten und kaum begehbaren Sandwüsten befindlichen Pyramiden, die die Könige mit ihrem Reichtum um die Wette wie Berge aufgetürmt haben, sowie die künstlich angelegten Stauseen, die die Nilüberschwemmungen auffangen[102]. Und dann wieder die Flussengen mit ihrer großen Tiefe, die keine Nachforschung auszuloten vermag[103]. Endlich kam man nach Elephantine und Sye-

ne, einst die Eingangstore zum römischen Reich, das sich jetzt bis zum Roten Meer erstreckt.

(62) Während so Germanicus diesen Sommer in mehreren Provinzen verbrachte, erwarb sich Drusus dadurch nicht geringen Ruhm, dass er unter den Germanen innere Fehden anstiftete und die vollständige Vernichtung des Maroboduus, dessen Macht schon gebrochen war, betrieb. Es gab unter den Gotonen[104] einen adeligen Jüngling, namens Catualda, der, vor längerer Zeit von Maroboduus gewaltsam vertrieben, jetzt, wo dieser in einer misslichen Lage war, sich an ihm zu rächen wagte. Er marschierte mit einer starken Heerschar in das Land der Marcomannen ein, verleitete die Häuptlinge durch Bestechung, sich ihm als Bundesgenossen anzuschließen, und erstürmte die Königsburg mitsamt dem unmittelbar dabeiliegenden Kastell. Dort fanden sich alte Beutestücke der Sueben sowie Marketender und Kaufleute aus unseren Provinzen, die der freie Handelsverkehr und auch der Trieb zum Gelderwerb aus ihren Wohnsitzen in das feindliche Land verschlagen hatte, wobei sie ihr Vaterland vergaßen.

(63) Maroboduus, von allen Seiten im Stich gelassen, hatte keinen anderen Rückhalt mehr als das Mitleid des Caesaren. Er ging über die Donau, wo sie an der norischen Provinz[105] vorüberfließt, und schrieb an Tiberius, nicht wie ein Flüchtling oder demütiger Bittsteller, sondern im Tone dessen, der sich seiner früheren glänzenden Stellung bewusst ist: während viele Völkerschaften ihn, den einst so berühmten König, zu sich eingeladen hätten, habe er der Freundschaft mit Rom den Vorrang gegeben. Von dem Caesar erhielt er den Bescheid, wenn er in Italien bleiben wolle, werde er einen sicheren, ehrenvollen Wohnsitz dort erhalten. Wenn aber etwas anderes seiner Lage dienlich sei, könne er unter freiem Geleit, wie er gekommen sei, wieder gehen. Jedoch legte Tiberius im Senat dar, nicht Philipp sei für die Athener, nicht Pyrrhus oder Antiochus für

das römische Volk in gleichem Maße zu fürchten gewesen. Noch ist die Rede vorhanden, in der er auseinandersetzte, wie groß dieser Mann sei, welche wilde Kraft in den ihm untertänigen Völkerschaften liege, wie nahe der Feind Italien sei und welche Maßregeln er getroffen habe, um ihn unschädlich zu machen. Maroboduus wurde Ravenna als Wohnsitz angewiesen, und wenn einmal den Sueben der Kamm schwoll, holte man ihn hervor, als ob er auf den Thron zurückkehren würde. Aber er verließ in achtzehn Jahren Italien nicht und wurde ein alter Mann, wobei er viel von seiner Berühmtheit einbüßte, weil er allzusehr am Leben hing. Das gleiche Schicksal hatte Catualda, auch ihm blieb keine andere Zufluchtsstätte. Bald darauf wurde er von den Streitkräften der Hermunduren[106] unter der Führung von Vibellius geschlagen. Er fand Aufnahme bei den Römern und wurde von ihnen nach Forum Iulium[107], einer Kolonie des narbonensischen Galliens, geschickt. Die Barbaren, die in beider Gefolge waren, wurden, damit sie nicht, unter die Bewohner der ruhigen Provinzen gemischt, Unruhen stifteten, jenseits der Donau zwischen den Flüssen Marus und Cusus[108] angesiedelt und ihnen Vannius, vom Stamme der Quaden[109], als König gegeben.

(64) Gleichzeitig kam die Nachricht, dass von Germanicus Artaxias auf den Thron von Armenien gesetzt worden sei, worauf die Väter beschlossen, Germanicus und Drusus sollten im kleinen Triumph in die Stadt einziehen. Man baute auch Triumphbogen zu beiden Seiten des Tempels des Mars Ultor[110] mit dem Bildnis der Caesaren, wobei sich Tiberius darüber, dass er den Frieden durch Klugheit gesichert hatte, mehr freute, als wenn er einen Krieg auf dem Schlachtfeld beendigt hätte. Deshalb ging er auch gegen Rhescuporis, den König von Thracien, mit List vor. Diese Völkerschaft war in ihrer Gesamtheit früher Rhoemetalces untertan gewesen. Nach dessen Tod belieh Augustus mit dem einen Teil von Thracien dessen Bru-

der Rhescuporis, mit dem anderen dessen Sohn Cotys. Bei dieser Teilung wies er das bebaute Land, die Städte und die Griechenland benachbarten Gebiete dem Cotys, die unbebauten, unfruchtbaren, an das feindliche Land angrenzenden dem Rhescuporis zu. Dieser Teilung entsprach auch die verschiedene Veranlagung der Könige: jener war mild und liebenswürdig, dieser brutal, habgierig und als Partner unverträglich. Aber zuerst herrschte unter ihnen trügerische Eintracht. Bald aber überschritt Rhescuporis seine Grenzen, eignete sich Gebiete, die Cotys zugeteilt waren, an und trat mit Gewalt diesem entgegen, als er sich wehrte, noch zögernd unter Augustus, weil er fürchten musste, von ihm als dem Begründer beider Reiche bestraft zu werden, wenn dieser missachtet werde. Nun aber schickte er auf die Kunde von dem Thronwechsel Räuberbanden aus, zerstörte befestigte Plätze und gab damit Anlass zum Krieg.

(65) Nichts bedrückte Tiberius so sehr wie die Sorge, es möchte die von ihm geschaffene Ordnung gestört werden. Er bestimmte einen Centurio, der die Könige davor warnen sollte, ihren Streit mit den Waffen auszutragen. Und Cotys entließ auch sofort die Hilfstruppen, die er bereitgestellt hatte. Rhescuporis verlangte in geheuchelter Fügsamkeit eine Zusammenkunft. Man könne über die strittigen Punkte in einer Unterredung einig werden. Man verständigte sich bald über Zeit und Ort und dann auch über die Bedingungen, da sie alles, der eine aus Gutmütigkeit, der andere aus Arglist, sich gegenseitig zugestanden und sich gefallen ließen. Rhescuporis gab anschließend, wie er sagte, zur Bekräftigung des Vertragsabschlusses ein Essen. Die fröhliche Schmauserei und das Trinken zog sich bis tief in die Nacht hinein. Da legte er den ahnungslosen Cotys in Ketten, der, als er den Anschlag erkannte, ihn bei der Heiligkeit des Thrones, bei den gemeinsamen Familiengöttern und bei den gastlichen Tischen beschwor. Rhes-

cuporis besetzte ganz Thracien und schrieb an Tiberius, man habe einen Anschlag auf ihn gemacht, dessen Durchführung er zuvorgekommen sei. Zugleich verstärkte er sich unter dem Vorwand eines Krieges gegen die Bastarner und Scythen[III] mit neuen Truppen zu Fuß und zu Pferd. Die schriftliche Antwort, die er erhielt, war freundlich: wenn es sich um keine Hinterlist handle, könne er ja seiner Unschuld vertrauen. Jedoch werde weder er noch der Senat ohne eine gerichtliche Untersuchung des Falles über Recht und Unrecht entscheiden. Darum solle er Cotys ausliefern und herkommen, um die auf ihm lastende gehässige Beschuldigung abzuwälzen.

(66) Diesen Brief schickte der Proprätor von Mösien, Latinius Pandusa, zugleich mit einem militärischen Kommando, dem Cotys übergeben werden sollte, nach Thracien. Rhescuporis, der zwischen Furcht und Zorn schwankte, wollte lieber eines schon durchgeführten als eines erst begonnenen Verbrechens beschuldigt werden: er befahl, Cotys zu ermorden, und log, dieser habe Selbstmord verübt. Doch änderte der Caesar den einmal beschrittenen Weg nicht, sondern nach dem Tode Pandusas, den Rhescuporis beschuldigte, sein erbitterter Feind zu sein, setzte er Pomponius Flaccus, einen altgedienten Kriegsmann, der mit dem König eng befreundet und deshalb umso geeigneter war, diesen zu täuschen, hauptsächlich aus diesem Grunde über Mösien.

(67) Flaccus ging nach Thracien hinüber und brachte Rhescuporis durch riesige Versprechungen, obgleich dieser im Hinblick auf seine Verbrechen unschlüssig war, dazu, sich in den Bereich der römischen Besatzungstruppen zu begeben. Hier wurde dem König unter dem Schein einer Ehrenwache eine starke Abteilung beigegeben; Tribunen und Centurionen mahnten ihn, redeten ihm zu und ließen, je weiter man sich entfernte, umso deutlicher erkennen, dass er in Wirklichkeit bewacht werde. Zuletzt erkannte er seine Zwangslage und

wurde nach Rom geschleppt. Von der Frau des Cotys im Senat angeklagt, wurde er verurteilt, fern von seinem Königreich in Gewahrsam gehalten zu werden. Thracien wurde zwischen seinem Sohn Rhoemetalces, der nachweislich sich den Plänen seines Vaters widersetzt hatte, und den Kindern des Cotys aufgeteilt. Da diese noch nicht erwachsen waren, wurde der ehemalige Prätor Trebellenus Rufus ihnen als einstweiliger Verwalter des Königreichs beigegeben, nach dem Beispiel der Vorfahren, die M. Lepidus als Vormund für die Kinder des Ptolemäus nach Ägypten gesandt hatten. Rhescuporis wurde nach Alexandria gebracht und dort bei einem Fluchtversuch – vielleicht diente diese Beschuldigung auch nur als Vorwand – umgebracht.

(68) Um dieselbe Zeit versuchte Vonones, den man, wie ich berichtet habe, nach Cilicien geschafft hatte, mit Hilfe seiner bestochenen Wächter nach Armenien zu entfliehen und von da zu den Albanern und Heniochern[112] sowie zu seinem Blutsverwandten, dem König der Scythen, zu entkommen. Unter dem Vorwand, auf die Jagd zu gehen, verließ er das Küstenland und begab sich in das unwegsame Waldgebirge, eilte dann auf seinem flinken Pferde zu dem Flusse Pyramus[113]. Jedoch hatten die Anwohner auf die Kunde von der Flucht des Königs die Brücken abgebrochen. Und es fand sich keine Furt, durch die man hätte hinüberkommen können. So wurde er am Ufer von dem Reiterpräfekt Vibius Fronto festgenommen. Ein Freiwilliger, namens Remmius, der früher zu dem Wachkommando des Königs gehört hatte, stieß ihm, gleichsam im Zorn, das Schwert in den Leib, was jedoch eher glauben ließ, Remmius habe ihn, weil er in das Verbrechen eingeweiht war und eine Anzeige fürchtete, umgebracht.

(69) Aber Germanicus fand bei seiner Rückkehr aus Ägypten alle seine Anordnungen bei den Legionen und in den Städten abgeschafft oder in das Gegenteil verkehrt. Das führte zu

schweren kränkenden Vorwürfen gegen Piso, die dieser gegen den Caesar mit nicht minderer Schärfe beantwortete. Darauf beschloss Piso, von Syrien wegzugehen; ließ sich dann aber durch eine Erkrankung des Germanicus bestimmen, dazubleiben. Als er jedoch erfuhr, Germanicus habe sich wieder erholt, und Gelübde für seine Genesung dargebracht wurden, ließ er die herbeigeführten Opfertiere mitsamt der ganzen Opferzurüstung und das festlich gestimmte Volk von Antiochia[114] durch seine Liktoren wegjagen. Darauf ging er nach Seleucia[115] weg, um den Verlauf der Krankheit abzuwarten, von der Germanicus erneut befallen war. Die an sich schon schwere Krankheit verschlimmerte sich noch dadurch, dass Germanicus überzeugt war, von Piso Gift erhalten zu haben. Und wirklich fanden sich Reste von menschlichen Körpern, die aus dem Fußboden und aus den Wänden hervorgeholt wurden, Zaubersprüche und Verwünschungsformeln sowie der auf Bleitafeln eingeritzte Name des Germanicus, Asche und halbverbrannte Körperteile, die mit Jauche übergossen waren, und andere böse Dinge, mit denen, wie man glaubt, Seelen den unterirdischen Mächten geweiht werden. Zugleich wurden die Boten, die Piso herschickte, beschuldigt, nach Anzeichen einer Verschlimmerung der Krankheit zu forschen.

(70) Diese Vorgänge vernahm Germanicus ebenso mit Zorn wie mit Furcht. Wenn man schon sein Zimmer belagere, wenn er unter den Augen seiner Feinde seinen Geist aufgeben müsse, was dann aus seiner unglücklichen Gattin, seinen kleinen Kindern werden solle? Zu langsam scheine das Gift zu wirken: Piso eile und dränge, über die Provinz und die Legionen allein zu verfügen. Aber noch sei Germanicus nicht so hinfällig, und der Mörder werde sich nicht lange des Lohnes für seinen Mord erfreuen. Er verfasste ein Schreiben, in dem er Piso die Freundschaft aufkündigte. Vielfach wird behauptet, er habe ihm auch befohlen, die Provinz zu verlassen. Piso säumte auch nicht län-

ger und lichtete die Anker. Doch verlangsamte er die Fahrt, um nicht weit zurückfahren zu müssen, wenn der Tod des Germanicus den Weg nach Syrien frei gemacht habe.

(71) Noch einmal hatte der Caesar eine Zeitlang Hoffnung geschöpft; dann aber verfielen seine Körperkräfte, und als das Ende nahte, sprach er zu den bei ihm stehenden Freunden folgendes: »Wenn ich eines natürlichen Todes stürbe, so wäre mein Groll, auch gegenüber den Göttern, berechtigt, weil sie mich den Eltern, den Kindern und dem Vaterland in jugendlichem Alter durch einen vorzeitigen Tod entreißen. So aber lege ich, der ich dem Verbrechen Pisos und Plancinas zum Opfer gefallen bin, euch meine letzten Bitten ans Herz. Berichtet meinem Vater und meinem Bruder, von welcher Pein gemartert, von welcher Hinterlist umgarnt, ich ein elendes Leben mit dem schlimmsten Tode beschlossen habe. Wer sich von Hoffnungen, die er auf mich setzte, wer sich von der Blutsverwandtschaft mit mir, auch wer sich von dem Neid, solange ich lebte, gegen mich leiten ließ, sie alle werden darüber weinen, dass der Mann, der einst in einer so hohen Stellung war, der so viele Kriege überlebt hat, der Hinterlist eines Weibes zum Opfer gefallen ist. Ihr werdet die Möglichkeit haben, vor dem Senat zu klagen und die Gesetze anzurufen. Nicht darin besteht die vornehmste Aufgabe der Freunde, dem Toten mit müßiger Klage das Geleit zu geben, sondern darin, seines Wollens zu gedenken, seine Aufträge zur Tat werden zu lassen. Beweinen werden Germanicus auch Unbekannte, rächen werdet ihr ihn, sofern eure Anhänglichkeit mehr meiner Person als meiner hohen Stellung gegolten hat. Zeiget dem römischen Volk die Enkelin des verewigten Augustus, die auch meine Gattin ist. Zählet ihm meine sechs Kinder auf. Auf das Mitleid werden die Kläger rechnen dürfen, und wer sich auf verbrecherische Aufträge fälschlich beruft, dem werden die Leute entweder nicht glauben oder nicht verzeihen.« Die Freunde fassten die Hand

des Sterbenden und schwuren, eher ihr Leben zu opfern, als auf Rache zu verzichten.

(72) Dann wandte er sich zu seiner Gemahlin und beschwor sie bei seinem Andenken und bei ihren gemeinsamen Kindern, sie möge ihr leidenschaftliches Wesen ablegen, sich unter das blinde Wüten des Schicksals beugen und nach ihrer Rückkehr in die Hauptstadt nicht durch ihren Machthunger die reizen, die doch die Stärkeren seien. Dies sagte er vor allen Anwesenden; anderes besprach er mit ihr ohne Zeugen, wobei er ihr, wie man glaubte, vor Augen führte, dass sie sich vor Tiberius fürchten müsse. Bald darauf starb er, tief betrauert von der Provinz und den umliegenden Völkerschaften. Trauer erfüllte auch ausländische Völker und Könige. So groß war seine Leutseligkeit gegenüber den Bundesgenossen, seine Versöhnlichkeit gegenüber den Feinden. Gleiche Verehrung musste ihm zollen, wer ihn sah und wer ihn hörte, da er die Hoheit und Würde seiner hohen Stellung wahrte und sich von Missgunst erregender Anmaßung ferngehalten hatte.

(73) Das Leichenbegängnis fand ohne Ahnenbilder und Trauerzug statt, aber war feierlich durch das lobende Gedenken seiner Tugenden. Manche verglichen seine äußere Erscheinung, sein Alter, seine Todesart, auch im Hinblick auf die Nähe des Todesortes, mit dem Geschick des großen Alexander. Beide hätten ja die gleiche schöne Gestalt, die gleiche hohe Abstammung gehabt und seien, nicht viel älter als dreißig Jahre, dem meuchlerischen Anschlag der Ihrigen in fremdem Lande zum Opfer gefallen. Aber dieser sei warmherzig gegen seine Freunde, mäßig in sinnlichen Genüssen, sei nur mit *einer* Gattin verheiratet gewesen, von der er eheliche Kinder habe; auch habe er sich als ein ebenso tapferer Held im Kampf erwiesen, wenn ihm auch die Tollkühnheit Alexanders gefehlt habe und er gehindert worden sei, das durch so viele Siege niedergeworfene Germanien endgültig zu unterjochen. Wenn er

unbeschränkte Handlungsfreiheit gehabt hätte, wenn er nach Befugnissen und Titel König gewesen wäre, hätte er umso rascher Kriegsruhm erlangt, je mehr er an Milde, Selbstbeherrschung und allen sonstigen guten Eigenschaften Alexander überragt habe. Bevor sein Leichnam auf dem Forum von Antiochia, wo er beigesetzt werden sollte, verbrannt wurde, wurde er entblößt, aber es hat sich nicht sicher feststellen lassen, ob er Kennzeichen einer Vergiftung aufwies; denn je nachdem man Mitleid mit Germanicus empfand und sich vorgefasstem Argwohn hingab oder auch seine Gunst mehr Piso zuwandte, bekannte man sich zu dieser oder jener Deutung.

(74) Darauf fand unter den Legaten und den übrigen anwesenden Senatoren[116] eine Beratung statt, wer zum Statthalter von Syrien gemacht werden sollte. Und während die übrigen sich nicht besonders darum bemühten, schwankte man lange, ob man Vibius Marsus oder Cn. Sentius damit betrauen solle. Darauf trat Marsus zugunsten des älteren und sich stärker einsetzenden Sentius zurück. Dieser schickte eine in dieser Provinz berüchtigte Giftmischerin namens Martina, die der Plancina sehr nahestand, nach Rom und kam damit der Aufforderung des Vitellius und Veranius und aller anderen nach, die die Anklagepunkte aufstellten und die Anklage betrieben, wie wenn sie bereits zugelassen sei.

(75) Agrippina, die infolge ihres Leides krank und erschöpft war, aber trotzdem keinerlei Aufschub ihrer Rache ertragen konnte, schiffte sich ein und fuhr mit der Asche des Germanicus und ihren Kindern ab unter allgemeinem Mitleid, dass sie, die man eben noch als Frau von höchstem Adel und in glücklichster Ehe lebend verehrt und umjubelt zu sehen gewohnt war, jetzt eine Aschenurne bei sich trage, ohne zu wissen, ob sie sich rächen könne, in bedrückter Sorge um ihr eigenes Ergehen und mit ihrem unseligen Kinderreichtum so vielen Schicksalsfügungen preisgegeben.

Zu Piso gelangte inzwischen bei der Insel Cos[117] die Kunde von dem Tod des Germanicus. Er verlor bei der Nachricht alle Selbstbeherrschung und schlachtete Opfertiere und suchte die Tempel auf, wobei er selbst seiner Freude keine Zügel anlegte und Plancina sich noch maßloser gebärdete, indem sie die Trauerkleidung, die sie wegen des Verlustes einer Schwester trug, jetzt zum ersten Mal mit einem Festkleid vertauschte.

(76) Centurionen kamen in Menge herbei und versicherten ihn der tatbereiten Ergebenheit der Legionen. Er solle in die Provinz zurückkehren, die man ihm widerrechtlich abgenommen und die jetzt keinen Herrn habe. Wie er nun überlegte, was zu tun sei, vertrat sein Sohn M. Piso die Ansicht, er solle nach Rom eilen: noch sei nichts geschehen, was nicht wieder gutzumachen sei. Man dürfe nicht in Angst geraten vor haltlosen Verdächtigungen oder unbegründeten Gerüchten. Sein Zerwürfnis mit Germanicus könne ihm vielleicht Hass, aber nicht Strafe bringen, und damit, dass man ihm die Provinz genommen habe, seien die Feinde befriedigt. Wenn er aber umkehre, werde sich ihm Sentius widersetzen, und dies sei der Beginn des Bürgerkrieges. Auch sei nicht zu erwarten, dass die Centurionen und Mannschaften dauernd zu ihm stehen. Bei ihnen sei die noch frische Erinnerung an ihren Oberfeldherrn und die tief eingewurzelte Liebe zu den Caesaren ausschlaggebend.

(77) Dagegen vertrat Domitius Celer, der zu den engsten Freunden Pisos zählte, folgenden Standpunkt: man müsse die augenblickliche Lage ausnützen. Piso, nicht Sentius, sei Statthalter in Syrien. Ihm seien die Rutenbündel und die rechtlichen Befugnisse eines Prätors übergeben, ihm die Legionen. Sollte es zu Feindseligkeiten kommen, wer werde mit größerer Berechtigung Gewalt gegen Gewalt setzen als der, der die Vollmacht eines Legaten und dabei noch persönliche Aufträge erhalten habe? Auch Gerüchten müsse man Zeit lassen, in der

sie sich überleben. Sehr oft seien auch Unschuldige frischem Hass nicht gewachsen. Wenn er dagegen das Heer fest in der Hand behalte und seine Streitkräfte vermehre, werde vieles, was man jetzt nicht voraussehen könne, durch zufälliges Geschehen sich zum bessern wenden. »Oder beeilen wir uns, zugleich mit der Asche des Germanicus zu landen, damit dich, ohne gehört zu werden, ohne dich verteidigen zu können, das Jammergeschrei der Agrippina und der unverständige Pöbel auf das erste Gerücht hin ins Verderben stürzen? Es stehen dir zur Seite das Einverständnis der Augusta, die Gunst des Caesaren, allerdings nur im geheimen. Der Trauer über den Tod des Germanicus gibt niemand unverhohlener Ausdruck als der, der die größte Freude über ihn empfindet.«

(78) Es machte keine große Mühe, Piso, der zu gewalttätigem Handeln neigte, für diese Ansicht zu gewinnen. Er schickte also ein Schreiben an Tiberius, in dem er Germanicus eines verschwenderischen Lebenswandels und eines hochfahrenden Wesens beschuldigte. Er selbst sei verjagt worden, um den Weg für hochverräterische Umtriebe frei zu machen; nun aber habe er die Betreuung des Heeres mit der gleichen Zuverlässigkeit, die er früher habe walten lassen, wieder übernommen. Zugleich befahl er Domitius, auf einem Dreiruderer unter Vermeidung des Küstengebietes an den Inseln vorbei über die hohe See nach Syrien zu fahren. Deserteure, die ihm zuliefen, stellte er zu Manipeln zusammen, bewaffnete die Trossknechte und fing durch Schiffe, die er zum Festland hinübergeschickt hatte, einen Transport von Rekruten ab, die auf dem Weg nach Syrien waren. Ferner schrieb er an die Fürsten von Cilicien, sie sollten ihn mit Hilfstruppen unterstützen. Auch erwies sich der junge Piso als eine recht tatkräftige Stütze bei den Vorbereitungen des Krieges, obgleich er abgeraten hatte, ihn zu beginnen.

(79) Als sie nun an der Küste von Lycien und Pamphylien

vorbeifuhren, begegneten sie den Schiffen, die Agrippina an Bord hatten. Beide Parteien machten sich in ihrer Erbitterung zuerst kampfbereit. Dann aber bekamen sie es mit der Angst voreinander zu tun und ließen es nicht weiter als zu einem Wortwechsel kommen, wobei Marsus Vibius dem Piso zurief, er solle nach Rom kommen, um sich dort zu verantworten. Dieser erwiderte höhnisch, er werde dasein, sobald der für die Untersuchung von Giftmischerei zuständige Prätor dem Angeklagten und den Anklägern einen Termin angesetzt habe[118].

Inzwischen landete Domitius in Laodicia, einer Stadt Syriens[119]. Er befand sich auf dem Wege zu dem Winterlager der sechsten Legion, der er in erster Linie eine revolutionäre Erhebung zutraute. Doch kam ihm der Legat Pacuvius zuvor. Davon setzte Sentius den Piso brieflich in Kenntnis und warnte ihn, das Lager Verführern preiszugeben und die Provinz in einen Krieg hineinzuziehen. Alle, von denen er wusste, dass sie das Andenken an Germanicus treu wahrten und Widersacher seiner Feinde waren, sammelte er um sich und führte ihnen immer wieder die Größe des Imperators vor Augen mit dem Hinweis, es sei das Gemeinwesen, gegen das sie die Waffen kehren. Und so trat er als der Führer einer starken, kampfbereiten Truppe auf.

(80) Aber obgleich die Dinge anders als erwartet verliefen, unterließ Piso doch keine der Maßnahmen, die in der augenblicklichen Lage die größte Sicherheit verbürgten. Er besetzte ein stark befestigtes Kastell Ciliciens, namens Celenderis[120]. Durch die Einreihung von Fahnenflüchtigen und der kürzlich abgefangenen Rekruten sowie seiner und der Plancina Sklaven hatte er die Hilfstruppen der Cilicier, die die dortigen Fürsten geschickt hatten, zu einer legionsstarken Truppe zusammengefasst. Er erklärte vor ihnen, er werde als Legat des Caesaren von der Provinz, die dieser ihm verliehen habe, ferngehalten, und zwar nicht durch die Legionen – auf deren Einladung kom-

me er ja –, sondern durch Sentius, der hinter falschen Beschuldigungen seinen persönlichen Hass verberge. Sie sollten sich nur zur Schlacht stellen, die Soldaten werden doch nicht kämpfen, wenn sie den von ihnen einst Vater genannten Piso erblicken, der, wenn das Recht zu entscheiden habe, als der Stärkere und auch, wenn die Waffen entscheiden, nicht als Schwächling vor ihnen stehe. Dann entwickelte er die Manipel vor den Festungsanlagen des Kastells auf einem steilen, abschüssigen Hügel. Das ganze übrige Gelände ist von dem Meer umgeben. Ihnen gegenüber wurden die Veteranen, in Centurien geordnet, mit Reserveabteilungen aufgestellt. Auf der einen Seite stand eine abgehärtete Truppe, auf der andern befanden sich ein schwieriges Gelände, aber kein Mut, keine Hoffnung, nicht einmal Waffen, außer den in der Landwirtschaft verwendeten oder solchen, die in Eile für den augenblicklichen Gebrauch hergestellt waren. Als es zum Kampf Mann gegen Mann kam, ließ die Entscheidung nur so lange auf sich warten, bis die römischen Kohorten sich auf die Höhe hinaufgearbeitet hatten. Dann wandten sich die Cilicier zur Flucht und schlossen sich in dem Kastell ein.

(81) Inzwischen versuchte Piso, die in geringer Entfernung wartende Flotte anzugreifen, doch hatte er keinen Erfolg. Er kehrte daher in das Kastell zurück und suchte nun von oben auf der Mauer, bald sich an die Brust schlagend, bald einzelne bei ihrem Namen anrufend und Belohnungen anbietend, eine Meuterei zu erregen. Schon hatte er solchen Eindruck gemacht, dass der Fahnenträger der sechsten Legion mit seiner Fahne zu ihm überging. Da ließ Sentius die Hörner und Trompeten blasen und befahl, Erde zum Auffüllen der Gräben herbeizuholen und Leitern anzulegen; die Tapfersten sollten hinaufsteigen, andere aus den Wurfmaschinen Speere und Steine sowie Feuerbrände schleudern. Da endlich wurde Pisos Hartnäckigkeit gebrochen. Er bat, nach Auslieferung der Waffen in

dem Kastell bleiben zu dürfen, bis man den Caesar befragt habe, wem er Syrien überlasse. Seine Forderungen wurden nicht angenommen. Es wurden ihm lediglich Schiffe und sicheres Geleit nach Rom bewilligt.

(82) Sobald sich aber die Kunde von der Erkrankung des Germanicus verbreitete und alles, wie es bei einer weiten Entfernung gewöhnlich geht, schlimmer dargestellt wurde, regte sich in Rom Schmerz und Zorn, ja, es kam sogar zum Ausbruch lauter Klagen: darum also habe man ihn an das Ende der Welt verwiesen, darum Piso die Provinz überlassen. Das sei der Zweck der geheimen Besprechungen der Augusta mit Plancina gewesen. Vollkommen wahr sei, was die Älteren über Drusus gesagt hätten: den Herrschern auf ihrem Thron missfalle das volkstümliche Wesen ihrer Söhne[121], und nur deshalb seien sie beseitigt worden, weil sie damit umgingen, dem römischen Volk die Freiheit zurückzugeben und wieder gleiches Recht für alle zu schaffen. Als man nun den Tod des Germanicus vernahm, griff dieses Gerede unter dem Volk weiter um sich und führte zu einer solchen Erregung, dass man noch vor einem behördlichen Erlass und vor einem Senatsbeschluss die öffentliche Trauerzeit eintreten ließ, die Märkte verlassen und die Häuser geschlossen wurden. Überall herrschte Stille und Klagen, nichts war gekünstelt, um nur nach außen in Erscheinung zu treten. Und obgleich man sich auch der äußerlichen Zeichen der Trauer nicht enthielt, ging doch das Leid, das man im Herzen trug, tiefer. Zufällig brachten Kaufleute, die, als Germanicus noch lebte, Syrien verlassen hatten, günstigere Nachrichten über sein Befinden. Sofort glaubte man ihnen, sofort sprachen sie sich herum. Wo man einander begegnete, teilte auch das nur ganz oberflächlich Gehörte der eine dem anderen mit, der es wieder an eine größere Zahl von Leuten weitergab, die es dann in ihrer Freude noch weiter ausschmückten. Sie rannten durch die Stadt, schlugen die Türen der Tempel

ein. Bei Nacht glaubte man ja alles viel leichter, und in der Dunkelheit fand man für seine Behauptungen viel leichter Gehör. Tiberius trat nicht gegen falsche Behauptungen auf. Im Laufe der Zeit würden sie sich ja doch in nichts verflüchtigen. Und so trug das Volk umso tieferes Leid, als wäre ihm Germanicus zum zweitenmal entrissen worden.

(83) Ehrungen wurden erdacht und beschlossen, wie sie jedem die Liebe zu Germanicus oder sein Erfindungsvermögen eingab: sein Name wird in das »Saliarische Lied«[122] aufgenommen, ihm wird überall, wo die Augustalpriester sitzen, ein kurulischer Sessel aufgestellt und über diesem ein Eichenkranz angebracht. Sein elfenbeinernes Bild wird an den circensischen Spielen dem Zug vorangetragen[123] und kein Flamen[124] oder Augur an Stelle des Germanicus gewählt, er stamme denn aus dem iulischen Geschlecht. Dazu kamen noch Ehrenbogen in Rom, am Rheinufer und auf dem syrischen Berge Amanus mit einer Inschrift seiner Taten und dem Hinweis, dass er im Dienste des Gemeinwesens gestorben sei, ein Grabmal in Antiochia, der Stätte seiner Verbrennung, ein Tribunal in Epidaphne[125], wo er sein Leben beendigt hatte. Die Zahl der Statuen und der Orte, an denen er verehrt werden sollte, könnte man nicht leicht aufzählen. Als beantragt wurde, ein goldenes Brustbild[126] von besonderer Größe zu denen der maßgeblichen Vertreter der Beredsamkeit zu stellen, erklärte Tiberius nachdrücklich, er werde ihm das übliche, das sich von den anderen nicht unterscheide, weihen. Bei der Beurteilung der Beredsamkeit spiele die äußere Lebensstellung keine Rolle, und es sei genug der Ehre, wenn er zu den alten Schriftstellern gerechnet werde. Der Ritterstand gab seiner Sitzabteilung im Theater, die bisher die der Jüngeren hieß, den Namen des Germanicus und ordnete an, dass an den Iden des Juli den Reiterabteilungen sein Bild vorausgetragen werde. Diese Anordnungen haben sich größtenteils bis heute erhalten. Einige wurden sofort

aufgehoben, andere wieder gerieten im Laufe der Zeit in Vergessenheit.

(84) Übrigens gebar noch während der Trauerzeit Livia, die Schwester des Germanicus, die Gemahlin des Drusus, Zwillinge männlichen Geschlechtes. Dieses auch in gewöhnlichen Familien seltene, glückliche Ereignis erfüllte den Princeps mit solcher Freude, dass er sich nicht enthalten konnte, vor dem Senat sich zu rühmen, keinem Römer in gleich hoher Stellung seien jemals Zwillinge geboren worden. Denn alles, auch Zufälligkeiten, musste seinem Ruhme dienen. Aber das Volk empfand in einer solchen Zeit auch dieses Ereignis schmerzlich: es hatte das Gefühl, dass der Kindersegen des Drusus die Familie des Germanicus in noch größere Bedrängnis versetze.

(85) In dem gleichen Jahr schränkte der Senat durch scharfe Verordnungen die Ausschweifungen der Frauen ein. Es wurden Strafen vorgesehen, wenn eine Frau, deren Großvater, Vater oder Ehemann römischer Ritter gewesen war, für Geld Unzucht treibe. Denn Vistilia, deren Vater Prätor gewesen war, hatte sich bei den Ädilen als Prostituierte gemeldet und damit einen Brauch der Alten wieder aufgenommen, die glaubten, die Dirnen würden dadurch genug bestraft, dass sie ihr schändliches Treiben öffentlich anmelden müssten. Auch wurde Titidius Labeo, der Gatte der Vistilia, um eine Erklärung ersucht, warum er bei dem offen zutage liegenden Vergehen seiner Frau es unterlassen habe, die gesetzlich vorgesehene Bestrafung[127] herbeizuführen. Als dieser vorschützte, er habe ja sechzig Tage Bedenkzeit und diese seien noch nicht verstrichen, schien es ausreichend, nur über Vistilia einen Beschluss zu fassen. Sie wurde auf die Insel Seriphos[128] verbannt.

Auch über die Beseitigung des jüdischen und ägyptischen Gottesdienstes verhandelte man. Es kam zu einem Senatsbeschluss: viertausend Personen des Freigelassenenstandes, die von diesem Aberglauben angesteckt waren, seien, soweit es ihr

Alter zulasse, auf die Insel Sardinien zu verbringen, um das dortige Räuberunwesen einzudämmen. Wenn sie dort infolge des ungesunden Klimas umkämen, spiele dieser Verlust keine Rolle. Alle übrigen sollten Italien verlassen, wenn sie nicht bis zu einem bestimmten Zeitpunkt ihrem unheiligen Kult entsagt hätten.

(86) Hierauf beantragte der Caesar, eine Jungfrau an die Stelle der Occia zu wählen, die siebenundfünfzig Jahre lang in höchster Ehrwürdigkeit den vestalischen Gottesdienst geleitet hatte. Auch dankte er dem Fonteius Agrippa und Domitius Pollio dafür, dass sie in wetteiferndem Dienst für das Gemeinwesen ihre Töchter diesem zur Verfügung stellten. Vorgezogen wurde die Tochter Pollios, aber nur deshalb, weil ihre Mutter noch in der gleichen Ehe lebte. Denn Agrippa hatte durch seine Ehescheidung das Ansehen seines Hauses beeinträchtigt. Der Caesar gab ihr als Trost für ihre Zurücksetzung eine Mitgift von einer Million Sesterzen.

(87) Da sich die Plebs über eine furchtbare Teuerung beklagte, setzte Tiberius einen Preis für das Getreide fest, den der Käufer zu bezahlen habe: er werde den Kaufleuten für jeden Scheffel zwei Sesterzen zusätzlich bezahlen. Dennoch nahm er auch daraufhin den Titel »Vater des Vaterlandes«, der ihm schon früher angeboten worden war, nicht an und schalt diejenigen heftig, die vom »göttlichen Wirken« und von ihm selbst als dem »Herrn« gesprochen hatten. So war das Reden eine beengte und gefährliche Betätigung unter einem Princeps, der die Freiheit fürchtete und die Schmeichelei hasste.

(88) Ich finde bei den Schriftstellern senatorischen Ranges dieser Zeit, dass in dem Senat ein Brief des Chattenfürsten Adgandestrius verlesen wurde, in dem er den Tod des Arminius versprach, wenn ihm zur Durchführung des Mordes Gift geschickt werde. Doch sei ihm der Bescheid erteilt worden, nicht hinterlistig und nicht heimlich, sondern offen und mit

den Waffen in der Hand räche sich das römische Volk an seinen Feinden. Mit diesem rühmlichen Verhalten stellte sich Tiberius den Feldherrn alter Zeiten zur Seite, die die Verwendung von Gift gegen Pyrrhus abgelehnt und ihn von dem beabsichtigten Anschlag in Kenntnis gesetzt hatten. Indessen stieß Arminius bei dem Abzug der Römer und nach der Vertreibung von Maroboduus in seinem Streben nach dem Thron auf den Widerstand seiner freiheitsliebenden Landsleute. Es kam zu einer bewaffneten Auseinandersetzung, bei der er mit wechselndem Glück kämpfte und durch die Hinterlist seiner Verwandten fiel. Unstreitig war er der Befreier Germaniens, der das römische Volk nicht am Anfang seiner Geschichte, wie andere Könige und Heerführer, sondern das in höchster Blüte stehende Reich herausgefordert hat, in den einzelnen Schlachten nicht immer erfolgreich, im Kriege unbesiegt. Er wurde 37 Jahre alt, zwölf Jahre hatte er die Macht in Händen, und noch immer besingt man ihn bei den barbarischen Völkern. Die griechische Geschichtsschreibung, die nur die eigenen Taten bewundert, kennt ihn nicht, und bei den Römern spielt er nicht die ihm gebührende Rolle, da wir die alte Geschichte rühmend hervorheben und der neuen gleichgültig gegenüberstehen.

Buch III

(1) In ununterbrochener Fahrt über das winterliche Meer gelangte Agrippina zu der Insel Corcyra[1], die der Küste von Calabrien gegenüberliegt. Dort verweilte sie einige Tage, um ihre Fassung wiederzugewinnen, da sie sich hemmungslos ihrem Leid hingab, das sie nicht geduldig zu ertragen verstand. Inzwischen eilten auf die Kunde von ihrem Kommen die engsten Freunde, zum größten Teil Kriegskameraden des Germanicus, auch zahlreiche Bewohner der benachbarten Landstädte, die ihn gar nicht gekannt hatten, teils um dem Princeps zu huldigen, in der Mehrzahl als bloße Mitläufer, zu der Stadt Brundisium[2], dem nächstgelegenen und sichersten Landeplatz. Sobald man die Flotte auf hoher See erblickte, versammelte sich nicht nur im Hafen und auf dem unmittelbar davorliegenden Meer, sondern auch auf den Mauern und den Dächern und überall, wo man einen weiten Ausblick hatte, eine trauernde Menschenmenge, in der der eine den andern fragte, ob man schweigend oder mit irgendeinem Zuruf Agrippina beim Verlassen des Schiffes empfangen solle. Man war sich noch nicht im klaren darüber, was angemessen sei, als die Flotte allmählich heranfuhr, nicht, wie gewöhnlich, mit freudigem Ruderschlag, vielmehr stand alles unter dem lähmenden Zeichen der Trauer. Als Agrippina nun mit ihren beiden Kindern, die Aschenurne tragend, mit gesenktem Blick das Schiff verließ, da erscholl ein einstimmiges Wehklagen, und man hätte nicht unterscheiden können, ob es Verwandte oder Fremde waren, ob das Klagen von Männern oder Frauen kam; nur hob sich gegenüber dem Gefolge der Agrippina, das von der langen Trauer ermattet war, der frische Schmerz derer ab, die zu ihrem Empfang gekommen waren.

20 n. Chr.

(2) Der Caesar hatte zwei prätorische Kohorten gesandt und zugleich angeordnet, dass die Behörden

von Calabrien, Apulien und Campanien dem Andenken seines Sohnes die letzte Ehre erweisen sollten. Und so wurde die Aschenurne auf den Schultern von Tribunen und Centurionen getragen: voraus kamen die Feldzeichen, aber ohne Schmuck, und die Rutenbündel waren zur Erde gesenkt. Und wenn sie durch die Koloniestädte[3] zogen, stand das Volk in schwarzer Kleidung da, die Ritter im Staatskleide, und man verbrannte je nach der Leistungsfähigkeit des Ortes Stoffe, Räucherwerk und was sonst bei Leichenbegängnissen üblich ist. Auch aus abseits gelegenen Landstädten kamen die Bewohner herbei und bezeugten ihre Teilnahme, indem sie den Manen Opfertiere weihten, Altäre errichteten und unter Klagerufen Tränen vergossen. Drusus kam bis Tarracina[4] entgegen mit Claudius, dem Bruder des Germanicus, und mit dessen Kindern[5], die in der Hauptstadt gewesen waren. Die Konsuln M. Valerius und M. Aurelius – sie hatten ihr Amt bereits angetreten –, der Senat und ein großer Teil des Volkes säumten die Straße, jedoch ohne geordnete Aufstellung und weinend, wie es jedem gerade ums Herz war. Denn man verzichtete auf Schmeichelei, da jedermann wusste, dass Tiberius seine Freude über den Tod des Germanicus nur schlecht verbarg.

(3) Tiberius und Augusta zeigten sich nicht in der Öffentlichkeit. Sie glaubten, es sei unter ihrer Hoheit, wenn sie öffentlich wehklagten; vielleicht wollten sie auch vermeiden, dass aller Augen forschend auf ihre Miene sich richten und man ihnen ihre Verstellung anmerke. Dass Germanicus' Mutter Antonia[6] einen besonderen Liebesdienst übernommen habe, finde ich weder bei den Geschichtsschreibern noch in der Tageszeitung, während doch neben Agrippina, Drusus und Claudius auch die übrigen Blutsverwandten namentlich aufgeführt sind, mag sie nun durch ihren Gesundheitszustand verhindert gewesen sein, oder mag sie, zusammengebrochen unter dem Leid, es nicht über sich gebracht haben, das große Un-

glück, wenn sie es vor Augen habe, zu ertragen. Eher möchte ich glauben, sie sei von Tiberius und Augusta, die ihre Wohnung ebenfalls nicht verließen, zurückgehalten worden, damit es so aussehe, als ob sie alle gleiches Leid trügen und durch das Beispiel der Mutter auch die Großmutter und der Oheim in ihrer Wohnung festgehalten würden.

(4) An dem Tag, an dem die Asche in der Gruft des Augustus beigesetzt wurde, herrschte bald tiefe Stille, bald bewegtes Wehklagen. Auf den Straßen der Stadt drängten sich die Menschen, überall auf dem Marsfeld leuchteten die Fackeln. Dort standen die Soldaten in voller Rüstung, die Staatsbeamten hatten sich ohne ihre Abzeichen eingefunden, das Volk war nach Tribus geordnet und rief: »Das Gemeinwesen ist zusammengebrochen! Es gibt keine Hoffnung mehr!« Dies rief man zu unverhohlen und zu offen, als dass man hätte glauben können, sie denken dabei an die Machthaber[7]. Nichts aber nahm sich Tiberius so sehr zu Herzen als die leidenschaftliche Liebe der Bevölkerung für Agrippina: man sprach von ihr als der Zierde der Vaterstadt, als der einzigen Blutsverwandten des Augustus, dem einzigartigen Vorbild der alten Zeit, und zu dem Himmel und zu den Göttern gewendet, beteten sie, es möge ihre Nachkommenschaft unversehrt erhalten bleiben und die Widersacher überleben.

(5) Manche vermissten den Prunk eines Staatsbegräbnisses und verglichen die großartigen Ehrungen des Augustus für Drusus, den Vater des Germanicus. Er sei ja selbst im strengsten Winter bis nach Ticinum[8] gereist und, ohne sich von der Leiche zu trennen, mit ihr in die Hauptstadt eingezogen. Rings um seine Bahre habe man die Ahnenbilder der Claudier und Iulier gestellt, auf dem Forum ihn beweint, auf der Rednerbühne die Lobrede gehalten, alle Ehrungen, die die Vorfahren aufgebracht oder die Nachkommen hinzugefügt hätten, habe man auf ihn gehäuft. Aber Germanicus seien nicht einmal die

üblichen und jedem Adeligen gebührenden Ehren zuteil geworden. Natürlich habe man den Leichnam wegen der weiten Reise in fremdem Lande, so gut wie es eben ging, verbrennen müssen. Aber umso mehr Ehrungen hätte man ihm nachher hier erweisen müssen, da sie ihm das Schicksal dort an erster Stelle versagt habe. Sein Bruder[9] sei ihm nur eine Tagereise weit, sein Oheim nicht einmal wenigstens bis zum Stadttor entgegengegangen. Wo seien jene Gebräuche der alten Zeit geblieben: das Bild auf der Bahre, die Lieder zum Gedächtnis seiner mannhaften Bewährung, die Lobreden sowie die Tränen, und dienten diese auch nur dazu, der Trauer äußerlich Ausdruck zu geben.

(6) Dies erfuhr Tiberius, und um das Gerede der Menge zum Schweigen zu bringen, erinnerte er in einem Erlass an die vielen erlauchten Römer, die im Dienste des Gemeinwesens den Tod gefunden hätten, von denen aber keiner so heiß vermisst und so sehr gefeiert worden sei. Dies sei für ihn persönlich wie für alle außerordentlich ehrend, nur müsse man dabei Maß halten. Denn nicht alles stehe einem Fürstenhause und einem Herrschervolk an, was für gewöhnliche Familien oder für irgendwelche Bürgergemeinden passe. Solange das Leid noch frisch war, sei die Trauer am Platz gewesen, und aus der Trauer habe sich Trost ergeben. Aber jetzt müsse man wieder zu einer festen Haltung zurückfinden, so wie einst der vergöttlichte Iulius nach dem Verlust seiner einzigen Tochter, wie der vergöttlichte Augustus, als ihm seine Enkel[10] entrissen wurden, die Trauer abgelegt hätten. Man brauche nicht aus noch älterer Zeit Beispiele, in wie vielen Fällen das römische Volk Niederlagen seiner Heere, den Tod ihrer Führer, das gänzliche Aussterben adeliger Familien standhaft ertragen habe. Auch Männer von höchstem Rang seien sterblich, das Gemeinwesen sei ewig. Darum sollten sie zu ihrer gewohnten Arbeit zurückkehren und – es stand das Schauspiel der Megale-

sischen Spiele[11] bevor – sich auch ihren Vergnügungen wieder zuwenden.

(7) Damit wurde die Staatstrauer beendigt, und man kehrte wieder zu den Geschäften zurück. Drusus reiste zu den illyrischen Heeren ab, während alles gespannt auf die Bestrafung Pisos wartete und überall Klagen laut wurden, dass er einstweilen in den anmutigen Gegenden von Kleinasien und Achaia[12] umherziehe und sich hinterlistig Zeit nehme, die Beweismittel für seine Verbrechen aus der Welt zu schaffen. Denn es war bekanntgeworden, dass die von Cn. Sentinus, wie ich gesagt habe, geschickte, berüchtigte Giftmischerin Martina plötzlich in Brundisium gestorben war und man wohl Gift, das in ihrem Haarknoten versteckt war, aber nirgends an ihrem Körper Spuren von einem Selbstmord gefunden hatte[13].

(8) Piso jedoch hatte seinen Sohn nach Rom mit Aufträgen vorausgeschickt, die den Princeps milde stimmen sollten. Er selbst begab sich zu Drusus[14], den er weniger über den Tod seines Bruders ergrimmt als durch die Beseitigung seines Nebenbuhlers zugänglicher anzutreffen hoffte. Um sich in seinem Urteil unbefangen zu zeigen, empfing Tiberius den Jüngling freundlich und beschenkte ihn in der gegenüber Söhnen aus adeliger Familie gewohnten Freigebigkeit. Drusus antwortete dem Piso, wenn das wahr wäre, worüber man rede, hätte er ganz besonderen Anlass zur Entrüstung. Aber es sei ihm lieber, wenn es sich als falsches und leeres Geschwätz erweise und der Tod des Germanicus niemand Verderben bringe. Dies sagte er in aller Öffentlichkeit und vermied dabei jede Aussprache mit ihm unter vier Augen. Und man zweifelte nicht daran, dass ihm Tiberius dieses Verhalten vorgeschrieben hatte, da der sonst so harmlose und jugendlich unbefangene Drusus sich der Künste eines gereiften Mannes bediente.

(9) Piso fuhr über das dalmatische Meer, ließ die Schiffe in Ancona zurück, reiste durch das Gebiet von Picenum und hol-

te dann auf der Flaminischen Straße[15] eine Legion ein, die, eben von Pannonien kommend, auf dem Wege in die Hauptstadt war, um dann als Besatzungstruppe für Afrika verwendet zu werden. Dies war der Anlass zu vielem Gerede: er habe sich den Soldaten, während sie auf dem Marsche unterwegs waren, häufig gezeigt. Von Narnia[16] aus fuhr er, um keinen Argwohn aufkommen zu lassen oder auch, weil man in der Angst keine festen Entschlüsse zu fassen vermag, auf dem Nar und dann den Tiber hinunter und vermehrte die Erbitterung des Volkes, weil er an dem Grabhügel der Caesaren landete, und dies bei Tage an einer belebten Stelle des Ufers. Dann zogen sie, er selbst mit einem großen Gefolge von Klienten, Plancina in Begleitung von Frauen, beide mit fröhlichem Gesicht, weiter. Ferner schürte er den Hass dadurch, dass er sein Haus, das unmittelbar über dem Forum stand, festlich geschmückt und Gäste zu einem Essen eingeladen hatte. Bei der Belebtheit der Gegend konnte nichts verborgen bleiben.

(10) Am folgenden Tage reichte Fulcinius Trio bei den Konsuln Anklage gegen Piso ein. Dem widersetzten sich Vitellius und Veranius[17] und das übrige Gefolge des Germanicus mit der Erklärung, die Sache gehe Trio nichts an. Auch träten sie nicht als Ankläger auf, sondern überbrächten lediglich als Berichterstatter und Zeugen der Vorgänge die Aufträge des Germanicus. So verzichtete Trio auf eine Anklage in dieser Sache, setzte aber eine solche wegen des früheren Lebenswandels Pisos durch. Man bat den Princeps, die Untersuchung zu übernehmen. Dies lehnte auch der Beschuldigte nicht ab, da er die Voreingenommenheit des Volkes und der Väter fürchtete. Dagegen lehne Tiberius Redereien ab und lasse sich nicht beeinflussen, er sei auch durch das Mitwissen seiner Mutter gebunden. Was wahr und was verdreht sei und als solches geglaubt werde, könne ein einzelner Richter leichter unterscheiden, Hass und Missgunst wirken sich aus, wo viele Richter seien. Tiberius

täuschte sich nicht über die Schwierigkeiten einer Untersuchung. Auch wusste er wohl, wie schlimm das Gerede mit seiner Person umgehen werde. Deshalb hörte er im Beisein von nur wenigen seiner Vertrauten die Drohungen der Ankläger und die Bitten der Angeklagten an. Dann verwies er den Fall unerledigt an den Senat.

(11) Indessen kehrte Drusus von Illyricum zurück. Die Väter hatten beschlossen, er solle anlässlich der Aufnahme des Maroboduus und wegen seiner Taten im vorausgegangenen Sommer im kleinen Triumph in die Stadt einziehen. Er schob jedoch diese Ehre auf und zog ohne sie in die Stadt ein.

Als hierauf der Angeklagte L. Arruntius, P. Vinicius, Asinius Gallus, Aeserninus Marcellus und Sex. Pompeius bat, seine Verteidigung zu übernehmen und diese es unter allerlei Vorwänden ablehnten, standen ihm M'. Lepidus, L. Piso und Livineius Regulus[18] bei, während die ganze Bürgerschaft in gespannter Erwartung war, wie weit die Treue der Freunde des Germanicus gehe, worauf der Angeklagte seine Zuversicht gründe, ob denn wirklich Tiberius seine Gefühle so zu beherrschen und zu unterdrücken vermöge. Nie sonst hat das Volk in solcher Spannung sich so viele geheime Bemerkungen gegen den Princeps oder argwöhnisches Schweigen erlaubt.

(12) Am Tage der Senatssitzung hielt der Caesar eine Rede in wohlüberlegter Mäßigung. Seines Vaters Legat[19] und Freund sei Piso gewesen, von ihm selbst sei er auf Veranlassung des Senats[20] dem Germanicus als Gehilfe bei der Ordnung der Verhältnisse im Orient zur Seite gestellt worden. Ob er dort durch Eigenmächtigkeit und Streitereien den jungen Mann erbittert und sich über dessen Tod gefreut oder ihn gar verbrecherisch umgebracht habe, darüber müsse man mit unbefangenem Sinn entscheiden. »Denn wenn er als Legat die Grenzen seiner Aufgabe überschritten, seinem Oberbefehlshaber den Gehorsam aufgekündigt und über dessen Tod sowie über mein Leid

Freude bezeugt hat, werde ich ihn hassen und aus meinem Hause entfernen, jedoch private Feindschaft nicht mit der Macht des Princeps ahnden. Wenn aber das Verbrechen eines Mordes aufgedeckt wird, das, mag der Ermordete sein, wer er will, zu bestrafen ist, dann möget ihr sowohl den Kindern des Germanicus wie auch uns, seinen Eltern, gerechten Trost verschaffen. Zugleich überlegt die Frage, ob Piso es bei den Heeren auf die Erregung von Unruhen und Aufruhr abgesehen, ob er die Zuneigung der Soldaten durch Bestechung erschlichen hat und ob er mit Waffengewalt sich wieder in den Besitz der Provinz zu setzen suchte oder ob diese Beschuldigungen falsch und übertrieben von den Anklägern verbreitet worden sind. Und ihr Übereifer ist es, der mich ihnen mit Recht zürnen lässt. Denn welchen Sinn hatte es, den Leichnam zu entblößen und den neugierigen Blicken des Pöbels preiszugeben, ja sogar im Ausland das Gerücht zu verbreiten, er sei durch Gift aus dem Wege geschafft worden, wo doch diese Behauptungen noch ungewiss sind und erst noch untersucht werden müssen. Gewiss, ich beweine meinen Sohn und werde ihn immer beweinen. Aber ich hindere auch den Angeklagten nicht, alles vorzubringen, was zum Beweis seiner Unschuld dienen kann, oder den Germanicus, falls er sich irgendeine Ungerechtigkeit zuschulden kommen ließ, bezichtigen zu können. Und euch bitte ich, nicht deshalb, weil mein Leid mit dem Fall eng verknüpft ist, Beschuldigungen, die erst erhoben werden, schon als bewiesen zu betrachten. Wem seine Blutsverwandtschaft oder seine Treueverpflichtung gebietet, als Verteidiger aufzutreten, der helfe dem Gefährdeten mit allen Mitteln seiner Beredsamkeit und seiner Fürsorge! Zu dem gleichen Bemühen, der gleichen festen Haltung ermahne ich die Ankläger. Nur das eine wollen wir dem Germanicus über die Gesetze hinaus einräumen: in der Kurie, nicht auf dem Forum, vor dem Senat, nicht vor den Richtern soll die Untersuchung über seinen Tod geführt werden[21]. Im übrigen soll bei der Behandlung des Falles von beiden Seiten Zurückhaltung geübt werden. Niemand achte auf die Tränen des Drusus, niemand auf meinen Gram, auch nicht auf etwaige erdichtete Vorwürfe, die sich gegen uns feindlich richten.«

(13) Darauf wurden zwei Tage für die Erhebung der Anklage anberaumt; nach Verlauf von weiteren sechs Tagen sollte der Angeklagte drei Tage lang verteidigt werden. Fulcinius begann mit den alten, unbegründeten Beschuldigungen, Spanien habe unter Pisos Ehrgeiz und Habsucht gelitten. Falls sich dieser Vorwurf als berechtigt erwies, konnte er dem Beklagten, sofern er sich gegen die neuen Beschuldigungen rechtfertigte, nicht schaden, konnte er widerlegt werden, hatte er keinen Freispruch zu erwarten, falls ihn die anderen schwereren Vergehen weiterhin belasteten. Nach ihm traten Servaeus, Veranius und Vitellius mit gleichem Eifer, Vitellius mit großer Beredsamkeit gegen Piso auf: sie brachten vor, Piso habe, aus Hass gegen Germanicus und mit hochverräterischen Plänen umgehend, bei den Mannschaften Disziplinlosigkeit einreißen und sie Gewalttaten gegen die Bundesgenossen verüben lassen. Dadurch habe er die Moral der Truppe so sehr untergraben, dass ihm die verworfensten Elemente den Namen »Vater der Legionen« gaben. Dagegen habe er seine Wut an allen Gutgesinnten, hauptsächlich an dem Gefolge und den Freunden des Germanicus, ausgelassen, zuletzt diesen selbst durch Verwünschungen und Gift umgebracht. Damit hingen seine und der Plancina Tempelbesuche und gottlosen Opfer[22] zusammen; er habe die Waffen gegen das Gemeinwesen erhoben, und es habe des Sieges in einer Schlacht bedurft, um ihn als Angeklagten vor Gericht zu stellen.

(14) Die Verteidigung stand in allen anderen Punkten auf unsicherem Boden: Piso konnte weder leugnen, um die Gunst der Soldaten gebuhlt, noch die Provinz den schlechtesten Ele-

menten preisgegeben zu haben; nicht einmal die Beschimpfungen des Oberbefehlshabers konnte er in Abrede stellen. Nur die Beschuldigung des Giftmordes schien er entkräftet zu haben, und auch die Ankläger konnten sie nicht ausreichend begründen: bei einem Gastmahl des Germanicus, wo Piso oberhalb von Germanicus seinen Platz gehabt habe, habe er eigenhändig Gift in die Speisen gemischt! So lautete die Beschuldigung. Es erschien natürlich ungereimt, dass Piso dies vor den Sklaven eines anderen, vor den Augen so vieler Herumstehenden, ja in Gegenwart von Germanicus gewagt haben sollte. Auch bot der Angeklagte sein Gesinde zum Verhör an und forderte die peinliche Untersuchung der Diener, die bei dem Essen aufgewartet hatten. Aber die Richter waren aus verschiedenen Gründen unerbittlich: der Caesar, weil er gegen die Provinz Krieg geführt hatte, der Senat, weil es nie recht glaubhaft war, dass Germanicus nicht einem hinterlistigen Anschlag zum Opfer gefallen war ...[23] die Vorlage der Briefe gefordert hatten, was ebenso Tiberius wie Piso ablehnte. Zugleich hörte man vor der Kurie das Volk rufen: man werde vor Handgreiflichkeiten nicht zurückscheuen, wenn Piso durch die Abstimmung der Väter der Verurteilung entgehe. Und schon hatten sie die Bilder Pisos zu den Gemonien[24] geschleppt und waren dabei, sie zu zertrümmern. Doch wurden diese durch den Befehl des Princeps davor bewahrt und an ihren Platz zurückgebracht. Nun wurde Piso in eine Sänfte gesetzt und von einem Tribunen der Prätorianerkohorte nach Hause geleitet, wobei unter dem Volk allerlei Gerede umging, ob dieser nun als Beschützer seines Lebens oder als Henker mitgehe.

(15) Der Hass gegen Plancina war nicht geringer, aber die Gunst, in der sie stand, größer. Und so war man im Zweifel, wie weit der Caesar gegen sie gehen dürfe[25]. Sie selbst versprach, solange das Schicksal Pisos noch in der Schwebe war, immer wieder, sie werde jedes Los mit ihrem Manne teilen

und, wenn es so sein müsste, mit ihm in den Tod gehen. Sobald sie aber durch die geheime Fürsprache der Augusta Gnade erlangt hatte, rückte sie allmählich von ihrem Gemahl ab und begann, ihre eigene Verteidigung von der seinigen zu trennen. Der Angeklagte erkannte, dass dies sein Verderben bedeute, und schwankte, ob er weiterhin sein Recht vertreten solle. Jedoch rang er sich auf den Zuspruch seiner Söhne hin zu einer festen Haltung durch und ging wieder in den Senat. Dort musste er die erneut aufgenommene Anklage[26], die feindseligen Äußerungen der Väter und die ganze erbitterte Stimmung, die sich gegen ihn richtete, über sich ergehen lassen. Nichts aber erschreckte ihn so sehr, als dass er Tiberius ohne eine Regung des Mitleids und des Zornes unbewegt und verschlossen sah, um ja keine Gemütsbewegung erkennen zu lassen. Nach Hause zurückgebracht, machte er, als ob er für den folgenden Tag seine Verteidigung überlege, einige Aufzeichnungen, die er einem Freigelassenen versiegelt übergab. Darauf widmete er sich der gewohnten Körperpflege. Später, schon tief in der Nacht, als seine Gattin das Schlafgemach verlassen hatte, befahl er, die Türe zu verschließen. Bei Tagesanbruch fand man ihn mit durchschnittener Kehle auf. Das Schwert lag auf dem Boden.

(16) Ich erinnere mich, von älteren Personen gehört zu haben, man habe öfters in Pisos Händen ein Schriftstück gesehen, das er selbst nicht habe bekanntwerden lassen; aber seine Freunde hätten immer wieder gesagt, es habe sich um einen Brief des Tiberius gehandelt, der gegen Germanicus gerichtete Aufträge enthalten habe. Es sei auch Pisos Absicht gewesen, ihn den Vätern vorzulegen und den Princeps zu beschuldigen. Sie sei aber von Seianus durch trügerische Versprechungen vereitelt worden. Auch sei er nicht freiwillig aus dem Leben geschieden, sondern man habe einen Mörder gegen ihn gedungen. Ich kann weder die eine noch die andere Behauptung ver-

treten, habe aber doch die Erzählung nicht unterschlagen dürfen, die von Leuten stammt, die noch bis in meine Mannesjahre gelebt haben. Der Caesar trug nach außen Trauer zur Schau und …[27] im Senat, ein solcher Tod habe nur bezweckt, ihn verhasst zu machen, und in wiederholten Anfragen wollte er erfahren, wie Piso den letzten Tag und die letzte Nacht verbracht habe. Und da der Befragte meist klug, manchmal auch unüberlegt antwortete, las Tiberius ein Handschreiben Pisos vor, das etwa folgenden Wortlaut hatte: »Einer Verschwörung meiner Feinde und der gehässigen falschen Beschuldigung eines Verbrechens bin ich zum Opfer gefallen und rufe, da die Wahrheit und meine Unschuld nirgends mehr Gehör findet, die unsterblichen Götter zu Zeugen an, dass ich in meinem Leben, Caesar, die Treue gegen dich gewahrt und in gleicher Weise die Pflicht gegen deine Mutter erfüllt habe. Euch bitte ich, nehmt euch meiner Kinder an! Von ihnen steht Cn. Piso mit meinem Geschick – mag es verdient oder unverdient sein – in keinem Zusammenhang, da er diese ganze Zeit über in der Hauptstadt gelebt hat, während M. Piso mir davon abriet, nach Syrien zurückzukehren. Hätte doch lieber ich mich meinem jungen Sohn, als er seinem alten Vater sich gefügt! Umso inständiger bitte ich, er möge nicht für mein verkehrtes Handeln unschuldig bestraft werden. Bei meinem in fünfundvierzig Jahren bewiesenen Gehorsam, bei unserem gemeinsamen Konsulat bitte ich, der ich einst die Anerkennung des vergöttlichten Augustus, deines Vaters, gefunden habe, der ich dein Freund bin und der ich fernerhin keine Bitte mehr an dich richten werde, um das Leben meines unglücklichen Sohnes.« Über Plancina fügte er kein einziges Wort bei.

(17) Hierauf nahm Tiberius den Jüngling gegen die Beschuldigung, sich an dem Bürgerkrieg beteiligt zu haben, in Schutz – es handle sich ja um Befehle seines Vaters, denen er sich als Sohn nicht habe entziehen können. Dabei fand er für den Adel

des Hauses und auch für das schwere, wie immer auch verdiente Schicksal Pisos selbst teilnehmende Worte. Aus dem, was er zugunsten der Plancina sprach, klang die Verlegenheit über sein schändliches Verhalten. Er schützte die Bitten seiner Mutter vor. Die geheimen Klagen, die alle Gutgesinnten gegen diese richteten, nahmen dadurch umso schärfere Formen an. Das also dürfe sich die Großmutter herausnehmen, der Mörderin ihres Enkels ins Gesicht zu sehen, sie anzureden, sie dem Senat zu entreißen. Was die Gesetze für alle Bürger festlegen, sei allein dem Germanicus nicht zuteil geworden. Aus des Vitellius und des Veranius Mund sei der Caesar beklagt, aber von dem Imperator und der Augusta die Plancina verteidigt worden. So solle sie denn ihre so glücklich erprobten Künste im Giftmischen auch gegen Agrippina und deren Kinder anwenden und die treffliche Großmutter sowie den Oheim mit dem Blute des unglücklichen Hauses sättigen. Zwei Tage verwendete man auf diesen Scheinprozess, wobei Tiberius die Söhne Pisos drängte, sich ihrer Mutter anzunehmen. Und da Ankläger und Zeugen um die Wette gegen sie sich ausließen, ohne dass jemand erwiderte, wuchs das Mitleid mehr als der Hass. Zuerst wurde der Konsul Aurelius Cotta zur Stimmabgabe aufgefordert. Wenn nämlich der Caesar die Verhandlung leitete, hatten auch die Beamten die Pflicht zur Stimmabgabe. Er beantragte, den Namen Piso aus dem Kalender zu streichen, die Hälfte seines Vermögens einzuziehen, die andere seinem Sohn Cn. Piso zu überlassen, der aber seinen Vornamen ändern solle. M. Piso solle seinen senatorischen Rang verlieren, fünf Millionen Sesterzen erhalten und auf zehn Jahre verbannt werden, während Plancina in Anbetracht der Bitten der Augusta straflos bleiben solle.

(18) Vieles von diesem Antrag wurde von dem Princeps gemildert: der Name Piso solle nicht aus dem Kalender gestrichen werden, da ja auch der des M. Antonius, der gegen seinen

Vater Krieg geführt habe, und der des Iullus Antonius[28], der das Haus der Augusta befleckt habe, noch in ihm stünden. Auch enthob er M. Piso der entehrenden Strafe[29] und ließ ihm das väterliche Vermögen. Er zeigte, wie ich schon oft erwähnt habe[30], eine recht feste Haltung gegenüber der Versuchung des Geldes, auch war er jetzt, da er sich wegen des Freispruchs der Plancina schämte, milder gestimmt. Ebenso trat er dem Antrag des Valerius Messalinus, ein goldenes Bild in dem Tempel des Mars Ultor[31] aufzustellen, und dem des Caecina Severus[32], einen Altar »der Rache« zu errichten, mit der Erklärung entgegen, dergleichen werde nur anlässlich der Besiegung auswärtiger Feinde geweiht; Unglück im eigenen Hause müsse man in Trauer hüllen. Messalinus hatte noch hinzugefügt, Tiberius, Augusta, Antonia, Agrippina und Drusus solle Dank gesagt werden für die Genugtuung, die Germanicus zuteil geworden sei. Claudius zu erwähnen hatte er unterlassen. Da richtete L. Asprenas vor dem Senat an Messalinus die Anfrage, ob er ihn absichtlich übergangen habe. Nun erst wurde der Name des Claudius hinzugefügt. Mir tritt, je mehr ich die jetzigen und die alten Zeiten überdenke, umso deutlicher das launenhafte Zufallsspiel, das in allen Dingen des menschlichen Daseins sein Wesen treibt, vor Augen. Denn nach Ruf, Aussichten, Verehrung waren alle eher für die Regierung bestimmt als der, den das Schicksal als den künftigen Princeps noch verborgen im Hintergrund hielt.

(19) Wenige Tage später veranlasste der Caesar den Senat, Vitellius, Veranius und Servaeus Priesterämter zuzuweisen. Fulcinius versprach er seine Stimme für die Ehrenämter und mahnte ihn, sich nicht durch seine Redegabe zu unüberlegter Heftigkeit hinreißen zu lassen. So endete der Prozess, der das Ende des Germanicus ahnden sollte, über das nicht nur unter den damals Lebenden, sondern auch in der folgenden Zeit allerlei Gerede umging. So ungewiss bleiben oft gerade die wich-

tigsten Geschehnisse: während die einen alles, was sie irgendwie hören, gleich als verbürgte Wirklichkeit betrachten, verkehren die anderen die Wahrheit in das Gegenteil, und so oder so wuchern die Behauptungen bei der Nachwelt weiter.

Aber Drusus verließ Rom, um die Auspizien zu wiederholen[33], und zog dann im kleinen Triumph in die Stadt ein. Wenige Tage später starb seine Mutter Vipsania[34]; als einzige von allen Kindern Agrippas fand sie einen natürlichen Tod. Alle übrigen fielen erwiesenermaßen dem Dolch zum Opfer oder kamen, wie man glaubte, durch Gift um oder erlitten auch den Hungertod.

(20) In demselben Jahr nahm Tacfarinas, der, wie erwähnt, im Sommer zuvor von Camillus geschlagen worden war[35], den Krieg in Afrika wieder auf. Zuerst beschränkte er sich auf ungeregelte Raubzüge, die so schnell durchgeführt wurden, dass sie unbestraft blieben, dann zerstörte er ganze Dörfer und zog schwerbeladen mit Beute ab. Zuletzt schloss er nicht weit von dem Pagyda-Fluss eine römische Kohorte ein. Kommandant des Kastells war Decrius, ein energischer, geschulter Kriegsmann, der diese Belagerung als eine Schande betrachtete. Dieser sprach seinen Soldaten Mut zu und stellte seine Truppe vor dem Lager auf, um im offenen Gelände dem Feind eine Schlacht anzubieten. Gleich beim ersten Ansturm wurde die Kohorte geschlagen. Da stellte er sich tapferen Mutes mitten im Geschosshagel den Fliehenden entgegen und schalt die Fahnenträger, dass römische Soldaten vor einem ungeordneten Haufen von Deserteuren die Flucht ergreifen. Dabei wurde er mehrfach verwundet, und obgleich ihm ein Auge durchstochen war, bot er dem Feinde die Stirne und gab den Kampf nicht auf, bis er, von seinen Leuten im Stich gelassen, fiel.

(21) Als L. Apronius, der Nachfolger des Camillus, dies erfuhr – es bedrückte ihn mehr das schändliche Verhalten seiner eigenen Leute als der Ruhm und Erfolg der Feinde –, ließ er, ei-

ne damals seltene und an längst vergangene Zeiten erinnernde Schreckenstat, jeden zehnten Mann der ehrlosen Kohorte durch das Los bestimmen und zu Tode prügeln. Und mit seiner Strenge erreichte er es, dass eine Veteranenabteilung – es waren nicht mehr als fünfhundert – die gleichen Truppen des Tacfarinas, die einen Stützpunkt, namens Thala[36], angriffen, in die Flucht schlugen. In diesem Treffen erwarb sich Rufus Helvius, der dem Mannschaftstand angehörte, den Ruhm, einen Mitbürger gerettet zu haben, und wurde von Apronius mit einer Halskette und einer Lanze beschenkt. Der Caesar fügte noch die Bürgerkrone hinzu und gab dabei mehr seinem Bedauern als seinem Missfallen darüber Ausdruck, dass Apronius ihm auf Grund seines Rechtes als Prokonsul nicht auch diese verliehen habe. Aber Tacfarinas führte, da die Numider in Schrecken versetzt waren und von weiteren Belagerungen nichts mehr wissen wollten, einen Kleinkrieg, indem er, wo man auf ihn losging, auswich und, wenn der Feind abzog, in seinem Rücken immer wieder auftauchte. Solange der Barbar diese Kampfesweise befolgte, vermochten die Römer nichts auszurichten; vielmehr wurden sie von den Feinden abgehetzt, die sie ungestraft zum besten hielten. Als die Numider aber in die Küstengegend auswichen und beutebeladen in einem Standlager sich festsetzten, lieferte Apronius Caesianus, von seinem Vater mit der Reiterei und den Kohorten der Hilfsvölker geschickt, die er mit den schnellsten Leuten aus den Legionen verstärkt hatte, gegen die Numider einen erfolgreichen Kampf und jagte sie in die Wüste.

(22) Aber in Rom wurde Lepida, die dem ruhmvollen aemilischen Geschlecht entstammte und zu Urgroßvätern L. Sulla und Cn. Pompeius[37] hatte, angeklagt, sie habe fälschlich angegeben, von ihrem reichen kinderlosen Manne, P. Quirinius, ein Kind zu haben. Zugleich wurde ihr wiederholter Ehebruch und Giftmischerei vorgeworfen; auch sollte sie die Chaldäer über

das Haus des Caesaren befragt haben. Ihr Bruder Manius Lepidus verteidigte die Angeklagte. Dass sie auch jetzt noch, obwohl die Ehescheidung ausgesprochen war, von Quirinius angefeindet wurde, hatte ihr, obwohl sie in schlechtem Rufe stand und schuldig war, Mitleid verschafft. Nicht leicht konnte man bei dieser Untersuchung in das Herz des Princeps schauen, so sehr ließ er durcheinander bald Zeichen von Zorn, bald von Mitleid erkennen. Zuerst legte er dem Senat die Bitte vor, kein Verfahren wegen Majestätsbeleidigung einzuleiten. Dann verleitete er den ehemaligen Konsul M. Servilius[38] und andere Zeugen dazu, das ans Licht zu ziehen, was er, wie es schien, hatte zurückstellen wollen. Auch ließ er die Sklaven der Lepida, die noch in militärischer Haft gehalten wurden, den Konsuln überweisen[39] und duldete nicht, dass sie auf der Folter über Dinge, die seine Familie betrafen, befragt würden. Auch enthob er Drusus, der designierter Konsul war, der Verpflichtung, an erster Stelle seine Stimme abzugeben. Dies fassten die einen als Bekundung von Bürgersinn auf, mit dem er die andern nicht zwingen wolle, ebenso zu stimmen; andere legten es als Zeichen seiner Hartherzigkeit aus: denn Drusus wäre nicht zurückgetreten, wenn er nicht verpflichtet gewesen wäre, für schuldig zu stimmen[40].

(23) Lepida ging in den Tagen der Festspiele, die in die Zeit der Untersuchung fielen, mit erlauchten Frauen in das Theater, wo sie unter jämmerlichen Klagen ihre Vorfahren und Pompeius selbst – man hatte ja in dem von ihm errichteten Bau seine Bildnisse vor Augen – anrief und solches Mitleid erregte, dass das Publikum in Tränen ausbrach und wilde Verwünschungen gegen Quirinius ausstieß, den kinderlosen Greis von dunkelster Herkunft, dem die einst für L. Caesar als Gattin, als künftige Schwiegertochter für den verewigten Augustus bestimmte Frau geopfert werden solle. Darauf wurden durch die Folterung der Sklaven ihre Verbrechen aufgedeckt, und man schloss

sich dem Antrag des Rubellius Blandus an, die Strafe der Verbannung gegen sie auszusprechen. Ihm stimmte auch Drusus bei, obgleich andere eine mildere Strafe beantragt hatten. Nachher wurde dem Scaurus zuliebe, der eine Tochter von ihr hatte, verfügt, dass ihr Vermögen nicht eingezogen werde. Jetzt erst gab Tiberius bekannt, er habe auch von den Sklaven des P. Quirinius erfahren, dass Lepida diesen zu vergiften versucht habe.

(24) Bei dem Unglück der erlauchten Häuser – in einem nicht eben großen Abstand hatten die Calpurnier Piso, die Aemilier Lepida verloren – bildete es einen Trost, dass D. Silanus der iunischen Familie zurückgegeben wurde. Von seinem Schicksal will ich kurz berichten: So sehr Augustus in seinem Wirken für das Gemeinwesen vom Glück begünstigt war, so viel Unglück hatte er in seiner eigenen Familie wegen der Sittenlosigkeit seiner Tochter und seiner Enkelin, die er beide aus der Stadt verbannte und deren Liebhaber er mit dem Tode oder mit der Verbannung bestrafte. Denn indem er ein Vergehen, das zwischen Männern und Frauen häufig vorkam, unter den Begriff des Religionsfrevels und der Majestätsverletzung stellte, ging er über die mildere Beurteilung der Vorfahren und über seine eigenen Gesetze hinaus. Doch wie andere Männer endigten und was sich sonst in jener Zeit begab, will ich berichten, sofern nach Vollendung des Werkes, das ich mir vorgenommen habe, meine Lebenszeit für weitere Aufgaben ausreichen wird. D. Silanus, der Liebhaber der Enkelin des Augustus, hätte zwar keine härtere Bestrafung zu erwarten gehabt als den Ausschluss aus dem Freundeskreis des Caesaren; aber er merkte, man gebe ihm deutlich zu verstehen, dass er verbannt werde, und erst unter der Regierung des Tiberius wagte er es, an den Senat und den Princeps sich mit der Bitte um Begnadigung zu wenden, wobei er sich auf die einflussreiche Stellung seines Bruders M. Silanus stützte, der sich durch seinen hohen

Adel und seine hervorragende Beredsamkeit auszeichnete. Aber Tiberius gab dem Silanus, als dieser ihm vor den Vätern Dank sagte, zur Antwort, auch er freue sich, dass sein Bruder nach dem langen Aufenthalt in der Fremde wieder zurückgekehrt sei, und dies sei ihm mit Recht gestattet worden, da er ja nicht auf Grund eines Senatsbeschlusses, auch nicht kraft Gesetzes verbannt worden sei[41]. Für ihn jedoch bestehe das Ärgernis, das er bei seinem Vater erregt habe, unverändert weiter, und der einstige Wunsch des Augustus sei durch seine Rückkehr nicht aufgehoben. Er lebte von da an in Rom, aber erlangte keine Ehrenstellen.

(25) Darauf wurde der Antrag gestellt, die Bestimmungen der lex Papia Poppaea[42] zu mildern, die Augustus in höherem Alter im Anschluss an die Iulischen Gesetzesanträge[43] zur Verschärfung der Strafen für Ehelosigkeit und zur Stärkung des Staatsschatzes erlassen hatte. Doch nahm darum die Zahl der Eheschließungen weder zu, noch wurden mehr Kinder aufgezogen. Die Kinderlosigkeit blieb vorherrschend. Aber die Zahl der Personen, die in Prozesse verwickelt wurden, wuchs, da ein Haus nach dem andern sich durch die Verdächtigungen der Denunzianten dem Verderben preisgegeben sah, und wie man früher mit den Vergehen gegen die Gesetze seine Not gehabt hatte, so hatte man sie jetzt mit den Gesetzen[44]. Dies veranlasst mich, von den Anfängen des Rechtes und von der Art und Weise, wie man zu dieser unendlichen Menge und Mannigfaltigkeit von Gesetzen gekommen ist, eingehender zu sprechen.

(26) Die ältesten Menschen lebten noch frei von schlimmer Leidenschaft, ohne Laster und Verbrechen, und daher auch ohne Strafe oder Zwang. Man bedurfte auch keiner Belohnungen, da jeder aus eigenem inneren Antrieb sich um das sittlich Gute bemühte. Und wo man nichts wünschte, was gegen die Sitte verstieß, erließ man auch keine Verbote, die aus Furcht eingehalten werden sollten. Aber als man daran ging, den Zustand

des gleichen Rechtes für alle zu beseitigen, und anstelle von Bescheidenheit und Ehrgefühl ehrsüchtiges Streben und Gewalttätigkeit um sich griffen, da tauchten Alleinherrschaften auf und hatten bei vielen Völkern dauernden Bestand. Manche entschieden sich sofort oder auch erst, als sie des Königtums überdrüssig geworden waren, lieber für Gesetze. Diese waren zuerst, entsprechend der herrschenden Unbildung, einfach. Die größte Berühmtheit erlangten die der Kreter, die Minos, und die der Spartaner, die Lycurgus erlassen, darauf die, die Solon den Athenern bereits in feinerer Form und in größerer Zahl gegeben hat. Bei uns hatte Romulus eine unbeschränkte Herrschaft ausgeübt. Darauf nahm Numa das Volk durch religiöse Satzungen und göttliches Recht in Pflicht, und auch Tullus sowie Ancus haben einige Rechtssatzungen gestiftet. Aber in erster Linie war es Servius Tullius, der bindende Gesetze aufstellte, unter die sich auch die Könige beugen sollten.

(27) Nach der Vertreibung des Tarquinius traf das Volk viele Maßnahmen, um gegen die parteiischen Umtriebe der Väter die Freiheit zu schützen und die Eintracht zu stärken. Es wurden Dezemvirn gewählt und alle vortrefflichen Gesetze herbeigeholt, die irgendwo in der Welt zu finden waren. So wurden die zwölf Tafeln aufgestellt, die den letzten Markstein des gleichen Rechts bildeten[45]. Denn die folgenden Gesetze wurden zwar auch mitunter zu dem Zweck gegeben, gegen Übeltäter nach Maßgabe ihres Vergehens einzuschreiten, öfters jedoch wurden sie gewaltsam eingeführt im Verlauf der Ständekämpfe und in dem Bestreben, Zugang zu den nicht zustehenden Ehrenämtern zu erlangen, oder mit dem Zweck, erlauchte Männer zu verjagen, oder auch aus anderen verwerflichen Beweggründen. So kam es zu dem Auftreten von Männern wie Gracchus und Saturninus[46], die das Volk aufwiegelten, und Drusus, der, wenn auch im Namen des Senats, nicht weniger das Volk durch Zugeständnisse verführte. Sie übten

einen verderblichen Einfluss auf die Bundesgenossen aus, indem sie bei ihnen Hoffnungen erweckten oder sie durch das Interzessionsrecht zum besten hielten[47]. Auch im italischen Krieg und dann im Bürgerkrieg[48] ging man nicht davon ab, immer wieder Volksbeschlüsse, die sich widersprachen, zu fassen, bis der Diktator Sulla nach Aufhebung oder Umwandlung der bisherigen Bestimmungen[49], wobei er noch eine größere Zahl von neuen hinzufügte, eine Pause in diesem Geschehen herbeiführte, die freilich nicht lange währte. Denn sofort trat Lepidus[50] mit seinen aufrührerischen Anträgen auf, und bald danach wurde den Tribunen die unbeschränkte Freiheit zurückgegeben, das Volk, wie immer sie wollten, aufzuhetzen[51]. Und schon wurden nicht nur zu allgemeinen Zwecken, sondern auch gegen einzelne Persönlichkeiten Gesetzesanträge eingebracht[52]. Je verderbter das Gemeinwesen war, umso mehr Gesetze gab es.

(28) Dann kam Cn. Pompeius, der, in seinem dritten Konsulat dazu erwählt[53], die Sittenverderbnis zu beseitigen, durch die Mittel, die er dazu anwendete, drückender wirkte[54] als die bestehenden Missbräuche, der, seiner eigenen Gesetze Schöpfer und zugleich Verderber[55], was er mit den Waffen verteidigen wollte, durch die Waffen verlor[56]. Darauf herrschte zwanzig Jahre lang ununterbrochen Zwietracht. Nicht Sitte, nicht Recht galten; die verwerflichsten Handlungen blieben ungestraft, die edelmütigen führten oft zum Verderben. Erst in seinem sechsten Konsulatsjahr hat Caesar Augustus, jetzt im sicheren Besitz der Macht, die Anordnungen, die er in dem Triumvirat getroffen hatte, aufgehoben und die rechtlichen Grundlagen geschaffen, die uns in Frieden unter einem Princeps leben lassen sollten. In der Folge wurden die Bindungen straffer, es wurden Aufpasser bestellt, die auf Grund der lex Papia Poppaea durch Belohnungen angespornt wurden, damit überall, wo man auf das Vorrecht der Vaterschaft verzich-

tete, das Volk, gleichsam als der Vater von allen, das erledigte Erbe in Besitz nehme. Aber diese Aufpasser gingen noch weiter, und schon hatten sie die Hauptstadt, Italien und die römischen Bürger, wo immer sich solche befanden, in ihre Klauen gebracht, und vieler Leute Existenz wurde entwurzelt. Gegen alle richtete sich bereits der Terror. Doch Tiberius bestimmte, um Abhilfe zu schaffen, fünf Konsulare und fünf ehemalige Prätoren und ebenso viele weitere Mitglieder des Senats durch das Los, durch die viele vor der strikten Anwendung des Gesetzes geschützt wurden und damit für den Augenblick aufatmen konnten.

(29) Um dieselbe Zeit empfahl Tiberius Nero, einen von den Söhnen des Germanicus, der bereits in das Jünglingsalter[57] eingetreten war, den Senatoren und forderte, dass er von der Verpflichtung, das Vigintivirat[58] zu bekleiden, befreit werde und fünf Jahre früher als gesetzlich vorgeschrieben sich um die Quästur bewerben dürfe, was nicht ohne spöttische Bemerkungen seitens der Zuhörer blieb. Er schützte vor, ihm und seinem Bruder sei auf die Bitten von Augustus das gleiche bewilligt worden[59]. Aber zweifellos hat es schon damals Leute gegeben, die über derartige Bitten im stillen gespottet haben. Und doch standen die Caesaren damals erst am Beginn ihres Aufstiegs zur Höhe, man hatte die alte Sitte noch deutlicher vor Augen, und das Band zwischen Stiefsöhnen und Stiefvater war weniger eng als zwischen Großvater und Enkel. Dazu erhielt er das Pontificat, und an dem Tag, da er zum ersten Mal das Forum betrat, erhielt die Plebs, die eine große Freude darüber bezeugte, einen Sohn des Germanicus schon erwachsen zu sehen, eine Spende. Die Freude erhöhte sich noch durch die Heirat Neros mit Iulia, einer Tochter des Drusus. Wie dies beifällig aufgenommen wurde, so fand es Ablehnung, dass für den Sohn des Claudius[60] als Schwiegervater Seianus bestimmt werde. Tiberius schien damit den Adel seiner Familie befleckt

und Seianus, der ohnehin allzu hochfliegender Pläne verdächtig war, über Gebühr erhoben zu haben.

(30) Am Ende des Jahres schieden zwei hervorragende Männer aus dem Leben, L. Volusius[61] und Sallustius Crispus. Volusius entstammte einer alten Familie, die aber nicht über die Prätur hinausgekommen war. Er selbst hat in die Familie das Konsulat gebracht, auch das Amt eines Censors zur Ergänzung der Ritterlisten ausgeübt und den Grund zu dem Reichtum gelegt, durch den sein Haus so erstaunlich aufblühte. Crispus[62] stammte aus dem Ritterstande. C. Sallustius, der glänzendste römische Geschichtsschreiber, hatte ihn als den Enkel seiner Schwester adoptiert. Jener Crispus nahm, obwohl ihm der Zugang zu den Ehrenämtern ohne weiteres offenstand, sich Maecenas zum Vorbild, verzichtete auf den Rang eines Senators und überragte doch viele, die Triumphe gefeiert hatten und Konsuln gewesen waren, an Einfluss, während er sich im Gegensatz zu dem Brauch der alten Zeit einer verfeinerten Lebenshaltung hingab, die bei seinem üppigen Reichtum schon eher Verschwendung war. Doch stand dahinter eine starke Willenskraft, die sich ungewöhnlichen Aufgaben gewachsen zeigte und sich umso kräftiger betätigte, je mehr er nach außen schläfrige Teilnahmslosigkeit zur Schau trug. So stand er denn zu Lebzeiten des Maecenas nach diesem an zweiter Stelle und spielte nachher die erste Rolle bei den beiden Imperatoren, die sich auf ihn als ihren geheimen Ratgeber stützten. Auch war er in die Ermordung des Postumus Agrippa eingeweiht; in vorgerückten Jahren bestand zwar seine Freundschaft mit dem Princeps weiter, aber sie war nur äußerlicher Schein und ohne wirksame Bedeutung. So war es auch Maecenas ergangen. Nur selten vergönnt das Schicksal dauernden Einfluss; es tritt der Zustand der Sättigung ein, bei dem einen, wenn er alles gegeben hat, bei dem andern, wenn es nichts mehr gibt, was er sich wünschen könnte.

21 n. Chr. (31) Es folgte das vierte Konsulat des Tiberius und das zweite des Drusus; dass Vater und Sohn Amtsgenossen waren, gab ihm eine besondere Bedeutung. Denn drei Jahre zuvor hatte Germanicus zugleich mit Tiberius dasselbe Ehrenamt bekleidet. Aber das war weder eine große Freude für den Oheim gewesen, noch hatte die beiden das blutsmäßige Band so eng verknüpft. Zu Beginn dieses Jahres zog sich Tiberius, angeblich zur Festigung seiner Gesundheit, nach Campanien zurück, wobei er sich allmählich mit dem Gedanken einer langen, ununterbrochenen Abwesenheit vertraut machte. Es mag auch sein, dass Drusus in Abwesenheit seines Vaters die Geschäfte des Konsulats allein führen sollte. Und zufällig gab ein nebensächlicher Vorfall, der sich zu einer großen Auseinandersetzung entwickelte, dem Jüngling die Möglichkeit, sich in Gunst zu setzen. Der ehemalige Prätor Domitius Corbulo reichte gegen einen adeligen jungen Mann, namens L. Sulla, bei dem Senat eine Klage ein. Dieser habe ihm bei den Gladiatorenspielen nicht Platz gemacht. Für Corbulo sprachen sein Alter, die herkömmliche Sitte, die Sympathie der älteren Generation. Gegen ihn traten Mamercus Scaurus, L. Arruntius und sonstige dem Sulla nahestehende Männer auf. Es kam zu einem Rededuell, wobei man auch auf die Beispiele der Vorfahren hinwies, die die mangelnde Ehrerbietung der Jugend durch strenge Verordnungen gerügt hätten. Schließlich beschwichtigte Drusus die Gemüter mit einer passenden Rede. Corbulo erhielt durch Mamercus Genugtuung, der Oheim und zugleich Stiefvater Sullas und der fruchtbarste unter den Rednern der damaligen Zeit war. Corbulo führte auch laute Klagen darüber, dass sehr viele Straßen in Italien durch die Schuld betrügerischer Unternehmer und infolge mangelnder Fürsorge der Beamten stellenweise ungangbar geworden seien, und übernahm gerne die gerichtliche Behandlung dieses Falles. Doch fiel diese nicht so sehr zum Nutzen der Allgemeinheit

wie zum Verderben für viele aus, gegen deren Vermögen und Ruf er durch Verurteilungen und Versteigerungen mit brutaler Rücksichtslosigkeit vorging.

(32) Nicht viel später schickte Tiberius ein Schreiben an den Senat, in dem er mitteilte, dass Tacfarinas Afrika durch einen Einfall erneut in Unruhe versetzt habe. Man solle daher nach dem Ermessen der Väter einen Mann als Prokonsul auswählen, der kriegserfahren und körperlich leistungsfähig sei, überhaupt den Anforderungen eines Krieges gewachsen sein werde. Dies war für Sex. Pompeius[63] ein willkommener Anlass, seinem Hass gegen Lepidus Luft zu machen. Er warf ihm vor, er sei energielos, arm und seiner Vorfahren unwürdig, und man müsse ihn daher von der Verlosung Asiens ausschließen. Der Senat war gegenteiliger Ansicht: er hielt Lepidus eher für einen gutmütigen als energielosen Mann, seine dürftigen Verhältnisse rühren von dem Vater her, und dass er dabei seinen Adel ohne Makel erhalten habe, müsse man ihm zur Ehre rechnen und dürfe ihn deshalb nicht beschimpfen. Und so wurde er nach Asien geschickt, während man bezüglich Afrika beschloss, der Caesar solle den Mann auswählen, dem man es anzuvertrauen habe.

(33) Bei dieser Gelegenheit beantragte Severus Caecina, es solle kein Beamter, dem eine Provinz[64] zugefallen sei, seine Frau dorthin mitnehmen. Er hatte zuvor wiederholt nachdrücklich darauf hingewiesen, er lebe in einer harmonischen Ehe, in der ihm seine Frau sechs Kinder geboren habe. Was er als allgemeine Regel aufstelle, habe er schon bisher in seiner eigenen Familie befolgt. Er habe seine Frau in Italien gelassen, obgleich er selbst in einer Reihe von Provinzen vierzig Jahre Kriegsdienst[65] geleistet habe. Nicht umsonst sei vor Zeiten verordnet worden, es sollten keine Frauen zu den Bundesgenossen oder auch zu fremden Völkern mitgenommen werden. Wenn Frauen zum Gefolge gehören, so führe dies im Frieden

zum Wohlleben und im Krieg zu ängstlicher Rücksicht und damit zu Hemmungen, und eine römische Marschkolonne verwandle sich in eine Art Barbarenaufzug. Schwächlich und Anstrengungen nicht gewachsen sei das weibliche Geschlecht und, wenn man die Zügel locker lasse, brutal, ehrgeizig und machtgierig; sie marschieren mitten unter den Soldaten und benützen die Centurionen als Handlanger. Erst kürzlich habe eine Frau bei einer Übung der Kohorten, ja bei einer Parade der Legionen das Kommando geführt. Sie sollten nur selbst daran denken, sooft es sich um Klagen wegen Erpressung handle, falle der Hauptteil der Vorwürfe den Frauen zur Last. An sie hängen sich gleich die schlechtesten Elemente der Provinzialen; sie seien es, die die Geldgeschäfte in die Hand nehmen und abschließen. Zwei Personen seien es, denen bei ihrem Erscheinen in der Öffentlichkeit gehuldigt werde, zwei Amtssitze gebe es, wobei die Befehle der Frauen noch eigensinniger und maßloser seien. Einst durch die Oppischen[66] und durch andere Gesetze im Zaum gehalten, kommandieren sie jetzt, der Fesseln ledig, in Privathäusern und Gerichtssälen, ja bereits über Heere.

(34) Diese Ausführungen fanden nur bei wenigen Beifall. Die Mehrheit erhob dagegen lauten Protest; dieser Punkt stehe nicht auf der Tagesordnung, und Caecina sei nicht berufen, bei einer so wichtigen Frage als Censor sich aufzuspielen. Darauf antwortete Valerius Messalinus, der, ein Sohn des Messala, in der Beredsamkeit das Ebenbild seines Vaters war: in vielen Punkten habe sich die Härte der alten Zeit jetzt erfreulich zum Besseren gewandelt. Denn nicht, wie einst, werde Rom im Krieg umlagert, auch befänden sich die Provinzen nicht in der Hand der Feinde. Nur wenig sei es, was den Bedürfnissen der Frauen bewilligt werde, so wenig, dass es nicht einmal den Haushalt des Ehemannes, geschweige denn die Bundesgenossen belaste. Alles übrige teilen die Frauen mit ihren Männern,

und darin liege nichts, das in Friedenszeiten ein Hemmnis bilden würde. Im Krieg könne man allerdings nur Männer brauchen, die die Waffen führen; wo jedoch gebe es für die nach des Kampfes Mühe zurückgekehrten Männer eine schönere Erholung als an der Seite der Gattin? »Aber es haben sich doch manche Frauen zu ehrgeizigen oder habsüchtigen Handlungen verleiten lassen!« Wohl! Frönen nicht auch sehr viele Beamte diesen oder jenen Leidenschaften? Trotzdem verzichte man nicht darauf, solche in die Provinz zu schicken. »Oft schon sind die Männer durch die Charakterlosigkeit ihrer Frauen verdorben worden!« Ob deshalb alle Unverheirateten reine Engel seien? Einst habe man die Oppischen Gesetze gebilligt, weil die Lage des Gemeinwesens es so erforderte. Später habe man an ihnen einiges gestrichen und gemildert, weil es so dienlich war. Es sei ein vergebliches Bemühen, unsere Tatenlosigkeit mit anderen Ausdrücken zu benennen. Denn auf dem Manne laste die Schuld, wenn die Frau die ihr gesetzten Schranken überschreite. Dazu wäre es nicht recht, wenn man wegen der Charakterschwäche des einen oder andern dem Ehemann die Gefährtin guter und schlechter Tage entreiße. Zugleich werde das von Natur schwache Geschlecht im Stich gelassen und seinem eigenen Hang zum üppigen Leben sowie den Begierden anderer preisgegeben. Kaum, wenn die Männer selbst ihre Frauen hüten, bleiben die Ehen unverletzt. Was werde erst geschehen, wenn eine mehrjährige Trennung, wie bei einer Ehescheidung, das eheliche Verhältnis in Vergessenheit geraten lasse. Man möge, wenn man gegen die Verfehlungen, die anderwärts vorkommen, Maßnahmen ergreife, zuerst an die schändlichen Zustände in der Hauptstadt denken. Einige Bemerkungen fügte Drusus über seine eigene Ehe hinzu: Angehörige des Fürstenhauses müssten ja öfters ferne Gegenden des Reiches besuchen. Wie oft sei der vergöttlichte Augustus in den Westen und in den Osten gereist, und Livia habe ihn dabei begleitet. Ebenso sei auch er nach Illyricum gereist und werde erforderlichenfalls auch zu andern Völkern gehen, nicht immer ruhigen Herzens, wenn er von seiner geliebten Gattin, der Mutter so vieler gemeinsamer Kinder, sich losreißen müsse. So scheiterte der Antrag des Caecina.

(35) In der nächsten Senatssitzung führte Tiberius in einem Schreiben, das auch einen Seitenhieb auf die Väter enthielt, dass sie alle Geschäfte auf den Princeps abladen, namentlich M'. Lepidus und Iunius Blaesus[67] auf, von denen sie einen als Prokonsul für Afrika wählen sollten. Hierauf hörte man die Erklärungen von beiden an: Lepidus lehnte ernstlich ab unter Berufung auf sein körperliches Befinden, auf das Alter seiner Kinder und auf seine heiratsfähige Tochter. Man hörte aber auch heraus, was er verschwieg, dass nämlich Blaesus der Oheim des Seianus sei und deshalb vorzugehen habe. Die Antwort des Blaesus klang wie Ablehnung, aber in ihr lag nicht die gleiche Entschiedenheit, und er fand dazu die einheitliche Unterstützung der Schmeichler[68].

(36) Nun kam auch offen zur Sprache, worüber bisher viele sich nur ganz im stillen beklagten. Es wurde nämlich Mode, dass die nichtswürdigsten Menschen sich ohne jede Hemmung kränkende Schimpfworte gegen Gutgesinnte herausnahmen, ohne eine Bestrafung zu gewärtigen, indem sie rasch ein Bildnis des Caesaren anfassten. Sogar Freigelassene und Sklaven drohten ihren Schutzherren oder Gebietern mit Worten und Fäusten, und diese fürchteten sich sogar vor ihnen. Daher trug der Senator C. Cestius folgendes vor: die Fürsten seien mit Göttern gleichzustellen, aber auch die Götter schenken nur berechtigten Bitten von Schutzflehenden Gehör und niemand nehme seine Zuflucht zum Kapitol oder zu andern Tempeln der Stadt, um unter deren Schutz Schandtaten zu begehen. Das bedeute doch, dass die Gesetze abgeschafft und in ihren Grundlagen erschüttert seien, wenn auf dem Forum, an

der Schwelle der Kurie eine Annia Rufilla, die er wegen Betrugs vor den Richter gebracht habe, drohende Schimpfworte ihm ins Gesicht schleudere, während er selbst es nicht wagen dürfe, den Rechtsweg zu beschreiten, und zwar wegen des Bildnisses des Imperators, das man ihm entgegenhalte. Nicht unähnliche, zum Teil noch schlimmere Fälle brachten auch andere mit lautem Stimmaufwand vor und baten so lange Drusus, er möge ein Exempel statuieren, bis er die Frau herbeiholen ließ und, als sie überführt war, befahl, sie in Staatshaft zu nehmen.

(37) Auch die römischen Ritter Considius Aequus und Caelius Cursor wurden auf Veranlassung des Princeps durch einen Senatsbeschluss bestraft, weil sie durch die Vorspiegelung von Vergehen gegen das Majestätsgesetz den Prätor Magius Caecilianus belangt hätten. Beide Fälle wurden dem Drusus als Verdienst angerechnet: er halte sich in der Hauptstadt auf, verkehre mit den Leuten, unterhalte sich mit ihnen und wirke so versöhnend gegenüber dem abgeschiedenen Treiben seines Vaters. Auch der luxuriöse Lebenswandel des jungen Mannes missfiel nicht eben sehr; lieber solle er es so weiter treiben, den Tag mit seinen Bauten, die Nacht mit Gelagen verbringen, als dass er, allein und durch keine Vergnügungen abgelenkt, trübselig wache und sich von schlimmen Sorgen umtreiben lasse.

(38) Denn nicht Tiberius, auch nicht die Ankläger wurden müde. So hatte Ancharius Priscus den Caesius Cordus, den Prokonsul von Kreta, wegen Erpressung angeklagt, wobei er ihn noch zusätzlich der Majestätsbeleidigung beschuldigte, womit man damals jede Anklage ergänzte. So zog der Caesar den Antistius Vetus, einen der ersten Männer Macedoniens[69], der von der Beschuldigung des Ehebruchs freigesprochen war, wieder wegen Majestätsbeleidigung zur Verantwortung, nachdem er den Richtern eine scharfe Rüge erteilt hatte. Er warf ihm vor, ein Aufrührer zu sein und bei den Anschlägen des

Rhescuporis damals, als dieser nach der Ermordung seines Bruders Cotys einen Krieg gegen uns erwogen hatte, seine Hand im Spiele gehabt zu haben. Deshalb wurde über den Angeklagten die Acht ausgesprochen und hinzugefügt, er solle auf einer Insel, von der man weder Macedonien noch Thracien leicht erreichen könne, interniert werden.

Denn in Thracien herrschte nach der Teilung der Herrschaft zwischen Rhoemetalces und den Söhnen des Cotys, die wegen ihrer Unmündigkeit Trebellenus Rufus als Vormund hatten, Aufruhr, weil man sich an uns noch nicht gewöhnt hatte. Man beschuldigte ebenso Rhoemetalces wie Trebellenus, die Übergriffe gegen die einheimische Bevölkerung unbestraft zu lassen. Die Coelaleten, Odrusen und Dier[70], starke Volksstämme, erhoben die Waffen. Jeder hatte seinen eigenen Führer. Diese aber waren alle gleich geringer Abkunft. Und das war auch der Grund dafür, dass sie nicht einheitlich vorgingen und so einen gefährlichen Krieg auslösten. Ein Teil erregte Unruhen im eigenen Lande, ein anderer überschritt den Haemus, um die weiter entfernten Völker unter die Waffen zu rufen; der größte Teil, der noch die beste Ordnung aufwies, belagerte den König und die von dem Macedonier Philippus gegründete Stadt Philippopolis[71].

(39) Auf die Kunde von diesen Ereignissen schickte P. Vellaeus[72], der das zunächststehende Heer befehligte, bundesgenössische Reiterei und leichte Kohorten gegen diejenigen aus, die, um zu rauben oder um Verstärkung an sich zu ziehen, im Lande umherzogen, während er selbst die Kerntruppe des Fußvolkes zum Entsatz der Stadt heranführte. Alles wurde gleichzeitig und erfolgreich durchgeführt. Die plündernden Horden wurden niedergemacht; bei den Belagerern entstand Uneinigkeit, und zur rechten Zeit machte der König einen Ausfall und die Legion war zur Stelle. Von einer richtigen Schlacht oder auch nur von einem Gefecht kann wohl nicht die Rede sein:

nur halbbewaffnete Banden, die sich herumtrieben, wurden ohne blutige Verluste auf unserer Seite niedergemacht.

(40) In demselben Jahr begannen gallische Gemeinden wegen der drückenden Schuldenlast einen Aufstand. Am tatkräftigsten schürte ihn bei den Treverern[73] Iulius Florus, bei den Äduern[74] Iulius Sacrovir. Beide waren adeliger Abkunft. Ihre Vorfahren hatten sich um die Römer wohl verdient gemacht und deshalb vorzeiten das römische Bürgerrecht erhalten, als dies noch eine Seltenheit und der Lohn nur für wirkliche Verdienste war[75]. In geheimen Besprechungen, zu denen sie die verwegensten oder auch solche Leute beizogen, die aus Armut und aus Furcht vor den Folgen ihrer Verbrechen besonders auf schlimme Abwege gedrängt wurden, verabredeten sie, Florus solle die Belgier, Sacrovir die näher liegenden Gallier zu den Waffen rufen. Und so predigten sie an Versammlungsplätzen und bei sonstigen Zusammenkünften den Aufruhr mit dem Hinweis auf die unaufhörlichen Tributzahlungen, den drückenden Wucher und den unbarmherzigen Dünkel der Statthalter. Auch gäre es unter den römischen Soldaten, seit sie von dem Tode des Germanicus vernommen hätten: es sei eine außerordentlich günstige Gelegenheit, die Freiheit wiederzugewinnen. Sie dürften nur daran denken, wie sie selbst in der Fülle der Kraft stehen und in welch hilfloser Lage sich dagegen Italien befinde, wie unkriegerisch die Masse des Volkes in der Hauptstadt sei und wie kraftlos die Heere seien, sofern es sich nicht um ausländische Kontingente handle.

(41) Es gab wohl keine Gemeinde, in der nicht der Samen des Aufruhrs auf fruchtbaren Boden fiel. Zu seinem Ausbruch kam es zuerst bei den Andecavern und Turonern[76]. Bei den Andecavern schlug ihn der Legat Acilius Aviola[77] mit einer eiligst aus ihrer Garnison Lugdunum[78] herbeigeholten Kohorte nieder, die Turoner wurden durch Legionstruppen, die Visellius Varro, der Legat von Untergermanien, geschickt hatte, niederge-

worfen unter der Führung des gleichen Aviola und einiger gallischer Häuptlinge, die zu Hilfe kamen, um damit ihren eigenen Abfall zu tarnen und ihn auf einen günstigeren Zeitpunkt zu verschieben. Man sah sogar Sacrovir, wie er unbedeckten Hauptes zum Kampf für die Römer aufrief, um, wie er sagte, seine Tapferkeit unter Beweis zu stellen; aber Gefangene beschuldigten ihn, er habe sich nur deshalb zu erkennen gegeben, damit auf ihn nicht geschossen werde. Als man bei Tiberius seinetwegen anfragte, wies er die Anzeige ab. So gab seine Unschlüssigkeit dem Kriege neue Nahrung.

(42) Inzwischen verfolgte Florus beharrlich seine Ziele. Er suchte eine Reiterabteilung, die, bei den Treverern ausgehoben, in unserem Dienst und unserer Disziplin geschult wurde, dazu zu verleiten, mit der Ermordung der römischen Kaufleute das Signal zum Beginn des Krieges mit den Römern zu geben. Doch nur wenige Reiter ließen sich verführen, die Mehrzahl blieb ihrer Pflicht treu. Andere dagegen, Verschuldete oder Klienten aus dem niederen Volk, griffen zu den Waffen. Schon waren sie auf dem Marsch zu dem Waldgebirge, das Arduenna heißt, als die Legionstruppen von beiden Heeren, die Visellius und C. Silius auf entgegengesetzten Straßen entgegengeworfen hatten, ihnen den Weg verlegten. Mit einer auserlesenen Truppe wurde Iulius Indus, der ebenfalls Treverer, aber mit Florus verfeindet und daher umso tatkräftiger sich einzusetzen bestrebt war, vorausgeschickt. Er zerstreute die Feinde, die damals noch einen ungeordneten Haufen darstellten. Florus versteckte sich bald da, bald dort in Schlupfwinkeln und entkam so den Siegern. Als er jedoch zuletzt die Soldaten erblickte, die die Fluchtwege besetzt hatten, fiel er durch eigene Hand. Dies war das Ende des Aufruhrs bei den Treverern.

(43) Die Aufgabe, die sich bei den Äduern ergab, war schwerer zu bewältigen, da ja der Stamm über reichere Hilfsmittel verfügte und die Truppe, um den Aufstand zu ersticken, wei-

ter hergeholt werden musste. Den Vorort des Stammes, Augustodunum[79], hatte Sacrovir mit bewaffneten Kohorten besetzt, um in der vornehmsten Jugend Galliens, die dort den Studien oblag, ein Pfand in Händen zu haben, mit dem er auch deren Eltern und Verwandte an sich ketten könnte. Zugleich verteilte er heimlich hergestellte Waffen unter die jungen Leute. Es waren vierzigtausend Mann; ein Fünftel davon war mit Legionswaffen ausgerüstet, die übrigen mit Jagdspießen, Messern und sonstigen Jagdwaffen. Dazu stellte man solche Sklaven ein, die zu Gladiatorenspielen bestimmt waren und die nach Landessitte eine von Kopf bis Fuß reichende eiserne Rüstung trugen. Man nennt sie »Cruppellarier«. Sie sind ungeschickt, wenn es auf den Feind einzuschlagen gilt, aber hieb- und stichfest. Diese Truppen wurden verstärkt, zwar noch nicht durch offenen Anschluss der benachbarten Stämme; aber einzelne stellten sich entschlossen auf die Seite Sacrovirs. Zudem herrschte unter den römischen Heerführern Streit, weil jeder für sich das Kommando in dem Kriege forderte. Doch trat nachher der altersschwache Varro gegen den noch rüstigen Silius zurück.

(44) In Rom aber hieß es, nicht nur die Treverer und Äduer, sondern vierundsechzig gallische Gemeinden seien abgefallen und hätten mit den Germanen ein Bündnis geschlossen; auch zeige Spanien eine schwankende Haltung. Dies alles hielt man trotz der bei Gerüchten üblichen Übertreibung für wahr. Alle Gutgesinnten waren in bekümmerter Sorge um das Gemeinwesen. Viele nahmen in ihrer erbitterten Ablehnung der augenblicklichen Verhältnisse und ihrem lebhaften Wunsche nach einer Änderung freudig auch die ihnen drohenden Gefahren in Kauf und schalten auf Tiberius, dass er in einer so bewegten Zeit sich mit Schriften von Anklägern befasse. Ob etwa auch Sacrovir, wegen Majestätsverbrechen angeklagt, im Senat erscheinen werde? Endlich seien Männer aufgestanden,

die den Blutbefehlen mit den Waffen Einhalt gebieten. Sogar der Krieg sei noch ein willkommener Tausch gegen einen erbärmlichen Frieden. Umso geflissentlicher spielte Tiberius die Rolle des Sorglosen. Er wechselte weder seinen Aufenthaltsort noch seinen Gesichtsausdruck, sondern verbrachte diese Tage in der gewohnten Weise. Entweder war dies das Zeichen seines verschlossenen Wesens, oder er hatte erfahren, dass die Ereignisse von keiner weiteren Bedeutung und leichter zu nehmen seien, als man sie in der Öffentlichkeit darstelle.

(45) Inzwischen hatte Silius mit zwei Legionen den Vormarsch angetreten und verwüstete mit einer Vorausabteilung der Hilfstruppen die Gaue der Sequaner[80], die an der äußersten Grenze gelegen waren und an die Äduer grenzten, als deren Bundesgenossen sie unter Waffen standen. Dann zog er in Eilmärschen gegen Augustodunum, wobei die Fahnenträger um die Wette vorausmarschierten und auch die Mannschaften stürmisch forderten, man solle nicht die gewohnte Rast bei Tage einschalten, nicht die lang ausgedehnten Nächte verstreichen lassen. Nur sehen wollten sie den Gegner und ihm Auge in Auge gegenüberstehen. Dies sei schon so gut wie der Sieg. Beim zwölften Meilenstein erschien Sacrovir mit seinen Truppen im offenen Gelände. Vorn hatte er seine »Eisengepanzerten« aufgestellt, auf den Flügeln die Kohorten, hinten die Halbbewaffneten. Er selbst ritt inmitten seiner Häuptlinge auf einem stattlichen Ross bei seinen Truppen umher, erinnerte an die alten Ruhmestaten der Gallier und an die Schläge, die sie den Römern beigebracht hätten, welch ehrenvoller Siegespreis die Freiheit und wieviel schwerer die Knechtschaft sei, die man ertragen müsse, wenn man zum zweiten Mal besiegt würde.

(46) Nicht lange sprach er so, und man hörte ihn auch nicht freudig an. Denn schon rückten die Legionen in Kampflinie heran, und das ungeschulte, mit dem Kriegsdienst nicht ver-

traute Stadtvolk zeigte, als es diese sah und hörte, nicht die erforderliche Fassung. Auf der anderen Seite hatte Silius schon vorher eine zuversichtliche Stimmung erweckt und sah keinen Anlass zu weiteren Ermahnungen. Trotzdem rief er, sie müssten sich schämen, dass sie, die Sieger über Germanien, gegen Gallier, als wäre dies ein richtiger Feind, geführt werden. »Eine einzige Kohorte hat kürzlich die aufrührerischen Turoner, eine einzige Reiterabteilung die Treverer, einige wenige Schwadronen eben dieses Heeres die Sequaner niedergeworfen. Bringt diese Äduer, die, je mehr Geld sie haben und je üppiger sie leben, umso unkriegerischer sind, zur Vernunft und nehmt euch recht um sie an, wenn sie fliehen.« Daraufhin erhob sich ein Beifallssturm. Die Reiterei umfasste die Flügel, das Fußvolk griff von vorne an, und auch auf den Flanken gab es kein Säumen mehr. Nur die »Eisengepanzerten« verursachten kurzen Aufenthalt, da die Eisenplatten den Wurfspeeren und Schwertern widerstanden. Aber die Soldaten griffen zu Beilen und Äxten und zerschlugen, wie beim Durchbruch durch eine Mauer, Panzer und Mann. Manche warfen mit Stangen und Forken die bewegungslose Masse zu Boden, und wenn sie dalagen, machten sie keinen Versuch mehr zum Aufstehen. So ließ man sie wie Tote liegen. Sacrovir eilte zuerst nach Augustodunum, dann aus Furcht vor der Auslieferung mit seinen treuesten Anhängern in ein nahe liegendes Landhaus. Dort fand er von eigener Hand den Tod, während die übrigen sich gegenseitig umbrachten. Das Landhaus wurde über ihren Köpfen angezündet, und alle kamen in den Flammen um.

(47) Jetzt erst schrieb Tiberius an den Senat, der Krieg sei ausgebrochen und beendigt. Und er blieb bei der Wahrheit ohne Abstriche und Zutaten und betonte nur, durch die Zuverlässigkeit und Tüchtigkeit der Legaten sei man der Gefahr Herr geworden, durch seine persönlichen Maßnahmen habe er dazu beigetragen. Zugleich fügte er die Gründe an, warum weder er

noch Drusus in diesen Krieg gezogen sei. Er hob die Größe des Imperiums hervor und wies darauf hin, dass es der Stellung eines Princeps nicht angemessen sei, wenn die eine oder andere Völkerschaft die Ruhe störe, die Hauptstadt zu verlassen, die doch den Mittelpunkt der gesamten Regierung bilde, und ...[81] Jetzt, da ihn ja nicht mehr Besorgnis dorthin treibe[82], werde er gehen, um an Ort und Stelle die Lage zu besichtigen und Ordnung zu schaffen. Die Väter beschlossen Gelübde für seine glückliche Rückkehr, Bittprozessionen und andere Ehrungen. Nur Dolabella Cornelius[83] verstieg sich, da er die anderen überbieten wollte, zu einer abgeschmackten Schmeichelei. Er beantragte, Tiberius solle im kleinen Triumph von Campanien her in Rom einziehen[84]. Und so kam nachher ein Schreiben des Caesaren, in dem er nachdrücklich erklärte, er sei nicht so arm an Ruhm, dass er nach der Bezwingung der kriegerischsten Völkerschaften, nach so vielen Triumphen, die er schon in seiner Jugend angenommen oder auch ausgeschlagen habe, nun als älterer Mann für einen Landausflug in die Umgebung der Hauptstadt um eine nichtssagende Belohnung bitte.

(48) Um dieselbe Zeit bat er den Senat, dass für Sulpicius Quirinius[85] ein Staatsbegräbnis veranstaltet werde. Zu der alten Patrizierfamilie der Sulpicier hatte Quirinius keine Beziehung. Er war geboren in der Landstadt Lanuvium, aber als tüchtiger Kriegsmann und auf Grund seines dienstlichen Einsatzes hatte er unter dem vergöttlichten Augustus das Konsulat und dann durch die Eroberung der Kastelle der Homonadenser in Cilicien[86] die Triumphinsignien erlangt. Er war C. Caesar, während dieser in Armenien den Oberbefehl führte, als maßgeblicher Berater beigegeben worden und hatte auch Tiberius, solange dieser in Rhodus weilte, achtungsvoll behandelt. Das legte Tiberius jetzt im Senat dar, wobei er die ihm erwiesenen Dienste lobte und sich über M. Lollius[87] beschwerte, den er beschuldigte, C. Caesar zu seinem abwegigen, wider-

spenstigen Verhalten veranlasst zu haben. Aber sonst stand Quirinius in keinem erfreulichen Andenken, weil er, wie ich berichtet habe[88], Lepida in einen Prozess verwickelt hatte und in seinem Alter zu einem Geizhals geworden war, der einen überaus großen Einfluss ausübte.

(49) Am Ende des Jahres fiel über den römischen Ritter Clutorius Priscus, den der Caesar für ein berühmtes Trauergedicht auf den Tod des Germanicus mit einem Geldgeschenk bedacht hatte, ein Denunziant mit dem Vorwurf her, er habe auch ein Gedicht auf Drusus schon während dessen Erkrankung verfasst, um für die Veröffentlichung im Falle des Todes des Drusus eine noch höhere Belohnung zu erhalten. Dieses Gedicht hatte Clutorius in dem Hause des P. Petronius[89] in Anwesenheit von dessen Schwiegermutter Vitellia und vieler erlauchter Frauen aus eitler Wichtigtuerei vorgelesen. Als der Denunziant auftrat, ließen sich alle übrigen Frauen im Schreck zu einer Zeugenaussage bewegen, nur Vitellia blieb dabei, nichts gehört zu haben. Aber die für ihn verhängnisvollen Aussagen fanden mehr Glauben, und nach dem Antrag des designierten Konsuls Haterius Agrippa[90] wurde gegen den Angeklagten auf Todesstrafe erkannt.

(50) Dagegen wandte sich M'. Lepidus mit folgender Ansprache: »Wenn wir, versammelte Väter, nur darauf schauen, mit welch fluchwürdigen Worten Clutorius Priscus seine eigene Gesinnung und die Ohren seiner Zuhörer befleckt hat, würden weder Kerker noch Strick, ja nicht einmal der für Sklaven bestimmte Tod am Kreuz bei ihm genügen. Wenn es jedoch Schandtaten und Freveltaten gibt, die jedes Maß überschreiten, aber die Strafen und ihre Ahndung in dem Maßhalten des Princeps und in dem Vorbild der Vorfahren sowie in eurem eigenen ihre Grenzen finden, und wenn eitles von verbrecherischem Tun, Reden von schandbaren Handlungen sich unterscheiden, so ist ein Antrag am Platz, der einerseits diesem

Manne sein Vergehen nicht ungestraft lässt, bei dem wir andererseits ohne Reue Milde mit Strenge verbinden. Oft habe ich von unserm Princeps gehört, wie leid es ihm tue, wenn jemand durch Selbstmord seinem Mitleid zuvorgekommen sei. Noch ist des Clutorius Leben nicht gefährdet. Wird es ihm erhalten, so wird er für den Staat nicht zu einer Gefahr werden, nimmt man es ihm, wird er nicht zu einem warnenden Beispiel werden. Sein Tun und Treiben ist das eines Wahnsinnigen, und als solches ist es belanglos und ohne nachhaltige Bedeutung. Man braucht von dem keine ernsthafte Handlung von Gewicht zu befürchten, der seine eigenen Schandtaten verrät und sich nicht an Männer, sondern an das schwache Geschlecht heranschleicht. Jedoch soll er Rom verlassen und unter Verlust seines Vermögens geächtet werden. Und diesen Antrag stelle ich, in der Annahme, dass er nach dem Majestätsgesetz schuldig ist.«

(51) Der einzige, der Lepidus beistimmte, war der ehemalige Konsul Rubellius Blandus[91]. Alle übrigen schlossen sich dem Antrag Agrippas an. Priscus wurde in den Kerker geführt und sofort umgebracht. Darüber beklagte sich Tiberius in seiner üblichen zweideutigen Weise bei dem Senat: er lobte sein Pflichtgefühl, mit dem er auch unbedeutende Übergriffe gegenüber dem Princeps bestrafe, und bat zugleich, von so überstürzten Strafen für mündliche Äußerungen abzusehen. Lepidus lobte er, ohne Agrippa zu tadeln. Und so kam es zu dem Senatsbeschluss: Entscheidungen der Väter sollten nicht vor dem zehnten Tage im Ärarium[92] niedergelegt und das Leben der Verurteilten so lange gefristet werden. Aber der Senat hatte nicht die Freiheit, ein Urteil zurückzunehmen, und Tiberius ließ sich in der Zwischenzeit nicht zur Milde stimmen.

22 n. Chr.

(52) Es folgten die Konsuln C. Sulpicius und D. Haterius[93]. Es war ein Jahr, das ohne Störungen durch auswärtige Ereignisse verlief, während man sich im Innern auf

strenge Maßnahmen gegen den Luxus gefasst machte, der schrankenlos auf alle Bereiche übergegriffen hatte, in denen man Geld verschwenden kann. Aber anderweitiger Aufwand spielte sich, obwohl er bedeutsamer war, im geheimen ab, wobei man gewöhnlich die Preise verheimlichte. Was dagegen den Aufwand für Essen und Schlemmen anbelangt, der das allgemeine Gesprächsthema bildete, so war man in Sorge, der Princeps möchte in seiner althergebrachten Sparsamkeit hier allzu streng einschreiten. Denn nach dem Vorgang des C. Bibulus hatten auch die übrigen Ädilen darüber sich ausgelassen, dass man das Gesetz gegen den Aufwand nicht beachte, dass die Preise für die täglichen Bedarfsartikel trotz Verbot von Tag zu Tag steigen und mit halben Maßnahmen nicht mehr gestoppt werden könnten. Die Väter, denen diese Frage vorgelegt worden war, hatten sie unentschieden an den Princeps verwiesen. Aber Tiberius war oft mit sich zu Rate gegangen, ob man eine so ausschweifende Genusssucht überhaupt eindämmen könne, ob nicht eine solche Einschränkung dem Gemeinwesen mehr Schaden zufüge, ferner, wie unrühmlich es sei, eine Sache in die Hand zu nehmen, die man doch nicht durchzusetzen vermöge oder die, falls man sie durchsetze, die entehrende Bloßstellung erlauchter Männer erfordere. Zuletzt verfasste er ein Schreiben an den Senat etwa folgenden Inhalts:

(53) »In allen anderen Fällen, versammelte Väter, dürfte es vielleicht zweckmäßiger sein, wenn man mich persönlich befragt und ich ausspreche, was nach meiner Meinung das Wohl des Gemeinwesens erfordert. Aber bei der Verhandlung dieses Gegenstandes wäre es besser gewesen, ihn meinen Augen zu entziehen, um zu verhüten, dass auch ich selbst, wenn eure Blicke sich auf die angstvollen Gesichter der eines schändlichen Luxus Beschuldigten richten, sie ins Auge fasse und gleichsam ertappe. Wenn schon vorher die tüchtigen Männer, die Ädilen, mich zu Rate gezogen hätten, so hätte ich ihnen

vielleicht zugeredet, lieber Laster, die schon überhandgenommen haben und ins Kraut geschossen sind, unbeachtet zu lassen, als nur so viel zu erreichen, dass offen zutage tritt, welchen sittlichen Missständen wir nicht mehr zu steuern vermögen. Trotzdem, diese Männer haben getan, was ihres Amtes ist, und ich wünschte nur, dass auch alle anderen Beamten ihre Aufgaben so erfüllen. Für mich dagegen schickt es sich so wenig, zu schweigen, wie es mir nicht leichtfällt, mich offen auszusprechen, weil ich nicht die Rolle eines Ädils oder Prätors oder Konsuls zu spielen habe. Etwas Größeres, Höheres verlangt man von dem Princeps. Für richtiges Handeln nimmt jeder für seine Person das Verdienst in Anspruch, bei Fehlgriffen, an denen die Gesamtheit schuldig ist, hat immer nur der eine die Vorwürfe zu tragen. Denn was soll ich zuerst zu verhindern und auf die alte Sitte zurückzuführen versuchen? Die riesige Ausdehnung der Landhäuser? Die zahllose Dienerschaft aus allen möglichen Völkern? Das Gewicht des Silber- und Goldgeschirrs? Die Wunderwerke von Erz und auf dem Gebiet der Malerei? Die Kleidung, die bei den Männern und Frauen keinen Unterschied kennt, und jene besonderen Luxusbedürfnisse der Frauen, die Edelsteine, denen zuliebe unser Geld zu fremden oder gar feindlichen Völkern wandert?

(54) Wohl weiß ich, dass man auch bei Gastereien und in Gesellschaften über diese Dinge Klage führt und Beschränkung fordert. Aber falls irgend jemand ein Gesetz erlässt und Strafen ankündigt, so werden die gleichen Leute schreien, dies bedeute die Aufhebung der Bürgerrechte, den Ruin der hochangesehenen Häuser, und niemand sei mehr vor einer Anklage sicher. Und doch kann man auch körperliche Krankheiten, wenn sie schon alt sind und sich im Laufe der Zeit verschlimmert haben, nur mit harten und schmerzhaften Mitteln bekämpfen. Eine Gesinnung, die verdorben ist und zugleich Verderben schafft und die sich in krankhafter Fieberhitze befin-

det, muss mit Mitteln niedergehalten werden, die nicht gelinder sind als die Gelüste, an denen sie sich entzündet hat. So viele Gesetze haben unsere Vorfahren ersonnen, so viele hat der vergöttlichte Augustus erlassen, jene sind der Vergessenheit anheimgefallen, diese, was noch schändlicher ist, missachtet worden und außer Kurs gekommen und haben so den Luxus nur noch selbstsicherer gemacht. Wem der Sinn nach dem steht, was noch nicht verboten ist, der mag befürchten, dass es verboten wird. Aber hat man einmal ungestraft ein Verbot übertreten, dann gibt es weiterhin weder Furcht noch Scham. Warum also stand einst die Sparsamkeit so hoch im Kurs? Weil jeder einzelne sich selbst einschränkte, weil wir Bürger *einer* Stadt waren, weil auch die Versuchungen nicht so groß waren, solange sich unser Herrschaftsgebiet auf Italien beschränkte. Erst durch unsere Siege über auswärtige Völker haben wir gelernt, fremdes Gut, durch die Siege in den Bürgerkriegen, auch unser eigenes zu verprassen. Wie unbedeutend ist doch das, woran die Ädilen erinnern! Wie leicht zu nehmen, wenn man auf all das andere blickt! Aber, wahrhaftig, niemand bringt zur Sprache, dass Italien der Hilfe vom Ausland bedarf, dass das Lebensschiff des römischen Volkes täglich auf unsicheren, stürmischen Meereswogen hin und her geworfen wird. Ja, wenn einmal die Provinzen mit ihren Vorräten den Grundherren und ihren Sklaven und Ländereien nicht zu Hilfe gekommen sind, dann werden sicherlich unsere Parkanlagen und unsere Landhäuser unseren Lebensunterhalt gewährleisten. Das, versammelte Väter, ist die Sorge, die auf dem Princeps lastet. Wird sie vernachlässigt, wird das Gemeinwesen ganz ins Verderben gestürzt. Für alles übrige muss die Heilung von innen heraus erfolgen. Uns möge das Ehrgefühl, die Armen die Notlage, die Reichen das Gefühl der Sättigung zum Besseren bekehren. Es wäre denn, dass sich der eine oder andere der Staatsbeamten im Ernst so viel Tatkraft zutraut, dass er dagegen anzukämpfen vermag; dann lobe ich ihn und erkenne ihn als den Mann an, der mir einen Teil meiner Mühen abnimmt. Wenn man sich aber nur über Laster entrüsten will und, nachdem man Ruhm und Anerkennung gefunden hat, Hader erweckt und mich damit fertig werden lässt, so glaubt mir, versammelte Väter, dass auch ich keine Lust habe, mich gehässigen Angriffen auszusetzen. Ohnehin lasten die meist ungerechten Angriffe, die ich mir im Dienste des Gemeinwesens gefallen lassen muss, schon schwer auf mir, und darum verbitte ich mir mit Recht solche, die grundlos und zwecklos sind und weder mir noch euch nützlich sein werden.«

(55) Als man dieses Schreiben des Caesaren angehört hatte, wurde es den Ädilen anheimgestellt, sich weiterhin mit einer solchen Angelegenheit zu befassen. Und so kam der Tafelluxus, der von dem Ende der Kämpfe bei Actium bis zu dem Bürgerkrieg, der Galba an die Macht brachte, hundert Jahre lang mit verschwenderischem Aufwand betrieben wurde, erst allmählich ab. Wir wollen nach den Ursachen dieser Wandlung fragen! Die einstigen reichen Adelsfamilien oder solche, die auf Grund ihres berühmten Namens eine besondere Rolle spielten, kamen infolge ihres Strebens nach äußerem Prunk auf die schiefe Bahn. Damals war es ja noch möglich, Plebs, Bundesgenossen, Könige durch Gefälligkeiten zu gewinnen und sich gewinnen zu lassen. Je mehr einer durch Reichtum, durch seinen Palast, durch dessen prächtige Einrichtung auffiel, desto mehr wuchs der Glanz seines Namens und seiner Klientelschaft. Seitdem aber ein wildes Morden aufgekommen war[94] und ein großer Name nur zum Verderben führte, wandten sich die übrigen einer weiseren Lebensführung zu. Zugleich wurden neue Leute aus den Landstädten, den Kolonien und sogar aus den Provinzen häufig in den Senat aufgenommen und brachten den sparsamen Sinn ihrer Heimat mit; und obgleich sehr viele es durch Glück oder Fleiß in ihrem Alter zu

Wohlstand brachten, blieb doch die frühere Gesinnung lebendig. Aber in erster Linie war es Vespasian, der als Vertreter strenger Sitte sich in seinem persönlichen Auftreten und in seiner Lebensführung an die gute alte Zeit anpasste. So kam es, dass der Gehorsam gegenüber dem Princeps und der Wunsch, es ihm gleichzutun, stärker wirkten als die Furcht vor der gesetzlich festgesetzten Strafe. Es mag auch sein, dass überall in der Welt so etwas wie ein Kreislauf herrscht und wie die Jahreszeiten wechseln, so auch die Sitten sich ändern. Doch ist nicht alles bei den früheren Generationen besser gewesen, sondern auch unsere Zeit hat viele löbliche, schöne Leistungen hervorgebracht, die Nachahmung seitens der Nachwelt verdienen. Aber dieser edle Wettstreit mit unseren Vorfahren um das sittlich Gute möge von Dauer sein!

(56) Tiberius, der sich dadurch den Ruf weiser Mäßigung erwarb, dass er die Ankläger, die sich schon auf ihre Opfer stürzen wollten, zurückgewiesen hatte, schickte ein Schreiben an den Senat, in dem er für Drusus die tribunizische Gewalt erbat. Diese Bezeichnung für die höchste Stellung hat Augustus aufgebracht, um nicht den Titel König oder Diktator anzunehmen und sich dabei doch durch irgendeinen Titel über die übrigen Staatsämter zu erheben. In der Folge hat er dann M. Agrippa als Teilhaber dieser Amtsgewalt erwählt und nach dessen Tod Tiberius Nero[95], damit über die Nachfolge keine Unklarheit herrsche. Dadurch, dachte er, würden abwegige Hoffnungen anderer eingedämmt. Zugleich setzte er sein Vertrauen in die Bescheidenheit Neros und in seine eigene Hoheit. Jetzt rückte Tiberius den Drusus nach diesem Vorbild näher an die Staatsführung heran, während er zu Lebzeiten des Germanicus die Wahl zwischen beiden offengelassen hatte. Doch zu Beginn seines Briefes rief er ehrfürchtig die Götter an, sie möchten seine Vorhaben dem Gemeinwesen zum Segen werden lassen, und sprach sich dann in zurückhaltender Weise oh-

ne falsche Übertreibung über den Charakter des Jünglings aus. Er habe eine Gemahlin und drei Kinder und stehe in einem Alter[96], in dem auch er einst von dem vergöttlichten Augustus zu diesem Amt berufen worden sei. Auch werde er jetzt nicht übereilt, sondern nach achtjähriger Erprobung, während der er Aufstände unterdrückt, Kriege beendigt, einen Triumph und zweimal das Konsulat erlangt habe, zur Beteiligung an einer ihm schon vertrauten Arbeit beigezogen.

(57) Die Senatoren hatten sich auf die Ansprache gefasst gemacht. Umso gesuchter war ihre Schmeichelei. Doch wussten sie nichts anderes zu finden, als dass sie Anträge auf Aufstellung von Standbildern der beiden Fürsten, auf Errichtung von Altären für die Götter, von Tempeln und Ehrenbogen und auf sonst übliche Ehrungen stellten. Nur M. Silanus machte eine Ausnahme: aus der Herabwürdigung des Konsulats suchte er eine Ehrung für den Princeps zu machen und beantragte bei seiner Stimmabgabe, auf öffentliche und private Denkmäler sollen zum Zweck der Zeitbestimmung künftig nicht die Namen der Konsuln, sondern der Inhaber der tribunizischen Gewalt gesetzt werden. Als vollends Q. Haterius[97] beantragte, die Senatsbeschlüsse dieses Tages in goldener Schrift in der Kurie anzubringen, wurde er ausgelacht als ein Greis, der mit seiner gemeinen Schmeichelei keinen andern Lohn als den der Schande ernten konnte.

(58) Da inzwischen die Verwaltung der Provinz Afrika dem Iunius Blaesus verlängert wurde, verlangte der Iuppiterpriester Servius Maluginensis, man solle ihm Asien zusprechen[98]. Er wies die allgemein verbreitete Anschauung als unbegründet zurück, es sei den Iuppiterpriestern nicht erlaubt, Italien zu verlassen. Sie hätten das gleiche Recht wie die Mars- und Quirinuspriester. Wenn daher diese schon Provinzen erlost hätten, warum solle dies den Iuppiterpriestern verwehrt sein? Es gebe in dieser Frage keine Volksbeschlüsse, und man finde

auch in den Zeremonienbüchern nichts davon. Oft schon hätten Oberpriester den heiligen Iuppiterdienst versehen, wenn der Flamen durch Krankheit oder durch ein Amtsgeschäft verhindert gewesen sei. Fünfundsiebzig Jahre lang seit dem Selbstmord des Cornelius Merula[99] sei keine Nachwahl vorgenommen worden, und doch seien die religiösen Verrichtungen ohne Unterbrechung weitergegangen. Wenn so viele Jahre ohne Beeinträchtigung des Gottesdienstes die Wahl unterbleiben konnte, wieviel leichter werde er abwesend sein können, um für ein einziges Jahr sein prokonsularisches Amt auszuüben? Nur persönliche Streitereien seien einst der Grund gewesen, dass von der obersten Priesterschaft die Iuppiterpriester gehindert wurden, in die Provinzen zu gehen. Jetzt sei durch der Götter Gnade der höchste Priester auch der höchste unter den Menschen, keiner Eifersucht, keinem Hass oder persönlichen Anfechtungen preisgegeben.

(59) Da der Augur Lentulus[100] und auch andere allerlei Einwände vorbrachten, verfiel man auf den Ausweg, die Entscheidung des Pontifex Maximus abzuwarten.

Tiberius verschob die Untersuchung über die Rechtsstellung des Flamen und beschränkte die Feierlichkeiten, die man wegen der Übernahme der tribunizischen Gewalt durch Drusus beschlossen hatte, wobei er ausdrücklich auf das Ungewöhnliche des Antrags hinwies und die goldene Schrift als Verstoß gegen das Herkommen rügte. Auch ein Brief des Drusus wurde vorgelesen, der zwar den Eindruck der Bescheidenheit erwecken sollte, aber als äußerst hochmütig empfunden wurde. So tief sei man in jeder Beziehung gesunken, dass nicht einmal der junge Mann, nachdem er eine so hohe Ehrenstelle erhalten habe, vor den Göttern der Stadt erscheine, in den Senat sich bemühe oder zum mindesten sich auf dem heimatlichen Boden die Weihe zu seinem Amt einhole. Jawohl! Jetzt sei Krieg, vielleicht sei er auch irgendwie in einem fernen Lande nicht abkömmlich. Eben jetzt gehe er an den Gestaden und den Seen Campaniens spazieren. So werde der Herrscher der Welt in seine Aufgabe eingeweiht, das sei das erste, was er von der Staatsweisheit seines Vaters lerne. Möge immerhin der greise Imperator den Anblick seiner Mitbürger als lästig empfinden und Altersmüdigkeit und was er alles durchgemacht habe vorschützen: was denn Drusus anderes hindere als seine Anmaßung?

(60) Aber während Tiberius die Macht des Principats für sich festigte, ließ er dem Senat einen Schatten der alten Zeit, indem er die Forderungen der Provinzen den Vätern zur Prüfung zuleitete. Es nahm nämlich in den griechischen Städten der Missbrauch zu, unbeschränkt Asyle zu stiften und damit Bestrafungen zu verhindern. Die Tempel füllten sich mit dem übelsten Sklavengesindel. Eben dort fanden auch Verschuldete Schutz und Aufnahme gegen ihre Gläubiger und sogar Leute, die im Verdacht eines Kapitalverbrechens standen. Und nirgends fand sich irgendeine obrigkeitliche Gewalt, die stark genug gewesen wäre, aufrührerische Regungen des Volkes einzudämmen, das sich vor Missetaten von Menschen schützend stellte, als ob es sich um einen Dienst für die Götter handelte. So beschloss man denn, die einzelnen Gemeinden sollten Abordnungen schicken und diese die Rechtssatzungen[101] mitbringen. Einige Gemeinden verzichteten freiwillig auf das Anrecht, das sie sich fälschlich angemaßt hatten, während viele sich auf uralten frommen Brauch oder auf Verdienste um das römische Volk beriefen. Es war ein großer, glänzender Tag, an dem der Senat in die Gnadenerweise der Vorfahren, in die Verträge mit den Bundesgenossen, ja sogar in die Verordnungen der Könige, die vor der römischen Herrschaft auf dem Thron gewesen waren, und in den heiligen Dienst der Gottheiten Einsicht nahm und seinem freien Ermessen, wie einst, die Bestätigung oder Abänderung vorbehielt.

(61) Zuallererst traten die Abgesandten von Ephesus auf: Sie wiesen darauf hin, nicht auf Delos, wie man allgemein annehme, seien Diana und Apollo geboren. Bei ihnen sei ja der Fluss Cenchrius und der Hain Ortygia. Hier habe die schwangere Latona bei der Geburt sich an einen jetzt noch vorhandenen Ölbaum angestemmt und die beiden Gottheiten geboren. Auf göttliches Geheiß sei der Hain für heilig erklärt worden. Auch habe dort Apollo selbst, nachdem er die Kyklopen getötet hatte, sich dem Zorn Iuppiters entzogen. Nachher habe der siegreiche Vater Liber den Amazonen, die sich auf den Altar gesetzt hätten, auf ihre flehentlichen Bitten hin Verzeihung gewährt. Dann sei mit dem Zugeständnis des Hercules, der sich damals Lydiens bemächtigte, die Heiligkeit des Tempels noch erhöht und sein Recht auch unter der persischen Oberhoheit nicht vermindert worden. Nachher hätten es die Macedonier und dann auch wir gewahrt.

(62) Nach diesen traten die Magneten[102] auf. Sie beriefen sich auf Verordnungen des L. Scipio[103] und L. Sulla, von denen der eine nach der Besiegung des Antiochus, der andere nach der des Mithridates die Treue und Tüchtigkeit der Magneten dadurch geehrt hätten, dass sie die Freistätte der Diana Leucophryne für unverletzlich erklärten. Dann legten die Aphrodisienser und Stratonicenser[104] einen Beschluss des Diktators Caesar wegen ihrer früheren Verdienste um seine Sache und einen neuerlichen des vergöttlichten Augustus vor, in dem sie gelobt wurden, dass sie dem Einfall der Parther in unwandelbarer Treue zu dem römischen Volk standgehalten hätten. Die Bürgerschaft von Aphrodisias machte sich zum Anwalt des Kultus der Venus, die von Stratonicea des Kultus des Iuppiter und der Trivia. Von weiter hergeholt waren die Angaben der Abgesandten von Hierocaesaria[105]: bei ihnen werde eine persische Diana[106] verehrt und unter dem König Cyrus sei ihr ein Heiligtum geweiht worden. Es wurden auch die Namen von

Perpenna, Isauricus[107] und vielen anderen Feldherren genannt, die nicht nur dem Tempelbezirk, sondern einem Umkreis von zweitausend Schritten das gleiche heilige Recht zugebilligt hätten. Dann kamen die Cyprier mit drei Heiligtümern[108]: das älteste sollte Aërias der paphischen Venus, das zweite sein Sohn Armathus der Venus Amathusia, das dritte Teucer, der vor dem Zorn seines Vaters Telamon geflüchtet war, dem Salaminischen Iuppiter gestiftet haben.

(63) Die Gesandten auch anderer Gemeinden wurden angehört. Was sie alles vorbrachten, wirkte auf die Väter ermüdend, und da sich bei der Auseinandersetzung Parteilichkeit zeigte, überließen sie es den Konsuln, nach genauer Feststellung der Rechtslage, falls dabei irgendwelche Missbräuche sich feststellen ließen, die Sache zur erneuten Verhandlung vor den Senat zu bringen. Die Konsuln berichteten, außer den erwähnten Gemeinden sei auch noch in Pergamum eine Freistätte des Aesculapius nachgewiesen worden. Bei allen übrigen stütze sich der Anspruch auf eine Gründung, die vor langer Zeit erfolgt sei und daher im dunkeln liege. So beziehen sich die Smyrnäer[109] auf einen Orakelspruch Apollos, auf dessen Gebot hin sie der Venus Stratonicis einen Tempel geweiht hätten, die Tenier[110] auf einen Spruch ebenfalls des Apollo, der sie angewiesen habe, ein Standbild und einen Tempel des Neptunus zu weihen. Näher liege das, was die Sardianer vorbringen: es handle sich um ein Geschenk des siegreichen Alexander. Mit gleichem Nachdruck berufen sich die Milesier auf den König Darius, aber bei beiden gelte die kultische Verehrung Diana oder Apollo. Es suchen auch die Cretenser um ein Bild des vergöttlichten Augustus nach. In den Senatsbeschlüssen, die nun gefasst wurden, suchte man bei aller Ehrerbietung doch Maßhalten vorzuschreiben. Es wurde die Anweisung gegeben, in den Tempeln selbst die entsprechenden Metalltafeln anzuschlagen, einmal, um der Überlieferung heiligen Bestand zu

geben, und sodann, um zu verhindern, dass man unter dem Schein religiöser Verpflichtung in ehrgeizige Bestrebungen abgleite.

(64) Um dieselbe Zeit versetzte den Princeps eine schwere Erkrankung der Iulia Augusta in die Zwangslage, beschleunigt in die Hauptstadt zurückzukehren. Damals herrschte noch zwischen Mutter und Sohn aufrichtiges Einvernehmen, oder wenn Hass, so doch nur verborgener. Denn kurz zuvor hatte Iulia auf einem Standbild, das sie nicht weit vom Theater des Marcellus[111] dem vergöttlichten Augustus weihte, den Namen des Tiberius hinter den ihrigen setzen lassen[112], und man glaubte, Tiberius habe dies als eine Beeinträchtigung der Hoheit des Princeps und als eine schwere persönliche Beleidigung betrachtet, die er sich zwar nach außen nicht merken ließ, aber in seinem Herzen bewahrte. Aber für jetzt wurden Bittgänge zu den Göttern und Große Spiele[113] von dem Senat beschlossen, die die Oberpriester, die Auguren und die »Fünfzehn Männer« in Gemeinschaft mit den »Sieben Männern« und der Augustalischen Priesterschaft veranstalten sollten. L. Apronius hatte beantragt, dass auch die Fetialen[114] sich an der Leitung dieser Spiele beteiligen sollten. Dem widersprach der Caesar, indem er unter Anführung früherer Vorgänge den Unterschied der rechtlichen Befugnisse der einzelnen Priesterschaften herausstellte. Niemals hätten die Fetialen über eine solch hohe Würde verfügt. Die Augustalen habe man nur deshalb hinzugenommen, weil sie die besondere Priesterschaft des Hauses bilden, für das die Gelübde dargebracht werden sollen.

(65) Ich habe es mir zum Grundsatz gemacht, über Anträge im Senat nur dann zu berichten, wenn sie durch eine ehrenhafte Gesinnung hervorstechen oder wenn sie das Kennzeichen von Ehrlosigkeit tragen. Denn ich halte es für eine vordringliche Aufgabe der Geschichtsschreibung, Tugenden nicht zu verschweigen und dafür zu sorgen, dass Schlechtigkeit im Re-

den und Handeln sich vor der Schande bei der Nachwelt fürchten muss. Im übrigen waren jene Zeiten so vergiftet und standen im Zeichen so schmutziger Kriecherei, dass nicht allein die ersten Männer der Bürgerschaft, die sich durch Ergebenheitsbeweise ihre hohe Stellung sichern mussten, sondern alle Konsularen und ein großer Teil der ehemaligen Prätoren, ja sogar viele Senatoren zweiten Ranges[115] sich um die Wette erhoben, um niederträchtige und übertriebene Anträge zu stellen. Es wird überliefert, Tiberius habe, wenn er die Kurie verließ, immer wieder auf Griechisch gesagt: »O ihr Sklavenseelen!« Auch er, der keine Freiheit des Volkes wollte, empfand einen Ekel vor einer solch verworfenen, sklavischen Ergebenheit.

(66) Allmählich ging man dann von ehrlosen Anträgen zu gefährlichen über. Über C. Silanus, den Prokonsul von Asien[116], der von den Bundesgenossen wegen Erpressung angeklagt war, fielen der Konsular Mamercus Scaurus, der Prätor Iunius Otho und der Ädil Bruttedius Niger gemeinsam her. Sie beschuldigten ihn, er habe die Göttlichkeit des Augustus beleidigt und die Hoheit des Tiberius missachtet. Dabei berief sich Mamercus auf Vorgänge aus alter Zeit: L. Cotta sei von Scipio Africanus, Servius Galba von Cato Censorius, P. Rutilius von M. Scaurus angeklagt worden[117]. Natürlich! Solche Vorfälle waren es, die Scipio und Cato oder jener Scaurus geahndet wissen wollten, dem jetzt sein Urenkel Mamercus – der Schandfleck seiner Ahnen – durch schmachvolle Dienstbeflissenheit Schande machte. Iunius Otho hatte einst das Gewerbe eines Schulmeisters ausgeübt, später war er durch den Einfluss des mächtigen Seianus Senator geworden und befleckte jetzt seinen Aufstieg aus dem Dunkel obendrein durch schamlose Machenschaften. Dem Bruttedius, der mit vielen guten Eigenschaften ausgestattet war und, wäre er den geraden Weg gegangen, den glänzendsten Aufstieg genommen hätte, ließ die Ungeduld keine Ruhe: er wollte zuerst über seinesgleichen, dann über Höher-

stehende, zuletzt über die Ziele, die er sich selbst gesetzt hatte, sich erheben. Dies hat auch schon viele Gutgesinnte ins Verderben gestürzt, welche den langsamen, aber sicheren Weg verschmähen und voreilig nach der noch nicht reifen Frucht greifen, sogar wenn sie dabei selbst zugrunde gehen.

(67) Die Zahl der Ankläger vermehrten noch Gellius Publicola und M. Paconius, der eine der Quästor des Silanus, der andere sein Legat. Und es gab keinen Zweifel darüber, dass der Angeklagte sich Grausamkeit und Gelderpressung hatte zuschulden kommen lassen. Aber noch viele andere Dinge wurden beigebracht, die auch Unschuldige gefährdet hätten: so viele Senatoren waren seine Gegner, und dazu musste er den bedeutendsten Rednern, die man eben zu dieser Anklage ausersehen hatte, allein Rede und Antwort stehen, selbst ungeschult im Reden, um seine eigene Person fürchtend, was auch ein geübtes Rednertalent lähmt, wobei Tiberius sich nicht zurückhielt und ihn mit Wort und Miene sowie immer wieder durch Zwischenfragen bedrängte, die er weder zu widerlegen noch zu parieren die Möglichkeit hatte, ja oft sogar bejahend beantworten musste, damit Tiberius sie nicht umsonst gestellt hatte. Auch die Sklaven des Silanus hatte der Staatsagent[118] durch Kauf an sich gebracht, um sie peinlich befragen zu können, und damit keiner der nächsten Verwandten ihm bei dem Prozess Beistand leiste, unterschob man Majestätsbeleidigungen, was zwangsläufig jedem den Mund verschloss. Er bat daher um eine Frist von einigen Tagen und verzichtete auf seine weitere Verteidigung, wagte aber eine Denkschrift an den Caesar zu richten, die ein Gemisch von Bitterkeit und Bitten war.

(68) Damit sein Vorgehen gegen Silanus durch die Berufung auf einen früheren Vorfall umso größere Rechtfertigung finde, befahl Tiberius, die schriftliche Stellungnahme des vergöttlichten Augustus in dem Falle des Volesus Messala, der ebenfalls Prokonsul von Asien gewesen war[119], und den gegen ihn

ergangenen Senatsbeschluss vorzulesen. Dann rief er den L. Piso zur Stimmabgabe auf. Dieser erging sich zuerst weitläufig über die Milde des Princeps und stellte dann den Antrag auf Ächtung und Verbannung auf die Insel Gyarus[120]. Ihm schlossen sich alle anderen an. Nur Cn. Lentulus erklärte, man solle das mütterliche Vermögen des Silanus ausscheiden, da seine Mutter zu dem Geschlecht der Atier[121] gehört habe, und dem Sohn zurückgeben, wozu Tiberius seine Einwilligung gab.

(69) Aber Cornelius Dolabella ging noch weiter in seiner Schmeichelei. Er ließ sich über den Charakter des C. Silanus hart aus und fügte hinzu, es solle kein Mann, der einen schlechten Lebenswandel führe und in einem üblen Rufe stehe, ferner eine Provinz erlosen dürfen; ob dies der Fall sei, solle der Princeps entscheiden. Denn von den Gesetzen würden ja nur die vollbrachten Vergehen bestraft. Wieviel rücksichtsvoller wäre es gegenüber den Tätern, wieviel besser für die Bundesgenossen, Vorsorge zu treffen, dass es überhaupt nicht zu einer strafbaren Handlung komme. Dagegen erklärte der Caesar: was über Silanus verbreitet werde, sei ihm zwar nicht unbekannt, aber auf bloße Gerüchte dürfe man keine Entscheidungen gründen. Viele hätten sich schon in den Provinzen ganz anders benommen, als man von ihnen gehofft oder auch befürchtet habe. Manche werden durch die Größe ihrer Aufgabe zu einer besseren Haltung angespornt, während andere sich stumpf gehen lassen. Der Princeps könne nicht alles mit seinem eigenen Wissen erfassen, und es sei nicht ratsam, sich in das Schlepptau fremden Ehrgeizes zu begeben. Eben deshalb seien die Gesetze auf die begangene Tat abgestellt, weil, was etwa geschehen könne, im dunkeln liege. Das sei der Sinn der Anordnungen, die die Vorfahren getroffen haben, zuerst müsse eine strafbare Handlung begangen sein, und dann folge die Strafe nach. Man solle nicht umstoßen, was Frucht der Weisheit sei und was immer gegolten habe. Genug der Lasten habe

der Princeps und auch genug der Macht. Jede Ausdehnung der amtlichen Macht bedeute eine Schmälerung des Rechts. Und man dürfe nicht Herrschergewalt ausüben, wenn man auf Grund von Gesetzen handeln könne. Je seltener sich Tiberius dem Volk zugänglich zeigte, umso freudigeren Widerhall fand er, wenn dies geschah. Und er selbst fügte, da er klug Maß zu halten wusste, sofern er sich nicht durch persönliche Erbitterung hinreißen ließ, hinzu, die Insel Gyarus sei unwirtlich und unkultiviert. Sie möchten der iunischen Familie und dem einstigen Mitglied ihres Standes zuliebe genehmigen, dass er sich statt dessen nach Cythnus[122] begebe. Das sei auch die Bitte der Torquata, der Schwester des Silanus, einer Jungfrau von altehrwürdiger Sittenreinheit. Dieser Antrag fand Annahme.

(70) Darauf hörte man die Cyrenenser an. Auf die Anklage des Ancharius Priscus hin wurde Caesius Cordus wegen Erpressung verurteilt. Der römische Ritter L. Ennius wurde wegen Majestätsverbrechens belangt, weil er ein Bildnis des Princeps zum Silbergeschirr für den täglichen Gebrauch hatte umarbeiten lassen. Doch verbot der Caesar, ihn auf die Liste der Angeklagten zu setzen, wogegen Ateius Capito, als ob es ihm um die Bezeugung seines Freimuts ginge, offen mit der Erklärung auftrat, man dürfe die Väter nicht der Möglichkeit eigener Entscheidung berauben und eine solch schlimme Tat dürfe nicht unbestraft bleiben. Möge Tiberius immerhin, wenn es sich um eine persönliche Kränkung handle, langmütig sein; Übergriffe gegen das Gemeinwesen dürfe er nicht hingehen lassen. Tiberius nahm dies mehr, wie es wirklich war, als wie es gesagt war, zur Kenntnis und bestand auf seinem Einspruch. Capito aber stellte sich mit seinem ehrlosen Auftreten umso mehr bloß, weil er als ein Kenner des menschlichen und göttlichen Rechtes seine rühmliche Tätigkeit in der Öffentlichkeit und seine löblichen Fähigkeiten im privaten Bereich herabgewürdigt hatte.

(71) Darauf wurde die in den Bereich der Religion fallende Frage aufgeworfen, in welchem Tempel man das Geschenk aufstellen müsse, das für die Genesung der Augusta die römischen Ritter der Fortuna Equestris[123] gelobt hatten. Denn hatte auch diese Göttin viele Heiligtümer in Rom, so trug doch keines dort einen solchen Beinamen. Da stellte man fest, dass es in Antium einen Tempel dieses Namens gebe und dass der gesamte Gottesdienst in den italischen Städten mitsamt den Tempeln und Götterbildern der Rechts- und Machtbefugnis Roms unterstehe. So wurde das Geschenk in Antium aufgestellt. Und da man jetzt schon religiöse Fragen behandelte, so gab der Caesar auch den kürzlich vertagten abschlägigen Bescheid für den Iuppiterpriester Servius Maluginensis bekannt und las einen früheren Beschluss der Oberpriester vor, der lautete, sooft eine Krankheit den Iuppiterpriester befalle, könne er mit Genehmigung des Pontifex Maximus auch mehr als zwei Nächte abwesend sein, aber auf keinen Fall an den Tagen einer öffentlichen Opferhandlung und nicht öfter als zweimal in dem gleichen Jahr. Diese Anordnungen, die unter der Regierung des Augustus ergangen waren, zeigten zur Genüge, dass die Abwesenheit auf ein Jahr und die Verwaltung von Provinzen den Iuppiterpriestern nicht erlaubt sei. Man führte auch den Vorgang des Pontifex Maximus L. Metellus an, der den Flamen Aulus Postumius nicht habe gehen lassen. So fiel Asien dem von den Konsularen zu, der unmittelbar nach Maluginensis an der Reihe war.

(72) In denselben Tagen bat M'. Lepidus den Senat um die Genehmigung, die Basilica des Paulus[124], jenes Denkmal der Aemilier, auf eigene Kosten instand zu setzen und auszuschmücken. Damals herrschte noch die Sitte, für öffentliche Zwecke Stiftungen zu machen. Auch Augustus hatte dem Taurus, Philippus und Balbus[125] nicht verwehrt, Beute, die von dem Staatsfeind stammte, oder den Überfluss ihres Reichtums

zur Ausschmückung der Hauptstadt und zu ihrem eigenen Ruhm bei der Nachwelt zu verwenden. Diesem Beispiel folgte nun Lepidus und ließ, obwohl er nur über ein bescheidenes Vermögen verfügte, das Ehrendenkmal seiner Vorfahren erneuern. Aber das Theater des Pompeius[126], das einer zufälligen Feuersbrunst zum Opfer gefallen war, versprach der Caesar wieder aufzubauen, weil niemand von der Familie des Pompeius die erforderlichen Mittel für den Wiederaufbau besitze. Doch sollte der Name Pompeius erhalten bleiben. Zugleich sprach er dem Seianus seine hohe Anerkennung aus, da sein wachsamer Einsatz den gewaltigen Brand auf diesen einen Verlust beschränkt habe. Auch beschlossen die Väter, ein Standbild für Seianus in dem Theater des Pompeius aufzustellen. Und als bald darauf der Caesar den Prokonsul von Afrika, Iunius Blaesus, mit den Triumphinsignien auszeichnete, sagte er, er erweise damit dem Seianus, dessen Onkel Blaesus war, eine Ehrung. Und doch waren schon die Leistungen, die Blaesus aufzuweisen hatte, einer solchen Auszeichnung würdig.

(73) Denn Tacfarinas war zwar öfters geschlagen worden, hatte sich aber mit Hilfstruppen aus den innersten Gebieten Afrikas verstärkt und war so anmaßend geworden, dass er Gesandte an Tiberius schickte und sogar noch eine feste Niederlassung für sich und sein Heer forderte, andernfalls mit einem endlosen Krieg drohte. Über keine sonstige Beleidigung seiner Person und des römischen Volkes sei Tiberius, wie man berichtet, so empört gewesen wie darüber, dass ein Deserteur und Straßenräuber mit dem Gebaren eines Kriegsfeindes auftrete. Nicht einmal dem Spartacus, der nach so vielen Niederlagen konsularischer Heere[127] in Italien ungestraft sengen und brennen durfte, sei es ermöglicht worden, sich auf Grund eines Vertrages zu unterwerfen, obgleich das Gemeinwesen unter den schweren Kriegen mit Sertorius und Mithridates[128] zusammenzubrechen drohte. Viel weniger dürfe sich jetzt das römi-

sche Volk, da es in der schönsten Fülle seiner Kraft stehe, von dem Räuber Tacfarinas den Frieden durch eine Gebietsabtretung erkaufen. Er gab Blaesus den Auftrag, überall sonst bei den Feinden die Hoffnung zu erwecken, wenn sie die Waffen niederlegen, unbestraft zu bleiben, aber auf jede mögliche Weise des Führers selbst habhaft zu werden. Dieses Entgegenkommen führte auch wirklich sehr viele wieder zurück. Bei der weiteren Kriegführung gegen Tacfarinas griff man zu ähnlichen Mitteln, wie sie dieser gegen uns anwandte.

(74) Denn weil Tacfarinas, an kampfkräftigen Truppen schwächer, aber in der Durchführung von Handstreichen überlegen, in mehreren Kampfgruppen zugleich angriff und dann wieder auswich, dabei immer darauf bedacht, sich in einen Hinterhalt zu legen, wurden drei Anmarschwege festgelegt und ebenso viele Marschkolonnen aufgestellt. Die eine, die die Aufgabe hatte, die Lepcitaner[129] vor Plünderungen zu schützen und die Fluchtwege zu den Garamanten[130] zu sperren, befehligte der Legat Cornelius Scipio[131]. Auf der anderen Seite zog der Sohn des Blaesus mit einer eigenen Kampfgruppe, um zu verhindern, dass die Gaue um Cirta[132] ungestraft geplündert würden; in der Mitte marschierte mit einer auserlesenen Truppe der Befehlshaber selbst, wobei er Bollwerke und Befestigungen an geeigneten Punkten anlegte. Er hatte bereits die Feinde auf engem Raum zusammengedrängt, und sie sahen sich von allen Seiten bedroht, weil bei jeder Richtung, die sie einschlugen, irgendeine Abteilung des römischen Heeres unmittelbar vor ihnen, auf den Flanken, oft auch im Rücken stand. Auf diese Weise wurden viele niedergemacht oder abgefangen. Dann löste er die Kampfgruppe in noch mehr Abteilungen auf und stellte an ihre Spitze Centurionen von erprobter Tüchtigkeit. Auch zog er nicht, als der Sommer vorüber war, wie bisher, die Truppen zurück oder legte sie in die Winterquartiere der alten Provinz, sondern von Kastellen aus, die

er gleichsam an dem Rande des Kriegsschauplatzes überall anlegte, scheuchte er durch leicht bewegliche Mannschaften, die sich in der Wüste auskannten, Tacfarinas, der von einem Zeltlager in das andere wechselte, immer wieder vor sich her. Erst nach der Gefangennahme von dessen Bruder trat er den Rückmarsch an, jedoch mit größerer Eile, als sie für die Bundesgenossen ersprießlich war, da er hinter sich eine Bevölkerung ließ, durch die der Krieg erneut aufleben konnte. Doch Tiberius erklärte ihn für beendigt und gewährte Blaesus sogar, dass er sich als Imperator von den Legionen begrüßen lasse, eine althergebrachte Ehrung für Heerführer, die nach einer hervorragenden Leistung für das Gemeinwesen als solche von dem siegreichen Heere unter begeistertem Jubel ausgerufen wurden. Es konnte dann gleichzeitig mehr als einen Imperator geben, wobei alle einander gleichgestellt waren. Einigen hat auch Augustus diesen Titel zugebilligt, jetzt zum letzten Mal Tiberius dem Blaesus.

(75) In diesem Jahr starben zwei erlauchte Männer: Asinius Saloninus, als Enkel von M. Agrippa und von Asinius Pollio und als Bruder des Drusus hochangesehen und zum Manne der Enkelin des Caesaren bestimmt, sowie Ateius Capito[133], der, wie schon erwähnt, durch seine Kenntnisse auf dem Gebiet des öffentlichen Rechtes in der Bürgerschaft zum höchsten Rang emporgestiegen war. Sein Großvater war unter Sulla nur Centurio, sein Vater nur Prätor gewesen. Augustus hatte ihm beschleunigt das Konsulat verschafft, damit er vor Antistius Labeo, der sich auf dem gleichen Gebiete auszeichnete, die Ehre dieses Amtes voraushabe. Denn jene Zeit hat zwei hervorragende Vertreter der Künste des Friedens zugleich hervorgebracht. Aber Labeo war ein Mann von unbestechlichem Freiheitssinn, und deshalb genoss er in der Öffentlichkeit größeres Ansehen, während Capito mit seiner Willfährigkeit bei den Machthabern mehr Anklang fand. Jenem erwuchs, weil er

nicht über die Prätur hinauskam, aus dem ihm zugefügten Unrecht Empfehlung, diesem, weil er das Konsulat erlangte, Neid und in der Folge Hass.

(76) Auch Iunia beschloss ihr Leben, 64 Jahre nach der Schlacht bei Philippi. Sie war Catos Nichte, des C. Cassius Gemahlin, des M. Brutus Schwester[134]. Ihr Testament gab Anlass zu vielem Gerede im Volk, da sie mit ihrem großen Reichtum fast alle hervorragenden Persönlichkeiten ehrenvoll bedachte, den Caesar aber überging. Das nahm er gelassen hin und hinderte es auch nicht, dass sie durch eine Lobrede von der Rednerbühne aus und mit den übrigen üblichen Feierlichkeiten bei dem Leichenbegängnis geehrt wurde. Die Ahnenbilder von zwanzig der berühmtesten Familien trug man voraus, Manlier, Quinctier und andere Namen von gleich hohem Adel. Aber sie alle überstrahlten eben dadurch, dass ihre Bildnisse nicht zu sehen waren, Cassius und Brutus[135].

Buch IV

(1) Unter dem Konsulat des C. Asinius und C. Antistius stand Tiberius in seinem neunten Regierungsjahr. Das Gemeinwesen war geordnet, und um seine Familie war es wohl bestellt. Denn den Tod des Germanicus rechnete er zu den Glücksfällen. Da begann plötzlich das Schicksal sein zerstörendes Werk: er selbst kehrte sein grausames Wesen hervor und leistete der Grausamkeit anderer Vorschub. Ausgangspunkt und Anlass dazu lag bei Aelius Seianus, dem Befehlshaber der Prätorianerkohorten, über dessen Machtbefugnis ich oben schon gesprochen habe. Jetzt will ich von seiner Herkunft, seinem Charakter und von dem verbrecherischen Weg berichten, auf dem er die alleinige Macht an sich zu reißen suchte. Geboren in Vulsinii[1] als Sohn des römischen Ritters Seius Strabo, hatte er sich in seinen ersten Jugendjahren an C. Caesar, den Enkel des vergöttlichten Augustus, angeschlossen, wobei das Gerücht umging, er habe sich an den reichen Verschwender Apicius zur Unzucht verkauft. Dann fesselte er durch allerlei geschickte Machenschaften Tiberius so sehr an sich, dass dieser, der doch sonst gegen seine Umwelt so verschlossen war, ihm allein gegenüber sich arglos und offenherzig zeigte. Und dies war weniger der Erfolg seines raffinierten Vorgehens – er fiel ja eben diesen Machenschaften zum Opfer – als vielmehr die Folge des Götterzornes gegen Rom, dem sein Aufstieg wie sein Fall gleichermaßen zum Verderben ausschlug. Er besaß körperliche Leistungsfähigkeit und mutige Entschlusskraft, wobei er sich selbst im Hintergrund hielt, während er andere verleumdete. Kriecherei und Überheblichkeit standen nebeneinander. In der Öffentlichkeit zeigte er wohlberechnete Bescheidenheit, innerlich brannte er in leidenschaftlicher Gier nach den höchsten Zielen. Daher kam es auch, dass er sich bald großspuriger Schwelgerei, bald uner-

23 n. Chr.

müdlicher Betriebsamkeit hingab, die nicht weniger verderblich ist, wenn sie dem verhüllten Zweck dient, sich eine monarchische Stellung zu verschaffen.

(2) Die bisher nur unbedeutende Befehlsgewalt eines Präfekten erhöhte er dadurch, dass er die in der Stadt zerstreuten Kohorten in *eine* Kaserne zusammenlegte mit der Absicht, allen gleichzeitig seine Befehle erteilen zu können, und um, wenn sie in solcher Zahl und Kampfkraft einander vor Augen hätten, bei ihnen Selbstvertrauen, bei den anderen Furcht zu erwecken. Er schützte vor: wenn die Truppe auseinanderliege, reiße Disziplinlosigkeit ein. Trete eine plötzliche Gefahr auf, könne man einheitlich und mit stärkeren Kräften einschreiten; auch würden sich die Mannschaften disziplinierter benehmen, wenn für sie eine abgeschlossene Kaserne abseits der Verführungen der Hauptstadt errichtet werde. Als diese fertig war, stahl er sich allmählich in die Herzen der Soldaten ein: er besuchte sie und sprach sie an; zugleich wählte er die Centurionen und die Tribunen selbst aus. Auch unterließ er es nicht, sich um die Gunst der Senatoren zu bemühen, wobei er seine Klienten mit Ehrenämtern oder Provinzen ausstattete. Dabei war Tiberius so willfährig und zuvorkommend, dass er Seianus nicht nur in Gesprächen, sondern auch vor dem Senat und vor dem Volk als seinen Mitarbeiter bei seiner mühevollen Aufgabe pries und gestattete, dass sein Standbild in den Theatern und auf öffentlichen Plätzen sowie auf den Antrittsplätzen der Legionen verehrt werde.

(3) Jedoch die zahlreiche Caesarenfamilie, der im Mannesalter stehende Sohn, die erwachsenen Enkel[2], hemmten die Erfüllung seiner Wünsche. Dazu kam die Überlegung, dass es gefährlich sei, sich mit Gewalt auf so viele Opfer auf einmal zu stürzen; sie ließ es ratsam erscheinen, mit List vorzugehen und die Verbrechen nach und nach auszuführen. Trotzdem entschied er sich dafür, unauffälliger vorzugehen und mit Drusus[3]

den Anfang zu machen, gegen den ihn frischer Zorn aufreizte. Drusus ertrug keinen Nebenbuhler und war ziemlich leidenschaftlich veranlagt. Er war bei einem zufällig entstandenen Wortwechsel gegen Seianus handgreiflich geworden und hatte diesem, als er sich wehrte, ins Gesicht geschlagen. Wie er nun alles überlegte, schien es ihm das Nächstliegende zu sein, sich an dessen Gattin Livia heranzumachen. Sie war eine Schwester des Germanicus; in jüngeren Jahren von unscheinbarem Äußeren, hatte sie sich später zu einer besonderen Schönheit entwickelt. Seianus fingierte eine leidenschaftliche Liebe zu ihr und verführte sie zum Ehebruch. Als er sie auf die Bahn des Verbrechens gebracht hatte – wenn einmal eine Frau ihre Keuschheit verloren hat, gibt es für sie keine Hemmungen mehr –, machte er ihr Aussicht auf eine Eheschließung sowie auf die Mitregentschaft und suchte sie zur Ermordung ihres Gemahls zu veranlassen. Und sie, die Augustus zum Oheim, Tiberius zum Schwiegervater und von Drusus Kinder hatte, machte sich selbst sowie ihren Vorfahren und Nachkommen durch den Ehebruch mit einem Munizipalen[4] Schande und tauschte ihre augenblickliche ehrenvolle Stellung mit der Aussicht auf eine ungewisse Zukunft in Schande ein. Eudemus wurde in das Komplott eingeweiht. Er war der Freund und Arzt Livias, zu der er unter dem Deckmantel seiner Berufsausübung häufig allein Zutritt hatte. Seianus verstieß seine Gemahlin Apicata, von der er drei Kinder hatte, um bei seiner Konkubine keinen Argwohn zu erregen. Doch angesichts der Schwere des Verbrechens bekamen sie es mit der Angst zu tun, und die Ausführung wurde immer wieder aufgeschoben, ja manchmal wollten sie diesen Plan zugunsten von anderen ganz aufgeben.

(4) Inzwischen legte Drusus, einer der Söhne des Germanicus, zu Beginn des Jahres die Männertoga an. Die Beschlüsse, die der Senat für seinen Bruder Nero gefasst hatte, wurden wiederholt. Zudem hielt der Caesar eine Ansprache, in der er

seinem Sohn reichlich Lob dafür spendete, dass er gegenüber den Kindern seines Bruders väterliches Wohlwollen zeige. Denn so schwierig es auch sein mag, Macht und Eintracht miteinander zu vereinigen, Drusus galt als wohlgesinnt gegenüber den Jünglingen oder doch wenigstens nicht als ihr Widersacher.

Dann kam der alte und oft schon zum Schein geäußerte Plan einer Reise in die Provinzen wieder auf die Tagesordnung. Die große Zahl der Veteranen[5] und die Notwendigkeit der Heeresergänzung durch Aushebungen diente dem Imperator zum Vorwand: es fehle an Freiwilligen, und wo sie in ausreichender Zahl vorhanden seien, würden sie der erforderlichen Tüchtigkeit und Disziplin ermangeln, weil es meistens mittel- und heimatloses Volk sei, das sich freiwillig zum Kriegsdienst melde. Er gab einen Überblick über die Zahl der Legionen samt den Provinzen, deren Besatzung sie bildeten. Auch ich glaube jetzt darlegen zu sollen, wie groß damals die Heeresmacht war, die Rom unter den Waffen hatte, welche Könige wir damals als Verbündete hatten und wieviel beschränkter unser Machtbereich gewesen ist[6].

(5) In beiden Meeren lag zum Schutz Italiens je eine Flotte bei Misenum und Ravenna[7]. An der nächstgelegenen Küste Galliens waren die Kriegsschiffe, die Augustus durch den Sieg bei Actium erbeutet und mit einer starken Rudermannschaft nach der Stadt Forum Iulium[8] beordert hatte. Aber die Hauptmacht lag am Rhein: acht Legionen auf gemeinsamer Wacht gegen die Germanen und die Gallier. In dem erst kürzlich bezwungenen Spanien standen drei Legionen. Mauretanien hatte der König Iuba als Geschenk des römischen Volkes erhalten[9]. Das übrige Afrika wurde von zwei Legionen, durch ebenso viele Ägypten, ferner die ganze von Syrien bis zum Euphrat in einer riesigen Ausbuchtung sich erstreckende Landmasse von vier Legionen gesichert, wo Hiberien und Albanien[10] sowie

andere Königreiche angrenzen, die alle durch unsere Größe den Schutz gegen auswärtige Mächte genießen. In Thrakien herrschten Rhoemetalces und die Söhne des Cotys; entlang dem Donauufer lagen zwei Legionen in Pannonien, zwei in Mösien, ebenso viele in Dalmatien[11], die entsprechend der geographischen Lage des Landes jenen den Rücken deckten und, falls Italien plötzlich Hilfe anfordern würde, aus der Nähe herbeigeholt werden konnten. Jedoch die Hauptstadt verfügte über eine eigene Besatzung, nämlich über drei städtische und neun prätorische Kohorten, die im allgemeinen in Etrurien und Umbrien oder auch im alten Latium und in den altrömischen Kolonien ausgehoben waren. Dagegen lagen an geeigneten Punkten der Provinzen Dreiruderer, Reiterabteilungen und Kohorten der Bundesgenossen und stellten eine nicht viel geringere Kampfkraft dar. Um sie im einzelnen aufzuzählen, stehen mir nicht sichere Unterlagen zur Verfügung, da sie nach dem jeweiligen Bedürfnis ihren Standort wechselten und ihre Zahl bald zu-, bald abnahm.

(6) Ich möchte es für passend erachten, auch die übrigen Gebiete der Staatsverwaltung aufzuführen und darzulegen, wie diese im einzelnen gehandhabt wurde, da ja jenes Jahr im Principat des Tiberius die Wendung zum Schlimmeren brachte. Zuerst: die Staatsgeschäfte und die wichtigsten Privatangelegenheiten wurden vor den Vätern verhandelt, und den führenden Männern stand dabei eine freie Erörterung zu. Wer in Schmeichelei verfiel, dem gebot Tiberius persönlich Einhalt. Ehrenämter übertrug er nach dem Gesichtspunkt der adeligen Herkunft, des im Felde erworbenen Ruhmes und hervorragender Leistungen im Frieden; so wurden ziemlich einwandfrei die tüchtigsten Männer erwählt. Konsuln wie Prätoren genossen das ihnen gebührende Ansehen. Auch die nachgeordneten Beamten konnten ihre Befugnisse unbeschränkt ausüben. Die Gesetze fanden, wenn man von den Majestäts-

prozessen absieht, ihre angemessene Anwendung. Dagegen lagen die Getreidelieferungen, die Abgaben in Geld und die übrigen Staatseinkünfte in den Händen der von den Rittern gebildeten Gesellschaften[12]. Die Verwaltung seines persönlichen Vermögens[13] übertrug der Caesar den bewährtesten Persönlichkeiten, manchmal auch solchen, die er selbst gar nicht kannte, lediglich auf Grund ihres Rufes. Wen er einmal in seinen Dienst genommen hatte, den behielt er ohne zeitliche Begrenzung, und sie konnten zum großen Teil bis in ihr hohes Alter die gleichen Geschäfte erledigen. Die Plebs litt allerdings unter den hohen Getreidepreisen, aber daran war der Princeps in keiner Weise schuld. Ja, er suchte den Folgen von Missernten und von Unglücksfällen zur See zu begegnen, soweit er es durch Geldaufwendungen und anderweitige Fürsorge vermochte. Auch traf er vorbeugende Maßnahmen, dass es in den Provinzen unter dem Druck neuer Lasten nicht zu Unruhen komme und dass diese die alten Lasten ertrügen, ohne dass sie durch die Habsucht und Härte der Beamten vermehrt würden. Körperliche Züchtigung und Beschlagnahme von Besitz gab es nicht mehr. Nur vereinzelt besaß der Caesar in Italien Grundbesitz. Die Zahl der Sklaven, über die er verfügte, war bescheiden. Er beschäftigte in seinem Hauswesen nur wenige Freigelassene. Hatte er einmal mit einer Privatperson eine Auseinandersetzung, kam diese vor ein öffentliches Gericht.

(7) Dies alles behielt er bei, obwohl er in der äußeren Form nicht liebenswürdig, sondern abstoßend war und man sich vor ihm fürchtete, bis der Tod des Drusus eine Wandlung herbeiführte. Solange Drusus am Leben war, trat in seinem Verhalten keine Änderung ein, weil Seianus, der noch am Beginn seines Aufstieges zur Macht stand, sich als guter Ratgeber ins Licht setzen wollte und die Rache des Drusus fürchtete. Dieser machte auch aus seinem Hass keinen Hehl, sondern beklagte sich immer wieder darüber, dass noch bei Lebzeiten des Soh-

nes ein anderer die Stütze der Regierung genannt werde. Und wieviel fehle noch, dass dieser »Mitregent« heiße? Die ersten Schritte zum Herrscherthron seien schwierig. Habe man sie aber einmal hinter sich, stellen sich beflissene Helfer ein. Schon sei nach dem Willen des Präfekten eine Kaserne errichtet und die Truppe in seine Hand gegeben, schon könne man sein Bild in dem Gedenkbau des Cn. Pompeius sehen, mit der Familie des Drusus werde er gemeinsame Enkel haben. Künftig müsse man seine »Bescheidenheit«[14] anflehen, damit er sich zufriedengebe. Nicht vereinzelt und auch nicht in kleinem Kreis äußerte er sich in diesem Sinne, und auch, was er unter vier Augen mit seiner verführten Gemahlin sprach, wurde verraten.

(8) Seianus glaubte nun, beschleunigt handeln zu müssen, und wählte ein allmählich wirkendes Gift aus, das den Anschein einer zufälligen Erkrankung hervorrufen sollte. Dies wurde Drusus durch einen Verschnittenen, namens Lygdus, eingegeben, was erst acht Jahre später sich herausstellte. Übrigens betrat Tiberius in all den Krankheitstagen des Drusus, ja auch nach dessen Tode bis zu der Bestattung nicht die Kurie, mag er nun unbesorgt gewesen sein oder gewünscht haben, seine innere Gelassenheit zur Schau zu tragen. Die Konsuln, die sich zum Zeichen der Trauer auf die gewöhnlichen Plätze der Senatoren setzten, wies er mahnend auf ihren Ehrenplatz[15] hin, und als die Senatoren in Tränen zerflossen, beschwichtigte er ihr Klagen und richtete sie zugleich durch eine zusammenhängende Ansprache auf: er wisse zwar gut, dass man Vorwürfe erheben könne, wenn er bei seinem so frischen Schmerz dem Senat unter die Augen trete. Die meisten Menschen vermöchten, wenn sie in Trauer seien, kaum den tröstenden Zuspruch ihrer Angehörigen, kaum das Tageslicht zu ertragen, und man dürfe sie darum nicht als Schwächlinge verurteilen. Er jedoch habe aus der Hingabe an das Gemeinwesen

stärkeren Trost geschöpft. Sodann gab er seinem Bedauern über das Greisenalter der Augusta Ausdruck sowie über den Mangel an Erfahrung seiner Enkel, wo doch seine Lebenszeit sich schon dem Ende zuneige, und bat, die Kinder des Germanicus, den einzigen Trost in dem gegenwärtigen Leid, hereinzuführen. Die Konsuln gingen hinaus, sprachen den Jünglingen Mut zu, geleiteten sie herein und ließen sie vor den Caesar hintreten. Dieser fasste sie an der Hand und sprach: »Versammelte Väter! Ich habe diese Waisen ihrem Oheim übergeben und ihn gebeten, obgleich er eigene Nachkommenschaft habe, sie gleich wie sein eigenes Blut zu hegen, zu fördern und zu seinem wie der Nachwelt Heil zu erhöhen. Nun, da Drusus hinweggerafft ist, wende ich mich mit meiner Bitte an euch und beschwöre euch bei den Göttern und der Vaterstadt, nehmt die Urenkel des Augustus, die Sprösslinge aus hochberühmtem Geschlecht, in eure Obhut, lenket sie, erfüllet eure und meine Pflicht. Diese vertreten jetzt bei euch, Nero und Drusus, Vaterstelle. Eure Herkunft bringt es mit sich, dass euer Wohl und Wehe mit dem Gemeinwesen verknüpft ist.«

(9) Mit lautem Weinen und anschließenden Segenswünschen hörte man dies an. Und wenn Tiberius damit seine Rede beschlossen hätte, hätten seine Zuhörer Mitleid mit ihm gehabt und ihm hohe Achtung gezollt. Aber er verfiel wieder in seine hohlen, schon so oft verspotteten Phrasen, er wolle die Leitung des Gemeinwesens abgeben und die Konsuln oder sonst jemand solle die Regierung übernehmen. Damit zerstörte er den Glauben auch an seine wahrhaften und ehrlichen Aussagen. Für das Andenken des Drusus wurden die gleichen Beschlüsse gefasst wie für Germanicus. Doch wurde noch vieles hinzugefügt, wie es die Schmeichler gerne im Wiederholungsfall tun. Das Leichenbegängnis war durch den Aufzug der Ahnenbilder besonders glanzvoll; man sah in langem Zuge die

Ahnherren des iulischen Geschlechtes, Aeneas und alle die Albanerkönige, Romulus, den Gründer der Stadt Rom, dann den sabinischen Adel, Attus Clausus und die übrigen Bilder der Claudier.

(10) Bei dem Bericht über den Tod des Drusus habe ich mich an die meisten und glaubwürdigsten Gewährsmänner gehalten. Jedoch möchte ich ein Gerücht nicht unerwähnt lassen, das in diesen Zeiten umging und solchen Eindruck machte, dass es auch heute noch lebendig ist: nachdem Livia zu dem verbrecherischen Schritt verführt war, habe Seianus auch den Verschnittenen Lygdus durch Unzucht an sich gefesselt, zumal Lygdus mit seiner jugendlichen Schönheit bei seinem Herrn beliebt war und zu seinen ersten Leibdienern gehörte. Als dann unter den Eingeweihten Ort und Zeitpunkt des Giftmordes vereinbart gewesen sei, habe er die Frechheit so weit getrieben, dass er umgekehrt Drusus in einer geheimen Anzeige beschuldigte, er wolle seinen Vater vergiften, und Tiberius warnte, den Trank anzunehmen, den ihm zu Beginn des Essens sein Sohn reiche. Dieser Täuschung sei der Greis anheimgefallen und habe, als er zu dem Essen gekommen war, den Becher zwar angenommen, aber an Drusus weitergereicht. Drusus habe ihn nichtsahnend in jugendlicher Unbefangenheit geleert und gerade dadurch den Verdacht bestärkt, er gebe sich aus Furcht und Scham selbst den Tod, den er seinem Vater zugedacht hatte.

(11) Dieses überall verbreitete Gerücht kann man, abgesehen davon, dass es durch keinen sicheren Gewährsmann bestätigt wird, leicht widerlegen. Welcher Mensch mit einem auch nur durchschnittlichen Verstand, geschweige denn Tiberius mit seiner Erfahrung in solch wichtigen Dingen, würde seinem Sohn, ohne ihn gehört zu haben, den Todestrank reichen, und zwar mit eigener Hand und ohne eine Möglichkeit, es durch Reue ungeschehen zu machen. Wäre es nicht nähergelegen,

den Diener, der den Gifttrank reichte, zu foltern, nach dem Anstifter zu der Tat zu forschen, das ihm angeborene Zögern und Warten, das er sogar gegenüber Fremden übte, gegenüber seinem einzigen, bisher keines Verbrechens überführten Sohn anzuwenden? Aber weil Seianus als der Anstifter zu allen Verbrechen galt, glaubte man wegen der übertriebenen Anhänglichkeit des Caesaren an ihn und wegen des Hasses, den man gemeinhin gegen beide hegte, alles, auch wenn es noch so unglaubhaft und ungeheuerlich war. Denn immer werden die Herrscher nach ihrem Tode im Gerede der Leute schlimmer dargestellt, als sie in Wirklichkeit waren. Überdies wurde der Hergang des Verbrechens, wie er sich durch die Angaben von des Seianus Gattin Apicata ergab, durch die Folterung des Eudemus und Lygdus bestätigt. Und kein Schriftsteller zeigte sich so gehässig, Tiberius hier einen Vorwurf zu machen, während sie doch sonst alles gegen ihn zusammensuchten und dabei übertrieben. Der Anlass, dieses Gerücht zu überliefern und zugleich zu widerlegen, lag in meinem Wunsche, mit einem deutlichen Beispiel unwahres Geschwätz zurückzuweisen und jeden, in dessen Hand mein Werk kommen mag, zu bitten, nicht glaubhafte Gerüchte, die verbreitet werden, nicht gierig aufzunehmen und ihnen nicht den Vorzug zu geben vor der noch nicht zum Absonderlichen entstellten Wahrheit.

(12) Als übrigens Tiberius von der Rednerbühne herab die Lobrede auf seinen Sohn hielt, waren die Haltung und die Kundgebungen der Trauer seitens des Senats und des Volkes mehr scheinbar als von Herzen kommend. Im stillen freute man sich, dass das Haus des Germanicus wieder neu erstarke. Dieses erste Anzeichen der Volksgunst und das Verhalten seiner Mutter Agrippina, die ihre Hoffnungen nur schlecht verhehlte, beschleunigten sein Verderben. Denn sobald Seianus sah, dass der Tod des Drusus nicht die Bestrafung seiner Mörder nach sich zog und dass er auch ohne öffentliche Teilnahme

blieb, schritt er ohne Hemmung auf der Bahn des Verbrechens weiter, und weil dieser erste Schritt Erfolg gehabt hatte, überlegte er bei sich, wie er die Söhne des Germanicus, die ohne Zweifel die Nachfolge antreten würden, aus dem Wege schaffen könne. Alle drei Personen konnten nicht vergiftet werden. Dem standen die vortreffliche Treue der Wächter und die unerschütterliche Sittenreinheit Agrippinas im Wege. Deshalb zog er über ihren Starrsinn los und hetzte die von altem Hass beseelte Augusta und Livia, die unter dem Eindruck ihrer kürzlichen Teilnahme an dem Komplott stand, dazu auf, Agrippina bei dem Caesar anzuschwärzen, ihr Kinderreichtum mache sie überheblich und sie lechze, gestützt auf die Sympathien des Volkes, nach der Herrschermacht. Und dabei bediente er sich abgefeimter Verleumder, die er sich ausgewählt hatte, darunter des Iulius Postumus, der durch seinen Ehebruch mit Mutilia Prisca in den engsten Kreis der Großmutter gekommen und für seine Pläne ein besonders geeignetes Werkzeug war. Denn Prisca übte auf Augusta einen starken Einfluss aus und machte die alte Frau, die schon ihrem ganzen Wesen nach immer um ihre Macht bangte, zur unversöhnlichen Feindin ihrer Schwiegerenkelin[16]. Auch die nächste Umgebung der Agrippina verlockte man dazu, diese durch böse Einflüsterungen noch weiter in ihre hochfliegenden Pläne hineinzusteigern.

(13) Aber Tiberius gab sich unablässig seinen Regierungsgeschäften hin. Er fand in seiner Arbeit Trost und war mit der Rechtsprechung. für die Bürger und mit den Bittgesuchen der Bundesgenossen beschäftigt. Auf seine Veranlassung erfolgte der Senatsbeschluss, die Gemeinden Cibyra in Asien und Aegium in Achaia, die durch ein Erdbeben zerstört worden waren, sollen durch einen Steuererlass für drei Jahre unterstützt werden. Vibius Serenus[17], der Prokonsul im jenseitigen Spanien, der wegen Missbrauchs seiner amtlichen Stel-

lung verurteilt worden war, wurde wegen seiner Brutalität auf die Insel Amorgus[18] verbannt. Carsidius Sacerdos[19] wurde von der Anklage, den Staatsfeind Tacfarinas durch Getreidelieferungen unterstützt zu haben, freigesprochen, von der gleichen Beschuldigung C. Gracchus. Als dieser noch ein kleines Kind war, hatte ihn sein Vater Sempronius[20] auf die Insel Cercina[21] in die Verbannung mitgenommen. Dort war er unter landesflüchtigen und ungebildeten Menschen aufgewachsen und verschaffte sich später durch einen Kramhandel in Afrika und Sizilien seinen Lebensunterhalt. Dennoch entging er nicht den Gefahren, die mit einer bedeutenden Herkunft verbunden sind. Und wären nicht Aelius Lamia und L. Apronius[22], die Statthalter in Afrika gewesen waren, für den Unschuldigen eingetreten, so hätten ihn die Berühmtheit seines unseligen Geschlechtes und das Unglück seines Vaters mit ins Verderben gerissen.

(14) Auch in diesem Jahr kamen Gesandtschaften aus griechischen Gemeinden. Die Samier baten, dass für den Tempel der Iuno, die Coer[23] für einen solchen des Aesculapius ein altverbrieftes Asylrecht bestätigt werde. Die Samier beriefen sich auf einen Beschluss der Amphictyonen, die in der Zeit, da sich die Griechen nach der Gründung von Städten in Asien an der Meeresküste festsetzten, in allen Fragen den obersten Gerichtshof bildeten[24]. Die Coer konnten sich auf gleich alte Rechtsansprüche berufen, wozu noch ein lokal bedingtes Verdienst kam. Denn sie hatten römische Bürger in den Tempel des Aesculapius gebracht, als auf Befehl des Königs Mithridates diese auf allen Inseln und in allen Städten Asiens ermordet wurden[25].

Nach mancherlei, oftmals vergeblichen Beschwerden seitens der Prätoren setzte dann der Caesar das zuchtlose Gebaren der Schauspieler auf die Tagesordnung des Senats: vielfach werde von ihnen die öffentliche Ordnung gestört und abscheuliche

Zustände in den Familien fielen ihnen zur Last. Das einstige Spiel oscischen Ursprungs[26], das einer recht unbedeutenden Volksbelustigung diente, sei so schändlich geworden und übe eine solche Macht aus, dass man mit einem Beschluss der Väter dagegen einschreiten müsse. Darauf wurden die Schauspieler aus Italien ausgewiesen.

(15) Dasselbe Jahr brachte dem Caesar noch einen weiteren Trauerfall. Der eine von den Zwillingssöhnen des Drusus starb. In nicht geringere Trauer versetzte ihn auch der Tod eines Freundes. Es handelte sich um Lucilius Longus[27], seinen Gefährten in frohen und traurigen Tagen, der ihn als einziger der Senatoren nach Rhodus in seine freiwillige Verbannung begleitet hatte. Daher beschlossen die Väter, obwohl er ein Emporkömmling war, für ihn ein zensorisches Begräbnis[28] und ein Standbild, das ihm auf öffentliche Kosten auf dem Forum aufgestellt werden sollte. Denn damals wurde noch alles vor dem Senat verhandelt. Ja, sogar der Procurator von Asien, Lucilius Capito, musste sich vor ihnen gegen eine Anklage seiner Provinz verteidigen, wobei der Princeps mit allem Nachdruck erklärte, er habe ihm nur das Verfügungsrecht über die Sklaven und über sein Privatvermögen eingeräumt[29]. Wenn er sich die Befugnisse eines Prätors angemaßt und sich militärischen Eingreifens bedient habe, so liege darin eine Missachtung seiner Aufträge. Man solle die Bundesgenossen anhören. Der Fall wurde untersucht und der Angeklagte verurteilt. Wegen dieser Bestrafung und weil man auch im vergangenen Jahr gegen C. Silanus eingeschritten war[30], beschlossen die Städte Asiens einen Tempel für Tiberius, seine Mutter und den Senat. Sein Bau wurde genehmigt. Dafür stattete Nero den Senatoren und seinem Großvater den Dank ab, wobei die Zuhörer, denen das Bild des Germanicus noch frisch vor Augen stand und die ihn zu sehen und zu hören glaubten, ihren freudigen Gefühlen Ausdruck gaben. Und wirklich trat der Jüngling mit Beschei-

denheit auf, und seine äußere Erscheinung entsprach der eines fürstlichen Mannes, was ihn angesichts der Hassgefühle des Seianus gegen ihn und der Gefahr, die sie für ihn bedeuteten, nur noch beliebter machte.

(16) Um die gleiche Zeit sprach der Caesar im Senat über die Ersatzwahl eines Iuppiterpriesters für den verstorbenen Servius Maluginensis und zugleich über ein neu einzubringendes Gesetz. Nach alter Sitte würden nämlich drei aus einer Confarreationsehe[31] stammende Patrizier zugleich benannt und aus diesen dann einer ausgewählt. Dafür stünde jedoch nicht mehr wie früher eine genügende Anzahl zur Verfügung, da der Brauch, eine solche Confarreationsehe zu schließen, ganz abgekommen sei oder nur noch von wenigen beibehalten werde. Dafür führte er eine Reihe von Gründen an, in erster Linie die Gleichgültigkeit beider Geschlechter; dazu kämen die Umständlichkeiten, die mit der Zeremonie unmittelbar verbunden seien und denen man geflissentlich aus dem Wege gehe. Auch scheide der Mann, der dieses Priesteramt erlange, aus der rechtlichen Unterstellung unter den Vater aus, und ebenso die Frau, die einen solchen Priester heirate. Deshalb müsse der Senat durch einen Beschluss Abhilfe schaffen, oder es müsste dies durch ein Gesetz geschehen, so wie Augustus manche Bestimmungen aus jenem rohen Altertum den Bedürfnissen der Gegenwart angepasst habe. Und so wurde nach der Verhandlung dieser religiösen Angelegenheiten beschlossen, es solle an der Satzung der Priester nichts geändert werden. Doch wurde ein Gesetz erlassen, die Iuppiterpriesterin solle in den gottesdienstlichen Angelegenheiten ihrem Manne unterstehen, im übrigen gleiche Rechte wie die übrigen Frauen genießen. Der Sohn des Maluginensis wurde an die Stelle seines Vaters gesetzt. Um aber die priesterliche Würde zu heben und bei den Priestern selbst stärkere Neigung, das Priesteramt auszuüben, zu wecken, wurden der Jungfrau Cornelia, die an die Stelle der

Scantia gesetzt wurde, zwei Millionen Sesterzen zugesprochen. Auch solle die Augusta, sooft sie das Theater betrete, sich unter die Vestalinnen setzen.

(17) Unter dem Konsulat des Cornelius Cethegus und Visellius Varro[32] schlossen die Oberpriester und nach ihrem Beispiel ebenso die übrigen Priester auch Nero und Drusus in ihre Gebete ein, die sie für das Wohlergehen des Princeps an die Götter richteten, wobei weniger liebende Fürsorge für die Jünglinge eine Rolle spielte als Schmeichelei, die bei verderbten Sitten gleichermaßen gefährlich ist, mag man sie unterlassen oder auch übertreiben. Denn Tiberius, der dem Hause des Germanicus niemals wohlgesinnt war, empfand es als eine unerträgliche Kränkung, dass man jetzt sogar die jungen Leute ihm in seinem Alter gleichstelle. Er berief die Oberpriester und befragte sie, ob sie sich auf Bitten oder Drohungen Agrippinas dazu verstanden hätten. Obwohl sie dies verneinten, wurden sie doch zurechtgewiesen, allerdings gelinde. Denn ein großer Teil gehörte zu seiner Verwandtschaft oder zu den führenden Männern der Bürgerschaft. Im Senat jedoch hielt er eine Rede, in der er für die Zukunft davor warnte, innerlich noch nicht gefestigte Jünglinge durch verfrühte Ehrungen zu hochfahrendem Wesen zu verleiten. Denn Seianus bedrängte ihn mit Klagen, die Bürgerschaft sei wie in einem Bürgerkrieg gespalten. Der eine Teil nenne sich die Partei der Agrippina, und wenn man nicht Maßnahmen dagegen treffe, werde sie weiter anwachsen. Es gebe kein anderes Mittel gegen die überhandnehmende Zwietracht, als dass der eine oder andere der tatkräftigsten Männer beseitigt werde.

24 n. Chr.

(18) Aus diesem Grunde griff er C. Silius und Titius Sabinus an. Beiden wurde die Freundschaft mit Germanicus verderblich. Bei Silius kam noch hinzu, dass er sieben Jahre der Befehlshaber eines großen Heeres gewesen war; auch hatte er in Germanien als Sieger in dem Krieg mit Sacrovir die Tri-

umphinsignien erworben[33], und so war die Furcht, die sich bei anderen verbreitete, umso größer, je tiefer sein Sturz war. Sehr viele glaubten, er habe durch seine eigene Unbeherrschtheit die gegen ihn vorliegende Missstimmung gesteigert, da er sich unbescheiden damit brüstete, er habe seine Truppe im Gehorsam erhalten, während andere sich zu Meuterei hätten hinreißen lassen. Und Tiberius wäre nicht an der Regierung geblieben, wenn auch seine Legionen zu einem Umsturz geneigt hätten. Der Caesar glaubte, dadurch werde seine Stellung untergraben und er habe einem solchen Verdienst nichts Gleichwertiges gegenüberzustellen. Denn Wohltaten sind nur so weit willkommen, als man glaubt, zu einer entsprechenden Gegenleistung imstande zu sein. Übersteigen sie erheblich diese Möglichkeit, erntet man statt des Dankes Hass.

(19) Sosia Galla war die Gemahlin des Silius. Wegen ihres engen Verhältnisses zu Agrippina war sie dem Princeps verhasst. Man beschloss, den Fall des Sabinus einstweilen zu vertagen und sich auf diese beiden zu stürzen. Der Konsul Varro wurde auf sie angesetzt. Er schützte die Feindschaft mit seinem Vater vor und erwies sich zu seiner eigenen Schande den Hassgefühlen des Seianus dienstbar. Als der Angeklagte um kurzen Aufschub bat, bis der Ankläger das Konsulat niederlege, erhob der Caesar Einspruch: es sei doch üblich, dass Privatpersonen von Beamten vor Gericht geladen werden, und man dürfe das Recht des Konsuls nicht brechen, dessen Wachsamkeit dafür bürge, dass das Gemeinwesen keinen Schaden nehme. Es war eine Eigenart des Tiberius, die neu ersonnenen Verbrechen in altertümliche Redensarten[34] zu hüllen. Deshalb wurden mit großer Dringlichkeit die Väter zusammenberufen, als ob es sich bei Silius um ein gesetzliches Verfahren handle oder Varro wirklich Konsul[35] wäre oder der damalige Zustand noch ein Gemeinwesen darstellte. Der Angeklagte schwieg, oder wenn er ein Wort zu seiner Verteidigung sagte, gab er

deutlich zu verstehen, wessen Groll auf ihm laste. Die Anklagepunkte waren: er sei in die Kriegsabsichten des Sacrovir eingeweiht gewesen und habe sie lange verheimlicht, er habe den Sieg zu hässlicher Habsucht missbraucht und seine Gemahlin Sosia habe sich daran beteiligt. Unbestreitbar haftete an ihnen die Schuld der Erpressung, aber das ganze Verfahren wurde unter dem Gesichtspunkt der Majestätsbeleidigung durchgeführt, und Silius kam der drohenden Verurteilung durch Selbstmord zuvor.

(20) Dennoch fiel man brutal über sein Vermögen her, nicht etwa in der Absicht, den Steuerpflichtigen[36] wieder ihr Geld zu erstatten, von denen auch keiner eine entsprechende Forderung stellte, sondern man zog die freigebigen Spenden des Augustus ab und rechnete im einzelnen aus, was der Fiskus zu fordern hatte. Dies war der erste Fall, dass Tiberius sich um fremdes Geld kümmerte. Sosia wurde in die Verbannung geschickt auf des Asinius Gallus Antrag, der dahin gegangen war, ein Teil ihres Vermögens solle eingezogen, der andere den Kindern überlassen werden. Dagegen wollte M'. Lepidus[37], dass nur ein Viertel den Anklägern zufalle, wie es den Gesetzen entspreche, während das übrige den Kindern überlassen werde. Dieser Lepidus ist, wie ich wenigstens finde, ein für jene Zeiten charaktervoller und weiser Mann gewesen[38]. Denn in sehr vielen Fällen wusste er rücksichtslose Schmeicheleien anderer zum Besseren zu wenden. Doch brauchte er sich dabei keiner Zurückhaltung zu befleißigen, da er sich bei Tiberius stets gleichbleibender Achtung und Gunst erfreute. Dies zwingt mich dazu, zu zweifeln, ob denn, wie alles andere, so auch die Zuneigung der Fürsten gegenüber den einen, die Abneigung gegen die anderen vom Schicksal und dem bei der Geburt vorbestimmten Los abhänge oder ob darauf einen gewissen Einfluss auch unsere eigenen Entschließungen haben und ob es möglich ist, zwischen unnachgiebiger Selbstbehauptung

und hässlicher Willfährigkeit einen Weg zu gehen, der frei ist von Ehrgeiz und von Gefahren. Aber Messalinus Cotta[39], der von gleich vornehmer Abkunft, aber von ganz anderem Charakter war, beantragte, der Senat solle beschließen, dass Beamte, auch wenn sie keine Schuld treffe und sie von fremder Verfehlung nichts wüssten, für Vergehen ihrer Gattinnen, die in einer Provinz sich abspielen, ebenso bestraft werden, wie wenn sie diese selbst verübt hätten.

(21) Dann wurde über Calpurnius Piso[40], einen temperamentvollen Mann aus dem Adel, verhandelt. Er hatte, wie ich berichtet habe, im Senat laut ausgerufen, er wolle wegen der Umtriebe der Denunzianten die Stadt verlassen. Auch hatte er unter Missachtung der Machtstellung der Augusta es gewagt, Urgulania vor Gericht zu ziehen und aus dem fürstlichen Hause vorzuladen. Für den Augenblick nahm dies Tiberius gelassen hin. Aber in seinem Herzen nährte er den Groll, und wenn sich auch die erste Zornaufwallung gelegt hatte, so blieb doch die Erinnerung an den Vorfall lebendig. Q. Granius beschuldigte den Piso, in einem privaten Gespräch sich gegen die Hoheit des Princeps vergangen zu haben, und fügte hinzu, in seiner Wohnung befinde sich Gift und er habe ein Schwert bei sich, wenn er in die Kurie gehe. Diesen Anklagepunkt ließ man als eine ungeheuerliche Übertreibung fallen. Für die übrigen Beschuldigungen, die sich zu einem Berge häuften, ließ man die Anklage zu. Doch kam sie nicht zur Verhandlung, weil Piso noch zur rechten Zeit starb. Auch der Fall des verbannten Cassius Severus kam auf die Tagesordnung. Er war von niedriger Herkunft, führte einen anrüchigen Lebenswandel, aber war ein eindrucksvoller Redner. Durch seine Händel, bei denen er kein Maß kannte, hatte er es so weit gebracht, dass er durch ein Urteil des vereidigten Senats[41] nach Kreta verbannt wurde. Dort setzte er die gleichen Umtriebe fort und zog zu dem alten Hass neuen auf sich. Sein Vermögen wurde eingezo-

gen, er selbst geächtet. Auf dem Felseneiland Seriphus verbrachte er seine alten Tage.

(22) Um die gleiche Zeit stürzte der Prätor Plautius Silvanus aus unbekannten Gründen seine Gemahlin Apronia aus dem Fenster herab. Als ihn sein Schwiegervater L. Apronius vor den Caesar schleppte, sagte er verstörten Sinnes aus, er sei schlaftrunken gewesen und habe nichts gemerkt. Seine Gemahlin habe Selbstmord begangen. Unverzüglich eilte Tiberius in die Wohnung, besichtigte das Schlafzimmer, in dem sich Spuren dafür fanden, dass sie sich gewehrt und man auf sie eingeschlagen hatte. Er trug es dem Senat vor, und als ein Gerichtshof gebildet wurde, sandte Urgulania, die Großmutter des Silvanus, dem Enkel einen Dolch. Man wollte darin einen Wink des Princeps erblicken, weil ja Augusta mit Urgulania befreundet war. Der Angeklagte machte mit dem Dolch einen Selbstmordversuch und ließ sich dann die Adern öffnen. Bald darauf wurde Numantina, seine erste Gemahlin, beschuldigt, durch Zaubersprüche und Giftmischerei ihren Mann wahnsinnig gemacht zu haben. Doch wurde sie für unschuldig befunden.

(23) Dieses Jahr befreite endlich das römische Volk von dem langen Krieg gegen den Numider Tacfarinas. Die bisherigen Heerführer ließen den Feind ungeschoren, sobald sie zu der Überzeugung gekommen waren, ihre Leistungen reichten dazu aus, die Triumphinsignien zu erlangen. Schon standen in Rom drei lorbeerumkränzte Statuen[42], und immer noch durchzog Tacfarinas plündernd Afrika, verstärkt durch die Hilfstruppen der Mauren, die, während Ptolemäus, der jugendliche Sohn Iubas, sich um nichts kümmerte, das Sklavenleben unter dem Regiment der königlichen Freigelassenen mit dem Krieg vertauscht hatten. In dem König der Garamanten hatte er für seine Beutezüge einen Hehler und Helfershelfer. Er rückte nicht etwa mit einem richtigen Heer heran, sondern schickte nur leichte Truppen aus, die sich von ferne zeigten und de-

ren Stärke daher übertrieben wurde. Aus der Provinz selbst strömten mittellose Abenteurer umso freudiger herbei, weil ja der Caesar nach den Erfolgen des Blaesus, als ob in Afrika kein Feind mehr stünde, den Rücktransport der neunten Legion befohlen und der Prokonsul dieses Jahres, P. Dolabella[43], es nicht gewagt hatte, sie zurückzuhalten, da er die Befehle des Princeps mehr fürchtete als die unsichere Kriegslage.

(24) Und so streute Tacfarinas das Gerücht aus, das römische Reich werde auch von anderen Völkern in Stücke gerissen und Afrika werde daher allmählich geräumt. Die Zurückbleibenden könnten vernichtet werden, wenn alle, denen die Freiheit höher stehe als die Knechtschaft, sich auf den Feind werfen. Er verstärkte seine Streitkräfte, schlug ein Lager und begann die Einschließung der Stadt Thubuscum[44]. Dolabella zog jedoch alle seine verfügbaren Truppen zusammen, und weil der römische Namen Schrecken verbreitete und auch die Numider einer richtigen Kampffront des Fußvolkes nicht standzuhalten vermögen, genügte sein bloßer Anmarsch, um die Stadt zu entsetzen, die er dann an günstig gelegenen Punkten befestigte. Zugleich ließ er die Häuptlinge der Musulamier, die abzufallen drohten, mit dem Beil hinrichten. Weil ferner die Erfahrung mehrerer Feldzüge gegen Tacfarinas gelehrt hatte, man dürfe nicht bei der Verfolgung eines bald da, bald dort auftauchenden Feindes eine schwerbewaffnete Truppenmacht einheitlich ansetzen, rief er den König Ptolemäus mit seinem Volk auf und stellte vier Marschkolonnen zusammen, die er Legaten oder Tribunen unterstellte. Die zum Plündern bestimmten Abteilungen führten auserlesene Leute der Mauren an. Er selbst behielt sich das Oberkommando vor.

(25) Bald darauf lief die Meldung ein, die Numider hätten bei einem halbverfallenen Kastell, an das sie selbst früher einmal Feuer gelegt hatten – sein Name ist Auzea[45] –, ihre Hütten aufgeschlagen und im Vertrauen auf das Gelände – der Platz war

von weiten Bergwäldern rings umschlossen – sich gelagert. Jetzt wurden die leichten Kohorten sowie die Reiterabteilungen ohne Kenntnis des Ziels in aller Eile gegen den Feind in Marsch gesetzt. Bei Tagesanbruch fielen sie unter dem Schmettern der Trompeten und mit wildem Kampfgeschrei über die noch schlaftrunkenen Barbaren her, während die Pferde der Numider noch angebunden dastanden oder auf den abseits gelegenen Weiden umherrannten. Auf seiten der Römer war das Fußvolk in dichter Formation aufmarschiert, die Abteilungen der Reiterei standen an den ihnen zugewiesenen Plätzen. Alle Vorkehrungen für den Kampf waren getroffen. Die Feinde dagegen, die gänzlich ahnungslos waren, hatten sich nicht gerüstet, hatten keine Ordnung und keine planvolle Führung; wie das Vieh wurden sie weggeschleppt, abgeschlachtet, aufgegriffen. Die erbitterten Soldaten stillten, im Gedenken an die Strapazen und angesichts des ersehnten Kampfes, um den sie immer wieder betrogen worden waren, einer wie der andere bei dem Blutvergießen ihren Rachedurst. In den Manipeln wurde das Losungswort durchgegeben: »Alle nehmen sich Tacfarinas zum Ziel, den man ja aus so vielen Kämpfen kennt. Erst mit dem Tode des Führers findet man Ruhe und nimmt der Krieg sein Ende.« Seine Leibwache war bereits rings um ihn gefallen, sein Sohn gefesselt, von allen Seiten stürmten die Römer auf ihn ein, da stürzte er sich in den Geschosshagel und entging so der Gefangenschaft durch einen Tod, der seine Gegner blutige Verluste kostete. Damit war den Kämpfen ein Ende gesetzt.

(26) Als Dolabella sich um die Triumphinsignien bewarb, schlug sie Tiberius ihm ab. Er tat dies aus Rücksicht auf Seianus, damit nicht der Ruhm seines Onkels Blaesus verdunkelt werde. Aber dadurch wurde Blaesus nicht berühmter, dagegen wurde durch die verweigerte Ehrung der Ruhm Dolabellas erhöht. Denn er hatte mit einem kleineren Heere Gefangene von hohem Rang gemacht, den Tod des Führers herbeigeführt und

den Ruhm erworben, den Krieg beendigt zu haben. Danach kamen auch Gesandte der Garamanten. Sie bildeten eine seltene Erscheinung in Rom und waren nach dem Tode des Tacfarinas von dem bestürzten, aber sich keiner Schuld bewussten Volk geschickt worden, um dem römischen Volk Genugtuung zu leisten. Da man ferner festgestellt hatte, wie sehr sich Ptolemäus in diesem Krieg eingesetzt hatte, erneuerte man eine der alten Sitte entsprechende Ehrung und schickte einen der Senatoren ab, der ihm einen elfenbeinernen Stab und eine gestickte Toga, althergebrachte Geschenke der Väter, überbringen und ihn als König, Bundesgenossen und Freund begrüßen sollte.

(27) In demselben Sommer brach in Italien ein Bürgerkrieg aus, der jedoch durch einen Zufall im Keime erstickt wurde. Anstifter des Aufruhrs war T. Curtisius, vormals Soldat in einer Prätorianerkohorte. Zuerst hatte er heimliche Zusammenkünfte in Brundisium und in den umliegenden Landstädten veranstaltet, dann schlug er öffentlich Bekanntmachungen an, in denen er die in den entlegenen Berggegenden mit Landarbeit beschäftigten mutigen Sklaven zur Freiheit aufrief. Da landeten, gleichsam ein Geschenk der Götter, drei Zweiruderer, die dem Verkehr in jenen Gegenden dienten. In der gleichen Gegend befand sich auch der Quästor Curtius Lupus, dem nach einem alten Brauche als Verwaltungsbezirk die staatlichen Gebirgstriften[46] zugefallen waren. Er stellte einen Trupp Seesoldaten zusammen und zersprengte den Verschwörerkreis, der eben seine Tätigkeit aufnehmen wollte. Von dem Caesar wurde eiligst der Tribun Staius mit einer starken Abteilung gesandt, der den Anführer selbst mit seinen verwegensten Spießgesellen nach Rom schleppte, das schon in ängstlicher Unruhe war. Denn die Menge der Sklaven wuchs ungeheuer, während die freigeborene Plebs von Tag zu Tag abnahm.

(28) Unter denselben Konsuln kam es zu einem schrecklichen Beispiel von Elend und Unmenschlichkeit: ein Vater als

Angeklagter und ein Sohn als Ankläger – beide hießen Vibius Serenus[47] – wurden in den Senat geführt. Aus der Verbannung zurückgeholt, voll Schmutz und Unrat und jetzt sogar an eine Kette gefesselt, wurde der Vater seinem die Anklage vertretenden Sohne gegenübergestellt. Der junge Mann, der in elegantem Aufzug und mit heiterer Miene auftrat, erklärte, es sei ein Anschlag gegen den Princeps geplant und es seien Leute nach Gallien geschickt worden, um zum Krieg zu hetzen, wobei er gleichermaßen den Angeber wie den Zeugen spielte. Er fügte noch hinzu, der gewesene Prätor Cornutus sei der Geldgeber gewesen. Dieser fühlte sich den ihn bedrängenden Nöten nicht mehr gewachsen, und weil er mit der Einleitung des Prozesses schon als verlorener Mann galt, beging er beschleunigt Selbstmord. Der Angeklagte dagegen wandte sich ungebeugten Mutes gegen seinen Sohn, und mit seinen Ketten klirrend, rief er die Rache der Götter an, sie möchten ihm wieder die Verbannung schenken, wo er fern von solchem Gebaren leben könne, seinen Sohn aber möge dereinst schwerste Strafe ereilen. Dabei beteuerte er, Cornutus sei unschuldig und habe sich grundlos in Schrecken versetzen lassen. Dies könne man ohne weiteres erkennen, wenn noch weitere Namen genannt würden. Denn er habe doch nicht die Ermordung des Princeps und einen Umsturz mit einem einzigen Helfershelfer geplant.

(29) Darauf nannte der Ankläger den Cn. Lentulus und Seius Tubero[48] zur großen Beschämung des Caesaren, da die ersten Männer der Bürgerschaft, seine eigenen vertrauten Freunde, Lentulus, ein hochbetagter Greis, und Seius Tubero, ein kranker, schwächlicher Mann, der Aufwiegelung des äußeren Feindes und der Erregung von Unruhen in dem Gemeinwesen beschuldigt wurden. Doch wurden diese Personen sofort außer Verfolgung gesetzt[49]. Gegen den Vater wurden seine Sklaven peinlich vernommen[50]. Doch fiel das Verhör gegen den Ankläger aus. Dieser verlor über seiner Freveltat den Verstand, und

zugleich erschreckte ihn das im Volk umgehende Gerede, das ihm Kerker, Sturz vom Tarpeiischen Felsen oder die Strafen für Vatermord[51] androhte. Und so verließ er die Stadt. Doch holte man ihn von Ravenna zurück und zwang ihn, die Anklage durchzuführen, wobei Tiberius seinen alten Hass gegen den verbannten Serenus nicht verhehlte. Denn nach der Verurteilung Libos[52] hatte er in einem Briefe an den Caesar sich darüber missliebig ausgelassen, dass lediglich *seine* Einsatzbereitschaft keinen Lohn gezeitigt habe. Dazu hatte er einige allzu herausfordernde Bemerkungen gefügt, die man vorsichtshalber einen Herrn nicht hören lässt, der hochmütig und zu leicht beleidigt ist. Dies brachte der Caesar acht Jahre später zur Sprache, wobei er ihm noch sonst allerlei vorwarf, was in der Zwischenzeit vorgekommen sei, obgleich die Sklaven auf der Folter unerschütterlich das Gegenteil ausgesagt hatten.

(30) Als dann die Abstimmung ergab, dass Serenus nach althergebrachtem Brauch bestraft werden solle, erhob der Caesar dagegen Einspruch, um den Eindruck der Gehässigkeit zu mildern. Auch den Antrag des Gallus Asinius, ihn auf der Insel Gyarus oder Donusa[53] einzusperren, lehnte er mit dem Hinweis ab, beide Inseln seien wasserarm, und wem man das Leben genehmige, dem müsse man auch die Mittel zum Leben zur Verfügung stellen. So wurde Serenus nach Amorgus zurückgebracht. Und weil Cornutus Selbstmord begangen hatte, verhandelte man über die Abschaffung der Belohnungen an die Ankläger, falls ein wegen Majestätsbeleidigung Angeklagter vor dem Abschluss des Gerichtsverfahrens sich das Leben nehme. Der Antrag wäre auch durchgegangen, hätte nicht der Caesar mit ungewöhnlicher Härte und entgegen seiner Gewohnheit offen zugunsten der Ankläger sich darüber beschwert, dass man die Gesetze nicht achte und das Gemeinwesen am Abgrund stehe. Besser wäre es, das Recht ganz zu beseitigen, als dessen Hüter zu entfernen. So wurden die Denun-

zianten, eine Menschenklasse, die zum Verderben des Volkes erfunden und auch durch Strafen nie richtig gebändigt wurde, sogar durch Belohnungen auf den Plan gerufen.

(31) Jedoch unterbrach diese Kette von traurigen Vorkommnissen ein im Grunde unbedeutendes, aber erfreuliches Ereignis: den C. Cominius, einen römischen Ritter, der der Abfassung eines Schmähgedichtes gegen den Caesar überführt worden war, begnadigte dieser auf die Bitte seines Bruders, der Senator war. Umso seltsamer berührte es, dass er, der also doch den besseren Weg kannte und wusste, welche Bedeutung die Milde für seinen Ruf hatte, immer wieder den härteren Maßregeln den Vorzug gab. Denn wo er fehlgriff, war es nicht geistige Beschränktheit, auch bleibt es nicht verborgen, wenn die Taten der Herrscher auf Grund wahrer Gesinnung und wenn sie mit geheuchelter Freude gepriesen werden. Ja, er selbst, der doch sonst so gelassen war und gleichsam um den Ausdruck rang, sprach gelöster und fand rascher die Worte, sooft er sich für jemand einsetzte. Dagegen, als der einstige Quästor des Germanicus, P. Suillius[54], aus Italien verbannt wurde, weil er überführt war, für eine von ihm zu treffende richterliche Entscheidung Geld angenommen zu haben, beantragte er, ihn auf eine Insel zu entfernen, und setzte sich dafür mit solcher Heftigkeit ein, dass er eidlich beteuerte, dies sei eine Angelegenheit des Gemeinwesens. Dies wurde ihm im Augenblick übelgenommen, schlug ihm aber später zum Lob aus, als Suillius zurückgekehrt war. Denn die folgende Zeit sah ihn als allmächtigen und käuflichen Menschen, der die Freundschaft des Princeps Claudius lange mit Glück, doch nie zu guten Zwecken ausnützte. Die gleiche Strafe wurde für den Senator Catus Firmius festgesetzt, da er mit der falschen Beschuldigung eines Majestätsverbrechens seine Schwester belangt habe. Catus hatte, wie berichtet[55], Libo heimtückisch in eine Falle gelockt und dann durch eine Anzeige ins Verderben ge-

stürzt. Eingedenk dieses Dienstes, aber unter anderen Vorwänden, bat nun Tiberius, von seiner Verbannung abzusehen, während er keine Einwände dagegen erhob, dass er aus dem Senat ausgestoßen wurde.

(32) Sehr vieles von dem, was ich berichtet habe und noch berichten werde, wird vielleicht kleinlich und der Erwähnung unwert erscheinen. Ich bin mir dessen wohl bewusst. Aber niemand wird meine Jahrbücher mit den Schriften derer vergleichen, die die alte Geschichte des römischen Volkes dargestellt haben. Jene haben gewaltige Kriege, die Eroberung von Städten, die Gefangennahme und Besiegung von Königen oder, wenn sie es einmal vorzogen, sich der Schilderung der inneren Verhältnisse zuzuwenden, die Auseinandersetzungen zwischen den Konsuln und den Tribunen, Acker- und Getreidegesetze, die Kämpfe zwischen Plebs und Optimaten geschildert und konnten sich dabei auf freiem Feld ergehen. Mein Bereich ist eng begrenzt, und meine Arbeit bringt keinen Ruhm: es herrschte ein stetiger oder nur unbedeutend gestörter Friede, die Zustände in der Hauptstadt boten ein Bild des Jammers, und dem Princeps war nichts daran gelegen, die Grenzen des Reiches weiter vorzuschieben. Doch wird es nicht ohne Nutzen sein, einen tieferen Einblick in jene Vorfälle zu gewinnen, die beim ersten Blick unbedeutend erscheinen, die aber den bewegenden Ausgangspunkt von großen Ereignissen bilden.

(33) Alle Völker und Städte haben entweder eine demokratische oder aristokratische oder monarchische Staatsform. Eine Form des Gemeinwesens, die die wesentlichen Vorzüge dieser drei verschmilzt, kann man leichter loben als verwirklichen, oder wenn sie verwirklicht wird, kann sie nicht von Dauer sein. Wie es daher einst, als die Macht in den Händen der Plebs war oder als die Väter den bestimmenden Einfluss ausübten, darauf ankam, das Wesen der großen Masse kennenzulernen und die Mittel, mit denen sie maßvoll gelenkt würde, und die-

jenigen, die sich mit der Denkungsart des Senats und der Optimaten am gründlichsten vertraut gemacht hatten, für gute Kenner der Zeitverhältnisse und für weise Männer galten, so dürfte jetzt, da sich die Staatsform gewandelt hat und das römische Gemeinwesen nichts anderes darstellt als eine Alleinherrschaft, die Sammlung und Überlieferung solcher Vorgänge angebracht sein. Denn es sind nur wenige, die aus eigener Einsicht das sittlich Gute von dem Verwerflichen, das Nützliche vom Schädlichen zu unterscheiden vermögen. Die meisten lassen sich erst durch die Erfahrungen der anderen belehren. Indessen, so nützlich dies auch sein mag, so wenig dient es angenehmer Unterhaltung. Denn Beschreibungen von Ländern und Völkern, wechselvolle Kämpfe, das ruhmvolle Ende von Feldherren, dies alles fesselt und erfrischt den Sinn des Lesers. Ich reihe grausame Befehle, unaufhörliche Anklagen, heuchlerische Freundschaften, den Sturz von Unschuldigen und Prozesse, die immer wieder den gleichen Ausgang nehmen, aneinander, wobei mir die Gleichförmigkeit des Geschehens bis zum Überdruss entgegensteht. Dazu kommt, dass sich gegen die alten Schriftsteller nur selten eine missgünstige Stimme erhebt. Auch kümmert sich niemand darum, ob man die punischen oder römischen Heere mit Vorliebe verherrlicht. Dagegen leben die Nachkommen vieler, die unter des Tiberius Regierung Strafe oder Entehrung erlitten haben, heute noch, und mögen auch die Familien selbst ausgestorben sein, werden sich doch manche finden, die ähnlicher Lebensart sind und daher glauben, Übeltaten, die man anderen vorwirft, bedeuten auch für sie einen Vorwurf. Auch gegen Ruhm und Tugend sind sie feindlich eingestellt: mit einer allzu nah gerückten Darstellung glauben sie, beleuchte man ihr Gegenbild. Doch ich greife mein Beginnen wieder auf.

(34) Unter dem Konsulat des Cornelius Cossus und Asinius Agrippa[56] wurde Cremutius Coordus 25 n. Chr.

unter der neuen, bisher nie gehörten Beschuldigung angeklagt, er habe in einem von ihm herausgegebenen Geschichtswerk M. Brutus gelobt und C. Cassius den letzten Römer genannt[57]. Ankläger waren Satrius Secundus und Pinarius Natta[58], Klienten des Seianus. Dies war für den Angeklagten verderblich. Auch hörte der Caesar die Verteidigung mit finsterer Miene an. Diese begann Cremutius, bereits entschlossen, das Leben zu verlassen, folgendermaßen: »Meine Worte, versammelte Väter, sind es, die man mir vorwirft. So ganz unschuldig bin ich, was mein Handeln betrifft. Doch jene Worte richteten sich nicht gegen den Princeps oder gegen den Vater des Princeps[59], für die das Majestätsgesetz gilt. Brutus und Cassius soll ich gelobt haben, deren Taten sehr viele dargestellt haben, aber keiner ohne ehrende Erwähnung gelassen hat. Titus Livius, ein Darsteller von erstklassiger Beredsamkeit und Zuverlässigkeit, hat Cn. Pompeius solches Lob gespendet, dass ihn Augustus einen Pompeianer nannte. Und dies tat ihrer Freundschaft keinen Eintrag. Scipio, Afranius[60], eben diesen Cassius, diesen Brutus nennt er nirgends Straßenräuber und Vatermörder, Namen, die ihnen heutzutage beigelegt werden, sondern oft hervorragende Männer. Des Asinius Pollio Schriften gedenken ihrer mit hoher Achtung. Messalla Corvinus[61] pries Cassius als seinen Oberfeldherrn, und beide blieben zeit ihres Lebens im Genuss ihres Reichtums und ihrer Ehren. Welch andere Antwort fand der Diktator Caesar auf das Buch von Marcus Cicero, in dem dieser Cato in den Himmel erhob? Keine andere, als dass er eine Gegenschrift verfasste, wie bei einem Gerichtsverfahren[62]. Des Antonius Briefe, des Brutus Volksreden enthalten Schmähungen gegen Augustus, die zwar haltlos, aber doch äußerst scharf sind. Von Bibaculus und Catullus liest man Gedichte, die voll sind von Lästerungen gegen die Caesaren[63]. Aber selbst der vergöttlichte Iulius, selbst der vergöttlichte Augustus haben sie hingenommen und ihnen freien Lauf gelassen. Ob dies aus persönlicher Mäßigung oder aus Staatsklugheit geschah, will ich nicht ohne weiteres entscheiden. Denn was man unbeachtet lässt, das verliert seine Bedeutung; wenn man über eine Sache in Zorn gerät, erweckt man den Anschein, als fühle man sich getroffen.

(35) Von den Griechen will ich nicht reden. Nicht nur ihr Freimut, sondern auch ihre Frechheit blieb unbestraft. Oder falls jemand dagegen einschritt, so strafte er Worte mit Worten. Aber ganz ungehemmt und ohne irgendwie Widerspruch zu erregen, konnte man sich über diejenigen äußern, die der Tod dem Hasse oder der Gunst entzogen hatte. Haben denn etwa Cassius und Brutus noch die Waffen in der Hand, und behaupten sie noch das Schlachtfeld von Philippi, und hetze ich für sie zum Zweck eines Bürgerkrieges das Volk in öffentlichen Reden auf? Oder haben nicht jene, die vor siebzig Jahren gefallen sind, so, wie sie uns aus ihren nicht einmal von dem Sieger vertilgten Bildern bekannt sind, ihren festen Platz in der geschichtlichen Darstellung? Jedem zollt die Nachwelt die Ehre, die ihm gebührt. Und es werden nicht wenige sein, die, wenn mich das Verdammungsurteil trifft, nicht nur des Cassius und Brutus, sondern auch meiner gedenken.«

Dann verließ er die Senatssitzung und starb den freiwilligen Hungertod. Die Väter beschlossen, dass seine Bücher durch die Ädilen verbrannt werden sollten. Aber sie blieben erhalten, man versteckte sie und gab sie wieder heraus[64]. Umso mehr darf man über die Gedankenlosigkeit derer lachen, die, auf ihre augenblickliche Machtstellung bauend, glauben, es könne auch das Gedenken bei der Nachwelt ausgelöscht werden. Im Gegenteil, werden geistig hochstehende Männer bestraft, so erhöht sich ihr Ansehen. Und nichts anderes haben auswärtige Könige oder, wer sonst deren grausames Verfahren sich zu eigen gemacht hat, erreicht, als dass sie Schande auf sich luden, während sich jene Ruhm erwarben.

(36) Übrigens setzte sich die Reihe der Anklagen in diesem Jahre so ununterbrochen fort, dass sogar an den Tagen des Latinerfestes[65] Calpurnius Salvianus bei dem Stadtpräfekten Drusus[66], als dieser zur Übernahme seines Amtes das Tribunal betrat, eine Klage gegen Sextius Marius[67] vorbrachte. Dies missbilligte der Caesar in aller Öffentlichkeit, und es führte zur Verbannung des Salvianus. Den Einwohnern von Cycicus wurde amtlich Vernachlässigung der Verehrung des Augustus[68] zum Vorwurf gemacht, und sie wurden zudem gewaltsamer Übergriffe gegenüber römischen Bürgern beschuldigt. Sie verloren ihre Freiheit, die sie sich im Kriege mit Mithridates durch ihr Verhalten während der Belagerung sowie dadurch verdient hatten, dass der König ebenso durch ihre Standhaftigkeit wie durch das Entsatzheer des Lucullus geschlagen wurde. Aber Fonteius Capito, der als Prokonsul Asien verwaltet hatte, wurde freigesprochen, da es sich herausstellte, dass die Beschuldigungen des Vibius Serenus[69] gegen ihn erdichtet waren. Doch erwuchsen Serenus daraus keine nachteiligen Folgen. Der Hass im Volke festigte nur seine Stellung. Denn je schärfer ein Ankläger vorging, desto unantastbarer war seine Person. Nur die unbedeutenden und unbekannten Personen wurden bestraft.

(37) Um die gleiche Zeit schickte das jenseitige Spanien Gesandte an den Senat mit der Bitte, nach dem Beispiel Asiens einen Tempel für Tiberius und seine Mutter erbauen zu dürfen. Bei dieser Gelegenheit glaubte der Caesar, der ohnehin die Kraft besaß, auf Ehrungen zu verzichten, er solle denen antworten, die ihn in ihrem Gerede ehrgeiziger Neigungen beschuldigten, und hielt etwa folgende Rede: »Ich weiß, versammelte Väter, dass sehr viele mir einen Mangel an Charakterfestigkeit vorwerfen, weil ich den asiatischen Gemeinden kürzlich bei ihrem gleichen Ansuchen nicht entgegengetreten bin. Darum will ich die Rechtfertigung meines früheren

Schweigens und die Haltung, die ich künftig einnehmen werde, zugleich darlegen. Da der vergöttlichte Augustus es nicht verhinderte, dass ihm und der Stadt Rom in Pergamum[70] ein Tempel errichtet werde, so bin ich, der ich alle seine Taten und Worte wie Gesetze beachte, dem vorliegenden Beispiel umso bedenkenloser gefolgt, weil mit der mir zugedachten Huldigung zugleich die Verehrung des Senats verbunden wurde. Wohl mag die einmalige Annahme verzeihlich sein, doch ehrsüchtig, ja überheblich wäre es, sich in allen Provinzen durch ein Götterbild heiligen zu lassen. Auch würde die Verehrung des Augustus verschwinden, wenn sie durch jegliche Art von Schmeichelei zur Alltäglichkeit würde.

(38) Ich, versammelte Väter, bezeuge vor euch, ich bin ein sterblicher Mensch, erfülle menschliche Pflichten und finde mein Genügen daran, wenn ich meinen Platz als Princeps ausfülle, und die Nachwelt soll sich dessen bewusst sein. Sie trägt zu meinem Andenken genug und übergenug bei, wenn sie glaubt, dass ich mich würdig meiner Vorfahren, fürsorglich für euer Ergehen, standhaft in Gefahren und nicht ängstlich erwiesen habe, wo ich um des öffentlichen Wohles willen Anstoß erregen musste. Das sind meine Tempel in euren Herzen, das sind die schönsten Standbilder, die nicht vergänglich sein werden. Denn die aus Stein errichteten werden ja, wenn sich das Urteil der Nachwelt in Hass verkehrt, missachtet wie Gräber. Deshalb bitte ich die Bundesgenossen, die Bürger, ja die Götter selbst: diese, sie möchten mir bis an mein Lebensende ruhige Besonnenheit schenken, die erkennt, was vor Menschen und Göttern Recht ist, jene, sie möchten, wenn ich einmal aus dem Leben geschieden bin, mit Lob und gutem Gedenken meine Taten und meines Namens Ruf begleiten.« Auch weiterhin beharrte er in vertraulichen Gesprächen auf der Ablehnung einer solchen Verehrung seiner Person. Dies deuteten die einen als Bescheidenheit, viele als mangelndes Selbstver-

trauen, manche als niedrige Denkungsart, weil ja die Besten unter den Sterblichen sich die höchsten Ziele setzten. So seien Hercules und Liber bei den Griechen, Quirinus bei uns unter die Götter gezählt worden. Besser habe Augustus getan, der mit einer solchen Ehre[71] gerechnet habe. Alles andere stehe den Fürsten sofort zur Verfügung; nur auf das eine müssten sie unermüdlich ihr Streben richten: auf ein gefeiertes Andenken. Denn wer den Nachruhm missachte, missachte auch die Tugenden.

(39) Aber Seianus, den sein allzu großes Glück betörte und zugleich weibliche Begehrlichkeit aufstachelte, da Livia die versprochene eheliche Verbindung verlangte, verfasste ein Schreiben an den Caesar. Denn damals herrschte der Brauch, auch wenn der Caesar in Rom anwesend war, sich schriftlich an ihn zu wenden. Das Schreiben hatte folgenden Inhalt: »Durch das Wohlwollen Deines Vaters Augustus und in der Folge durch sehr häufige Huldbeweise Deinerseits habe ich mich daran gewöhnt, meine Hoffnungen und meine Wünsche dem Princeps noch vor den Göttern zu Gehör zu bringen. Nie habe ich um glanzvolle Ehrenämter gebeten. Lieber habe ich gewacht und mich abgemüht, wie nur einer der Soldaten, für das Wohlergehen des Imperators. Und doch habe ich das Herrlichste, das es gibt, erreicht: ich werde der verwandtschaftlichen Verbindung mit dem Caesar gewürdigt. Darauf baue ich meine Hoffnung. Und da ich gehört habe, dass Augustus bei der Verheiratung seiner Tochter[72] manchmal auch römische Ritter in seine Erwägungen einbezogen hat, so mögest Du, wenn man einen Gatten für Livia sucht, an einen Freund denken, der sich einzig mit der Ehre der verwandtschaftlichen Verbindung begnügen wird. Denn ich entziehe mich nicht den mir auferlegten Ämtern. Ich erachte es für genügend, wenn mein Haus gegen die ungerechten Anfeindungen Agrippinas gesichert wird, und zwar um meiner Kinder willen. Ich werde ja

lang und überlang gelebt haben, wenn ich mein Leben unter einem solchen Fürsten beendige.«

(40) Daraufhin lobte Tiberius die anhängliche Ergebenheit des Seianus, streifte nur kurz seine eigenen Gnadenerweise gegen ihn und fügte der Bitte, man möge ihm Zeit lassen, da er die Angelegenheit ganz unbefangen überdenken wolle, hinzu: Die übrigen Menschen bauen ihre Entschließungen darauf auf, was ihnen nach ihrer Meinung Nutzen bringt! Das Los der Fürsten unterscheide sich dadurch, dass sie sich in den wesentlichen Fragen nach der öffentlichen Meinung richten müssen. Deshalb greife er nicht zu der Ausflucht, die für seine Antwort naheliege: Livia könne ja selbst entscheiden, ob sie nach Drusus eine neue Ehe eingehen oder es auf sich nehmen wolle, in dem gleichen Hause weiterzuleben. Sie habe noch eine Mutter und eine Großmutter, Ratgeberinnen, die ihr näherstünden. Er wolle sich offener aussprechen: was zuerst die Feindschaft der Agrippina betreffe, so werde diese noch viel heftiger aufflammen, wenn die Heirat Livias das Haus der Caesaren gleichsam in zwei Parteien spalte. Auch so schon trete die Eifersucht beider Frauen offen zutage, und in diese Zwietracht würden seine Enkel mit hineingerissen. Was solle erst werden, wenn durch eine solche Ehe der Streit noch verstärkt werde? »Du täuschest dich ja, Seianus, wenn du glaubst, du werdest in dem gleichen Stande bleiben können und Livia, die zuerst mit C. Caesar und dann mit Drusus verheiratet war, werde es sich gefallen lassen, an der Seite eines römischen Ritters alt zu werden. Angenommen auch, ich ließe es zu, glaubst du, diejenigen werden es hinnehmen, die ihren Bruder, ihren Vater und unsere Vorfahren in der höchsten Machtstellung gesehen haben? Zwar ist es dein Wunsch, dich auf diesen deinen Rang zu beschränken; aber jene Staatsbeamten und maßgebenden Persönlichkeiten, die gegen deinen Willen sich bei dir eindrängen und alle möglichen Fragen an dich richten, machen kein Hehl

daraus, dass du schon längst über den hohen Rang eines Ritters hinausgewachsen bist und die Freundschaften, wie sie mein Vater pflegte, weit in den Schatten gestellt hast. Aus Neid gegen dich erheben sie auch gegen mich Vorwürfe. Freilich hat Augustus daran gedacht, seine Tochter einem römischen Ritter zu geben. Es ist wahrhaftig erstaunlich, wenn Augustus, der doch in alle möglichen Sorgen verstrickt war und voraussah, welch gewaltigen Aufstieg der nehme, den er durch eine solche Verbindung über andere erhebe, einen C. Proculius und manche sonstigen Persönlichkeiten gesprächsweise erwähnte, die sich durch eine beschauliche Lebensführung auszeichneten und sich in keine Staatsgeschäfte mischten. Aber, wenn schon das Zögern des Augustus uns zu denken gibt, wieviel schwerer wiegt es, dass er seine Tochter dem Marcus Agrippa und hernach mir zur Frau gab? Und das ist es, was ich dir als meinem Freund nicht verhehlt habe. Im übrigen werde ich weder deinen Absichten noch denen Livias im Wege stehen. Die Pläne, mit denen ich mich beschäftige, durch welche Bande ich dich sonst noch an mich zu fesseln beabsichtige, will ich für jetzt beiseite lassen. Nur das möchte ich dir eröffnen; nichts ist so hoch, dass du es nicht durch deine Verdienste und deine Gesinnung mir gegenüber verdient hättest. Ist die Zeit gekommen, werde ich darüber, sei es im Senat oder in der Volksversammlung, nicht schweigen.«

(41) Seianus seinerseits, dessen Befürchtungen sich schon nicht mehr allein auf seine Heirat richteten, sondern bereits höheren Wünschen galten, verwahrte sich dagegen, dass man stillen Verdächtigungen, dem Stadtklatsch und den Stimmen des Neides, die über ihn herfielen, Gehör schenke. Und um nicht durch Einschränkung der Gesellschaften, die er in seinem Hause häufig gab, seinen Einfluss zu schwächen oder durch ihre Zulassung den Beschuldigungen Vorschub zu leisten, verfiel er darauf, Tiberius zu veranlassen, in anmutigen

Gegenden, fern von Rom, sein Leben zu verbringen. Denn er versprach sich davon viele Vorteile: bei ihm werde es liegen, wer bei Tiberius vorgelassen werde, und auch der schriftliche Verkehr werde zum großen Teil durch seine Hand gehen, da dieser durch Soldaten vermittelt werde. Bald werde der Caesar, dessen Leben sich ohnehin schon dem Ende zuneige, in der Abgeschiedenheit mürbe gemacht, bereitwilliger die Regierungsgeschäfte abgeben. Auch werde die gehässige Stimmung gegen ihn selbst abnehmen, wenn der großen Masse der Besucher der Zugang verwehrt sei, und indem das leere Getue wegfalle, werde seine wirkliche Macht wachsen. Und so schalt er allmählich auf die Geschäfte in der Hauptstadt, auf die Zudringlichkeit des Volkes, auf die Menge der Besucher und pries dafür die Ruhe und Einsamkeit, wo man frei sei von lästigen Widerwärtigkeiten und sich den wesentlichen Aufgaben am besten widmen könne.

(42) Und zufällig fand in jenen Tagen der Prozess gegen Votienus Montanus[73], einen geistig hochstehenden Mann, statt und brachte den schon schwankenden Tiberius vollends dazu, die Versammlungen der Väter zu meiden und sich den Äußerungen zu entziehen, die sehr oft mit bedrückender Wahrheit in seiner Gegenwart sich gegen ihn richteten. Denn als Votienus wegen Beleidigungen des Caesaren vor Gericht gestellt war und Aemilius, ein gewöhnlicher Soldat, als Zeuge im Eifer der Beweisführung umfassende Aussagen machte und trotz dem lärmenden Widerspruch mit großer Hartnäckigkeit darauf beharrte, musste Tiberius die Beschimpfungen, mit denen man ihn sonst im geheimen herunterriss, mit anhören. Er war davon so erschüttert, dass er laut rief, er werde sich jetzt sofort oder im Laufe der Untersuchung rechtfertigen, und sich nur mit Mühe durch die Bitten seiner nächsten Umgebung und durch die Schmeichelei aller Anwesenden beruhigen ließ. Votienus wurde wegen Majestätsverbrechens bestraft. Der Caesar

verharrte umso eigensinniger in seiner Hartherzigkeit, die man ihm gegenüber Angeklagten vorwarf, und bestrafte die des Ehebruchs mit Varius Ligus[74] beschuldigte Aquilia mit Verbannung, obgleich der designierte Konsul Lentulus Gaetulicus sie auf Grund des Iulischen Gesetzes[75] verurteilt hatte. Den Apidius Merula strich er aus der Senatsliste, weil er auf die Regierungshandlungen des vergöttlichten Augustus nicht den Eid geleistet hatte[76].

(43) Darauf wurden die Gesandtschaften der Lacedämonier und Messenier angehört. Es ging um den rechtlichen Anspruch auf den Tempel der Diana Limnatis[77], von dem die Lacedämonier unter Berufung auf geschichtliche Überlieferung und Lieder von Dichtern behaupteten, er sei von ihren Vorfahren und auf ihrem Grund und Boden geweiht worden. Aber er sei ihnen von dem Macedonier Philipp, mit dem sie Krieg geführt hätten, mit Waffengewalt weggenommen und später durch die Entscheidung des C. Caesar und M. Antonius zurückgegeben worden. Dagegen brachten die Messenier vor: vor alters sei unter den Nachkommen des Hercules die Peloponnes geteilt worden und ihrem König sei der Denthaliatische Bezirk, in dem sich dieser Tempel befinde, zugefallen. Davon zeugten noch Inschriften in Stein und auf uralten Erztafeln. Wenn man sie dazu aufrufe, urkundliche Belege von Dichtern und Jahrbüchern vorzuweisen, so könnten sie über zahlreichere und gewichtigere verfügen. Auch habe Philipp seine Entscheidung nicht auf Grund seiner Macht getroffen, sondern der Wirklichkeit Rechnung getragen. Und ebenso habe der König Antigonus, ebenso der Oberfeldherr Mummius[78] geurteilt. So hätten die Milesier, als ihnen amtlich die Schiedsrichterrolle übertragen war, und zuletzt Atidius Geminus, der Prätor von Achaia, entschieden. Dennoch fiel die Entscheidung zugunsten der Messenier. Auch die Segestaner erschienen und forderten, man solle den verfallenen Tempel der Venus auf dem Berge

Eryx[79] wieder instand setzen, wobei sie die bekannte, für Tiberius' Ohren schmeichelhafte Sage von dessen Ursprung vorbrachten. Er übernahm diese Aufgabe gerne als Blutsverwandter. Dann wurde das Ersuchen der Massilienser[80] behandelt, wobei man sich auf den Vorgang des P. Rutilius[81] berief. Denn dieser war kraft Gesetzes verbannt[82] worden, und die Smyrnäer[83] hatten ihn als Bürger aufgenommen. In der gleichen Rechtslage hatte Vulcacius Moschus[84], der von Massilia aufgenommen worden war, sein Vermögen diesem Gemeinwesen, als ob es seine Vaterstadt wäre, hinterlassen.

(44) In diesem Jahr starben die beiden angesehenen Männer Cn. Lentulus und L. Domitius[85]. Abgesehen von dem Konsulat und den Triumphinsignien für die Besiegung der Geten, hatte sich Lentulus durch seine mit Anstand ertragene Armut und hernach durch seinen redlich erworbenen und maßvoll verwendeten großen Reichtum Ruhm erworben. Domitius konnte sich eines Vaters rühmen, der im Bürgerkrieg die See beherrscht hatte, bis er sich an die Partei des Antonius und dann an die des Caesaren anschloss. Sein Großvater war in der Schlacht bei Pharsalus auf der Seite der Optimaten gefallen. Er selbst wurde zum Gemahl der jüngeren Antonia[86], der Tochter der Octavia, ausersehen, überschritt später mit einem Heere die Elbe und drang tiefer in Germanien ein als irgendeiner seiner Vorgänger. Wegen dieser Erfolge erlangte er die Triumphinsignien. Auch L. Antonius starb, der einem hochberühmten, aber unglücklichen Geschlecht angehörte. Denn als sein Vater Iullus Antonius[87] wegen des Ehebruchs mit Iulia mit dem Tode bestraft worden war, entfernte Augustus den noch ganz jungen Sohn, den Enkel seiner Schwester, in die Stadt Massilia, angeblich damit er dort studiere, während damit nur das Wort »Verbannung« beschönigt werden sollte. Doch wurde ihm ein ehrenvolles Begräbnis zuteil, und seine Gebeine wurden in dem Grabhügel der Octavier laut Senatsbeschluss beigesetzt.

(45) Unter denselben Konsuln wurde in dem diesseitigen Spanien von einem Bauern aus dem Stamme der Termestiner[88] ein brutales Verbrechen verübt. Er fiel über den Prätor der Provinz, L. Piso, der – es herrschte ja Frieden – ganz unbesorgt sich auf einer Reise befand, unversehens her und ermordete ihn mit einem einzigen Hieb. Dank seinem schnellen Pferde konnte er entfliehen. Als er ein Waldgebiet erreicht hatte, ließ er sein Pferd laufen und entzog sich seinen Verfolgern in dem abschüssigen, unwegsamen Gelände. Doch kam man ihm bald auf die Spur. Man fing sein Pferd ein und führte es in den nächstgelegenen Dörfern umher. So stellte man den Eigentümer fest. Als man ihn aufgefunden hatte, wollte man ihn auf der Folter zur Angabe seiner Spießgesellen zwingen. Doch er schrie mit lauter Stimme in der Landessprache, alles Fragen sei vergeblich. Seine Genossen sollten sich nur dazustellen und zuschauen, kein Schmerz werde stark genug sein, die Wahrheit aus ihm herauszulocken. Als er dann am nächsten Tag erneut zum Verhör geschleppt wurde, riss er sich von seinen Wächtern los und schmetterte seinen Kopf mit solcher Kraft an einen Felsen, dass er sofort sein Leben aushauchte. Doch nimmt man an, Pisos Ermordung sei eine hinterlistige Tat der Termestiner gewesen. Denn er trieb unterschlagene Gemeindegelder strenger, als es Barbaren ertragen, ein.

26 n. Chr.

(46) Unter dem Konsulat des Lentulus Gaetulicus und C. Calvisius wurden Poppaeus Sabinus[89] die Triumphinsignien zuerkannt. Er hatte thracische Stämme, die in ihrer Bergwildnis Widerstand leisteten, niedergeworfen. Den Anlass zu der Erhebung bildete, abgesehen von ihrer Stammesart, der Widerstand gegen Aushebungen und die Forderung, ihre kräftigsten Leute für den Kriegsdienst bei uns zur Verfügung zu stellen, wie sie denn gewohnt waren, auch ihren Königen nur zu gehorchen, wenn es ihnen gerade passte, oder, wenn sie Hilfstruppen schickten, diese unter eigene Führung

zu stellen und nur gegen ihre Grenznachbarn Krieg zu führen. Und damals hatte sich das Gerücht verbreitet, sie würden aufgeteilt und, unter andere Völkerschaften vermischt, in entlegene Länder verschleppt werden. Doch bevor sie die Waffen erhoben, schickten sie Gesandte, um ihre Freundschaft und ihren Gehorsam zu bezeugen, die von dauerndem Bestand sein würde, wenn man ihnen nicht neue Lasten aufbürde; wenn man ihnen aber, wie einem besiegten Volk, mit Knechtschaft drohe, so hätten sie Schwerter und Kämpfer und entschlossenen Mut zur Freiheit oder zum Tode. Dabei wiesen sie auf ihre Felskastelle hin, auf die sie ihre Eltern und Gattinnen gebracht hatten, und drohten mit einem schwierigen, blutigen Kleinkrieg.

(47) Aber Sabinus gab eine entgegenkommende Antwort und zog inzwischen sein Heer zusammen. Als Pomponius Labeo[90] von Mösien aus mit einer Legion und der König Rhoemetalces mit einem Hilfskorps seiner treugebliebenen Landsleute angekommen waren, vereinigte er diese mit der ihm zur Verfügung stehenden Truppe und zog gegen den Feind, der sich schon in den engen Gebirgspässen aufgestellt hatte. Einige, die besonders kühn waren, sah man auch auf dem frei liegenden Hügelgelände. Gegen diese führte der römische Feldherr seine Truppe in Kampfformation heran und vertrieb sie ohne besondere Mühe, wobei die Barbaren nur geringe Verluste erlitten, da sie sich in ihre nahen Schlupfwinkel zurückziehen konnten. Dann legte er an Ort und Stelle ein befestigtes Lager an und besetzte mit einer starken Abteilung einen Berg, dessen schmaler Rücken sich eben bis zu dem nächstgelegenen Kastell hinzog, das teils von einer starken, richtig bewaffneten Truppe, teils von einem ungeordneten Haufen verteidigt wurde. Zugleich schickte er gegen die Kühnsten, die vor dem Wall nach ihrer Landessitte singend und tanzend umhersprangen, auserlesene Pfeilschützen vor. Solange sich diese nur aus der Ferne am

Kampf beteiligten, verursachten sie zahlreiche Verluste, ohne selbst solche zu erleiden. Als sie aber näher heranrückten, wurden sie durch einen plötzlichen Ausfall verjagt, wobei sie durch eine Sugambrische Kohorte[91] unterstützt und aufgefangen wurden. Der römische Heerführer hatte diese als einsatzbereite Kampftruppe, die ebenso durch ihre Kriegsgesänge wie durch ihren Waffenlärm einen grimmigen Eindruck erweckte, in der Nähe aufgestellt.

(48) Dann wurde das Lager nahe an den Feind verlegt. Man ließ in den bisherigen Befestigungen die Thracer zurück, die, wie oben schon berichtet[92], auf unserer Seite standen. Ihnen wurde gestattet, zu sengen und zu brennen und zu rauben. Nur musste sich das Plündern auf den Tag beschränken, während sie die Nacht im Lager zubringen und es sichern und bewachen sollten. Diese Anordnung wurde zuerst eingehalten. Dann aber gaben sie sich dem Wohlleben hin, bereicherten sich durch ihre Raubzüge, vernachlässigten die Bewachung, veranstalteten ausgelassene Gastereien oder lagen schlafend und betrunken umher. Als nun der Feind von ihrem sorglosen Treiben erfuhr, bildete er zwei Kampfgruppen, von denen die eine über die Plünderer herfallen, die andere das römische Lager angreifen sollte, nicht etwa in der Hoffnung, es zu erobern, sondern jeder sollte bei dem Kampfgeschrei und dem Geschosshagel nur an seine persönliche Gefahr denken und den Lärm der anderen Schlacht nicht vernehmen. Außerdem wählte man die Nachtzeit, um die Furcht zu vermehren. Diejenigen, die den Wall der Legionen angriffen, wurden ohne Mühe zurückgeworfen, aber die thracischen Hilfstruppen wurden, durch den plötzlichen Überfall in Schrecken versetzt, zum Teil bei den Befestigungen, an denen sie umherlagen, zum größeren Teil, während sie sich draußen herumtrieben, niedergemacht, was mit umso größerer Erbitterung geschah, weil man sie beschuldigte, sie trügen ihre Waffen als Über-

läufer und Verräter zu ihrem und ihres Vaterlandes Knechtschaft.

(49) Am folgenden Tag ließ Sabinus sein Heer auf ebenem Gelände aufmarschieren. Er wollte sehen, ob etwa die Barbaren, durch den nächtlichen Erfolg ermutigt, einen Kampf wagten. Doch als sie von dem Kastell und den anstoßenden Hügeln nicht herunterkamen, begann er die Belagerung zunächst von Stützpunkten aus, deren Anlage bereits im Gange war. Dann ließ er einen fortlaufenden Graben mit einer Brustwehr in einem Umkreis von viertausend Schritten anlegen. Darauf zog er die Umfassungslinie mit ihren Sperrriegeln allmählich enger zusammen, um die Belagerten von Wasser und Futter abzuschneiden. Auch wurde ein Damm errichtet, um von ihm Steine, Speere und Feuerbrände auf den nun schon nahen Feind zu schleudern. Doch nichts setzte diesem so sehr zu wie der Durst, da für eine so große Menge von Kämpfern und Nichtkämpfern nur noch eine einzige Quelle zur Verfügung stand. Zugleich verendeten die Pferde und Rinder, die sich nach der Sitte der Barbaren bei den Eingeschlossenen befanden, infolge Futtermangels. Daneben lagen tote Menschen, die ein Opfer der Verwundungen und des Durstes geworden waren. Alles war durch Verwesungsgeruch verpestet, und ansteckende Seuchen gingen um. Und zu der drangvollen Lage gesellte sich als größtes Übel die Uneinigkeit: die einen wollten die Übergabe, die andern sich gegenseitig niederstechen. Manche rieten auch, nicht ungerächt umzukommen, sondern einen Ausfall zu machen.

(50) Und nicht nur bei den niederen Dienstgraden herrschten diese Meinungsverschiedenheiten, sondern einer der Anführer, namens Dinis, ein Mann in vorgeschrittenem Alter, der in langer Erfahrung die römische Macht und Milde kennengelernt hatte, legte dar, man müsse die Waffen niederlegen, was das einzige Rettungsmittel in ihrer hoffnungslosen Lage sei. Er

war der erste, der sich mit Frau und Kindern dem Sieger ergab. Es folgten ihm die wegen Alters oder Geschlechtes Schwachen sowie alle, denen ihr Leben lieber war als der Ruhm. Aber die wehrfähige Mannschaft schied sich in zwei Gruppen, für Tarsa oder für Turesis. Beide waren entschlossen, ihr Leben für die Freiheit zu opfern. Allein Tarsa rief, man müsse das Ende beschleunigt herbeiführen und sich von Hoffnung und Furcht zugleich losreißen. Er gab dazu das Beispiel, indem er sich das Schwert in die Brust stieß. Und es waren nicht wenige, die auf die gleiche Weise den Tod fanden. Turesis wartete mit seiner Gruppe die Nacht ab, was unserem Heerführer nicht unbekannt blieb. Daher wurden die Feldwachen mit verstärkter Mannschaft dichter aufgestellt. Bei Beginn der Nacht kam es zu schweren Regengüssen. Durch ihr Lärmen und Schreien und dann wieder durch tiefe Stille hatten die Feinde die Belagerer schon irregeführt. Da machte Sabinus bei seinen Leuten die Runde, ermahnte sie, sich nicht durch den irreführenden Lärm oder die täuschende Ruhe dazu bringen zu lassen, dem Feind in eine Falle zu gehen, sondern jeder solle unverrückt auf seinem Posten ausharren und nicht blindlings sein Geschoss werfen.

(51) Inzwischen stürmten die Barbaren haufenweise herunter und warfen auf den Wall Steine aus der Hand, Pfähle mit feuergehärteter Spitze und abgehauenes Hartholz. Zugleich füllten sie mit Strauchwerk, Reisigbündeln und Leichen die Gräben. Einige trugen Brücken und Leitern, die sie vorher angefertigt hatten, gegen die Brustwehren vor, ergriffen sie, rissen sie ein und drangen Mann gegen Mann auf die Verteidiger ein. Die römischen Soldaten dagegen stießen sie mit ihren Waffen herunter, rückten ihnen mit den Schildbuckeln auf den Leib, warfen ihre Mauerlanzen[93] und wälzten wuchtige Steine, die sie zusammengetragen hatten, herab. Die Hoffnung, den Sieg schon in Händen zu halten, und die noch brennendere

Schande, die ihrer im Falle des Weichens harrte, steigerten ihren Mut; dazu kamen die Erkenntnis, dass es nur noch den einen Weg zur Rettung gebe, und zugleich der Anblick der vielen Mütter und Gattinnen, die jammernd dastanden. Die Nacht ließ die Kühnheit oder auch die Angst wachsen. Beim Zustoßen hatte man kein sicheres Ziel und konnte sich gegen das Getroffenwerden nicht vorsehen. Auch war es nicht möglich, Freund und Feind zu erkennen, und die von den Bergwänden widerhallenden Rufe der Feinde, die wie vom Rücken kommend klangen, hatten eine derartige Verwirrung verursacht, dass die Römer einige Befestigungen, als wäre der Feind eingebrochen, aufgaben. Doch waren es nur ganz wenige Feinde, die durchbrachen. Die übrigen wurden, als die Tapfersten schon niedergeschlagen oder verwundet waren, mit Tagesanbruch auf die höchste Erhebung des Kastells zurückgedrängt, wo sie endlich zur Übergabe gezwungen wurden. Die Umgegend wurde im Einvernehmen mit der Bevölkerung besetzt. Den übrigen kam der frühe und harte Winter in dem Haemusgebirge zustatten und bewahrte sie vor der Unterwerfung durch Gewalt oder durch Belagerung.

(52) In Rom kam es zu einer Erschütterung des fürstlichen Hauses, die das erste Glied in der Kette der Machenschaften zu Agrippinas Verderben bilden sollte: Claudia Pulchra[94], ihre Base, wurde auf die Anklage von Domitius Afer hin vor Gericht gestellt. Dieser Mann, der erst kürzlich Prätor geworden war, in bescheidenem Ansehen stand, aber darauf aus war, um jeden Preis sich schnell einen Namen zu machen, erhob gegen sie den Vorwurf unsittlichen Lebenswandels, des Ehebruchs mit Furnius sowie der Giftmischerei und Zauberei, die sich gegen den Princeps richte. Agrippina, stets von ihrer Leidenschaftlichkeit beherrscht und jetzt, angesichts der Gefahr, in der sich ihre Verwandte befand, zornentbrannt, eilte zu Tiberius und traf ihn an, wie er gerade seinem Vater ein Opfer dar-

brachte. Dies gab ihr gleich Anlass, mit erbitterten Vorwürfen zu beginnen: es reime sich nicht zusammen, dem vergöttlichten Augustus Opfer darzubringen und zugleich seine Nachkommen zu verfolgen. Nicht in stumme Bildnisse sei sein göttlicher Geist übergegangen, sondern sie sei sein leibhaftes Ebenbild, sie sei aus göttlichem Blut entsprossen, sie wisse um die Gefahr, in der sie schwebe, und hülle sich in Trauerkleidung. Umsonst werde Pulchra vorgeschoben, deren Verderben einzig und allein daher rühre, dass sie sich in recht unkluger Weise Agrippina für ihre Verehrung ausgesucht und dabei vergessen habe, dass Sosia[95] aus demselben Anlass ins Unglück geraten sei. Diese Worte entlockten seinem sonst verschlossenen Herzen eine seiner seltenen Äußerungen. Er fasste sie an der Hand und bedeutete ihr mit einem griechischen Vers[96], darin liege doch keine Kränkung, dass sie nicht auf dem Throne sitze. Pulchra und Furnius wurden verurteilt, Afer unter die Redner ersten Ranges eingereiht, da sich der Ruf seines Talentes verbreitete und der Caesar diesen noch dadurch bekräftigte, dass er ihn einen Redner eigener Prägung nannte. In der Folge bewies die Art, wie er die Anklagen oder die Verteidigung von Angeklagten übernahm, dass sein Ruf als Redner besser war als der seines Charakters. Nur litt auch seine Beredsamkeit gegen Ende seines Lebens stark darunter, dass er sich trotz seinem erlahmten Geiste nicht zum Schweigen verstehen konnte.

(53) Aber als Agrippina, die in ihrer Erbitterung verharrte und zudem krank darniederlag, von dem Caesar besucht wurde, gab sie sich zuerst lange Zeit stummem Weinen hin und bat ihn dann unter bitteren Vorwürfen, er möge ihr in ihrer Verlassenheit zur Seite stehen und ihr einen Gemahl geben. Sie sei immer noch jung genug, und eine ehrbare Frau finde nur in der Ehe Trost. Es gebe in der Bürgerschaft genug Männer, die es sich zur Ehre anrechnen würden, die Gattin des

Germanicus mitsamt seinen Kindern zu sich zu nehmen. Doch der Caesar, der sich über die politische Tragweite dieser Bitte im klaren war, aber Unwillen oder Furcht nicht verraten wollte, verließ sie trotz ihrem Drängen ohne Bescheid. Dieser Vorfall ist von den Geschichtsschreibern nicht überliefert; aber ich habe ihn in den Denkwürdigkeiten der Tochter Agrippinas, der Mutter des Princeps Nero, gefunden, worin sie ihr eigenes Leben und das Schicksal der Ihrigen für die Nachwelt aufgezeichnet hat.

(54) Übrigens brachte Seianus Agrippina, die unvorsichtig ihrer Trauer Ausdruck gab, in noch tiefere Not. Er stiftete Leute an, die ihr unter dem Schein der Freundschaft warnend mitteilten, man plane, sie zu vergiften; sie solle es vermeiden, bei ihrem Schwiegervater zu speisen. Und als sie, unfähig, sich zu verstellen, neben ihm bei Tische saß, ließ sie sich durch keine Miene und kein Gespräch anders stimmen und berührte keine Speise, bis Tiberius es merkte, sei es zufällig oder weil er den Grund gehört hatte. Und um noch näher auf die Spur zu kommen, lobte er die eben aufgetragenen Früchte und reichte sie eigenhändig seiner Schwiegertochter. Dies vermehrte noch den Argwohn Agrippinas, und ohne davon zu kosten, reichte sie diese den Dienern. Dennoch richtete Tiberius unmittelbar darauf kein Wort an sie, sondern wandte sich seiner Mutter zu und sagte, es wäre nicht absonderlich, wenn er strenger gegen die verfahren werde, die ihn der Giftmischerei verdächtige. Daraus entstand das Gerücht, man habe es auf ihren Sturz abgesehen. Der Imperator wage diesen zwar nicht in der Öffentlichkeit, aber man suche nach einer Gelegenheit, im geheimen ihn durchzuführen.

(55) Der Caesar indessen besuchte, um das Gerede davon abzulenken, häufig die Senatssitzungen und hörte sich mehrere Tage lang die Gesandtschaften von Asien an, die sich darum stritten, in welcher Gemeinde ein Tempel errichtet werden

solle. Elf Städte wetteiferten miteinander, alle mit gleichem Bemühen, aber nicht mit gleichem Gewicht. Was sie vorbrachten, lag nicht weit auseinander: das Alter ihres Stammes, ihr Eintreten für das römische Volk in den Kriegen mit Perseus, Aristonicus und anderen Königen[97]. Die Städte Hypaepa und Tralies, zusammen mit Laodicea und Magnesia[98], wurden als zuwenig leistungsfähig übergangen. Auch die Einwohner von Ilium[99], die sich auf Troia als Roms Mutterstadt beriefen, konnten nur ihre ruhmvolle alte Geschichte in die Waagschale werfen. Kurze Zeit war man schwankend, weil die Halicarnasser behauptet hatten, zwölfhundert Jahre hindurch habe ihre Stadt nie ein Erdbeben erlitten und die Fundamente des Tempels würden auf natürlichem Felsboden stehen. Von den Pergamenern nahm man an, sie seien ausreichend schon durch den dort für Augustus errichteten Tempel – eben darauf stützten sie ihr Verlangen – bedacht. Die Bürger von Ephesos und Milet schienen, dort mit dem Kult des Apollo, hier mit dem der Diana, genug in Anspruch genommen zu sein. So beschränkte sich die Wahl auf Sardes oder Smyrna. Die Sardianer lasen eine Urkunde aus Etrurien vor, um sich als Blutsverwandte der Etrusker zu erweisen. Tyrrhenus und Lydus, die Söhne des Königs Atys, hätten wegen der großen Bevölkerungszahl ihr Volk geteilt; Lydus sei in dem Heimatland geblieben, Tyrrhenus sei das Los zugefallen, neue Wohnsitze zu begründen. Und nach den Namen ihrer Führer hätten sie ihre Benennungen erhalten, die einen in Asien, die andern in Italien. Die Macht der Lyder sei noch dadurch gewachsen, dass sie Volksteile nach Griechenland ausschickten, das hernach von Pelops seinen Namen erhielt[100]. Zugleich wiesen sie auf schriftliche Dokumente von Oberfeldherren und auf die mit uns geschlossenen Bündnisse in dem macedonischen Krieg, auf die Ergiebigkeit ihrer Flüsse, ihr mildes Klima und auf die allseitige Fruchtbarkeit ihres Landes hin.

(56) Die Smyrnäer dagegen griffen auf ihre uralte Vergangenheit zurück, sei es, dass Tantalus, der Sohn Iuppiters, ihr Gründer sei oder Theseus, ebenfalls von göttlicher Abstammung, oder irgendeine der Amazonen; dann gingen sie – worauf sie sich am meisten stützten – auf ihre dem römischen Volk erwiesenen Dienste über, auf ihre Seemacht, die sie nicht nur für auswärtige Kriege, sondern auch für die eingesetzt hätten, die in Italien durchzustehen waren[101]. Sie seien die ersten gewesen, die der Stadt Rom einen Tempel errichtet hätten, und zwar unter dem Konsul M. Porcius[102] und zu einer Zeit, da die Macht des römischen Volkes schon groß war, aber noch nicht ihren Höhepunkt erreicht hatte, weil ja noch die punische Stadt stand und Asiens Könige stark waren. Zugleich führten sie L. Sulla als Zeugen dafür an, dass auf die Meldung von der schweren Notlage seines Heeres infolge des harten Winters und des Mangels an Kleidungsstücken in der Volksversammlung von Smyrna alle Anwesenden ihre Gewänder abnahmen und sie unseren Legionen schickten[103]. So gaben die Väter, um ihre Meinung befragt, den Smyrnäern den Vorzug. Vibius Marsus beantragte, man solle M'. Lepidus[104], dem diese Provinz zugefallen war, einen überzähligen Legaten beigeben, der den Tempelbau in die Hand nehmen solle. Und weil Lepidus es aus Bescheidenheit ablehnte, die Wahl persönlich vorzunehmen, wurde der gewesene Prätor Valerius Naso auserlost und dorthin gesandt.

(57) Inzwischen führte der Caesar seinen schon lange erwogenen und immer wieder aufgeschobenen Plan durch und reiste nach Campanien ab, angeblich um in Capua einen Tempel für Iuppiter, bei Nola[105] einen für Augustus einzuweihen. In Wirklichkeit aber war er fest entschlossen, von jetzt an fern von Rom zu leben. Obgleich ich die Ursachen seines Weggangs im Anschluss an die meisten Quellen auf die Machenschaften des Seianus zurückgeführt habe, bewegt mich doch

sehr häufig – er hat ja nach dessen Hinrichtung noch weitere sechs Jahre ununterbrochen in der gleichen Abgeschiedenheit verbracht – die Frage, ob man nicht richtiger den Grund bei ihm selbst zu suchen habe, und zwar in seinem Bemühen, seine Grausamkeit und seine Wollust, die er in seinen Handlungen offen erkennen ließ, an entlegenen Plätzen zu verbergen. Manche glaubten auch, er habe sich im Alter wegen seines körperlichen Zustandes geschämt. Denn seine hochaufgeschossene Gestalt war übermäßig hager und gebeugt. Sein Scheitel war kahl, sein Gesicht voller Ausschlag und meistens mit Pflastern beklebt. In der Abgeschiedenheit von Rhodus hatte er sich daran gewöhnt, Gesellschaften zu meiden und seine sinnlichen Gelüste zu verbergen. Auch wird überliefert, die Unbeherrschtheit seiner Mutter, die er als Mitregentin ablehnte und doch nicht abweisen konnte, weil er die Herrschaft selbst von ihr als Geschenk erhalten hatte, habe ihn fortgetrieben. Denn Augustus hatte es sich überlegt, ob er nicht Germanicus, den allgemein gefeierten Enkel seiner Schwester, über das römische Reich setzen solle. Aber den Bitten seiner Gemahlin nachgebend, ließ er Tiberius den Germanicus adoptieren und adoptierte selbst den Tiberius. Dies war es, was Augusta ihm vorwarf und was sie Forderungen erheben ließ.

(58) Die Abreise vollzog sich mit kleinem Gefolge; nur ein einziger Senator, der ehemalige Konsul Cocceius Nerva[106], ein rechtskundiger Mann, war dabei und, abgesehen von Seianus, sonst kein vornehmer römischer Ritter außer Curtius Atticus[107]. Die übrigen Begleiter waren Gelehrte, meistens Griechen, deren Gespräche zu seiner Unterhaltung beitragen sollten. Sternkundige Leute behaupteten, Tiberius habe unter einer Konstellation Rom verlassen, die ihm die Rückkehr versagte. Dies wurde für viele zum Verderben, die sein nahes Lebensende vermuteten und dies ausschwatzten. Denn sie sahen nicht den so unglaublichen Fall voraus, dass er elf Jahre

freiwillig von seiner Vaterstadt fernbleiben würde. Bald stellte es sich auch heraus, dass diese Wahrsagerei mit Trug sich nahe berührte und wie tief die Wahrheit sich in Dunkel hüllte. Denn dass er nicht mehr in die Stadt zurückkehren werde, war nicht etwa eine Prophezeiung von ungefähr: in allem andern aber fehlte es ihnen an einer richtigen Erkenntnis, da er sich in der nahen Umgebung der Stadt auf dem Lande oder am Meeresstrande und oft vor den Mauern Roms aufhielt und ein sehr hohes Alter erreichte.

(59) Zufällig geriet der Caesar in jenen Tagen in Lebensgefahr, die dem leeren Gerede neue Nahrung und ihm selbst Veranlassung gab, noch stärker auf die Freundschaft und Zuverlässigkeit von Seianus zu vertrauen. Sie speisten auf einem Landsitz namens Spelunca[108], zwischen dem Amunclanischen Meer und den Fundaner Bergen[109] in einer natürlichen Grotte. An ihrem Eingang wurden plötzlich einige Diener durch herabfallende Steine verschüttet. Allgemeiner Schrecken und Flucht der Teilnehmer an dem Essen! Seianus beugte sich mit Knien, Gesicht und Händen über den Caesar und stemmte sich gegen den Steinregen. In dieser Haltung trafen ihn die Soldaten an, die zu Hilfe kamen. Seitdem stand er noch größer da, und so verderblich auch seine Ratschläge waren, er wurde vertrauensvoll angehört als ein Mann, der um sich selbst nicht besorgt war. Auch spielte er den Richter gegenüber den Nachkommen des Germanicus, indem er Leute vorschob, die als Ankläger auftreten und sich in erster Linie auf Nero stürzen sollten, den nächsten Anwärter auf die Nachfolge. Bei aller jugendlichen Bescheidenheit vergaß dieser doch gewöhnlich, was im gegebenen Augenblick tunlich war, da er von Freigelassenen und Klienten, die rasch an die Macht kommen wollten, sich dazu drängen ließ, sich stolz und selbstbewusst zu zeigen. So wolle es das römische Volk, so wünsche es das Heer, und Seianus, der jetzt mit der Duldsamkeit des Greises und der Schlaffheit des

Jünglings gleichermaßen sein Spiel treibe, werde nichts dagegen unternehmen.

(60) Wenn Nero dies und ähnliches hörte, dachte er zwar an nichts Böses. Doch ließ er bisweilen trotzige und unbedachte Äußerungen fallen, die von den ihm beigegebenen Aufpassern aufgefangen und übertrieben hinterbracht wurden, ohne dass er die Möglichkeit der Verteidigung erhielt. Dazu ergaben sich noch beunruhigende Vorkommnisse verschiedener Art: der eine vermied es, ihm zu begegnen, andere erwiderten zwar seinen Gruß, aber wandten sich dann sofort ab, die meisten brachen das begonnene Gespräch ab; wenn es sich dagegen um Anhänger des Seianus handelte, stellten sich diese dazu und lachten über ihn. Tiberius freilich setzte eine finstere oder auch tückisch lächelnde Miene auf; mochte der Jüngling reden oder schweigen; sein Schweigen, sein Reden wurde ihm zum Vorwurf gemacht. Nicht einmal bei Nacht blieb er unbelauscht; seine Gattin erzählte es ihrer Mutter Livia und diese Seianus, wenn er wachte, schlief, seufzte. Seianus zog auch Drusus, Neros Bruder, auf seine Seite, indem er ihm Hoffnung auf den Platz des Princeps machte, wenn er nur erst den älteren, schon in seiner Stellung erschütterten Bruder beseitigt habe. Das leidenschaftliche Wesen des Drusus wurde, abgesehen von seiner Machtgier und dem zwischen Brüdern gerne bestehenden Hass, noch durch Neid aufgestachelt, weil die Mutter Agrippina Nero mehr zugetan war. Doch war Seianus dem Drusus nicht so sehr gewogen, dass er nicht auch für ihn die Saat zum künftigen Verderben gelegt hätte, da er wohl wusste, wie leidenschaftlich und daher Hinterlist leichter zugänglich er war.

(61) Am Ende des Jahres starben zwei hervorragende Männer, Asinius Agrippa[110], der eine eher berühmte als alte Ahnenreihe hatte und sich in seiner Lebensführung ihrer nicht unwürdig erwiesen hatte, und Q. Haterius[111], der, einer senatori-

schen Familie entstammend, zu seinen Lebzeiten als Redner gefeiert wurde. Jedoch die Denkmäler seines Talentes behaupten nicht den entsprechenden Platz in der öffentlichen Meinung. Denn seine Stärke lag mehr in schwungvollen als in sorgfältig ausgearbeiteten Reden, und während sonst, was wohl bedacht und mühevoll ausgearbeitet ist, bei der Nachwelt seinen Wert behält, ist jener volltönende Redefluss des Haterius zugleich mit seiner Person verhallt.

(62) Unter dem Konsulat des M. Licinius und L. Calpurnius[112] ereignete sich überraschend ein Unglück, das der Niederlage in einem gewaltigen Krieg zu vergleichen war: sein Anfang und sein Ende fiel in eins zusammen. Ein gewisser Atilius, seines Standes ein Freigelassener, hatte in Fidenae[113] den Bau eines Amphitheaters begonnen, um dort Gladiatorenspiele zu veranstalten. Er führte ihn weder auf festen Fundamenten auf, noch versah er das Holzgerüst des Oberbaus mit festen Klammern, da er sich um den Bau nicht mit dem Rückhalt reicher Geldmittel und auch nicht, um bei seinen Mitbürgern Ehre einzulegen, sondern aus schnöder Gewinnsucht beworben hatte. Das schaulustige Publikum strömte in Massen herbei – die Menschen wurden ja unter der Regierung des Tiberius sonst von Volksbelustigungen ferngehalten –, Männer und Frauen jeglichen Alters, und die kurze Entfernung von Rom vermehrte noch den Zustrom. Umso schwerer war das Verhängnis: da die Menschenmenge sich zusammendrängte, ging der Bau aus den Fugen, brach nach innen zusammen und stürzte nach außen, riss das zahllose Volk, das aufmerksam dem Schauspiel zusah oder auch ringsherum außen stand, in die Tiefe und begrub es unter den Trümmern. Wer bei dem Einsturz gleich den Tod gefunden hatte, der entging wenigstens, so schlimm auch sein Geschick war, den Qualen. Mehr zu bedauern waren die, die mit verstümmelten Gliedmaßen noch am Leben waren und bei Tag ihre Frauen

27 n. Chr.

und Kinder erblicken und bei Nacht an ihrem Geheul und ihrem Stöhnen sie erkennen konnten. Schon waren auf die Kunde von dem Unglück auch sonst Leute herbeigeeilt; der eine jammerte um seinen Bruder, der andere um einen Verwandten oder um seine Eltern. Auch der, dessen Freunde oder Angehörige aus ganz anderem Anlass das Haus verlassen hatten, schwebte in Angst, und solange man noch nicht genau wusste, wen das Unglück ereilt hatte, griff die Furcht infolge dieser Unsicherheit noch weiter um sich.

(63) Als man den Schutt wegzuräumen begann, lief alles zu den Toten, umarmte und küsste sie. Oft kam es zu einer Auseinandersetzung, wenn das Gesicht ziemlich entstellt war, aber die Gleichheit von Gestalt oder Alter bei dem Erkennen zu Irrtümern geführt hatte. Fünfzigtausend Menschen sind bei diesem Unglück verstümmelt oder erschlagen worden[114]. Für die Zukunft wurde durch einen Senatsbeschluss Vorsorge getroffen, dass niemand ein Gladiatorenspiel veranstalte, dessen Vermögen nicht mindestens 400 000 Sesterzen betrage, ferner dass kein Amphitheater erbaut werde, bevor nicht der Baugrund auf seine Festigkeit geprüft sei. Atilius wurde verbannt. Übrigens wurden unmittelbar nach dem Unglück die vornehmen Häuser weit aufgemacht und überall Verbandmittel und ärztliche Hilfe zur Verfügung gestellt. Und obgleich die Stadt in jenen Tagen das Bild der Trauer bot, glichen die Maßnahmen denen der alten Zeit, wo man nach schweren Schlachten den Verwundeten durch Spenden und Pflege geholfen hatte.

(64) Noch war dieses Unglück in frischer Erinnerung, als eine gewaltige Feuersbrunst in der Hauptstadt einen außerordentlichen Schaden anrichtete: auf dem Berge Caelius ging alles in Flammen auf. Man sprach von einem Jahr des Unheils; unter widrigen Vorzeichen habe der Princeps den Entschluss gefasst, von Rom fernzubleiben. Und das Volk hätte, seiner Gepflogenheit entsprechend, Zufälliges als Schuld gedeutet,

wenn nicht der Caesar dem entgegengetreten wäre, indem er nach Maßgabe des Schadens Gelder zuwies. Dafür wurde ihm der Dank ausgesprochen, im Senat von den führenden Persönlichkeiten, beim Volk durch die öffentliche Stimme, weil er ohne Ansehen der Person, und ohne die Bitten seiner nächsten Umgebung zu berücksichtigen, auch Unbekannte,, ja manche ohne ihr Zutun, einbezogen und freigebig unterstützt hatte. Weiterhin wurde beantragt, der Berg Caelius solle fortan den Namen des Augustus führen, weil das in dem Haus des Senators Iunius befindliche Bild des Tiberius allein unversehrt geblieben war, während alles ringsum den Flammen zum Opfer fiel. So sei es auch einstens mit Claudia Quinta gehalten worden, deren Standbild zweimal von der Gewalt des Feuers verschont geblieben und daher von den Vorfahren im Tempel der Göttermutter geweiht worden sei[115]. Heilige Schützlinge der Götter seien die Claudier, und man müsse ihrem Kult eine festlichere Bedeutung an dem Ort geben, an dem die Götter so viel Ehre dem Princeps erwiesen hätten.

(65) Es dürfte nicht am unrechten Platze sein, hier zu berichten, dass dieser Berg seit alters den Namen »Querquetulanus«[116] gehabt hat, weil er mit Eichen dicht bestanden war, und dass er nachher nach Caeles Vibenna, der als Heerführer des etruskischen Volkes für seine Hilfeleistung ihn als Wohnsitz von Tarquinius Priscus erhalten hatte, Caelius genannt wurde. Es mag sein, dass auch ein anderer König ihm diesen Wohnsitz gegeben hat. Denn die Schriftsteller sind sich in diesem Punkt nicht einig, während das übrige nicht umstritten ist. Von diesem Volk ist auch die Ebene und die Umgebung des Forums stark besiedelt gewesen, woher nach dem Namen der Zugewanderten der Tusker-Gau seinen Namen erhalten hat.

(66) Aber wie einerseits die Bemühungen des Adels und die Freigebigkeit des Princeps Trost im Unglück gebracht hatten, so wütete andererseits die täglich immer verderblicher wach-

sende Macht der Ankläger, und es gab kein Gegenmittel. Varus Quintilius[117], ein reicher Verwandter des Caesaren, wurde von Domitius Afer, der schon die Verurteilung von dessen Mutter Claudia Pulchra bewirkt hatte, vor Gericht gezogen, wobei sich niemand darüber wunderte, dass dieser Mensch, der schon lange in bedürftiger Lage war und den erst kürzlich erhaltenen Lohn in übler Weise durchgebracht hatte, nun sich zu neuen Schandtaten anschickte. Aber darüber staunte man, dass Publius Dolabella[118] sich an der Anzeige beteiligte, da er, als Mann von vornehmer Abkunft und mit Varus verwandt, seinen eigenen Adel, sein eigenes Blut zu vernichten sich anschickte. Jedoch leistete der Senat Widerstand und beschloss, auf den Imperator zu warten, was für den Augenblick die einzige Rettung vor heraufziehendem Unheil bildete.

(67) Der Caesar hatte in Campanien die Tempel geweiht und dann in einem Erlass angeordnet, niemand solle ihn in seiner Ruhe stören und der Zudrang der städtischen Bevölkerung solle durch militärische Posten verhindert werden. Trotzdem wurde ihm der Aufenthalt in den Landstädten und Kolonien und überhaupt in allen Ortschaften auf dem Festland zuwider, und so verbarg er sich auf der Insel Capreae, die von der Spitze des Vorgebirges von Surrentum durch eine dreitausend Schritt breite Meerenge getrennt ist. Am ehesten, möchte ich glauben, war es ihre Abgeschiedenheit, die ihn anzog. Denn das Meer ringsum hat keinen Hafen, und kaum für mittelgroße Fahrzeuge bieten sich einige wenige Ankerplätze. Auch kann man überhaupt nur mit einem kundigen Lotsen landen. Das Klima ist dort auch im Winter milde, weil das vorgelagerte Gebirge die rauhen Winde abhält; der Sommer ist sehr angenehm, weil der Westwind Zugang hat und das Meer ringsum offen daliegt. Man hatte den Ausblick auf den herrlichen Meerbusen, ehe der feuerspeiende Vesuv das Landschaftsbild verwandelte. Die Sage überliefert, Griechen hätten diese Gegend bewohnt und Ca-

preae sei von Teleboern[119] besiedelt gewesen. Aber damals hatte Tiberius dort zwölf mächtige Landhäuser[120] mit verschiedenen Namen gebaut und von der Insel Besitz ergriffen. Und so angespannt er früher seinen Regierungsgeschäften oblag, umso hemmungsloser ergab er sich jetzt heimlich dem Wohlleben und einem schlimmen Müßiggang. Denn er behielt sein teils argwöhnisches, teils leichtgläubiges Wesen bei, und Seianus, schon in Rom gewohnt, dieses Wesen zu steigern, wühlte ihn noch stärker auf, indem er mit seinem hinterlistigen Vorgehen gegen Agrippina und Nero nicht mehr hinter dem Berge hielt. Man gab ihnen militärische Bewachung bei, die über die Boten, Besucher, ihre offenen und geheimen Schritte tagebuchartig berichteten. Zudem wurden Leute angestellt, die ihnen raten sollten, zu den Heeren Germaniens zu fliehen oder in dem dichtesten Gedränge des Forums das Bild des Augustus zu umfassen und das Volk und den Senat um Hilfe anzurufen. Wiesen sie dies auch zurück, so wurde es ihnen doch vorgeworfen, als ob sie dies wirklich beabsichtigten.

(68) Das Konsulatsjahr des Iunius Silanus und Silius Nerva[121] begann mit einem abscheulichen Vorfall: 28 n. Chr.
der erlauchte Ritter Titius Sabinus[122] wurde ins Gefängnis geschleppt. Der Grund dafür war seine Freundschaft mit Germanicus. Denn er hatte seine hohe Verehrung für des Germanicus Gattin und Kinder nicht aufgegeben, war der ständige Besucher des Hauses geblieben und begleitete sie in der Öffentlichkeit, noch der einzige von so vielen Klienten. Deshalb fand er auch das Lob der Guten und erregte die Missgunst der Übelwollenden. Gegen ihn gingen Lucanius Latiaris, Porcius Cato, Petilius Rufus und M. Opsius, alles ehemalige Prätoren, vor. Sie strebten nach dem Konsulat, zu dem man nur über Seianus gelangen konnte, und diesen selbst konnte man sich nur auf dem Weg des Verbrechens willig machen. Sie trafen miteinander die Abmachung, Latiaris, der mit Sabinus in einer lo-

sen Verbindung stand, solle die Schlinge legen und die übrigen nur als Zeugen auftreten. Dann würde man zur Anklage übergehen. Und so ließ sich Latiaris zuerst in nebensächliche Gespräche ein, dann pries er die Charakterstärke des Sabinus; er habe ja nicht, wie die übrigen, als Freund des Hauses in dessen guten Tagen, es nun in der Not im Stich gelassen. Zugleich erging er sich in Lobreden auf Germanicus und bedauerte Agrippina. Als Sabinus – das Unglück macht ja das menschliche Herz weich – in Tränen ausbrach und gleichfalls Klagen vernehmen ließ, griff er schon kühner zu belastenden Vorwürfen gegen Seianus mit dem Hinweis auf dessen Grausamkeit, Hochmut und Hoffnungen; auch enthielt er sich nicht der Schmähungen gegen Tiberius. Solche Gespräche schufen, als ob sie Verbotenes gegeneinander geäußert hätten, das Trugbild einer engen Freundschaft. Und schon suchte Sabinus auch seinerseits Latiaris auf, ging in dessen Haus ein und aus und lud seinen Kummer dort ab, als ob jener sein treuester Freund wäre.

(69) Die eben Genannten berieten sich nun, auf welche Weise solche Äußerungen einem größeren Kreis zu Gehör gebracht werden könnten. An dem jeweiligen Ort der Zusammenkunft sollten sie sich allein wähnen. Wenn sie sich aber hinter eine Tür stellen würden, so musste man besorgt sein, gesehen zu werden oder durch ein Geräusch oder sonst einen Zufall Verdacht zu erregen. So verkrochen sich die drei Senatoren zwischen dem Dach und der Zimmerdecke in ein Versteck, das eben so schmählich wie ihre List verabscheuungswürdig war: an Löchern und Spalten lauschten sie. Inzwischen traf Latiaris auf der Straße den Sabinus und nötigte ihn, als habe er ihm Neuigkeiten zu erzählen, in sein Haus und sein Schlafzimmer. Er überschüttete ihn mit der Mitteilung von vergangenen und kommenden Ereignissen, von denen er mehr als genug zu erzählen wusste, und kam auch auf die jüngsten

Schrecknisse zu sprechen. Jener tat desgleichen, und zwar umso ausführlicher, da ja der Kummer, wenn er sich einmal Luft gemacht hat, nur schwer zum Schweigen gebracht wird. Dann wurde die Anklage beschleunigt. In einem an den Caesar geschickten Schreiben erzählten sie den Hergang ihres hinterlistigen Handelns und ihre eigene Schande. Nie sonst war die Bürgerschaft so angstvoll und verzagt. Man verschloss sich gegen die nächsten Angehörigen, vermied Zusammenkünfte und Unterredungen, ging bekannten und unbekannten Mithörern aus dem Wege; sogar stumme und leblose Gegenstände, Decken und Zimmerwände prüfte man nach.

(70) Der Caesar übermittelte zu den Feierlichkeiten des Jahresbeginns am 1. Jan. brieflich an den Senat seine Wünsche und wandte sich dann gegen Sabinus mit der Beschuldigung, er habe einige Freigelassene bestochen und ihm nach dem Leben getrachtet. Dabei forderte er unverhohlen seine Bestrafung. Ein entsprechender Beschluss ließ nicht lange auf sich warten. Sabinus wurde verurteilt und abgeführt. Dabei schrie er, soweit er, da sein Haupt verhüllt und ihm die Kehle zugeschnürt war, konnte: »So fängt man das Jahr an; das sind die Opfer, die Seianus dargebracht werden[123]!« Wohin er den Blick wendete, wohin seine Worte drangen, floh alles, und niemand war mehr zu sehen; verlassen waren die Straßen und die freien Plätze. Einige kamen zurück und zeigten sich wieder, eben darum zitternd, dass sie Angst gezeigt hatten. Wo gebe es noch einen Tag, der kein Strafgericht bringe, wenn zwischen heiligen Handlungen und Gelübden, zu einer Zeit, da man der Sitte gemäß sich sogar unheiliger Worte enthalte, Fesseln und Stricke umgelegt werden? Nicht ohne Vorbedacht habe sich Tiberius zu einer so gehässigen Handlung herbeigelassen. Dahinter stecke Absicht, und es sei wohlbedacht, damit man nicht glaube, die neuen Beamten würden irgendwie daran gehindert, wie die Tempel und Altäre so auch die Gefängnisse

aufzuschließen. Zusätzlich erging ein Dankschreiben des Tiberius, dass sie einen Feind des Gemeinwesens bestraft hätten, mit dem Zusatz, er führe ein Leben in Unruhe und habe sich vor hinterlistigen Anschlägen seiner Feinde in acht zu nehmen. Er nannte dabei keinen Namen, jedoch herrschte kein Zweifel, dass dies auf Nero und Agrippina ziele.

(71) Wenn ich mir nicht vorgenommen hätte, jedes Ereignis in seinem Jahr anzuführen, hätte ich Lust vorzugreifen und sogleich das Ende zu berichten, das Lucanius und Opsius[124] sowie die übrigen Anstifter dieser Schandtat nahmen, nicht erst nach dem Regierungsantritt des C. Caesar, sondern noch zu Lebzeiten des Tiberius[125]. Denn dieser wollte zwar nicht, dass die Helfershelfer bei seinen Verbrechen von anderen ins Verderben gestürzt werden, jedoch wurde er meistens ihrer überdrüssig und ließ, da sich zu dem gleichen Dienst neue anboten, die alten und ihm lästig gewordenen fallen. Doch die Bestrafung dieser und anderer Schuldigen werde ich zu gegebener Zeit berichten. Damals stellte Asinius Gallus, dessen Kinder Agrippina zur Tante mütterlicherseits hatten[126], den Antrag, den Princeps zu bitten, seine Befürchtungen dem Senat offen zur Kenntnis zu bringen und zu gestatten, dass sie beseitigt werden. Keine seiner vermeintlichen Tugenden liebte Tiberius so sehr wie die Verstellungskunst. Umso mehr war er ärgerlich, wenn das aufgedeckt wurde, was er in sich zu verschließen suchte. Aber Seianus griff besänftigend ein, nicht aus Liebe zu Gallus, sondern um dem zögernden Princeps Zeit zu lassen, da er wohl wusste, dass dieser, langsam im Überlegen, wenn er dann losbrach, seinen unheildrohenden Worten brutale Handlungen folgen ließ.

Um dieselbe Zeit starb Iulia[127], die Enkelin des Augustus, die dieser, als des Ehebruchs überführt, verurteilt und auf die Insel Trimerus[128], in der Nähe der apulischen Küste, verbannt hatte. Dort ertrug sie zwanzig Jahre Verbannung und fristete ihr Dasein mit Hilfe Augustas, die zuerst ihre Stiefkinder heimlich aus dem Glück ins Unglück stürzte und dann in der Öffentlichkeit Mitleid mit den Unglücklichen zeigte.

(72) In dem gleichen Jahr brachen die Friesen, ein Volk jenseits des Rheins, den Frieden. Der Grund lag weniger in ihrer Unbotmäßigkeit als vielmehr in unserer Habsucht. Drusus[129] hatte ihnen einen mäßigen Tribut auferlegt, der ihren dürftigen Verhältnissen Rechnung trug; sie sollten für den Kriegsbedarf Ochsenhäute liefern, ohne dass jemand genauer darüber wachte, wie dick und groß sie waren, bis Olennius, ein zur Verwaltung des Gebietes der Friesen eingesetzter Primipilar, die Häute der Auerochsen als Norm für die Annahme der Stücke bestimmte. Diese Forderung, die auch für andere Völker hart gewesen wäre, fiel den Germanen besonders schwer, weil zwar ihre Waldgebiete reich an riesigen Tieren sind, aber ihr Hausvieh nur mäßig groß ist. Zuerst mussten sie die Rinder selbst, dann ihre Äcker ausliefern und zuletzt ihre Frauen und Kinder in die Sklaverei geben. Das führte zu erbitterten Beschwerden, und als man ihnen nicht half, suchten sie ihr Heil im Kriege. Die zum Einzug des Tributs bestellten Soldaten wurden ergriffen und an den Galgen gehängt. Olennius rettete sich vor den Erbitterten durch die Flucht. Er fand Aufnahme in einem Kastell, namens Flevum[130]; eine nicht unbeträchtliche Besatzung römischer Truppen und solcher der Bundesgenossen deckte dort die Küste des Ozeans.

(73) Als der Proprätor von Niedergermanien, L. Apronius[131], dies erfuhr, rief er die Veteranenabteilungen aus der Oberen Provinz und auserlesene Abteilungen der bundesgenössischen Reiterei herbei; mit beiden Heeren zugleich fuhr er den Rhein hinunter und marschierte in das Land der Friesen ein, als bereits die Belagerung des Kastells aufgehoben war und die Aufrührer zum Schutz ihres eigenen Landes abgezogen waren. Nun sicherte er die zunächstgelegenen Meeresniede-

rungen durch Dämme und Brücken, um die schwereren Truppen hinüberzuführen. Inzwischen befahl er einer Reiterabteilung der Canninefaten[132] und dem gesamten bei uns dienenden Fußvolk der Germanen, Furten ausfindig zu machen und die Feinde im Rücken zu umgehen. Doch diese waren schon zum Kampfe aufgestellt und schlugen die bundesgenössischen Reiterabteilungen und die zu Hilfe geschickte Legionsreiterei zurück. Darauf wurden drei leichte Kohorten und dann wieder zwei, sodann nach einer Pause auch bundesgenössische Reiterei eingesetzt. Sie hätten eine ausreichende Kampfkraft gebildet, wenn sie sich vereint auf den Feind geworfen hätten. Doch da sie in Abständen anrückten, hatten sie die in Verwirrung geratene Kampffront nicht zum Halten bringen können und wurden so in dem Strom der wilden Flucht mit fortgerissen. Apronius übergab dem Cethegus Labeo, dem Legaten der fünften Legion, den Rest der Hilfstruppen. Doch seine Leute gerieten in Bedrängnis und er selbst in eine gefährdete Lage; darum schickte er Boten ab und bat dringend um den Einsatz der Hauptmacht der Legionen. Den anderen voraus stürmte die fünfte Legion vor, schlug in erbittertem Kampf den Feind und nahm die durch Verluste geschwächten Kohorten und Reiterabteilungen auf. Doch der römische Heerführer schritt zu keiner Vergeltung und begrub auch nicht die Toten, obgleich viele Tribunen und Präfekten und Centurionen der ersten Rangklasse gefallen waren. Bald darauf erfuhr man von Überläufern, es seien neunhundert Römer bei einem Hain, namens Baduhenna, nachdem sie noch am folgenden Tag den Kampf fortgesetzt hätten, erschlagen worden. Eine andere vierhundert Mann starke Gruppe habe den Bauernhof eines ehemaligen Söldners, namens Cruptorix, besetzt, und sie hätten sich, als man Verrat befürchtete, gegenseitig umgebracht.

(74) Berühmt wurde von da an der Name Friesen unter den

Germanen, wobei Tiberius die Verluste verheimlichte, um niemand die Kriegführung zu überlassen[133]. Auch kümmerte sich der Senat nicht darum, ob dem Reich an seinen Grenzen Schande zugefügt werde. Der Schrecken im Innern lastete auf den Herzen, und das einzige Mittel, mit dem man ihm zu begegnen suchte, war die Schmeichelei. So stimmte denn der Senat, obgleich ganz andere Fragen zur Beratung standen, dafür, einen Altar der Milde und einen solchen der Freundschaft zu errichten und zu beiden Seiten die Standbilder des Caesaren und des Seianus aufzustellen. Auch baten sie wiederholt flehentlich, beide möchten sich doch wieder bei ihnen sehen lassen. Doch kamen sie nicht in die Hauptstadt oder in deren Nähe. Sie glaubten, genug zu tun, wenn sie die Insel verließen und sich in dem nächstgelegenen Gebiet von Campanien erblicken ließen. Dorthin kamen die Väter, die Ritter, ein großer Teil der Plebs, ängstlich bemüht um Seianus, bei dem Zutritt zu erhalten noch schwieriger war, weshalb man dies auf Schleichwegen und durch Beteiligung an seinen Machenschaften zu erreichen suchte. Es steht hinreichend fest, dass sich seine Anmaßung steigerte, als er diese schändliche, so unverblümte Unterwürfigkeit sah. Denn in Rom ist man das geschäftige Hinundherlaufen gewöhnt, und bei der Größe der Stadt weiß man nicht, zu welchem Geschäft jeder gerade eilt. Hier aber lagen sie ohne Unterschied auf freiem Feld oder am Strande herum und ließen sich Tag und Nacht gleichermaßen die Gunst oder die Zurückweisung der Türhüter gefallen, bis auch dieses verboten wurde. Und so kamen diejenigen, die er keines Gespräches, keines Blickes gewürdigt hatte, zitternd in die Hauptstadt zurück, manche auch in abwegiger Fröhlichkeit. Denn ihrer unseligen Freundschaft mit Seianus sollte bald ein bitteres Ende folgen.

(75) Übrigens vermählte Tiberius seine Enkelin Agrippina, des Germanicus Tochter, persönlich mit Cn. Domitius[134] und

befahl, dass die Hochzeitsfeier in Rom stattfinde. Bei Domitius hatte er neben dem Alter seines Geschlechts die Blutsverwandtschaft mit dem Caesarenhause berücksichtigt. Denn dieser konnte sich rühmen, dass Octavia seine Großmutter und durch diese Augustus sein Großoheim war.

Buch V

(1) Unter dem Konsulat des Rubellius und Rufus, die beide den Beinamen Geminus führten, starb Iulia Augusta in sehr hohem Alter. Durch die claudische Familie und die Adoption in das livische und iulische Geschlecht gehörte sie zu dem höchsten Adel[1]. In erster Ehe war sie mit Tiberius Nero verheiratet, von dem sie Kinder[2] hatte. Dieser war in dem Perusinischen Krieg außer Landes geflüchtet und kehrte erst nach dem Friedensschluss zwischen Sextus Pompeius und den Triumvirn wieder nach Rom zurück[3]. Dann fand Caesar an ihrer Schönheit Gefallen und nahm sie dem Gatten weg. Ob dies gegen ihren Willen geschah, ist unbekannt; aber es erfolgte so eilig, dass Caesar ihr nicht einmal Zeit zur Niederkunft ließ, sondern sie in schwangerem Zustand in sein Haus führte. Sie hatte weiterhin keine Nachkommen, aber durch die Eheschließung zwischen Agrippina und Germanicus blutmäßig mit Augustus verbunden[4], hatte sie mit ihm gemeinsame Urenkel. Ihre Sittenreinheit im häuslichen Leben entsprach dem alten Brauchtum; aber sie war freier, als man es den Frauen der alten Zeit zugebilligt hätte. Als Mutter war sie herrschsüchtig, als Gattin nachgiebig, und so passte sie sich gut dem intriganten Wesen ihres Mannes und der Verstellungskunst ihres Sohnes Tiberius an. Ihr Leichenbegängnis war einfach, ihr Testament blieb lange unvollstreckt[5]. Die Gedächtnisrede hielt ihr von der Rednertribüne aus ihr Urenkel C. Caesar, der später die Regierung antrat.

29 n. Chr.

(2) Aber Tiberius entschuldigte sich brieflich, dass er seiner Mutter nicht die letzten Ehren erwiesen habe, mit dem Ausmaß seiner Geschäfte, ohne sein behagliches Leben irgendwie zu ändern. Die zu ihrem Andenken vom Senat reichlich beschlossenen Ehren beschränkte er unter dem Schein der Bescheidenheit. Nur ganz wenige nahm er an und fügte hinzu,

man möge ihr keine göttliche Verehrung zuerkennen. So habe sie es selbst gewollt. Ja, an einer Stelle des gleichen Briefes schalt er über die Weiberfreundschaften mit einem Seitenhieb auf den Konsul Fufius[6]. Dieser hatte sich der Gunst der Augusta in hohem Maße erfreut. Er besaß große Geschicklichkeit, Frauenherzen zu gewinnen, und eine scharfe Zunge und pflegte sich mit bissigen Witzen, die ja lange im Gedächtnis der Machthaber haften bleiben, über Tiberius lustig zu machen.

(3) Übrigens nahm seitdem die Gewaltherrschaft eine nunmehr schroffe und drückende Form an. Solange Augusta noch lebte, gab es wenigstens bei ihr noch eine Zufluchtsstätte, weil Tiberius seine altgewohnte Fügsamkeit gegenüber seiner Mutter beibehielt und auch Seianus es nicht wagte, ihren Einfluss zurückzudrängen; jetzt stürzten sie wie eine losgelassene Meute hervor. Es erging ein gegen Agrippina und Nero gerichtetes Schreiben, das, wie man allgemein glaubte, schon früher gebracht, aber von Augusta zurückgehalten worden war. Denn es war nicht lange nach ihrem Tode, dass es vorgelesen wurde. Es enthielt Worte von ausgesuchter Schroffheit. Doch erhob Tiberius in ihm gegen seinen Enkel nicht den Vorwurf bewaffneter Auflehnung, nicht den revolutionärer Umtriebe; vielmehr warf er ihm Liebschaften mit jungen Männern und Unzucht vor. Gegen seine Schwiegertochter wagte er nicht einmal dies zu erdichten, sondern er beklagte sich nur über ihre freche Zunge und ihren trotzigen Sinn. Der Senat hüllte sich in bestürztes, tiefes Schweigen, bis einige wenige Senatoren, die sich von einem ehrenhaften Verhalten doch nichts versprachen (das Unglück des Gemeinwesens wird ja gerne von einzelnen Personen dazu ausgenützt, sich in Gunst zu setzen), verlangten, die Angelegenheit auf die Tagesordnung zu setzen. Am eilfertigsten zeigte sich Cotta Messalinus[7], der mit einem rücksichtslosen Antrag auftrat. Aber die anderen führenden Männer des Senats und in erster Linie die Beamten waren in angst-

voller Besorgnis. Denn Tiberius hatte trotz seinem scharfen Angriff alles Weitere offengelassen.

(4) Es befand sich im Senat Iunius Rusticus, der von dem Caesar zur Abfassung der Senatsprotokolle bestimmt war[8] und von dem man deshalb glaubte, er habe Einblick in dessen Gedanken. Dieser ließ sich von einer verhängnisvollen Eingebung (bisher hatte er ja nie den Beweis von Charakterstärke geliefert) oder auch von falsch angebrachter Schlauheit, da er aus Furcht vor der ungewissen Zukunft die unmittelbar drohende Gefahr vergaß, dazu verleiten, sich zu den Unschlüssigen zu gesellen und die Konsuln zu warnen, in die Verhandlung einzutreten. Er legte dar, aus unbedeutenden Ursachen könnten sich die größten Umwälzungen ergeben. Der Sturz des Hauses des Germanicus könne einmal den Greis reuen. Zugleich versammelte sich das Volk, Bilder von Agrippina und Nero mit sich führend, um die Kurie und schrie unter Heilrufen auf den Caesar, der Brief sei gefälscht und gegen den Willen des Princeps bereite man seinem Hause den Untergang. So wurde an diesem Tage kein Unheil angerichtet. Es gingen sogar unter dem Namen von ehemaligen Konsuln erdichtete Aussprüche um, die sich gegen Seianus richteten, wobei viele im geheimen und daher umso frecher ihrem Witz die Zügel schießen ließen. Dies ließ den Zorn des Seianus noch mehr anschwellen und gab ihm Stoff zu weiteren Beschuldigungen: der Senat missachte den Kummer des Princeps, das Volk sei abgefallen. Schon höre und lese man von ungewöhnlichen Volksversammlungen, von ungewöhnlichen Senatsbeschlüssen. Was fehle noch, und sie greifen zum Schwert und erwählen sich die als Anführer und Feldherren, deren Bildern sie wie den Fahnen nachgelaufen seien.

(5) Deshalb wiederholte der Caesar seine Vorwürfe gegen seinen Enkel und seine Schwiegertochter, schalt in einem Erlass die Plebs und beklagte sich bei den Vätern, dass durch die

Bosheit eines einzigen Senators die imperatorische Majestät öffentlich verspottet worden sei. Er verlangte jedoch, dass alles Weitere seiner Entschließung vorbehalten werde. So kam es zu keinen weiteren Beratungen. Man fasste zwar keinen endgültigen Beschluss (dies war ja verboten), aber sie beteuerten, ihrer Bereitschaft zu einer Bestrafung stehe nur der Machtspruch des Princeps im Wege …

Hier ist in der Überlieferung eine Lücke, die fast drei Jahre umfasst. Sie kann aus Cass. Dio 58, 2–11 und aus Sueton Tib. 65 etwa, wie folgt, ergänzt werden:

Agrippina (maior) und Nero wurden vom Senat als Feinde des Gemeinwesens verurteilt, Agrippina wurde auf die Insel Pandateria verbannt, Nero, ihr Sohn, nach der nahe gelegenen Insel Pontia verschickt. Er starb (vermutlich im folgenden Jahr) durch Hunger. Sein Bruder Drusus, dessen Frau Aemilia Lepida von Seianus verführt worden war, wurde auf Veranlassung von Seianus angeklagt, verurteilt und in den unteren Räumen des Palastes gefangengehalten. Caligula, der dritte Sohn des Germanicus, stand unter der Obhut seiner Großmutter Antonia und kam nach Capreae erst, als Tiberius bereits gegen Seianus argwöhnisch wurde.

30 n. Chr. *Konsuln waren M. Vinicius und L. Cassius Longinus. In diesem Jahr nahm Tiberius Rache an Asinius Gallus dafür, dass dieser ihn zwei Jahre zuvor hatte nötigen wollen, seine gehässige Gesinnung gegenüber Agrippina und deren Kinder offen zu bekennen (IV 71). Asinius hatte Vipsania geheiratet, die Tiberius nach Agrippas Tod (im Jahr 12) aus seiner Ehe hatte entlassen müssen. Asinius wurde vor allem von Tiberius dahin beschuldigt, dass er ihm die Freundschaft mit Seianus nicht gönne. Er wurde in Rom in Gewahrsam gehalten, wo er langsam zu Tode gequält wurde. In Rom häuften sich inzwischen die Hinrichtungen.*

Die Macht des Seianus, dem der Senat gänzlich hörig war,

wuchs, zugleich aber auch die Sorge und das Misstrauen des Tiberius gegenüber Seianus. Aber Tiberius wagte nicht, gegen ihn vorzugehen, sondern steigerte die Bezeugung seines Wohlwollens, indem er ihn u. a. neben sich zum Konsul des nächsten Jahres machte.

Seianus trat das Konsulat an und blieb in Rom. Tiberius und Seianus übergaben das Konsulat schon nach vier Monaten an Memmius Regulus und Fulcinius Trio. Tiberius wurde von Antonia, der Mutter des Germanicus, davon in Kenntnis gesetzt, dass sich die Bemühungen der Anhänger des Seianus immer mehr zu einer richtigen Verschwörung verdichteten. Aber Tiberius wagte noch immer nicht, gegen Seianus vorzugehen. Er ernannte nur heimlich einen anderen zum Prätorianerpräfekten, nämlich Navius Sertorius Macro, der nun zum Vertrauten des Tiberius neben dem jungen Caligula auf Capreae wurde, während die weiteren Absichten des Tiberius undurchsichtig blieben. Ja, Tiberius beließ den Seianus neben sich selbst, während Caligula von ihm mit dem Pontifikat und von dem Senat, wie einst Germanicus, mit dem imperium proconsulare beliehen wurde. 31 n. Chr.

Das Lob, das Tiberius dem Caligula anlässlich der Verleihung des Pontifikats spendete, und die offenkundige Zuneigung des Volkes für Caligula als dem Sohn des Germanicus sowie die spürbare Entfremdung des Tiberius belasteten Seianus, während Tiberius selbst sich immer mehr in die Angst vor einem Gewaltstreich des Seianus hineinsteigerte, dabei diesen aber über seine wirklichen Absichten irreführte.

Nach der Übernahme des Konsulats durch Fulcinius Trio und Memmius Regulus (siehe V 11) kam es dann zum Sturz des Seianus, wobei Macro das ausführende Organ war. Seianus wurde im Senat verhaftet und von dem Konsul Regulus gefesselt abgeführt. Nun kam der ganze Hass des Senats und des Volkes jäh zum Ausbruch. Der Senat trat im Tempel der Concordia am nächsten Tag zusammen und beschloss die Hinrichtung des Seianus, die sofort vollzogen wurde. Nach der Hinrichtung kam es zu schweren Ausschreitungen und Unruhen in Rom. Die offenen und scheinbaren Anhänger des Seianus wurden vom Volk ermordet, die Prätorianer verlegten sich auf Plünderungen und Brandstiftungen, die Senatoren, die um die Gunst des Seianus gebuhlt hatten, waren in angstvoller Bestürzung, der Senat fasste eine Menge Beschlüsse, die ihn von Seianus und seinen Machenschaften distanzieren sollten (keine Anlegung von Trauer, statt dessen Abhalten eines Dankfestes, Aufstellung eines Bildes der Freiheit u. a.), und ging bald dazu über, dem neuen Machthaber, Macro, seine kriecherische Ergebenheit zum Ausdruck zu bringen.

Tiberius selbst verließ neun Monate lang nicht seine Villa auf Capreae. Indessen ging in Rom das Wüten weiter, womit deutlich zutage trat, wie unbegründet die Meinung gewesen war, Seianus sei allein an den früheren Untaten schuldig und für sie verantwortlich gewesen. Tiberius verwies alle Anklagen wegen der Beteiligung an den Machenschaften des Seianus an den Senat, der sich nicht genug tun konnte, wahllos Todesurteile zu verhängen und durchzuführen sowie Vermögenskonfiskationen anzuordnen. Es genügte zur Verurteilung, wenn man in irgendeiner noch so losen Verbindung mit Seianus gestanden hatte. Die Gefängnisse füllten sich mit Senatoren und Rittern, mit Männern und Frauen, die dort nach der Verurteilung entweder erwürgt oder von dem Tarpeiischen Felsen herabgestürzt wurden.

(V, 6) Vierundvierzig Reden wurden über diese Frage[9] gehalten, von denen wenige aus Furcht, die Mehrzahl aus Gewohnheit ...[10] »bin ich der Auffassung gewesen, es werde mir Schande bringen oder Seianus verhasst machen. Das Glück hat sich gewendet, und er, der ihn als Mitregenten und Schwiegersohn erkoren hatte, entschuldigt sich vor sich selbst, während die übrigen, die ihm in schmählicher Weise den Hof machten, mit verbrecherischen Mitteln gegen ihn vorgehen. Ob es jämmerlicher ist, wegen eines Freundschaftsverhältnisses angeklagt zu werden oder seinen Freund selbst anzuklagen, möchte ich nicht entscheiden.

Nicht auf Grausamkeit, nicht auf Milde von irgendeiner Seite will ich bauen, sondern frei und vor mir selbst gerechtfertigt, will ich meinem Sturz zuvorkommen. Euch beschwöre ich, bewahret mir nicht ein trauerndes, sondern frohes Gedenken, indem ihr auch mich zu denen zählt, die dem Unglück des Gemeinwesens durch ein rühmliches Ende entronnen sind.«

(7) Dann behielt er sie, soweit sie den Wunsch hatten, zu ihm zu treten und mit ihm zu sprechen, bei sich oder ließ die andern gehen und verbrachte so einen Teil des Tages. Noch immer war eine zahlreiche Gesellschaft versammelt, und alle schauten auf sein Gesicht, das keine Spur von Aufregung verriet, so dass sie glaubten, seine letzte Stunde sei noch ferne. Da stürzte er sich in sein Schwert, das er in seinem Gewande verborgen hatte. Der Caesar verfolgte den Toten nicht weiter mit irgendwelchen Vorwürfen oder Schmähungen, während er doch gegen Blaesus[11] viele hässliche Beschuldigungen erhoben hatte.

(8) Dann wurde über P. Vitellius und Pomponius Secundus[12] verhandelt. Vitellius wurde von den Anzeigern[13] beschuldigt, die Schlüssel des Staatsschatzes, dessen Verwalter er war, und

die Kriegskasse revolutionären Bestrebungen zur Verfügung gestellt zu haben. Pomponius wurde von dem ehemaligen Prätor Considius vorgeworfen, der Freund des Aelius Gallus[14] zu sein, der nach der Bestrafung des Seianus in den Park des Pomponius geflohen sei, in der Annahme, dort die sicherste Zuflucht zu finden. Denn den Gefährdeten blieb keine andere Hilfe als die Charakterfestigkeit ihrer Brüder, die sich als Bürgen zur Verfügung stellten[15]. Indessen litt Vitellius, zwischen Furcht und Hoffnung schwebend, schwer unter der wiederholten Vertagung des Prozesses und bat unter dem Vorwand, etwas niederschreiben zu wollen, um ein Federmesser, mit dem er sich einen leichten Schnitt in die Ader beibrachte. So beendete er sein Leben in Kummer und Gram. Aber Pomponius, ein Mann feiner Lebensart und hervorragender Begabung, nahm gefasst sein Unglück auf sich und überlebte so Tiberius.

(9) Hernach wurde beschlossen, auch die übrigen Kinder des Seianus[16] zu bestrafen, obwohl die Erbitterung der Plebs abflaute und man im allgemeinen durch die bisherigen Hinrichtungen gesättigt war. Und so wurde sein Sohn ins Gefängnis geworfen, der sich über sein Schicksal keinem Zweifel hingab, und auch das Mädchen, das so gar nichts ahnte, dass es wiederholt fragte, was es denn verbrochen habe und wohin man es schleppe. Sie wolle es nicht wieder tun, und man solle sie, wie Kinder, mit der Rute zurechtweisen. Schriftsteller dieser Zeit überliefern, weil man es für unerhört hielt, dass eine Jungfrau auf Anordnung der tresviri capitales[17] hingerichtet werde, sei sie vor der Erdrosselung von dem Henker missbraucht worden. Dann seien die Leichen der beiden Kinder mit zugeschnürter Kehle auf die Gemonische Treppe geworfen worden.

(10) Um die gleiche Zeit wurden Asien und Achaia durch das nachdrückliche, aber nicht lange sich haltende Gerücht aufgeschreckt, Drusus, der Sohn des Germanicus, sei bei den Kykladischen Inseln und dann auf dem Festland gesehen worden[18].

In der Tat gab es dort einen Jüngling, der in etwa gleichem Alter stand und in dem einige Freigelassene des Caesaren den Drusus erkannt haben wollten. Sie begleiteten ihn auch in betrügerischer Absicht, und unkundige Leute ließen sich durch den berühmten Namen und durch den Hang der Griechen für Neuigkeiten und absonderliche Geschehnisse anlocken. Denn man erfand – und glaubte es auch –, er sei aus dem Gewahrsam entflohen und befinde sich auf dem Wege zu den Heeren seines Vaters und werde in Ägypten und in Syrien einfallen. Schon strömte ihm die wehrfähige Mannschaft zu, schon huldigte ihm überall das Volk, während er selbst wegen der augenblicklichen Erfolge guter Dinge war und sich eitler Hoffnung hingab. Da kam dies Poppaeus Sabinus[19] zu Ohren. Dieser war damals in Macedonien tätig und verwaltete auch Achaia. Um nun der weiteren Entwicklung, mochte es sich um Wahres oder Falsches handeln, vorzubeugen, fuhr er eilends durch den Toronäischen und Thermäischen Meerbusen, dann weiter nach Euboea, einer Insel im Ägäischen Meere, und an dem Piraeus, an der Küste von Attica vorbei und gelangte an das Gestade von Korinth und an die Enge des Isthmus. Über das andere Meer kam er nach Nicopolis, einer römischen Gründung[20], wo er endlich erfuhr, der Mensch habe nach einem recht geschickt durchgeführten Verhör auf die Frage, wer er denn sei, erklärt, er sei der Sohn des M. Silanus[21]. Viele seiner Anhänger hätten sich dann aus dem Staube gemacht, und er selbst habe ein Schiff bestiegen, angeblich um nach Italien zu fahren. Er schrieb dies an Tiberius. Wie die Sache begonnen hat und wie sie ausgegangen ist, habe ich nicht weiter feststellen können.

(11) Am Ende des Jahres brach die schon seit langem geschürte Zwietracht zwischen den Konsuln offen aus. Trio, ein streitsüchtiger Mensch und ein geübter Gerichtsredner, hatte Regulus in versteckten Anspielungen vorgeworfen, er sei saumselig

bei der Beseitigung der Helfershelfer des Seianus vorgegangen. Regulus, der maßvolle Zurückhaltung übte, wenn man ihn nicht reizte, gab seinem Amtsgenossen den Hieb nicht nur zurück, sondern veranlasste eine Untersuchung gegen ihn als Mitschuldigen an der Verschwörung. Obgleich viele Senatoren sie baten, den Hass abzulegen, da er doch nur Verderben bringen werde, verharrten sie in feindseligen Drohungen, bis sie von ihrem Amt abtraten.

32 n. Chr. (VI, 1) Cn. Domitius und Camillus Scribonianus[1] hatten das Konsulat angetreten, als der Caesar durch die Meerenge zwischen Capreae und Surrentum und an der Küste von Campanien entlangfuhr, unschlüssig, ob er Rom betreten solle. Vielleicht hatte er sich auch für das Gegenteil bereits entschieden und tat nur so, als ob er kommen wolle. Oft reiste er bis in die nächste Umgebung der Stadt, besuchte seine Gärten am Tiber und zog sich dann wieder auf sein einsames Felseneiland zurück. Er schämte sich seiner Schandtaten und seiner Ausschweifungen, in die er sich derart hemmungslos gestürzt hatte, dass er sich nach Tyrannenart an freigeborenen Jugendlichen unzüchtig verging. Und nicht nur Gestalt und sonstige körperliche Vorzüge waren es, die seine Lüsternheit reizten, sondern bei dem einen war es die jugendliche Unschuld, bei dem andern die Ahnenreihe. Damals kamen bisher unbekannte Wörter auf: »Sellarien« und »Spintrien«, die sich von Lasterhöhlen ableiteten, in denen man vielfache Unzucht trieb. Sklaven wurden angestellt, die seine Opfer zusammensuchen und herbeischleppen mussten. Wer sich willig zeigte, wurde beschenkt, wer sich sträubte, bedroht. Hielt ein Verwandter oder der Vater sie zurück, wurden sie von den Sklaven mit Gewalt fortgeschleppt, und diese ließen der Befriedigung ihrer eigenen Gelüste, als ob sie es mit Gefangenen zu tun hätten, freien Lauf.

(2) In Rom wurden mit Beginn des Jahres, wie wenn man

erst kürzlich die Schandtaten der Livia entdeckt und nicht schon längst bestraft hätte, scharfe Anträge gestellt, die auf ihren Untergang zielten und sich sogar auf ihre Standbilder und auf ihr Andenken bezogen. Auch das Vermögen des Seianus sollte aus dem Staatsschatz herausgenommen und dem Fiskus[2] zugeschlagen werden, als ob dies schon einen Unterschied ausmachte. Dafür stimmten die Angehörigen des Geschlechtes der Scipionen, ferner der Silaner und Cassier, wobei sie sich mit allem Nachdruck der gleichen oder nur wenig unterschiedlicher Worte bedienten. Da ließ sich plötzlich Togonius Gallus, der trotz seiner unbedeutenden Herkunft seinen Namen unter die der großen Männer einreihen wollte, auf lächerliche Weise vernehmen. Er bat den Princeps, Senatoren zu bestimmen, von denen zwanzig, durch das Los gewählt, jedesmal, wenn er die Kurie betrete, mit dem Schwert bewaffnet sein Leben beschützen sollten. Er hatte wahrhaftig ein Schreiben des Tiberius für ernst genommen, in dem dieser einen der beiden Konsuln zu seinem persönlichen Schutz erbat, um sicher von Capreae nach Rom zu reisen. Tiberius, der gerne Ernst und Scherz mischte, dankte jedoch den Vätern für ihr Entgegenkommen und stellte die Frage: »Welche kann man übergehen und welche auswählen? Solche, die bereits Ehrenämter bekleidet haben, oder Männer, die noch jünger sind, Privatpersonen oder Staatsbeamte? Wie wird denn das aussehen, wenn sie dann auf der Schwelle der Kurie ihre Schwerter ziehen. So viel liegt mir nicht am Leben, wenn ich es mit den Waffen schützen muss.« Dies war seine Antwort; gegenüber Togonius schlug er einen maßvollen Ton an und begnügte sich, die Ablehnung des Antrages zu empfehlen.

(3) Aber Iunius Gallio[3], der beantragt hatte, die Prätorianer sollten nach der Ableistung ihrer Dienstzeit das Recht erhalten, in den »Vierzehn Reihen«[4] zu sitzen, tadelte er heftig und stellte die Frage, als ob er ihn persönlich vor sich hätte[5], was

denn ihn die Soldaten angingen, die doch mündliche Befehle und auch Belohnungen von niemand außer dem Imperator anzunehmen hätten. Er habe da am Ende gar etwas ausfindig gemacht, was selbst der vergöttlichte Augustus übersehen habe. Ob es da nicht eher ein Spießgeselle des Seianus auf die Erregung von Zwietracht und Meuterei abgesehen habe und harmlose Soldatenherzen durch scheinbare Ehrungen dazu verführen wolle, die militärische Zucht zu untergraben. Dies war der Lohn, den Gallio für seine ausgeklügelte Schmeichelei erntete: er wurde sofort aus dem Senat gestoßen und dann aus Italien verbannt. Und weil man gegen ihn vorbrachte, er werde auf der berühmten, anmutigen Insel Lesbos, die er sich ausgewählt habe, leicht die Verbannung ertragen, wurde er nach Rom zurückgeholt und Staatsbeamten zur Haft in ihren Häusern übergeben. Das gleiche Schreiben führte auch zu dem Sturz des ehemaligen Prätors Sextius Paconianus[6], zur großen Freude der Väter. Denn er war ein frecher, bösartiger Mensch, der alle Geheimnisse ausschnüffelte und von Seianus dazu ausersehen war, die Rolle des Helfershelfers bei dem gegen C. Caesar beabsichtigten Anschlag zu spielen. Als dies aufgedeckt war, kam der schon lange genährte Hass zum Ausbruch. Er wäre zum Tode verurteilt worden, hätte er sich nicht erboten, Geständnisse zu machen.

(4) Als er aber auf Lucanius Latiaris zu sprechen kam, da boten die beiden gleichermaßen verhassten Männer, der Ankläger und der Angeklagte, ein höchst unterhaltsames Schauspiel. Latiaris, der, wie ich berichtet habe[7], einst die Hauptrolle bei dem Sturz des Titius Sabinus gespielt hatte, war jetzt der erste, der dafür büßen musste. Indessen griff Haterius Agrippa[8] die Konsuln des vorausgegangenen Jahres an[9]. Warum sie denn jetzt schweigen, wo sie doch damals mit scharfer Anklage einander bedroht hätten. Gewiss, Furcht und Schuldbewusstsein seien es, die sie jetzt zu Verbündeten machen. Aber die Väter

dürften nicht verschweigen, was sie gehört hätten. Regulus erwiderte: es sei immer noch Zeit zur Rache, und er werde sie in Anwesenheit des Princeps üben. Trio darauf: Eifersucht zwischen Amtsgenossen und etwaige Vorwürfe, die sie einander im Streit gemacht hätten, tilge man besser aus dem Gedächtnis. Da Agrippa auf seinem Standpunkt beharrte, bat der Konsular Sanquinius Maximus den Senat, nicht die Sorgen des Imperators noch dadurch zu vermehren, dass er noch zusätzliche unangenehme Vorkommnisse zusammensuche. Der Imperator werde schon selbst Mittel und Wege finden, Abhilfe zu schaffen. So wurde Regulus gerettet, und Trios Sturz war aufgeschoben. Haterius war verhasster, weil er, durch Trägheit oder auch durch nächtliche Ausschweifungen entnervt, sich in seiner Gleichgültigkeit vor dem Princeps, mochte er noch so grausam sein, nicht fürchtete und bei Schlemmerei und Unzucht nur daran dachte, wie er erlauchte Männer ins Verderben stürzen könne.

(5) Darauf wurde Cotta Messalinus[10], der immer die härtesten Anträge gestellt und sich deshalb seit langem verhasst gemacht hatte, bei der ersten besten Gelegenheit beschuldigt, er habe vielfach Andeutungen gemacht, als ob die Fähigkeit des Mannes bei C. Caesar fraglich sei; auch habe er, als er an dem Geburtstag der Augusta bei den Priestern speiste, dieses Essen einen Leichenschmaus genannt. Ferner habe er, als er mit M'. Lepidus und L. Arruntius[11] wegen einer Geldangelegenheit prozessierte, sich über deren großen Einfluss beklagt und hinzugefügt: »Für jene wird der Senat einstehen, für mich aber mein Tiberiolus.« In allen diesen Punkten wurde er durch die ersten Männer der Bürgerschaft überführt, und da diese auf der Verfolgung der Vorwürfe bestanden, appellierte er an den Imperator. Bald darauf traf ein Schreiben des Tiberius ein, in dem dieser, wie wenn er ihn verteidigen wollte, auf den Ursprung seiner Freundschaft mit Cotta zurückgriff, dessen zahl-

reiche Verdienste erwähnte und forderte, man solle nicht auf böswillig verdrehten Äußerungen und harmlosen Tischgesprächen eine Anklage aufbauen.

(6) Auffallend mutete der Beginn des Briefes des Tiberius an, der folgendermaßen lautete: »Was ich euch, versammelte Väter, schreiben oder wie ich schreiben oder was ich in dieser Lage überhaupt nicht schreiben soll, wenn ich dies weiß, sollen mich die Götter und Göttinnen noch schlimmer strafen, als ich mich jeden Tag bestraft fühle.« So sehr waren ihm seine eigenen Verbrechen und Schandtaten zur Pein geworden. Nicht umsonst pflegte der hervorragendste Weise[12] die Behauptung aufzustellen, wenn man die Herzen der Tyrannen aufschlösse, könne man Wunden und Hiebe erblicken, da ja, wie der Körper durch Schläge, so das Herz durch Grausamkeit, sinnliche Leidenschaft und böse Gedanken zerfleischt wird. Denn Tiberius fand weder in seiner hohen Stellung noch in seinem zurückgezogenen Dasein Schutz vor dem Eingeständnis seiner Herzenspein und den ihn ereilenden Strafen.

(7) Als somit der Senat die Möglichkeit erhalten hatte, über den Senator Caesilianus, der die meisten Beschuldigungen gegen Cotta vorgebracht hatte, einen Beschluss zu fassen, entschied man, die gleiche Strafe zu verhängen wie gegen Aruseius und Sanquinius, die Ankläger des L. Arruntius[13]. Dies war die größte Ehre, die Cotta je zuteil geworden ist, der, dem Adel angehörend, durch sein luxuriöses Leben verarmt und wegen seiner Schandtaten berüchtigt, nun der gleichen Genugtuung gewürdigt wurde, die dem höchst ehrenwerten Arruntius erwiesen worden war.

Hernach wurden Q. Servaeus und Minucius Thermus[14] vorgeführt. Servaeus war Prätor und der einstige Begleiter des Germanicus gewesen, Minucius stammte aus dem Ritterstande; beide hatten von ihrer Freundschaft mit Seianus nur wenig Gebrauch gemacht, weshalb sie auch größeres Mitleid fanden.

Dagegen beschimpfte sie Tiberius als die Rädelsführer bei den Verbrechen und forderte C. Cestius[15], den Vater, auf, dem Senat vorzutragen, was er ihm geschrieben habe. Cestius übernahm die Anklage. Das war die unseligste Erscheinung jener Zeiten, dass die führenden Männer des Senates sich mit den niedrigsten Denunziationen befassten, teils in aller Öffentlichkeit, sehr häufig auch im geheimen, dass man nicht mehr unterscheiden konnte zwischen Fremden und Verwandten, zwischen Freunden und Unbekannten, zwischen kürzlich Geschehenem und in das Dunkel vergangener Zeiten Versunkenem. Gleichviel, ob man sich auf dem Forum oder bei einem Essen über irgend etwas unterhalten hatte, man wurde angeklagt. Jeder wollte dem andern zuvorkommen und ihn eiligst zum Schuldigen stempeln, manche, um sich selbst zu sichern, die meisten, wie von einer ansteckenden Krankheit befallen. Minucius und Servaeus wurden verurteilt und reihten sich dann unter die Denunzianten ein. In das gleiche Verhängnis hineingezogen wurden Iulius Africanus, aus dem gallischen Stamm der Santonen[16], und Seius Quadratus, dessen Herkunft ich nicht habe feststellen können. Ich bin mir wohl bewusst, dass die meisten Schriftsteller viele Prozesse und Bestrafungen unerwähnt gelassen haben, da sie der Häufigkeit der Fälle erlagen oder weil sie fürchteten, sie möchten bei ihren Lesern mit dem, was sie selbst zu sehr betrübt hatte, gleichen Widerwillen erwecken. Ich bin auf sehr vieles gestoßen, was, obwohl wissenswert, von anderen beiseite gelassen wurde.

(8) So wagte es zu der Zeit, da alle übrigen die Freundschaft mit Seianus verleugnet hatten, ein römischer Ritter, M. Terentius, der dieser Freundschaft wegen angeklagt war, sich offen zu ihr zu bekennen und vor dem Senat folgende Rede zu halten: »Meinem Schicksal mag es vielleicht weniger dienlich sein, die Beschuldigung anzuerkennen, als sie abzulehnen. Doch wie meine Sache auch ausgehen mag, ich will gestehen,

dass ich der Freund des Seianus gewesen bin, dass ich gewünscht habe, es zu werden, und dass ich mich gefreut habe, als ich es geworden war. Ich hatte ihn als Amtsgenossen seines Vaters die Prätorianerkohorten kommandieren und sodann zivile und militärische Ämter gleichzeitig bekleiden sehen. Seine Verwandten und unmittelbaren Angehörigen wurden mit Ehrenämtern überhäuft. Je näher man Seianus stand, umso mehr galt man auch als Freund des Caesaren; wem er dagegen feindlich gesinnt war, der hatte mit Furcht und Erniedrigung zu kämpfen. Ich verzichte darauf, einen einzelnen als Beispiel anzuführen: uns alle, die wir an seinem letzten Anschlag keinen Anteil gehabt haben, will ich auf meine alleinige Gefahr hin verteidigen. Denn nicht ein Seianus aus Volsinii, sondern ein Glied des claudischen und iulischen Hauses, in die er durch Verschwägerung gelangt war, dein Schwiegersohn, Caesar, dein Mitkonsul, dein Stellvertreter in der Staatsführung war es, den wir verehrt haben. Es ist nicht unsere Aufgabe, ein Urteil darüber abzugeben, wen du über alle anderen erhebst und aus welchen Gründen dies geschieht. Dir haben die Götter die höchste Entscheidung in die Hand gegeben; uns blieb nur die Ehre des Gehorsams übrig. Wir schauen ferner auf das, was vor unseren Augen liegt, wer aus deiner Hand Reichtum und Ehrenstellen erhält, wer die größte Macht zu nützen oder zu schaden besitzt. Dass Seianus sie besessen hat, das wird niemand leugnen: die geheimen Gedanken des Princeps und seine verborgenen Absichten zu erforschen ist nicht erlaubt und ist gefährlich, und man würde auch damit keinen Erfolg haben. Denket, versammelte Väter, nicht an den letzten Tag des Seianus, sondern an jene sechzehn Jahre. Auch einem Satrius und Pomponius[17] haben wir gehuldigt. Sogar mit seinen Freigelassenen und Türhütern bekannt zu werden galt für etwas Großartiges. Was folgt hieraus? Soll diese Verteidigung allen ohne Unterschied gleichermaßen zugute kommen? Nein! Die

Scheidewand muss richtig gezogen werden! Anschläge gegen das Gemeinwesen, Mordpläne gegen den Imperator sollen bestraft werden; was aber die Freundschaft mit Seianus und die ihm erwiesenen Dienste betrifft, so mag man dich, Caesar, und uns freisprechen, da wir damit zu gleicher Zeit Schluss gemacht haben.«

(9) Diese aufrechte Rede – es hatte sich ja jemand gefunden, der offen heraussagte, was alle dachten – hatte eine solche Wirkung, dass seine Ankläger, unter Berücksichtigung auch ihrer früheren Vergehen, mit Verbannung oder mit dem Tode bestraft wurden.

Darauf kam ein Schreiben des Tiberius, in dem er sich gegen den ehemaligen Prätor Sex. Vistilius wandte. Diesen hatte er als den besonderen Liebling seines Bruders Drusus in sein Gefolge versetzt. Der Grund, dass Vistilius in Ungnade fiel, lag entweder darin, dass er wirklich ein Spottgedicht auf den unzüchtigen Lebenswandel des C. Caesar verfasst hatte oder dass man hier einer Erfindung Glauben geschenkt hatte. Er wurde deshalb von der Hofgesellschaft des Princeps ausgeschlossen. Nachdem er mit altersschwacher Hand sich die Adern zu öffnen versucht hatte, verband er sie wieder und richtete ein Bittgesuch an Tiberius. Als dieses schroff abgewiesen wurde, öffnete er die Adern von neuem.

Dann wurden in einem Gesamtverfahren Annius Pollio, Appius Silanus und zugleich mit ihnen Scaurus Mamercus und Sabinus Calvisius wegen Majestätsbeleidigung belangt. Mit seinem Vater Pollio wurde auch Vinicianus in die Anklage einbezogen. Alle stammten aus berühmtem Geschlecht und hatten zum Teil höchste Ehrenämter bekleidet[18]. Ein Beben hatte die Väter erfasst (wie wenige mochte es geben, die nicht verschwägert oder befreundet mit so vielen erlauchten Männern waren?). Doch Celsus, der Tribun einer Stadtkohorte[19], der damals zu den Zeugen gehörte, rettete Appius und Calvisius aus ihrer gefährdeten Lage. Der Caesar vertagte den Prozess gegen Pollio, Vinicianus und Scaurus, um die Untersuchung persönlich zusammen mit dem Senat vorzunehmen, nicht ohne einige bedrohliche Andeutungen gegen Scaurus zu machen.

(10) Nicht einmal die Frauen blieben von Prozessen verschont. Weil man sie nicht der Absicht beschuldigen konnte, die Macht im Staate an sich zu reißen, wurden sie wegen ihrer Tränen angeklagt. Umgebracht wurde die greise Vitia, die Mutter des Fufius Geminus, weil sie die Hinrichtung ihres Sohnes beweint habe.

Solche Entscheidungen traf der Senat, und kein anderes Bild boten die Verhandlungen vor dem Princeps: Vescularius Flaccus und Iulius Marinus wurden zur Hinrichtung abgeführt. Sie gehörten zu den ältesten Vertrauten des Princeps, hatten ihn nach Rhodus begleitet und unzertrennlich bei ihm auf Capreae ausgeharrt. Vescularius hatte bei dem Anschlag gegen Libo[20] die Rolle des Zwischenträgers gespielt, mit Beteiligung von Marinus hatte Seianus den Curtius Atticus[21] beseitigt. Umso freudiger wurde es begrüßt, dass nun die Ratgeber ihren eigenen Machenschaften zum Opfer gefallen waren. Um die gleiche Zeit starb der Pontifex L. Piso (eine Seltenheit bei einer so hohen Stellung) eines natürlichen Todes. Er hatte nie aus eigenem Antrieb einen Antrag gestellt, der knechtischer Gesinnung entsprang, und wenn eine Zwangslage zu einem solchen drängte, hatte er weise Mäßigung walten lassen. Dass sein Vater Censor gewesen war, habe ich erwähnt[22]. Er wurde achtzig Jahre alt und hatte sich in Thracien die Triumphinsignien erworben. Aber sein besonderer Ruhm rührte daher, dass er als Stadtpräfekt die seit kurzem lebenslängliche und, weil man nicht zu gehorchen gewohnt war, als drückend empfundene Amtsgewalt mit erstaunlicher Milde ausübte.

(11) Wenn nämlich früher Könige und in der Folge Staatsbeamte von zu Hause wegreisten, wurde, damit nicht die Stadt

ohne Regierung sei, ein Mann auf Zeit gewählt, der Recht sprechen und bei unvorhergesehenen Ereignissen helfend eingreifen sollte. So wird berichtet, Romulus habe Denter Romulius, dann Tullus Hostilius den Numa Marcius und Tarquinius Superbus den Spurius Lucretius eingesetzt. Später waren es die Konsuln, die sich so vertreten ließen. Noch hat sich hiervon die äußere Form erhalten: jedesmal wird anlässlich des Latinerfestes ein Präfekt zur Wahrnehmung der Geschäfte der Konsuln ernannt. Übrigens hat Augustus in den Bürgerkriegen Cilnius Maecenas, der dem Ritterstand angehörte, die volle Regierungsgewalt über Rom und ganz Italien übertragen[23]. Dann, als er sich der Alleinherrschaft bemächtigt hatte, berief er wegen der großen Bevölkerungszahl und weil die Mithilfe der Strafgesetze sich zu langsam auswirkte, einen der Konsularen, um die Sklaven im Zaum zu halten und auch den Teil der Bürgerschaft, der zu frecher Auflehnung neigt, wenn er sich vor Gewalt nicht fürchtet. Der erste, der diese Amtsbefugnis erhielt und nach wenigen Tagen, angeblich als unfähig, sie auszuüben, wieder verlor, war Messala Corvinus. Dann wusste sie Taurus Statilius[24] trotz seinem vorgeschrittenen Alter vortrefflich zu handhaben. Endlich bewährte sich Piso in dieser Stellung in gleichbleibender Tüchtigkeit fünfzehn Jahre lang, wofür er durch ein Staatsbegräbnis auf Grund eines Senatsbeschlusses geehrt wurde.

(12) Darauf brachte der Volkstribun Quintilianus bei den Vätern einen Antrag über ein sibyllinisches Buch[25] ein, dessen Aufnahme unter die übrigen Bücher der gleichen Seherin auf Grund eines entsprechenden Senatsbeschlusses der Quindecimvir Caninius Gallus[26] verlangt hatte. Da dieser Beschluss ohne weitere Aussprache erfolgt war, schickte der Caesar ein Schreiben mit einem gelinden Tadel für den Tribunen: seine mangelnde Vertrautheit mit der alten Sitte sei seiner Jugend zuzuschreiben. Dem Gallus jedoch machte er den Vorwurf,

obgleich er alt genug sei, die heiligen Gebräuche zu kennen, habe er die Sache, ohne dass man den Verfasser des Gedichtes kenne und ohne, wie üblich, ein Gutachten seines Kollegiums einzuholen und durch die »magistri«[27] vorher lesen und beurteilen zu lassen, in einer ungenügend besuchten Senatssitzung zur Sprache gebracht. Zugleich rief er in Erinnerung, Augustus habe, weil viel Unechtes unter dem berühmten Namen verbreitet wurde, eine Frist festgesetzt, innerhalb der solche Schriften dem Stadtprätor übergeben werden sollten; auch dürften sie nicht im Privatbesitz bleiben. Schon die Vorfahren hatten einen solchen Beschluss gefasst: nach dem Brande des Capitols im Bundesgenossenkrieg hatte man in Samos, Ilium, Erythrae[28], ja auch in Afrika, in Sizilien und in den italischen Kolonien die Weissagungen der Sibylle zusammengesucht – mag es nun eine oder mögen es mehrere gewesen sein – und die Priester beauftragt, die echten, soweit menschliche Kraft es vermöge, auszusondern. Und so wurde auch jetzt dieses Buch der Untersuchung durch die Fünfzehnmänner unterzogen.

(13) Unter den gleichen Konsuln kam es durch eine drückende Teuerung fast zu einem Aufruhr. Immer wieder wurden mehrere Tage im Theater mit einer dem Imperator gegenüber ungewöhnlichen Hemmungslosigkeit stürmische Forderungen erhoben. Darüber aufgebracht, beschuldigte er die Staatsbeamten und die Väter, dass sie nicht durch ihre amtliche Autorität das Volk im Zaum gehalten hätten. Er bemerkte dazu, aus welchen Provinzen er mehr Getreide als Augustus herbeischaffe. So wurde, um die Plebs zurechtzuweisen, ein Senatsbeschluss von alter Strenge gefasst, und mit einem nicht minder scharfen Edikt ließen sich die Konsuln vernehmen. Tiberius selbst hüllte sich in Schweigen. Doch wurde ihm dies nicht als Leutseligkeit ausgelegt, wie er geglaubt hatte, sondern als Hochmut.

(14) Am Ende des Jahres fielen die römischen Ritter Gemi-

nius, Celsus und Pompeius der Anklage wegen Teilnahme an der Verschwörung zum Opfer. Von diesen war Geminius als Verschwender und Weichling zum Freund des Seianus geworden, ohne diese Freundschaft irgendwie zu ernsthaften Zwecken auszunützen. Der Tribun Iulius Celsus löste im Gefängnis die Kette, legte sie sich um den Hals und brach sich selbst das Genick, indem er sie hin und her zog. Dagegen wurde Rubrius Fabatus unter Bewachung gestellt, weil man vermutete, er habe, angesichts der hoffnungslosen Verhältnisse in Rom, zu den Parthern fliehen wollen, um dort Mitleid zu finden. Und wirklich griff man ihn bei der Meerenge von Sizilien auf, ein Centurio brachte ihn zurück, und obgleich er keine glaubhaften Gründe für seine weite Reise vorbringen konnte, wurde ihm kein Leid angetan, mehr, weil man ihn vergaß, als weil man Gnade walten ließ.

(15) Unter dem Konsulat von Ser. Galba und L. Sulla[29] wählte der Caesar nach langen Überlegungen, wen er für seine Enkelinnen[30] als Ehemänner bestimmen solle – sie standen in heiratsfähigem Alter –, L. Cassius und M. Vinicius aus. Vinicius stammte aus einer Landstadt. Er war in Cales[31] geboren, sein Vater und Großvater hatten das Konsulat bekleidet; übrigens gehörte seine Familie dem Ritterstand an. Er selbst war von sanfter Gemütsart und verfügte über eine geschliffene Beredsamkeit. Cassius entstammte einem plebeischen Geschlecht Roms, das alt und angesehen war. Er hatte väterlicherseits eine strenge Erziehung genossen und empfahl sich mehr durch sein umgängliches als tatkräftiges Wesen. Mit ihm vermählte er Drusilla, mit Vinicius Iulia, beides Töchter des Germanicus. Er schrieb in dieser Angelegenheit an den Senat, wobei er den beiden jungen Männern nur sparsames Lob spendete. Dann ging er nach einer ziemlich vagen Begründung seiner Abwesenheit zu wichtigeren Punkten über: zu den Feindschaften, denen er sich durch sein Wirken für das

33 n. Chr.

Gemeinwesen ausgesetzt habe, und zu der Forderung, der Präfekt Macro[32] und einige der Tribunen und Centurionen sollten ihn jedesmal begleiten, wenn er die Kurie betrete. Der Senat fasste auch einen weitgehenden Beschluss, indem er weder Rang noch Zahl dieser Begleitung vorschrieb. Trotzdem besuchte Tiberius nie ein Haus in Rom, geschweige denn eine Beratung von Staatsangelegenheiten, sondern ging in der Regel auf abgelegenen Wegen um seine Vaterstadt herum und mied sie.

(16) Inzwischen stürzte sich die große Meute der Ankläger auf die Personen, die ihr Einkommen durch Wucher vermehrten, im Widerspruch zu dem Gesetz des Diktators Caesar, der darin das Gebiet des Geldverleihens und des Geldbesitzes in Italien geregelt hatte. Es war schon längst nicht mehr beachtet worden, da ja der Eigennutz über den Gemeinnutz gestellt wird. Allerdings war der Zinswucher ein altes Übel in Rom und bildete die häufigste Ursache von Aufruhr und Zwietracht. Deshalb hielt man es auch, solange noch die alten und weniger verdorbenen Sitten galten, in engen Schranken. Denn zuerst wurde durch die Zwölftafeln bestimmt, dass niemand mehr als ein Prozent[33] Jahreszins nehmen dürfe, während vorher der Zinsfuß in das Belieben der Kapitalisten gestellt war. Dann wurde er auf einen tribunizischen Antrag hin auf ein halbes Prozent herabgesetzt und zuletzt das Zinsnehmen ganz verboten. Es ergingen auch viele Volksbeschlüsse, um den Betrügereien entgegenzuwirken, die jedesmal, wenn man gegen sie eingeschritten war, durch erstaunliche Kniffe wieder auflebten. Doch jetzt brachte der Prätor Gracchus, dem die Untersuchung zugefallen war, gezwungen durch die große Zahl derer, denen Prozesse drohten, die Sache vor den Senat. Die verängstigten Väter – keiner war ja frei von solcher Schuld – baten den Princeps um Nachsicht, mit dessen Einwilligung ein Jahr und sechs Monate Frist gegeben wurde, innerhalb der jeder

entsprechend den gesetzlichen Vorschriften seine persönlichen Geldverhältnisse in Ordnung bringen sollte.

(17) Das führte zu einer Verknappung auf dem Geldmarkt, da das gesamte Schuldenwesen mit einmal in Bewegung kam[34] und weil infolge so vieler Verurteilungen und der dadurch bedingten Güterverkäufe das gemünzte Geld im Fiskus oder im Staatsschatz zurückbehalten wurde[35]. Im Hinblick auf diesen Vorgang hatte der Senat vorgeschrieben, jeder solle zwei Drittel seines Kapitalvermögens in Italien in Grund und Boden anlegen[36]. Aber die Gläubiger forderten das Ganze ein, und die Schuldner, denen gekündigt war, hielten es nicht für vereinbar mit ihrem guten Ruf, ihren Verbindlichkeiten nicht nachzukommen. Da gab es nun zuerst ein Gerenne mit Bittgesuchen, dann einen Spektakel vor dem Tribunal des Prätors. Gerade das Mittel, das man zur Abhilfe gesucht hatte, Verkauf und Kauf, schlug zum Gegenteil aus, da die Kapitalisten all ihr Geld zum Kauf von Grundstücken eingezogen hatten. Das massenhafte Verkaufsangebot drückte die Preise, und je tiefer einer verschuldet war, umso schwerer war er dazu zu bringen, seinen Besitz zu veräußern. Viele wurden von Haus und Hof vertrieben. Der Zusammenbruch der wirtschaftlichen Existenz hatte den Verlust von Stellung und Ruf zur Folge. Endlich griff der Caesar helfend ein. Er stellte den Banken hundert Millionen Sesterzen zur Verfügung, wodurch die Aufnahme von zinslosen Darlehen auf drei Jahre ermöglicht wurde, sofern der Schuldner dem Staat doppelte Sicherheit in Form von Grundstücken gebe. So wurde der Kredit wiederhergestellt, und allmählich fanden sich auch wieder private Geldgeber. Doch vollzog sich der Ankauf von Grundbesitz nicht entsprechend den Richtlinien des Senatsbeschlusses. Wie gewöhnlich in solchen Fällen ging man anfangs mit Strenge an die Sache heran und behandelte sie zum Schluss mit Lauheit.

(18) Darauf kehrte die alte Schreckenszeit zurück: Considius

Proculus wurde wegen Majestätsverbrechen vor Gericht gestellt. Während er ohne jede Befürchtung seinen Geburtstag feierte, wurde er in die Kurie geschleppt, verurteilt und sofort umgebracht. Seine Schwester Sancia wurde auf die Anklage von Q. Pomponius hin geächtet. Dieser, ein Mensch von ruheloser Wesensart, gab vor, er begehe dies und derartiges nur, um sich bei dem Princeps in Gunst zu setzen und so seinem gefährdeten Bruder Pomponius Secundus helfen zu können. Auch gegen Pompeia Macrina wurde auf Verbannung erkannt; ihren Gatten Argolicus und ihren Schwiegervater Laco, die beide zu den führenden Männern der Achaeer gehörten, hatte der Caesar bereits gestürzt. Ihr Vater, ein erlauchter römischer Ritter, und ihr Bruder, ein ehemaliger Prätor, brachten sich selbst um, da ihre Verurteilung zu erwarten war. Zum Vorwurf wurde ihnen gemacht, dass ihr Urgroßvater Theophanes aus Mytilene zu den engsten Freunden des Cn. Pompeius gezählt habe und dass die Griechen dem verstorbenen Theophanes in ihrer üblichen Schmeichelei göttliche Ehren erwiesen hatten.

(19) Nach ihnen wurde Sex. Marius, der reichste Mann in Spanien, angezeigt, er habe mit seiner Tochter Blutschande getrieben. Er wurde von dem Tarpeiischen Felsen herabgestürzt. Und damit kein Zweifel darüber herrsche, dass sein großer Reichtum schuld an seinem Unglück sei, beschlagnahmte Tiberius seine Gold- und Silberminen, obgleich sie für Staatsbesitz erklärt wurden, für sich persönlich. Durch die Hinrichtungen nur noch mehr aufgereizt, befahl er, alle im Gefängnis Inhaftierten, die der Beteiligung an der Verschwörung des Seianus angeklagt waren, umzubringen. Massen von Leichen lagen herum, jeglichen Geschlechts, jeglichen Alters, Leute von hohem und niederem Stande, einzeln oder in Haufen. Weder Verwandten noch Freunden wurde es vergönnt, heranzutreten, sie zu beweinen, ja nicht einmal, sie länger zu betrachten. Wachen waren ringsum aufgestellt, die aufmerksam darauf

achteten, ob jemand irgendwelches Zeichen von Trauer verrate, und die verwesenden Leichen hüteten, bis diese in den Tiber geschleppt wurden, wo sie fortgetrieben oder an das Ufer geschwemmt wurden, ohne dass man sie dort verbrannte oder auch nur berührte. Die Macht des Schreckens hatte zeitweilig jedes Gefühl menschlicher Schicksalsverbundenheit ausgelöscht, und je mehr die Grausamkeit um sich griff, desto mehr kam das Mitgefühl zum Erliegen.

(20) Um die gleiche Zeit erhielt C. Caesar, der seinen Großvater bei seiner Reise nach Capreae begleitet hatte, Claudia, die Tochter des M. Silanus, zur Gemahlin[37]. Er verbarg seinen brutalen Charakter hinter einer schlau berechnenden Bescheidenheit, ohne bei der Verurteilung seiner Mutter, bei dem Sturz seiner Brüder ein Wort zu verlieren. Jeder Laune des Tiberius wusste er sich täglich in seiner äußeren Haltung anzupassen, ja fast die gleichen Ausdrücke zu verwenden. Daher ging auch bald der witzige Ausspruch des Redners Passienus[38] um: »Nie hat es einen besseren Sklaven und einen schlechteren Herrn gegeben.«

Nicht übergehen möchte ich die Prophezeiung des Tiberius über Servius Galba, der damals Konsul war. Er ließ diesen zu sich kommen und forschte ihn in allen möglichen Gesprächen aus. Zuletzt sagte er zu ihm in griechischer Sprache folgendes: »Auch du, Galba, wirst einmal das Herrschersein kosten!« Er deutete damit auf die späte und kurze Machtstellung Galbas hin, die er somit auf Grund seiner astrologischen Kenntnisse voraussagte. Er hatte in Rhodus Zeit gehabt, diese sich anzueignen, wobei er als Lehrer Thrasyllus gehabt hatte, dessen Wissen er auf folgende Weise erprobt hatte.

(21) Sooft ihn eine solche Frage beschäftigte, begab er sich auf einen hochgelegenen Teil seines Palastes, wobei er nur einen einzigen Freigelassenen als Mitwisser beizog. Dieser, ein ungebildeter Mensch, der jedoch körperlich kräftig war, muss-

te auf dem unwegsamen, steil abschüssigen Gelände – der Palast ragt über dem Felsen auf – dem, dessen Kenntnisse Tiberius auf die Probe zu stellen beschlossen hatte, vorausgehen und ihn auf dem Rückweg, wenn er sich der Gaukelei oder gar des Betrugs verdächtig gemacht hatte, in das unten liegende Meer hinunterstürzen, damit er nicht das Geheimnis preisgebe. Und so wurde auch Thrasyllus über diese Felsen geführt. Als ihn Tiberius fragte, machte er auf ihn großen Eindruck, da er ihm die Erhebung auf den Thron und auch sonst die Zukunft in geschickter Weise voraussagte. Er fragte ihn weiter, ob er sich auch sein eigenes Horoskop gestellt habe und ob er wisse, was das jetzige Jahr, was der heutige Tag ihm bringe. Jener berechnete die Positionen der Gestirne und ihren Abstand, stutzte zuerst und erbleichte dann, und je mehr er sich in seine Beobachtungen vertiefte, desto mehr zitterte er in angstvollem Erstaunen und rief zuletzt aus, er befinde sich in einer bedenklichen Lage, fast habe seine letzte Stunde geschlagen. Da umarmte Tiberius ihn und beglückwünschte ihn, dass er die Gefahr vorausgesehen habe und dass ihm daher nichts geschehen werde. Seine Aussprüche als Orakel betrachtend, nahm er ihn in den Kreis seiner engsten Freunde auf.

(22) Wenn ich von diesen und ähnlichen Begebenheiten höre, weiß ich nicht, wie ich mich entscheiden soll, ob in dem Ablauf des Menschenlebens das Schicksal oder eine unabänderliche Notwendigkeit oder reiner Zufall waltet. Denn man wird finden, dass die weisesten Männer der alten Zeit und alle, die in ihre Schule gegangen sind, darüber ganz verschieden gedacht haben und viele fest überzeugt sind, dass die Götter sich nicht um unsere Geburt, nicht um unser Ende, ja überhaupt nicht um die Menschen kümmern und dass daher so häufig Unglück über die Guten komme und Glück den Schlechten zuteil werde. Andere glauben dagegen, es walte zwar das Schicksal in dem menschlichen Geschehen, aber es richte sich nicht

nach dem Lauf der Gestirne, sondern stehe im Zusammenhang mit dem von Anfang bestehenden natürlichen Kausalgesetz. Und doch lassen sie uns die Freiheit, unsere Lebensführung selbst zu bestimmen. Habe man die Wahl einmal getroffen, sei auch der weitere Lauf des Geschehens fest bestimmt. Was die große Masse für schlecht oder gut halte, das sei es gar nicht. Viele, die von Unglück betroffen scheinen, seien glücklich, aber sehr viele, obgleich sie in großem Reichtum leben, in höchst elender Lage, sofern jene ihr schweres Geschick standhaft ertragen, diese ihr Glück unüberlegt genießen. Jedoch lassen sich die meisten Menschen nicht den Glauben nehmen, dass gleich mit der Geburt jedem die Zukunft vorausbestimmt wird. Freilich falle manches anders aus, als die Voraussage laute. Doch daran seien die Betrügereien unwissender Wahrsager schuld. So werde der Glaube an eine Kunst untergraben, die sich seit alter Zeit bis in die Gegenwart glänzend bewährt habe. Denn dass der Sohn eben dieses Thrasyllus die Regierung Neros vorausgesagt hat, werde ich zu gegebener Zeit berichten[39], um mich von meinem Vorhaben jetzt nicht zu weit zu entfernen.

(23) Unter den gleichen Konsuln verbreitete sich die Kunde von dem Tod des Asinius Gallus[40]. Dass er verhungert war, darüber herrschte kein Zweifel, nur ob freiwillig oder gezwungen galt als ungewiss. Als der Caesar befragt wurde, ob er seine Bestattung zulasse, schämte er sich nicht, seine Genehmigung zu geben und zudem noch die Umstände zu bedauern, die den Angeklagten weggerafft hätten, noch ehe er gerichtlich überführt worden sei. Freilich hatte es im Verlauf von drei Jahren an Zeit gefehlt, den greisen Konsular, den Vater von so vielen ehemaligen Konsuln, vor Gericht zu stellen. Darauf kam Drusus[41] ums Leben. Er hatte sich mit kümmerlichster Nahrung, die Auspolsterung seines Lagers kauend, neun Tage lang am Leben erhalten. Manche überliefern auch, Macro habe den Auftrag ge-

habt, wenn Seianus einen bewaffneten Aufstand versuche, Drusus, der in dem Palatium inhaftiert war, aus dem Gefängnis herauszuholen und ihn als Führer an die Spitze des Volkes zu stellen. Weil dann das Gerücht umging, der Caesar werde sich mit seiner Schwiegertochter und seinem Enkel aussöhnen, wollte er lieber Grausamkeit anwenden als Reue zeigen.

(24) Ja, er zog sogar gegen den Toten los, warf ihm körperliche Laster und eine den Seinigen verderbliche und dem Gemeinwesen feindselige Gesinnung vor und befahl, ein Tagebuch, in dem alle seine Handlungen und Äußerungen verzeichnet waren, vorzulesen. Dies empfand man als den Höhepunkt der Gemeinheit. Dass so viele Jahre hindurch Leute ihn umgaben, die seine Miene, sein Seufzen, sein verstecktes Murmeln belauerten, und dass er als Großvater dies anhören, lesen und der Öffentlichkeit habe preisgeben können, erschien kaum glaublich. Aber die Briefe des Centurionen Attius und des Freigelassenen Didymus gaben die Namen der Sklaven an, die jedesmal, wenn Drusus sein Schlafgemach verlassen wollte, ihn geschlagen und in Schrecken versetzt hatten. Auch hatte der Centurio seine eigenen Ausdrücke, die voller Roheit waren, als etwas Rühmliches sowie die Worte des Sterbenden hinzugefügt, in denen Drusus zuerst, eine geistige Umnachtung vortäuschend, wie ein Wahnsinniger Verwünschungen gegen Tiberius und dann, als er die Hoffnung auf sein Leben aufgegeben hatte, wohlüberdachte Verfluchungsformeln ausstieß: wie er gegen seine Schwiegertochter, den Sohn seines Bruders, seine Enkel und sein ganzes Haus mit Mord gewütet habe, so mögen an ihm der Name und das Geschlecht seiner Vorfahren und seiner Nachkommen gerächt werden. Die Väter gaben zwar mit lärmendem Einspruch ihrem scheinbaren Abscheu Ausdruck; aber tief in ihren Herzen saß das Entsetzen über das Unfassbare, dass der einst so schlaue Mann, der seine Verbrechen ins Dunkel zu hüllen verstand, sich nun so selbst-

sicher fühle, dass er gleichsam den Vorhang wegzog, um seinen Enkel vorzuführen, wie er, den Schlägen eines Centurio, den Hieben von Sklaven ausgeliefert, um die kümmerlichsten Lebensmittel vergebens bat.

(25) Noch war dieser Schlag nicht verwunden, als man von Agrippina hörte: sie hatte, wie ich glaube, nach der Hinrichtung des Seianus neue Hoffnung geschöpft und sich deshalb nicht das Leben genommen; aber als die brutale Behandlung nicht nachließ, verübte sie Selbstmord. Doch ist es auch möglich, dass man ihr die Lebensmittel entzog und so ein Ende vortäuschte, das wie ein Selbstmord aussah. Tiberius wenigstens erging sich in den gemeinsten Vorwürfen: er beschuldigte sie der Unzucht und des Ehebruchs mit Asinius Gallus, dessen Tod ihr das Leben verleidet habe. Aber Agrippina, unfähig, sich mit der ihr gemäßen Stellung zu begnügen, und herrschsüchtig, wie sie war, hatte sich männlichen Aufgaben zugewandt und damit die weiblichen Schwächen abgelegt. Dass sie an dem gleichen Tage starb, an dem zwei Jahre zuvor Seianus bestraft worden war, und dass dies geschichtlich festgehalten werden müsse, fügte der Caesar hinzu und tat sich noch etwas darauf zugute, dass sie nicht erdrosselt und nicht in die Gemonien geworfen worden sei. Dafür wurde ihm Dank gesagt und beschlossen, an jedem 18. Oktober, als dem Todestag von beiden, Iuppiter ein Weihgeschenk darzubringen.

(26) Bald darauf fasste Cocceius Nerva[42] den Entschluss, aus dem Leben zu scheiden. Er war der ständige Begleiter des Princeps, ein Kenner des gesamten göttlichen und menschlichen Rechts; seine Stellung war unerschüttert, und er war bei bester Gesundheit. Als dies Tiberius erfuhr, machte er ihm einen Besuch, forschte nach den Gründen und verlegte sich auf Bitten. Zuletzt gestand er, es laste schwer auf seinem Herzen und auf seinem Ruf, wenn sein nächster Freund ohne vernünftige Gründe zum Sterben dem Leben entfliehe. Nerva ließ sich

auf keine weitere Unterhaltung ein und blieb dabei, keine Nahrung zu sich zu nehmen. Leute, die mit seiner Denkungsart vertraut waren, berichteten, je näher ihm das Unglück des Gemeinwesens vor Augen gestanden sei, desto erbitterter und besorgter sei er gewesen, und er habe, solange er noch makellos und unangefochten gewesen sei, ein Ende in Ehren finden wollen.

Übrigens riss Agrippina, was kaum glaublich ist, Plancina mit ins Verderben. Einst die Gattin Cn. Pisos, die ihre Freude über den Tod des Germanicus offen zu erkennen gegeben hatte, war sie bei dem Sturz Pisos durch die Bitten Livias und nicht weniger durch ihre Feindschaft mit Agrippina geschützt worden. Sobald Hass und Gunst aufgehört hatten[43], trat wieder das Recht in Kraft. Wegen ihrer wohlbekannten Verbrechen belangt, unterzog sie sich der zwar verspäteten, aber wohlverdienten Todesstrafe mit eigener Hand.

(27) Zu all dem Leid, von dem die Bürgerschaft heimgesucht wurde, zählte es auch, dass Iulia, die Tochter des Drusus, die einstige Gattin Neros, sich in die Familie des Rubellius Blandus verheiratete, dessen Großvater, einen römischen Ritter aus Tibur, noch viele gekannt hatten. Am Ende des Jahres starb Aelius Lamia[44] und bekam ein censorisches Begräbnis. Von der trügerischen Hoffnung auf die Statthalterschaft von Syrien hatte ihn endlich seine Ernennung zum Stadtkommandanten von Rom erlöst[45]. Er stammte aus angesehenem Geschlecht, war in hohem Alter noch recht rüstig, und dass die Provinz ihm vorenthalten wurde, hatte sein Ansehen nur noch erhöht. Als dann Flaccus Pomponius, der Proprätor von Syrien, gestorben war, wurde ein Schreiben des Caesaren verlesen, in dem er den Vorwurf erhob, dass die hervorragenden, zur Führung der Heere geeigneten Männer dieses Amt ablehnen. In dieser Notlage sehe er sich zu der Bitte gezwungen, man möge einige Konsulare zur Übernahme von Provinzen veranlassen. Dabei

vergaß er, dass Arruntius an der Abreise nach Spanien schon seit zehn Jahren gehindert wurde[46]. In dem gleichen Jahr starb auch M'. Lepidus, über dessen maßvolle Besonnenheit und Weisheit ich in den vorausgegangenen Büchern ausgiebig berichtet habe[47]. Auch auf seinen Adel brauche ich nicht ausführlicher hinzuweisen; das Geschlecht der Aemilier hat ja zahlreiche gute Bürger hervorgebracht, und auch die sittlich entarteten Angehörigen dieser Familie haben in glänzenden Verhältnissen gelebt.

(28) Unter dem Konsulat des Paulus Fabius und des L. Vitellius[48] erschien nach dem Verlauf vieler Jahrhunderte wieder der Vogel Phönix in Ägypten und bot den gelehrtesten Männern der einheimischen und der griechischen Bevölkerung Stoff zu vielfacher Erörterung dieser Wundererscheinung. Worüber sie sich einig sind, aber auch vieles Umstrittene, dessen Kenntnis aber nicht unangebracht ist, will ich berichten. Dass dieses Tier der Sonne heilig und in der Form seines Schnabels und der Zeichnung seines Gefieders von den anderen Vögeln verschieden ist, darüber herrscht Einigkeit bei allen, die seine Gestalt beschrieben haben. Über die Zahl der Jahre, die zwischen seinem Erscheinen liegen, gibt es verschiedene Überlieferungen. Die verbreitetste rechnet mit fünfhundert Jahren. Manche behaupten, er erscheine immer wieder nach 1461 Jahren[49]. Früher seien die Vögel dreimal, das erste Mal einer unter der Regierung des Sesosis, dann einer unter der des Amasis und darauf des Ptolemäus[50], des dritten Herrschers aus dem macedonischen Geschlecht, in die Stadt, die den Namen Heliopolis[51] hat, geflogen, begleitet von vielen anderen Vögeln, welche die so ungewöhnliche Erscheinung anstaunten. Allein die alten Zeiten liegen im dunkeln: zwischen Ptolemäus und Tiberius liegen nicht ganz 250 Jahre. Daher glaubten manche, dies sei nicht der echte Phönix, er komme nicht aus dem Araberland und habe keines der Merkmale, die

34 n. Chr.

ihm die alte Überlieferung beimisst. Wenn nämlich die Zahl seiner Jahre um ist und der Tod naht, baue er in seinem Heimatland ein Nest und lasse seinen Samen hineinfließen, woraus dann ein junger Vogel erstehe. Sobald das Junge erwachsen sei, sei dessen erste Sorge, den Vater zu begraben. Dies geschehe aber nicht ohne Überlegung, sondern er hebe eine bestimmte Menge Myrrhen auf, versuche damit einen weiten Flug und nehme, wenn er auf dem Flug die Last zu tragen vermöge, den Körper des Vaters auf, trage ihn bis zu dem Altar des Sonnengottes und verbrenne ihn dort. Das sind nun allerdings ungewisse und ins Märchenhafte gehobene Behauptungen. Doch darüber herrscht kein Zweifel, dass man diesen Vogel manchmal in Ägypten sieht.

(29) In Rom jedoch ging das Morden ununterbrochen weiter: Pomponius Labeo, der, wie ich berichtet habe, Statthalter in Mösien war[52], öffnete sich die Adern und verblutete. Seine Gattin Paxaea folgte seinem Beispiel. Denn die Furcht vor dem Henker legte die rasche Wahl solcher Todesart nahe, und während die Verurteilten, ihres Vermögens beraubt, nicht begraben werden durften, wurden diejenigen, die sich selbst entleibten, beerdigt, und ihre Testamente blieben in Kraft. So lohnte es sich, wenn man sich beschleunigt davonmachte. Doch der Caesar richtete ein Schreiben an den Senat, in dem er darlegte, es sei bei den Vorfahren Sitte gewesen, sooft sie jemand das Freundschaftsverhältnis aufkündigten, diesem ihr Haus zu verbieten und damit den Abbruch der Beziehungen zu bestätigen. So habe er es auch mit Labeo gehalten. Als aber dieser wegen der schlechten Verwaltung seiner Provinz und wegen anderer Verfehlungen in Bedrängnis geriet, habe er seine Schuld durch eine gehässige Tat verschleiert und ohne Grund seine Gemahlin in Schrecken versetzt, die zwar ebenfalls schuldig, aber nicht in Gefahr gewesen sei. Darauf wurde erneut Mamercus Scaurus[53] vor Gericht gestellt. Er gehörte dem

hohen Adel an und war ein ausgezeichneter Gerichtsredner, aber führte einen anstößigen Lebenswandel. Nicht die Freundschaft mit Seianus brachte ihn zu Fall, sondern der Hass Macros, der sich nicht weniger verhängnisvoll auswirkte. Macro bediente sich der gleichen Mittel, nur heimlicher; er hatte den Inhalt einer von Scaurus verfassten Tragödie[54] dem Tiberius hinterbracht und einige Verse daraus zitiert, die man auf Tiberius beziehen konnte. Aber die Ankläger Servilius und Cornelius warfen ihm Ehebruch mit Livia und Beteiligung an dem Geheimdienst der Magier vor. Scaurus erwies sich als würdig des alten Aemiliergeschlechts und kam auf Zureden seiner Gemahlin Sextia, die ihn zum Selbstmord trieb und mit ihm in den Tod ging, der Verurteilung zuvor.

(30) Doch auch die Ankläger fielen, wenn sich Gelegenheit bot, der Bestrafung anheim: so wurden die durch den Sturz des Scaurus berüchtigten Servilius und Cornelius geächtet und nach Inseln deportiert, weil sie für die Unterlassung einer Anzeige von Varius Ligus[55] Geld angenommen hatten. Auch Abudius Ruso, der Ädil gewesen war, machte dem Lentulus Gaetulicus, unter dem er eine Legion befehligt hatte, den Prozess, weil er den Sohn des Seianus zu seinem Schwiegersohn bestimmt habe; er wurde aber seinerseits verurteilt und aus Rom verwiesen. Gaetulicus befehligte damals die Legionen von Obergermanien und hatte sich bei ihnen außerordentliche Beliebtheit erworben dank unbegrenzter Milde und lauer Handhabung der Disziplin. Auch das zunächststehende Heer war ihm zugetan, was er seinem Schwiegervater L. Apronius verdankte. Daher kam es auch, dass sich das Gerücht beharrlich erhielt, er habe es gewagt, Tiberius brieflich zu erklären, nicht aus eigenem Antrieb habe er sich mit Seianus verschwägert, sondern auf den Rat des Tiberius. Er habe sich genauso wie Tiberius irren können. Der gleiche Irrtum dürfe nicht jenem ohne Nachteil hingehen und anderen Anlass zum Verderben wer-

den. Seine Treue sei unerschüttert und werde es auch bleiben, wenn man nicht hinterlistig gegen ihn vorgehe. Ernenne man für ihn einen Nachfolger, so sei dies für ihn gleichbedeutend mit der Todesbotschaft. Sie sollten so etwas wie eine vertragliche Abmachung dahin treffen, dass der Princeps Herr über das ganze übrige Reich sei und er selbst seine Provinz behalte. So merkwürdig dies auch ist, so fand es doch deshalb Glauben, weil er als einziger von allen Verwandten des Seianus unangefochten und in hoher Gunst blieb. Tiberius dachte daran, wie allgemein verhasst er sei und dass am Ende seines Lebens seine ganze Herrschaft mehr auf dem Glauben an sie als auf tatsächlicher Gewalt beruhe.

35 n. Chr.

(31) Unter dem Konsulat des C. Cestius und M. Servilius[56] kamen adelige Parther nach Rom, und zwar ohne Wissen des Königs Artabanus[57]. Seine Furcht vor Germanicus hatte ihn veranlasst, den Römern treu und gegen sein eigenes Volk gerecht zu sein. Aber dann benahm er sich hochmütig gegen uns und grausam gegen seine Untertanen, wobei ihm die glücklich geführten Kriege mit den Nachbarstämmen den Rücken steiften. Tiberius verachtete er als einen wehrlosen Greis und richtete seine gierigen Blicke auf Armenien, über das er nach dem Tode des Königs Artaxias[58] Arsaces, den ältesten seiner Söhne, gesetzt hatte. Auch eine grobe Beleidigung fügte er hinzu[59]: er schickte eine Abordnung, die die Herausgabe des von Vonones in Syrien und Cilicien hinterlassenen Schatzes fordern sollte. Zugleich sprach er von den alten Grenzen der Perser und Macedonier und drohte großsprecherisch, in das Reich, das Cyrus und später Alexander besessen hatte, einzufallen. Am nachdrücklichsten hatte die Parther zur Absendung geheimer Boten Sinnaces, der aus einer ebenso angesehenen wie reichen Familie stammte, und nächst diesem Abdus, ein Verschnittener, veranlasst. Dies macht bei den Barbaren nicht verächtlich, ja erhöht sogar den Einfluss. Die bei-

den zogen noch andere führende Männer hinzu, und weil sie niemand aus dem Geschlecht der Arsaciden hatten, den sie auf den Thron hätten setzen können – die meisten waren von Artabanus umgebracht, oder sie waren noch nicht erwachsen –, forderten sie von Rom Phraates, den Sohn des Königs Phraates[60]: nur eines Namens und eines Hauptes bedürfe es und der Zustimmung des Caesaren, damit man einen Spross aus dem Arsacidengeschlecht an dem Ufer des Euphrat sehe.

(32) Das entsprach dem Wunsche des Tiberius. Er stattete Phraates reichlich aus und bekleidete ihn mit der hohen Würde seines Vaters, wobei er an seinem Grundsatz festhielt, mit Verhandlungen und Schlauheit die auswärtige Politik zu betreiben und nicht die Waffen sprechen zu lassen. Aber Artabanus, der inzwischen von dem Anschlag erfahren hatte, zögerte zuerst aus Furcht und gab sich dann seinem glühenden Rachedurst hin. Den Barbaren kommt ja Zögern sklavisch und sofortiges Handeln königlich vor. Jedoch war die Rücksicht auf den Nutzen ausschlaggebend: er lud unter dem Scheine der Freundschaft Abdus zur Tafel, um ihn durch ein langsam wirkendes Gift unschädlich zu machen, während er Sinnaces durch Verstellung und Geschenke und zugleich durch Geschäfte hinhielt. Phraates, der in Syrien die römische Lebensweise, an die er so viele Jahre sich gewöhnt hatte, aufgegeben und die Gebräuche der Parther angenommen hatte, erlag, da er die heimische Lebensart nicht mehr ertragen konnte, einer Krankheit. Jedoch gab Tiberius seine Pläne nicht auf. Er bestellte Tiridates, der demselben Geschlecht entstammte, als Rivalen des Artabanus, beauftragte den Hiberer Mithridates[61] mit der Wiedereroberung Armeniens und versöhnte ihn mit seinem Bruder Pharasmanes, der den angestammten Thron innehatte. Mit der Durchführung aller Unternehmungen im Orient betraute er L. Vitellius[62]. Mir ist nicht unbekannt, welch schlechten Ruf dieser Mann in Rom genossen hat und wieviel Hässliches über

ihn geredet wurde. Jedoch bei der Verwaltung der Provinzen befleißigte er sich altbewährter Tüchtigkeit. Von dort zurückgekehrt, wandelte er sich, wurde aus Angst vor C. Caesar und durch die enge Freundschaft mit Claudius zum gemeinen Sklaven und galt bei der Nachwelt als Muster eines ehrlosen Schmeichlers. Was er zuerst gewesen, ist hinter dem Bild, das er zuletzt bot, verschwunden, und die guten Seiten des jungen Mannes hat das schändliche Verhalten des Greises vergessen lassen.

(33) Aber von den Kleinkönigen veranlasste zuerst Mithridates den Pharasmanes, seine Unternehmungen mit List und Gewalt zu unterstützen. Es fanden sich auch bestechliche Personen, die die Diener des Arsaces mit viel Gold auf die Bahn des Verbrechens trieben. Zugleich brachen die Hiberer mit starken Truppen in Armenien ein und bemächtigten sich der Stadt Artaxata[63]. Als Artabanus dies erfuhr, beauftragte er seinen Sohn Orodes mit der Vergeltung. Er gab ihm parthische Truppen und schickte Leute aus, um Söldner anzuwerben. Pharasmanes dagegen verband sich mit den Albanern, bot die Sarmaten[64] auf, deren Häuptlinge von beiden Seiten Geschenke annahmen, um sich dann nach ihrer Stammessitte entgegengesetzten Parteien zur Verfügung zu stellen. Doch die Hiberer, die dort die Übergänge in der Hand hatten, ließen über den Kaspischen Pass[65] die Sarmatenscharen plötzlich Armenien überschwemmen. Dagegen konnte der Teil der Sarmaten, der auf dem Weg zu den Parthern war, leicht abgewehrt werden, da die Feinde alle anderen Zugänge abgeriegelt hatten und der Sommer den einzigen noch übrigen zwischen dem Meer und den Ausläufern der Albanischen Berge unzugänglich machte, da durch die etesischen Winde[66] die Küstenniederungen überflutet werden, während im Winter der Südwind die Fluten zurückfließen lässt. Von der landeinwärts getriebenen Flut wird dann die flache Meeresküste wieder frei.

(34) Inzwischen forderte Pharasmanes den Orodes, der ohne Bundesgenossen war, während er selbst sich durch Hilfstruppen verstärkte, zur Schlacht heraus. Als dieser ihr auswich, rückte er auf ihn los: er schickte Reiterei gegen das Lager und beunruhigte die Furagierkommandos. Oft legte er auch wie bei einer Belagerung ringsum eine Postenkette, bis die Parther, nicht gewöhnt, sich so verächtlich behandeln zu lassen, sich um ihren König scharten und eine Schlacht forderten. Ihre Kampfkraft beruhte nur auf der Reiterei; Pharasmanes verfügte auch über starkes Fußvolk. Denn die Hiberer und Albaner sind als Bewohner von bergigem Waldgebiet an harte Ausdauer eher gewöhnt. Sie behaupten, von den Thessalern abzustammen, aus der Zeit, da Iason nach der Entführung Medeas und nach Geburt ihrer Kinder zu den herrenlosen Kolchern zurückkehrte und den bald darauf erledigten Thron des Aeetas bestieg. Viel Rühmens machen sie von seinem Namen und von dem Orakel des Phrixus[67]. Und niemand wird einen Widder opfern, weil man glaubt, Phrixus sei auf einem solchen hergekommen, mag es sich nun dabei um ein wirkliches Tier oder nur um eine Schiffsfigur gehandelt haben.

Als nun auf beiden Seiten die Heere zur Schlacht aufgestellt waren, hielt der Parther eine Ansprache, in der er auf die Herrschaft über den Orient, über den Ruhm der Arsaciden und demgegenüber von dem unbekannten Hiberer und seiner Söldnertruppe sprach. Pharasmanes wies darauf hin, dass sie frei geblieben seien von parthischer Zwingherrschaft, und je höher sie ihre Ziele steckten, umso größeren Ruhm würden sie als Sieger ernten. Umso größer sei aber auch die Schande und die Gefahr, die ihrer warten, wenn sie sich zur Flucht wenden. Zugleich wies er auf die waffenstarrende Kampffront seiner Leute und auf die goldschimmernden Heerhaufen der Meder hin; hier stünden die Männer, dort winke die Beute.

(35) Bei den Sarmaten freilich vernahm man nicht allein die

Stimme des Heerführers; jeder spornte sich selbst an, es ja nicht nur zu einem Kampfe mit Pfeil und Bogen kommen zu lassen. Man müsse auf den Feind losstürmen und im Nahkampf ihm zuvorkommen. So boten die Kämpfenden ein wechselvolles Schauspiel: die Parther, in der Kunst des Verfolgens wie in der des Fliehens gleichermaßen geübt, zogen ihre Reiterabteilungen auseinander, um Raum zum Schießen zu gewinnen, während die Sarmaten auf ihre Bogen, mit denen sie nur auf kürzere Entfernung etwas ausrichten, verzichteten und mit ihren Spießen und Schwertern anstürmten. Wie es bei einem Reiterkampf üblich ist, wechselten Angriff und Zurückweichen; manchmal drängten sie in geschlossener Formation mit ihren Körpern und mit dem Stoß ihrer Waffen den Feind zurück oder wurden selbst zurückgedrängt. Schon packten auch die Albaner und Hiberer zu, stießen die Feinde von den Pferden herunter und verwickelten sie in einen doppelten Kampf: von oben hieben die Reiter ein, während die Kämpfer zu Fuß näher an den Feind herankommen und ihn verwunden konnten. Als indessen Pharasmanes und Orodes den Tapferen zur Seite standen oder den Wankenden zu Hilfe kamen, weithin sichtbar und darum einander erkennend, ritten sie mit Geschrei und erhobener Waffe aufeinander los, mit größerer Wucht Pharasmanes. Denn sein Hieb drang durch den Helm seines Gegners hindurch, jedoch vermochte er keinen zweiten Hieb zu führen. Sein Pferd riss ihn fort, auch deckten die tapfersten seiner Gefolgsleute den Verwundeten. Jedoch glaubte man fälschlich dem Gerücht, er sei gefallen, was die Parther so in Schrecken versetzte, dass sie auf den Sieg verzichteten.

(36) Nun setzte Artabanus die ganze Macht seines Reiches zur Rache ein. Da die Hiberer ortskundig waren, waren sie im Kampfe im Vorteil. Trotzdem wäre er nicht zurückgewichen, wenn nicht Vitellius seine Legionen zusammengezogen und durch das Gerücht, das er verbreitete, er werde in Mesopota-

mien einfallen, Artabanus von einem Krieg mit den Römern abgeschreckt hätte. So gab Artabanus Armenien auf und geriet in eine missliche Lage, da Vitellius seine Untertanen veranlasste, ihren König im Stich zu lassen, der im Frieden grausam sei und sie durch seine unglücklichen Kämpfe ins Verderben stürze. Und so veranlasste Sinnaces, der, wie ich oben berichtet habe[68], sein Feind war, seinen Vater Abdagaeses und andere, die insgeheim ins Vertrauen gezogen wurden und sich jetzt angesichts der fortgesetzten Niederlagen eher dazu verstanden, zum Abfall. Nach und nach gesellten sich auch solche dazu, die, mehr aus Furcht als aus Anhänglichkeit gefügig, nun, da sich die Anführer gefunden hatten, ebenfalls Mut bekommen hatten. Und schon stand Artabanus niemand mehr zur Verfügung außer seinen ausländischen, landflüchtigen Leibwächtern, Leuten, die für das Gute kein Verständnis und keine Zurückhaltung gegenüber dem Schlechten üben, sondern lediglich als Handlanger für jedes Verbrechen vom Sold leben. Diese zog er an sich und floh eilends in die entfernten Grenzgebiete Scythiens in der Hoffnung auf Hilfe, weil er mit den Hyrcanern und Carmaniern[69] in verwandtschaftlichen Beziehungen stand: auch könnten ja inzwischen die Parther, die gegenüber Abwesenden gerecht urteilten, gegenüber Anwesenden aber wankelmütig seien, ihren Sinn ändern und Reue bei ihnen einkehren.

(37) Als sich nach der Flucht des Artabanus die Stimmung des Volkes dem neuen König zuwandte, forderte Vitellius den Tiridates auf, die Gelegenheit wahrzunehmen, und führte den Kern der Legionen und der Bundesgenossen an das Ufer des Euphrat. Als sie dort opferten – Vitellius nach römischem Brauch ein Schaf und ein Rind, während Tiridates ein Ross für den Flussgott schmückte, um diesen zu versöhnen –, meldeten die Anwohner, der Euphrat schwelle, ohne dass es stark geregnet habe, ganz von selbst gewaltig an. Aus dem weißen

Schaum würden sich Kreise bilden, die die Form von einem Diadem annehmen, was ein gutes Vorzeichen für einen günstigen Übergang sei. Einige deuteten es schlauer so aus: das Unternehmen verlaufe zwar in seinem Anfang glücklich, aber dies halte nicht lange an, weil die Vorzeichen auf der Erde oder am Himmel zuverlässiger seien, während das unstete Element der Flüsse die Vorzeichen, die es gebe, auch gleich wieder entrücke. Aber als man eine Schiffsbrücke geschlagen und das Heer hinübergeführt hatte, erschien als erster Ornospades mit vielen Tausend Reitern im Lager. Einst ein Verbannter, war er dem Tiberius bei der Beendigung des Dalmatischen Krieges rühmlich beigestanden und dafür mit dem römischen Bürgerrecht beschenkt worden. Darauf hatte er die Freundschaft seines Königs wiedergewonnen und stand bei ihm in hohen Ehren als Statthalter des von den berühmten Flüssen Euphrat und Tigris umflossenen und danach Mesopotamien genannten ebenen Landes. Nicht lange darauf brachte Sinnaces neue Verstärkungen, und Abdagaeses, die Hauptstütze der Partei, kam mit dem Schatz und dem königlichen Schmuck. Vitellius glaubte, es genüge, wenn er die römischen Waffen gezeigt habe, und ermahnte Tiridates, er solle seines Großvaters Phraates und seines Pflegevaters, des Caesaren, und all des Herrlichen, das mit dem einen wie mit dem andern sich verbinde, gedenken, und er mahnte auch die führenden Männer, sie sollten dem König Gehorsam, uns Achtung und jeder für seine Person Ehre und Treue bewahren. Dann kehrte er mit seinen Legionen nach Syrien zurück.

(38) Ich habe die Ereignisse von zwei Sommern miteinander verbunden, damit man sich von dem unglücklichen Geschehen, das sich im Innern abspielte, erholen könne. Denn obgleich schon drei Jahre seit der Hinrichtung des Seianus verflossen waren, stimmten nicht Zeit, nicht Bitten, nicht das Gefühl der Übersättigung, was doch sonst mildernd zu wirken

pflegt, Tiberius weicher. Er bestrafte ungeklärte oder verjährte Fälle, als ob es sich um die schwersten der allerletzten Zeit handle. In solcher Angst befangen, wollte Fulcinius Trio[70] sich den Angriffen der Ankläger nicht weiter aussetzen und machte ein Testament, in dem er viele erbitterte Vorwürfe gegen Macro und die maßgebenden Freigelassenen des Caesaren richtete und diesen selbst als schwachsinnigen Greis bezeichnete, der infolge seiner dauernden Abwesenheit von Rom gleichsam in der Verbannung lebe. Dieses Schriftstück suchten die Erben zu verbergen; aber Tiberius ließ es im Senat verlesen. Entweder wollte er seine Duldsamkeit gegenüber dem Freimut anderer und seine Missachtung der üblen Nachrede über seine Person zeigen, oder er zog, weil er lange nichts von den Verbrechen des Seianus wusste, es nun vor, dass alle Äußerungen darüber bekannt würden, um die Wahrheit, die von der Schmeichelei verdunkelt wird, wenigstens auf dem Wege der Schmähungen kennenzulernen. In den gleichen Tagen nahm sich der Senator Granius Marcianus, der von G. Gracchus wegen Majestätsbeleidigung angeklagt worden war, das Leben. Der ehemalige Prätor Tarius Gratianus wurde nach dem gleichen Gesetz zum Tode verurteilt.

(39) Dasselbe Ende fanden Trebellenus Rufus und Sextius Paconianus. Trebellenus legte selbst Hand an sich, Paconianus[71] wurde im Gefängnis wegen eines dort auf den Princeps verfassten Gedichtes erdrosselt. Diese Berichte erhielt Tiberius nicht, wie vordem, durch das Meer getrennt und auch nicht durch weither kommende Boten, sondern in unmittelbarer Nähe der Stadt, so dass er noch am gleichen Tage oder am nächsten Morgen die Schreiben der Konsuln beantwortete und das in den Häusern fließende Blut und die Hände der Henker gleichsam vor Augen hatte.

Am Jahresende starb Poppaeus Sabinus[72]. Er stammte aus einem unbedeutenden Geschlecht, hatte aber durch seine

Freundschaft mit den Herrschern das Konsulat und die Triumphinsignien erlangt und war vierundzwanzig Jahre lang Statthalter der größten Provinzen gewesen, nicht wegen hervorragender Befähigung, sondern weil er seinen Aufgaben eben gewachsen war, aber darüber hinaus nichts leistete.

36 n. Chr. (40) Es folgten die Konsuln Quintus Plautius und Sex. Papinius[73]. Weder dass in diesem Jahre L. Aruseius …[74] hingerichtet wurden, betrachtete man als etwas Grässliches – so hatte man sich an das Unheil gewöhnt –; aber man entsetzte sich darüber, dass der römische Ritter Vibulenus Agrippa nach der Rede seiner Ankläger mitten in der Kurie Gift aus seiner Togafalte hervorholte und es zu sich nahm. Er stürzte zu Boden und wurde als Sterbender von den Liktoren mit eilfertigen Händen in das Gefängnis geschleppt, wo dem bereits Toten die Kehle mit einem Strick zugeschnürt wurde. Auch den Tigranes, den einstigen Herrscher über Armenien und jetzigen Angeklagten, schützte nicht sein Königstitel davor, wie ein gewöhnlicher Bürger hingerichtet zu werden. Aber der Konsular C. Galba[75] und die beiden Blaesus starben eines freiwilligen Todes: Galba, weil ihm der Caesar in einem unfreundlichen Schreiben verboten hatte, um eine Provinz zu losen; den beiden Blaesus waren, solange ihr Haus noch unangetastet war, Priestertümer versprochen worden; aber als es erschüttert war, hatte Tiberius die Verleihung immer wieder hinausgeschoben und übertrug sie jetzt als erledigt an andere. Dies betrachteten sie als einen Wink, sich das Leben zu nehmen, was sie denn auch taten. Aemilia Lepida, die, wie oben berichtet[76], dem jungen Drusus zur Frau gegeben worden war und ihren Mann häufig mit Beschuldigungen verfolgte, blieb, solange ihr Vater Lepidus am Leben war, wenngleich verabscheut, doch unbestraft. Dann fiel sie den Denunzianten zum Opfer und wurde wegen Ehebruchs mit einem Sklaven angeklagt. Darüber, dass sie das Verbrechen wirklich begangen hat-

te, herrschte kein Zweifel. Daher verzichtete sie auf eine Verteidigung und machte ihrem Leben ein Ende.

(41) Um dieselbe Zeit zog der dem Cappodocer Archelaus untertänige Stamm der Cieten[77], weil er gezwungen wurde, wie bei uns üblich, Schätzungslisten einzureichen und sich Abgaben gefallen zu lassen[78], auf die Berghöhen des Taurus. Dank dem dortigen günstigen Gelände vermochte er sich so lange gegen die unkriegerischen Truppen des Königs zu halten, bis der Legat M. Trebellius, von Vitellius, dem Statthalter Syriens, mit viertausend Legionssoldaten und auserlesenen Hilfstruppen abgesandt, zwei von den Barbaren besetzte Hügel – der kleine heißt Cadra, der andere Davara – mit Befestigungsanlagen umschloss. Den einen Teil, der einen Ausfall wagte, zwang er im Kampfe, den anderen durch Durst zur Übergabe.

Aber Tiridates besetzte mit Zustimmung der Parther Nicephorium, Anthemusias und alle übrigen Städte, die, von Macedonien gegründet, griechische Namen haben, ferner die parthischen Orte Halus und Artemita[79]. Alle, die den bei den Scythen erzogenen Artabanus wegen seiner Grausamkeit verflucht hatten und dagegen auf das dank seiner römischen Bildung leutselige Wesen des Tiridates ihre Hoffnung setzten, konnten sich in Jubel nicht genug tun.

(42) Der größten Schmeichelei befleißigte sich Seleucia, eine mächtige Stadt, die, von Mauern umgeben, nicht in Barbarentum entartet ist, sondern an dem Geist ihres Gründers Seleucus treu festhält[80]. Dreihundert nach der Größe ihres Vermögens oder ihrer Einsicht ausgewählte Bürger bilden eine Art Senat. Das Volk verfügt über die ihm zustehende Machtbefugnis. Solange beide einig sind, brauchen sie sich aus den Parthern nichts zu machen; sobald sie aber uneins werden und jeder für sich gegen seine Rivalen Hilfe herbeiruft, gewinnt der für die eine Partei Herbeigerufene über alle Macht. So war es

jüngst auch unter der Regierung des Artabanus gegangen, der aus eigennützigen Gründen die Plebs dem Adel auslieferte. Denn eine Volksherrschaft grenzt an Freiheit, während eine oligarchische Regierung einer monarchischen Willkürherrschaft näher steht. Als jetzt Tiridates ankam, huldigte man ihm mit den Ehrungen der alten Könige sowie mit denen, die die neue Zeit noch verschwenderischer ausgedacht hat. Zugleich erging man sich in Schmähungen gegen Artabanus: er sei nur mütterlicherseits ein Arsacide, im übrigen aber von unedler Abkunft. Tiridates legte die Stadtverwaltung von Seleucia in die Hände des Volkes. Während er dann überlegte, an welchem Tage die feierliche Thronbesteigung stattfinden solle, erhielt er Schreiben von Phraates und Hiero, die die einflussreichsten Präfekturen bekleideten, in denen sie um kurzen Aufschub baten. Er beschloss, auf so mächtige Männer zu warten, und reiste zunächst nach seiner Residenz Ctesiphon[81]. Aber da sie den Zeitpunkt ihres Erscheinens Tag um Tag hinausschoben, krönte der »Surena«[82] vor einer großen, zustimmenden Menschenmenge Tiridates nach heimischer Sitte mit dem königlichen Diadem.

(43) Wenn dieser sofort das Innere des Reiches und die übrigen Stämme aufgesucht hätte, so wäre die Unschlüssigkeit der übrigen beseitigt worden und alle hätten sich auf ihn geeinigt. Durch die Belagerung eines Kastells, in das Artabanus sein Geld und seinen Harem verbracht hatte, ließ er den anderen Zeit, sich von den vertraglichen Verpflichtungen loszusagen. Denn Phraates und Hiero und alle anderen, die die anberaumte Krönungsfeier nicht mitgemacht hatten, wandten sich zum Teil aus Furcht, zum Teil aus Hass gegen Abdagaeses, der damals den Hof und den neuen König beherrschte, wieder Artabanus zu. Man fand ihn in Hyrcanien, wie er, von Schmutz bedeckt, mit dem Bogen sich seine Nahrung verschaffte. Zuerst erschrak er, weil er einen hinterlistigen Anschlag auf sein

Leben befürchtete. Als man ihm aber versicherte, man sei gekommen, um ihn wieder auf den Thron zu setzen, fasste er Mut und fragte, wie es denn zu dieser plötzlichen Wandlung komme. Da bezeichnete Hiero schimpfend Tiridates einen Knaben; auch sei die Regierung nicht in der Hand eines Arsaciden, sondern nur dem Namen nach führe sie ein unter ausländischem Einfluss verweichlichter Schwächling. Die tatsächliche Gewalt liege bei dem Hause des Abdagaeses.

(44) Der alterfahrene Despot merkte, dass zwar ihre Zuneigung zu ihm unecht, aber ihr Hass nicht vorgespielt sei. Er wartete nur noch, bis er scythische Hilfsvölker aufgeboten hatte, und brach dann eilends auf, um den Umtrieben seiner Feinde und der Reue seiner Freunde zuvorzukommen. Auch hatte er sein schmutziges Äußere beibehalten, um bei dem Volk Mitleid zu erregen. Keinen Betrug, keine Bitten, nichts unterließ er, um die Unschlüssigen an sich zu locken und die Entschlossenen zu bestärken. Und schon rückte er mit ansehnlicher Heeresmacht auf Seleucia zu, während Tiridates, durch die Kunde von dem Anmarsch des Artabanus und gleich auch durch sein Erscheinen außer Fassung gebracht, zwischen dem Entschluss, dem Feind entgegenzutreten oder den Krieg hinhaltend zu führen, hin und her gerissen wurde. Die einen, die zum Kampfe rieten und für eine beschleunigte Entscheidung eintraten, wiesen darauf hin, dass die feindlichen Truppen zerstreut sowie durch den langen Marsch erschöpft und auch noch nicht genügend zu einem einheitlichen Gehorsam zusammengewachsen seien: den sie kürzlich als Feinde verraten hätten, der finde jetzt wieder ihre Gunst. Aber Abdagaeses trat dafür ein, sich nach Mesopotamien zurückzuziehen, um, von dem Strom gedeckt[83], inzwischen die Armenier und Elymaeer[84] sowie die übrigen rückwärts liegenden Völkerschaften aufzubieten und so mit verbündeten und von dem römischen Heerführer geschickten Truppen das Glück zu versuchen. Diese An-

sicht drang durch, da Abdagaeses den größten Einfluss besaß und Tiridates in gefährlicher Lage feige war. Allein der Abzug bot das Bild einer Flucht. Zuerst liefen die Araber[85] und dann alle übrigen in ihre Heimat oder in das Lager des Artabanus weg, bis schließlich Tiridates mit geringer Begleitung nach Syrien zurückkehrte und alle von der Schande des Verrats befreite.

(45) In dem gleichen Jahr wurde Rom durch eine schwere Feuersbrunst heimgesucht: der an den Aventin angrenzende Teil des Circus und der Aventin selbst brannten ab. Dieses Unglück wusste der Caesar in eine Ruhmestat umzuwandeln, indem er den Wert der Häuser und der Mietskasernen den Geschädigten ersetzte. Hundert Millionen Sesterzen stellte er für diesen wohltätigen Zweck zur Verfügung, was umso dankbarer vom Volk aufgenommen wurde, weil er bei Bauten für seine eigene Person sparsam war. Auch zu öffentlichen Zwecken hat er nur zwei Gebäude errichtet, den Tempel für Augustus und die Bühne des Theaters des Pompeius[86]. Und als diese fertig waren, weihte er sie nicht ein, entweder weil er es verachtete, sich um Gunst zu bemühen, oder weil er zu alt war. Zur Abschätzung des Schadens, den jeder erlitten hatte, wurden die vier Schwiegerenkel des Caesaren: Cn. Domitius, Cassius Longinus, M. Vinicius und Rubellius Blandus[87] auserwählt und ihnen P. Petronius[88], der durch die Konsuln benannt wurde, beigegeben. Jeder suchte seinem erfinderischen Talent entsprechend nach Ehrungen für den Princeps, die dann auch beschlossen wurden. Welche er abgelehnt oder angenommen hat, ist, da er ja bald darauf starb, ungewiss geblieben.

37 n. Chr. Denn bald darauf traten die letzten Konsuln unter Tiberius ihr Amt an, Cn. Acerronius und C. Pontius. Macro war bereits allzu mächtig geworden. Er wusste sich täglich mehr bei C. Caesar in Gunst zu setzen, um die er sich unablässig bemüht hatte. Nach dem Tode der schon erwähnten[89]

Gemahlin des C. Caesar, Claudia, hatte er seine eigene Gattin Ennia veranlasst, so zu tun, als ob sie in den Jüngling verliebt sei, um ihn dadurch in ihre Netze zu locken und durch einen Ehevertrag an sich zu fesseln. Dieser lehnte nichts ab, wenn er nur zur Herrschaft komme. Denn trotz seinem leidenschaftlichen Wesen hatte er an der Seite seines Großvaters Falschheit und Verstellungskunst gründlich erlernt.

(46) Dies war dem Princeps wohl bekannt. Er schwankte deshalb, in wessen Hände er das Gemeinwesen legen solle; zuerst standen die beiden Enkel zur Wahl. Von ihnen stand ihm der Sohn des Drusus blutsmäßig näher, auch fühlte er eine größere Liebe zu ihm, aber er war noch nicht erwachsen. Der Sohn des Germanicus stand in blühendem Alter und genoss die Beliebtheit des Volkes, weshalb er auch seinem Großvater verhasst war. Auch an Claudius dachte er, weil dieser in gesetztem Alter stand und bildungsbeflissen war, ein Bestreben, dem sein schwacher Verstand im Wege war. Wenn man aber außerhalb der Familie nach einem Nachfolger suche, fürchtete er, werde das Andenken des Augustus und der Name der Caesaren dem Hohn und Spott preisgegeben. Denn es war ihm weniger um die Gunst der Mitwelt als um die Anerkennung bei der Nachwelt zu tun. In seiner Unschlüssigkeit und mit seinen geschwächten körperlichen Kräften überließ er zuletzt die Entscheidung, zu der er sich nicht aufraffen konnte, dem Schicksal. Doch machte er einige beiläufige Bemerkungen, aus denen man schließen konnte, dass er das Kommende richtig voraussah. Denn dem Macro machte er ganz unverhohlen den Vorwurf, er wende sich von der untergehenden Sonne ab und schaue nach der aufgehenden, und dem C. Caesar sagte er gelegentlich bei einem Gespräch, als dieser über L. Sulla spottete, voraus: »Du wirst alle Fehler Sullas und keine einzige seiner Tugenden haben.« Als er dabei unter vielen Tränen seinen jüngeren Enkel umarmte und der andere eine finstere Miene

machte, sagte er: »Diesen wirst du umbringen und dich ein anderer[90]!« Aber trotz der Verschlechterung seiner Gesundheit verzichtete er auf keine seiner Ausschweifungen. Er wollte im Leiden Stärke vortäuschen und pflegte die Künste der Ärzte und alle zu verspotten, die nach dem dreißigsten Jahr noch fremden Rats bedürften, um zu erkennen, was ihnen körperlich nützlich oder schädlich sei.

(47) Inzwischen wurde in Rom schon der Same ausgestreut, der nach dem Tode des Tiberius weitere Mordtaten zeitigen sollte. Laelius Balbus hatte Acutia, die einstige Gattin des P. Vitellius[91], wegen Majestätsverbrechens angeklagt. Sie wurde verurteilt und dem Ankläger eine Belohnung zugesprochen, wogegen der Volkstribun Iunius Otho[92] Einspruch erhob. Daraus entwickelte sich gegenseitiger Hass, der dann zu Othos Verderben führte. Darauf wurde die durch viele Liebschaften berüchtigte Albucilla, die mit Satrius Secundus, der die Verschwörung des Seianus angezeigt hatte[93], verheiratet gewesen war, wegen Unehrerbietigkeit gegenüber dem Princeps angezeigt. In die Anklage wurden als ihre Mitwisser und als Ehebrecher Cn. Domitius, Vibius Marsus und L. Arruntius verwickelt. Über den hohen Adel des Domitius habe ich oben berichtet[94]. Auch Marsus hatte vor langer Zeit hohe Ehrenämter bekleidet und als gelehrter Mann einen Namen. Aber aus dem an den Senat geschickten Untersuchungsprotokoll ging hervor, dass bei der Befragung der Zeugen und bei der Folterung der Sklaven Macro den Vorsitz geführt hatte, und da kein Schreiben des Imperators, das sich gegen die Angeklagten gerichtet hätte, vorlag, kam der Verdacht auf, die Beschuldigungen seien, in der Hauptsache vielleicht ohne Wissen des kranken Princeps, infolge der bekannten Feindschaft Macros gegen Arruntius erfunden worden.

(48) Domitius arbeitete nun seine Verteidigungsrede aus, und Marsus tat so, als ob er sich zum freiwilligen Hungertode

entschlossen habe. So fristeten beide ihr Leben. Zu seinen Freunden, die ihm zu zögern und zu warten rieten, sagte Arruntius, eines schicke sich nicht für alle. Er habe genug gelebt und nur das eine zu bereuen, dass er zwischen Possenspiel[95] und Gefahren ein bedrücktes Greisenalter ertragen habe, lange dem Seianus, jetzt dem Macro, immer irgendeinem Machthaber verhasst, ohne jede Schuld, nur weil er Schandtaten nicht habe hinnehmen wollen. Allerdings könne man in den wenigen Tagen, die der Princeps noch zu leben habe, ihm aus dem Wege gehen. Aber wie könne man dem jungen Mann, der schon vor der Türe stehe, entgehen? Wenn Tiberius nach so vielseitiger Lebenserfahrung durch die Gewalt seiner Herrscherstellung aus der Bahn gerissen worden sei und sein Wesen verändert habe, werde dann ein C. Caesar, der kaum dem Knabenalter entwachsen, gänzlich unerfahren und in schlimmster Lasterhaftigkeit aufgewachsen sei, einen besseren Weg einschlagen unter der Anleitung Macros, der, noch charakterloser als Seianus, dazu ausersehen worden sei, diesen zu erledigen, und dabei mit noch mehr Verbrechen das Gemeinwesen in Unglück gestürzt habe. Schon sehe er härtere Knechtschaft voraus, und deshalb entfliehe er dem Geschehenen und zugleich dem Kommenden. Während dieser prophetischen Worte öffnete er sich die Adern. Was folgte, wird den Beweis liefern, dass Arruntius gut daran getan hat, zu sterben. Albucilla machte einen missglückten Selbstmordversuch und wurde verwundet auf Befehl des Senats ins Gefängnis gebracht. Es wurde beschlossen, dass von den Männern, die ihre Helfershelfer bei ihrem unzüchtigen Treiben gewesen waren, der ehemalige Prätor Carsidius Sacerdos[96] auf eine Insel deportiert werde, Pontius Fregellanus seinen senatorischen Rang verliere und Laelius Balbus die gleiche Strafe erleide. Dies erweckte Freude, weil Balbus als ein frecher Redner betrachtet wurde, der ohne Bedenken über Unschuldige herfiel.

(49) In denselben Tagen wählte Sex. Papinius, der aus einer konsularischen Familie stammte, einen plötzlichen und schrecklichen Tod: er stürzte sich aus dem Fenster. Die Schuld suchte man auf seine Mutter zu schieben. Diese, schon lange geschieden, sollte den Jüngling durch Liebkosungen und durch Verleitung zu einem ausschweifenden Lebenswandel in eine Lage gebracht haben, aus der er nur noch durch den Tod einen Ausweg fand. Sie wurde daher im Senat angeklagt, und obgleich sie sich den Vätern zu Füßen warf und auf das allgemeine traurige Menschenlos sowie auf die weibliche Schwäche, die bei einem solchen Schicksalsschlag sich besonders anfällig zeige, hinwies und noch anderes mit dem Ausdruck des gleichen Schmerzes und des gleichen Jammerns weitschweifig vorbrachte, wurde sie dennoch auf zehn Jahre aus der Stadt verwiesen, bis ihr jüngerer Sohn der Gefährdung der Jünglingsjahre entwachsen sei.

(50) Schon zerfiel Tiberius körperlich und schon verließen ihn seine Kräfte, aber noch nicht die Kunst der Verstellung. Noch zeigte er sein starres Wesen und seine Gestrafftheit im Gespräch und in der Miene. Auch suchte er mitunter hinter einer gesuchten Freundlichkeit den offensichtlichen Zerfall zu verbergen. Er wechselte öfters seinen Aufenthaltsort und nahm endlich seinen Wohnsitz auf dem Vorgebirge Misenum[97] in dem Landhaus, dessen Besitzer einst L. Lucullus[98] gewesen war. Dass ihm hier seine letzte Stunde nahte, wurde auf folgende Weise bekannt. Es befand sich bei ihm ein äußerst tüchtiger Arzt, namens Charikles, der allerdings den Princeps, wenn er krank war, nicht zu behandeln pflegte, aber ihm mit seinem Rat häufig beistand. Dieser verabschiedete sich von Tiberius, wie wenn er zur Erledigung eigener Geschäfte weggehe, und fasste ihn scheinbar zur Ehrfurchtsbezeugung an der Hand. Dabei fühlte er ihm den Puls. Doch Tiberius merkte es. Vielleicht dadurch aufgebracht und daher erst recht seinen

Zorn unterdrückend, befahl er, das Essen aufzutragen, und blieb über die übliche Zeit hinaus bei Tisch, wie wenn er damit seinem abreisenden Freund eine Ehre erweisen wolle. Charikles aber versicherte dem Macro, der Atem gehe schwächer und es werde nicht mehr länger als zwei Tage dauern. Daher wurden in Eile alle Maßnahmen unter den Anwesenden besprochen und Kuriere an die Legaten und Heere abgeschickt. Am 16. März glaubte man, sein Atem stehe still und er habe der Sterblichkeit den Tribut gezollt. Alles strömte herbei, um Glück zu wünschen, während C. Caesar aus dem Sterbezimmer trat, um die Regierungsgewalt zu übernehmen. Da wurde plötzlich mitgeteilt, Tiberius spreche und sehe wieder und rufe, man solle ihm zur Erholung von seiner Ohnmacht Essen bringen. Alles stob darauf, von Entsetzen gepackt, nach allen Richtungen auseinander; der eine stellte sich traurig, der andere unwissend. C. Caesar verharrte in starrem Schweigen und erwartete, eben noch in den höchsten Hoffnungen schwelgend, das Schlimmste. Nur Macro verlor den Kopf nicht: er befahl, man solle auf den Greis einen Haufen Decken werfen, ihn so ersticken und dann das Zimmer verlassen. So endete Tiberius im 78. Lebensjahr.

(51) Sein Vater war Nero[99]; beiderseits entstammte er dem claudischen Geschlecht, obgleich seine Mutter in die livische und später in die iulische Familie durch Adoption übergegangen war. Seine Lebensschicksale waren von frühester Kindheit an wechselvoll. Er hatte als Verbannter seinen geächteten Vater begleitet, und als er in des Augustus Haus als Stiefsohn eintrat, hatte er sich mit vielen Rivalen auseinanderzusetzen, solange Marcellus und Agrippa, dann die beiden Caesaren Gaius und Lucius lebten. Auch erfreute sich sein Bruder Drusus größerer Beliebtheit bei der Bürgerschaft. Aber in die schwierigste Lage geriet er durch seine Ehe mit Iulia, in der er die Sittenlosigkeit seiner Gemahlin geduldig hinnahm oder auch ihr auszuwei-

chen suchte[100]. Dann, von Rhodus heimgekehrt, lebte er in dem kinderlosen Palast des Princeps zwölf Jahre[101] und hatte darauf rund dreiundzwanzig Jahre die unumschränkte Herrschaft über das römische Reich inne. Auch sein Charakter wechselte im Laufe der Zeiten: Lebensweise und Ruf waren untadelig, solange er Privatmann oder unter Augustus mit militärischen Kommandos beauftragt war. Versteckte Heimtücke unter der Maske des Tugendhaften zeigte er, solange Germanicus und Drusus noch am Leben waren. Gutes und Böses vermischten sich in ihm zu Lebzeiten seiner Mutter. Als ein grausames Scheusal, das aber seine sinnlichen Ausschweifungen verschleierte, entpuppte er sich, solange er Seianus liebte oder fürchtete. Zuletzt stürzte er sich in Verbrechen und zugleich in Schande, als er Schamgefühl und Furcht beiseite geschoben hatte und nur noch seiner eigenen Eingebung folgte.

Buch XI

47 n. Chr.

... Denn sie[1] glaubte, der zweimalige Konsul, Valerius Asiaticus, sei früher ihr Liebhaber[2] gewesen, und da es sie zugleich nach den einst von Lucullus angelegten Gärten[3] gelüstete, die Valerius jetzt mit einzigartiger Pracht ausgestaltete, ließ sie Suillius auf beide als Ankläger los. Beigegeben wurde ihm Sosibius, der Erzieher des Britannicus[4], der unter der Maske der Ergebenheit Claudius warnen sollte, er möge vor einem gegen das Principat gerichteten Gewaltakt einflussreicher Kreise auf der Hut sein. Asiaticus, der die Hauptrolle bei der Ermordung des C. Caesar[5] spielte, habe sich nicht gescheut, vor dem versammelten römischen Volke sich dazu zu bekennen und zudem noch für diese Tat ehrenvolle Anerkennung für sich zu fordern. Damit habe er sich in Rom einen Namen gemacht, und es habe sich in den Provinzen die Kunde verbreitet, er treffe Anstalten für eine Reise zu den germanischen Heeren, da es ihm, der in Vienna[6] geboren sei und sich auf vielseitige, einflussreiche Verwandtschaften stützen könne, ein leichtes sei, die heimatlichen Volksstämme aufzuwiegeln. Aber Claudius stellte keine weitere Untersuchung an, sondern schickte eilends mit einem militärischen Aufgebot, als ob es gelte, einen Kriegsbrand zu ersticken, den Prätorianerpräfekten Crispinus[7], der ihn in Baiae[8] aufgriff und gefesselt nach Rom schleppte.

(2) Er bekam keine Möglichkeit, sich vor dem Senat[9] zu verantworten. Das Verhör fand in Anwesenheit Messalinas in den Gemächern des Claudius durch Suillius statt, der ihm die Untergrabung der Moral der Soldaten, die er durch Geld und Unzucht in alle seine Verbrechen verstrickt habe, ferner Ehebruch mit Poppaea, endlich unzüchtige Preisgabe seines Körpers vorwarf. Auf dieses hin brachte es der Angeklagte nicht länger über sich zu schweigen und brach los: »Frage, Suillius, deine

Söhne! Sie werden bekennen, dass ich ein Mann bin.« Und nun begann er seine Verteidigung, durch die er auf Claudius einen ungewöhnlichen Eindruck machte und auch Messalina zu Tränen rührte. Als sie das Zimmer verließ, um die Tränen zu trocknen, ermahnte sie Vitellius[10], den Angeklagten nicht entwischen zu lassen. Sie selbst beeilte sich, Poppaea ins Verderben zu stürzen, und stiftete Leute an, die ihr Angst vor dem Kerker machen und sie in einen freiwilligen Tod treiben sollten. Davon wusste der Caesar so wenig, dass er ihren Gatten Scipio[11] nach einigen Tagen, als dieser bei ihm speiste, fragte, warum er ohne seine Gemahlin zum Essen gekommen sei, worauf er antwortete, sie sei eines natürlichen Todes gestorben.

(3) Wie nun Claudius die Freisprechung des Asiaticus erwog, wies Vitellius unter Tränen auf die alte Freundschaft mit ihm und auf die Ehrerbietung hin, die sie beide gleichermaßen Antonia, der Mutter des Princeps[12], erwiesen hätten, zählte dann der Reihe nach die von Asiaticus dem Gemeinwesen geleisteten Dienste auf, darunter den kürzlichen Feldzug nach Britannien[13], und was sonst noch zum Erregen von Mitleid geeignet erschien und überließ ihm die freie Wahl der Todesart. Die Worte, die Claudius anfügte, zeigten die gleiche Milde. Als einige ihm daraufhin zum Hungertod als einem sanften Ende rieten, sagte Asiaticus, er verzichte auf diese Wohltat. Er führte seine gewohnten Leibesübungen durch, badete, speiste in heiterer Stimmung, wobei er erklärte, es wäre ehrenvoller gewesen, durch die Gerissenheit eines Tiberius oder die Unbeherrschtheit eines C. Caesar ums Leben zu kommen, als durch die Hinterlist eines Weibes und durch das Schandmaul eines Vitellius zu fallen. Dann öffnete er sich die Adern, sah sich jedoch vorher noch den Scheiterhaufen an und gab die Anweisung, diesen an eine andere Stelle zu bringen, damit nicht der Schatten der Bäume von dem Rauch des Feuers be-

einträchtigt werde. So viel Ruhe bewahrte er in seinen letzten Minuten.

(4) Darauf wurden die Väter berufen. Suillius setzte sein Treiben fort, indem er zwei erlauchte römische Ritter[14] mit dem Beinamen Petra auf die Angeklagtenliste setzte. Als Begründung, weshalb sie umgebracht werden sollten, musste herhalten, dass sie ihr Haus dem Mnester[15] und der Poppaea zu Zusammenkünften zur Verfügung gestellt haben sollten. Doch wurde dem einen eine nächtliche Traumerscheinung zum Vorwurf gemacht, in der er Claudius mit einem Kranz aus rückwärts gerichteten Ähren gesehen habe, ein Bild, das er als Ankündigung einer drückenden Teuerung[16] ausgegeben habe. Manche berichteten, es sei ein Kranz von vergilbten Weinlaubblättern gewesen, den er gesehen und so gedeutet habe, dass mit dem Spätherbst der Tod des Princeps eintrete. Darüber herrschte Einigkeit, dass irgendein Traum ihm und seinem Bruder das Verderben gebracht hat. Anderthalb Millionen Sesterzen und die Abzeichen der Prätur wurden Crispinus bewilligt, zusätzlich beantragte Vitellius eine Million Sesterzen[17] für Sosibius, weil er Britannicus als Lehrer, Claudius als Ratgeber zur Seite stehe. Als auch Scipio um seine Meinung gefragt wurde, sagte er: »Da ich über Poppaeas Vergehen die gleiche Meinung habe wie alle anderen, so nehmt an, dass ich dasselbe sage wie alle.« Damit schlug er einen klug gewählten Mittelweg zwischen der Liebe des Ehemanns und der Zwangslage des Senators ein[18].

(5) Von nun an setzte Suillius ohne Unterbrechung sein grausames Treiben als Ankläger fort, und viele wetteiferten mit ihm an Frechheit. Denn da der Princeps alle Befugnisse der Gesetze und der Beamten an sich zog, hatte er freie Bahn für räuberische Zugriffe geschaffen. Und keine Ware auf dem Staatsmarkt[19] war so käuflich wie die Treulosigkeit der Anwälte, die so weit ging, dass Samius, ein angesehener römischer

Ritter, der dem Suillius 400 000 Sesterzen gegeben hatte, sich nach dem Bekanntwerden der Rechtsverletzung in dessen Haus in das Schwert stürzte[20]. Nun erhoben sich nach dem Vorgang des designierten Konsuls C. Silius[21], über dessen Macht und Sturz ich zu gelegener Zeit[22] berichten werde, die Väter und verlangten die Anwendung der lex Cincia[23], die schon seit alters verbot, für eine Prozessführung Geld oder ein Geschenk anzunehmen.

(6) Als nun diejenigen, die damit in ihrer Ehre getroffen werden sollten, laut protestierten, legte sich Silius, der mit Suillius verfeindet war, scharf ins Zeug, indem er sich auf die Beispiele der alten Redner berief, die nur an den Ruhm bei der Nachwelt als Lohn der Beredsamkeit gedacht hätten. Sonst werde die schönste und die höchste der edlen Künste durch schmutzigen Lohndienst entweiht; auch Treu und Glauben bleibe nicht unverletzt, wenn man den Blick nur auf die Größe des Gewinnes richte. Wenn die Prozesse niemandem einen Lohn einbrächten, verringere sich ihre Zahl. Jetzt nähre man nur Feindschaften, Anklagen, Hass und Kränkungen, damit, wie schwere Krankheiten den Ärzten Gewinn, so die Prozessseuche den Anwälten Geld einbringe. Sie sollten an Asinius, Messala[24] und aus neuerer Zeit an Arruntius und Aeserninus[25] denken. Sie hätten die höchsten Stufen durch ihr untadeliges Leben und durch ihre Beredsamkeit erreicht. Weil der designierte Konsul so sprach und andere zustimmten, wurde schon ein Antrag vorbereitet, nach dem in solchen Fällen das Repetundengesetz[26] angewendet werden solle. Da umringten Suillius und Cossutianus und alle anderen, die sahen, dass nicht ein Gerichtsverfahren – denn ihre Schuld lag ja schon offen zutage – gegen sie eingeleitet, sondern ihre Bestrafung beschlossen werden solle, den Caesar und baten zunächst um Straflosigkeit für ihr bisheriges Wirken.

(7) Und als er sie bewilligte, begannen sie loszulegen: Wo

gebe es jemand, der so überheblich sei, dass er sich auf ewigen Nachruhm Hoffnung mache. Einem Bedürfnis und dem wirklichen Leben[27] trage man Rechnung, wenn man sich einen Rückhalt verschaffe, damit man nicht durch das Fehlen von Anwälten eine Beute der Machthaber werde. Man versäume die persönlichen Angelegenheiten, um seine Kraft denen von anderen zuzuwenden. Viele fristen ihr Dasein vom Kriegsdienst, manche vom Ackerbau[28]. Niemand bemühe sich um etwas, ohne dass er davon einen Gewinn voraussehe. Leicht sei es einem Asinius und Messala, die in den Kämpfen zwischen Antonius und Augustus reichen Lohn eingeheimst hätten, oder Männern wie Aeserninus und Arruntius, Erben reicher Familien, gefallen, den Großmütigen zu spielen. Sie hätten Beispiele zur Hand, um wie hohen Lohn ein P. Clodius oder C. Curio[29] in den Volksversammlungen zu sprechen pflegten. Sie als bescheidene Senatoren, die in einem ruhigen Gemeinwesen leben, erstrebten lediglich die Vorteile, die der Frieden biete. Er möge an die Plebs denken, die nur in friedlicher Tätigkeit[30] sich entfalten könne. Wenn man den geistigen Bestrebungen ihren Lohn nehme, würden auch diese absterben. – Diese Äußerungen zeigten zwar keine edle Gesinnung, aber der Princeps betrachtete sie nicht als unbegründet. Er beschränkte die Annahme von Geldbeträgen auf zehntausend Sesterzen: wer darüber hinausgehe, solle wegen Erpressung belangt werden.

(8) Um dieselbe Zeit[31] kehrte Mithridates, der, wie ich berichtet habe, über Armenien geherrscht hatte und auf Befehl des Caesars in Fesseln gelegt worden war, auf Aufforderung von Claudius in sein Königreich zurück, wobei er auf die Macht des Pharasmanes vertraute. Dieser, König über die Hiberer und zugleich Bruder des Mithridates, teilte mit, die Parther stünden miteinander in Fehde; in dem Streit um die oberste Führung schenke man weniger Wichtigem keine Beachtung. Denn

Gotarzes[32] hatte neben zahlreichen anderen Grausamkeiten sich beeilt, seinen Bruder Artabanus und dessen Gemahlin und Sohn zu ermorden. Dies erweckte bei allen anderen Furcht, und sie riefen Vardanes[33] herbei. Dieser, immer zu großen Wagnissen rasch entschlossen, rückte in das Land ein, legte in zwei Tagen dreitausend Stadien[34] zurück und jagte den überraschten und bestürzten Gotarzes davon. Ohne Zögern bemächtigte er sich der nächstgelegenen Präfekturen[35]; nur Seleucia lehnte seine Gewaltherrschaft ab. Er war auf dieses, weil es auch von seinem Vater abgefallen war, mehr erbittert, als es im Augenblick tunlich war, und ließ sich in eine Belagerung der starken Stadt ein, die durch den an ihr vorbeifließenden Strom[36] geschützt und durch eine Mauer sowie durch Lebensmittelvorräte gesichert war. Inzwischen erhielt Gotarzes von den Dahern und Hyrcanern[37] Verstärkung und nahm den Krieg wieder auf. Vardanes wurde gezwungen, Seleucia aufzugeben, und verlegte sein Lager in die Ebenen von Bactrien[38].

(9) Während nun die Streitkräfte des Orients zersplittert waren und man von ihnen nicht wusste, auf welche Seite sie sich schlagen würden, bot sich Mithridates Gelegenheit, Armenien zu besetzen[39], wobei die römischen Truppen die hochgelegenen Kastelle erstürmten und zerstörten, während zugleich das hiberische Heer[40] durch das flache Land streifte. Denn, nachdem der Satrap Demonax[41], der ein Treffen gewagt hatte, geschlagen war, leisteten die Armenier keinen Widerstand mehr. Zu einer ganz kurzen Verzögerung kam es durch Cotys, den König von Kleinarmenien[42], auf dessen Seite sich eine Anzahl Edelleute geschlagen hatte. Doch ein Brief des Caesars wies ihn in die Schranken, und alles fiel dem Mithridates zu, der sich wilder gebärdete, als es für einen neuen König ersprießlich war. Aber mitten in den Vorbereitungen zu einer Schlacht entschlossen sich die beiden parthischen Feldherren plötzlich zu einer vertraglichen Abmachung, da sie von einem

Anschlag ihrer Landsleute, den Gotarzes seinem Bruder aufdeckte, Kenntnis erhalten hatten. Sie traten sich zuerst zögernd gegenüber, dann reichten sie sich die Hände und verpflichteten sich vor dem Altar der Götter, die Feinde für ihre Hinterlist zu bestrafen und sich untereinander zu verständigen. Vardanes schien größeren Anspruch auf die Beibehaltung des Throns zu haben. Aber Gotarzes zog in das Innere von Hyrcanien ab, um jeder Regung von Eifersucht vorzubeugen. Dem Vardanes ergab sich nach seiner Rückkehr Seleucia, sieben Jahre nach dem Abfall[43], nicht ohne Demütigung für die Parther, mit denen eine einzige Stadtgemeinde so lange ihr Spiel getrieben hatte.

(10) Darauf besichtigte er die bedeutendsten Präfekturen. Er hegte den Wunsch, Armenien wieder zu erobern. Doch wurde er von Vibius Marsus, dem Legaten von Syrien[44], der ihm mit einem Krieg drohte, zurückgehalten. Inzwischen bereute Gotarzes den Thronverzicht, rief den Adel auf, den ja in Friedenszeiten das Dienen härter ankommt, und zog Truppen zusammen. Vardanes rückte ihm an den Fluss Erindes[45] entgegen. Um den Übergang kam es zu vielfachen Kämpfen, in denen Vardanes schließlich Sieger blieb. In glücklichen Gefechten unterwarf er die Völkerschaften von da bis zu dem Flusse Sindes[46], der die Grenze zwischen den Dahern und Ariern[47] bildet. Dort wurde seinen Erfolgen ein Ende gesetzt, denn die Parther lehnten, obwohl Sieger, einen Kriegszug in entferntes Land ab. Daher errichtete er Denkmäler, die von seiner Macht zeugen und kundtun sollten, dass niemals zuvor ein Arsacide[48] die dortigen Völker zinspflichtig gemacht habe. Dann kehrte er zurück, ruhmbeladen und eben deshalb umso schroffer und unerträglicher für die Untertanen. Diese brachten ihn nach einem verabredeten Komplott um, als er ohne Sicherheitsmaßnahmen auf der Jagd war. Er stand noch in seinen ersten Mannesjahren, aber an Berühmtheit hätten sich nur wenige bejahr-

te Könige mit ihm messen können, sofern er sich ebenso darum bemüht hätte, sich bei seinen Landsleuten Liebe zu erwerben, wie der Schrecken seiner Feinde zu sein. Infolge der Ermordung des Vardanes[49] wurde das Reich der Parther zerrüttet, da sie sich nicht darüber einig waren, wer die Thronfolge antreten solle. Viele traten für Gotarzes ein, einige für Meherdates[50], einen Abkömmling des Phraates, der uns als Geisel gegeben worden war. In der Folge gewann Gotarzes die Oberhand. Er bemächtigte sich der Residenz und brachte durch seine Grausamkeit und schwelgerische Lebenshaltung die Parther dazu, an den römischen Princeps ein geheimes Bittschreiben zu schicken, es möchte ihnen Meherdates für den Thron seiner Ahnen überlassen werden.

(11) Unter den gleichen Konsuln[51] bekam man die Säkularspiele zu sehen, achthundert Jahre nach der Gründung Roms, vierundsechzig Jahre nach ihrer Veranstaltung durch Augustus. Die Berechnungen, die die beiden Herrscher dabei anstellten[52], übergehe ich. Sie sind zur Genüge dargelegt in den Büchern, in denen ich die Geschichte des Imperators Domitianus dargelegt habe[53]. Denn auch er veranstaltete Säkularspiele, und ihnen habe ich recht angelegentlich beigewohnt, da ich mit dem Priesteramt der Fünfzehnmänner[54] betraut und damals Prätor war[55]. Und dies berichte ich nicht, um zu prahlen, sondern weil dem Kollegium der Fünfzehnmänner seit alters diese Aufgabe zustand und in erster Linie die Staatsbeamten[56] den religiösen Dienst zu verrichten hatten. Während Claudius als Zuschauer bei den Spielen im Zirkus saß und die adeligen Knaben zu Pferd das Troia-Spiel[57] begannen – unter ihnen befand sich Britannicus, der Sohn des Imperators, und L. Domitius, der durch Adoption später zur Herrschaft berufen wurde und den Beinamen Nero erhielt –, wurde dem Domitius[58] von dem Volk stürmischer gehuldigt, was als Vorbedeutung aufgefasst wurde. Und es wurde verbreitet, an seiner Wiege seien Schlan-

gen als eine Art Wächter gewesen, ein ausländischen Wundersagen nachgebildetes Märchen. Denn er selbst, der doch keineswegs sich selbst herabsetzte, pflegte nur von einer einzigen Schlange zu erzählen, die man in seinem Schlafgemach gesehen habe.

(12) Doch die Zuneigung des Volkes war noch ein Rest von dem Gedenken an Germanicus, dessen letzter männlicher Nachkomme Nero war, und das Mitleid mit seiner Mutter Agrippina[59] nahm zu wegen der Grausamkeit Messalinas, die, schon immer ihr feindlich gesinnt und damals besonders aufgebracht, nur durch eine neue an Wahnsinn grenzende Verliebtheit abgehalten wurde, Verbrechen zu erfinden und die Ankläger gegen Agrippina aufzubieten. Denn für C. Silius, den schönsten Jüngling Roms, war sie so in Liebe entbrannt, dass sie Iunia Silana, eine adelige Frau[60], aus der Ehe verdrängte und sich des freigewordenen Buhlen bemächtigte. Silius war sich dabei seines schändlichen Handelns und seiner gefährlichen Lage wohl bewusst. Aber da er im Falle einer Ablehnung seines Untergangs gewiss war und einige Hoffnung bestand, dass sein Treiben unbemerkt bleibe, zugleich auch reiche Belohnung ihm winkte, tröstete er sich damit, vor dem, was kommen mochte, die Augen zu verschließen und das, was die Gegenwart bot, zu genießen. Jene kam nicht heimlich, sondern mit großem Gefolge in sein Haus, hängte sich an ihn, wenn er es verließ, und schenkte ihm reichlich Geld und Ehren. Zuletzt sah man, als wäre die Hoheit schon auf ihn übergegangen, Sklaven, Freigelassene, den ganzen Hofstaat eines Princeps bei dem Ehebrecher.

(13) Aber Claudius, der blind in seiner Ehe war, übte inzwischen sein Censoramt[61] aus und schalt in scharfen Erlassen das Volk wegen seiner Ausschreitungen im Theater, weil es gegen den Konsular Publius Pomponius[62], der für die Bühne Gedichte lieferte, und gegen erlauchte Frauen sich zu Schimpfworten

hatte hinreißen lassen. Auch brachte er ein Gesetz ein, mit dem er die Brutalität der Geldverleiher eindämmte[63] und das verbot, für den Fall des Todes der Eltern den nicht selbständigen Söhnen Geld auf Zinsen zu leihen. Quellwasser von den Simbruinischen Hügeln[64] leitete er in die Hauptstadt. Auch fügte er neue Buchstaben dem Alphabet[65] hinzu und führte sie ein, da ja bekanntlich auch das griechische Alphabet nicht gleich mit seinem Entstehen vollständig gewesen sei.

(14) Die Ägypter waren die ersten, die ihre Gedanken durch Tierbilder[66] ausdrückten (noch erblickt man diese ältesten Denkmäler menschlicher Überlieferung in Stein eingehauen). Auch geben sie sich als Erfinder der Buchstaben aus. Darauf hätten die Phönizier, weil sie die Vormacht zur See hatten, diese nach Griechenland gebracht und den Ruhm erlangt, das erfunden zu haben, was sie nur übernommen hatten. Denn die Sage berichtet, Cadmus sei auf einer phönizischen Flotte nach Griechenland gefahren[67] und habe bei den noch ungebildeten griechischen Völkerschaften diese Kunst eingeführt. Manche berichten, der Athener Cecrops oder der Thebaner Linus und zu den trojanischen Zeiten der Argiver Palamedes hätten sechzehn Buchstaben, andere, und hauptsächlich Simonides[68], später die übrigen erfunden. Aber in Italien lernten die Etrusker die Buchstaben von dem Korinther Demaratus[69], die Aboriginer von dem Arcader Euandros[70]; die Form der lateinischen Buchstaben war die gleiche, wie die der ältesten griechischen. Auch wir hatten zunächst nur wenige, später kamen noch einige hinzu. Diesem Vorbild folgend, fügte Claudius drei Buchstaben hinzu, die, solange er regierte, im Gebrauch, dann vergessen, jetzt noch auf Erztafeln auf Marktplätzen und an Tempeln zu sehen sind.

(15) Hierauf brachte er einen Antrag im Senat ein, der das Kollegium der Opferschauer[71] betraf, um zu verhüten, dass die älteste Wissenschaft Italiens vernachlässigt und vergessen

werde. Oft habe man sie in den für das Gemeinwesen schweren Zeiten herbeigeholt und auf ihre Weisung die religiösen Gebräuche erneuert und in der Folge richtiger eingehalten. Und die angesehensten Etrusker hätten dieses Wissen aus eigenem Antrieb oder auf Betreiben der römischen Väter festgehalten und in ihren Familien weitervererbt. Dies geschehe jetzt lässiger, weil die Öffentlichkeit sich überhaupt um die Wissenschaften nicht mehr kümmere und weil fremdländische Gottesdienste[72] überhandnehmen. Augenblicklich sei zwar die Lage überall erfreulich. Aber man müsse sich für die Gnade der Götter dankbar erweisen und dürfe nicht die religiösen Gebräuche nur in schwieriger Lage beachten, in glücklichen Zeiten in Vergessenheit geraten lassen. Daraufhin kam der Senatsbeschluss zustande: die Oberpriester sollen sehen, welche von den Opferbräuchen beizubehalten und auszuüben seien.

(16) In dem gleichen Jahr erbat sich der Stamm der Cherusker einen König von Rom. Er hatte durch innere Kriege seinen Adel verloren und aus dem königlichen Hause war nur noch ein Spross namens Italicus übrig, dem Rom als Aufenthaltsort angewiesen war. Väterlicherseits stammte er von Flavus, dem Bruder des Arminius ab, mütterlicherseits von Actumerus, einem Fürsten der Chatten; er selbst war eine stattliche Erscheinung, im Gebrauch der Waffen und im Reiten in heimischer und auch in unserer Weise geübt. Der Caesar versah ihn mit Geldmitteln, gab ihm eine Leibwache mit und ermahnte ihn, von der seiner Familie zukommenden Würde stolzen Sinnes Besitz zu ergreifen. Er sei der erste, der, in Rom geboren, nicht als Geisel, sondern als Staatsbürger ausziehe, um eine Herrschaft im Ausland anzutreten[73]. Zuerst wurde auch sein Erscheinen von den Germanen freudig begrüßt, und weil er an ihren inneren Auseinandersetzungen in keiner Weise beteiligt war und gegen alle die gleiche Gunst zeigte, wurde er gefeiert

und geehrt, wobei er teils Leutseligkeit und Anspruchslosigkeit, was bei niemand Missfallen erregt, walten ließ, öfters sich aber der Trunkenheit und Genusssucht ergab, was bei den Barbaren beliebt ist. Und schon gewann er bei den Nachbarn und auch weiter entfernt Ansehen, als diejenigen, die seine Macht beargwöhnten und in den Parteikämpfen eine bedeutende Rolle gespielt hatten, sich an die benachbarten Stämme wendeten und behaupteten, die alte Freiheit Germaniens gehe verloren und es erhebe sich die Macht Roms. Ob es denn gar niemand gebe, der hier im Lande geboren sei und die erste Stelle einnehme, so dass man den Sprössling des Kundschafters[74] Flavus über alle anderen stelle? Vergeblich schützte man Arminius vor. Selbst vor seinem Sohn[75], wenn er, auf feindlichem Boden aufgewachsen, auf den Thron gekommen wäre, hätte man sich fürchten können, da er durch Ernährung, Sklavendasein, Lebensweise, lauter fremdländische Einflüsse, verdorben gewesen sei. Aber wenn Italicus seines Vaters Gesinnung habe: kein anderer habe mit größerer Erbitterung die Waffen gegen sein Vaterland und die heimischen Götter geführt.

(17) Mit diesen und ähnlichen Vorstellungen brachten sie eine große Truppenmacht zusammen. Das Aufgebot, das sich dem Italicus anschloss, war nicht geringer. Denn er wies darauf hin, dass er nicht gegen ihren Willen eingedrungen, sondern herbeigerufen worden sei, da er hinsichtlich seines Adels allen anderen vorangehe. Sie sollten sein Mannestum auf die Probe stellen, ob er sich seines Oheims Arminius, seines Großvaters Actumerus würdig erweise. Auch seines Vaters brauche er sich nicht darum zu schämen, weil er das mit Einwilligung der Germanen gegenüber den Römern übernommene Treueverhältnis nie aufgegeben habe. Fälschlich werde das Wort Freiheit von denen vorgeschoben, die, in ihrem Privatleben entartet, für die Allgemeinheit verhängnisvoll, ihre einzige Hoffnung auf innere Fehden setzen. Begeistert jubelte ihm die Volks-

menge zu. In einer für die Verhältnisse bei den Barbaren großen Schlacht blieb der König Sieger. Dann, da ihm das Glück zur Seite stand, ließ er sich zu Übermut hinreißen, wurde vertrieben, mit Hilfe der Langobarden[76] wiedereingesetzt und richtete im Wechsel von Glück und Missgeschick die Macht der Cherusker[77] zugrunde.

(18) Um die gleiche Zeit machten die Chaucen[78] – es herrschte in ihrem Volk kein Zwist, und sie waren durch den Tod des Sanquinius ermutigt – einen Einfall in Untergermanien, während Corbulo[79] erst noch im Anmarsch war. Ihr Führer war Gannascus, vom Stamme der Canninefaten[80], der bei den Hilfstruppen gedient hatte, dann überlief und mit leichten Schiffen als Seeräuber besonders die gallische Küste heimsuchte, da es ihm wohl bekannt war, dass dort eine reiche, unkriegerische Bevölkerung war. Aber Corbulo marschierte in die Provinz ein, womit er seine militärische Laufbahn eröffnete, und ließ mit großer Umsicht – was dann seinen Ruhm begründete – Dreiruderer den Rhein hinunterfahren, während er die übrigen Schiffe, soweit sie sich dazu eigneten, über die Lagunen und durch die Kanäle herbeiführte. Er versenkte die Kähne der Feinde, verjagte Gannascus und brachte, da die Ruhe für den Augenblick hinlänglich hergestellt war, die der mühsamen Schanzarbeit entwöhnten, sich am Plündern erfreuenden Legionen zur alten Zucht zurück: es solle keiner in der Marschkolonne aus Reih und Glied treten und ohne Befehl sich in einen Kampf einlassen. Posten und Wachen zogen mit Waffen auf. Das galt auch für den übrigen Dienst bei Tag und Nacht. Man erzählt, ein Soldat sei, weil er unbewaffnet, und ein anderer, weil er nur mit dem Dolch ausgerüstet, schanzte, mit dem Tode bestraft worden. Diese übertriebene und vielleicht auch erfundene Maßnahme war doch der Ausdruck der Strenge des Heerführers. Immerhin, man kann erkennen, dass es sich um einen energischen und gegenüber schweren Vergehen uner-

bittlichen Mann handelte, dem man so viel Strenge auch in leichten Fällen zutraute.

(19) Im übrigen hatte dieser Terror bei den römischen Soldaten und bei den Feinden eine ganz verschiedene Wirkung. Bei uns wuchs der Mut, bei den Barbaren wurde der Trotz gebrochen. Das Volk der Friesen[81], das seit dem mit der Niederlage des L. Apronius[82] begonnenen Aufstand feindlich gesinnt oder wenigstens unzuverlässig war, stellte Geiseln und siedelte sich auf den von Corbulo zugewiesenen Ländereien an. Auch gab Corbulo ihnen einen Senat, Behörden und Gesetze. Und damit sie sich seinen Befehlen nicht entziehen, legte er bei ihnen einen befestigten Stützpunkt an und schickte Leute ab, die die »Größeren Chaucen«[83] zur Unterwerfung verlocken und zugleich auf Gannascus einen hinterlistigen Anschlag machen sollten. Dieser gelang, und er war auch gegenüber einem Überläufer, der die Treue gebrochen hatte, keine verwerfliche Handlung. Allein seine Ermordung brachte die Chaucen in Erregung, und Corbulo selbst streute den Samen des Aufruhrs aus, was in Rom von sehr vielen freudig begrüßt, aber teilweise auch mit Missbilligung aufgenommen wurde. Warum er den Feind herbeirufe? Falle dies schlimm aus, werde es das Gemeinwesen treffen. Wenn er aber dabei Glück habe, werde ein so ausgezeichneter Mann eine Gefahr für den Frieden und für einen feigen Princeps eine sehr schwere Belastung bilden[84]. Und so hinderte denn Claudius eine neue gewaltsame Unternehmung gegen Germanien und gab sogar Befehl, die Besatzungstruppen hinter den Rhein zurückzuverlegen[85].

(20) Schon baute Corbulo an einem Lager auf feindlichem Boden, als ihm dieser Brief überbracht wurde. In seiner Überraschung sah er sich gleichzeitig von vielem bedrängt: Furcht vor dem Imperator, Verachtung seitens der Barbaren, Spott bei den Bundesgenossen. Aber ohne ein weiteres Wort zu verlieren als »ihr glücklichen römischen Heerführer der einstigen

Zeit«, gab er das Zeichen zum Rückzug. Damit jedoch die Mannschaft sich das faule Leben abgewöhne, zog er zwischen Maas und Rhein einen 23 Meilen langen Kanal, um damit die unsichere Fahrt auf dem Ozean zu vermeiden. Doch bewilligte ihm der Caesar die Triumphinsignien, obgleich er ihm die Kriegführung versagt hatte. Nicht viel später erlangte Curtius Rufus[86] die gleiche Ehre. Er hatte im Gebiet der Mattiacer[87] Minengänge erschlossen auf der Suche nach Silberadern. Allerdings war die Ausbeute dürftig, auch nur von kurzer Dauer. Aber für die Legionen kam zu der mühsamen Arbeit noch anderweitiger Schaden: sie mussten Wassergräben ausheben und, was schon im Freien schwer ist, unter der Erde graben. Unter dem Druck dieser Verhältnisse, auch weil in mehreren Provinzen ähnliche Belastungen zu ertragen waren, verfassten die Soldaten insgeheim ein Schreiben im Namen der Heere, in dem sie den Imperator baten, er möge im voraus die Triumphinsignien den Männern bewilligen, denen er Heere anvertrauen wolle[88].

(21) Über die Abstammung des Curtius Rufus, der nach einer gewissen Überlieferung als Sohn eines Gladiators bezeichnet wird, möchte ich keine falschen Behauptungen aufstellen und schäme mich zugleich, die Wahrheit darzulegen. Als er herangewachsen war, befand er sich in dem Gefolge des Quästors, dem Afrika zugefallen war. Während er einmal in der Stadt Adrumetum[89] in den um die Mittagszeit menschenleeren Säulenhallen sich allein herumtrieb, erschien ihm eine übermenschlich große, weibliche Gestalt, und man vernahm eine Stimme: »Du bist es, Rufus, der als Prokonsul in diese Provinz kommen wird.« Diese Prophezeiung erweckte in ihm hochfliegende Hoffnungen; nach Rom zurückgekehrt, erlangte er durch reiche geldliche Unterstützung seiner Freunde und zugleich durch seine Tatkraft die Quästur und dann neben Bewerbern aus dem Adel durch die Wahlempfehlung des Prin-

ceps[90] die Prätur, wobei Tiberius den Makel seiner Herkunft mit den Worten verschleierte: »Curtius Rufus scheint mir von sich selbst abzustammen.« Er erreichte danach ein hohes Alter, in dem er gegenüber den Höhergestellten widerwärtige Schmeichelei, gegenüber den Nachgeordneten Anmaßung zeigte und im Verkehr mit Gleichgestellten unleidlich war. Er erhielt das konsularische Imperium[91], die Triumphinsignien und zuletzt Afrika. Dort starb er und erfüllte so die schicksalhafte Prophezeiung.

(22) In dieser Zeit geschah es, dass in Rom der römische Ritter Nonius – es waren keine Gründe ersichtlich, und man fand auch nachher keine – mit einem Dolch bewaffnet in dem Kreis derer entdeckt wurde, die dem Princeps ihre Aufwartung machten[92]. Als er auf der Folter gemartert wurde, leugnete er hinsichtlich seiner Person nicht, gab aber keine Mitschuldigen an, wobei ungewiss ist, ob er solche verschwieg. Unter den gleichen Konsuln beantragte P. Dolabella[93], alljährlich ein Gladiatorenschauspiel auf Kosten derer abzuhalten, die die Quästur erlangen würden[94]. Bei den Vorfahren war dies eine Belohnung für die Tüchtigkeit gewesen, und allen Bürgern, wenn sie sich auf gute Fähigkeiten stützen konnten, war es erlaubt, sich um Staatsämter zu bewerben. Und auch das Alter machte keinen Unterschied[95]. Auch in früher Jugend konnte man das Konsulat und die Diktatur bekleiden. Doch die Quästur wurde noch zur Zeit der Königsherrschaft eingerichtet, was durch die Erneuerung des Kuriatischen Gesetzes von L. Brutus[96] bewiesen wird. Es verblieb den Konsuln die Befugnis, die Quästoren auszuwählen, bis das Volk auch diese Ehrenstellen vergab. Als erste wurden Valerius Potitus und Aemilius Mamercus gewählt, dreiundsechzig Jahre nach der Vertreibung der Tarquinier[97], mit dem Auftrag, das Kriegswesen zu betreuen. Als dann die Geschäfte wuchsen, kamen zwei weitere hinzu, die in Rom ihr Amt ausüben sollten. Bald wurde ihre Zahl verdop-

pelt[98], da bereits Italien steuerpflichtig war und die Abgaben der Provinzen noch hinzukamen. Darauf wurden aufgrund eines Gesetzes Sullas zur Ergänzung des Senats[99], dem Sulla die Rechtsprechung[100] übertragen hatte, zwanzig gewählt. Und obgleich der Ritterstand die Gerichte zurückgewonnen hatte[101], wurde doch die Quästur nach der Würdigkeit der Bewerber oder durch das Entgegenkommen der sie Verleihenden ohne Gegenleistung zugeteilt, bis sie durch den Antrag Dolabellas gewissermaßen auf dem Markt käuflich wurde.

(23) Als unter dem Konsulat des A. Vitellius und L. Vipstanus[102] über die Ergänzung des Senats verhandelt wurde und die führenden Männer von der sogenannten Gallia comata[103], die schon längst im Vertragsverhältnis zu Rom standen und das römische Bürgerrecht[104] erlangt hatten, um das Recht nachsuchten, in der Hauptstadt Ehrenämter zu erlangen, wurde über diese Frage viel hin und her geredet. Auch vor dem Princeps[105] ereiferte man sich darüber in gegensätzlichen Auffassungen; die einen behaupteten, noch sei Italien nicht so heruntergekommen, dass es nicht seiner Hauptstadt einen Senat zur Verfügung stellen könne. Einst seien blutsverwandte Völker[106] damit einverstanden gewesen, dass der Senat aus geborenen Römern bestand, und mit dem alten Gemeinwesen brauche man nicht unzufrieden zu sein. Ja, noch immer erzähle man von den Taten ruhmvollen Mannestums, die unter den alten Sitten römisches Wesen vollbracht habe. Oder genüge es denn nicht, dass Veneter und Insubrer[107] in die Kurie eingedrungen seien? Sollten wir uns auch noch durch einen Haufen von Ausländern gleichsam zu deren Gefangenen machen? Wo bleibe da noch eine Ehrenstelle für die Reste des Adels übrig, oder welcher unbemittelte Mann aus Latium würde noch Senator werden? Alles würden jene Reichen beschlagnahmen, deren Großväter und Urgroßväter als Führer feindlicher Völkerschaften unsere Heere mit Waffenge-

48 n. Chr.

walt niedergemacht, den vergöttlichten Iulius bei Alesia[108] eingeschlossen haben. Soviel nur aus der neueren Zeit! Und was wäre erst, wenn die Erinnerung an diejenigen wieder auflebe, die von dem Capitol und der römischen Burg die den Göttern geweihte Beute zu rauben versuchten? Mögen sie immerhin sich an dem Wort »Bürgerrecht« erfreuen! Nur sollten sie nicht die Abzeichen der Väter und die Auszeichnungen der Staatsbeamten gemein machen!

(24) Durch diese und ähnliche Vorstellungen ließ sich der Princeps nicht beeindrucken. Er legte sofort seine entgegengesetzte Meinung dar, berief dann den Senat und begann also[109]: »Meine Vorfahren, deren ältester, Clausus[110], von sabinischer Abstammung, zugleich in die römische Bürgerschaft und in die patrizischen Familien aufgenommen worden ist, ermahnen mich, dass ich nach gleichen Grundsätzen das Gemeinwesen lenke, indem ich hierher alles übernehme, was sich irgendwo als vortrefflich erwiesen hat. Denn ich weiß wohl, dass die Iulier von Alba, die Coruncanier von Cumerium, die Porcier von Tusculum[111] und, um nicht nur die alte Vergangenheit zu durchforschen, von Etrurien, Lucanien und ganz Italien Männer in den Senat berufen wurden[112], dass zuletzt Italien selbst[113] bis an die Alpen ausgedehnt wurde, so dass nicht nur einzelne Personen, sondern ganze Landschaften und Völkerschaften unter unserem Namen zu einer Gemeinschaft zusammengewachsen sind. Damals herrschte im Innern festgegründete Ruhe[114], und nach außen standen wir blühend da, als die Transpadaner das Bürgerrecht erhielten, als unsere Legionen scheinbar auf der ganzen Welt ansässig gemacht wurden[115] und durch die Hinzufügung der stärksten Kräfte der Provinzialen dem erschöpften Reiche unter die Arme gegriffen wurde. Hat man es denn zu bereuen, dass die Balber aus Spanien[116] und nicht minder hervorragende Männer aus dem narbonensischen Gallien herübergekommen sind? Noch leben ihre Nachkommen und

stehen uns in der Liebe zu dieser Vaterstadt nicht nach. Was sonst brachte den Lacedämoniern und Athenern trotz ihrer Waffenübermacht das Verderben, als dass sie die Besiegten wie Andersstämmige ausschlossen[117]. Unser Stifter Romulus dagegen verfügte über so viel Weisheit, dass er die meisten Völkerschaften an dem gleichen Tage erst zu Feinden und dann zu Mitbürgern hatte. Fremdlinge haben die Königsherrschaft über uns ausgeübt. Söhne von Freigelassenen erhielten Staatsämter, und zwar nicht, wie so viele sich einbilden, erst kürzlich, sondern nach einem schon früher von dem Volk geübten Brauch. ›Aber wir haben doch mit den Senonen[118] gekämpft!‹ Allerdings, die Volscer und Aequer sind uns ja niemals in einer Schlacht gegenübergetreten. ›Erobert wurde von den Galliern unsere Stadt.‹ Nun, wir haben auch den Tuscern Geiseln gegeben und haben uns unter das Joch der Samniten gebeugt[119]. Und doch, wenn man alle unsere Kriege durchmustert, so ist keiner in kürzerer Zeit beendigt worden, als der mit den Galliern[120], und von da an herrschte ein stetiger und aufrichtiger Friede[121]. Nun mögen sie, durch ihre Sitten, ihre Bildung und ihre Verwandtschaft mit uns vermischt, ihr Gold und ihren Reichtum lieber zu uns bringen, als für sich besitzen. Alles, versammelte Väter, was man jetzt für uralt betrachtet, ist einmal neu gewesen. Plebeische Beamte kamen nach den patrizischen, latinische nach den plebeischen, die der übrigen Völker Italiens nach den latinischen. Auch dies wird veralten, und wofür wir heute unter Berufung auf Beispiele eintreten, das wird einmal selbst als Beispiel dienen.«[122]

(25) Auf die Ansprache des Princeps folgte der Beschluss der Väter[123]: als erste erhielten die Äduer das Recht der Senatorenwürde[124] in Rom. Dies geschah dem alten Bündnis zuliebe und weil sie die einzigen Gallier sind, die den Namen »Brüder des römischen Volkes« führen.

In denselben Tagen nahm der Caesar die ältesten Senatoren[125] oder die Nachkommen berühmter Eltern unter die Patrizier auf, da nur noch wenige der Familien übrig waren, die Romulus als zu den höheren und L. Brutus zu den niederen Geschlechtern gehörig bezeichnet hatte, und auch diejenigen erloschen waren, die Caesar als Diktator durch das Cassische Gesetz und Augustus als Princeps durch das Saenische Gesetz[126] zugewählt hatten. Diese für das Gemeinwesen erfreulichen Maßnahmen wurden von dem Censor freudigst vollzogen. Da er in Verlegenheit war, auf welche Weise er die übelbeleumundeten Mitglieder aus dem Senat entfernen solle, zog er ein rücksichtsvolles und erst kürzlich ausgedachtes Mittel[127] der alten Strenge vor, indem er dazu aufforderte, es solle jeder mit sich selbst zu Rate gehen und um die Bewilligung zum Austritt aus dem Stand nachsuchen. Leicht werde man die Genehmigung dazu bekommen. Die Namen der aus dem Senat Ausgestoßenen und der freiwillig Ausgetretenen werde er gemeinsam bekanntgeben, damit die Vermischung der durch das Urteil der Censoren und der freiwillig aus Ehrgefühl Ausscheidenden die Schande mildere. Dafür beantragte der Konsul Vipstanus, Claudius »Vater des Senats« zu nennen, denn der Titel »Vater des Vaterlandes« sei zu allgemein; neue Verdienste um das Gemeinwesen dürfe man nicht mit abgegriffenen Bezeichnungen ehren. Doch er selbst wies den Konsul als übertriebenen Schmeichler in die Schranken. Er veranstaltete eine Volkszählung, die 5984072 Bürger ergab. Damals war es auch mit seiner Unwissenheit über seine eigenen häuslichen Verhältnisse zu Ende: bald darauf sah er sich gezwungen, von den Schandtaten seiner Gemahlin Kenntnis zu nehmen und sie zu bestrafen, um sich dann hemmungslos in eine blutschänderische Ehe zu stürzen.

(26) Schon war Messalina von der Willfährigkeit ihrer Liebhaber angewidert und gab sich bis dahin unbekannten Ausschweifungen hin, als auch Silius sie bedrängte, die Verstel-

lung aufzugeben, sei es aus schicksalhafter Verblendung oder in dem Glauben, gegenüber drohenden Gefahren liege das einzige Gegenmittel in den Gefahren selbst. So weit sei es noch nicht gekommen, dass sie auf das Alter des Princeps warten könnten. Für Schuldlose sei es unschädlich, mit Überlegung zu planen, bei offensichtlichen Verbrechen müsse man zu verwegenem Handeln greifen. Mitschuldige stünden ihnen zur Seite, die das gleiche zu fürchten hätten. Er sei unverheiratet, kinderlos, bereit, sie zu heiraten und Britannicus zu adoptieren. Messalina werde ihren bisherigen Einfluss behalten, ihre sichere Stellung festigen, wenn sie dem Claudius zuvorkämen, der ebenso arglos gegen Hinterlist wie übereilt im Zorn sei. Nur mit Zögern schenkte sie diesen Einflüsterungen Gehör, nicht aus Liebe zu ihrem Gemahl, sondern aus Besorgnis, Silius möchte, wenn er sein höchstes Ziel erreicht habe, die Ehebrecherin verschmähen und die in der Not gebilligte Freveltat nachher ihrer wirklichen Bedeutung entsprechend werten. Gleichwohl wünschte sie eine formelle Eheschließung, um dem Schimpf die Krone aufzusetzen[128], was für Menschen, die alles preisgegeben haben, der letzte Reiz ist. Ohne länger zu warten, als bis Claudius eines Opfers wegen[129] nach Ostia reiste, feierte sie die Hochzeit mit Silius mit allem üblichen Pomp.

(27) Ich bin mir wohl bewusst, dass es wie ein Märchen klingen wird, irgendein Mensch, geschweige denn ein designierter Konsul, habe sich in einer Stadt, die alles erfährt und nichts verschweigt, so sicher gefühlt bei dem Wagnis, mit der Gemahlin des Princeps an einem vorbestimmten Tag unter Beiziehung von Zeugen für die Unterschrift wie zu einer förmlichen Eheschließung zusammenzukommen[130]. Messalina hörte die Worte der Zeugen an, hüllte sich in den Brautschleier und opferte den Göttern. Dann saßen beide zwischen den Gästen bei Tisch, küssten sich, umarmten sich und verbrachten schließlich die Nacht in unbeschränkter Ehegemeinschaft.

Nichts davon ist jedoch erfunden, um etwas Wunderliches zu erzählen. Vielmehr berichte ich nur, was ich von älteren Männern gehört habe und was schriftlich festgehalten worden ist.

(28) Entsetzen hatte das Haus des Princeps erfasst; vor allem die maßgebenden Persönlichkeiten und alle, die einen Wandel der Verhältnisse zu befürchten hatten, gaben ihre Entrüstung nicht mehr in geheimen Gesprächen, sondern offen und laut zu erkennen: solange sich nur ein Schauspieler[131] im Schlafzimmer des Princeps getummelt habe, sei dies zwar eine Schande gewesen, aber habe nicht den Untergang bedeutet. Jetzt sei es ein junger Mann von Adel, der durch seine würdevolle Erscheinung, durch die Kraft seines Geistes und das in naher Aussicht stehende Konsulat sich zu höherer Hoffnung verleiten lasse. Es sei ja kein Geheimnis, was nach einer solchen Hochzeit noch zu erwarten sei. Ohne Zweifel wandelte sie auch Angst an, wenn sie an des Claudius Stumpfheit, an seine Abhängigkeit von seiner Gemahlin und an die vielen Hinrichtungen dachten, die auf Befehl Messalinas vollzogen worden waren. Andererseits gab eben die Lenksamkeit des Imperators die Zuversicht, wenn sie durch die ungeheuerliche Beschuldigung ihn beeindruckt hätten, könne Messalina noch vor einer gerichtlichen Untersuchung verurteilt und gestürzt werden. Nur dann würde die Sache eine gefährliche Wendung nehmen, wenn er ihre Verteidigung anhöre, und es sei zu befürchten, dass seine Ohren ihrem Geständnis nicht verschlossen bleiben.

(29) Callistus, den ich schon anlässlich der Ermordung des C. Caesar erwähnt habe, Narcissus, der Anstifter der Hinrichtung des Appius, und Pallas[132], der damals in höchster Gunst stand, überlegten zunächst, ob sie Messalina durch versteckte Drohungen von ihrer Liebe zu Silius abbringen könnten, wobei sie alles andere verschweigen wollten. Dann ließen sie davon ab, da sie befürchteten, ihrerseits in das Verderben ge-

stürzt zu werden, Pallas aus Feigheit, Callistus, weil er schon unter dem vorhergehenden Herrscher[133] seine Erfahrungen gemacht hatte und sich bewusst war, dass man seine Stellung mehr mit vorsichtigen als mit energischen Maßnahmen sichert. Narcissus hielt daran fest, nur mit der Änderung, Messalina nicht durch eine Unterredung vorher von der Anklage und dem Kläger wissen zu lassen. Er selbst lauerte auf jede günstige Gelegenheit, und während sich der Caesar lange in Ostia aufhielt, veranlasste er zwei Mätressen, die seine bevorzugten Beischläferinnen waren, durch Geschenke und Versprechungen und durch die Aussicht auf vermehrten Einfluss nach dem Sturz der Gemahlin, die Anzeige zu übernehmen.

(30) Als dann Calpurnia – so hieß die eine Mätresse – mit dem Caesar allein war, warf sie sich ihm zu Füßen und rief: »Messalina hat den Silius geheiratet!« Zugleich fragte sie Cleopatra, die in der Nähe stand und darauf wartete, ob sie es auch erfahren habe. Als sie dies bejahte, verlangte Calpurnia, dass man Narcissus herbeirufe. Dieser bat um Verzeihung für sein bisheriges Verschweigen des Treibens von Leuten wie Vettius und Plautius[134]. Auch jetzt wolle er ihr das ehebrecherische Treiben nicht zum Vorwurf machen, geschweige denn, dass er den Palast, die Dienerschaft und den übrigen Hofstaat von Silius zurückfordere. Nein! Dessen solle sich Silius ruhig erfreuen. Aber die Gattin solle er zurückgeben und den Ehevertrag vernichten. »Weißt du etwa«, sagte er, »dass deine Ehe geschieden ist? Die Heirat des Silius hat ja das Volk, der Senat und das Heer[135] gesehen. Und wenn du nicht schnell handelst, ist der Ehemann Herr von Rom.«

(31) Da ließ der Caesar seine nächsten Freunde kommen. Zuerst befragte er Turranius, den Präfekten der Getreideversorgung, dann Lusius Geta[136], den Befehlshaber der Prätorianer. Als diese die Angaben bestätigten, schrien alle übrigen um die Wette, er solle in die Kaserne gehen, sich der Prätorianerko-

horten versichern und zuerst auf seine Sicherheit und dann erst auf Rache bedacht sein. Es ist verbürgt, dass Claudius von Angst so benommen war, dass er wiederholt fragte, ob er eigentlich noch im Besitz der Herrschaft sei, ob Silius sie nicht bereits übernommen habe. –

Aber Messalina, die sich ihrer Verschwendungssucht so ungezügelt wie noch nie hingab, feierte – es war mitten im Herbst – in ihrem Palast ein Winzerfest. Die Keltern pressten, die Kufen füllten sich. Die Frauen, in Felle gekleidet, tanzten umher wie opfernde oder rasende Bacchantinnen. Messalina selbst schritt einher mit flatternden Haaren, den Thyrsus schwingend, und neben ihr Silius, mit Epheu bekränzt, beide auf Kothurnen, den Kopf hin- und herwerfend, während ringsumher der freche Chor lärmte. Man erzählt, Vettius Valens sei in seiner Ausgelassenheit auf einen sehr hohen Baum geklettert und habe auf die Frage, was er denn erblicke, geantwortet: »Ein schweres Unwetter von Ostia her.« Mag nun ein solches wirklich im Anzug oder mag es nur eine zufällige Äußerung gewesen sein, die sich in eine Weissagung wandelte.

(32) Inzwischen verlautete, nicht als Gerücht, sondern von überallher als sichere Nachricht, Claudius wisse alles und komme, zur Rache entschlossen. Daher eilte Messalina in die Lucullischen Gärten[137], Silius, um seine Angst nicht merken zu lassen, zu seinen Geschäften auf dem Forum. Während die übrige Gesellschaft sich überallhin zerstreute, waren schon Centurionen da und fesselten jeden, den sie auf der Straße oder in einem Versteck fanden. Aber obgleich Unglück sonst ruhige Überlegung raubt, raffte sich doch Messalina zu dem Entschluss auf, ihrem Gemahl entgegenzugehen und ihm vor die Augen zu treten, ein Mittel, mit dem sie schon oft Glück gehabt hatte. Sie schickte zu Britannicus und zu Octavia, sie sollten sich auf den Weg machen, um ihren Vater zu begrüßen[138]. Auch bat sie Vibidia, die älteste[139] der Vestalischen Jung-

frauen, sich bei dem Pontifex Maximus Gehör zu verschaffen und um Milde zu bitten. Inzwischen wanderte sie nur noch mit drei Begleitern – so einsam war es plötzlich um sie geworden – zu Fuß durch die ganze Stadt und schlug auf einem Fuhrwerk, mit dem man den Unrat aus den Gärten wegschafft, die Straße nach Ostia ein, von niemand bemitleidet, weil ihre hässlichen Schandtaten zu groß waren.

(33) Nichtsdestoweniger herrschte in der Umgebung des Caesars große Aufregung: denn man traute dem Prätorianerpräfekten Geta nicht so recht, der sich zum Guten wie zum Schlechten leicht bewegen ließ. Und so versicherte Narcissus, unterstützt von denen, die in der gleichen Furcht schwebten, es gebe keine andere Hoffnung für den Caesar, sein Leben zu retten, als an diesem Tag die militärische Befehlsgewalt irgendeinem Freigelassenen zu übertragen. Er bot sich selbst an, dies zu übernehmen. Und damit der Caesar während der Fahrt in die Stadt nicht von L. Vitellius und Largus Caecina[140] zur Reue umgestimmt werde, verlangte er in dem gleichen Wagen einen Platz, den er auch erhielt.

(34) Später wurde immer wieder erzählt, bei den unterschiedlichen Äußerungen des Princeps, in denen er das eine Mal über die Schandtaten seiner Gemahlin schalt und dann wieder sich der Erinnerung an seine Ehe und an seine unmündigen Kinder hingab, habe Vitellius nur das eine Wort herausgebracht: »Welche Schandtat, welches Verbrechen!« Narcissus drängte ihn zwar, diese zweideutigen Worte klarzustellen und seine wahre Meinung kundzutun, aber er brachte ihn nicht weiter als zu Antworten, die alles in der Schwebe ließen und die man nach Belieben deuten konnte, und Largus Caecina folgte seinem Beispiel.

Schon war Messalina in Sicht. Sie rief laut, Claudius solle der Mutter der Octavia und des Britannicus Gehör schenken. Dagegen erhob der Ankläger lauten Einspruch und wies auf Silius und auf die Hochzeitsfeier hin. Zugleich überreichte er ein schriftliches Verzeichnis ihrer Ausschweifungen, um die Blicke des Caesars von ihr abzulenken. Und bald darauf wären ihm bei seiner Fahrt in die Stadt die gemeinschaftlichen Kinder begegnet, hätte nicht Narcissus befohlen, sie fortzuschaffen. Vibidia konnte er nicht abweisen. Sie forderte in höchst gehässiger Form, die Gemahlin nicht ohne Verteidigung dem Tode zu überantworten. Narcissus antwortete daher, der Princeps werde sie anhören und sie werde Gelegenheit finden, sich gegen die Beschuldigung zu rechtfertigen. Inzwischen solle die Jungfrau gehen, um ihres heiligen Amtes zu walten.

(35) Dabei hüllte sich Claudius in ein auffallendes Schweigen, Vitellius tat so, als ob er von nichts wisse, überall fand der Freigelassene Gehör. Er befahl, das Haus des Ehebrechers zu öffnen und dorthin den Imperator zu führen. Zuerst zeigte Vitellius ihm in der Vorhalle das Bild des Vaters von Silius[141], dessen Beseitigung durch Senatsbeschluss angeordnet worden war, dann alles, was von dem neronischen und drusischen Erbe den Lohn für die Schandtat gebildet hatte[142]. Claudius, der in Wut geriet und in Drohungen ausbrach, verbrachte er dann in die Kaserne, in der schon die Soldaten zur Versammlung angetreten waren, an die sich Claudius nach einer vorhergehenden Ansprache des Narcissus, nur mit wenigen Worten wandte. Denn das Gefühl der Beschämung hielt seine berechtigte Entrüstung zurück. Darauf erhoben die Kohorten ein anhaltendes Geschrei und forderten die Bekanntgabe der Namen der Schuldigen und ihre Bestrafung. Silius wurde vor das Tribunal gebracht. Er machte keinen Versuch, sich zu verteidigen oder einen Aufschub zu erlangen. Er bat lediglich um einen schleunigen Tod. Mit gleicher fester Haltung verlangten auch einige erlauchte römische Ritter ein rasches Ende. Titius Proculus, der von Silius der Messalina als Bewacher[143] beigegeben war und sich erbot, Angaben zu machen, Vettius Valens, der ein

Geständnis abgelegt hatte, und Pompeius Urbicus sowie Saufeius Trogus, die zu den Verschworenen gehörten, befahl er, dem Henker[144] zu übergeben. Decrius Calpurnianus, der Polizeipräfekt, Sulpicius Rufus, der Leiter der Gladiatorenschule[145], und der Senator Iuncus Vergilianus erlitten die gleiche Strafe.

(36) Mnester war der einzige, bei dem man unschlüssig war, da er sein Kleid zerriss und rief, Claudius solle seine Striemen[146] anschauen und sich an sein Wort erinnern, mit dem er ihn den Befehlen Messalinas preisgegeben habe. Andere seien durch Bereicherung oder hochfliegende Hoffnungen schuldig geworden, er nur in einer Zwangslage. Und er hätte als erster sterben müssen, wenn Silius an die Macht gekommen wäre. Dadurch ließ sich der Caesar rühren und neigte zu Mitleid. Aber die Freigelassenen bestürmten ihn, er solle nach der Hinrichtung von so viel erlauchten Männern nicht einen Schauspieler schonen. Ob er freiwillig oder gezwungen so schwer gefehlt habe, spiele keine Rolle. Nicht einmal dem römischen Ritter Traulus Montanus wurde genehmigt, sich zu verteidigen. Dieser, ein bescheidener und besonders schöner Mann, war von Messalina ohne sein Zutun bestellt und nach einer einzigen Nacht wieder fortgejagt worden. Sie war in ihrer Begierde ebenso unbeherrscht wie in ihrem Überdruss. Suillius Caesoninus und Plautius Lateranus[147] wurde die Todesstrafe erlassen, diesem wegen der hervorragenden Verdienste seines Oheims, Caesoninus schützte seine Lasterhaftigkeit, da er sich in jener verkommenen Gesellschaft nur als Weib habe missbrauchen lassen.

(37) Inzwischen fristete Messalina in den Lucullischen Gärten ihr Leben. Sie verfasste eine Bittschrift, manchmal hoffnungsvoll, dann wieder voll Wut. So hochfahrend war sie noch in ihren letzten Stunden. Und hätte nicht Narcissus ihre Ermordung beschleunigt, hätte sich das Verderben gegen den Ankläger gewendet. Denn als Claudius in seinen Palast zu-

rückgekehrt war und durch ein zeitig eingenommenes Mahl milde gestimmt wurde, befahl er, vom Weine erhitzt, zu der armen Frau – diesen Ausdruck soll er gebraucht haben – hinzugehen und ihr mitzuteilen, sie solle den folgenden Tag erscheinen, um sich zu verantworten. Als man davon hörte und man befürchtete, dass des Claudius Zorn sich lege, die Liebe wieder erwache und er, falls man zögere, bei der nahen Nacht an das eheliche Schlafgemach denke, stürzte Narcissus hinaus und gab den Centurionen und dem anwesenden Tribunen[148] die Weisung, die Hinrichtung zu vollziehen. So habe es der Imperator befohlen. Zur Aufsicht und Vollstreckung wurde aus den Freigelassenen Enodus bestellt. Dieser eilte rasch in den Park voraus und fand Messalina auf dem Boden liegend, neben ihr sitzend ihre Mutter Lepida[149], die mit ihrer Tochter in deren guten Zeiten keineswegs einig gewesen war, aber jetzt in ihrer höchsten Not sich zum Mitleid durchgerungen hatte und ihr zuredete, den Mörder nicht abzuwarten. Mit ihrem Leben sei es aus, und es handle sich nur noch darum, einen anständigen Tod zu suchen. Aber in ihrem durch die Ausschweifungen verkommenen Sinn hatte sie kein Gefühl mehr für Anstand. Sie erging sich weiter in Weinen und nutzlosen Klagen, bis die Soldaten herbeistürmten, die Türe eindrückten und der Tribun schweigend vor ihr stand, während der Freigelassene sie mit einem Schwall von gemeinen Schmähungen beschimpfte.

(38) Jetzt erst erkannte sie klar ihre Lage, und sie nahm den Dolch. Während sie ihn zitternd und vergeblich bald an den Hals, bald an die Brust setzte, wurde sie von dem Tribunen erstochen. Der Leichnam wurde der Mutter überlassen. Claudius wurde beim Essen benachrichtigt, Messalina sei gestorben, ohne bestimmte Angabe, ob von eigener oder fremder Hand. Claudius fragte auch nicht danach; er verlangte einen Becher und gab sich den üblichen Tafelgenüssen hin. Auch in den folgenden Tagen ließ er kein Zeichen von Hass oder Freude, von

Zorn oder Betrübnis, kurz von irgendeiner menschlichen Regung merken, nicht als er die Ankläger in ihrer Freude, nicht als er die Kinder in ihrem Leid erblickte. Sein Vergessen förderte der Senat durch den Beschluss, ihren Namen und ihre Bilder von privaten und öffentlichen Plätzen zu entfernen. Narcissus wurden die Ehrenzeichen eines Quästors zuerkannt, was im Verhältnis zu seinem Dünkel leicht wog, da er sich für mehr als Pallas und Callistus hielt.

Dies alles war zwar ehrenwert, aber es sollten sich daraus höchst abscheuliche und für viele betrübliche Folgen ergeben[150].

Buch XII

(1) Die Ermordung Messalinas erschütterte das Haus des Princeps. Es kam zu einem Wettrennen unter den Freigelassenen: jeder wollte für Claudius, der ein eheloses Leben nicht ertragen konnte und von den Befehlen seiner Gemahlinnen abhängig war, eine solche für ihn aussuchen[1]. Nicht geringerer Wetteifer um seine Gunst war bei den Frauen entbrannt. Jede machte ihren Adel, ihre Schönheit und ihren Reichtum geltend und rückte ihre Ansprüche auf eine solche Ehe ins Licht. Hauptsächlich schwankte die Wahl zwischen Lollia Paulina[2], der Tochter des ehemaligen Konsuls M. Lollius, und Iulia Agrippina, der Tochter des Germanicus. Diese fand des Pallas, jene des Callistus Gunst. Aber Aelia Paetina[3] aus der Familie der Tuberonen wurde von Narcissus begünstigt. Claudius selbst neigte bald hierhin, bald dorthin, je nach dem Ratgeber, den er gerade angehört hatte. Er berief die Uneinigen zu einer Beratung und befahl ihnen, ihre Meinung offen darzulegen und zu begründen.

(2) Narcissus sprach von seiner früheren Ehe[4] mit Paetina, von der gemeinschaftlichen Tochter – Antonia[5] war ein Kind von ihr – und dass in seinem Hause alles beim alten bleiben werde, wenn die gewohnte Gemahlin zurückkehre. Keineswegs werde sie mit stiefmütterlichem Hass Britannicus und Octavia, die so gut wie eigene Kinder seien, ansehen. Callistus dagegen meinte, sie habe durch die lange Scheidungszeit ihre Eignung eingebüßt, und falls sie wieder aufgenommen werde, würde sie eben dadurch hochmütig werden. Weit besser tue man, Lollia in die Ehe zu bringen; da sie keine Kinder geboren habe, werde sie frei von Ehrgeiz sein und bei den Stiefkindern Mutterstelle vertreten. Pallas andrerseits lobte an Agrippina gerade dies, dass sie einen Enkel des Germanicus[6] in die Ehe mitbringe, einen Spross aus adeligem Geschlecht, der der

Würde des Herrscherhauses voll entspreche und die Nachkommen der iulischen und claudischen Familie vereinige. Sodann dürfe nicht eine Frau von erwiesener Fruchtbarkeit, die noch in der vollen Kraft der Jugend stehe[7], den Glanz der Caesaren in ein anderes Haus übertragen.

(3) Diese Gründe gaben den Ausschlag, unterstützt durch die Verführungskünste Agrippinas. Sie besuchte unter dem Schein der Verwandtschaft häufig ihren Onkel und umgarnte ihn so, dass sie den übrigen vorgezogen wurde und, wenn sie auch noch nicht Gemahlin war, so doch bereits den Einfluss einer solchen ausübte. Denn sobald sie ihrer Vermählung sicher war, sann sie auf Höheres und betrieb die Heirat des Domitius[8], ihres Sohnes aus der Ehe mit Cn. Ahenobarbus, mit Octavia[9], der Tochter des Caesars. Dies konnte ohne ein Verbrechen nicht durchgesetzt werden, weil der Caesar Octavia mit L. Silanus[10] verlobt hatte. Diesen ohnehin schon angesehenen jungen Mann hatte er durch die Triumphinsignien ausgezeichnet und durch die Veranstaltung eines prunkvollen Fechterspieles beim Volk beliebt gemacht. Aber nichts schien zu schwierig bei dem Wesen eines Princeps, der keine Urteilsfähigkeit hatte und keinen Hass kannte, wenn er ihm nicht eingegeben und geradezu anbefohlen war.

(4) So wollte sich denn Vitellius, unter dem Titel eines Censors seine falsche Sklavenseele verdeckend und voraussehend, wem die Herrschergewalt zufallen sollte, bei Agrippina beliebt machen und ließ sich in ihre Machenschaften verwickeln. Er hinterbrachte Beschuldigungen gegen Silanus, der eine immerhin schöne, aber leichtfertige Schwester, Iunia Calvina, hatte, die noch vor kurzem die Schwiegertochter des Vitellius[11] gewesen war. Darauf gründete er seine Anklage. Er stellte die zwar nicht blutschänderische, aber unvorsichtige Liebe zwischen den Geschwistern in einem schändlichen Zerrbild dar. Der Caesar schenkte ihm Gehör, weil ihn die Liebe zu seiner

Tochter empfänglicher machte für Verdächtigungen gegen den Schwiegersohn. Aber Silanus, der von diesen Nachstellungen nichts ahnte – er war zufällig in diesem Jahr Prätor –, wurde plötzlich durch ein Edikt des Vitellius aus dem Senatorenstand entfernt, obgleich die Auslese des Senats schon lange abgeschlossen und das Sühneopfer vollzogen war. Zugleich hob Claudius die verwandtschaftlichen Beziehungen auf. Silanus wurde gezwungen, sein Amt niederzulegen. Der noch übrige Tag[12] seiner Prätur wurde Eprius Marcellus[13] zugeteilt.

49 n. Chr. (5) Unter dem Konsulat des C. Pompeius und Q. Veranius[14] wurde der Ehevertrag zwischen Claudius und Agrippina geschlossen. Er war bereits das Stadtgespräch und bereits auch durch das unerlaubte Liebesverhältnis in Kraft getreten. Aber sie wagten noch nicht, die Hochzeitsfeier abzuhalten, da es ohne Beispiel war, dass die Tochter des Bruders in das Haus des Onkels heimgeführt wird. Ja, es sei sogar Blutschande. Und wenn man sich darüber hinwegsetzte, fürchtete man, es könnte zu einem öffentlichen Unglück werden[15]. Über die Bedenken setzte man sich erst hinweg, als Vitellius es auf sich nahm, die Sache mit dem ihm eigenen Geschick durchzuführen. Er befragte den Caesar, ob der den Befehlen des Volkes, ob er sich dem Beschluss des Senats[16] fügen werde. Und als Claudius antwortete, er sei nur ein einzelner Bürger und könne nichts gegen einen einheitlichen Willen ausrichten, hieß er ihn im Palast warten. Er selbst begab sich in die Kurie, beteuerte, es handle sich um die Existenz des Gemeinwesens, und forderte, dass ihm vor allen anderen das Wort erteilt werde. Dann begann er mit dem Hinweis auf die überaus mühevollen Aufgaben des Princeps, die sich auf die ganze Welt erstrecken und bei denen er unterstützt werden müsse, damit er, frei von häuslicher Sorge, sich um die Allgemeinheit kümmere. Und wie könne das Herz eines Censors[17] anständiger sich erleichtern, als wenn er sich eine Gattin neh-

me, als Gefährtin in guten und schlechten Tagen, der er seine geheimsten Gedanken, der er seine kleinen Kinder[18] anvertraue, er, der weder an ein üppiges Leben noch an sinnliche Genüsse gewöhnt sei, sondern von frühester Jugend an den Gesetzen gehorcht habe.

(6) Nachdem er dies in gewinnender Rede vorausgeschickt hatte, wobei er die volle Zustimmung der Väter fand, ergriff er wiederum das Wort und erklärte, da alle dazu raten, dass der Princeps sich verheirate, müsse man eine Frau auswählen, die sich durch Adel, Kindersegen und Sittenreinheit auszeichne. Man brauche sich nicht lange umzusehen, um zu erkennen, dass Agrippina durch den Glanz ihres Geschlechts an erster Stelle stehe. Sie habe ihre Fruchtbarkeit unter Beweis gestellt, und im Einklang damit stehe ihr ehrbarer Wandel. Aber etwas besonders Herrliches sei es, dass sie durch die Vorsehung der Götter als Witwe[19] mit dem Princeps verbunden werde, der sich stets mit seiner eigenen Gattin begnügt habe. Von ihren Vätern hätten sie es gehört und auch selbst erlebt[20], dass Frauen, wie es den Caesaren gerade passte, aus ihrer Ehe weggerissen wurden. Solches liege weitab von der gegenwärtigen Sittlichkeit. Ja, man wolle ein Vorbild dafür aufstellen, nach welchen Grundsätzen ein Imperator sich seine Gemahlin nehmen solle. Allerdings seien Heiraten mit Bruderstöchtern bei uns etwas Neues. Aber bei anderen Völkern seien sie gebräuchlich und durch kein Gesetz verwehrt. Auch Ehen zwischen Geschwisterkindern, die lange unbekannt waren, seien im Laufe der Zeit häufig geworden. Die Sitte richte sich nach den jeweiligen Bedürfnissen, und auch diese Neuerung werde bald zu den üblichen Geschehnissen zählen.

(7) Es fehlte nicht an Senatoren, die einander mit der Versicherung zu überbieten suchten, dass sie Gewalt anwenden würden, wenn der Caesar zögere, und aus der Kurie stürzten. Eine bunte Menschenmenge scharte sich zusammen und

schrie, dies sei auch die Bitte des römischen Volkes. Auch Claudius wartete nicht länger. Er ging auf das Forum, wo er die Glückwünsche entgegennahm, betrat den Senat und forderte einen Beschluss, durch den eine Ehe zwischen Onkel und Geschwistertöchtern für die Zukunft für rechtmäßig erklärt werde. Doch fand sich als einziger, der eine solche Ehe befürwortete, Alledius Severus, ein römischer Ritter, von dem es allgemein hieß, Agrippina zuliebe habe er sich dazu herbeigelassen.

Seitdem war die Bürgerschaft wie umgewandelt: alles war einer Frau hörig, die nicht leichtfertig, wie Messalina, mit Rom ihr Spiel trieb: sie zog die Zügel straff an, wobei sie gleichsam die Männer zu Sklaven machte. Nach außen trug sie Strenge, häufiger auch Hochmut zur Schau. In ihrem Privatleben verstieß sie nicht gegen die sittlichen Grundsätze, höchstens wenn dies ihrer Herrschsucht dienlich war. Für ihre unersättliche Geldgier fand sie eine Begründung: sie tat so, als ob damit ein Rückhalt für ihr tyrannisches Regiment geschaffen würde.

(8) An dem Tage der Hochzeit beging Silanus Selbstmord, sei es, dass er bis dahin immer noch gehofft hatte, am Leben zu bleiben, oder um durch die Wahl des Tages den Hass zu nähren. Seine Schwester Calvina wurde aus Italien verbannt[21]. Claudius veranstaltete zudem eine gottesdienstliche Feier, die den Verordnungen des Königs Tullus entsprach, und Sühneopfer, die in dem Hain der Diana[22] durch die Priester darzubringen waren, wobei allgemein darüber gespottet wurde, dass Strafen und Sühnemittel für Blutschande in solcher Zeit[23] hervorgesucht würden. Um jedoch nicht nur durch Übeltaten sich einen Namen zu machen, erbat Agrippina für Annaeus Seneca die Aufhebung der Verbannung[24] und zugleich die Prätur, wobei sie glaubte, dies mache in der Öffentlichkeit einen erfreulichen Eindruck, weil dessen Gelehrsamkeit berühmt war; auch sollte der Knabe Domitius (Nero) unter einem solchen Lehrer heranwachsen, und sie[25] sollten dessen Ratschläge für

die erhoffte Herrschermacht benützen können. Denn man glaubte von Seneca, er sei Agrippina im Gedenken an ihre Wohltat treu und auf Claudius wegen des kränkenden Unrechts erbittert.

(9) Darauf beschlossen sie, nicht mehr länger zu zögern. Sie veranlassten den designierten Konsul Mammius Pollio[26] durch riesige Versprechungen, den Antrag einzubringen, Claudius solle gebeten werden, Octavia mit Domitius zu verloben. Dies war angesichts des Alters von beiden nicht unangebracht und sollte den Weg zu höheren Zielen bahnen. Pollio stellte in ähnlicher Form wie kürzlich Vitellius einen entsprechenden Antrag. Octavias Verlobung fand statt, und Domitius, der zu der bisherigen Verwandtschaft[27] hinzu nunmehr auch noch Verlobter und Schwiegersohn war, wurde durch die Bemühungen seiner Mutter und durch die Machenschaften derer, die wegen der Anklage gegen Messalina die Rache ihres Sohnes zu befürchten hatten, dem Britannicus gleichgestellt.

(10) Um die gleiche Zeit erschienen Gesandte der Parther im Senat, die, wie berichtet[28], geschickt worden waren, um sich Meherdates[29] als König zu erbitten, und brachten ihre Aufträge folgendermaßen vor: Sie seien sich des Vertragsverhältnisses[30] wohl bewusst und kämen auch nicht als Abtrünnige von dem Hause der Arsaciden. Vielmehr riefen sie den Sohn des Vonones, den Enkel des Phraates[31], gegen die Gewaltherrschaft des Gotarzes herbei, da diese für Adel und Volk gleichermaßen unerträglich sei. Schon seien seine Brüder, schon die nahen, schon auch die entfernteren Verwandten durch Mord beseitigt. Jetzt kämen schwangere Ehefrauen, kleine Kinder an die Reihe, während er, im Frieden unfähig, im Kriege von Unheil verfolgt, seine Feigheit hinter Grausamkeit verberge. Ihre Freundschaft mit uns sei alt und beruhe auf einem Staatsvertrag. Man müsse einem Bundesgenossen zu Hilfe kommen, der uns ebenbürtig an Kräften sei, aber aus Ehrfurcht uns den Vorrang

lasse. Darum würden sie als Geiseln die Kinder ihrer Könige geben, damit sie, falls sie mit der einheimischen Regierung unzufrieden seien, auf den Princeps und die Väter sich stützen und so einen besseren, an römische Sitten gewöhnten König bekommen könnten.

(11) Als sie dies und ähnliches vorgetragen hatten, begann der Caesar seine Ansprache mit dem Hinweis auf die überragende Macht Roms und die Abhängigkeit der Parther. Er stellte sich dem vergöttlichten Augustus gleich und bemerkte, dass sie sich einen König von ihm erbeten hätten, ohne dabei Tiberius zu erwähnen[32], der ihnen doch auch einen König geschickt hatte. Er fügte die Belehrung für Meherdates hinzu – denn dieser war anwesend –, er solle nicht denken, dass er Herr und die anderen Sklaven, sondern dass er der Führer und die anderen Mitbürger seien, und er möge Milde und Gerechtigkeit walten lassen, die den Barbaren zwar unbekannt, aber darum umso willkommener seien. Dann wandte er sich an die Gesandten und lobte den Zögling Roms, der bisher ein Muster von Bescheidenheit gewesen sei. Doch müsse man den Charakter von Königen hinnehmen, häufiger Wechsel bringe keinen Nutzen. Rom habe sein Ruhmbedürfnis so weit gestillt, dass es auch für auswärtige Völker Frieden wünsche. Darauf wurde der Statthalter von Syrien, C. Cassius, beauftragt, den Jüngling an das Ufer des Euphrat zu geleiten.

(12) In dieser Zeit überragte Cassius[33] alle anderen an Gesetzeskenntnis. Militärische Talente bleiben ja in Friedenszeiten unbekannt: ob einer tatkräftig oder schlaff ist, spielt im Frieden keine Rolle. Dennoch rief er, soweit es ohne Krieg möglich war, die alte Disziplin wieder ins Leben, ließ die Legionen Übungen machen und traf umsichtige Maßregeln, als ob der Feind im Anrücken wäre. Dies entspreche dem Vorbild seiner Vorfahren und der Familie der Cassier, die auch bei jenen Völkerschaften einen berühmten Namen habe[34]. Deshalb rief

er diejenigen, auf deren Antrag hin der König erbeten worden war, zu den Waffen, schlug ein Lager bei Zeugma[35], wo man am besten den Fluss überschreiten kann, und als die parthischen Edelleute und Acbarus, der König der Araber[36], angekommen waren, wies er Meherdates darauf hin, dass der Feuereifer, den die Barbaren zuerst zeigen, erlahme, wenn man zuwarte, oder auch in Verrat übergehe. Daher solle er rasch zur Tat schreiten. Diese Mahnung blieb unbeachtet. Der hinterlistige Acbarus hielt den unerfahrenen Jüngling, der die Aufgaben seiner hohen Stellung mit Wohlleben verwechselte, viele Tage in der Stadt Edessa[37] fest. Und obgleich Carenes[38] sie herbeirief und einen raschen Erfolg vor Augen stellte, wenn sie rasch kämen, zog er nicht auf dem nächsten Weg nach Mesopotamien, sondern machte einen Umweg über Armenien, das in dieser Jahreszeit schwer zugänglich war, weil der Winter[39] einsetzte.

(13) Als sie dann, von dem Marsch über die verschneiten Berge erschöpft, sich dem Flachland näherten, vereinigten sie sich mit den Truppen des Carenes, überquerten den Tigris und zogen durch das Land der Adiabener[40], deren König Izates[41] offen sich zum Bundesgenossen des Meherdates erklärt hatte, aber im geheimen mit umso größerer Treue zu Gotarzes neigte. Auf dem Durchmarsch wurde die Stadt Ninus[42], die älteste Niederlassung Assyriens, eingenommen sowie das Kastell, das einen berühmten Namen hat, weil hier in der Schlacht zwischen Darius und Alexander die Macht der Perser zusammengebrochen war[43].

Inzwischen brachte Gotarzes bei einem Berg namens Sanbulos[44] den örtlichen Göttern Gelübde dar. Unter ihnen wird vornehmlich Hercules[45] verehrt, der zu einer bestimmten Zeit durch ein Traumbild die Priester mahnt, Pferde zur Jagd zu rüsten und neben dem Tempel bereitzustellen. Sobald man den Pferden die mit Pfeilen gefüllten Köcher aufgeladen hat, rennen sie durch das Waldgebiet, und erst bei Nacht, wenn die Köcher leer sind, kehren sie mit heftigem Schnauben zurück. Der Gott zeigt, wiederum in einem nächtlichen Gesicht, wo er die Wälder durchstreift habe, und überall findet man das erlegte Wild.

(14) Jedoch suchte Gotarzes, dessen Heer noch nicht genügend stark war, Schutz hinter dem Flusse Corma[46], und obgleich Leute geschickt wurden, die ihn durch Spottreden zum Kampfe herausfordern sollten, nahm er eine abwartende Haltung ein, wechselte seine Stellungen und schickte Unterhändler, die durch Bestechung die Feinde zur Preisgabe ihrer Treue erkaufen sollten. Von diesen zogen Izates mit seinen Adiabenern und dann Acbarus mit seinem Araberheer ab, unzuverlässig, wie dieses Volk ist, und weil, wie die Erfahrung lehrt, die Barbaren sich lieber in Rom Könige erbitten als wirklich behalten. Aber Meherdates, der von starken Hilfstruppen verlassen war und Verrat bei den übrigen argwöhnte, beschloss – es war der einzige Ausweg, den er sah –, sein Glück in einer Schlacht zu versuchen. Auch Gotarzes wich dem Kampf nicht aus. Er hatte angesichts der Schwächung des Feindes Mut gefasst. Es gab ein verlustreiches Ringen, dessen Ausgang ungewiss war, bis Carenes, der seine Gegner niedergeschlagen hatte und dabei zu weit vorgeprellt war, im Rücken von einem frischen Haufen umzingelt wurde. Da gab Meherdates alle Hoffnung auf. Er verließ sich auf das Versprechen des Parraces, eines Klienten seines Vaters, wurde aber von diesem heimtückisch gefesselt und dem Sieger ausgeliefert. Und jener betrachtete ihn nicht als Verwandten und auch nicht als Arsaciden, sondern schalt ihn einen Fremdling und Römer und ließ ihn mit abgegeschnittenen Ohren weiterleben als Kennzeichen seiner Gnade und uns zur Schande. Bald wurde Gotarzes krank und starb. Vonones[47], der damals über die Meder regierte, wurde auf den Thron berufen. Weder glückliche noch un-

glückliche Ereignisse seiner Regierungszeit geben Anlass, ihn weiter zu erwähnen. Sie war kurz und ruhmlos, und das Partherreich ging auf seinen Sohn Vologaeses über.

(15) Aber als der Bosporaner Mithridates[48], der nach Verlust seiner Macht heimatlos umherzog, erfuhr, der römische Feldherr Didius[49] sei mit seinen Kerntruppen abgezogen und in dem neuen Königreich sei nur der jugendlich unerfahrene Cotys mit wenigen Kohorten unter dem römischen Ritter Iulius Aquila zurückgeblieben, da kümmerte er sich um beide nicht, rief die Volksstämme zu den Waffen und lockte Überläufer herbei. Zuletzt brachte er ein richtiges Heer zusammen, verjagte den König der Dandariden[50] und bemächtigte sich seines Reiches. Als man dies erfuhr und man sich schon auf seinen Angriff auf den Bosporus gefasst machte, verließen sich Aquila und Cotys nicht auf ihre eigenen Streitkräfte, weil ja der König der Siracer[51], Zorsines, die Feindseligkeiten wiederaufgenommen hatte, sondern suchten ihrerseits auswärtigen Beistand durch Gesandte zu erhalten, die sie an Eunones, das Stammesoberhaupt der Aorser[52], schickten. Und einem Bündnis stellten sich keine Schwierigkeiten entgegen, da sie auf die Macht Roms gegenüber dem Rebellen Mithridates hinwiesen. So trafen sie die Verabredung, Eunones solle in Reiterkämpfen die Entscheidung suchen und die Römer die Belagerung der Städte übernehmen.

(16) Dann traten sie in Marschordnung an. Die Spitze und die Nachhut bildeten die Aorser, in der Mitte marschierten die Kohorten und die mit römischen Waffen ausgerüsteten Bosporaner. So wurde der Feind verjagt, und man kam nach Soza[53], einem festen Platz in Dandarica, der von Mithridates wegen der unsicheren Haltung der Einwohner geräumt worden war. Es schien geraten, eine Besatzung dort zurückzulassen und ihn damit fest in der Hand zu behalten. Dann ging der Marsch weiter in das Land der Siracer. Sie überschritten den Fluss Panda

und schlossen die Stadt Uspe ein, die auf einer Anhöhe lag und durch Mauern und Gräben befestigt war. Allerdings war es keine Steinmauer, sondern eine aus Reisig und Flechtwerk, wobei der Zwischenraum mit Erde ausgefüllt war, und die daher zu schwach war, um einem Angriff standzuhalten. Auch machten die überragenden Türme, von denen Feuerbrände und Lanzen geworfen wurden, den Belagerten schwer zu schaffen. Und wenn die Nacht nicht dem Kampf ein Ende gemacht hätte, wäre am gleichen Tag die Eroberung begonnen und zu Ende geführt worden.

(17) Am folgenden Tag schickten sie Gesandte, baten um Gnade für die freigeborenen Personen und boten zehntausend Sklaven an. Dies lehnten die Sieger ab, weil es grausam sei, Leute, die sich ergeben hätten, niederzumetzeln, und schwierig, eine so große Menschenmenge unter Bewachung zu halten. Sie sollten lieber nach dem Kriegsrecht fallen. Damit wurde den Soldaten, die schon auf Leitern hinaufgestiegen waren, das Zeichen zum Morden gegeben. Die Vernichtung der Bewohner von Uspe jagte allen übrigen Schrecken ein, da sie sich nirgends mehr sicher wähnten und nicht Waffengewalt und Befestigungen, nicht schwieriges oder hochgelegenes Gelände, nicht Flüsse und Städte den Feinden Halt zu bieten vermöchten. Nach langer Überlegung, ob er dem Mithridates in seiner verzweifelten Lage helfen oder für sein väterliches Reich sorgen solle, gab da für Zorsines die Rücksicht auf das Wohl seines Volkes den Ausschlag. Er stellte Geiseln und warf sich vor dem Bild des Caesars nieder. Dies war eine große Ehrung für das römische Heer, das, wie man wusste, ohne Verluste erlitten zu haben, siegreich nur noch drei Tagemärsche vom Fluss Tanais entfernt stand. Doch bei der Rückkehr war ihm das Glück nicht hold; denn einige der Schiffe – die Rückkehr fand zur See statt – wurden an die Küste der Taurer[54] verschlagen und fielen den Barbaren in die Hände. Dabei wurden der Be-

fehlshaber einer Kohorte und ein großer Teil der Hilfstruppen umgebracht.

(18) Inzwischen überlegte Mithridates, der sich auf Waffengewalt nicht mehr zu stützen vermochte, wessen Mitleid er in Anspruch nehmen solle. Seinen Bruder Cotys, den einstigen Verräter, dann seinen offenen Feind, fürchtete er. Bei den Römern gab es niemand, der so viel Ansehen gehabt hätte, dass seine Versprechungen ins Gewicht gefallen wären. Er wandte sich an Eunones, der keinen persönlichen Hass gegen ihn hegte und durch die erst kürzlich mit uns geschlossene Freundschaft Einfluss besaß. Also passte er sein Äußeres und seine Mienen möglichst seiner augenblicklichen Lage an und ging in den Palast. Er warf sich ihm zu Füßen und sagte: »Ich, Mithridates, den die Römer so viele Jahre zu Wasser und zu Lande gesucht haben, stehe hier freiwillig vor dir. Verfahre, wie du willst, mit dem Nachkommen des großen Achaemenes[55]. Dies ist das einzige, was mir die Feinde nicht genommen haben.«

(19) Aber Eunones, durch die hohe Abkunft des Mannes, durch den Wandel des Schicksals und durch die keineswegs unedle Art seiner Bitte tief beeindruckt, richtete den fußfällig Bittenden auf und lobte ihn, dass er das Volk der Aorser und seine Hand zu der Bitte um Gnade ausersehen habe. Zugleich schickte er Gesandte an den Caesar mit einem Schreiben folgenden Inhalts: Die Imperatoren des römischen Volkes und die Könige großer Völker schlössen zuerst Freundschaft auf der Grundlage gleicher Machtstellung. Er und Claudius seien noch durch einen gemeinsamen Sieg miteinander verbunden. Schön sei der Ausgang von Kriegen, wenn sie mit Verzeihen beendigt werden. So sei dem besiegten Zorsines nichts entrissen worden. Für Mithridates erbitte er, da er härtere Maßnahmen verdiene, nicht etwa Macht oder Thron, sondern, dass er nicht im Triumph aufgeführt werde und nicht mit dem Tode büßen müsse.

(20) Aber obgleich Claudius gegenüber auswärtigen Fürsten nachsichtig war, schwankte er doch, ob es richtiger sei, ihn als Gefangenen unter Zusicherung seines Lebens anzunehmen oder ihn mit Waffengewalt zu holen. Dazu trieb ihn die Empörung über die Beleidigungen und die Gier nach Rache. Aber dagegen wurde eingewandt: man nehme einen Krieg in unwegsamem Land, auf einem Meer ohne Hafen auf sich. Dazu kämen die trotzigen Könige, die Stämme ohne feste Wohnsitze, ein an Feldfrüchten armer Boden, die Missstimmung bei längerer und die Gefahren bei übereilter Kriegsführung, bescheidener Ruhm für den Sieger und große Schande im Falle einer Niederlage. Er solle doch das Anerbieten annehmen und den Landflüchtigen am Leben lassen. Je länger er sein Leben in Hilflosigkeit friste, umso härter werde die Strafe sein. Unter dem Eindruck dieser Gründe schrieb er an Eunones, zwar habe Mithridates die schwerste Strafe verdient, auch fehle es ihm nicht an Macht, sie zu vollziehen. Aber so hätten es schon die Vorfahren gehalten: ebenso unerbittlich gegenüber dem Feind wie gütig gegen demütig Bittende zu sein. Denn Triumphe suche man nur über ungeschwächte Völker und Könige zu feiern.

(21) Daraufhin wurde Mithridates ausgeliefert und durch den Prokurator in Pontus, Iunius Cilo[56], nach Rom überführt. Vor dem Caesar soll er herausfordernder, als es seiner Lage angemessen war, gesprochen haben. Ein Wort von ihm drang in die Öffentlichkeit: »Ich bin zu dir nicht zurückgeschickt worden, sondern ich bin zurückgekehrt. Oder falls du es nicht glaubst, entlasse und suche mich.« Er behielt auch seine unerschrockene Miene, als er neben der Rednerbühne, von Wachen umgeben, dem Volk zur Schau gestellt wurde. Cilo wurden die Insignien eines Konsuls, Aquila die eines Prätors zuerkannt.

(22) Unter denselben Konsuln suchte Agrippina in ihrem erbitterten Hass und in ihrer Feindschaft gegen Lollia, weil sie ihre Mitbewerberin um die Ehe mit dem Princeps gewesen

war, Anklagepunkte und einen Ankläger zu beschaffen, der ihr den Umgang mit Chaldaeern[57] und Zauberern sowie die Befragung des Orakels des Klarischen Apollo[58] über die Vermählung des Imperators vorwerfen sollte. Darauf sprach Claudius vor dem Senat, ohne die Beschuldigte angehört zu haben, ausführlich über ihre hohe Abkunft: sie sei eine Schwestertochter des L. Volusius und ihr Großoheim väterlicherseits sei Cotta Messalinus[59]. Sie selbst sei früher mit Memmius Regulus[60] verheiratet gewesen (über ihre Vermählung mit C. Caesar schwieg er absichtlich). Dann fügte er Bemerkungen über staatsgefährdende Pläne hinzu, man müsse ihr die Möglichkeit zum Verbrechen nehmen. Darum solle sie nach Beschlagnahme ihres Vermögens Italien verlassen. So wurden der Verbannten von ihrem ungeheuren Vermögen nur fünf Millionen Sesterzen belassen. Auch Calpurnia, eine erlauchte Frau, ereilte das Verderben[61], weil der Princeps ihre Schönheit gepriesen hatte, nicht als ob es ihn nach ihr gelüstete, sondern nur in einem zufälligen Gespräch, weshalb auch Agrippinas Zorn nicht bis zum Äußersten ging. Zu Lollia wurde ein Tribun abgeschickt, der sie zum Selbstmord zwingen sollte. Auch wurde aufgrund des Repetundengesetzes Cadius Rufus auf die Anklage der Bithynier[62] hin verurteilt.

(23) Dem narbonensischen Gallien wurde wegen besonderer Beflissenheit gegenüber den Vätern zugebilligt, dass die aus dieser Provinz stammenden Senatoren, ohne die Genehmigung des Princeps einzuholen, nach dem auch für Sizilien geltenden Recht in Privatangelegenheiten heimreisen durften[63]. Ituraea und Judäa wurden nach dem Tode ihrer Könige Sohaemus und Agrippa[64] der Provinz Syrien angegliedert. Man beschloss, das Augurium für das Staatswohl, das fünfundzwanzig Jahre ausgesetzt worden war, wieder vorzunehmen und weiterhin beizubehalten[65]. Auch den Stadtbereich erweiterte der Caesar nach der uralten Sitte, die denen, welche das Impe-

rium vergrößerten, gestattete, auch die Grenzen der Stadt hinauszurücken[66]. Doch hatten die römischen Feldherren, auch wenn sie große Völker unterworfen hatten, davon keinen Gebrauch gemacht, ausgenommen L. Sulla und der vergöttlichte Augustus.

(24) Ob bei den Königen Ruhmsucht oder wirklicher Ruhm dabei eine Rolle spielte, darüber gibt es verschiedene Darlegungen. Allein, den Gründungsbeginn und das Stadtgebiet, wie es Romulus festgelegt hat[67], kennenzulernen, halte ich für nicht unangebracht. Von dem Rindermarkt[68] aus, wo wir das eherne Standbild des Stieres sehen – weil man diese Tierart vor den Pflug spannt –, begann die Furche für den Umriss der Stadt, so dass sie den großen Altar des Hercules umfasste. Von da an waren in bestimmten Abständen Steine gesetzt, ganz unten am Palatinischen Berg entlang bis zum Altar des Consus, dann bis zu den alten Kurien und weiter bis zu der Kapelle der Laren. Das römische Forum[69] und das Capitolium sind nicht, wie man glaubte, von Romulus, sondern von Titus Tatius der Stadt beigefügt worden. In der Folge wurde das Stadtgebiet je nach der Gunst der Verhältnisse erweitert. Welche Grenzen Claudius damals gesetzt hat, kann man leicht erkennen, und sie sind auch in den öffentlichen Dokumenten niedergelegt[70].

50 n. Chr.

(25) Unter dem Konsulat des C. Antistius und M. Suillius[71] beschleunigte Pallas mit seinem Einfluss die Adoption des Domitius. Dieser, als der Ehevermittler Agrippina verpflichtet und später durch Ehebruch an sie gefesselt, trieb den Claudius an, für das Gemeinwesen Sorge zu tragen und dem jungen Britannicus eine starke Stütze beizugeben. So hätten bei dem vergöttlichten Augustus, obwohl er sich auf seine Enkel stützte, die Stiefsöhne eine bedeutende Rolle gespielt und Tiberius habe zu seiner eigenen Nachkommenschaft hinzu den Germanicus angenommen. Auch er solle

einen jungen Mann zur Übernahme eines Teiles der Regierungsgeschäfte beiziehen. Durch diese Vorstellungen ließ er sich bereden und erhob den nur um drei Jahre älteren Domitius über seinen Sohn[72], wobei er vor dem Senat eine Rede in dem Sinne hielt, wie er es von seinem Freigelassenen vernommen hatte. Leute, die Bescheid wussten, bemerkten, es finde sich bisher keine Adoption bei den patrizischen Claudiern[73] und diese würden sich in ununterbrochener Folge von Attus Clausus[74] herleiten.

(26) Indessen wurde dem Princeps mit ausgesuchter Schmeichelei für Domitius der Dank ausgesprochen und ein Gesetz beantragt, er solle in die claudische Familie mit dem Namen Nero[75] aufgenommen werden. Auch wurde Agrippina durch den Beinamen Augusta geehrt. Nach der Durchführung dieser Maßnahmen gab es niemand, der nicht Mitleid gehabt hätte und über das Schicksal des Britannicus betrübt gewesen wäre. Allmählich ließ ihn sogar seine Dienerschaft im Stich, und der Knabe spottete über die unangebrachten Liebesbeweise seiner Stiefmutter, da er ihre Unaufrichtigkeit erkannte. Denn er soll nicht stumpf veranlagt gewesen sein, mag dies nun wahr sein oder mag ihm seine gefahrvolle Lage Sympathien verschafft und er diesen Ruf behalten haben, ohne den Beweis dafür zu erbringen.

(27) Aber um ihre Macht auch den verbündeten Völkern zu zeigen, setzte es Agrippina durch, dass in die Stadt der Ubier[76], ihren Geburtsort, der nach ihr benannt wurde, eine Kolonie von Veteranen entsandt wurde. Der Zufall hatte es gefügt, dass ihr Großvater Agrippa die Unterwerfung dieses Stammes, als dieser den Rhein überschritten hatte, entgegengenommen hatte.

In der gleichen Zeit versetzte Obergermanien das Anrücken der Chatten[77], die sich auf Raubzügen befanden, in Schrecken. Deshalb schickte der Legat P. Pomponius[78] die Hilfsvölker der

Vangionen und Nemeter[79], die durch bundesgenössische Reiterei verstärkt waren, ab mit der Weisung, die Plünderer zu überholen oder, wenn sie sich zerstreut hätten, unversehens zu umzingeln. Den klugen Plan des Führers unterstützte die Tatkraft der Soldaten. Sie wurden in zwei Kolonnen[80] eingeteilt. Diejenige, die den linken Weg eingeschlagen hatte, umzingelte die eben zurückgekehrten Feinde, die in dem Genuss ihrer Beute schwelgten und in tiefem Schlafe lagen, wobei die Freude noch dadurch vermehrt wurde, dass sie einige Leute vierzig Jahre nach der Niederlage des Varus aus der Knechtschaft befreiten.

(28) Aber die Kolonne, die rechts auf näheren Abkürzungswegen marschiert war, stieß auf den Feind, der eine Schlacht wagte, und brachte ihm große Verluste bei, worauf sie reich an Beute und Ruhm zu dem Taunus-Gebirge[81] zurückkehrte, wo Pomponius mit den Legionen wartete, ob vielleicht die Chatten aus Verlangen nach Rache sich zum Kampfe stellen würden. Aber diese befürchteten, auf der einen Seite möchten sie von den Römern, auf der andern von den Cheruskern, mit denen sie in ewiger Zwietracht leben, umgangen werden, und schickten Gesandte und Geiseln nach Rom. Pomponius wurden die Ehrenzeichen eines Triumphes bewilligt, was nur einen bescheidenen Teil seines Ruhms bei der Nachwelt bildet, bei der er vornehmlich durch seinen Dichterruhm glänzt.

(29) Um dieselbe Zeit wurde Vannius[82], den der Caesar Drusus über die Sueben gesetzt hatte, von seinem Thron vertrieben. Er war in der ersten Zeit seiner Regierung bei seinen Landsleuten hochangesehen und beliebt gewesen; dann aber wandelte er sich im Laufe der Zeit zu einem hochfahrenden Menschen und fiel dem Hasse der Grenznachbarn und zugleich innerer Zwietracht zum Opfer. Die führenden Kräfte waren dabei Vibilius, der König der Hermunduren, und Vangio und Sido, die Schwestersöhne des Vannius. Claudius, ob-

wohl oft gebeten, trat nicht mit Waffengewalt zwischen die streitenden Barbaren, sondern versprach nur dem Vannius einen sicheren Zufluchtsort, falls er vertrieben würde. Er schrieb an den Statthalter von Pannonien, Palpellius Hister[83], er solle eine Legion mit auserlesenen Hilfstruppen aus seiner Provinz an dem Donauufer aufstellen, als Rückhalt für die Besiegten und zur Abschreckung der Sieger, damit diese nicht im Hochgefühl ihres Glücks auch unseren Frieden störten. Denn in einer unzählbaren Menge waren Lugier[84] und andere Stämme im Anzug, da sie von den Schätzen des Königreiches gehört hatten, das Vannius in dreißig Jahren durch Raubzüge und Steuerdruck reich gemacht hatte. Er selbst verfügte über eine eigene Truppe zu Fuß, seine Reiterei bestand aus iazygischen Sarmaten[85]. Sie war der feindlichen Übermacht nicht gewachsen, weshalb er beschloss, sich in Kastellen zu verteidigen und den Krieg hinhaltend zu führen.

(30) Aber die Iazygen, die eine Belagerung nicht durchhalten wollten und die benachbarten Ebenen durchstreiften, brachten ihn in die Zwangslage, sich zu einer Schlacht zu stellen, weil die Lugier und Hermunduren dort eingefallen waren. Deshalb kam Vannius von seinen Kastellen herunter. Er wurde in einem Gefecht geschlagen, wobei er trotz seinem Missgeschick sich Lob verdiente, weil er in den Kampf persönlich eingriff und vorn an seinem Körper verwundet wurde. Indessen entfloh er zu der Flotte, die auf der Donau wartete[86]. Bald kamen auch seine Lehensleute; sie erhielten Ländereien zugewiesen und wurden in Pannonien angesiedelt. Das Königreich teilten Vangio und Sido[87] unter sich. Sie bewiesen hervorragende Treue uns gegenüber und fanden – mag dies nun eine Folge ihrer Veranlagung oder allgemeiner Untertanengesinnung sein – große Anhänglichkeit bei ihren Untertanen, bis sie die Regierung erlangten, aber noch größeren Hass, als sie diese erlangt hatten.

(31) Aber in Britannien waren, als der Proprätor P. Ostorius dort eintraf, Unruhen ausgebrochen[88]. Die Feinde waren in das Gebiet der Bundesgenossen eingedrungen, und zwar umso ungehemmter, weil sie glaubten, der neue Heerführer werde ihnen mit einem ihm unbekannten Heere bei Wintersanfang nicht entgegentreten. Da jedoch Ostorius wusste, dass von den ersten Erfolgen Furcht oder Zuversicht abhängen, brach er eilends mit schnellen Kohorten auf, machte alle, die ihm Widerstand leisteten, nieder, verfolgte die Zersprengten, und damit sie sich nicht wieder zusammenrotten und ein gefährlicher und unsicherer Friede weder den Heerführer noch die Truppe zur Ruhe kommen lasse, traf er Anstalten, die Verdächtigen zu entwaffnen und das ganze Gebiet zwischen den Flüssen Avona und Sabrina[89] durch feste Stützpunkte abzuriegeln. Das ließen sich zuerst die Icener[90] nicht gefallen, ein starker Volksstamm, dessen Kräfte sich durch Kämpfe nicht erschöpft hatten, weil sie freiwillig unsere Bundesgenossen geworden waren. Von ihnen veranlasst, wählten die umliegenden Völkerschaften ein Schlachtfeld aus, das von einem Erdwall umsäumt war und einen nur schmalen Zugang hatte, damit Reiterei nicht eindringen konnte. Diese Befestigungsanlage zu durchbrechen, unternahm der römische Heerführer, obgleich er über keine Legionstruppen verfügte, sondern nur bundesgenössische Kontingente befehligte. Nachdem er die Kohorten aufgestellt hatte, setzte er auch die Reiterabteilungen für den Kampf zu Fuß ein. Dann wurde das Angriffsignal gegeben; sie durchbrachen den Wall und brachten die Feinde, die in ihrer eigenen Umschließung sich nicht bewegen konnten, in große Bedrängnis. Doch da sich diese ihrer Schuld als Empörer bewusst waren und die Fluchtwege versperrt sahen, vollbrachten sie viele Heldentaten. In dieser Schlacht erwarb sich der Sohn des Legaten, M. Ostorius[91], die Auszeichnung für die Rettung eines Bürgers.

(32) Indessen wurden durch die Niederlage der Icener die Völkerschaften zur Ruhe gebracht, die zwischen Krieg und Frieden hin und her schwankten. Das Heer wurde in das Gebiet der Ceanger[92] geführt, die Felder verwüstet, überall Beute aufgebracht, ohne dass die Feinde eine Schlacht wagten, während ihnen die Versuche, aus einem Hinterhalt über die Marschkolonne herzufallen, teuer zu stehen kamen. Schon war man in die Nähe des Meeres, gegenüber der Insel Hibernia[93], gekommen, als bei den Briganten[94] innere Streitigkeiten ausbrachen, die den Heerführer zurückriefen, der fest entschlossen war, sich auf keine neuen Unternehmungen einzulassen, ehe das bisher Erreichte gesichert sei. Die Briganten kehrten wieder zu Ruhe und Ordnung zurück, als einige wenige, die zu den Waffen greifen wollten, getötet wurden und die übrigen Verzeihung erhielten. Der Stamm der Silurer[95] jedoch ließ sich weder durch Härte noch durch Milde umstimmen, sondern setzte den Krieg fort und sollte durch Legionen, die als Besatzungstruppe in ihr Land gelegt wurden, gebändigt werden. Damit dies umso rascher erfolge, wurde die starke Veteranenkolonie Camulodunum[96] in die eroberte Markung verlegt, zur Unterstützung gegen die Empörer und um die Bundesgenossen an ihre gesetzlichen Verpflichtungen zu gewöhnen.

(33) Darauf zog man in das Gebiet der Silurer, die, an sich schon von unbändiger Tapferkeit, sich auf die Tatkraft des Caratacus[97] verließen, der viele Gefahren bestanden und auch viele Erfolge errungen und es so weit gebracht hatte, dass er alle übrigen Heerführer der Britannier überragte. Jetzt jedoch war er zwar an Stärke seiner Truppen unterlegen, aber sonst überlegen, weil er die Tücke des Geländes mit List ausnützen konnte. Und so verlegte er den Kriegsschauplatz in das Gebiet der Ordovicer[98], verstärkte sich mit solchen Leuten, die den Frieden mit uns fürchteten[99], und setzte alles auf eine Karte. Er wählte den Kampfplatz so aus, dass der Anmarsch zugleich

Abmarsch und alles für uns ungünstig und für seine Leute vorteilhaft war, da auf der einen Seite schwer zugängliche Berge waren, und wo man ohne Schwierigkeit heranrücken konnte, türmte er Steine zu einer Art Wall auf. Auch strömte ein Fluss vorbei, dessen Bett keinen sicheren Halt bot, und Haufen von Bewaffneten hatten sich auf den Befestigungen aufgestellt.

(34) Dazu machten die Stammeshäuptlinge mit ermahnenden und ermutigenden Worten die Runde, suchten die Furcht zu mindern und die Zuversicht zu stärken und griffen auch zu andern Mitteln, um die Kampfbegeisterung zu wecken. Caratacus vor allem sprengte bald hierhin, bald dorthin und versicherte, dies sei der Tag, dies sei die Schlacht, mit der man entweder die Freiheit wiedergewinnen oder ewige Knechtschaft antreten werde. Er rief die Vorfahren, die den Diktator Caesar vertrieben hätten[100], bei Namen an. Ihrer Tapferkeit sei es zu verdanken, dass sie, frei von Beilen und Tributen, ihre Frauen und Kinder ungeschändet bewahrt hätten. Diesen und ähnlichen Worten zollte die Menge stürmischen Beifall. Jeder verpflichtete sich nach seinem religiösen Stammesbrauch, nicht vor Waffengewalt zu weichen und auf Verwundungen keine Rücksicht zu nehmen.

(35) Dieser Kampfesmut verblüffte den römischen Heerführer; auch schreckten ihn die durch den Strom gedeckte Stellung, die noch durch einen Wall verstärkt war, die aufragenden Höhen, kurz, wo man hinsah, gab es nur gefährliche Hindernisse und zeigte sich die große Menge der Verteidiger. Doch die Mannschaften forderten die Schlacht und riefen, Tapferkeit werde über alles Herr. Die Präfekten[101] und Tribunen redeten im gleichen Sinn und steigerten die Begeisterung des Heeres. Dann setzte sich Ostorius, der Umschau gehalten hatte, wo das Gelände unwegsam und wo es begehbar sei, an die Spitze seiner angriffslustigen Truppe und führte diese ohne Schwierigkeiten über den Fluss. Als man den Damm erreichte, gab es,

solange man mit den Fernwaffen kämpfte, bei uns die größere Zahl von Verwundeten und viele Tote. Dann bildete man aber ein Schirmdach und riss den rohen, unförmigen Steindamm ein, so dass sich jetzt der Kampf Mann gegen Mann unter gleichen Bedingungen abspielte, worauf sich die Barbaren auf die Berghöhen zurückzogen. Aber auch dort stürmten die Leichtbewaffneten und die Schwerbewaffneten auf sie ein, jene mit ihren Fernwaffen sie bedrängend, diese in geschlossener Formation nachmarschierend, während bei den Britanniern die Reihen sich auflösten, da sie keinen Schutz durch Panzer oder Helme hatten. Wo sie den Hilfstruppen Widerstand leisteten, wurden sie durch die Schwerter und Speere der Legionstruppen, und wo sie sich gegen diese wandten, durch die Säbel und Lanzen der Hilfstruppen niedergemäht. Herrlich war dieser Sieg: die Gattin und die Tochter des Caratacus wurden gefangengenommen, seine Brüder ergaben sich.

(36) Er selbst wurde – wie man denn in der Regel sich im Unglück auf niemand stützen kann –, als er bei der Königin der Briganten Cartimandus Schutz suchte, gefesselt den Siegern ausgeliefert, im neunten Jahr nach dem Kriegsbeginn[102] in Britannien. Dadurch wurde sein Name über die Insel hinaus bei den nächstgelegenen Provinzen bekannt und auch in Italien berühmt. Man wollte den Mann sehen, der so viele Jahre hindurch unsere Macht verachtet habe. Auch in Rom stand der Name Caratacus in Ehren, und indem der Caesar seinen eigenen Glanz erhöhte, trug er zum Ruhm des Besiegten bei. Denn das Volk wurde wie zu einem besonderen Schauspiel gerufen. In voller Rüstung standen die prätorischen Kohorten auf dem freien Platz vor der Kaserne angetreten. Dann zogen die Vasallen des Königs vorbei, der Brustschmuck, die Halsketten und alle Beute, die er bei auswärtigen Kriegen[103] gemacht hatte, wurden vorgeführt. Darauf wurden die Brüder, die Gattin, die Tochter und schließlich er selbst zur Schau gestellt. Die übri-

gen ließen sich aus Furcht zu entwürdigenden Bitten bewegen. Nur Caratacus suchte weder mit demütiger Miene noch mit Worten Mitleid zu erregen. Als er vor dem Tribunal stand, sprach er folgendermaßen:

(37) »Wenn meiner hohen Herkunft und Stellung das Maßhalten in glücklichen Tagen entsprochen hätte, wäre ich als Freund und nicht als Gefangener in diese Stadt gekommen. Und du hättest es nicht als unter deiner Würde betrachtet, den Spross berühmter Ahnen, den Herrscher über viele Völkerschaften in ein Friedensbündnis aufzunehmen. Nunmehr bedeutet mein augenblickliches Los für mich Erniedrigung wie für dich Erhöhung. Ich habe Pferde und Männer, Waffen und Reichtum gehabt. Was Wunder, wenn ich mich dagegen wehrte, dies alles zu verlieren. Denn wenn ihr schon über alle herrschen wollt, folgt denn daraus, dass alle sich unter das Joch der Knechtschaft beugen? Hätte ich mich sofort ergeben und würde fortgeschleppt, wäre weder mein Schicksal noch dein Ruhm gepriesen worden. Auch würde meine Hinrichtung bald der Vergessenheit anheimfallen. Wenn du dagegen mir das Leben schenkst, werde ich für immer ein Zeugnis deiner Milde sein.« Daraufhin ließ der Caesar ihm selbst, seiner Gemahlin und seinen Brüdern[104] Gnade widerfahren. Die Fesseln wurden ihnen abgenommen und sie erwiesen auch Agrippina, die nicht weit entfernt auf einer anderen Tribüne die Blicke auf sich zog, ebenso wie dem Princeps, lobend und dankend ihre Verehrung. Das war allerdings etwas Neues und gegenüber den alten Sitten Fremdes, dass eine Frau römische Truppen kommandierte. Sie selbst gab sich damit als Teilhaberin der Herrschaft aus, die ihre Vorfahren erworben hatten.

(38) Darauf wurden die Väter gerufen und ergingen sich in weitläufigen und großspurigen Reden über die Gefangennahme des Caratacus: diese sei ein nicht weniger ruhmvolles Ereignis als die Vorführung des Syphax durch P. Scipio, des Per-

seus durch L. Paulus[105] und sonstiger gefesselter Könige vor dem römischen Volk. Ostorius wurden die Triumphinsignien zuerkannt. Ihm stand bis zu dieser Zeit das Glück zur Seite, das ihm aber in der Folge nicht treu blieb, ob nun nach der Beseitigung des Caratacus der Krieg, wie wenn er schon zu Ende wäre, von uns mit geringerem Einsatz betrieben wurde oder die Feinde aus Mitleid mit dem großen König mit glühender Leidenschaft die Rache betrieben. Sie schlossen den Lagerbefehlshaber mitsamt den Legionskohorten, die im Gebiet der Silurer zur Anlage von Stützpunkten zurückgelassen worden waren, ein. Und wären nicht schnell die nächstgelegenen Kastelle durch Boten benachrichtigt und den belagerten Truppen Hilfe geschickt worden, wäre es um sie geschehen gewesen. Doch fielen der Befehlshaber und acht Centurionen mit den Tapfersten der Mannschaften. Nicht viel später wurden auch unsere Furagierkommandos und die zur Hilfe geschickten Reiterabteilungen überwältigt.

(39) Jetzt stellte Ostorius die leichten Kohorten entgegen. Und trotzdem hätte er die Fliehenden nicht zum Stehen gebracht, wenn nicht die Legionen in den Kampf eingegriffen hätten. Durch ihre Kampfkraft wurde die Schlacht zum Stehen gebracht, und unsere Lage besserte sich. Die Feinde entkamen mit nur geringen Verlusten, weil der Tag sich neigte. Von da an kam es nur mehr zu einer Reihe von Gefechten, die öfters die Form von räuberischen Überfällen hatten und sich in bergigem Waldgelände und in Sumpfgebiet abspielten, wie es der Zufall wollte oder der Mut es zuließ, bald mit, bald ohne Überlegung, um Rache zu üben oder um Beute zu machen, auf Befehl oder auch mitunter ohne Wissen der Führer. Besonders hartnäckigen Widerstand leisteten die Silurer, die ein ihnen bekanntgewordenes Wort des römischen Oberbefehlshabers aufstachelte: »Wie einst die Sugambrer[106] ausgerottet oder nach Gallien umgesiedelt wurden, so ist der Name der Silurer mit Stumpf

und Stiel auszutilgen.« Und so fingen sie zwei Kohorten der Hilfstruppen ab, die von ihren habgierigen Befehlshabern zu unvorsichtig auf Plünderung ausgeschickt worden waren. Die erbeuteten Waffen und die Gefangenen verschenkten sie und verleiteten dadurch auch die übrigen Völkerschaften zum Abfall. Da schied Ostorius körperlich erschöpft und seiner Tätigkeit überdrüssig aus dem Leben, zur Freude der Feinde, weil einen nicht zu verachtenden Truppenführer, wenn auch nicht eine Schlacht, so doch der Krieg hinweggerafft habe.

(40) Als der Caesar von dem Tode des Legaten erfuhr, setzte er an seine Stelle A. Didius, damit die Provinz in fester Hand bleibe. Er reiste eilends dorthin und fand eine inzwischen verschlechterte Lage vor: die von Manlius Valens[107] befehligte Legion hatte eine Schlacht verloren. Die Feinde übertrieben allerdings dieses Ereignis, um dem Heerführer bei seiner Ankunft einen Schrecken einzujagen, und auch er stellte die Lage als schlimmer dar, um nach ihrer Bereinigung größeres Lob zu ernten oder, falls sie länger so anhalte, die Nachsicht größere Berechtigung habe. Auch diese Schlappe hatten uns die Silurer beigebracht. Auf weiten Raum erstreckten sich ihre Streifzüge, bis sie von dem herbeieilenden Didius verjagt wurden. Nach der Gefangennahme des Caratacus spielte Venutius, der dem Stamm der Briganten angehörte, durch seine Kenntnis des Kriegswesens eine besondere Rolle. Er war, wie oben erwähnt[108], seit langem den Römern treu und stand unter dem Schutze ihrer Waffen, solange er mit der Königin Cartimandus verheiratet war, trat aber dann, nach der Scheidung, in dem unmittelbar folgenden Krieg auch gegen uns feindselig auf. Doch zuerst war es nur ein Streit, den sie unter sich austrugen. Cartimandus beseitigte durch schlaue Machenschaften den Bruder und die Verwandten des Venutius[109]. Dadurch erbittert und entrüstet über die Schmach, unter die Herrschaft einer Frau zu kommen, brachen diese mit einer starken, gut bewaffneten

Schar in ihre Residenz ein. Dieser Fall war von uns vorausgesehen, und die zu Hilfe geeilten Kohorten lieferten ein erbittertes Gefecht, das anfangs unentschieden war, aber erfolgreich für uns endigte. Und ebenso günstig war der Ausgang des Kampfes der Legion unter dem Befehl des Caesius Nasica. Denn der in seinem hohen Alter schwerfällige und bereits über eine Menge von Ehren verfügende Didius begnügte sich, seine Untergebenen wirken zu lassen und den Feind abzuwehren. Diese Ereignisse unter den beiden Proprätoren Ostorius und Didius verteilen sich zwar auf mehrere Jahre[110], aber ich habe sie zusammengestellt, damit sie nicht, wenn ich sie getrennt berichte, sich dem Gedächtnis weniger einprägen.

(41) Unter dem fünften Konsulat des Ti. Claudius und dem Konsulat des Servius Cornelius [Orfitus][111] wurde Nero vorzeitig die Männertoga verliehen, damit er dadurch sich als fähig für die Teilnahme an den Regierungsgeschäften ausweise. Der Caesar fügte sich willig den schmeichelnden Wünschen des Senats. Nero solle im zwanzigsten Lebensjahr[112] das Konsulat antreten und inzwischen als designierter Konsul das prokonsularische Imperium außerhalb der Hauptstadt innehaben sowie den Titel »Führer der Jugend« erhalten[113]. In seinem Namen wurde den Soldaten eine Geldschenkung, dem Volk eine Naturalspende zugeteilt. 51 n. Chr.

Bei dem circensischen Festspiel, das veranstaltet wurde, um die Sympathien der Massen zu gewinnen, wurden Britannicus in der Praetexta[114], Nero im Triumphkleid vorgeführt. Ihn sollte das Volk im Schmuck des Imperators, jenen im Aufzug eines Knaben sehen und somit auf die künftige Stellung beider Schlüsse ziehen. Zugleich wurden jene Centurionen und Tribunen[115] entfernt, die des Britannicus Schicksal bedauerten, teils unter erdichteten Vorwänden, teils unter dem Schein einer Beförderung. Auch Freigelassene, die ihm unverbrüchliche Treue hielten, wurden entfernt, und zwar ging man folgendermaßen zu Werke: Bei einer Begegnung begrüßte Nero den Britannicus mit seinem richtigen Namen, Britannicus den Nero mit Domitius. Dies überbrachte Agrippina, die darin den Beginn von Zwietracht sah, unter lebhafter Klage ihrem Gemahl: die Adoption werde missachtet. Was die Väter beantragt und das Volk gutgeheißen habe, werde innerhalb der Familie außer Kraft gesetzt, und wenn man nicht der Verworfenheit von Personen, die so Gefährliches lehren, steuere, werde dies zum Verderben des Gemeinwesens ausschlagen. Durch diese Vorhaltungen ließ sich Claudius, als handle es sich um wirkliche Verbrechen, so beeindrucken, dass er die besten Erzieher seines Sohnes verbannen oder hinrichten ließ und zu dessen Bewachung Leute einsetzte, die ihm Agrippina daherbrachte.

(42) Trotzdem wagte Agrippina noch nicht, aufs Ganze zu gehen, solange nicht Lusius Geta und Rufrius Crispinus, von denen sie glaubte, dass sie Messalina nicht vergessen hatten und sich ihren Kindern gegenüber verpflichtet fühlten, ihrer Verfügungsgewalt über die Prätorianerkohorten enthoben würden. Als daher seine Gattin behauptete, das Buhlen um die Gunst der Soldaten seitens der zwei Männer spalte die Kohorten, wenn sie aber unter einem einheitlichen Kommando stünden, werde die Disziplin straffer, wurde die Führung der Kohorten dem Burrus Afranius[116] übertragen, der als Soldat einen ausgezeichneten Ruf genoss, dem es aber nicht verborgen war, wem er diese Kommandostelle verdanke. Auch ihre eigene Stellung suchte Agrippina zu erhöhen: sie fuhr auf einem Wagen auf das Capitol, eine Ehre, die den Priestern mit ihren kultischen Gegenständen seit alters vorbehalten war und daher die dargebrachte Verehrung für eine Frau verstärkte, die als Tochter eines Imperators und als Schwester, als Gattin und Mutter eines regierenden Fürsten bis zum heutigen Tag ein einzigartiges Beispiel gegeben hat. Inzwischen wurde der hochbetagte Vitellius[117], der sich in erster Linie für sie einge-

setzt hatte und bei ihr in höchster Gunst stand (so unsicher ist das Glück der Mächtigen), in eine Anklage verstrickt, die der Senator Iunius Lupus einreichte. Er warf ihm Majestätsverbrechen und Streben nach der höchsten Macht vor. Und der Caesar hätte ihm Gehör geschenkt, wenn nicht Agrippina ihn mehr mit Drohungen als mit Bitten umgestimmt hätte, so dass er den Ankläger mit der Ächtung bestrafte. Nur so weit war der Wunsch des Vitellius gegangen.

(43) Viele Wundererscheinungen gab es in diesem Jahre. Unglücksvögel[118] ließen sich auf dem Capitol nieder, infolge häufiger Erderschütterungen stürzten Häuser ein, und während man noch weitere befürchtete, wurden die schwächlichen Personen von der aufgeschreckten Volksmenge niedergetreten. Auch den Mangel an Feldfrüchten und Getreide und in der Folge eine Hungersnot nahm man als Vorzeichen. Und man klagte nicht nur im geheimen; sondern den zu Gericht sitzenden Claudius umringte man mit wildem Geschrei und trieb ihn gewaltsam in die äußerste Ecke des Forums, bis er sich mit einer Schar von Soldaten durch die erbitterte Menge Bahn brach. Es stand fest, dass nur noch für fünfzehn Tage Lebensmittel in der Stadt zur Verfügung standen. Dank der großen Güte der Götter und der Milde des Winters konnte der äußersten Not gesteuert werden. Aber freilich, einst pflegte Italien seinen Legionen in die entferntesten Provinzen Verpflegung nachzuführen, und auch heute noch leidet das Land nicht an Unfruchtbarkeit. Aber wir beuten lieber Afrika und Ägypten aus und geben den Schiffen und den Zufälligkeiten das Leben des römischen Volkes preis.

(44) In demselben Jahr brach ein Krieg zwischen den Armeniern und Hiberern aus, der auch den Anlass zu schwerwiegendsten Auseinandersetzungen zwischen Parthern und Römern gab. Über das Volk der Parther herrschte Vologaeses[119], der, obwohl mütterlicherseits von einer griechischen Kebse

abstammend, mit Zustimmung seiner Brüder auf den Thron gekommen war. Über die Hiberer regierte aufgrund eines alten Besitzstandes Pharasmanes[120], über die Armenier sein Bruder Mithridates, der sich auf unsere Macht stützte. Pharasmanes hatte einen Sohn namens Radamistus, der, schön und schlank gewachsen, sich durch Körperkraft auszeichnete, in den Künsten seines Landes erfahren war und einen ausgezeichneten Ruf bei den angrenzenden Stämmen genoss. Dieser äußerte sich allzu herausfordernd und allzu häufig, als dass dahinter seine Herrschbegierde verborgen blieb, von seinem greisen Vater werde ihm der unansehnliche Thron von Hiberien vorenthalten. Da Pharasmanes den Jüngling, der nicht schnell genug an die Macht kommen konnte und sich auf die Beliebtheit bei seinen Landsleuten stützte, angesichts seines eigenen, dem Ende sich zuneigenden Lebens fürchtete, lenkte er daher dessen Wünsche auf ein anderes Ziel. Er wies ihn auf Armenien hin, das er ja nach der Vertreibung der Parther selbst dem Mithridates gegeben habe. Aber man dürfe vorläufig noch keine Gewalt anwenden, vorteilhafter sei es, mit List vorzugehen und ihn unversehens zu überwältigen. So stellte sich Radamistus, als ob Zwietracht zwischen ihm und seinem Vater herrsche und er den Hass seiner Stiefmutter nicht ertragen könne, und machte sich auf den Weg zu seinem Oheim. Er wurde von diesem mit viel Freundlichkeit wie ein Sohn aufgenommen und verlockte die armenischen Fürsten zu einem Umsturz, ohne dass es Mithridates merkte, der ihn sogar noch auszeichnete.

(45) Unter dem Schein einer Versöhnung kehrte er zu seinem Vater zurück und berichtete, es sei alles geschehen, was durch List möglich gewesen sei. Das übrige müsse man mit den Waffen erledigen.

Inzwischen sann Pharasmanes auf Vorwände zum Krieg: als er gegen den König der Albaner[121] gekämpft und die Römer zu Hilfe gerufen habe, habe sich sein Bruder gegen ihn aufgelehnt, und für dieses Unrecht wolle er sich mit seiner Vernichtung rächen. Zugleich übergab er seinem Sohn eine starke Kriegsmacht. Dieser setzte Mithridates durch einen plötzlichen Überfall in Schrecken, vertrieb ihn aus dem flachen Lande und warf ihn in das Kastell Gorneae[122], das durch seine natürliche Lage und eine römische Besatzung gesichert war, deren Befehlshaber Caelius Pollio war und die der Centurio Casperius anführte. Nichts ist den Barbaren so fremd wie Belagerungsmaschinen und die dabei verwendeten Listen: uns jedoch ist dieser Teil des Kriegswesens sehr vertraut. So begann Radamistus nach einem vergeblichen und verlustreichen Angriff auf die Befestigungen die Belagerung. Und da Gewalt zu keinem Erfolg führte, kaufte er sich den habsüchtigen Befehlshaber gegen den Widerspruch des Casperius, der nicht wollte, dass ein verbündeter König, dass Armenien, das Geschenk des römischen Volkes, durch frevelhafte Bestechung mit Geld ins Unglück gestürzt werde. Zuletzt schloss Casperius, weil Pollio die Übermacht der Feinde, Radamistus die Befehle seines Vaters vorschützte, einen Waffenstillstand und zog ab, um für den Fall, dass er Pharasmanes nicht vom Krieg abschrecken könnte, Ummidius Quadratus, den Statthalter von Syrien, über die Lage in Armenien aufzuklären.

(46) Mit der Abreise des Centurio fühlte sich der Befehlshaber gleichsam von seinem Aufpasser befreit und forderte Mithridates auf, einen Vertrag abzuschließen, wobei er auf das enge Verhältnis unter Brüdern, das höhere Alter des Pharasmanes und die sonstigen verwandtschaftlichen Beziehungen hinwies. Er habe ja seines Bruders Tochter geheiratet und er selbst sei der Schwiegervater des Radamistus. Die Hiberer würden den Frieden nicht ablehnen, obwohl sie im Augenblick die Stärkeren seien; die Treulosigkeit der Armenier sei zur Genüge bekannt, und es gebe für ihn keinen anderen Stützpunkt als das Kastell, das ohne Verpflegung sei. Er solle lieber, anstatt

sich auf einen Waffengang mit zweifelhaftem Ausgang einzulassen, ein Übereinkommen ohne Blutvergießen treffen. Während Mithridates sich dazu nicht entschließen konnte und den Ratschlägen des Präfekten misstraute – dieser hatte ein Kebsweib des Königs missbraucht und galt als ein käuflicher Lüstling, dem man alles zutraute –, gelangte Casperius zu Pharasmanes und forderte, dass die Hiberer die Belagerung aufheben. Dieser gab in der Öffentlichkeit ausweichende, öfters auch ziemlich versöhnliche Antworten, mahnte aber in geheimen Botschaften Radamistus, auf jede nur mögliche Weise die Eroberung zu beschleunigen. Die Belohnung für die Schandtat wurde erhöht, und Pollio veranlasste durch heimliche Bestechung die Soldaten, den Frieden zu fordern und mit dem Abzug von dem Stützpunkt zu drohen. In dieser Zwangslage nahm Mithridates Tag und Ort zu einem Vertragsabschluss an und verließ das Kastell.

(47) Zuerst warf sich ihm Radamistus in die Arme, heuchelte Willfährigkeit und begrüßte ihn als Schwiegervater und Vater. Dazu schwor er, er werde keine Gewalt gebrauchen, weder mit Dolch noch mit Gift. Zugleich nötigte er ihn in einen nahe gelegenen Hain mit der Behauptung, dort seien Vorkehrungen für ein Opfer getroffen, damit vor den Göttern als Zeugen ein sicherer Friede geschlossen werde. Es ist Sitte bei den Königen, wenn sie zum Abschluss eines Bündnisses zusammenkommen, sich fest die Hände zu fassen, die Daumen aneinanderzubinden und mit einem Knoten zu verschnüren. Wenn dann das Blut in das Ende der Glieder geflossen ist, lassen sie es mit einem leichten Schnitt heraustreten und lecken es gegenseitig ab. Dies gilt als geheimnisvoller Bund, der gewissermaßen durch Blutaustausch geheiligt ist. Jetzt aber tat Radamistus, der diese Schnüre anlegte, so, als ob sie ihm zu Boden gefallen wären. Er umfasste die Knie des Mithridates und riss ihn zu Boden. Zugleich eilten mehrere Leute herbei und legten

ihm Ketten an. An einer Fußfessel – was bei den Barbaren als Schande gilt – wurde er weggeschleppt. Gleich fiel der Pöbel, den er unter einem harten Regiment gehalten hatte, mit Schimpfworten und Schlägen über ihn her. Andere dagegen empfanden bei einem solchen Wechsel des Glücks Mitleid. Seine Gattin, die mit ihren kleinen Kindern ihm folgte, erfüllte alles mit ihrem Jammergeschrei. Sie wurden in verschiedenen verdeckten Wagen abgeführt, und man erkundigte sich inzwischen nach den Befehlen des Pharasmanes. Diesem stand das Verlangen nach dem Thron höher als die Liebe zu Bruder und Tochter, und er war zu jedem Verbrechen bereit. Doch brachte er es nicht über sich, sie vor seinen eigenen Augen und in seiner Gegenwart umbringen zu lassen. Und Radamistus ließ, als ob er seines Schwures eingedenk wäre, seine Schwester und seinen Onkel nicht durch das Schwert und nicht durch Gift umbringen, sondern er ließ sie auf den Boden werfen und unter vielen schweren Teppichen ersticken. Auch die Söhne des Mithridates wurden ermordet, weil sie über den gewaltsamen Tod ihrer Eltern geweint hatten.

(48) Aber als Quadratus erfuhr, Mithridates sei verraten worden und sein Reich befinde sich in den Händen seiner Mörder[123], berief er einen Kriegsrat, legte die Geschehnisse dar und stellte die Frage, ob er Rache nehmen solle. Nur wenige waren es, denen die Ehre des Staates am Herzen lag. Die Mehrheit erklärte, man solle den sicheren Weg gehen. Jedes Verbrechen, das im Ausland begangen werde, müsse man freudig begrüßen. Auch müsse man den Samen des Hasses ausstreuen, wie schon oft römische Herrscher ebendieses Armenien scheinbar als Schenkung den Barbaren ausgeliefert hätten, nur um bei ihnen Unruhen zu stiften. Radamistus möge behalten, was er auf so üble Weise erworben habe, wofern er nur verrufen und verhasst bleibe; dies sei ja nützlicher, als wenn er es rühmlich erlangt hätte. Diese Ansicht drang durch. Damit man

aber nicht den Anschein erwecke, die Freveltat gebilligt zu haben, und der Caesar nicht Gegenbefehl gebe, wurden an Pharasmanes Gesandte abgeordnet, er solle das Gebiet Armeniens räumen und seinen Sohn abberufen.

(49) Statthalter von Cappadocien war Iulius Paelignus, der ebenso wegen seiner mangelnden Tatkraft wie seiner lächerlich wirkenden Erscheinung wegen verachtet wurde, aber von früher her, da er noch als Privatmann in Gesellschaft von Possenreißern Claudius bei seinem faulen Nichtstun belustigt hatte, mit Claudius sehr eng befreundet war. Dieser Paelignus zog die Hilfstruppen aus seiner Provinz zusammen, als wollte er Armenien wiedererobern, und während er mehr die Bundesgenossen als die Feinde ausplünderte, liefen seine eigenen Leute davon und fielen die Barbaren über ihn her, so dass er ohne jeden Rückhalt zu Radamistus kam. Von diesem wurde er durch Geschenke dahin gebracht, dass er seinerseits Radamistus aufforderte, das königliche Abzeichen anzulegen, wobei er als Bevollmächtigter und zugleich als Trabant auftrat. Als die Kunde von diesem schmachvollen Vorfall sich verbreitete, wurde, damit man nicht von Paelignus auf alle anderen schließe, der Legat Helvidius Priscus mit einer Legion abgeschickt[124], mit dem Auftrag, je nach Lage einzugreifen und die Ruhe wiederherzustellen. Er zog eilends über das Taurus-Gebirge und hatte bereits mehr durch maßvolles als gewaltsames Vorgehen die Lage bereinigt, als er den Befehl bekam, nach Syrien zurückzukehren, damit es nicht zu einem Krieg mit den Parthern komme.

(50) Denn Vologaeses glaubte, der günstige Zeitpunkt zu einem Einfall in Armenien sei gekommen[125]. Es sei von seinen Vorfahren in Besitz genommen worden[126], und ein Verbrechen habe es jetzt den Händen eines ausländischen Königs ausgeliefert. Er zog daher Truppen zusammen und traf Anstalten, seinen Bruder Tiridates auf den Thron zu setzen, damit kein

Glied seines Hauses ohne einen Herrschaftsbereich bleibe. Durch die anrückenden Parther wurden die Hiberer ohne einen Schwertstreich verjagt, und die armenischen Städte Artaxata[127] und Tigranocerta beugten sich unter das Joch. Dann zwangen ein harter Winter, die mangelhafte Vorsorge für Verpflegung und eine Seuche, die aus beiden Ursachen ausbrach, Vologaeses, seine augenblicklichen Pläne aufzugeben. In das erneut herrenlose Armenien fiel Radamistus ein und ging brutaler als früher vor, als ob es gegen Abtrünnige ginge, die bei jeder Gelegenheit sich wieder erheben würden. Doch jene machten, obwohl sie an das Knechtsein gewöhnt waren, Schluss mit dem Sichfügen und umzingelten bewaffnet die Königsburg.

(51) Dem Radamistus half jetzt nichts mehr als die Schnelligkeit seiner Pferde, mit denen er sich und seine Gemahlin rettete. Aber seine Gemahlin[128], die schwanger war, hielt nur zuerst aus Angst vor dem Feinde und aus Liebe zu ihrem Gatten die Flucht einigermaßen aus. Als dann aber bei der eiligen Fortsetzung der Flucht ihr Leib erschüttert wurde und die Wehen sich einstellten, bat sie ihren Gatten, er möge sie durch einen ehrenhaften Tod einer schmachvollen Gefangenschaft entheben. Dieser umarmte sie zuerst, machte ihr Mut und redete ihr zu, bald ihre männliche Haltung bewundernd, bald von der Angst gepeinigt, sie möchte, wenn sie zurückgelassen werde, in fremde Hände fallen. Zuletzt zog er, von Liebe überwältigt und in Verbrechen nicht ungeübt, seinen Dolch, verwundete sie und schleppte sie an das Ufer des Araxes. Er stieß sie in den Strom, damit auch der Leichnam weggeschwemmt werde. Selbst jagte er davon und gelangte zu den Hiberern in sein väterliches Reich. Inzwischen bemerkten Hirten, wie Zenobia – so hieß die Frau – in dem Uferwasser noch atmete und Lebenszeichen von sich gab. Da sie aus ihrer würdevollen Gestalt auf edle Abkunft schlossen, verbanden sie die Wunde

und legten Heilmittel auf, wie sie auf dem Lande üblich sind. Sie erfuhren ihren Namen und den Vorfall und brachten sie in die Stadt Artaxata, wo sie, von der Bevölkerung betreut, zu Tiridates[129] geleitet wurde, dort freundliche Aufnahme fand und königliche Ehren empfing.

52 n. Chr.

(52) Unter dem Konsulat des Faustus Sulla und Salvius Otho[130] wurde Furius Scribonianus verbannt, weil er bei den Chaldaeern sich nach dem Ende des Princeps erkundigt habe. In die Anklage wurde auch seine Mutter Vibia verwickelt und beschuldigt, sich nicht in das Unglück, das schon früher über sie gekommen war – sie war nämlich verbannt worden – zu fügen. Camillus, der Vater des Scribonianus, hatte in Dalmatien die Waffen erhoben, und der Caesar wollte es seiner Milde zuschreiben, dass er dem Sohn eines Staatsfeindes zum zweitenmal das Leben schenke. Doch war dem Verbannten kein langes Leben mehr beschieden. Ob er einen natürlichen Tod gefunden hat oder durch Gift gestorben ist, hat jeder, wie er es gerade glaubte, weiterverbreitet. Über die Ausweisung der Astrologen[131] aus Italien wurde ein Senatsbeschluss gefasst, der ebenso streng wie wirkungslos war. Dann lobte der Princeps in einer Rede alle die, die wegen ihres geringen persönlichen Vermögens freiwillig aus dem Senatorenstand ausschieden. Ausgestoßen wurden nur diejenigen, die durch ihr Verbleiben zu ihrer Armut noch Unverschämtheit hinzufügten.

(53) Indessen brachte er bei den Vätern einen Antrag zur Bestrafung der Frauen ein, die eine Verbindung mit Sklaven eingingen. Es wurde beschlossen, dass diejenigen, die ohne Wissen des Eigentümers sich so weit vergangen hätten, als Sklavinnen, wenn dieser aber sein Einverständnis gegeben habe, als Freigelassene zu behandeln seien. Für Pallas[132], den der Caesar als den geistigen Vater dieses Antrags ausgegeben hatte, beantragte der designierte Konsul Barea Soranus[133] die prätori-

schen Ehrenzeichen und fünfzehn Millionen Sesterzen. Scipio Cornelius stellte den zusätzlichen Antrag, ihm öffentlich den Dank dafür auszusprechen, dass er, aus königlichem Geschlecht Arkadiens stammend[134], seinen uralten Adel hinter das Gemeinwohl zurückstelle und sich unter die Diener des Princeps einreihen lasse. Claudius betonte noch, dass Pallas mit seiner Ehrung zufrieden sei und in seiner bisherigen Armut verbleibe. Und wirklich wurde ein Senatsbeschluss auf einer Erztafel öffentlich angebracht, auf der ein Freigelassener, Besitzer von dreihundert Millionen Sesterzen, mit Lobsprüchen für seine altrömische Sparsamkeit überhäuft wurde.

(54) Sein Bruder aber, mit dem Beinamen Felix, bewies nicht die gleiche Mäßigung[135]. Er war schon seit langem über Judäa gesetzt, glaubte aber, er könne sich alle Übeltaten, gestützt auf eine so machtvolle Stellung, leisten. Allerdings hatte bei den Judäern der Ausbruch von Unruhen gedroht. Und wirklich brach auch ein Aufstand aus[136], nachdem man ihnen befohlen hatte, ein Bildnis von Gaius Caesar im Tempel aufzustellen. Der Befehl war zwar auf die Nachricht von seiner Ermordung nicht ausgeführt worden, aber die Befürchtung blieb bestehen, es möchte irgendein anderer Herrscher den gleichen Befehl geben. Und inzwischen reizte Felix durch ungeeignete Maßnahmen zu weiteren Übergriffen auf, wobei mit ihm an verwerflichen Handlungen Ventidius Cumanus wetteiferte, der einen Teil der Provinz verwaltete. Diese war so eingeteilt, dass Ventidius die galiläische Bevölkerung, Felix die Samariter unterstellt waren, zwei Stämme, die, seit alters in Zwietracht lebend[137] und damals ihre Gebieter verachtend, ihrem gegenseitigen Hass ungehemmteren Lauf ließen. Sie beraubten einander, sandten Räuberhorden gegeneinander aus, veranstalteten Überfälle, schlugen sich manchmal sogar in richtigen Gefechten und lieferten die Waffen- und sonstige Beute bei den Prokuratoren ab. Diese freuten sich zuerst darüber. Als aber das

verderbliche Treiben um sich griff und römische Truppen eingesetzt wurden, erlitten diese Verluste. Und ein Kriegsbrand hätte die ganze Provinz erfasst, wenn nicht der Statthalter von Syrien, Quadratus[138], zu Hilfe gekommen wäre. Wo es sich um Judäer handelte, die sich zur Ermordung von Soldaten hatten hinreißen lassen, besann man sich nicht lange. Sie büßten mit dem Tode. Bei Cumanus und Felix schwankte man länger, denn Claudius hatte, als er die Gründe des Aufstandes erfuhr, Quadratus das Recht erteilt, auch über die Prokuratoren das Urteil zu sprechen. Doch dieser wies Felix einen Platz auf dem Tribunal an und ließ ihn unter den Richtern in Erscheinung treten, um die Ankläger von ihrem Übereifer abzuschrecken. So büßte Cumanus für die Schandtaten, die sich beide hatten zuschulden kommen lassen. Damit war die Ruhe in der Provinz wiederhergestellt.

(55) Bald darauf bezogen Stämme der unkultivierten Cilicier, die den Beinamen Cieten[139] führen – sie hatten sich auch sonst oft erhoben –, diesmal unter der Führung des Troxobor in dem unwirtlichen Gebirge eine feste Stellung. Von dort aus machten sie Streifzüge in die Küstengebiete oder gegen die Städte und wagten es, über die Land- und Stadtbevölkerung und sehr oft auch über die Kaufleute und Schiffsbesitzer herzufallen. Sie belagerten die Stadt Anemurium[140] und konnten die unter dem Befehlshaber Curtius Severus von Syrien aus zu Hilfe geschickte Reiterei in die Flucht schlagen, weil das ringsum unebene und nur für Fußtruppen geeignete Gelände einem Reiterkampf nicht günstig war. Als dann Antiochus, der König dieses Küstengebietes[141], durch Schmeichelei gegenüber dem niederen Volk und durch Hinterlist gegenüber dem Führer die Truppen der Barbaren gespalten hatte, wurde Troxobor mit einigen seiner Häuptlinge ermordet. Die übrigen brachte er durch Milde zur Ruhe.

(56) Um die gleiche Zeit wurde durch den Berg zwischen

dem Fuciner See und dem Liris[142] ein Kanal gegraben, und damit dieses herrliche Werk von einer größeren Menschenmenge bestaunt würde, setzte man auf dem See einen Schiffskampf in Szene, wie ihn einst Augustus auf dem jenseits des Tiber angelegten Teich[143] veranstaltet hatte, jedoch damals mit leichteren Fahrzeugen und mit geringerer Besatzung. Claudius rüstete Drei- und Vierruderer aus und besetzte sie mit neunzehntausend Bewaffneten[144]. Er ließ ringsum mit Flößen einen Sperriegel anlegen, um ein Entweichen unmöglich zu machen, wobei jedoch noch genügend Raum war für den vollen Einsatz der Ruder, für die Gewandtheit der Steuermänner, für die Angriffe der Schiffe und überhaupt für die in einem richtigen Seegefecht üblichen Manöver. Auf den Flößen hatten sich Manipel und Reiterabteilungen der Prätorianerkohorten aufgestellt, und vor ihnen waren Gerüste aufgebaut, von denen aus man mit Katapulten und Ballisten schießen konnte. Der übrige Teil des Sees war von den Flottenmannschaften mit ihren Deckschiffen besetzt[145]. Die Ufer, Hügel und Anhöhen füllte, wie im Theater, eine zahllose Menschenmenge, die teils aus den nächstgelegenen Landstädten, teils aus Rom selbst Schaulust oder auch Ergebenheit gegenüber dem Princeps herbeigelockt hatte. Er selbst, in einem hervorstechenden Feldherrnmantel, und nicht weit weg von ihm Agrippina, in einer golddurchwirkten Chlamys[146], führten den Vorsitz. Obgleich es sich um Sträflinge handelte, wurde mit dem Mut tapferer Männer gekämpft. Nachdem viel Blut geflossen, schenkte man den Übriggebliebenen das Leben.

(57) Als das Schauspiel zu Ende war, öffnete man den Abflusskanal für das Wasser. Da zeigte sich, wie nachlässig das Werk angelegt war. Denn er war nicht tief genug ausgehoben, um den See ganz oder auch nur zur Hälfte ablaufen zu lassen, weshalb nach einiger Zeit tiefere Ausschachtungen vorgenommen wurden. Und um die Volksmenge wieder zusammenzu-

bringen, wurde ein Gladiatorenspiel veranstaltet, wozu Brücken für einen Kampf zu Fuß in den See[147] hineingebaut wurden. Ja, sogar ein Festessen wurde am Ausfluss des Sees veranstaltet, wobei eine allgemeine Panik ausbrach, weil die herabstürzenden Wassermassen mit ihrer Wucht die Uferränder fortrissen, den weiter entfernten Boden unterspülten und das Krachen und Getöse alle in Schrecken versetzte. Zugleich nützte Agrippina die Kopflosigkeit des Princeps aus, um Narcissus[148], den Unternehmer des Bauwerks, der Geldgier und der Unterschlagung zu beschuldigen; doch auch er schwieg nicht, sondern warf ihr weibliche Maßlosigkeit und überspannte Ansprüche vor.

53 n. Chr. (58) Unter dem Konsulat des D. Iunius und Q. Haterius[149] erhielt Nero im Alter von sechzehn Jahren Octavia, des Caesars Tochter, als Gattin. Um durch edle Bestrebungen und durch rednerischen Ruhm zu glänzen, übernahm er die Rechtsvertretung der Ilienser[150], wobei er in beredten Worten darlegte, dass die Römer Abkömmlinge von Troia seien und Aeneas der Stammvater des iulischen Geschlechtes sei, zusammen mit andern alten, der sagenhaften Zeit naheliegenden Geschichten, und erreichte, dass die Ilienser von allen öffentlichen Lasten befreit wurden. Ebenfalls auf seine Fürsprache hin wurde die einem Brand zum Opfer gefallene Kolonie Bononia[151] mit einer Spende von zehn Millionen Sesterzen unterstützt. Den Rhodiern[152] wurde ihre Selbständigkeit zurückgegeben, die ihnen schon oft genommen oder wieder bestätigt worden war, je nachdem sie sich in auswärtigen Kriegen verdient oder durch Empörung daheim schuldig gemacht hatten. Der Tribut wurde der durch ein Erdbeben heimgesuchten Bevölkerung von Apamea[153] auf fünf Jahre erlassen.

(59) Aber die Machenschaften dieser selben Agrippina verführten Claudius auch dazu, allen seinen grausamen Neigungen freien Lauf zu lassen. So stürzte sie den Statilius Taurus[154],

der durch seinen Reichtum hochangesehen war, aus Gier nach dessen Park ins Unglück, wobei Tarquitius Priscus den Ankläger machte. Er war der Legat des Taurus, während dieser als Prokonsul Afrika verwaltete. Nach ihrer Rückkehr erhob er gegen ihn einige wenige Beschuldigungen wegen Erpressung, warf ihm dazu abergläubische Zauberei vor. Und jener ertrug nicht länger die Falschheit des Anklägers und die entehrende Erniedrigung. Er legte Hand an sich noch vor der Abstimmung des Senats. Doch wurde Tarquitius aus der Kurie verstoßen. Das setzten die Väter aus Hass gegen den Denunzianten entgegen den Umtrieben Agrippinas durch.

(60) In demselben Jahre hörte man öfters von dem Princeps die Äußerung, gleiche Geltung müssten die von seinen Prokuratoren gefällten Entscheidungen haben[155], wie wenn er sie selbst gefällt hätte. Und damit es nicht so aussähe, als ob er zufällig sich bei dieser Äußerung vergriffen habe, wurde sie auch in einem Senatsbeschluss umfassender als vorher und ausführlicher festgelegt. Denn der vergöttlichte Augustus hatte befohlen, dass vor den Rittern, die Ägypten verwalteten, nach dem Gesetz verhandelt werde und ihre Entscheidungen die gleiche Geltung haben, wie wenn sie hohe Beamte des römischen Volkes getroffen hätten[156]. Später wurden ihnen in anderen Provinzen und auch in Rom sehr viele Angelegenheiten überlassen, über die früher die Prätoren[157] befunden hatten. Claudius übergab den Prokuratoren die gesamte Rechtsprechung[158], worüber so oft in Aufständen oder sogar mit Waffengewalt gestritten worden ist, so zum Beispiel, als durch die Sempronischen Gesetze[159] der Ritterstand in den Besitz richterlicher Befugnis kam oder wiederum als die Servilischen Gesetze[160] dem Senat die Gerichtsbarkeit zurückgaben oder als Marius und Sulla[161] dereinst vornehmlich darüber Krieg führten. Aber damals gingen die Interessen der Stände in gegensätzliche Richtung, und was sie durchgesetzt hatten, galt für die Allgemein-

heit. C. Oppius und Cornelius Balbus[162] waren die ersten, die aufgrund der Machtstellung Caesars Friedensbedingungen stellen und entscheidende Anordnungen im Kriege treffen konnten. Die Namen der Matier und Vedier[163] und die sonstigen der römischen Ritter, die in der Folge zu übergroßer Macht aufstiegen, anzuführen, dürfte keinen Zweck haben, da Claudius seine Freigelassenen, die er nur über seinen Hausstand gesetzt hatte, sich selbst und den Gesetzen gleichgestellt hat.

(61) Dann brachte er einen Antrag ein, den Coern[164] Steuerfreiheit zu bewilligen, wobei er viel von ihrer alten Geschichte erzählte: Die Argiver oder Coeus, der Vater der Latona, seien die ältesten Bewohner der Insel gewesen. Dann sei mit dem Erscheinen des Aesculapius dort die Heilkunst eingeführt worden, die hauptsächlich unter seinen Nachkommen berühmt geworden sei[165]. Dabei zählte er sie namentlich auf und gab die Zeit an, in der jeder gelebt habe. Ja, er behauptete sogar, Xenophon[166], dessen Wissen er sich selbst zu Nutzen mache, stamme aus der gleichen Familie, und seine Bitten solle man erfüllen, damit die Coer künftig frei von jeder Steuer die heilige und nur dem Gott dienstbare Insel bewohnen. Und es ist kein Zweifel, dass man von ihr vielfache Verdienste um das römische Volk und gemeinsame Siege hätte anführen können. Aber Claudius suchte, was er in seiner gewohnten Nachgiebigkeit einer einzelnen Person bewilligt hatte, nicht mit anderwärts hergeholten Begründungen zu stützen und zu verschleiern.

(62) Die Byzantier aber holten, als sie das Wort erhielten und vor dem Senat um die Herabsetzung ihrer hohen Lasten baten, weit aus: sie fingen mit dem Vertrag an, den sie mit uns zu der Zeit geschlossen hatten, da wir mit dem König von Macedonien, dem als unechtem Spross der Name Pseudo-Philippus beigelegt wurde, Krieg geführt haben[167]. Weiterhin berichteten sie von den Truppen, die sie gegen Antiochus, Per-

seus, Aristonicus[168] geschickt, und von der Unterstützung, die sie im Seeräuberkrieg Antonius[169] geleistet, auch welches Anerbieten sie Sulla, Lucullus oder Pompeius[170] gemacht hätten. Dann kamen sie auf die jüngsten Verdienste um die Caesaren zu sprechen, da sie ja in einer Gegend wohnten, die für Heerführer und Heere als Durchzugsgebiet zu Wasser und zu Land und zugleich für die Zufuhr von Nachschub wichtig war.

(63) Denn an der engsten Stelle zwischen Europa und Asien haben Griechen am äußersten Rand von Europa Byzantium angelegt. Ihnen war auf Befragung des Pythischen Apollo, wo sie die Stadt gründen sollten, das Orakel erteilt worden, sie sollten einen Wohnsitz gegenüber dem Lande der Blinden suchen. Durch dieses rätselhafte Wort wurde auf die Chalcedonier[171] hingewiesen, da diese zuerst dorthin gefahren seien und obwohl sie vorher gesehen hätten, welches die vorteilhaftere Gegend war, doch die schlechtere gewählt hätten. Denn Byzantium verfügt über fruchtbaren Boden und liegt an einem ergiebigen Meere. Riesige Schwärme von Fischen, die aus dem Schwarzen Meer herauskommen, vermeiden, durch die quer unter dem Wasser liegenden Klippen verscheucht, die Krümmung des jenseitigen Ufers und werden zu den diesseitigen Häfen getrieben. Daher wurden die Bewohner gleich zu Beginn erwerbsam und wohlhabend. Später, als die schweren Lasten sie bedrückten, baten sie um gänzlichen Erlass oder wenigstens um Ermäßigung, und der Princeps setzte sich für sie ein mit dem Hinweis, dass sie kürzlich durch den Thrakischen und den Bosporanischen Krieg[172] hart mitgenommen worden und daher zu unterstützen seien. So wurden ihnen die Steuern auf fünf Jahre erlassen.

54 n. Chr.

(64) Unter dem Konsulat des M. Asinius und M'. Acilius[173] erkannte man an zahlreichen Wundererscheinungen, dass sich eine Wandlung der Lage zum schlimmeren anbahne. Feldzeichen und Zelte der Soldaten gingen

durch Feuer vom Himmel in Flammen auf, auf dem Giebel des Capitols ließ sich ein Bienenschwarm nieder, es kamen doppelgeschlechtliche menschliche Geburten vor, ein Schwein warf ein Junges, das Habichtsklauen hatte. Unter die schlimmen Vorzeichen rechnete man auch die Verminderung der Zahl der Staatsbeamten in allen Rangklassen: ein Quästor, ein Ädil, ein Tribun, ein Prätor und ein Konsul waren innerhalb weniger Monate gestorben.

Aber in besonderer Angst schwebte Agrippina. Sie fürchtete sich wegen eines Ausspruches des Claudius, den er in betrunkenem Zustand gemacht hatte: es sei für ihn schicksalhaft, unter den Schandtaten seiner Gattinnen zuerst zu leiden und sie dann zu bestrafen. So beschloss sie, rasch zur Tat zu schreiten, zuerst aber Domitia Lepida zu stürzen, und zwar aus weiblichen Beweggründen. Denn Lepida war die Tochter der jüngeren Antonia, die Großnichte des Augustus und die Tante der Agrippina, doch um einen Verwandtschaftsgrad höher, dazu die Schwester von deren erstem Gatten Gnaeus[174], und so hielt sie sich für gleich hochgeboren. Auch bestand hinsichtlich ihrer Schönheit, ihres Alters und ihres Reichtums kein großer Unterschied. Beide waren zudem sittenlos, verrufen, gewalttätig und wetteiferten miteinander ebenso in ihren Lastern wie in der Ausnützung der Vorteile, die ihnen jeweils ihre hohe Stellung bot. Jedoch der heftigste Streit ging darum, ob die Tante oder die Mutter bei Nero mehr gelte. Denn Lepida suchte durch Zärtlichkeiten und Geschenke das jugendliche Gemüt Neros an sich zu fesseln, während Agrippina mit brutalen Drohungen auftrat. Sie konnte ihrem Sohn zwar die Herrschaft in die Hand geben, aber ihn als Herrscher nicht ertragen.

(65) Übrigens wurde Lepida vorgeworfen, sie habe Zaubersprüche gegen die Gemahlin des Princeps angewendet, auch halte sie ihre Sklavenscharen in Calabrien zu wenig in Zucht und störe so den Frieden Italiens. Daher wurde ihr der Tod an-

gekündigt, unter dem lebhaften Widerspruch des Narcissus, der, in zunehmendem Misstrauen gegenüber Agrippina, zu seiner nächsten Umgebung geäußert haben sollte, das Verderben sei ihm gewiss, ob nun Britannicus oder Nero an die Macht komme. Allein der Caesar habe sich in einer Weise um ihn verdient gemacht, dass er sein Leben zu dessen Nutzen opfern wolle. Er habe Messalina und Silius bereits überführt. Die gleichen Gründe zu einer Anklage lägen wiederum vor, wenn Nero regiere. Wenn Britannicus die Nachfolge antrete, habe der Princeps nichts zu befürchten. Aber durch die hinterlistigen Machenschaften der Stiefmutter das ganze Haus zugrunde richten zu lassen, sei eine größere Schändlichkeit, als wenn er das schamlose Treiben der früheren Gemahlin verschwiegen hätte. Indessen fehle es auch jetzt nicht an Schamlosigkeit. Pallas sei ihr Geliebter, und niemand solle im Zweifel sein, dass ihr Ehre, Scham und Körper weniger wert seien als königliche Macht. Bei solchen und ähnlichen Reden umarmte er Britannicus, wünschte ihm jugendliche Kraft, die möglichst rasch heranreife, und bald zu den Göttern, bald zu Britannicus die Hände erhebend, flehte er, er möge zum Manne heranwachsen, die Feinde seines Vaters verjagen und auch an den Mördern seiner Mutter Rache nehmen.

(66) Unter solch drückender Last seiner Regierungsaufgaben wurde Claudius von einer Krankheit ergriffen und reiste nach Sinuessa[175], um in dem milden Klima und durch die Heilkraft der Bäder seine Kräfte aufzufrischen.

Jetzt stellte Agrippina, die schon längst zu dem Verbrechen entschlossen war und eiligst die günstige Gelegenheit ergriff – an Helfershelfern fehlte es ihr ja nicht –, Überlegungen an, welche Art von Gift sie wählen solle. Ein rasches und unmittelbar wirkendes Gift sollte nicht das Verbrechen verraten. Falls sie ein langsam wirkendes und zu Siechtum führendes Gift wähle, könnte Claudius, wenn sein Leben dem Ende zugehe, die

Heimtücke merken und sich wieder in Liebe seinem Sohne zuwenden. Sie entschied sich für ein besonders ausgesuchtes Mittel, das eine geistige Störung hervorrufen, aber nicht gleich zum Tod führen solle. Ausgewählt wurde eine Meisterin in diesem Fach namens Locusta, die erst kürzlich wegen Giftmischerei verurteilt und lange Zeit als Werkzeug von dem Herrscherhaus benützt worden war. Diese erfinderische Frau bereitete einen Gifttrank. Ihr Gehilfe war dabei einer der Verschnittenen namens Halotus, der gewöhnlich die Speisen auftrug und sie prüfend vorkostete.

(67) Später wurde dies in allen Einzelheiten so bekannt, dass die Schriftsteller jener Zeit zu überliefern wussten, das Gift sei in ein schmackhaftes Pilzgericht gegossen worden[176]. Man habe die Wirkung des Mittels nicht sofort wahrgenommen, sei es, dass man darauf nicht achtete oder dass Claudius betrunken war. Zugleich schien ihm ein Durchfall geholfen zu haben. Daher bekam es Agrippina mit der Angst zu tun, und da das Äußerste zu befürchten war, zog sie ohne Rücksicht auf den üblen Eindruck, den dies bei den Anwesenden machen musste, den schon vorsorglich eingeweihten Arzt Xenophon bei. Dieser habe dem Claudius, als wolle er ihm beim Erbrechen nachhelfen, wie man glaubt, eine mit raschwirkendem Gift bestrichene Feder[177] in den Hals gesteckt, wohl wissend, dass es mit Gefahr verbunden ist, größte Verbrechen zu beginnen, und Lohn einbringt, sie durchzuführen.

(68) Inzwischen wurde der Senat einberufen. Die Konsuln und Priester brachten Gelübde für das Leben des Princeps dar, als dieser, schon entseelt, in Tücher und Binden eingehüllt wurde, während man die erforderlichen Maßnahmen traf, um Nero die Herrschaft zu sichern. Fürs erste schloss Agrippina, als ob sie, von Schmerz überwältigt, Trost suche, Britannicus in ihre Arme, nannte ihn das wahre Ebenbild seines Vaters und suchte ihn unter allerlei Vorwänden in seinem Schlafzimmer

zurückzuhalten. Auch seine Schwestern Antonia und Octavia hielt sie zurück und hatte alle Zugänge durch Wachen gesperrt. Immer wieder ließ sie verbreiten, das Befinden des Princeps bessere sich, damit die Soldaten zuversichtlicher Hoffnung seien, bis der von den Chaldaeern prophezeite günstige Zeitpunkt komme.

(69) Endlich, um den Mittag des 13. Oktober, wurden plötzlich die Tore des Palatiums geöffnet. Nero trat, begleitet von Burrus, heraus und vor die Kohorte, die nach militärischer Sitte die Wache bildete. Dort wurde er auf eine Ansprache des Präfekten hin mit Heilrufen begrüßt und in eine Sänfte gesetzt[178]. Einige sollen gezögert und mit der Frage, wo denn Britannicus sei, nach diesem ausgeschaut haben. Aber da niemand diese andersgerichtete Einstellung vertrat, schlossen sie sich dem an, was ihnen die andern vormachten. Nero wurde in die Kaserne gebracht, wo er eine den Umständen angemessene Ansprache hielt, eine Spende nach dem Vorbild seines freigebigen Vaters versprach und als Imperator begrüßt wurde. Der Willensäußerung der Soldaten schlossen sich die Väter mit ihren Beschlüssen an, auch in den Provinzen[179] gab es keine Bedenken. Claudius erhielt göttliche Ehren zuerkannt, das feierliche Leichenbegängnis wurde in der gleichen Form wie bei dem vergöttlichten Augustus begangen, wobei Agrippina in der Prachtentfaltung mit ihrer Urgroßmutter Livia wetteiferte. Doch wurde das Testament nicht vorgelesen, damit nicht die als Ungerechtigkeit empfundene Zurückstellung des Sohnes hinter den Stiefsohn Empörung und Unruhe im Volk errege.

Buch XIII

(1) Der erste, der unter dem neuen Principat der Hinterlist Agrippinas zum Opfer fiel, war der Prokonsul von Asien, Iunius Silanus[1]. Nicht leidenschaftliches Wesen hatte seinen Sturz heraufbeschworen. Er war energielos und von den bisherigen Herrschern so verachtet, dass ihn C. Caesar das goldene Schaf zu nennen pflegte. Aber Agrippina hatte seinen Bruder L. Silanus dem Henker ausgeliefert und fürchtete in ihm den Rächer, wobei im Volk die Rede ging, man müsse statt des kaum dem Knabenalter entwachsenen und zur Herrschaft durch ein Verbrechen gelangten Nero einen Mann in reifem Alter einsetzen, der unbescholten und vom Adel sei und – worauf man damals noch sah – zu den Nachkommen der Caesaren zähle. Und wirklich war Silanus ein Urenkel des vergöttlichten Augustus. Das war ja auch der Anlass zu seinem Tode. Handlanger waren dabei P. Celer, ein römischer Ritter, und der Freigelassene Helius[2], die das Vermögen des Princeps in Asien verwalteten. Sie gaben dem Prokonsul beim Essen Gift, zu offen, als dass sie es hätten vertuschen können. Ebenso eilig wurde Narcissus, der Freigelassene des Claudius, von dessen Zerwürfnis mit Agrippina ich berichtet habe[3], durch harte Haft und äußerste Drangsal in den Tod getrieben, gegen den Willen des Princeps, zu dessen noch verborgenen Lastern er mit seiner Habgier und Verschwendungssucht wunderbar passte.

(2) Und man wäre den Weg des Mordens weitergegangen, wenn nicht Afranius Burrus und Annaeus Seneca entgegengetreten wären. Diese Lenker des jungen Imperators waren – eine Seltenheit bei gemeinsamer Machtausübung – unter sich einig und übten den gleichen Einfluss auf ihn aus, nur mit verschiedenen Mitteln, Burrus durch seine militärische Tätigkeit und durch seine Sittenstrenge, Seneca als Lehrer der Beredsamkeit und durch sein leutseliges, anständiges Wesen, wobei

sie einander in die Hände arbeiteten, umso den Princeps in seinem noch nicht gefestigten Alter, falls er den Weg der Tugend verschmähen würde, durch Zugeständnisse bei sinnlichen Genüssen leichter zu zügeln. Beide hatten nur einen gemeinsamen Kampf gegen das unbeherrschte Wesen Agrippinas durchzufechten, die, von der ganzen Leidenschaft einer schlimmen Herrschsucht entbrannt, Pallas auf ihrer Seite hatte. Dieser hatte ja Claudius zu der blutschänderischen Eheschließung und zu der verhängnisvollen Adoption veranlasst, durch die sich Claudius selbst ins Verderben gestürzt hatte. Aber Nero hatte keine Veranlagung, sich unter einen Sklaven zu beugen, und Pallas, der in seiner abstoßenden Anmaßung die einem Freigelassenen gesetzten Schranken überschritt, hatte sich missliebig gemacht. Doch in der Öffentlichkeit überhäufte er Agrippina mit allen Ehren und gab dem Tribunen als Losung, die dieser nach militärischem Brauch einholte: »die beste Mutter«. Es wurden ihr auch vom Senat zwei Liktoren und das Amt der Priesterin für Claudius[4] zuerkannt, und zugleich wurde ein zensorisches Leichenbegängnis für Claudius und auch noch die Erhebung unter die Götter beschlossen.

(3) Am Tage des Leichenbegängnisses hielt der Princeps die Lobrede auf ihn. Solange er das Alter seines Geschlechtes, die Konsulate und Triumphe seiner Vorfahren aufzählte, war es ihm selbst und auch den anderen offensichtlich Ernst. Auch als er auf seine wissenschaftliche Tätigkeit[5] zu sprechen kam und darauf, dass unter seiner Regierung von außen dem Gemeinwesen nichts Betrübliches zugestoßen sei, fand er geneigtes Gehör. Als er aber dann seine Umsicht und Weisheit erwähnte, konnte sich niemand des Lachens enthalten, obgleich die von Seneca aufgesetzte Rede kunstvoll aufgemacht war, wie es der den Ohren der Zeit angepassten Begabung jenes Mannes entsprach. Die Älteren, denen es ein Zeitvertreib ist, Altes und Neues miteinander zu vergleichen, stellten fest, dass Nero un-

ter den Machthabern der erste gewesen sei, der die Rednergabe eines anderen benötigt habe. Denn der Diktator Caesar konnte sich mit den größten Rednern messen.

Auch Augustus verfügte über eine schlagfertige, flüssige und einem Princeps wohl anstehende Beredsamkeit. Tiberius verstand sich auch auf die Kunst, seine Worte wohl abzuwägen und sie dazu mit gewichtigen Gedanken zu füllen – oder auch absichtlich zweideutigen. Auch seine geistige Umnachtung konnte bei C. Caesar das rednerische Talent nicht zerrütten. Und auch bei Claudius vermisste man, wenn er eine vorbereitete Rede hielt, nicht die Feinheit der Ausdrucksweise. Nero beschäftigte sich schon in seinen Knabenjahren, bei seinem lebhaften Geist, mit abwegigen Dingen: er meißelte, malte, betätigte sich als Sänger oder Wagenlenker. Und manchmal zeigte er beim Abfassen von Gedichten, dass er elementare Kenntnisse besaß.

(4) Als nun die Trauerkomödie zu Ende war, betrat Nero die Kurie, sprach einleitend von dem guten Willen der Väter und der Einmütigkeit der Soldaten und betonte dann, dass er über Ratgeber und Vorbilder für eine hervorragende Führung der Regierung verfüge. Seine Jugend sei nicht mit Bürgerkriegen oder familiären Zwistigkeiten belastet, und er bringe keine Hassgefühle, keine Kränkungen und kein Verlangen nach Rache mit. Dann zeichnete er ein Bild von dem künftigen Principat, wobei er besonders all das ablehnte, was eben erst zu heftiger Erbitterung geführt hatte. Er wolle nämlich nicht in allen Fällen den Richter spielen, so dass die Mauern eines Hauses in sich Ankläger und Angeklagte einschlössen und die Macht einiger weniger Personen wüte. In seinem Hause sei nichts käuflich, und es sei dem Buhlen um Gunst nicht zugänglich. Getrennt voneinander seien sein Haus und das Gemeinwesen[6]. Der Senat solle seinen alten Aufgabenbereich[7] behalten. An den Amtssitz der Konsuln sollen sich Italien und die Staatspro-

vinzen[8] wenden und die Konsuln deren Vertretern den Zugang in den Senat verschaffen. Er für seine Person werde für die ihm anvertrauten Heere sorgen.

(5) Und er hielt Wort. Viele Anordnungen traf der Senat nach eigenem Ermessen: niemand dürfe sich zu einer Prozessvertretung durch Bezahlung oder Geschenke kaufen lassen; die designierten Quästoren sollten nicht gezwungen werden, Fechterspiele zu veranstalten. Obgleich Agrippina sich dagegen wehrte, weil dadurch Regierungsmaßnahmen des Claudius[9] umgestoßen würden, setzten die Väter es durch. Sie wurden in das Palatium[10] gerufen, damit Agrippina an einer dazu angebrachten Hintertüre, nur durch einen Vorhang getrennt, zwar nicht gesehen werden, aber alles hören konnte. Ja, als Gesandte der Armenier die Sache ihres Volkes vor Nero vertraten[11], machte sie Anstalten, auf den erhöhten Thronsitz des Imperators zu steigen und mit ihm zusammen den Vorsitz zu führen. Doch während die anderen starr vor Schrecken waren, forderte Seneca den Nero auf, seiner auf ihn zukommenden Mutter entgegenzugehen. So wurde unter dem Schein der Ehrerbietung der Schande entgegengetreten.

(6) Am Ende des Jahres gingen wilde Gerüchte um: Die Parther hätten einen neuen Vorstoß gemacht und würden Armenien plündern. Vertrieben sei Radamistus[12], der sich wiederholt des dortigen Thrones bemächtigt hatte, dann flüchtig geworden war und auch jetzt[13] den Krieg aufgegeben hatte. Und so stellte man in der klatschsüchtigen Stadt die Frage, wie der Princeps, der kaum mehr als siebzehn Jahre alt sei, eine solch schwere Aufgabe meistern oder eine solche Gefahr abwenden könne. Welche Stütze stelle ein Mann dar, der sich von einer Frau leiten lasse? Ob man Schlachten und Belagerungen von Städten und alle übrigen Aufgaben einer Kriegsführung Lehrern überlassen könne? Andere wiederum erklärten: Es sei so viel besser gekommen, als wenn der altersschwache und ener-

gielose Claudius zu einer mühevollen militärischen Tätigkeit berufen worden wäre, wo er doch nur den Befehlen von Sklaven gehorcht hätte. Burrus und Seneca seien doch als Männer mit vielseitiger Erfahrung bekannt. Und wie wenig fehle dem Imperator zur Entfaltung seiner vollen Kraft, wo doch Cn. Pompeius im achtzehnten Lebensjahr, Caesar Octavianus im neunzehnten sich dem Bürgerkriege gewachsen erwiesen habe[14]. Wer sich an höchster Stelle befinde, werde sehr vieles besser durch Auspizien[15] und durch persönliche Einsicht als durch Waffengewalt und Dreinschlagen erledigen. Jetzt werde es sich ganz deutlich erweisen, ob seine Freunde rechtschaffene Leute seien oder nicht, wenn er ohne Rücksicht auf Missgunst lieber einen Heerführer aufgrund seiner hervorragenden Leistung auswähle als einen, der auf Geld und Gunst sich stütze und sich auf seine Umtriebe verlasse.

(7) Während solches und ähnliches Gerede in der Öffentlichkeit umging, befahl Nero, die in den nächstgelegenen Provinzen ausgehobene Mannschaft[16] den Legionen des Orients zur Ergänzung zuzuführen und die Legionen selbst in größere Nähe von Armenien zu verlegen. Zugleich befahl er den seit langer Zeit verbündeten Königen Agrippa und Antiochus[17], Truppen bereitzustellen, mit diesen in das Gebiet der Parther einzumarschieren und über den Euphratstrom Brücken zu schlagen. Kleinarmenien übergab er dem Aristobulus[18], den Landstrich Sophene dem Sohaemus[19], beiden mit den Abzeichen der Königswürde. Auch trat zu rechter Zeit gegen Vologaeses in der Person des eigenen Sohnes Vardanes[20] ein Nebenbuhler auf. Die Parther räumten Armenien, als wollten sie den Krieg aufschieben.

(8) Im Senat aber wurde alles übertrieben gepriesen. Es wurden Anträge gestellt, Dankfeste abzuhalten, der Princeps solle an den Tagen dieser Dankfeste ein Triumphgewand tragen, im kleinen Triumph in die Stadt einziehen und sein Bild solle in

gleicher Größe wie das des Mars Ultor in dessen Tempel aufgestellt werden. Man war ja, abgesehen von der gewohnten Schmeichelei, froh, dass er Domitius Corbulo[21] damit betraut hatte, Armenien zu behaupten, wobei es so aussah, als ob der Tüchtigkeit freie Bahn geschaffen werde. Die Truppen des Orients wurden folgendermaßen aufgeteilt: ein Teil der Hilfstruppen nebst zwei Legionen solle in der Provinz Syrien unter dem dortigen Legaten Quadratus Ummidius bleiben, über eine gleiche Zahl von Bürgern und Bundesgenossen zuzüglich der Kohorten und Reiterabteilungen, die in Cappadocien überwinterten, solle Corbulo verfügen. Die verbündeten Könige erhielten den Befehl, je nachdem es die Kriegslage erfordere, Gehorsam zu leisten[22]. Doch diese zeigten größere Zuneigung für Corbulo. Um die öffentliche Meinung für sich zu gewinnen, was bei neuen Unternehmungen von größter Bedeutung ist, hatte dieser seine Reise beschleunigt und bei Aegeae, einer Stadt Ciliciens[23], Quadratus getroffen, der dorthin gerückt war, damit nicht Corbulo, wenn er zur Übernahme der Truppen in Syrien einmarschiert sei, aller Augen auf sich lenke: als ein Mann von mächtiger Gestalt und großartiger Rednergabe, der in Verbindung mit seiner Erfahrung und Weisheit auch durch bloße Äußerlichkeiten zu imponieren vermochte.

(9) Im übrigen sandten beide an den König Vologaeses Botschaften mit der Mahnung, den Frieden dem Krieg vorzuziehen und durch Stellung von Geiseln die von seinen Vorgängern geübte Ehrfurcht gegenüber dem römischen Volk weiterhin zu pflegen. Vologaeses lieferte, um zu dem Krieg in aller Ruhe zu rüsten oder auch um verdächtige Nebenbuhler unter der Bezeichnung von Geiseln zu entfernen, die vornehmsten Vertreter des Arsacidenhauses aus. Sie empfing der Centurio Iusteius, der zufällig schon früher in dieser Sache bei dem König vorgesprochen hatte und von Ummidius geschickt worden war. Als Corbulo dies erfuhr, befahl er dem Arrius Varus, dem

Präfekten einer Kohorte, hinzugehen und die Geiseln in Empfang zu nehmen. Daraus entstand ein Streit zwischen dem Präfekten und dem Centurio, und um nicht länger den Ausländern ein Schauspiel zu geben, wurde die Entscheidung den Geiseln und den sie begleitenden Gesandten überlassen. Diese gaben Corbulo wegen seines noch frischen Kriegsruhmes und einer gewissen Sympathie, die ihm auch die Feinde entgegenbrachten, den Vorzug. Das war wiederum der Anlass zu Zwistigkeiten zwischen den Heerführern, indem sich Ummidius beschwerte, ihm sei das im voraus genommen worden, was er mit seinen Maßnahmen durchgesetzt habe. Corbulo dagegen behauptete, der König habe sich erst dann dazu bringen lassen, Geiseln zu stellen, als er persönlich durch seine Wahl zum Heerführer in dem Krieg dessen Hoffnungen in Furcht verwandelt habe. Um die Entzweiten zu versöhnen, ließ Nero folgende Anordnung ergehen: »Wegen der Erfolge von Quadratus und Corbulo wird zu den Rutenbündeln des Imperators der Lorbeerzweig hinzugefügt.« Diese Vorgänge griffen in das folgende Konsulatsjahr über. Ich habe sie hier gleich mitberichtet.

(10) In demselben Jahr erbat sich der Caesar vom Senat ein Standbild für seinen Vater Cn. Domitius und die Abzeichen der Konsulwürde für Asconius Labeo, der sein Vormund gewesen war; aber die ihm angebotenen Standbilder aus gediegenem Silber oder Gold schlug er aus. Und obgleich die Väter beantragt hatten, das Jahr solle mit dem Monat Dezember, in dem Nero geboren war, beginnen, hielt er an dem alten religiösen Brauch, mit den Kalenden des Januar das Jahr zu beginnen, fest. Auch wurden der Senator Carrinas Celer, den ein Sklave anklagte, und der Ritter Iulius Densus, den man der Begünstigung des Britannicus beschuldigte, nicht vor Gericht gestellt.

55 n. Chr.

(11) Als unter dem Konsulat des Claudius Nero und L. Antistius[24] die Beamten den Eid auf die Regierungshandlungen der Herrscher leisteten, verwehrte er es sei-

nem Amtsgenossen Antistius, auf seine Regierungshandlungen zu schwören, was hohes Lob bei den Vätern fand[25]. Das erhebende Bewusstsein, dass auch unbedeutende Handlungen gerühmt werden, sollte sein jugendliches Gemüt zu weiteren größeren anspornen. Es folgte ja auch die milde Behandlung des Plautius Lateranus[26], der, wegen seines Ehebruchs mit Messalina aus dem Senatorenstand ausgestoßen, von ihm wiedereingesetzt wurde. Seine Milde beteuerte er in häufigen Reden, die Seneca zum Beweise, welch edle Lehren er ihm erteile, oder um sich mit seiner Begabung zu brüsten, durch den Mund des Princeps verbreitete.

(12) Übrigens wurde der bestimmende Einfluss der Mutter allmählich gebrochen, da Nero sich zu der Liebschaft mit einer Freigelassenen namens Acte herabließ. Er hatte zwei hübsche Jünglinge, M. Otho und Claudius Senecio[27], eingeweiht. Otho stammte aus einer konsularischen Familie, Senecio war der Sohn eines Freigelassenen des Caesars. Die Mutter hatte zuerst keine Ahnung, dann erhob sie vergebens Einspruch. Aber sie hatte sich bei üppigen Gelagen und durch zweideutige Heimlichkeiten tief in sein Vertrauen eingeschlichen, und auch die älteren Freunde des Princeps wehrten sich nicht dagegen, dass nun eine Frauensperson, ohne irgend jemand zu nahe zu treten, die Sinnlichkeit des Princeps befriedigte, zumal er gegen seine Gattin Octavia, die doch eine vornehme Frau von bewährter Ehrbarkeit war, durch ein gewisses Verhängnis oder auch, weil verbotene Genüsse einen größeren Reiz ausüben, eine starke Abneigung hatte. Auch fürchtete man, er möchte sich zur Unzucht mit erlauchten Frauen hinreißen lassen, wenn man ihn daran hindere, hier seine Sinnlichkeit zu befriedigen.

(13) Aber Agrippina gebrauchte Schmähworte wie »eine Freigelassene meine Nebenbuhlerin«, »eine Magd meine Schwiegertochter« und andere derartige Ausdrücke, wie sie weiblicher Wut eigen sind. Sie wartete auch nicht ab, ob ihr Sohn Reue

zeige oder der Sache überdrüssig werde, und je hässlicher die Vorwürfe waren, die sie erhob, umso heftiger entfachte sie seine Leidenschaft, bis er, von der Macht seiner Liebe überwältigt, sich von dem Gehorsam gegenüber seiner Mutter lossagte und sich Seneca anvertraute. Von dessen engen Freunden hatte Annaeus Serenus[28] unter dem Schein der Liebe zu dieser Freigelassenen die ersten sinnlichen Gelüste des Jünglings gedeckt und seinen Namen dazu hergegeben, so dass jener offen spendete, was der Princeps heimlich dem Liebchen schenkte. Jetzt wandte Agrippina andere Mittel an. Sie machte sich mit Liebkosungen an den Jüngling heran, bot ihm an, doch viel lieber in ihr Schlafgemach und an ihren Busen zu kommen, um die sinnlichen Ansprüche seiner frühen Jugend und seines hohen Ranges im geheimen zu befriedigen. Ja, sie gab sogar zu, ihre Strenge sei nicht am Platze gewesen, und machte ihm große Geschenke aus ihrem persönlichen Vermögen, das dem des Imperators nicht viel nachstand. Wie sie eben noch ihren Sohn übertrieben streng gehalten hatte, so maßlos war sie jetzt wiederum in ihrer Unterwürfigkeit. Diese Veränderung blieb Nero nicht verborgen. Seine nächsten Freunde fürchteten für ihn und baten ihn, sich vor den Tücken des immer rücksichtsloseren und jetzt auch noch falschen Weibes in acht zu nehmen.

Zufällig wählte in jenen Tagen der Caesar bei der Besichtigung des Schmuckes, in dem die Gattinnen und die Mütter der Herrscher geglänzt hatten, ein Gewand und Edelsteine aus, die er seiner Mutter als Geschenk sandte. Er war dabei nicht sparsam, sondern was er ihr übereignete, war besonders kostbar und auch anderweitig begehrt, und er war nicht darum gebeten worden. Aber Agrippina rief aus: »Damit wird nicht mein Schmuck bereichert, sondern es wird mir alles übrige vorenthalten. Mein Sohn teilt mit mir, was er doch insgesamt von mir selbst hat[29]!«

(14) Und es fehlte nicht an Leuten, die diese Vorwürfe in entstellter Form Nero hinterbrachten. Nero, der erbittert über die Leute war, auf die sich diese hochmütige Frau stützte, nahm dem Pallas den Aufgabenbereich, über den ihn Claudius gesetzt hatte und in dem er eine gleichsam unumschränkte königliche Machtstellung einnahm. Wie man erzählte, sagte Nero, als Pallas unter großem Gefolge vom Palatium heruntertieg, nicht unwitzig: »Pallas geht, um seinen Eid abzulegen[30].« Und wirklich hatte sich Pallas ausbedungen, dass er wegen keiner seiner bisherigen Handlungen zur Verantwortung gezogen werde und dass seine Rechnung mit dem Gemeinwesen ausgeglichen sei[31].

Hemmungslos ließ sich daraufhin Agrippina zu schrecklichen Drohungen hinreißen und erklärte, ohne darauf Rücksicht zu nehmen, dass es Nero zu Ohren komme, jetzt sei Britannicus herangewachsen, der wahre Erbe, der würdig sei, die väterliche Herrschaft zu übernehmen, die ein durch die widerrechtlichen Machenschaften der Mutter gleichsam Aufgepfropfter und Adoptierter ausübe. Sie habe nichts dagegen, dass alles Schlimme des unglücklichen Hauses ans Tageslicht komme, besonders ihre eigene Hochzeit, ihre Giftmischerei. Nur dafür hätten die Götter und sie selbst gesorgt, dass ihr Stiefsohn noch am Leben sei. Mit ihm werde sie in die Kaserne gehen. Dort solle man auf der einen Seite des Germanicus Tochter anhören, auf der anderen Seite den verkrüppelten Burrus und den verbannten Seneca, die ja, der eine mit verstümmelter Hand, der andere in schulmeisterlichem Tone, die Lenkung des Menschengeschlechtes sich anmaßten. Zugleich drohte sie mit der Faust, überhäufte ihn mit Schimpfworten, rief den zu den Göttern erhobenen Claudius, die unterirdischen Manen der beiden Silani[32] an und beklagte und beschwor ihre so zahlreichen vergeblich verübten Untaten.

(15) Darüber war Nero bestürzt, und da der Tag nahte, an

dem Britannicus sein vierzehntes Lebensjahr vollendete, ging ihm bald seiner Mutter heftiges Wesen durch den Kopf, bald die Veranlagung des Britannicus, die er erst kürzlich – es hatte sich allerdings nur um eine unbedeutende Probe gehandelt – kennengelernt, durch die sich aber Britannicus weit und breit Sympathie erworben hatte. An dem Saturnalienfest[33] hatten seine Altersgenossen unter anderem im Spiel darum gelost, wer König sein solle[34], und dabei war das Los auf Nero gefallen. So gab Nero den anderen allerlei Aufträge, die sie ausführen konnten, ohne sich etwas zu vergeben. Dann befahl er dem Britannicus, er solle aufstehen, in die Mitte vortreten und irgendein Lied anstimmen, wobei er hoffte, der Knabe, der nicht einmal Gesellschaften, an denen es nüchtern herging, geschweige denn solche mit Betrunkenen kannte, werde sich dabei lächerlich machen. Doch jener begann ganz unbefangen ein Lied, das darauf anspielte, dass er von dem väterlichen Herrschersitz verdrängt worden sei. Dies erregte Mitleid, das noch deutlicher in Erscheinung trat, weil in der Nacht die Ausgelassenheit jede Verstellung beseitigt hatte. Nero merkte die feindselige Stimmung und sein Hass wuchs. Während ihm Agrippina mit Drohungen zusetzte, verlegte er sich, weil er ja seinen Bruder keines Vergehens beschuldigen konnte und er es auch nicht wagte, offen dessen Ermordung zu befehlen, auf ein heimliches Vorgehen und befahl, Gift zu beschaffen. Sein Helfershelfer war dabei Pollio Iulius, der Tribun einer Prätorianerkohorte, unter dessen Obhut die bereits verurteilte Giftmischerin[35] namens Locusta, die eine vielberüchtigte Verbrecherin war, verwahrt wurde. Denn man hatte schon längst dafür gesorgt, dass in der nächsten Umgebung des Britannicus nur Leute waren, die sich weder um Recht noch um Treue kümmerten. Das erste Gift brachte ihm sein eigener Erzieher bei. Es ging aber infolge eines Durchfalls ab, war es nun an sich nicht stark genug oder enthielt es eine Beimischung, die eine sofortige Wirkung verhüten sollte. Aber Nero, der zu einem langsam ausgeführten Verbrechen keine Geduld hatte, drohte dem Tribunen und befahl die Hinrichtung der Giftmischerin, weil sie beide Rücksicht auf das Gerede der Leute nähmen, schon im voraus daran dächten, wie sie sich rechtfertigen könnten und dabei versäumten, seine Sicherheit zu gewährleisten. Als sie dann versprachen, ihn mit einer Schnelligkeit zu ermorden, als ob es mit einem einzigen Schwertstreich geschehe, wurde neben dem Schlafgemach des Caesars ein rasch wirkender Trank aus schon vorher geprüften Giften gebraut.

(16) Es herrschte die Sitte, dass die fürstlichen Kinder mit den übrigen Altersgenossen unter den Augen ihrer Angehörigen, an einer besonderen, sparsamer besetzten Tafel sitzend, speisten[36]. Da auch Britannicus hier speiste und ein dazu ausgewählter Diener seine Speisen und Getränke vorkostete, ersann man, um von dem Brauch nicht abzugehen und damit der Tod von beiden nicht verrate, dass es sich um ein Verbrechen handle, folgende List. Ein noch unschädliches und sehr heißes, bereits vorgekostetes Getränk wurde Britannicus gereicht. Wie er es dann als zu heiß zurückwies, wurde das Gift in kaltem Wasser hinzugegossen und dieses durchdrang so alle seine Glieder, dass Stimme und Atem gleichzeitig versagten. Eine Panik entstand unter den Herumsitzenden. Ohne zu wissen, was eigentlich vorging, liefen sie auseinander. Jedoch wer tiefer blickte, blieb wie gebannt stehen, den Blick auf Nero gerichtet. Dieser verharrte in seiner liegenden Haltung, und als ob er von nichts wisse, sagte er, dies sei nichts Ungewöhnliches, es handle sich um einen epileptischen Anfall, worunter Britannicus seit seiner frühesten Kindheit zu leiden habe. Allmählich werde er wieder sehen können und zur Besinnung kommen. Aber auf Agrippinas Gesicht zeichnete sich ein solches Entsetzen, eine solche Fassungslosigkeit ab, dass es, obwohl sie sich zu beherrschen suchte, sicher war, sie sei ebenso unwissend

gewesen wie Octavia, die Schwester des Britannicus. Sie war sich ja bewusst, dass ihr nun die letzte Stütze entrissen und dies das Vorspiel zum Muttermord sei. Auch Octavia hatte schon im zarten Kindesalter Schmerz und Liebe, jede Gefühlsregung zu verbergen gelernt. So nahm nach kurzem Schweigen das Gastmahl seinen fröhlichen Fortgang.

(17) In der gleichen Nacht, in der Britannicus ermordet wurde, errichtete man auch den Scheiterhaufen. Die Vorbereitungen für das einfache Leichenbegängnis waren schon zuvor getroffen worden. Jedoch wurde die Asche auf dem Marsfeld[37] beigesetzt, und zwar bei Sturm und Regen, so dass das Volk glaubte, darin tue sich der Zorn der Götter kund und wende sich gegen eine Untat, die sogar sehr viele Menschen für verzeihlich hielten, da sie wussten, dass die Zwietracht unter Brüdern eine alte Geschichte und der Königsthron unteilbar sei[38]. Die meisten Schriftsteller dieser Zeit berichten, an vielen Tagen vor dem Ende des Britannicus habe Nero den Knaben unsittlich missbraucht, so dass sein Tod nicht mehr als zu früh erfolgt und grausam erscheinen könne, obgleich dieser während des geheiligten Mahles[39], ja ohne, dass Britannicus Zeit gelassen worden wäre, seine Schwestern[40] zu umarmen, vor den Augen seines Feindes beschleunigt herbeigeführt wurde. Und dabei war es das letzte Blut der Claudier, das erst durch Schändung und dann durch Gift besudelt wurde. Die beschleunigte Beisetzung rechtfertigte der Caesar in einem Erlass, in dem er darauf hinwies, dass es ein Brauch der Vorfahren sei, jugendliche Leichen den Blicken zu entziehen und deren Beisetzung nicht durch Lobreden oder einen Leichenzug zu verzögern. Im übrigen könne er sich nach dem Verlust der brüderlichen Hilfe in seinen restlichen Hoffnungen nur noch auf das Gemeinwesen stützen; desto mehr müssten die Väter und das Volk dem Princeps zur Seite stehen, der als einziger aus der zum höchsten Amte bestimmten Familie noch übrig sei.

(18) Dann bedachte er seine besten Freunde mit Schenkungen, und es gab manche Leute, die gegen die Männer, die auf ihre Würde pochten, den Vorwurf erhoben, dass sie Häuser und Villen in einer solchen Zeit wie Kriegsbeute unter sich verteilten. Andere glaubten, sie seien von dem Princeps in eine Zwangslage versetzt worden; denn im Bewusstsein seines Verbrechens erhoffe er Nachsicht, wenn er die einflussreichsten Männer[41] durch Schenkungen sich verpflichtet habe.

Aber die erbitterte Mutter ließ sich durch keine Freigebigkeit besänftigen, im Gegenteil, sie schloss Octavia in ihr Herz, hatte mit Freunden viele geheime Besprechungen und raffte – sie war schon von Haus aus habsüchtig – von überallher Geld zusammen, gleichsam um über eine Reserve zu verfügen. Sie empfing Tribunen und Centurionen leutselig, erwähnte mit Hochachtung die Namen und Verdienste der Adeligen, soweit damals solche noch vorhanden waren[42], als suche sie einen Parteiführer und seinen Anhang. Davon bekam Nero Kenntnis, und er befahl, dass die militärische Leibwache, die ihr einst als der Gattin des Imperators gestellt und als dessen Mutter gelassen worden war, sowie die Germanengarde[43], die ihr erst kürzlich ebenfalls als Ehrenwache beigegeben worden war, abgezogen werde. Und damit nicht die Besucher in Scharen bei ihr aus- und eingingen, trennte er ihre Hofhaltung von der seinigen ab und wies der Mutter den Palast an, der Antonia[44] gehört hatte; sooft er selbst dorthin kam, war er von einer Schar Centurionen umschirmt und ging nach einem flüchtigen Kuss wieder weg.

(19) Nichts ist im menschlichen Leben so schwankend und wandelbar wie der Ruf von Machthabern, die sich nicht auf eigene Kraft stützen. Sofort stand das Zimmer Agrippinas leer: niemand tröstete sie, niemand besuchte sie außer einigen Frauen, bei denen man nicht wusste, ob dies aus Liebe oder aus Hass geschah. Zu ihnen gehörte Iunia Silana, die, wie ich oben

berichtet habe, von Messalina aus ihrer Ehe mit C. Silius verdrängt worden war, eine Frau, die hervorstach durch ihre Abkunft, ihre Schönheit und ihre Sittenlosigkeit – und die der Agrippina schon lange ans Herz gewachsen war. Später traten versteckte Misshelligkeiten zwischen ihnen auf, weil Agrippina dem jungen Adeligen Sextius Africanus[45] vor der Ehe mit Silana Angst gemacht hatte, indem sie behauptete, diese sei ein unzüchtiges, alterndes Weib. Dabei wollte sie nicht Africanus sich selbst sichern, sondern der Ehemann sollte sich nicht in den Besitz des Vermögens der kinderlosen Silana setzen. Jene stellte nun, da sich die Aussicht auf Rache bot, als Ankläger Iturius und Calvisius aus der Zahl ihrer Klienten auf, wobei sie nicht so alte und schon oft gehörte Geschichten hinterbrachte, wie z. B. Agrippina betrauere den Tod des Britannicus oder sie spreche in der Öffentlichkeit von den Kränkungen, die der Octavia zugefügt wurden[46], sondern behauptete, sie habe sich in den Kopf gesetzt, Rubellius Plautus, der mütterlicherseits in dem gleichen Verwandtschaftsgrad wie Nero von dem vergöttlichten Augustus abstammte[47], zum Haupt eines Staatsstreiches zu machen und als dessen Gemahlin im Mitbesitz der Macht erneut das Gemeinwesen in ihre Hand zu bekommen. Dies eröffneten Iturius und Calvisius dem Freigelassenen Atimetus der Domitia, der Vatersschwester Neros[48]. Atimetus war über die Mitteilungen erfreut – denn zwischen Agrippina und Domitia herrschte eine erbitterte Eifersucht – und veranlasste den Schauspieler Paris, der ebenfalls ein Freigelassener der Domitia war, eilends hinzugehen und die Beschuldigung in einer krassen Darstellung zu überbringen.

(20) Die Nacht war schon weit fortgeschritten, und Nero saß immer noch beim Weingelage. Da trat Paris herein, der auch sonst um diese Zeit den Princeps zu weiterem Schwelgen zu animieren pflegte, aber jetzt eine traurige Miene aufgesetzt hatte. Er legte die Anzeige Punkt für Punkt dar und erschreckte

den Aufhorchenden so sehr, dass dieser nicht nur seine Mutter und Plautus umzubringen, sondern auch Burrus als Präfekten abzusetzen anordnete, da er durch die Gunst Agrippinas in seine hohe Stellung gelangt sei und ihr jetzt einen Gegendienst erweisen wolle. Fabius Rusticus[49] berichtet, es sei ein Handschreiben an Caecina Tuscus[50] ausgefertigt worden, in dem ihm der Befehl über die Prätorianerkohorten übertragen wurde. Doch sei Burrus durch die Vermittlung Senecas in seiner Stellung belassen worden. Plinius und Cluvius[51] berichten, an der Zuverlässigkeit des Präfekten habe in keiner Weise Zweifel geherrscht. Fabius freilich neigt dazu, Seneca, durch dessen Freundschaft er hochgekommen war, zu loben. Wir wollen den Schriftstellern uns anschließen, soweit sie übereinstimmen, ihre abweichenden Berichte aber unter ihrem eigenen Namen überliefern.

Nero, in seiner kopflosen Angst und in seinem Verlangen nach dem Mord der Mutter, konnte erst zu einem Aufschub veranlasst werden, als Burrus versprach, dass sie umgebracht werde, sofern sie des Verbrechens überführt werde. Jeder Person und vollends einer Mutter müsse man jedoch die Verteidigung gestatten. Auch seien keine Ankläger da, sondern die Stimme eines einzigen[52], die aus einem feindlich gesinnten Hause komme. Er solle bedenken, dass es dunkel sei und man die Nacht durchgezecht habe, wobei man leichter dazu neige, in Unwissenheit lauter unbesonnene Handlungen zu begehen.

(21) So wurde der Princeps in seiner Furcht beschwichtigt, und bei Tagesanbruch ging man zu Agrippina, damit sie von den Vorwürfen Kenntnis nehme, sie entkräfte oder bestraft werde. Burrus entledigte sich dieses Auftrages in Gegenwart von Seneca. Auch von den Freigelassenen waren einige als Zeugen des Gesprächs anwesend. Als dann Burrus die Beschuldigungen dargelegt und deren Gewährsmänner genannt hatte, nahm er einen drohenden Ton an. Agrippina, die ihr

aufbrausendes Wesen nicht verleugnete, erwiderte: »Ich wundere mich nicht, dass Silana, die nie Kinder geboren hat, keine Muttergefühle kennt. Denn die Mutter wechselt nicht ihre Kinder wie eine unzüchtige Frau ihre Liebhaber. Und wenn Iturius und Calvisius, nachdem sie ihr ganzes Vermögen verzehrt haben, als letztes Hilfsmittel sich einem alten Weibe damit verkaufen, dass sie ihre Dienste bei der Übernahme einer Anklage zur Verfügung stellen, so brauche ich mich deshalb doch nicht der Schande eines Kindermordes oder der Caesar dem Schuldgefühl eines Muttermordes sich auszusetzen[53]. Denn meiner Feindin Domitia würde ich Dank sagen, wenn sie mit mir in wohlwollender Gesinnung gegenüber meinem Nero wetteiferte. Jetzt aber verfasst sie mit Hilfe ihres Liebhabers Atimetus und des Schauspielers Paris geradezu ein Theaterstück. Sie baute ihre Fischteiche in Baiae aus, während auf meine Anregung hin die Adoption Neros, die prokonsularische Gewalt, die Ernennung zum Konsul und alles übrige zur Erlangung der Herrschermacht vorbereitet wurde. Oder[54] – es soll einer auftreten, der mich beschuldigen kann, die Kohorten in Rom zu gewinnen versucht, die Treue der Provinzen zum Wanken gebracht oder gar Sklaven oder Freigelassene[55] zu einem Verbrechen verführt zu haben. Hätte ich leben können, wenn Britannicus zur Macht gekommen wäre? Und gesetzt den Fall, dass Plautus oder sonst jemand, um Gericht zu halten[56], die Staatsführung in die Hände nimmt, fehlt es mir dann wohl an Anklägern, die mir nicht nur manchmal unbedacht hingeworfene Worte einer liebevollen Empfindsamkeit, sondern solche Verbrechen vorwerfen, von denen mich einzig mein Sohn freisprechen könnte?« Die Anwesenden waren ergriffen und suchten nun ihrerseits Agrippinas aufwallenden Zorn zu besänftigen. Da forderte sie eine Unterredung mit ihrem Sohn, bei der sie kein Wort für ihre Unschuld, als ob sie sich ihrer nicht sicher wäre, und keines über ihre Wohltaten, als ob sie ihm diese vorwerfen wolle, sagte, sondern Bestrafung der Denunzianten und Belohnungen für ihre Freunde durchsetzte.

(22) Die Aufsicht über das Getreidewesen wurde Faenius Rufus, die über die von dem Caesar angeordneten Spiele dem Arruntius Stella, Ägypten Ti. Balbillus übertragen; Syrien wurde für P. Anteius[57] bestimmt. Doch mit allerlei Intrigen wurde er dann zum besten gehalten und schließlich in Rom zurückbehalten. Aber Silana wurde verbannt; auch Calvisius und Iturius wurden relegiert[58]. Atimetus wurde hingerichtet, während Paris bei den Ausschweifungen des Princeps eine zu gewichtige Rolle spielte, um bestraft zu werden. Über Plautus ging man für den Augenblick mit Stillschweigen hinweg.

(23) Darauf wurden Pallas und Burrus angezeigt. Sie sollten sich darüber geeinigt haben, dass Cornelius Sulla[59], der einem berühmten Geschlecht angehörte und mit Claudius verwandt war – durch die Heirat mit Antonia war er dessen Schwiegersohn –, zur Herrschaft berufen werde. Diese Anklage ging von einem gewissen Paetus aus, der als Aufkäufer der vom Staat eingezogenen Güter berüchtigt war und in diesem Falle als Schwindler entlarvt wurde[60]. Doch wurde es einerseits beifällig begrüßt, dass die Unschuld des Pallas erwiesen wurde, andererseits empfand man seinen Hochmut doch als überaus lästig. Und freilich, als man ihm unter seinen Freigelassenen einige nannte, die in seine Machenschaften eingeweiht seien, gab er zur Antwort, er habe in seinem Hause eine Anweisung nie anders gegeben, als durch Nicken oder eine Handbewegung, oder wenn mehrere Weisungen gegeben werden mussten, habe er dies schriftlich getan, um nicht durch mündlichen Verkehr mit seiner Dienerschaft in Berührung zu kommen. Obgleich Burrus Angeklagter war, gab er seine Stimme als Richter ab[61]. Über den Ankläger wurde die Verbannung ver-

hängt. Die Akten wurden verbrannt, mit denen er in Vergessenheit geratene Forderungen des Staatsschatzes einzutreiben pflegte[62].

(24) Am Ende des Jahres wurde die Wache der Kohorte, die an den Spielen aufzuziehen pflegte, entfernt, damit das Bild der Freiheit in Erscheinung trete und das Militär nicht mit dem zuchtlosen Theatervolk in enge Berührung komme, sondern in seiner Moral ungefährdet bleibe. Auch sollte die Plebs die Probe dafür ablegen, ob sie nach Entfernung der Wache Selbstdisziplin bewahre. Die Stadt entsühnte der Princeps aufgrund eines Bescheides der Opferschauer, da in dem Tempel des Iuppiter und der Minerva der Blitz eingeschlagen hatte.

56 n. Chr.

(25) Unter dem Konsulat des Q. Volusius und P. Scipio[63] herrschte Ruhe in der auswärtigen Politik; im Inneren tobte sich eine hässliche Zügellosigkeit aus. Nero trieb sich in den Straßen der Stadt, in den Bordellen und Kneipen umher, in Sklaventracht, damit man ihn nicht erkenne, und mit einem Gefolge, das die zum Verkauf ausgestellten Waren raubte und jeden, der ihm in den Weg kam, misshandelte, wobei die Betroffenen so ahnungslos waren, dass Nero selbst Prügel bezog, die in seinem Gesicht Spuren hinterließen. Als sodann bekannt wurde, es sei der Caesar, der durch die Straßen ziehe, und sich die Gewalttätigkeiten gegenüber Männern und Frauen von hohem Stand häuften, manche auch, nachdem nun einmal erlaubt war, sich ungehemmt gehenzulassen, unter dem Namen Neros mit eigenen Banden sich gleichermaßen betätigten, ging es in Rom bei Nacht wie in einer eroberten Stadt zu. Iulius Montanus, der dem Senatorenstand angehörte[64], aber noch kein Ehrenamt bekleidet hatte, war zufällig in der Dunkelheit mit dem Princeps zusammengestoßen; er wurde, da dieser gegen ihn tätlich geworden war und er ihn energisch zurückgestoßen, aber erst dann erkannt und um Verzeihung gebeten hatte, gezwungen, sich den Tod zu geben,

als ob er sich gegen Nero vergangen hätte. Nero aber wurde ängstlicher und umgab sich seitdem mit Soldaten und einer Menge Gladiatoren, die in die Raufhändel bei ihrem Beginn nicht weiter eingreifen sollten, wie wenn es sich um eine private Angelegenheit handle; aber wenn die Misshandelten sich stärker zur Wehr setzten, schritten sie mit den Waffen ein. Auch die Ausschreitungen bei den Spielen und die Auseinandersetzungen bei der Parteinahme für die Schauspieler ließ er durch Straflosigkeit und Belohnungen zu Gefechten ausarten, wobei er selbst versteckt und sehr oft auch offen zuschaute, bis man angesichts der Zwietracht im Volke und der Furcht vor schwereren Unruhen kein anderes Mittel mehr fand, als diese Schauspieler aus Italien zu vertreiben und die Soldaten wieder im Theater zu postieren.

(26) Um die gleiche Zeit wurde im Senat über das böswillige Verhalten der Freigelassenen verhandelt und gefordert, dass den Schutzherren gegenüber jedem, dessen Freilassung sich als unverdient erwiesen habe, das Recht gegeben werde, diese zu widerrufen. Und es fehlte nicht an Befürwortern dieser Forderung. Aber die Konsuln wagten es nicht, sie zur Abstimmung zu bringen, ohne den Princeps vorher zu verständigen; sie gaben ihm jedoch schriftlich von der Einmütigkeit des Senats Kenntnis. Der Princeps war unschlüssig, ob er nicht von sich aus die Verordnung erlassen solle …[65], da die Beratung nur in kleinem Kreise stattfand und entgegengesetzte Meinungen geäußert wurden: einige schimpften, dass Hand in Hand mit der Freilassung das unehrerbietige Benehmen gewachsen und so weit gegangen sei, dass die Freigelassenen ihre Schutzherren um ihre Meinung fragten, ob sie auf dem Boden der Gewalt oder mit ihnen gleichberechtigt verhandeln sollten, und ihrerseits zu Tätlichkeiten die Fäuste erhoben, ungestraft oder sogar selbst zu ihrer Bestrafung ratend. Denn was bleibe dem beleidigten Schutzherren anderes gestattet, als dass er den Frei-

gelassenen auf hundert Meilen an die Küste Campaniens verweise[66]. Im übrigen gebe es bei den gerichtlichen Verhandlungen keine Unterschiede und herrsche gleiches Recht[67]. Man müsse dem Herrn irgendeine Waffe in die Hand geben, die nicht verachtet werden könne, und für die Freigelassenen sei es doch keine schwere Aufgabe, in der gleichen Unterordnung ihre Freiheit zu behalten, mit der sie diese erlangt hätten. Wer aber eines Verbrechens überführt werde, werde verdientermaßen wieder in die Knechtschaft zurückgeholt, damit durch Furcht diejenigen in Zaum gehalten werden, die durch Wohltaten sich nicht verändern lassen.

(27) Von der Gegenseite wurde vorgebracht: Wenn wenige Schuld auf sich laden, müssen diese persönlich auch dafür büßen, aber in keiner Weise dürfen alle zusammen in ihrem Recht geschmälert werden. Denn die Angehörigen dieses Standes sind weit und breit zu finden. Aus ihm setzen sich in der Regel die Tribus, die Dekurien, die Bediensteten der Beamten und der Priester[68], ja sogar in der Hauptstadt ausgehobene Kohorten zusammen. Die meisten Ritter, sehr viele Senatoren leiten ihre Abstammung nicht von woanders her. Wenn man die Abkömmlinge der Freigelassenen aussondert, wird sich deutlich ein Mangel an Freigeborenen zeigen. Nicht umsonst haben die Vorfahren zwar die Stände hinsichtlich ihres Ranges getrennt, aber die Freiheit zum Gemeingut gemacht. Ja, es sind sogar zwei Arten von Freilassung[69] eingeführt worden, um die Möglichkeit des Bereuens zu wahren oder die Gelegenheit zu einer neuen Wohltat[70] zu haben. Wen der Schutzherr nicht förmlich durch den Freiheitsstab losgesprochen hat, der wird gleichsam immer noch in den Banden der Knechtschaft festgehalten. Jeder möge die Verdienste seines Sklaven genau prüfen und nur zögernd das genehmigen, was, einmal gegeben, nicht wieder genommen werden darf. Diese Ansicht drang durch. Der Caesar schrieb an den Senat,

man solle die Sache von Freigelassenen, sooft ihre Schutzherren gegen sie eine Klage vorbringen, von Fall zu Fall genau prüfen, aber von einer allgemeinen Beschränkung ihrer Rechte absehen. Doch wurde bald darauf der Domitia, der Tante Neros, ihr Freigelassener Paris[71] weggenommen, gleichsam auf der Grundlage öffentlichen Rechts, doch nicht ohne den Ruf des Princeps zu beeinträchtigen, auf dessen Befehl er in der gerichtlichen Entscheidung als Freigeborener erklärt worden war[72].

(28) Trotzdem[73] erhielt sich ein gewisses Schattenbild eines freien Gemeinwesens. Denn zwischen dem Prätor Vibullius und dem Volkstribunen Antistius[74] war ein Streit ausgebrochen, weil dieser die Freilassung der Anhänger der Schauspieler[75], die der Prätor wegen ihrer Ausschreitungen ins Gefängnis geworfen hatte, befohlen hatte. Diese Maßnahme des Prätors billigten die Väter und beschuldigten den Antistius der Eigenmächtigkeit. Zugleich wurde den Tribunen untersagt, in die Rechtsbefugnisse der Prätoren und Konsuln einzugreifen oder Personen aus Italien vorzuladen, mit denen aufgrund einer Zivilklage verhandelt werden könne[76]. Der designierte Konsul L. Piso[77] fügte noch hinzu, sie sollten gegen ihre Hausgenossen keine Strafmaßnahmen in amtlicher Eigenschaft vornehmen und die Quästoren des Aerariums sollten keine von ihnen verhängte Geldstrafe früher als nach vier Monaten in die öffentlichen Rechnungsbücher eintragen. In der Zwischenzeit solle es erlaubt sein, Einspruch zu erheben, über den die Konsuln zu entscheiden hätten. Auch die Amtsbefugnis der Ädilen wurde noch weiter eingeschränkt und die Höhe des Pfandes festgesetzt, das die kurulischen und die plebeischen Ädilen nehmen oder als Strafe aussprechen dürften. Der Volkstribun Helvidius Priscus[78] trug gegen Obultronius Sabinus, den Quästor des Aerariums[79], seine persönlichen Streitigkeiten aus mit der Behauptung, er übertreibe mitleidlos das Pfändungsrecht[80] ge-

genüber den Mittellosen. Darauf nahm der Princeps den Quästoren die Verwaltung des Staatsschatzes[81] ab und übertrug sie auf die Präfekten.

(29) Diese Verwaltung wurde in verschiedener Form gehandhabt und oft abgeändert. Augustus hatte die Auswahl der Präfekten dem Senat überlassen[82]. Als dann der Verdacht des Stimmenfangs aufkam, wurden die Amtsinhaber aus der Zahl der Prätoren ausgelost[83]. Auch diese Regelung war nicht von langer Dauer, weil sich das Los auf Personen verirrte, die keine rechte Eignung besaßen. Darauf setzte Claudius wieder Quästoren[84] ein und versprach außer der Reihe Beförderungen[85], damit sie nicht aus Furcht, Anstoß zu erregen, ihr Amt zu schwächlich führen sollten. Aber es fehlte ihnen, da dies das erste Staatsamt war, das sie bekleideten, die erforderliche Reife des Alters. Deshalb wählte Nero ehemalige Prätoren aus, die erfahren waren und sich schon bewährt hatten.

(30) Unter den gleichen Konsuln wurde Vipsanius Laenas verurteilt, weil er in der Verwaltung der Provinz Sardinien sich habsüchtig erwiesen hatte[86]. Freigesprochen wurde Cestius Proculus, den die Kreter wegen Erpressung anklagten. Clodius Quirinalis, der beschuldigt wurde, als Befehlshaber der in Ravenna stationierten Flottenmannschaft Italien, als handle es sich um die niedrigste Bevölkerung, mit brutaler Verschwendungssucht schwer heimgesucht zu haben, kam seiner Verurteilung durch Gift zuvor. Caninius Rebulus[87], einer der ersten Rechtskundigen und ein reich begüterter Mann, entzog sich den Leiden eines kranken, alten Menschen, indem er das Blut in seinen Adern entweichen ließ. Man hätte ihm nicht den Mut zugetraut, dass er sich selbst das Leben nehmen würde, da er als ein weibischer Lüstling verrufen war. Aber L. Volusius[88] starb, im Besitz eines ausgezeichneten Rufes, eines natürlichen Todes. Er erreichte ein Alter von dreiundneunzig Jahren, besaß ein recht ansehnliches, rechtmäßig erworbenes Vermö-

gen und erfreute sich der unangefochtenen Freundschaft so vieler Herrscher.

(31) Während Nero zum zweitenmal zusammen mit L. Piso Konsul war, hat sich nur wenig Denkwürdiges ereignet[89], es sei denn, dass jemand daran Gefallen fände, mit dem Lob der Grundsteine und der Balken, mit denen der Caesar den gewaltigen Bau des Amphitheaters auf dem Marsfeld errichtet hat, die Bücher zu füllen, wo man es doch sonst als der Würde des römischen Volkes angemessen gefunden hat, hervorragende Vorkommnisse den Jahrbüchern, solche Dinge aber der städtischen Tageszeitung[90] zu überlassen. Im übrigen wurden die Kolonien Capua und Nuceria[91] durch zusätzliche Veteranen verstärkt. Der Plebs wurden als Spende pro Kopf vierhundert Sesterzen gegeben und vierzig Millionen dem Staatsschatz überwiesen, um den Kredit des Staatsvolkes aufrechtzuerhalten[92]. Auch wurde die Abgabe von vier Prozent des Kaufpreises der Sklaven erlassen, mehr zum Schein als in Wirklichkeit, weil der Verkäufer bei der Zahlungsaufforderung diesen Betrag auf den Kaufpreis zu schlagen pflegte. Ferner ordnete der Caesar an, kein Staatsbeamter oder Prokurator dürfe in der von ihm verwalteten Provinz ein Fechterspiel oder eine Tierhetze oder sonst eine Volksbelustigung veranstalten. Denn bisher pflegten sie durch eine derartige freiwillige Veranstaltung geradeso wie durch die Wegnahme von Geldmitteln die Untertanen zu bedrücken, wobei sie die Folgen ihrer Übergriffe, die sie sich in ihrer Zügellosigkeit hatten zuschulden kommen lassen, von sich abzuwehren suchten, indem sie sich parteiisch erwiesen[93].

57 n. Chr.

(32) Es wurde auch ein Senatsbeschluss gefasst, der gleichermaßen der Sühne wie der Sicherheit diente: wenn jemand von den eigenen Sklaven ermordet werde, sollten auch diejenigen, die durch ein Testament freigelassen worden und unter dem gleichen Dach geblieben seien, zusammen mit den Sklaven

hingerichtet werden[94]. – In den Senatorenstand wiedereingesetzt wurde der Konsular Lucius Varus[95], der ehedem der Beschuldigung der Habsucht zum Opfer gefallen war. Das Gerichtsverfahren gegen Pomponia Graecina, eine vornehme Frau, die mit A. Plautius – er hatte, wie berichtet[96], über die Britannier einen kleinen Triumph gefeiert – verheiratet und wegen fremdländischer Religionsausübung angeklagt war, wurde ihrem Ehemann als dem zuständigen Richter überwiesen. Und dieser hielt nach der alten Sitte in Anwesenheit der Verwandten Gericht über den Lebenswandel und die Ehre seiner Frau und erklärte sie für unschuldig[97]. Das Leben dieser Pomponia war von langem, ununterbrochenem Leid begleitet. Denn seit Iulia, die Tochter des Drusus[98], durch die Heimtücke der Messalina ums Leben gekommen war, brachte sie vierzig Jahre nur noch im Trauergewand und in Gram zu. Und deshalb blieb sie auch unter der Regierung des Claudius unbehelligt. Später gereichte es ihr sogar zur Ehre.

(33) In dem gleichen Jahre kam es zu weiteren Prozessen. Einen von diesen, der sich infolge einer Anklage der Provinz Asia gegen P. Celer richtete, zog der Caesar, da er den Angeklagten nicht freisprechen konnte, so lange hin, bis dieser an Altersschwäche starb. Denn nachdem, wie berichtet[99], der Prokonsul Silanus ermordet worden war, suchte Celer mit diesem großen Verbrechen[100] alle seine übrigen Schandtaten zu verdecken. Den Cossutianus Capito[101] hatten die Cilicier angeklagt als einen anrüchigen, gemeinen Menschen, der geglaubt hatte, in der Provinz dasselbe Anrecht auf Frechheit beanspruchen zu dürfen, wie er es in Rom in Anspruch genommen hatte. Er gab schließlich, von seinen hartnäckigen Anklägern in die Enge getrieben, seine Verteidigung auf und wurde nach dem Repetundengesetz verurteilt. Bei Eprius Marcellus[102], von dem die Lycier Wiedergutmachung forderten, hatte die Beeinflussung des Gerichts so weitgehende Wirkung, dass einige seiner An-

kläger mit der Verbannung bestraft wurden, weil sie einem Unschuldigen den Prozess gemacht hätten.

58 n. Chr.

(34) Zusammen mit Nero, der zum drittenmal Konsul war, trat Valerius Messala das Konsulat an. Es waren nur noch wenige und bereits alte Leute, die sich erinnerten, dass dessen Urgroßvater, der Redner Corvinus, der Amtsgenosse des verewigten Augustus, des Urgroßvaters Neros, im Konsulat gewesen war[103]. Aber die Ehre der adeligen Familie wurde noch dadurch erhöht, dass Messala jährlich fünfhunderttausend Sesterzen zur Verfügung gestellt wurden, damit er mit diesen seiner unverschuldeten Armut abhelfe. Auch für Aurelius Cotta und Haterius Antoninus[104] setzte der Princeps eine jährliche Geldsumme aus, obgleich sie durch ihren verschwenderischen Lebenswandel den ererbten Reichtum durchgebracht hatten.

Zu Beginn des Jahres wurde der Krieg zwischen den Parthern und Römern um den Besitz von Armenien, der zuerst lahm begonnen und dann vertagt worden war, tatkräftig wieder aufgenommen, da einerseits Vologaeses nicht dulden wollte, dass sein Bruder Tiridates den von ihm übergebenen Thron verliere oder ihn als Geschenk einer fremden Macht innehabe, andererseits aber Corbulo des Glaubens war, es entspreche der Hoheit des römischen Volkes, was einst Lucullus und Pompeius erobert hätten[105], wiederzugewinnen. Dazu riefen die unzuverlässigen Armenier beide Parteien zum bewaffneten Eingreifen auf, wobei sie aufgrund der Lage ihres Landes und der Ähnlichkeit ihrer Sitten den Parthern, mit denen sie durch Ehen vermischt waren, näherstanden und auch, unbekannt mit der Freiheit, eher zu einem Knechtsdasein Neigung zeigten.

(35) Aber Corbulo hatte mehr gegen die Trägheit der Soldaten zu kämpfen als gegen die Verschlagenheit der Feinde[106]. Denn die aus Syrien dorthin verlegten Legionen waren in einer

langen Friedenszeit verweichlicht und nahmen nur mit größtem Widerwillen den Dienst auf sich. Es war hinreichend bekannt, dass es in diesem Heere Veteranen gab, die nicht Posten standen und nicht auf Wache aufzogen, Wall und Graben als sonderbare Neuigkeiten betrachteten und ohne Helm, ohne Panzer, als feine Leute auftretend und auf Geldverdienen bedacht, in den festen Plätzen ihre Dienstzeit verbrachten. Daher entließ er diejenigen, die alters- oder gesundheitshalber nicht tauglich waren, und verlangte entsprechenden Ersatz. Und wirklich wurden in Galatien und Cappadocien Aushebungen veranstaltet und aus Germanien wurde eine Legion mitsamt der bundesgenössischen Reiterei und den Kohorten zu Fuß herangeführt. Das ganze Heer musste unter Zelten kampieren, obgleich der Winter so hart war, dass der gefrorene Boden, erst wenn man ihn aufgrub, die Möglichkeit bot, Zelte aufzuschlagen. Vielen erfroren in der grimmigen Kälte die Gliedmaßen, und einige fanden, während sie auf Wache standen, den Tod. Und man vermerkte, dass einem Soldaten, der ein Bündel Holz trug, die Hände so erstarrt waren, dass sie an der Last hängenblieben und von den Armstümpfen abfielen. Er selbst zeigte sich immer wieder in leichter Kleidung, ohne Kopfbedeckung auf dem Marsch und bei dem Arbeitsdienst und spendete Lob den Tüchtigen, Trost den Schwachen und war so ein Vorbild für alle. Als dann aber viele infolge des harten Klimas und des Dienstes den Gehorsam verweigerten und davonliefen, suchte er mit Strenge Abhilfe zu schaffen. Denn nicht wie bei anderen Heeren ließ er, wenn einer sich zum ersten- oder zweitenmal vergaß, Nachsicht walten, sondern jeder, der die Fahne verließ, büßte sofort mit seinem Kopf. Und diese Maßregel erwies sich als heilsam und als zweckmäßiger als Mitleid. Denn die Zahl der Fahnenflüchtigen in diesem Lager war geringer als dort, wo man Nachsicht walten ließ.

(36) Inzwischen hielt Corbulo die Legionen innerhalb des

Lagers, bis es richtig Frühling würde[107], stellte an geeigneten Punkten Kohorten der Hilfstruppen auf und gab die Anweisung, nicht von sich aus eine Schlacht zu wagen. Das Kommando über die Stützpunkte übertrug er dem Paccius Orfitus, der bisher den Rang eines Primipilars innegehabt hatte. Dieser hatte zwar schriftlich gemeldet, die Barbaren seien nicht auf ihrer Hut und es biete sich die Gelegenheit zu einem erfolgreichen Handstreich; trotzdem erhielt er den Befehl, innerhalb seiner Befestigungsanlagen zu bleiben und auf Verstärkung zu warten. Aber er hielt sich nicht an den Befehl, und als ein paar Reiterabteilungen aus den nächstgelegenen Kastellen eintrafen und in ihrer Unerfahrenheit eine Schlacht forderten, griff er den Feind an und wurde geschlagen. Durch seine Niederlage erschreckt, kehrten die, die Hilfe hätten bringen sollen, in ihre einzelnen Lager in kopfloser Flucht zurück. Darüber war Corbulo sehr ungehalten, machte Paccius Vorwürfe und ließ ihn mitsamt seinem Präfekten und den Mannschaften außerhalb des Walles kampieren[108]. In dieser Schande mussten sie ausharren und wurden aus ihr erst durch die Bitten des gesamten Heeres erlöst.

(37) Aber Tiridates, der, abgesehen von seiner eigenen Klientel, noch durch seinen Bruder Vologaeses unterstützt wurde, bedrohte Armenien nicht länger heimlich, sondern offen mit Krieg, suchte diejenigen, die nach seiner Meinung uns treu waren, durch Plünderung heim, wich den Truppen, die gegen ihn geführt wurden, aus und erregte, bald hier, bald dort auftauchend, mehr Schrecken durch das, was man von ihm redete, als durch einen wirklichen Kampf. Und so verteilte Corbulo, der längst eine Schlacht suchte, aber zum besten gehabt und gezwungen wurde, nach dem Beispiel der Feinde umherziehend Krieg zu führen, seine Streitkräfte. Seine Legaten und Präfekten sollten gleichzeitig von verschiedenen Punkten aus zum Angriff antreten. Zugleich ermahnte er den König Antio-

chus[109], in die ihm zunächst liegenden Präfekturen einzufallen. Denn Pharasmanes[110], der seinen Sohn Radamistus unter der Beschuldigung des Verrates ermordet hatte, ließ, um seine Treue zu uns unter Beweis zu stellen, seinem alten Hass gegen die Armenier noch ungehemmteren Lauf. Jetzt zum erstenmal wurden die Moscher[111], ein mit den Römern besonders eng verbundenes Volk, dazu gewonnen, in die unwegsamen Gebiete Armeniens einzudringen. So schlugen des Tiridates Pläne in das Gegenteil um, und er schickte Unterhändler, die in seinem und der Parther Namen eine Erklärung verlangen sollten, warum er trotz der kürzlich erfolgten Stellung von Geiseln und der Erneuerung der Freundschaft, die den Weg auch für neue Beweise des Wohlwollens eröffnen sollte, aus Armenien, das doch schon lange sein Besitz sei, vertrieben werde. Deshalb habe sich Vologaeses noch nicht erhoben, weil sie lieber den Weg der Verhandlungen als der Gewalt beschreiten wollten. Wenn man darauf beharre, Krieg zu führen, werde es den Arsaciden nicht an Mannhaftigkeit und nicht an Glück fehlen, das sie schon oft mit einer Niederlage der Römer erprobt hätten. Daraufhin riet Corbulo, der darüber wohl im Bilde war, dass Vologaeses durch den Abfall Hyrcaniens[112] gebunden sei, dem Tiridates, sich an den Caesar mit Bitten zu wenden: es könne ihm ein Thron auf die Dauer und ohne Blutvergießen zuteil werden, wenn er seine in weiter Ferne und Zukunft liegenden Hoffnungen aufgebe und sich an eine bessere Gegenwart halte.

(38) Da man nun bei dem Hin- und Herschicken von Boten auf dem Wege zu einem endgültigen Frieden keinen Schritt weiterkam[113], wurde beschlossen, zu einer persönlichen Aussprache Zeit und Ort festzusetzen. Eine Begleitung von tausend Reitern werde er mitbringen, erklärte Tiridates. Die Zahl und Waffengattung, die Corbulo geleiten solle, bestimme er nicht, nur sollten sie ohne Panzer und Helm, in friedlicher Aufmachung kommen. Ein jeder Mensch, insbesondere ein al-

ter, umsichtiger Heerführer, hätte die Verschlagenheit des Barbaren durchschaut: nur deshalb werde auf der einen Seite eine beschränkte Zahl festgelegt und auf der anderen eine größere angeboten, um eine Falle zu legen. Denn wenn der im Bogenschießen geübten Reiterei ungeschützte Leiber entgegengestellt würden, werde die zahlenmäßige Übermacht nichts nützen. Indessen ließ Corbulo nicht merken, dass er ihn durchschaut hatte, sondern antwortete, man würde richtiger handeln, wenn man über gemeinsame Fragen in Anwesenheit der gesamten Heere sich ausspreche. Er wählte einen Platz aus, dessen einen Teil allmählich ansteigende Hügel bildeten, wo die Abteilungen des Fußvolkes aufgestellt werden konnten, während der andere Teil in eine Ebene auslief, in der sich Reiterabteilungen entwickeln konnten. An dem verabredeten Tage stellte Corbulo, der als erster zur Stelle war, die Kohorten der Bundesgenossen und die Hilfstruppen der Könige auf den Flügeln, in der Mitte die sechste Legion auf, in die er dreitausend Mann der dritten Legion, die er aus anderen Lagern in der Nacht herbeigeholt hatte, einreihte, aber nur mit einem einzigen Adler, damit sich das Bild nur einer einzigen Legion biete. Tiridates stellte sich, als der Tag schon zu Ende ging, so weit entfernt auf, dass er mehr gesehen als gehört werden konnte. So kamen sie nicht zusammen, und der römische Heerführer befahl seinen Leuten, in ihre einzelnen Lager abzurücken.

(39) Mag nun der König eine List geargwöhnt haben, weil der Abmarsch zugleich in mehreren Richtungen vor sich ging, oder wollte er unsere vom Pontischen Meer und von der Stadt Trapezunt herankommende Zufuhr abfangen: er zog in aller Eile ab. Aber er konnte den Verpflegungstransporten nichts mit Gewalt anhaben, weil sie durch die von unseren Posten besetzten Berge geleitet wurden, und Corbulo traf, um den Krieg nicht erfolglos in die Länge zu ziehen und auch um die Armenier zur Verteidigung ihres eigenen Landes zu zwingen, An-

stalten, die Kastelle zu zerstören. Sich selbst behielt er das stärkste in diesem Verwaltungsbezirk, namens Volandum[114], vor. Die kleineren überließ er seinem Legaten Cornelius Flaccus und dem Lagerkommandanten Insteius Capito. Dann besichtigte er der Reihe nach die Festungswerke, traf alle Vorbereitungen zu ihrer Eroberung, forderte die Soldaten auf, den unsteten, weder zum Frieden noch zum Kampf entschlossenen Feind, der durch seine Flucht seine Treulosigkeit und Feigheit eingestehe, aus seinen Niederlassungen zu vertreiben und auf Ruhm ebenso wie auf Beute bedacht zu sein. Darauf stellte er sein Heer in vier Kolonnen auf. Die einen führte er, unter einem Schilddach eng geschlossen, vor, um den Wall einzureißen, die anderen ließ er Leitern an die Mauern heranbringen, eine große Zahl mit den Geschützen Feuerbrände und Speere schleudern. Den Schleuderern wurde eine Stellung zugewiesen, von wo sie aus der Ferne Bleikugeln werfen sollten; von keiner Seite sollte den Bedrängten Hilfe kommen, und diese sollten überall in gleicher Furcht sein. Eine solche Begeisterung herrschte bei dem zum Kampf antretenden Heer, dass, noch ehe ein Drittel des Tages um war, die Mauern von Verteidigern entblößt, die Torriegel aufgesprengt, die Schanzen erstiegen und eingenommen sowie alle wehrfähigen Männer niedergemacht waren, während es bei uns keine Toten und nur ganz wenige Verwundete gab. Das nicht waffenfähige Volk wurde in die Sklaverei verkauft, die übrige Beute fiel den Siegern zu[115]. Gleiches Glück hatten der Legat und der Lagerkommandant. Drei Kastelle wurden an einem einzigen Tag erobert. Die übrigen ergaben sich aus Schreck, teilweise auch aus freiem Entschluss der Bewohner.

(40) Dies erweckte den Glauben, man könne mit Aussicht auf Erfolg Artaxata, die Hauptstadt des Landes, angreifen. Jedoch wurden die Legionen nicht auf dem nächsten Wege dorthin geführt. Denn wenn sie den Fluss Araxes, der unmittelbar

an den Mauern vorbeifließt, auf der Brücke überschreiten würden, müssten sie unter feindlichen Beschuss kommen. So gingen sie in größerer Entfernung und durch breitere Furten hinüber. Aber Tiridates, der zwischen Scham und Furcht schwebte, er möchte sich zu keiner Hilfe fähig erweisen, wenn er sich auf eine Belagerung einlasse und wenn er eine solche verhindere, in dem schwierigen Gelände für sich und seine Reiterei keine Bewegungsfreiheit haben, beschloss zuletzt, eine Schlacht anzubieten und, wenn sich ein günstiger Tag ergebe, sie auch wirklich zu beginnen oder den Feind durch verstellte Flucht in einen Hinterhalt zu locken. Und so umzingelte er plötzlich die römische Marschkolonne, nicht unbemerkt von unserem Heerführer, der das Heer so geordnet hatte, dass es ebenso weitermarschieren, wie in den Kampf eingreifen konnte. Auf der rechten Seite marschierte die dritte Legion, auf der linken die sechste, in der Mitte die auserlesenen Abteilungen der zehnten Legion. Der Tross wurde zwischen die Reihen genommen, den Rücken deckten tausend Reiter, denen er befohlen hatte, den auf sie eindringenden Feinden im Nahkampf Widerstand zu leisten, die weichenden aber nicht zu verfolgen. Auf den Flügeln marschierten die Bogenschützen zu Fuß und die restlichen Reiterabteilungen, wobei der linke Flügel am Fuß der Hügelkette weiter vorgezogen wurde, damit der Feind, wenn er eindringe, zugleich von vorn und seitlich umfasst werde. Tiridates sprengte von der Feindseite heran, aber nicht bis in Schussweite, sondern bald drohend, bald anscheinend ängstlich prüfend, ob er vielleicht Reih und Glied bei den Feinden lockern und die Abteilungen vereinzelt verfolgen könne. Als aber nirgends Unbesonnenheit zu einer Lockerung führte und nichts geschah, außer dass ein einziger Dekurio der Reiterei zu waghalsig vorprellte und von Pfeilen durchbohrt wurde, was die übrigen in ihrem Gehorsam bestärkte, rückte er ab, während schon die Dunkelheit hereinbrach.

(41) Corbulo steckte an Ort und Stelle ein Lager ab und überlegte, ob er mit den leichten Legionen noch in der Nacht nach Artaxata marschieren und dieses einschließen solle; denn er glaubte, Tiridates habe sich dorthin begeben. Als dann die Kundschafter meldeten, der König ziehe weit fort und man könne nicht feststellen, ob in Richtung auf die Meder oder Albaner[116], wartete er, bis es Tag wurde. Die Leichtbewaffneten[117] wurden vorausgeschickt, um inzwischen die Mauern zu umzingeln und aus der Ferne zum Angriff auf die Stadt anzutreten. Aber die Bevölkerung öffnete freiwillig die Tore und überantwortete sich und ihr Hab und Gut den Römern. Dies rettete ihnen das Leben. Artaxata wurde in Brand gesteckt, zerstört und dem Erdboden gleichgemacht, weil es wegen des weiten Umfangs seiner Mauern ohne starke Besatzung nicht zu halten war und wir nicht über so viel Streitkräfte verfügten, um sie zur Aufstellung einer starken Besatzungstruppe und zugleich zur Führung des Krieges teilen zu können. Auch würde die Einnahme der Stadt, wollte man sie in unversehrtem Zustand und ohne Bewachung zurücklassen, keinen Nutzen und keinen Ruhm bringen. Es kam noch ein wie vom Himmel gesandtes Wunder hinzu. Während bisher die ganze Gegend in hellem Sonnenlicht gelegen hatte, wurde plötzlich der von den Mauern umschlossene Teil der Stadt von einer schwarzen Wolke bedeckt und von Blitzen durchzuckt, so dass man glaubte, er werde gleichsam von den feindlichen Göttern der Vernichtung geweiht.

Nunmehr wurde Nero als Imperator begrüßt, und aufgrund eines Senatsbeschlusses fanden Dankprozessionen statt. Standbilder und Triumphbögen und die fortlaufende Übertragung des Konsulats[118] wurden für den Princeps beschlossen, ferner, dass unter die Festtage die Tage eingereiht würden, an dem der Sieg errungen, an dem er gemeldet, an dem er auf der Tagesordnung im Senat gestanden habe. Auch noch andere derartige Beschlüsse wurden gefasst, die alle so maßlos waren, dass C. Cassius[119], während er den übrigen Ehrungen zustimmte, bemerkte, wenn man für jede Gunst des Glücks den Göttern Dank sage, werde nicht einmal ein ganzes Jahr für die Dankfeste reichen. Deshalb müsse man die Festtage und die Werktage voneinander scheiden. An diesen könne man ja ebenfalls den religiösen Verpflichtungen nachkommen, ohne dass die weltlichen Aufgaben verabsäumt würden.

(42) Dann kam ein Mann vor die Schranken des Gerichts, den mannigfache Schicksale hin und her geworfen hatten, wobei er sich mit Recht vielseitigen Hass zugezogen hatte, und wurde verurteilt, jedoch nicht ohne Belastung für Senecas Ruf. Es war Publius Suillius, der, unter der Herrschaft des Claudius gefürchtet und käuflich, bei dem Regierungswechsel nicht in dem Maße, wie es seine persönlichen Feinde wünschten, unterwürfig war. Vielmehr wollte er lieber als Schuldiger, denn als Bittender erscheinen. Wie man glaubte, wurde, um ihn zu stürzen, ein Senatsbeschluss und die Straffestsetzung der lex Cincia gegen diejenigen wieder aufgegriffen, die um Geld sich als Prozessredner betätigten. Doch Suillius sparte nicht mit Klagen und mit Vorwürfen. Schon von Haus aus von rücksichtslosem Wesen, trat er in seinem hohen Alter freimütig auf und schalt Seneca, er sei den Freunden des Claudius feindlich gesinnt, unter dem er mit vollem Recht die Verbannung[120] erlitten habe. Auch sei er gewöhnt, sich mit nichtsnutzigen Studien[121] zu beschäftigen und mit unerfahrenen jungen Leuten zu verkehren, und sei auf alle neidisch, die als Anwalt ihrer Mitbürger eine lebendige, unverfälschte Beredsamkeit ausüben. Er, Suillius, sei Quästor des Germanicus[122], jener aber Ehebrecher in dessen Familie gewesen. Ob es nicht schwerer wiege, von der prozessführenden Partei aus freien Stücken den Lohn für eine redliche Bemühung zu erlangen, als das Schlafgemach fürstlicher Frauen zu missbrauchen? Welcher Weis-

heit, welchen philosophischen Lehren habe er es wohl zu verdanken, dass er im Verlauf von vier Jahren königlicher Freundschaft[123] dreihundert Millionen Sesterzen erworben habe? In Rom würden Vermächtnisse kinderloser Personen wie bei einer Treibjagd von ihm erbeutet, Italien und die Provinzen durch ungeheuren Wucher ausgesaugt. Aber das Vermögen, das *er* besitze, sei durch Arbeit erworben und bescheiden. Anklage, Prozess, alles werde er eher ertragen, als seinen alten, mit eigener Kraft erworbenen Ehrennamen einem Glücksritter des Augenblicks zu opfern.

(43) Es fehlte nicht an Leuten, die dies mit den gleichen Worten oder auch in schlimmerer Form Seneca hinterbrachten. Und es fanden sich auch Ankläger, die vorbrachten, Suillius habe die Bundesgenossen ausgeplündert, als er die Provinz Asia verwaltete, und öffentliche Gelder unterschlagen. Weil diese dann ein Jahr Frist für die Beschaffung der Beweismittel durchgesetzt hatten, glaubte man rascher voranzukommen, wenn man mit den in der Hauptstadt verübten Verbrechen beginne, wofür die Zeugen unmittelbar zur Verfügung standen. Diese brachten vor, durch seine scharfe Anklage habe er Q. Pomponius[124] in die Zwangslage eines Bürgerkrieges versetzt, Iulia, die Tochter des Drusus, und Sabina Poppaea in den Tod getrieben und Valerius Asiaticus, Lusius Saturninus, Cornelius Lupus zu Fall gebracht. Ferner warf man ihm vor, es seien römische Ritter scharenweise verurteilt worden und er trage die Schuld an jeder Grausamkeit des Claudius. Er verteidigte sich mit der Behauptung, er habe nichts von alledem freiwillig getan, sondern nur dem Fürsten gehorcht, bis der Caesar ihn mit der Bemerkung unterbrach, er wisse aus den Aufzeichnungen[125] seines Vaters bestimmt, dass dieser nie eine Anklage gegen irgendeine Person erzwungen habe. Nun schützte er Messalinas Befehle vor, und seine Verteidigung geriet ins Wanken: warum denn niemand sonst dazu auserlesen worden sei, seine

Stimme einem rasenden, schamlosen Weibe zu leihen. Man müsse die Helfershelfer bei den Abscheulichkeiten bestrafen, die zwar den Lohn für ihre Verbrechen erlangt haben, dann aber diese anderen aufbürden. So wurde ihm denn ein Teil seines Vermögens genommen, der andere seinem Sohn und seiner Enkelin gelassen und auch der Erbteil ausgenommen, den sie durch das Vermächtnis ihrer Mutter oder Großmutter erhalten hatten. Er selbst wurde auf die Balearen-Inseln verbannt, wobei er sowohl bei dem Prozess selbst wie nach seiner Verurteilung eine ungebeugte Haltung zeigte. Man erzählte, er habe sich durch ein üppiges und behagliches Leben die dortige Abgeschiedenheit erträglich gemacht. Als die Ankläger seinen Sohn Nerullinus aus Hass gegen seinen Vater angriffen und ihn der Erpressung beschuldigten[126], erhob der Princeps Einspruch, da, wie er sagte, der Strafe Genüge getan sei.

(44) Um dieselbe Zeit geschah es, dass der Volkstribun Octavius Sagitta, der in Pontia, eine verheiratete Frau, rasend verliebt war, durch reiche Geschenke sich einen Ehebruch und dann die Scheidung von ihrem Mann erkaufte, wobei er ihr die Ehe versprach und die Hochzeit mit ihr verabredete. Aber sobald die Frau frei war, machte sie Schwierigkeiten, schützte den Einspruch ihres Vaters vor, und als sich ihr die Aussicht auf einen reicheren Gatten eröffnete, löste sie sich von ihrem Versprechen. Octavius aber versuchte es bald mit Klagen, bald mit Drohungen. Er beteuerte, sein guter Ruf sei vernichtet, sein Vermögen erschöpft, kurz, er legte sein Leben, das einzige, was ihm noch übriggeblieben sei, in ihre Hand. Und als er Ablehnung fand, bat er sie zum Trost um eine einzige Nacht. Wenn er durch diese entspannt sei, wolle er künftig maßhalten. Eine Nacht wird festgesetzt, und Pontia überträgt einer ins Vertrauen gezogenen Dienerin die Bewachung des Schlafgemaches. Er kommt mit einem einzigen Freigelassenen und bringt einen unter dem Kleid versteckten Dolch mit. Dann

kommt es, wie es ja gewöhnlich geht bei Liebe und Zorn, zu einem Wortwechsel und zu Bitten, zu Vorwürfen, zur Versöhnung; ein Teil der dunklen Nacht wird dem Liebesgenuss vorbehalten. Und in der Glut seiner Leidenschaft durchbohrt er die Frau, die nichts fürchtet, mit dem Dolch, verwundet die herbeieilende Dienerin und schreckt sie zurück. Dann rennt er aus dem Schlafgemach. Am folgenden Tage wurde der Mord ruchbar; über den Mörder herrschte kein Zweifel, denn er wurde überführt, mit der Frau allein zusammengewesen zu sein. Aber der Freigelassene beteuerte, dies sei seine Tat, er habe seinen gekränkten Herrn gerächt. Er hatte auch mit dieser großartigen Haltung auf manche Eindruck gemacht, bis die von ihrer Verwundung wieder erholte Dienerin die Wahrheit kundtat. Er wurde von dem Vater der Ermordeten bei den Konsuln[127] angeklagt und nach der Niederlegung seines Tribunenamtes[128] durch den Spruch der Väter aufgrund des Gesetzes über Meuchelmord verurteilt.

(45) Ein weiteres unzüchtiges Verhältnis, das nicht geringeres Aufsehen erregte, wurde in diesem Jahr die Quelle großen Unheils für das Gemeinwesen. Es lebte in der Stadt Sabina Poppaea, die Tochter des T. Ollius, die aber den Namen ihres Großvaters mütterlicherseits angenommen hatte, des noch in glänzendem Andenken stehenden, mit der Ehre eines Triumphs ausgezeichneten Konsulars Poppaeus Sabinus. Denn Ollius hatte, noch ehe er Ehrenämter bekleidet hatte, die Freundschaft mit Seianus ins Verderben gestürzt. Diese Frau verfügte über alle anderen Vorzüge, nur nicht über eine anständige Gesinnung. Ihre Mutter, die an Schönheit alle Frauen ihrer Zeit übertraf, hatte ihr gleichermaßen ihren Ruhm und ihre Schönheit mitgegeben. Der Reichtum entsprach dem Glanz des Geschlechtes. Sie hatte einen liebenswürdigen Umgangston, und sie war nicht unbegabt. Nach außen trug sie Bescheidenheit zur Schau, aber in Wirklichkeit war sie leichtfer-

tig. Sie ließ sich selten in der Öffentlichkeit sehen und dann nur mit halb verschleiertem Gesicht, um nicht die gierigen Blicke der Leute zu befriedigen oder auch, weil es ihr gut stand. Auf ihren Ruf nahm sie nie Rücksicht, und sie machte keinen Unterschied zwischen Ehemännern und Ehebrechern[129]. Sie machte sich weder von eigener noch von fremder Leidenschaft abhängig. Wo der Nutzen ihr winkte, dort suchte sie die Befriedigung ihrer Sinnlichkeit. Und so verführte sie, solange sie in der Ehe mit dem römischen Ritter Rufrius Crispinus lebte[130], von dem sie einen Sohn hatte, Otho, weil er jung und verschwenderisch war und weil er als der engste Freund Neros galt. Und es dauerte nicht lange, bis der Ehebruch in einen Ehebund überging.

(46) Mag es nun seine Verliebtheit gewesen sein, die Otho unvorsichtig machte: er pries die Schönheit und Feinheit seiner Gemahlin vor dem Princeps. Vielleicht wollte er auch dessen Leidenschaft schüren und, wenn sie beide die gleiche Frau besäßen, auch durch dieses Band seinen Einfluss noch steigern. Oft hörte man ihn, wenn er von des Caesars Tafel aufstand, sagen, er gehe jetzt zu ihr: Adel und Schönheit, die Sehnsucht von allen, die Wonne der Glücklichen sei ihm zuteil geworden. Auf die Wirkung dieser und ähnlicher Verlockungen brauchte man nicht lange zu warten: Poppaea wurde von Nero empfangen und verschaffte sich zuerst durch Liebkosungen und andere Verführungskünste Einfluss, wobei sie so tat, als ob sie zu Nero unwiderstehlich hingerissen und im Banne seiner Schönheit sei. Dann, als der Princeps schon in Liebe entflammt war, spielte sie die Stolze und erklärte, wenn sie länger als eine oder zwei Nächte bei ihm festgehalten wurde, sie sei verheiratet und könne ihre Ehe nicht aufgeben, da sie sich an Otho durch seine Lebensart, mit der sich niemand messen könne, gefesselt fühle. Er sei in seiner Gesinnung und in seinem äußeren Auftreten ein prachtvoller Mann; in ihm sehe

sie, was der höchsten Stellung entspreche. Nero dagegen habe sich an eine buhlerische Magd gefesselt und sich an den Umgang mit Acte gewöhnt; er habe nichts aus dem Zusammenleben mit Sklavinnen[131] gelernt als Verworfenheit und Gemeinheit. Otho wurde zuerst aus der gewohnten engen Freundschaft verstoßen, dann von dem Zugang zu Nero und seinem Gefolge ausgeschlossen und zuletzt, damit er nicht in Rom den Nebenbuhler spiele, zum Statthalter der Provinz Lusitanien ernannt[132]. Dort führte er bis zum Ausbruch des Bürgerkrieges[133] ein Leben, das nicht seiner früheren Ehrlosigkeit entsprach, sondern untadelig und anständig war, wobei er ausgiebig seine Muße genoss und in seiner amtlichen Betätigung maßvoller war.

(47) Bisher suchte Nero seine Schandtaten und Verbrechen noch zu verschleiern. Den stärksten Argwohn hegte er gegen Cornelius Sulla[134], dessen harmloses Wesen er ganz verkehrt als Gerissenheit und Heuchelei deutete. Diese Besorgnis mehrte Graptus, der Freigelassene des Caesars, der an dem fürstlichen Hof schon seit Tiberius' Zeiten verkehrte und nun als alter Mann sich dort auskannte, durch folgende Lüge. Die mulvische Brücke[135] war in dieser Zeit ein vielbesuchter nächtlicher Amüsierplatz. Dorthin kam Nero öfters, um sich ungehemmter außerhalb der Stadt seinen sinnlichen Ausschweifungen hinzugeben. Und so log er, dem Princeps habe man auf dem Rückweg in der Flaminischen Straße einen Hinterhalt gelegt, dem er nur durch eine Schicksalsfügung entgangen sei, weil er auf einem anderen Weg durch die Sallustianischen Gärten[136] zurückgekehrt sei. Diesen Anschlag habe Sulla veranlasst. Zufällig hatten den zurückkehrenden Dienern des Princeps einige Leute in jugendlichem Mutwillen, wie er damals sich öfters austobte, einen grundlosen Schrecken eingejagt. Weder war einer der Sklaven noch der Klienten Sullas erkannt worden. Und vor allem das verachtete und zu keinem

Wagnis fähige Wesen Sullas war mit einem Verbrechen gänzlich unvereinbar. Dennoch wurde ihm, als ob seine Schuld erwiesen wäre, befohlen, die Vaterstadt zu verlassen, und Massilia als Zwangsaufenthalt angewiesen.

(48) Unter den gleichen Konsuln hörte man zwei Abordnungen von Puteoli[137] an, die der dortige Rat und das Volk mit gegensätzlichem Auftrag zum Senat geschickt hatten, wobei jener über die Gewalttätigkeiten der Volksmasse, dieses über die Habsucht der Beamten und der führenden Männer schimpfte. Und damit das dortige Zerwürfnis, bei dem es schon zu Steinwürfen und Drohungen mit Brandstiftung gekommen war, nicht in Mord und Waffengewalt ausarte, wurde C. Cassius[138] zum Einschreiten ausersehen. Da aber die Strenge des Cassius den Einwohnern unerträglich war, wurde dieser Auftrag auf seine persönliche Bitte an die Brüder Scribonius[139] abgetreten. Diesen wurde eine prätorische Kohorte zur Verfügung gestellt. Die Angst vor ihr und einige Hinrichtungen stellten die Eintracht unter der Einwohnerschaft wieder her.

(49) Ich würde nicht von dem ganz unbedeutenden Senatsbeschluss berichten, durch den der Bürgerschaft von Syrakus genehmigt wurde, die für die Veranstaltung von Fechterspielen festgesetzte Zahl zu überschreiten, wäre es nicht Paetus Thrasea[140] gewesen, der dagegen sprach und damit seinen Widersachern den Stoff lieferte, seine Stellungnahme zu rügen: Wenn er glaube, das Gemeinwesen bedürfe senatorischen Freimuts, warum er sich dann über solch nebensächliche Dinge ereifere? Er solle doch lieber über Krieg und Frieden, über Staatseinkünfte und Gesetze und was sonst für die römische Sache wesentlich sei, sein Für und Wider äußern. Es stehe ja den Vätern frei, sooft an sie das Recht der Stimmabgabe komme, vorzubringen, was sie wollen, und zu verlangen, dass dies zur Abstimmung gebracht werde. Ob die allzu aufwendige Veranstaltung von Schauspielen in Syrakus der einzige Miss-

stand sei, der eine Abhilfe erfordere, und ob sonst alles in sämtlichen Zweigen der Staatsverwaltung in so hervorragendem Zustand sei, dass man meinen könnte, nicht Nero, sondern Thrasea habe ihre Leitung in Händen? Wenn man vor den wichtigsten Aufgaben die Augen verschließe und sie unbeachtet lasse, wieviel mehr müsse man dann von Nebensächlichkeiten die Hände lassen. Thrasea dagegen antwortete seinen Freunden, die ihn aufforderten, dazu Stellung zu nehmen, er verkenne nicht die Forderungen des Augenblicks, wenn er solche Beschlüsse korrigiere, sondern es geschehe zur Ehre der Väter, damit offenkundig werde, dass diejenigen die Sorge für die wichtigen Fragen nicht verleugnen würden, die ihre Aufmerksamkeit auch den unbedeutendsten zuwendeten.

(50) Als in demselben Jahr das Volk wiederholt in dringenden Vorstellungen über die Unverschämtheit der Staatspächter Beschwerde führte, war Nero unschlüssig, ob er nicht alle Abgaben[141] abschaffen und damit der Menschheit das schönste Geschenk machen solle. Aber seinen Tatendrang hemmten die älteren Männer, die zuvor seine Hochherzigkeit hoch gepriesen hatten, mit dem Hinweis, dass es die Auflösung des Reiches bedeuten würde, wenn die Einkünfte, auf die sich das Gemeinwesen stütze, vermindert würden. Denn die Folge der Aufhebung der Zölle wäre die Forderung, alle Steuern zu beseitigen. Die meisten Gesellschaften der Steuerpächter seien von den Konsuln und den Volkstribunen[142] schon zu einer Zeit gegründet worden, da noch die Freiheit des römischen Volkes sich voll auswirkte. Für die übrige Zeit habe man in der Weise Vorsorge getroffen, dass die Berechnungen der Einnahmen mit den unbedingt notwendigen Ausgaben im Gleichgewicht stünden. Allerdings müsse man die Gier der Steuerpächter eindämmen, damit sie nicht die jahrelange klaglose Geduld des Volkes durch neue Drangsalierungen in Erbitterung verwandelten.

(51) Also gab der Princeps einen Erlass heraus[143], die bisher geheimgehaltenen Bestimmungen für jede einzelne Staatssteuer[144] sollen öffentlich bekanntgemacht werden und unterlassene Anforderungen ein Jahr nach dem verflossenen Termin verjährt sein. In Rom solle ein Prätor, in den Provinzen Proprätoren oder Prokonsuln gegen die Steuerpächter außerhalb der Reihenfolge Recht sprechen, den Soldaten solle die Zollfreiheit bewahrt werden, abgesehen von solchen Waren, mit denen sie Handel treiben. Dazu kamen noch weitere durchaus angemessene Bestimmungen, die kurze Zeit eingehalten, aber dann nicht mehr beachtet wurden. In Kraft ist aber immer noch die Aufhebung der zweieinhalb- und zweiprozentigen Steuer[145] und der anderen Titel, die die Steuerpächter für ihre unerlaubten Eintreibungen erfunden hatten. Geregelt wurde in den überseeischen Provinzen die Getreideausfuhr und festgesetzt, dass bei der Steuerveranlagung den Handelsherren ihr Schiffsbesitz nicht als Vermögen angerechnet werde und für diesen keine Steuer zu bezahlen sei.

(52) Sulpicius Camerinus und Pompeius Silvanus[146], die in der Provinz Afrika das prokonsularische Imperium innegehabt hatten, wurden angeklagt, jedoch sprach sie der Caesar frei[147], Camerinus gegenüber einigen Privatklägern, die ihm eher Härte als Erpressung zum Vorwurf machten; Silvanus war von einer großen Zahl von Anklägern bedrängt, die eine Frist zum Aufbieten von Zeugen forderten. Der Angeklagte dagegen verlangte, dass seine Verteidigung ohne Aufschub erfolge, und er setzte dies durch, da er ein kinderloser, vermögender Mann war und in hohem Alter stand – das er über die Lebenszeit derer hinaus verlängerte, deren Bemühungen er es verdankte, dass er davongekommen war[148].

(53) Bis zu dieser Zeit hatte in Germanien Ruhe geherrscht, dank der Einsicht der Heerführer, die, da die Triumphinsignien eine Alltäglichkeit geworden waren, größere Ehre erhoff-

ten, wenn sie für einen dauernden Frieden sorgten. Paulinus Pompeius und L. Vetus[149] standen damals an der Spitze des Heeres. Um jedoch die Mannschaften nicht erschlaffen zu lassen, vollendete Paulinus den vor dreiundsechzig Jahren von Drusus zur Regulierung des Rheins begonnenen Damm, während Vetus Anstalten traf, Mosel und Arar[150] durch einen Kanal miteinander zu verbinden. Der Nachschub sollte auf dem Meer, dann auf der Rhone und dem Arar herangeführt, durch diesen Kanal und dann auf der Mosel in den Rhein und von da aus in den Ozean gehen, und so sollten die Schwierigkeiten des Landweges beseitigt und die westlichen und nördlichen Küstengebiete durch Schiffsverkehr miteinander verbunden werden. Aelius Gracilis, dem Legaten von Belgica, war dieses Unternehmen ein Dorn im Auge, und er suchte Vetus davor zurückzuschrecken, Legionen in eine ihm nicht zustehende Provinz zu bringen und zu versuchen, in Gallien sich Sympathien zu erwerben. Er sagte, dies erwecke bei dem Imperator Argwohn, auf welche Weise man ja sehr oft gutgemeinte Unternehmungen hemmt.

59 n. Chr. (54) Indessen verbreitete sich infolge der fortdauernden Untätigkeit der Heere das Gerücht, den Legaten sei das Recht, gegen den Feind zu marschieren, entzogen worden. Deshalb führten die Friesen ihre junge Mannschaft durch Wälder und Sümpfe und die nicht Waffenfähigen über die Seen[151] an das Rheinufer heran und besetzten die herrenlosen Ländereien, die für die Versorgung der Soldaten bestimmt waren. Ihre Anführer waren Verritus und Malorix, die über dieses Volk herrschten, soweit sich die Germanen überhaupt beherrschen lassen. Und schon hatten sie feste Häuser errichtet, die Äcker angesät und bearbeiteten den Boden, als ob er ererbter Besitz wäre, als Dubius Avitus[152] nach der Übernahme der Provinz von Paulinus durch die Drohung mit einem gewaltsamen Vorgehen der Römer, falls die Friesen nicht wieder

zu ihren alten Wohnsitzen sich zurückzögen oder einen neuen Wohnsitz von Caesar verlangten, Verritus und Malorix veranlasste, sich auf Bitten zu verlegen. Sie reisten nach Rom, und während sie auf den durch andere Aufgaben in Anspruch genommenen Nero warteten, besuchten sie neben anderen Sehenswürdigkeiten, die man den Barbaren zeigt, auch das Theater des Pompeius[153], um die Größe des Volkes zu sehen. Während sie dort gelangweilt – denn da sie von den Spielen nichts verstanden, fanden sie auch an ihnen kein Vergnügen – nach der Anordnung der Sitzreihen, dem Unterschied der Stände, wer Ritter sei, wo die Senatoren säßen[154], sich erkundigten, bemerkten sie auf den Sitzplätzen der Senatoren einige Personen in fremdländischer Tracht. Sie fragten, wer denn dies sei, und bekamen die Antwort, es handle sich hier um eine Ehre, die den Gesandten solcher Völker zuteil werde, die sich durch Tapferkeit und durch Freundschaft mit Rom auszeichneten. Da riefen sie aus: »Niemand in der Welt übertrifft an Waffenruhm oder Treue die Germanen!« Darauf stiegen sie herunter und setzten sich unter die Väter. Dies wurde von den Zuschauern freundlich aufgenommen und als eine unwillkürliche Äußerung altväterischer Unbefangenheit und löblichen Ehrgeizes betrachtet. Nero beschenkte beide mit dem römischen Bürgerrecht und befahl den Friesen, die Ländereien zu räumen. Als sie dies ablehnten, wurden Zwangsmaßnahmen ergriffen. Es wurde plötzlich Reiterei der Bundesgenossen gegen sie eingesetzt, und diejenigen, die hartnäckigen Widerstand leisteten, wurden gefangen oder niedergemacht.

(55) Diese Ländereien nahmen nun die Ampsivarier[155] in Besitz, ein Volksstamm, der stärker war nicht nur aufgrund seiner eigenen Mittel, sondern dem auch das Mitgefühl der angrenzenden Völkerschaften zugute kam, weil er, von den Chaucen vertrieben, heimatlos um eine gesicherte Zuflucht bat. Es war bei ihnen ein bei jenen Stämmen berühmter und auch uns

treuergebener Mann namens Boiocalus, der erzählte, er sei bei dem Aufstand der Cherusker[156] auf Befehl des Arminius in Fesseln gelegt worden, habe dann im Heere des Tiberius und Germanicus gedient und wolle einen fünfzigjährigen Gehorsam damit krönen, dass er sein Volk unter unsere Botmäßigkeit bringe. Wieviel Land liege brach, auf das höchstens dann und wann das Groß- und Kleinvieh der Soldaten getrieben werde! Mögen sie, während Menschen hungern, nur ihre Herden auf ihnen vorbehaltenen Weideplätzen hüten, nur solle ihnen eine wüste Einöde nicht lieber sein als befreundete Völkerschaften. Den Chamavern hätten einst diese Fluren, dann den Tubanten und hernach den Usipetern[157] gehört. Wie der Himmel den Göttern, so sei die Erde den Sterblichen gegeben. Was niemand gehöre, gehöre jedem. Dann zur Sonne aufblickend und die andern Gestirne anrufend, fragte er sie, als ob sie leibhaftig da wären, ob sie auf ein ödes Land schauen wollten. Möchten sie doch lieber gegen die Räuber der Erde das Meer fluten lassen!

(56) Durch diese Vorstellungen gerührt, erklärte Avitus, man müsse sich den Geboten der Besseren fügen. Dies sei der Wille der Götter, die sie anflehen, dass in den Händen der Römer selbst die Entscheidung darüber bleibe, was sie geben und was sie nehmen wollten, und dass sie keine anderen Richter als sich selbst dulden. Das war seine Antwort an die Ampsivarier in ihrer Gesamtheit. Dem Boiocalus erklärte er aber persönlich, er werde ihm in Gedenken an seine Freundschaft Land anweisen. Dies lehnte Boiocalus als einen Verräterlohn ab und fügte hinzu: »Fehlen kann es uns an Land zum Leben, zum Sterben kann es uns nicht fehlen.« Und so trennten sie sich beiderseits in feindlicher Stimmung. Jene riefen die Bructerer und Tencterer[158], ja auch weiter entfernte Stämme als Verbündete zum Krieg auf. Avitus richtete an den Legaten des obergermanischen Heeres Curtilius Mancia die schriftliche Aufforde-

rung, den Rhein zu überschreiten und seine Waffen im Rücken des Feindes zu zeigen. Er selbst führte seine Legionen in das Gebiet der Tencterer und drohte mit ihrer Vernichtung, falls sie sich nicht von jenen trennten. Da nun diese sich aus dem Bund lösten, ließen sich auch die Bructerer einschüchtern und taten das gleiche. Und weil nun auch alle übrigen es aufgaben, mit anderen Gefahren zu teilen, zog sich das Volk der Ampsivarier, allein gelassen, zu den Usipetern und Tubanten zurück. Aus deren Gebiet verjagt, zogen sie zu den Chatten und dann weiter zu den Cheruskern[159]. Auf ihrer langen Irrfahrt wurden sie als Gastfreunde, als Mittellose, als Feinde behandelt und ihre waffenfähige Mannschaft in fremdem Lande niedergemacht, während das nicht wehrfähige Alter als Beute verteilt wurde.

(57) In dem gleichen Sommer fand zwischen den Hermunduren[160] und Chatten eine große Schlacht statt, da beide mit Gewalt einen salzreichen Grenzfluss in ihr Gebiet einbeziehen wollten. Dabei leitete sie, abgesehen von dem Drang, überall die Waffen sprechen zu lassen, die eingewurzelte religiöse Vorstellung, diese Gegenden seien dem Himmel am nächsten und nirgends seien die Götter dem Anhören der Gebete der Sterblichen näher. Daher komme dank der Gnade der Götter in jenem Fluss und in jenen Wäldern Salz vor, aber nicht wie bei andern Völkern, wo das vom Meer angespülte Wasser verdunste, sondern das über ein brennendes Holzlager gegossene Wasser gerinne aus den feindlichen Elementen, aus Feuer und Wasser. Der Krieg nahm jedoch für die Hermunduren einen günstigen, für die Chatten einen umso verhängnisvolleren Verlauf. Beide hatten für den Fall des Sieges das gegnerische Heer Mars und Mercurius[161] geweiht, ein Gelübde, durch das Mann und Ross, kurz alle Lebewesen der Vernichtung anheimfallen. Die Drohungen unserer Feinde fielen freilich auf sie selbst zurück. Aber die mit uns verbündete Stadt der Ubier

wurde unversehens von einem Unglück heimgesucht. Feuer, das aus der Erde emporschoss, erfasste überall Landhäuser, Fluren, Gehöfte und wurde bis in die Ummauerung der erst kurz zuvor gegründeten Kolonie getragen. Es konnte nicht gelöscht werden, nicht durch Regenfälle, nicht durch Flusswasser oder sonst eine Flüssigkeit, bis einige Bauern, da sie sich anders nicht zu helfen wussten, in ihrer Wut über das Unglück von weitem Steine warfen, dann, als die Flammen zum Stillstand kamen, näher herangingen und sie mit Knüppeln und Prügeln wie wilde Tiere zurückschreckten. Zuletzt rissen sie sich ihre Kleider vom Leibe und warfen sie über das Feuer, und je werktäglicher und durch das Tragen verschmutzter diese waren, umso mehr sollten sie das Feuer ersticken[162].

(58) In demselben Jahr geschah es, dass an dem Ruminalischen Baum auf dem Comitium[163], der achthundertunddreißig Jahre zuvor Remus und Romulus als Säuglinge beschattet hatte, die Zweige abstarben und der Stamm verdorrte, was als schlimmes Vorzeichen galt; bis er neue Schösslinge trieb und zu neuem Leben kam.

Buch XIV

(1) Unter dem Konsulat des Gaius Vipstanus und (C.) Fonteius[1] schob Nero das schon lange geplante Verbrechen nicht länger auf. Er war im Laufe seiner langen Regierungszeit in seiner Kühnheit bestärkt worden und täglich mehr in Liebe zu Poppaea entflammt, die zu Lebzeiten der Agrippina auf eine Ehe mit Nero und auf dessen Scheidung von Octavia keine Hoffnung setzen konnte, weshalb sie mit häufigen Vorwürfen, aber auch mitunter scherzhaft den Princeps beschuldigte und ihn ein unmündiges Kind nannte, das, fremden Befehlen hörig, nicht nur über keine Herrscherbefugnis, sondern nicht einmal über seine persönliche Freiheit verfüge. Warum denn ihre Hochzeit immer wieder hinausgeschoben werde? Missfallen etwa ihre äußere Erscheinung und ihre mit Triumphen geehrten Ahnen? Oder ihre Fruchtbarkeit und ihre Aufrichtigkeit? Man fürchte wohl, sie würde als Gemahlin die Beleidigungen der Senatoren, die Erbitterung des Volkes über den Hochmut und die Habsucht seiner Mutter ihm kundtun. Wenn Agrippina nur eine Schwiegertochter, die ihrem Sohn feindlich gesinnt sei, ertragen könne, solle man sie ihrer Ehe mit Otho zurückgeben. Sie wolle überall in der Welt hingehen, wo sie wenigstens von der schmachvollen Behandlung des Imperators nur hören, aber sie nicht mit ansehen müsse und auch nicht in seine Gefahren hineingezogen werde. Solchen und ähnlichen Redensarten, die sie noch durch Tränen und buhlerische Geschicklichkeit eindringlicher machte, wehrte niemand, da es der allgemeine Wunsch war, dass der Einfluss der Mutter gebrochen werde, und niemand glaubte, des Sohnes Hassgefühle würden sich bis zum Muttermord steigern.

(2) Cluvius[2] überliefert, Agrippina sei in ihrer unbeherrschten Gier, ihre Machtstellung zu behaupten, so weit gegangen, dass sie mitten im Tage, zu einer Zeit, da Nero durch Essen

und Trinken erhitzt war, sich wiederholt dem Betrunkenen, aufgeputzt und zur Blutschande bereit, dargeboten habe. Und da die nächste Umgebung bereits Küsse und Liebkosungen als Vorboten der Schandtat feststellten, habe Seneca gegen die weiblichen Verführungskünste Hilfe bei einer anderen Frau gesucht. Die Freigelassene Acte[3] sei hereingeholt worden, die, ebenso über die Gefahr, in der sie selbst schwebte, wie über die Schande, die Nero auf sich laden wollte, in Angst versetzt, ihm mitteilen sollte, die Blutschande sei schon überall bekanntgeworden, da die Mutter selbst damit prahle. Auch würden die Soldaten den Oberbefehl eines gegen die heiligen Gesetze der Blutsverwandtschaft verstoßenden Princeps nicht dulden. Fabius Rusticus berichtet, nicht Agrippina, sondern Nero habe dies gewünscht und nur durch die List ebendieser Freigelassenen sei es hintertrieben worden. Aber das gleiche wie Cluvius haben auch die anderen Geschichtsschreiber überliefert, und dahin geht auch die mündliche Überlieferung, mag nun Agrippina wirklich etwas so Ungeheuerliches im Sinne gehabt haben oder die Vorbereitung zu einer bisher unerhörten sinnlichen Ausschweifung[4] glaubhafter erschienen sein, wenn man sie einer Frau zuschrieb, die in der Hoffnung, zur Herrschaft zu kommen, sich in ihren Mädchenjahren Unzucht mit M. Lepidus[5] hatte zuschulden kommen lassen, sich in gleicher Begierde an die Sinnenlust eines Pallas weggeworfen und durch die Hochzeit mit ihrem Oheim sich für jede Schandtat vorgeübt hatte.

(3) Nunmehr vermied es Nero, mit ihr allein zusammenzukommen, und lobte sie, wenn sie in ihren Park oder aufs Land nach Tusculum oder Antium[6] wegging, wo sie sich ja der Muße hingeben könne. Zuletzt beschloss er, da sie für ihn, wo sie auch sich aufhalten mochte, eine schwere Belastung bildete, sie zu beseitigen, wobei er nur noch überlegte, ob durch Gift oder den Dolch oder irgendein anderes Gewaltmittel. Zuerst

war er für Gift. Aber wenn man es beim Essen des Princeps ihr beibringe, konnte man es nicht auf einen Zufall schieben, da ja schon Britannicus auf solche Weise ums Leben gekommen war. Es mit der Hilfe der Diener zu versuchen schien nicht einfach, da man es mit einer Frau zu tun hatte, die, in Verbrechen erfahren, gegen heimtückische Anschläge auf der Hut war. Auch hatte sie durch vorsorgliche Einnahme von Gegenmitteln ihren Körper unempfindlich gemacht. Wie man ein Mordwerkzeug verbergen könne, wusste niemand auszusinnen. Auch fürchtete Nero, wer zu einer solchen Tat ausgewählt werde, könnte die Anweisungen nicht befolgen. Da stellte der Freigelassene Anicetus seine Erfindungsgabe zur Verfügung. Er war Flottenbefehlshaber in Misenum[7], Neros Jugenderzieher, und er und Agrippina hassten sich gegenseitig. Und so legte er dar, man könne ein Schiff so zusammensetzen, dass ein Teil mitten im Meer durch eine künstliche Vorrichtung sich loslöse und die Ahnungslose ins Wasser falle. Nirgends als auf dem Meere käme ein so unberechenbarer Unfall vor. Und wenn sie einem Schiffbruch zum Opfer falle, wer werde dann so ungerecht sein, einem Verbrechen zuzuschreiben, was Wind und Wellen verschuldet haben? Der Verstorbenen werde der Princeps einen Tempel und Altäre weihen und auch sonst in jeder Hinsicht seine Kindesliebe bezeugen.

(4) Dieser raffinierte Einfall fand Billigung. Auch die Zeit war für ihn günstig, da in diesen Tagen Nero in Baiae das Quinquatrusfest[8] zu feiern pflegte. Dorthin lockte er seine Mutter, wobei er sagte, man müsse die Zornausbrüche seiner Eltern ertragen und Versöhnlichkeit walten lassen. Damit wollte er erreichen, dass sich das Gerücht von einer Versöhnung verbreite und dieses auch bei Agrippina Eingang finde, da ja Frauen ohne weiteres glauben, wenn sie etwas hören, das ihnen Freude macht. Als sie nun ankam, ging er ihr an den Strand entgegen (sie kam von Antium her), fasste sie an der Hand,

umarmte sie und geleitete sie nach Bauli[9]. So heißt ein Landsitz, der zwischen dem Vorgebirge Misenum und dem See von Baiae[10] in einer Bucht am Meer liegt. Neben anderen lag hier ein schöner ausgestattetes Schiff, als ob auch dies der Ehre seiner Mutter dienen sollte. Denn sie war gewohnt, sonst auf einem Dreiruderer mit einer Besatzung von Flottensoldaten zu fahren. Diesmal war sie zur Tafel geladen, damit das Verbrechen in dem Dunkel der Nacht verübt werde. Es ist ziemlich sicher, dass ein Verräter die Hand im Spiel gehabt hat und Agrippina, als sie von dem Anschlag hörte, unschlüssig, ob sie Glauben schenken solle, sich in einer Sänfte nach Baiae bringen ließ. Dort behob Nero mit seiner Zärtlichkeit ihre Furcht: er empfing sie freundlich und wies ihr den Platz neben sich an. Nun zog er in immer neuen Gesprächen bald mit jugendlicher Vertraulichkeit, dann wieder in ernsthaftem Ton, als ob er ihr wichtige Angelegenheiten anvertrauen wolle, das Essen in die Länge. Dann gab er ihr das Geleit bei ihrem Weggehen, wobei er noch inniger seine Blicke auf sie heftete und sich an ihre Brust schmiegte, sei es, um seiner Heuchelei die Krone aufzusetzen, oder weil der letzte Blick auf seine in den Tod gehende Mutter seinen sonst so unmenschlichen Sinn zügelte.

(5) Eine sternenhelle Nacht und eine ruhige, friedliche See bescherten die Götter, als ob sie das Verbrechen nicht im Dunkeln lassen wollten. Das Schiff hatte erst eine kurze Strecke zurückgelegt. Bei Agrippina waren zwei Begleiter aus dem Kreis ihrer Vertrauten, von denen Crepereius Gallus in der Nähe des Steuerruders stand, während Acerronia über die Füße der daliegenden Agrippina gebeugt, freudig über die Reue des Sohnes und die wiedergewonnene Gunst der Mutter sprach. Da stürzte auf ein verabredetes Zeichen das mit viel Blei schwer belastete Verdeck an dem Platze, wo sie sich befanden, ein. Crepereius wurde erdrückt und gab sofort seinen Geist auf. Agrippina und Acerronia wurden durch die emporragenden

Seitenwände des Ruhebettes, die zufällig so stark waren, dass sie die Belastung aushielten, geschützt. Auch das Auseinanderfallen des Schiffes erfolgte nicht, da in dem allgemeinen Durcheinander sehr viele, die nicht wussten, was vor sich ging, auch den Eingeweihten im Wege waren. Darauf hielten es die Ruderer für geraten, auf eine Seite zu treten und so das Schiff zu versenken. Doch sie selbst konnten bei dem plötzlichen Geschehen keinen raschen, einhelligen Entschluss fassen, und ein Teil stemmte sich dagegen, so dass das Schiff langsam in das Meer versank. Aber Acerronia, die unvorsichtig schrie, sie sei Agrippina[11], man solle doch der Mutter des Princeps zu Hilfe kommen, wurde mit Stangen, Rudern und was sonst gerade an Schiffsgeräten zur Hand war, erschlagen. Agrippina verhielt sich still und wurde daher auch weniger beachtet. Sie erhielt nur eine einzige Verwundung an der Schulter. Zuerst schwimmend und dann, von den entgegenfahrenden Kähnen aufgenommen, gelangte sie in den Lucriner See und wurde in ihr Landhaus gebracht.

(6) Dort überlegte sie: Darum also habe man sie durch einen irreführenden Brief kommen lassen und mit besonderer Ehre bedacht. Das Schiff sei in der Nähe des Strandes bei völliger Windstille, ohne auf Klippen getrieben worden zu sein, mit seinem Oberbau, wie ein Baugerüst auf dem Lande, zusammengestürzt. Sie bedachte auch, wie Acerronia ermordet worden war, zugleich auf ihre eigene Wunde blickend, und kam dabei zu der Erkenntnis, dass es nur ein einziges Mittel gebe, sich gegen einen heimtückischen Anschlag zu schützen: von ihm keine Notiz zu nehmen. Und so schickte sie ihren Freigelassenen Agermus zu ihrem Sohn, um ihm zu berichten, dass sie durch die Gnade der Götter und zu Neros Glück einem schweren Schicksalsschlag entgangen sei. Sie bitte, so sehr ihn auch die Gefahr, in der seine Mutter schwebte, erschreckt habe, seinen Besuch bei ihr aufzuschieben. Sie habe im Augenblick

Ruhe nötig. Und inzwischen behandelte sie in scheinbarer Sorglosigkeit mit Heilmitteln ihre Wunde und machte für ihren Leib wärmende Umschläge. Sie ließ das Testament der Acerronia aufsuchen und deren Vermögen versiegeln, das einzige, was sie ohne Verstellung tat[12].

(7) Jedoch Nero, der auf Nachrichten wartete, wie das Verbrechen verlaufen sei, erhielt die Mitteilung, Agrippina sei mit einer leichten Verwundung davongekommen, aber die Gefahr, in der sie sich befunden habe, sei doch so groß gewesen, dass man über den Anstifter nicht zweifeln könne. Nun rief er außer sich vor Angst beschwörend aus: »Gleich, gleich wird sie herbeieilen, um Rache zu nehmen. Entweder wird sie die Sklaven bewaffnen oder die Soldaten aufhetzen, oder sie sucht bei Senat und Volk Zuflucht, und wenn sie wegen des Schiffbruches, ihrer Verwundung und der Ermordung ihrer Freunde Vorwürfe erhebt, wo finde ich dagegen Unterstützung, wenn nicht irgendwie Burrus und Seneca helfen?« Diese hatte er sofort kommen lassen. Es ist nicht sicher, ob sie schon vorher etwas gewusst hatten. Daher[13] redeten beide lange kein Wort, um nicht erfolglos zu widerraten. Vielleicht glaubten sie auch, es sei schon so weit gekommen, dass Nero sterben müsse, wenn man nicht Agrippina zuvorkomme. Darauf zeigte Seneca größere Entschlossenheit: er sah Burrus an und wollte von ihm wissen, ob man den Soldaten[14] ihre Ermordung befehlen könne. Burrus entgegnete: »Die Prätorianer sind dem ganzen Haus der Caesaren verpflichtet[15] und werden im Gedenken an Germanicus sich nicht zu einer Untat gegen dessen Spross verführen lassen. Anicetus soll seine Versprechungen in die Tat umsetzen.« Dieser forderte auch ohne Zögern, dass man ihn maßgeblich mit der Durchführung des Verbrechens beauftrage. Auf diese Erklärung hin bekannte Nero: »Am heutigen Tage erst wird mir die Regierung übergeben, und dieses Geschenk empfange ich aus den Händen eines Freigelassenen.

Mache dich eiligst auf, und nimm Leute mit, die mit der größten Entschlossenheit alles tun, was ihnen befohlen wird.« Als Nero hörte, Agermus sei mit einer Botschaft von Agrippina gekommen, inszenierte er seinerseits einen Mordversuch: während Agermus seinen Auftrag vorbrachte, warf ihm Nero sein Schwert zwischen die Füße und befahl, ihn, als ob er auf frischer Tat ertappt worden wäre, in Fesseln zu legen. Er wollte den Anschein erwecken, seine Mutter habe die Ermordung des Princeps geplant und aus Scham über die Entdeckung des Verbrechens Selbstmord begangen.

(8) Inzwischen[16] wurde die Lebensgefahr, in der sich Agrippina befunden hatte, im Volk bekannt, und wer sie vernommen hatte, lief zu dem Strand hinab. Man glaubte, es sei ein unglücklicher Zufall gewesen. Die einen stiegen auf die Hafendämme, die anderen in die zunächstliegenden Kähne, wieder andere wateten, soweit es ihre Körpergröße zuließ, in das Meer. Manche streckten die Hände aus. Von Klagen, Gebeten, einem Gewirr von Geschrei und Fragen, auf die niemand eine bestimmte Antwort geben konnte, war die ganze Küste erfüllt. Eine riesige Menschenmenge strömte mit Fackeln herbei, und als bekannt wurde, dass Agrippina gerettet sei, machte man sich auf, sie zu beglückwünschen, bis die Menge einen bewaffneten, drohenden Haufen erblickte, durch den sie abgedrängt wurde. Anicetus umstellte das Landhaus mit Posten, schlug die Tür ein und ließ die Sklaven, die sich ihm entgegenstellten, abführen. Er drang bis an die Tür des Schlafzimmers vor, vor der nur wenige Leute standen. Alle anderen waren aus Angst vor den Eindringlingen davongelaufen. Das Schlafzimmer war nur schwach beleuchtet. Drinnen befand sich eine einzige Dienerin, während Agrippina in immer größere Angst geraten war, weil niemand von ihrem Sohn kam, nicht einmal Agermus: ganz anders würde es aussehen, wenn eine erfreuliche Nachricht zu erwarten wäre! Jetzt sei kein Mensch da. Nur

plötzliches Lärmen und Anzeichen höchsten Unheils! Als dann die Dienerin wegging, rief sie ihr nach: »Verlässest auch du mich?« Da fiel ihr Blick auf Anicetus, der von dem Trierarchen Herculeius und dem Centurio der Flottenmannschaft[17] Obaritus begleitet war, und sie sagte: »Wenn du gekommen bist, um mich zu besuchen, dann melde, dass ich mich erholt habe; wenn aber, um ein Verbrechen auszuführen, dann glaube ich nicht, dass mein Sohn dich geschickt hat. Er hat keinen Muttermord befohlen.« Die Mörder umstellten das Bett. Zuerst schlug ihr der Trierarch mit einem Knüppel auf den Kopf. Als der Centurio zum Todesstoß das Schwert zückte, streckte sie ihm ihren Schoß entgegen und rief: »Stoße in den Bauch!« Unter vielen Wunden brach sie tot zusammen.

(9) So weit stimmt die Überlieferung überein. Ob Nero seine leblose Mutter angeschaut und ihre körperliche Schönheit gepriesen hat? Die einen haben es so überliefert, die anderen verneinen es. Noch in der gleichen Nacht wurde sie auf einem Speisesofa verbrannt. Ihre Bestattung war armselig. Solange Nero an der Macht war, wurde kein Grabhügel aufgeworfen oder das Grab mit einem Stein überdeckt. Später erhielt sie durch die Fürsorge ihres Gesindes einen unansehnlichen Grabhügel an der Straße nach Misenum bei dem Landhaus des Diktators Caesar, das, ganz oben auf der Höhe gelegen, auf die unten liegenden Meeresbuchten hinunterschaut. Als der Scheiterhaufen in Brand gesteckt war, erstach sich einer ihrer Freigelassenen namens Mnester. Man weiß nicht, ob aus Anhänglichkeit an seine Herrin oder aus Angst vor der Hinrichtung. An ein solches Ende hatte Agrippina schon seit vielen Jahren geglaubt, aber sich nichts weiter daraus gemacht. Denn als sie sich bei den Astrologen über Nero befragte, hatten diese ihr den Bescheid gegeben, es werde so kommen, dass Nero herrsche und seine Mutter ermorde. Darauf habe sie geantwortet: »Mag er mich umbringen, wenn er nur Herrscher ist!«

(10) Aber erst als das Verbrechen vollbracht war, wurde sich der Caesar seiner Schwere bewusst. Den Rest der Nacht starrte er teils schweigend vor sich hin, öfters fuhr er in Angst auf, ohne bei klarer Besinnung zu sein, und wartete auf den Tag, in der Annahme, dass ihm dieser den Untergang bringen werde. Zu neuer Hoffnung richtete ihn die von Burrus veranlasste Huldigung der Centurionen und Tribunen[18] auf, die ihm die Hand drückten und ihn beglückwünschten, dass er der unerwarteten Gefahr und dem Anschlag seiner Mutter entronnen sei. Darauf suchten seine Freunde die Tempel auf, und ihrem Beispiel folgend, bekundeten auch die nächstgelegenen Landstädte Campaniens ihre Freude, indem sie Opfer darbrachten und Abordnungen sandten. Er selbst heuchelte ganz andere Gefühle: er spielte den Leidtragenden und tat so, als ob ihm sein Überleben leid tue und er den Tod seiner Mutter beweine. Weil sich jedoch nicht so wie die Gesichter der Menschen auch das Bild einer Landschaft ändert und weil der Blick auf jene Meere und Gestade ihn bedrückte – manche glaubten sogar, man höre den Klang einer Trompete von den hohen Hügeln ringsum und das Wehklagen der Mutter von dem Grabhügel –, verzog er sich nach Neapel und schickte ein Schreiben an den Senat, dessen wesentlicher Inhalt war: man habe als Mörder Agermus, einen der vertrautesten Freigelassenen Agrippinas festgestellt und bei ihm die Mordwaffe gefunden, und Agrippina habe in dem Bewusstsein, das Verbrechen angestiftet zu haben, an sich selbst die Strafe vollzogen.

(11) Er fügte noch weit hergeholte Beschuldigungen hinzu: Sie habe damit gerechnet, dass sie an der Regierung beteiligt werde, dass die Prätorianerkohorten auf eine Frau den Fahneneid ablegen und dass sich Senat und Volk zu derselben Würdelosigkeit herbeilassen würden. Als sie sich dann darin getäuscht sah, habe sie, aufgebracht über das Heer, den Senat und die Bürgerschaft, von der Bewilligung der Geldspende und der

Kornverteilung[19] abgeraten und erlauchte Männer in Prozesse verwickelt. Welche Mühe habe es ihn gekostet, zu verhindern, dass sie in die Kurie eindrang und fremden Völkern Bescheid erteilte! Mit Seitenhieben auch auf die Zeiten des Claudius schob er alle Verbrechen aus dessen Gewaltherrschaft auf seine Mutter mit der Bemerkung, ihr Tod sei ein glückliches Ereignis für das Gemeinwesen. Ja, sogar von dem Schiffbruch wusste er zu erzählen: er habe sich zufällig ereignet. Doch wo hätte man einen so einfältigen Menschen finden können, der dies glaubte? Oder das: eine schiffbrüchige Frau habe einen Mann ganz allein mit einer Mordwaffe geschickt, der durch die Kohorten und die Flotten des Imperators sich durchschlagen sollte. So richtete sich denn schon das feindselige Gerede nicht mehr nur gegen Nero – für seine Unmenschlichkeit fand man ja auch keine Klagen mehr –, sondern auch gegen Seneca, weil er durch eine solche Darlegung ein Geständnis schriftlich abgelegt habe[20].

(12) Doch wurden in einem erstaunlichen Wetteifer der maßgebenden Persönlichkeiten Dankprozessionen zu allen Pulvinarien[21] beschlossen, ferner, dass das Quinquatrusfest, an dem der Anschlag entdeckt worden war, jährlich mit Spielen gefeiert werde. Ferner sollte ein goldenes Standbild der Minerva in der Kurie und daneben das des Princeps aufgestellt und der Geburtstag der Agrippina[22] unter die Unglückstage[23] gerechnet werden. Thrasea Paetus[24], der sonst die Huldigungen schweigend oder, höchstens mit kurzer Zustimmung an sich hatte vorbeigehen lassen, verließ damals den Senat, womit er zwar Veranlassung dazu gab, dass man ihm den Prozess machte, aber nicht den anderen den Weg zur Freiheit bahnte. Auch Wunderzeichen, die jedoch keine weitere Wirkung hatten, stellten sich zahlreich ein: Eine Frau brachte eine Schlange zur Welt, eine andere wurde in der Umarmung ihres Mannes vom Blitz erschlagen. Ferner verfinsterte sich plötzlich die Sonne

und der Blitz schlug in allen vierzehn Regionen der Hauptstadt[25] ein. Bei diesen Geschehnissen spielte so wenig die Einwirkung der Götter eine Rolle, dass Nero noch viele Jahre seine verbrecherische Regierung weiter ausüben konnte. Übrigens, um den Hass gegen seine Mutter zu nähren und zugleich seine größere Milde nach ihrer Beseitigung unter Beweis zu stellen, ließ er Iunia und Calpurnia[26], zwei erlauchte Frauen, und die ehemaligen Prätoren Valerius Capito und Licinius Gabolus, die einst von Agrippina außer Landes verwiesen worden waren, wieder in ihre Heimat zurückkehren. Auch gestattete er es, die Asche der Lollia Paulina heimzubringen und ihr ein Grabmal zu errichten. Zwei erst kürzlich von ihm selbst verbannten Männern, Iturius und Calvisius, erließ er die Strafe. Denn Silana war in Tarent gestorben, wohin sie nach einer langen Verbannung zurückgekehrt war, zu einer Zeit, da Agrippinas Stern, deren Feindschaft sie ja zum Opfer gefallen war, schon im Sinken war. Vielleicht war Agrippina damals auch schon milder gestimmt.

(13) Doch hielt sich Nero immer noch in den Landstädten Campaniens auf, ängstlich überlegend, wie er in die Hauptstadt einziehen solle, ob er einen willfährigen Senat, ob er eine ihm wohlwollende Bürgerschaft vorfinde. Gegen seine Bedenken wandten sich die minderwertigsten Elemente, die sich hier so zahlreich wie sonst an keinem anderen Hof befanden: Agrippinas Name sei verhasst, und ihr Tod habe ihm noch gesteigerte Zuneigung des Volkes verschafft. Er solle unerschrocken dorthin gehen und sich persönlich von der Verehrung, die er genieße, überzeugen. Zugleich bedangen sie sich aus, ihm vorausreisen zu dürfen. Und wirklich war der Empfang, auf den sie stießen, noch freundlicher, als sie verheißen hatten: die Tribus[27] zogen ihm entgegen, im Festkleid erschien der Senat, Scharen von Ehefrauen und Kindern waren, nach Geschlecht und Alter getrennt, aufgestellt, und auf dem ganzen Weg wa-

ren, wo man sein Kommen erwartete, Tribünen errichtet, wie man sie sonst nur bei Triumphen sieht. Voll Stolz darüber und als Sieger über ein Volk von Sklaven zog er auf das Capitol, löste seine Dankgelübde ein und stürzte sich dann in alle sinnlichen Leidenschaften, die, nur schlecht gezügelt, eine Regung von Scheu vor seiner Mutter noch nicht zum Ausbruch hatte kommen lassen.

(14) Schon seit langem liebte er es, auf einem Wagen mit vier Pferden zu fahren, und eine nicht weniger hässliche Liebhaberei war es, zur Zither wie ein Schauspieler zu singen. Er pflegte darauf hinzuweisen, dass Pferderennen eine königliche, von den alten Heerführern geübte Kunst sei, die die Sänger verherrlicht hätten[28] und die der Ehre der Götter gedient hätte. Dem Apollo sei doch die Kunst des Gesanges heilig, und im Schmuck eines Sängers stehe er nicht nur in den griechischen Städten, sondern auch in den römischen Tempeln als der überragende, prophetische Gott. Nun konnte man ihm nicht weiter Einhalt gebieten, da auch Seneca und Burrus es für richtig hielten, damit er nicht beides durchsetze, ihm wenigstens das eine zu genehmigen. In dem Vatikanischen Tal wurde ein Gebiet eingefriedigt, wo er Pferde lenken könne. Doch sollte zu dem Schauspiel nur ein ausgewähltes Publikum zugelassen werden. Aber bald wurde auch das Volk von Rom dazu eingeladen, das ihm großen Beifall spendete, vergnügungssüchtig, wie der Pöbel ist, der sich freut, wenn der Princeps die gleiche Neigung betätigt. Indessen führte die Preisgabe des Schamgefühls nicht, wie man glaubte, dazu, dass er seines Treibens überdrüssig wurde, sondern er steigerte sich nur noch mehr hinein. In dem Glauben, die Schande werde gemildert, wenn er eine größere Anzahl von Leuten mit ihr belaste, führte er die wegen ihrer Armut käuflichen Nachkommen adeliger Familien auf die Bühne. Obgleich sie bereits gestorben sind, glaube ich es ihren Vorfahren schuldig zu sein, sie nicht mit Namen zu nennen.

Denn auch der ist schuld an einer Missetat, der Geld gegeben hat, um zum Unrecht zu verführen, anstatt, um davon abzuhalten. Selbst bekannte römische Ritter nötigte er durch riesige Geschenke, ihre Mitwirkung in der Arena[29] zu versprechen. Allerdings ist ja eine Belohnung, die von einem stammt, der befehlen kann, gleichbedeutend mit einem Zwang.

(15) Um sich jedoch vorderhand nicht auf der öffentlichen Bühne bloßzustellen, stiftete er Spiele unter dem Namen Iuvenalia, für die von allen Seiten Meldungen eingingen. Nicht Adel, nicht Alter, nicht früher bekleidete Ehrenstellen bildeten ein Hindernis, griechische oder lateinische Schauspielkunst auszuüben und sich zu unmännlichen Gebärden und Singsang herbeizulassen. Ja, auch erlauchte Frauen übten hässliche Stücke ein. In einem Hain, den Augustus um einen für Schiffskämpfe bestimmten See hatte anlegen lassen, wurden Amüsierlokale und Kneipen errichtet und alles zum Verkauf ausgelegt, was dazu dient, zur Ausschweifung zu reizen. Auch wurden Beihilfen ausgesetzt, die die Anständigen nur unter Zwang, die Genusssüchtigen mit eitlem Geprahle verbrauchten. So nahm das schändliche und ehrlose Treiben immer mehr überhand, und nie ist eine schon vorher vorhandene Sittenverderbnis zu größerer Liederlichkeit entfesselt worden als von dem Gesindel, das sich dort zusammenfand. Schon bei anständigen Beschäftigungen hat man Mühe, das Ehrgefühl zu wahren, geschweige denn, dass bei einem Wettstreit der Laster Scham und Zucht oder auch nur eine Spur von Anstand und Sitte sich behauptet. Zuletzt erschien er selbst auf der Bühne, wobei er mit großer Sorgfalt sich auf der Zither versuchte und vorher mit seinen Musiklehrern Vorübungen machte. Eine Kohorte Soldaten[30] war aufgezogen, dabei Centurionen, Tribunen und Burrus, traurig und Lob spendend. Damals war es auch, dass zum erstenmal römische Ritter unter dem Namen »Augustianer« listenmäßig erfasst wurden. Es waren auffal-

lend junge, kräftige Männer, die teils von Haus aus frech veranlagt waren, teils in der Hoffnung auf eine einflussreiche Stellung sich so betätigten. Diese spendeten Tag und Nacht lärmenden Beifall, wobei sie der äußeren Erscheinung und der Stimme des Princeps Namen von Göttern beilegten. Und sie traten auf, als ob sie dank ihrer Tüchtigkeit berühmte und geehrte Männer wären.

(16) Damit jedoch nicht nur die Schauspielkünste des Imperators bekannt würden, befasste er sich auch mit der Dichtkunst und sammelte Leute um sich, die eine gewisse Fertigkeit im Verseschmieden besaßen, ohne darin besonders zu glänzen. Sie setzten sich mit Nero zusammen, fügten die mitgebrachten oder auch erst an Ort und Stelle verfertigten Verse zusammen und ergänzten seine Worte, wie er sie gerade vortrug. Dies zeigt schon die äußere Form seiner Gedichte, die ohne Schwung und Kraft und auch nicht aus einem Gusse sind. Auch den Philosophen widmete er Zeit – nach dem Essen und um ihre widerstreitenden Meinungen zu genießen. Und es fehlte nicht an Leuten, deren Wunsch es war, mit ihrem ernsten Gesicht und ihrer betrübten Miene sich zur Belustigung des königlichen Hofes sehen zu lassen.

(17) Um die gleiche Zeit kam es aus einem unbedeutenden Anlass zu einem entsetzlichen Blutvergießen zwischen den Einwohnern von Nuceria und von Pompeii bei einem Fechterspiel, das Livineius Regulus veranstaltete, der, wie oben berichtet[31], aus dem Senat gestoßen worden war. In kleinstädtischer Ausgelassenheit gingen sie von gegenseitigen Neckereien zu Schimpfworten über; dann warfen sie mit Steinen und zuletzt griffen sie zu den Waffen, wobei die Plebs von Pompeii, wo das Schauspiel stattfand, die stärkere Partei war. So kam es, dass viele Nuceriner übel zusammengeschlagen nach Rom gebracht wurden und sehr viele den Tod ihrer Kinder oder Eltern beweinten. Die gerichtliche Verfolgung dieses Vor-

falles überließ der Princeps dem Senat, der Senat den Konsuln. Dann wurde die Angelegenheit wieder an die Väter zurückverwiesen und den Einwohnern von Pompeii durch eine amtliche Verfügung für zehn Jahre verboten, derartige Veranstaltungen zu besuchen. Auch wurden die ungesetzlich gegründeten Vereine aufgelöst und Livineius mit allen anderen Mitschuldigen an dem Krawall mit der Verbannung bestraft.

(18) Auch Pedius Blaesus[32] wurde aus dem Senat gestoßen. Die Cyrenaeer hatten ihn beschuldigt, er habe sich an dem Schatz des Aesculapius vergriffen und sich bei der Aushebung der Soldaten Bestechung und Begünstigung zuschulden kommen lassen. Auch gegen Acilius Strabo erhoben sie Anklage. Er war mit der Befugnis eines Prätors als Schiedsrichter von Claudius abgeordnet worden, als es sich darum handelte, festzustellen, welche Ländereien einst der König Apion[33] als seinen ererbten Besitz samt seinem Königreich dem römischen Volk hinterlassen hatte. Die angrenzenden Grundherren hatten diese annektiert und stützten sich nun auf ihre lange Jahre geduldeten, willkürlichen Gewaltakte, als handelte es sich dabei um Recht und Billigkeit. Als ihnen nun der Besitz der Ländereien aberkannt wurde, richtete sich die Erbitterung gegen den Schiedsrichter. Der Senat gab den Bescheid, die Verordnungen des Claudius kenne er nicht. Man müsse bei dem Princeps anfragen. Nero billigte die Entscheidung Strabos, schrieb jedoch, er wolle dessen ungeachtet den Bundesgenossen entgegenkommen und ihnen überlassen, was sie sich angeeignet hätten.

(19) Es folgte der Tod zweier erlauchter Männer, des Domitius Afer und des M. Servilius[34]. Sie hatten die höchsten Ehrenämter bekleidet und sich durch große Beredsamkeit ausgezeichnet, jener als Anwalt in Prozessen, Servilius durch seine langjährige forensische Tätigkeit. Später machte sich Servilius als römischer Geschichtsschreiber einen Namen und durch seine kultivierte Lebensführung, die er noch stärker ins Licht

setzte, da er zwar die gleiche Begabung besaß wie Afer, aber einen ganz anders gearteten Charakter hatte[35].

60 n. Chr.

(20) Unter dem vierten Konsulat Neros und dem des Cornelius Cossus wurden in Rom die fünfjährigen Spiele nach Art der griechischen Wettkämpfe[36] eingeführt, worüber in der Öffentlichkeit allerlei gesprochen wurde, wie dies ja bei fast allen Neuerungen der Fall ist. Manche führten an: Auch Pompeius sei von den älteren Leuten getadelt worden, dass er ein ständiges Theater gebaut habe. Vorher habe man gewöhnlich für das Abhalten von Spielen lediglich rasch Sitzreihen aufgeschlagen und eine Bühne für den augenblicklichen Bedarf errichtet[37]. Oder wenn man weiter zurück in die alte Zeit gehen wolle, so habe das Volk stehend zugeschaut, damit es nicht tagelang im Theater ununterbrochen sich dem Nichtstun hingebe, wenn es sitzen könne. Immerhin, möge man die alte Form der Schauspiele beibehalten, bei der kein Bürger, sooft die Prätoren solche veranstalteten, gezwungen wurde, als Wettkämpfer aufzutreten. Überhaupt würden die allmählich aus der Übung gekommenen Sitten der Väter durch die Zügellosigkeit fremder Herkunft gänzlich ausgerottet, und die Folge sei, dass man alles, was irgendwo in der Welt verführbar und verführerisch sei, in der Hauptstadt zu sehen bekomme und die Jugend durch volksfremde Neigungen entarte, indem sie sich auf Sportplätzen betätige und sich dem Müßiggang und gemeinen Liebesverhältnissen[38] hingebe. Und der Princeps sowie der Senat trügen dafür die Verantwortung, da sie nicht nur dem Lasterleben freie Bahn lassen, sondern die führenden Persönlichkeiten in Rom mit Gewalt dazu zwingen, auf der Bühne in der Rolle von Rednern und Dichtern sich zu entehren. Es fehle nur noch, dass sie nackt auftreten, den Handschuh eines Faustkämpfers anlegen und sich in solchen Kämpfen üben anstatt im Kriegs- und Waffendienst. Werde etwa die Gerechtigkeit gefördert und werden die Ritterdeku-

rien[39] ihr hervorragendes Richteramt besser erfüllen, wenn sie weibischen Klängen und süßlichen Stimmen sachkundig lauschen? Sogar bis in die Nächte ziehe sich das schandbare Treiben hin, so dass keine Zeit mehr bleibe für eine ehrbare Tätigkeit, sondern in zweifelhafter Gesellschaft die liederlichsten Elemente die Gelüste, die sie den Tag über hegen, bei Dunkelheit frech betätigen.

(21) Es war der größere Teil, der gerade an diesem hemmungslosen Treiben Gefallen fand. Doch wollten sie dies nicht merken lassen und gaben ihm daher ehrbar klingende Bezeichnungen: Auch die Vorfahren seien den Belustigungen durch Schauspiele nicht abgeneigt gewesen, soweit es ihnen ihre wirtschaftliche Lage gestattet habe, und deshalb hätten sie von den Tuscern die Schauspieler und von Thurii die Pferderennen[40] übernommen. Als man Achaia und Asia besetzt habe, seien die Spiele in größerer Aufmachung gegeben worden, aber kein einziger Römer, der aus gutem Hause stammte, habe sich in den nun zweihundert Jahren seit dem Triumph des L. Mummius[41], der zum erstenmal solche Spiele in Rom veranstaltet habe, zu einem Auftreten im Theater hergegeben. Auch habe man an Sparsamkeit gedacht, indem man für das Theater einen dauernden Bau errichtet habe, anstatt jedes Jahr mit gewaltigen Kosten ein neues entstehen und es dann wieder einreißen zu lassen. Jetzt müssten die Staatsbeamten nicht mehr so wie früher ihr Vermögen opfern oder hätte das Volk Anlass, von den Staatsbeamten die Veranstaltung griechischer Wettkämpfe zu fordern, da das Gemeinwesen für diese Kosten aufkomme. Die Siege der Redner und Dichter würden einen Anreiz für Begabungen bilden, und für keinen Richter sei es belastend, wenn er sich den schönen Künsten und erlaubten Vergnügungen hingebe. Eher der Fröhlichkeit als der Ausschweifung würden in ganzen fünf Jahren ein paar Nächte gewidmet, in denen man bei dem hel-

len Fackelschein nichts Unerlaubtes verbergen könne. Und wirklich ging dieses Schauspiel ohne einen besonderen hässlichen Zwischenfall vorüber. Und nicht einmal zu einer mäßigen Begeisterung ließ sich das Publikum hinreißen, weil die Schauspieler zwar der Bühne wiedergegeben, aber zu den heiligen Wettkämpfen[42] nicht zugelassen waren. In der Beredsamkeit erhielt niemand einen ersten Preis. Jedoch wurde der Caesar als Sieger ausgerufen. Die griechische Tracht, in der in diesen Tagen sehr viele Leute gegangen waren, kam jetzt wieder aus der Mode.

(22) Inzwischen erschien am Himmel ein strahlender Komet. Nach dem Volksglauben kündigt er einen Thronwechsel an. Deshalb fragte man, als ob Nero bereits abgesetzt sei, wer denn jetzt erwählt werde. Und alle Stimmen priesen Rubellius Plautus, der seine adelige Abstammung mütterlicherseits von der iulischen Familie ableitete[43]. Er selbst hielt sich an die Grundsätze der Vorfahren, war ernst in seiner Lebensführung, führte ein sittenreines, in sich abgeschlossenes Haus; und je zurückgezogener er aus Furcht lebte, umso mehr redete man von ihm. Dieses Gerede bekam noch Nahrung durch die gleichfalls grundlose Deutung eines Blitzschlages. Als nämlich Nero an dem Simbruinischen See in einem Landhaus namens Sublaqueum beim Essen war, schlug der Blitz in die Speisen, wobei der Tisch zertrümmert wurde. Und weil dies in dem Gebiet von Tibur[44] geschah, woher Plautus väterlicherseits stammte, glaubte man, er sei es, der durch den Willen der Götter bezeichnet werde. Viele, die den unbeherrschten und meist trügerischen Ehrgeiz hatten, bei neuen und noch ungeklärten Verhältnissen mit verfrühten Huldigungen aufzutreten, wandten ihm ihre Gunst zu. Und so verfasste Nero, darüber betroffen, ein Schreiben an Plautus, er solle für Ruhe in Rom sorgen und sich den böswilligen Gerüchtemachern entziehen. Er habe ja in Asien ererbte Güter, auf denen er sicher und ungestört

sein junges Leben genießen könne. Unter diesen Umständen begab er sich mit seiner Gattin Antistia und einigen vertrauten Freunden dorthin.

In denselben Tagen brachte Nero sein zu weit gehender Hang zu üppiger Lebensweise in Verruf und Gefahr: er war in das Quellbassin der nach Rom führenden Wasserleitung Marcia[45] gestiegen, um in ihm zu schwimmen, und man glaubte nun, er habe das geheiligte Trinkwasser und den geweihten Ort durch sein Baden beschmutzt. Die Folge war eine gefährliche Krankheit, die den Zorn der Götter bestätigte.

(23) Aber Corbulo glaubte, er solle den nach der Zerstörung von Artaxata noch frischen Schrecken ausnützen und Tigranocerta besetzen, um durch dessen Zerstörung die Furcht der Feinde zu verstärken oder auch durch Schonung der Stadt sich den Ruf der Milde zu verschaffen. So machte er sich auf den Weg dorthin[46], ohne es zu feindlichen Handlungen kommen zu lassen, damit er nicht von vornherein die Hoffnung auf Gnade nehme, aber auch, ohne in seiner Vorsicht nachzulassen; denn er war sich wohl bewusst, wie wankelmütig dieses Volk war, feige in Gefahren und treulos bei jeder Gelegenheit. Die Barbaren wurden, je nach ihrer Wesensart, teils mit Bitten vorstellig, teils verließen sie ihre Dörfer und verzogen sich in unwegsame Gegenden. Ein Teil verbarg sich auch in Höhlen, wohin sie mitnahmen, was ihnen lieb und wert war. Deshalb ging der römische Feldherr auf verschiedene Weise vor: mit Mitleid gegenüber den Bittenden, mit rascher Verfolgung der Flüchtigen, mit unerbittlicher Strenge gegen alle, die sich in Schlupfwinkeln festgesetzt hatten. Die Ein- und Ausgänge der Höhlen ließ er mit Reisig und Buschwerk verstopfen und die Höhlen ausräuchern. Als er an den Grenzen der Marder[47] vorbeimarschierte, fielen diese, die in Raubzügen geübt und durch Berge gegen seinen Einmarsch geschützt waren, über ihn her. Corbulo schickte die Hiberer[48] gegen sie, verwüstete

ihr Land und bestrafte die Verwegenheit der Feinde mit dem Einsatz fremden Blutes.

(24) Er selbst und sein Heer, das keine Verluste in Kämpfen erlitt, wurden durch Lebensmittelmangel und Strapazen sehr mitgenommen und gezwungen, lediglich mit dem Fleisch von Vieh dem Hunger zu wehren. Dazu kamen Wassermangel, ein glühend heißer Sommer und Gewaltmärsche, was alles allein die Ausdauer des Heerführers erträglich machte, der das gleiche, ja noch mehr als der gewöhnliche Soldat aushielt. Darauf gelangte man in angebaute Gebiete, wo man die Feldfrüchte erntete und wo von zwei Kastellen, in die die Armenier sich geflüchtet hatten, das eine erstürmt, das andere, das den ersten Sturmangriff abgeschlagen hatte, belagert und zur Übergabe gezwungen wurde. Von da marschierte Corbulo in die Gegend der Taurauniten[49], wo er einer plötzlich aufgetauchten Gefahr entging: nicht weit von seinem Zelt wurde ein angesehener Eingeborener, der eine Mordwaffe bei sich hatte, aufgegriffen und gestand auf der Folter den Mordplan ein, wobei er sich als den Rädelsführer bezeichnete und die Mitbeteiligten angab. Diese Leute, die sich unter dem Schein der Freundschaft mit so heimtückischen Absichten befasst hatten, wurden überführt und bestraft. Bald darauf berichtete eine Abordnung, die von Tigranocerta kam, die Tore der Stadt stünden offen und die Bewohner erwarteten seine Befehle. Zugleich überbrachten sie als Gastgeschenk eine goldene Krone. Er nahm sie als Zeichen ihrer Ehrung an. Die Stadt erlitt keine Beeinträchtigung irgendwelcher Art; die Einwohner sollten geschont werden, damit sie umso bereitwilliger Gehorsam leisten.

(25) Aber der Stützpunkt Legerda, den eine kampfentschlossene Mannschaft verriegelt hatte, konnte nicht ohne Kampf erobert werden. Sie hatte sogar einen Kampf außerhalb der Mauern gewagt, und hinter die Befestigungen zurückgewor-

fen, streckten sie erst die Waffen, als man einen Damm aufführte und in den Stützpunkt eindrang. Dieser Erfolg wurde deshalb leichter erzielt, weil die Parther in einen Krieg mit den Hyrcanern[50] verwickelt waren. Diese hatten an den römischen Princeps Gesandte mit der Bitte um ein Bündnis geschickt und als Beweis für ihre Freundschaft darauf hingewiesen, dass Vologaeses von ihnen hingehalten werde. Damit die Gesandten nicht nach der Überschreitung des Euphrat den feindlichen Postierungen in die Hände fielen, gab ihnen Corbulo für ihre Rückreise ein Begleitkommando bis zu der Küste des Roten Meeres[51] mit, von wo sie unter Vermeidung des parthischen Gebietes wieder in ihre Heimat zurückkehrten.

(26) Ja, als Tiridates durch Medien in das Grenzgebiet Armeniens einmarschierte[52], schickte Corbulo den Legaten Verulanus[53] mit Hilfstruppen voraus, während er selbst mit seinen Legionen in Eilmärschen herankam und Tiridates zwang, sich weit zurückzuziehen sowie alle weiteren Kriegsabsichten aufzugeben. Wo er eine feindliche Gesinnung gegen uns feststellte, ging er mit Feuer und Schwert vor und war eben dabei, die Besitznahme Armeniens zu verwirklichen, als Tigranes[54] erschien, den Nero dazu auserlesen hatte, die Herrschaft zu übernehmen. Er gehörte dem cappadocischen Adel an und war ein Enkel des Königs Archelaus, aber weil er lange in Rom als Geisel gelebt hatte, war er in sklavische Unterwürfigkeit abgesunken. Er fand auch nicht einmütige Anerkennung; teilweise war noch die Sympathie für die Arsaciden lebendig, doch der größte Teil hatte das hochmütige Gebaren der Parther satt und wollte lieber einen König von Roms Gnaden. Es wurde ihm auch eine Leibwache zur Verfügung gestellt in der Stärke von tausend Legionssoldaten, drei Kohorten Bundesgenossen und zwei Reiterabteilungen. Und damit er sich leichter auf seinem Thron behaupten könnte, wurden einzelne Gebiete Armeniens je nach ihrer Grenzlage dem Befehl des Pharasmanes und

Polemo, des Aristobulus und des Antiochus[55] unterstellt. Corbulo rückte nach Syrien ab, das durch den Tod des Legaten Ummidius[56] erledigt und ihm überlassen worden war.

(27) Im gleichen Jahr stürzte Laodicea[57], eine der namhaften Städte Asiens, infolge eines Erdbebens ein. Jedoch erhob es sich wieder durch eigene Kraft ohne irgendeine Hilfe unsererseits. In Italien erhielt die alte Landstadt Puteoli den rechtlichen Status einer Kolonie und nach Nero ihren Beinamen[58]. Nach Tarent und Antium wurden Veteranen als Kolonisten beordert. Doch vermochten sie der dünnen Besiedlung der Gegend nicht abzuhelfen, da die Mehrzahl sich in die Provinzen verzog, in denen sie ihren Militärdienst abgeleistet hatten. Und da sie nicht gewohnt waren, eheliche Verbindungen einzugehen und Kinder aufzuziehen[59], hinterließen sie leere Häuser ohne Nachkommen. Denn nicht mehr wie in früheren Jahren[60] wurden Legionen geschlossen, mitsamt ihren Tribunen, Centurionen und Mannschaften aus den gleichen Verbänden, ausgesandt, um in einträchtiger Verbundenheit ein Gemeinwesen zu bilden, sondern sie kannten einander nicht, stammten aus verschiedenen Manipeln, hatten keine Führung, keine gegenseitige Zuneigung und waren nun, wie aus einem anderen Menschenstamm herkommend, plötzlich zu einer Einheit zusammengefasst, mehr ein rein zahlenmäßiges Gebilde als eine wirkliche Kolonie.

(28) Die Prätorenwahlen, die sonst allein Aufgabe des Senats waren[61], nahm der Princeps in seine Hand, weil der Wahlkampf erbitterter als sonst entbrannt war, und ernannte drei überzählige Bewerber zu Legionslegaten[62]. Auch hob er das Ansehen der Väter durch die Verfügung, wer von dem Gericht in Zivilsachen an den Senat appelliere[63], solle das Risiko des gleichen Betrages eingehen wie der, der bei dem Imperator Berufung einlege. Zuvor war nämlich die Berufung an den Senat frei und nicht mit einer etwaigen Strafsumme verbunden.

Am Ende des Jahres wurde Vibius Secundus, ein römischer Ritter, von den Mauren[64] wegen Erpressung angeklagt, verurteilt und aus Italien verwiesen. Vor einer schwereren Strafe bewahrte ihn das Eintreten seines einflussreichen Bruders Vibius Crispus[65].

(29) Unter dem Konsulat des Caesennius Paetus und Petronius Turpilianus[66] kam es in Britannien zu einer schweren Niederlage. Dort hatte der Legat Didius, wie berichtet[67], sich darauf beschränkt, das bisher Errungene zu behaupten, und sein Nachfolger Veranius[68] hatte nur in kleineren Streifzügen das Land der Siluren[69] gebrandschatzt, war aber durch den Tod an einer weiter ausgedehnten Kriegsführung gehindert worden. Er stand in seinem ganzen Leben in dem Ruf strenger Redlichkeit, enthüllte aber in den letzten Worten seines Testamentes seinen Ehrgeiz. Denn vielfacher Schmeichelei für Nero fügte er noch hinzu, er hätte für ihn die Provinz unterworfen, wenn er noch zwei Jahre gelebt hätte. Aber jetzt war Paulinus Suetonius[70] Befehlshaber in Britannien, ein kriegserfahrener Mann, von dem das Volk, das ja für jeden einen Nebenbuhler findet, in seinem Gerede verbreitete, er sei von dem Wunsche beseelt, im Wettstreit mit Corbulo sich in gleichem Maße wie dieser mit der Wiedergewinnung Armeniens Ruhm durch die Niederwerfung der Aufstände zu erwerben. Und so traf er Anstalten, die stark bevölkerte Insel Mona[71], den Schlupfwinkel für Flüchtlinge, anzugreifen. Er ließ Schiffe mit flachem Bauch zur Sicherung gegen unberechenbare Untiefen bauen, auf denen das Fußvolk hinüberbefördert wurde. Die Reiter folgten durch eine Furt oder schwammen, wo das Wasser tiefer war, neben ihren Pferden hinüber.

61 n. Chr.

(30) Am Strand war das gegnerische Heer zum Kampf aufgestellt, in dichter Linie Mann neben Mann. Dazwischen rannten die Frauen hin und her, die, gleich Furien, im Leichengewand und mit fliegenden Haaren, Fackeln trugen[72]. Ringsum stan-

den die Druiden, schreckliche Verwünschungen ausstoßend, die Hände zum Himmel erhoben. Dieser ungewohnte Anblick versetzte die Soldaten so sehr in Schrecken, dass sie, wie gelähmt, ohne sich zu rühren, auf sich einhauen ließen und erst, als der Heerführer sie ermahnte und sie auch sich selbst Mut zusprachen, doch nicht vor einem rasenden Weiberhaufen zu zittern, zum Angriff antraten. Sie warfen, wer sich ihnen in den Weg stellte, nieder und trieben die Feinde in das Feuer der Fackeln. Nachher wurde auf die besiegte Insel eine Besatzung gelegt; die einem wilden Aberglauben geweihten Haine wurden umgehauen. Denn es war bei ihnen heiliger Brauch, mit dem Blut von Gefangenen die Altäre zu besprengen und aus menschlichen Eingeweiden den Willen der Götter zu erkunden[73]. Während Suetonius damit beschäftigt war, wurde ihm der plötzliche Abfall der Provinz gemeldet.

(31) Prasutagus, der König der Icener[74], der schon lange durch seinen Reichtum berühmt war, hatte samt seinen beiden Töchtern den Caesar als Erben eingesetzt, in dem Glauben, durch eine solche Ergebenheit seinen Thron und sein Haus vor Gewalttat zu bewahren. Doch erreichte er das Gegenteil. Es kam so weit, dass sein Reich von Centurionen, sein Haus von Sklaven[75], als ob es erobert worden wäre, verwüstet wurde. Zuerst wurde seine Gemahlin Boudicca misshandelt, seine Töchter wurden geschändet. Die vornehmen Icener wurden, als ob man das ganze Land als Geschenk erhalten hätte, von ihrem ererbten Besitz vertrieben und die Verwandten des Königs als Kaufsklaven behandelt. Diese schmachvolle Behandlung und die Furcht vor noch Schlimmerem, da ihr Land bereits in die Form einer römischen Provinz übergeführt war[76], veranlassten sie, zu den Waffen zu greifen, nachdem sie die Trinobanten zum Aufstand bewogen und alle anderen Stämme, die noch nicht durch Knechtschaft zermürbt waren, in geheimen Verschwörungen zur Wiedergewinnung der Freiheit verpflichtet

hatten, wobei sich ihr erbittertster Hass gegen die Veteranen richtete. Diese waren erst kürzlich in der Kolonie Camulodunum[77] angesiedelt worden und vertrieben nun die Einwohner aus ihren Häusern, verjagten sie von ihren Feldern, beschimpften sie als Kriegsgefangene und Sklaven, wobei die Soldaten die Veteranen bei ihren Übergriffen unterstützten, da sie sich ja in den gleichen Lebensverhältnissen befanden und hofften, sich in gleicher Ungezügeltheit ergehen zu können. Dazu wurde der für den vergöttlichten Claudius errichtete Tempel[78] als ein Bollwerk ewiger Zwingherrschaft angesehen, und die für ihn auserwählten Priester[79] verschleuderten unter religiösen Vorwänden alles Hab und Gut. Auch schien es nicht schwierig, eine Kolonie zu vernichten, die durch Befestigungsanlagen nicht geschützt war. Dafür hatten unsere Heerführer keine rechte Vorsorge getroffen. Man denkt ja zuerst an ein angenehmes Leben und dann erst an das, was not tut.

(32) Währenddessen war ohne ersichtliche Ursache in Camulodunum das Standbild der Victoria rückwärts umgefallen, als wolle es vor einem Feinde zurückweichen. Fanatisierte Frauen weissagten, der Untergang sei nahe. Man habe in dem Rathaus von Camulodunum fremdartige Geräusche gehört, in dem Theater ein Geheul vernommen und das Bild der zerstörten Kolonie am Ausfluss der Tamesa[80] gesehen. Auch habe der Ozean wie von Blut gerötet ausgesehen, und Figuren von menschlichen Leibern seien bei dem Eintritt der Ebbe zurückgeblieben. Dies alles erweckte bei den Britanniern Hoffnung, bei den Veteranen Furcht. Weil jedoch Suetonius fern war, baten die Veteranen den Prokurator Catus Decianus um Hilfe. Dieser schickte ganze zweihundert Mann, die nicht einmal richtig bewaffnet waren, während sich in der Kolonie auch nur eine unbedeutende Abteilung Soldaten befand. Da sie auf den Schutz des Tempels vertrauten und Mitbeteiligte an der Empörung insgeheim alle Maßnahmen hintertrieben, legten sie we-

der einen Graben noch einen Wall an, auch entfernten sie nicht die alten Leute und die Frauen, so dass nur die kampffähige Mannschaft zurückgeblieben wäre. So wurden sie wie mitten im Frieden unvermutet von einer Übermacht der Barbaren umzingelt. Abgesehen von dem Tempel wurde ganz Camulodunum erstürmt, geplündert oder in Brand gesteckt. Der Tempel, in dem sich die Soldaten verbarrikadiert hatten, wurde zwei Tage belagert und dann erobert. Die siegreichen Britannier rückten dem Legaten der neunten Legion, Petilius Cerialis[81], der zur Hilfe herbeieilte, entgegen, schlugen die Legion in die Flucht und machten das ganze Fußvolk nieder. Cerialis entkam mit der Reiterei in das Lager, wo er hinter den Befestigungswerken Schutz fand. Diese Niederlage und der Hass der Provinz, die er mit seiner Habsucht in den Krieg getrieben hatte, jagte dem Prokurator Catus einen solchen Schrecken ein, dass er nach Gallien hinüberging.

(33) Aber Suetonius marschierte mit bewundernswerter Entschlossenheit mitten durch die Feinde auf Londinium[82] zu, das zwar nicht durch die Bezeichnung »Kolonie« sich hervorhob, aber durch seine zahlreichen Kaufleute und seine vielfachen Handelsbeziehungen sehr berühmt war. Dort angekommen, war er unschlüssig, ob er in der Stadt sein Hauptquartier aufschlagen solle. Aber in der Erwägung, über wie wenig Truppen er verfüge und welch schwerwiegenden Denkzettel Petilius für seinen Leichtsinn erhalten habe, beschloss er, die eine Stadt zu opfern, um dafür das Ganze zu retten. Er ließ sich weder durch Jammern noch durch Weinen der um Hilfe Flehenden erweichen, sondern gab das Zeichen zum Abmarsch. Wer ihn begleiten wollte, den reihte er in die Marschkolonne ein. Das wehrlose Geschlecht, die altersschwachen Männer und wer sich von dem lieblichen Ort nicht hatte trennen wollen, wurden von dem Feind niedergemacht. Gleiches Unglück kam über das Municipium Verulamium[83], da die Barbaren die

Kastelle und Stützpunkte beiseite ließen und, auf Beute sich freuend, und der Strapazen müde, auf das für die Plünderung ergiebigste und den Verteidigern keinen Schutz bietende militärische Versorgungslager losmarschierten. Gegen siebzigtausend Bürger und Bundesgenossen sind damals in den erwähnten Plätzen umgekommen, was sicher feststeht. Denn es wurden von den Britanniern Gefangene weder gemacht noch verkauft; auch betrieben sie keinen sonst kriegsüblichen Handel. Sie konnten nicht schnell genug morden und hängen, verbrennen und kreuzigen, als wollten sie für die harte Vergeltung, die über sie kommen werde, einstweilen schon im voraus Rache nehmen.

(34) Suetonius verfügte bereits über die vierzehnte Legion mitsamt den Vexillariern[84] der zwanzigsten und den Hilfstruppen aus der nächsten Umgebung, zusammen über etwa zehntausend Mann in Waffen, als er Anstalten traf, sein abwartendes Verhalten aufzugeben und zur Schlacht anzutreten. Er wählte einen Kampfplatz, der durch eine schmale Schlucht und im Rücken durch einen Wald abgeschlossen war, nachdem er vorher sicher festgestellt hatte, dass nirgends ein Feind stehe außer vor ihm und eine offene Ebene vorhanden sei, in der man keinen Hinterhalt zu befürchten habe. Und so stellten sich denn die Legionstruppen in dichter Formation, ihnen zur Seite die Leichtbewaffneten und auf den Flügeln eng aufgeschlossen die Reiterei auf. Dagegen rannten die Britannier überall in einzelnen Trupps zu Fuß und zu Pferd umher, eine ganz ungewöhnlich große Menschenmenge mit solch wildem Mut, dass sie sogar ihre Frauen als Zeugen ihres Sieges mit sich schleppten und auf ihre an der äußersten Umrandung der Ebene abgestellten Wagen setzten.

(35) Boudicca, die ihre Töchter auf dem Wagen vor sich her führte, begab sich von Stamm zu Stamm und beteuerte, es sei nichts Ungewöhnliches bei den Britanniern, unter weiblicher

Führung zu kämpfen; aber jetzt verteidige sie nicht als Spross so hoher Ahnen ihren Thron und ihren Besitz, sondern als eine Frau aus dem Volke übe sie Rache für den Verlust der Freiheit, für die körperlichen Misshandlungen und die geschändete Keuschheit ihrer Töchter. So weit sei es mit den Gelüsten der Römer gekommen, dass keine Person vor ihnen sicher sei und sie sich sogar an alten Frauen und keuschen Mädchen vergehen. Jedoch stünden die Götter den gerechten Rächern zur Seite: vernichtet sei die Legion, die die Schlacht gewagt habe, während die übrigen sich in ihrem Lager verstecken oder sich nach einer Möglichkeit zur Flucht umschauen[85]. Nicht einmal das brausende Kriegsgeschrei so vieler Tausender, geschweige denn ihren Ansturm und den Kampf Mann gegen Mann würden sie ertragen. Wenn sie die Menge der Kämpfer, die Gründe für den Krieg sich vor Augen halten, so gebe es keine andere Wahl, als in dieser Schlacht zu siegen oder zu fallen. Dazu sei sie als Frau entschlossen: mögen die Männer am Leben bleiben und Sklaven sein!

(36) Auch Suetonius schwieg nicht in einer solch entscheidenden Stunde. Obgleich er auf die Tapferkeit seiner Leute baute, ermahnte und bat er sie zugleich, das Geschrei und die leeren Drohungen der Barbaren nicht zu beachten. Mehr Weiber als Streiter erblicke man dort. Unkriegerisch, unbewaffnet, werden sie sofort weichen, wenn sie, so oft schon in die Flucht geschlagen, das Schwert und den Mannesmut der Sieggewohnten wiedererkennen. Mag die Zahl der Legionen noch so groß sein, es seien doch immer nur wenige, die die Schlachten entscheiden. Es werde ihren Ruhm erhöhen, wenn sie als kleine Schar sich den Ruf eines ganzen Heeres erwerben. Sie sollten nur sich dicht zusammenscharen, die Speere werfen und dann mit Schildbuckeln und Schwertern unausgesetzt den Feind zu Boden schlagen und töten, ohne an das Beutemachen zu denken. Sei erst der Sieg errungen, werde ihnen alles ohne

weiteres zufallen. So begeistert wurden die Worte des Heerführers aufgenommen, so rasch hatten sich die alten, in vielen Kämpfen erprobten Soldaten zum Schleudern der Speere fertig gemacht, dass Suetonius, des Erfolges gewiss, das Zeichen zur Schlacht gab.

(37) Zuerst trat die Legion auf der Stelle und behauptete den Engpass, der ihr als Verschanzung diente. Nachdem auf den näher gerückten Feind die Speere mit sicherem Wurf verschossen waren, brach die Legion keilförmig hervor. Mit dem gleichen Angriffsgeist setzten sich die Hilfstruppen ein. Mit eingelegten Lanzen brach die Reiterei jeden noch so starken Widerstand. Der Rest des Feindes wandte sich zur Flucht, die deshalb schwierig war, weil die ringsum abgestellten Wagen die Ausgänge versperrten. Und die Soldaten schonten bei ihrem Morden auch die Frauen nicht. Die von Geschossen durchbohrten Zugtiere hatten den Leichenhaufen noch vergrößert. Ein herrlicher Ruhm, der dem in den Siegen der alten Zeit erworbenen gleichkam, war das Ergebnis dieses Tages. Nach einigen Berichten sind nicht weniger als achtzigtausend Britannier gefallen, während wir nur etwa vierhundert Tote und nicht viel mehr Verwundete zählten. Boudicca nahm sich mit Gift das Leben. Als Poenius Postumus, der Befehlshaber des Lagers der zweiten Legion, von den Erfolgen der vierzehnten und der zwanzigsten Legion vernahm, stürzte er sich in sein Schwert, weil er seine Legion um den gleichen Ruhm betrogen und entgegen dem militärischen Brauch dem Heerführer den Gehorsam verweigert hatte.

(38) Darauf wurde das ganze Heer zusammengezogen und in ein Feldlager gelegt, um den Krieg vollends zu Ende zu führen. Der Caesar verstärkte das Heer, indem er von Germanien zweitausend Legionäre, acht Auxiliarkohorten[86] und tausend Reiter schickte, durch deren Erscheinen die neunte Legion mit Legionären aufgefüllt wurde. Die Kohorten und die Reiterab-

teilungen wurden in neue Winterlager verlegt und alle Stämme, die sich als unzuverlässig oder widersetzlich erwiesen hatten, mit Feuer und Schwert heimgesucht. Doch die Britannier litten unter nichts so sehr, wie unter dem Hunger, da sie die Aussaat nicht besorgt hatten, die ganze Bevölkerung, jung und alt, in dem Krieg eingesetzt war und sie auf die für uns bestimmten Vorräte gerechnet hatten. Dennoch waren die Stämme in ihrem unbeugsamen Trotz nur zögernd zum Frieden zu bringen, weil der als Nachfolger des Catus geschickte Iulius Classicianus, der mit Suetonius uneins war, sich dem Wohl des Ganzen mit seiner persönlichen Feindschaft in den Weg stellte und ausgestreut hatte, man solle nur auf den neuen Legaten warten, der ohne Feindeszorn und Siegerhochmut Milde gegenüber den Unterworfenen werde walten lassen. Zugleich berichtete er nach Rom, man dürfe erst auf die Beendigung der Kampfhandlungen hoffen, wenn Suetonius einen Nachfolger erhalten habe. Dessen Misserfolge führte er auf sein persönliches Versagen, die Erfolge auf das Glück zurück.

(39) Und so wurde, um die Lage in Britannien zu untersuchen, der Freigelassene Polyclitus[87] geschickt, auf den Nero die bestimmte Hoffnung setzte, er könne durch seinen Einfluss nicht nur die Eintracht zwischen dem Legaten und dem Prokurator wiederherstellen, sondern auch die aufrührerischen Barbaren zum Frieden bewegen. Und wirklich ließ es Polyclitus an nichts fehlen: mit einem riesigen Gefolge, das eine schwere Belastung für Italien und Gallien war, zog er nach Überquerung des Ozeans daher, auch für unsere Soldaten ein Bild des Schreckens. Aber den Feinden war er nur Anlass zum Spott. Noch war ja bei ihnen das Gefühl für Freiheit lebendig, und noch war ihnen die Macht der Freigelassenen nicht bekannt. Und so wunderten sie sich, dass ein Feldherr und sein Heer, das einen so schweren Krieg beendigt hatte, Sklaven Gehorsam leisten. Die Berichte des Polyclitus an den Imperator lie-

ßen jedoch alles in einem milderen Lichte erscheinen. Suetonius wurde zwar in seinem Wirkungsbereich belassen; aber weil er einige Schiffe am Strande mitsamt der Besatzung verloren hatte, erhielt er den Befehl, als ob der Krieg noch weiterginge, sein Heer dem Petronius Turpilianus, der schon das Konsulat niedergelegt hatte, zu übergeben. Dieser gab, ohne den Feind zu behelligen oder von ihm herausgefordert zu werden, sich einem trägen Nichtstun hin, dem er den schönklingenden Namen »Frieden« gab.

(40) In dem gleichen Jahr wurden in Rom zwei aufsehenerregende Verbrechen verübt, das eine von einem Senator, das andere von einem frechen Sklaven. Domitius Balbus war ein ehemaliger Prätor, der wegen seines vorgeschrittenen Alters sowie seiner Kinderlosigkeit und seines Reichtums das Ziel arglistiger Nachstellungen war. Sein Verwandter Valerius Fabianus, der für die Laufbahn eines Staatsbeamten bestimmt war, unterschob ihm ein Testament unter Beiziehung der römischen Ritter Vinicius Rufinus und Terentius Lentinus. Diese hatten noch Antonius Primus und Asinius Marcellus[88] in das Komplott eingeweiht. Antonius war ein kühn entschlossener Mann, Marcellus genoss als Urenkel des Asinius Pollio Ansehen und galt nicht eben als ein Verächter sittlicher Lebensführung, nur hielt er die Armut für ein ganz besonderes Übel. Und so ließ Fabianus die Urkunde durch die oben genannten Spießgesellen und noch einige, weniger erlauchte Personen als Zeugen versiegeln[89]. Sie wurden vor den Vätern dieser Tat überführt. Fabianus und Antonius wurden zusammen mit Rufinus und Terentius aufgrund der lex Cornelia[90] verurteilt. Marcellus schützte zwar das Andenken an seine Vorfahren und die Fürsprache des Caesars vor Strafe, aber nicht vor Schande.

(41) Der gleiche Tag stürzte auch Pompeius Aelianus, einen jungen Mann, der Prätor gewesen war, in das Verderben. Er wurde beschuldigt, von den Schandtaten des Fabianus gewusst

zu haben. Ihm wurde der Aufenthalt in Italien und in seinem Geburtsland Spanien verboten. Die gleiche entehrende Strafe traf Valerius Ponticus, weil er die Angeklagten, damit sie nicht vor das Gericht des Stadtpräfekten kämen, dem Prätor überstellt habe[91], um sie vorderhand unter dem Schein der Gesetzlichkeit, später durch Rechtsbeugung der Bestrafung zu entziehen. Der Senatsbeschluss[92] erhielt einen Zusatz: wer einen solchen Dienst kaufe oder verkaufe, solle genauso straffällig sein wie ein in einem Kriminalprozess wegen falscher Anklage Verurteilter[93].

(42) Nicht viel später ermordete den Stadtpräfekten Pedanius Secundus[94] sein eigener Sklave, mag er nun die Freiheit nicht erhalten haben, für die er den Preis bereits ausgehandelt hatte[95], oder, in Liebe zu einem Buhlknaben entbrannt, seinen Herrn als Nebenbuhler nicht geduldet haben. Als nun nach altem Brauch das ganze unter dem gleichen Dach wohnende Gesinde zur Hinrichtung geführt werden sollte, rottete sich die Plebs zusammen, die so viele Unschuldige schützen wollte, und es kam zu einem Aufruhr. Im Senat selbst [zu dem die Plebs die Zugänge versperrte[96]] lehnte ein Teil allzu große Strenge ab, die Mehrheit stimmte jedoch gegen jede Gesetzesänderung. Zu dieser gehörte C. Cassius, der sich bei der Stimmabgabe folgendermaßen äußerte:

(43) »Oft schon, versammelte Väter, bin ich in diesem hohen Hause gewesen, wenn gegen Verordnungen und Gesetze der Vorfahren neue Senatsbeschlüsse gefordert wurden. Und ich habe mich gegen solche nicht gewendet, nicht etwa, weil ich daran gezweifelt hätte, dass über alle Angelegenheiten einst bessere und richtigere Anordnungen getroffen worden sind und jegliche Umgestaltung eine Veränderung zum Schlechteren bedeutet, sondern weil ich nicht den Anschein erwecken wollte, als ob ich durch übertriebene Liebe für die alte Sitte mein rechtswissenschaftliches Studium hervorheben wolle.

Auch glaubte ich, das Ansehen, das ich hierin genieße, nicht durch häufige Widerrede untergraben zu sollen, damit dieses unangetastet für den Fall erhalten bleibe, dass einmal das Gemeinwesen meiner Ratschläge bedürfe. Dieser Fall ist heute eingetreten: ein Konsular[97] ist in seinem Hause heimtückisch von seinem Sklaven ermordet worden, und niemand hat das verhindert oder verraten, obgleich der Senatsbeschluss[98] noch unerschüttert in Kraft ist, der die Hinrichtung dem ganzen Gesinde androhte. Erkennet meinetwegen auf Straflosigkeit! Aber wen wird künftig seine Würde schützen, wenn sie dem Stadtpräfekten nichts genützt hat? Wem wird die Zahl seiner Sklaven Sicherheit geben, wenn den Pedanius Secundus seine vierhundert Sklaven nicht geschützt haben? Wem wird sein Gesinde Hilfe leisten, wenn nicht einmal die Furcht sie veranlasst, auf Gefahren, die uns bedrohen, zu achten. Oder hat der Mörder – manche schämen sich nicht, dies uns vorzumachen – ihm zugefügtes Unrecht gerächt, weil er etwa über sein väterliches Vermögen einen Vertrag abgeschlossen hatte oder gar ein vom Großvater ererbter Kaufsklave ihm genommen wurde[99]?

(44) Sprechen wir es doch ganz offen aus: der Herr scheint mit Recht ermordet worden zu sein. Will man etwa Begründungen zusammensuchen in einer Sache, über die sich weisere Männer bereits den Kopf zerbrochen haben? Jedoch, hätten wir erst heute zum erstenmal einen Beschluss zu fassen, glaubt ihr denn, ein Sklave hätte den Mut zur Ermordung seines Herrn aufgebracht, ohne ein Drohwort fallen zu lassen, ohne unbesonnen etwas auszuschwatzen? Mag er immerhin seinen Plan verheimlicht, seine Mordwaffe bereitgelegt haben, ohne dass es die anderen wussten: konnte er etwa die Wachen passieren, die Tür zum Schlafzimmer aufschließen, das Licht hineintragen, den Mord ausführen – und niemand hätte davon etwas gemerkt? Ein Verbrechen kündigt sich durch viele Anzei-

chen an: nur wenn die Sklaven sterben müssen, die ihrem Herrn nichts verraten, dann können wir als Einzelpersonen unter einer größeren Zahl leben, in Sicherheit unter solchen, die Angst haben, schließlich nicht ungerächt unter denen weilen, die sich schuldig machen. Unsere Vorfahren waren misstrauisch gegenüber der Wesensart von Sklaven, auch wenn diese in demselben Landgut oder Stadthaus geboren wurden und von Anfang an die Anhänglichkeit an ihre Herren in sich aufnahmen[100]. Seitdem wir aber in unserem Gesinde Angehörige von Volksstämmen haben, die abweichende Gebräuche, fremden Gottesdienst oder überhaupt keinen haben, kann man dieses zusammengelaufene Gesindel nur durch Furcht bändigen. ›Aber manche werden unschuldig sterben!‹ Wenn von einem geschlagenen Heer jeder zehnte Mann mit dem Knüppel totgeschlagen wird, dann trifft ja das Los auch Tüchtige. Irgendetwas Ungerechtes hat jedes Exempel großen Formats an sich. Der einzelne leidet darunter, aber das wird durch den Nutzen für die Allgemeinheit aufgewogen.«

(45) Gegen die Meinung des Cassius wagte keiner einzeln aufzutreten, jedoch konnte man aus dem Stimmengewirr entgegengesetzte Äußerungen heraushören, die Mitleid mit der Anzahl, dem Alter und dem Geschlecht und der unbezweifelbaren Unschuld des größten Teils bekundeten. Dennoch hatte die Partei das Übergewicht, die sich für die Hinrichtung entschied. Aber man konnte den Beschluss nicht durchführen, da sich eine Menschenmenge zusammengerottet hatte, die mit Steinwürfen und Brandstiftung drohte. Nun schalt der Caesar das Volk in einem Erlass und ließ den ganzen Weg entlang, auf dem die Verurteilten zur Hinrichtung geführt wurden, Truppen aufmarschieren. Cingonius Varro[101] hatte beantragt, auch die Freigelassenen, die unter dem gleichen Dach gewohnt hätten, aus Italien auszuweisen. Doch dagegen erhob der Princeps Einspruch, damit nicht die althergebrachte Sitte, gegen die das

Mitleid nichts vermocht hatte, eine grausame Verschärfung erfahre.

(46) Unter den gleichen Konsuln wurde Tarquitius Priscus aufgrund einer Klage der Bithynier wegen Erpressung verurteilt, was von den Vätern freudigst begrüßt wurde, denn sie erinnerten sich daran, dass er seinen eigenen Prokonsul Statilius Taurus[102] angeklagt hatte. Die Schätzung in Gallien wurde von Q. Volusius, Sextius Africanus und Trebellius Maximus[103] vorgenommen, wobei Volusius und Africanus sich hinsichtlich ihres Adels den Rang abzulaufen suchten. Trebellius, den beide nicht für voll nahmen, erhoben sie dadurch auf den Schild.

(47) In diesem Jahr starb Memmius Regulus[104], ein Mann, der durch sein Ansehen, seine Charakterstärke, seinen Ruf hervorragte, soweit es die beschattende Erhabenheit eines Imperators zulässt. Als Nero krank war und die Schmeichler in seiner Umgebung sagten, wenn das Schicksal es so füge, dass ihm etwas zustoße, werde dies das Ende des Reiches bedeuten, antwortete er, dem Gemeinwesen verbleibe eine Stütze. Auf die Frage, an wen er dabei in erster Linie denke, hatte er hinzugesetzt: »an Memmius Regulus«. Trotzdem blieb Regulus auch weiterhin am Leben, geschützt dadurch, dass er zurückgezogen lebte und weil der Adel seines Geschlechts noch neu war und er kein neiderregendes Vermögen besaß.

Ein Gymnasium wurde in diesem Jahre von Nero gestiftet und der Ritterschaft sowie dem Senat Öl gespendet in griechischer Gefälligkeit[105].

(48) Unter dem Konsulat des P. Marius und L. Afinius[106] verfasste der Prätor Antistius, von dessen willkürlichem Treiben während seines Volkstribunats ich berichtet habe[107], Schmähgedichte auf den Princeps und gab sie vor einer zahlreichen Gesellschaft während eines Essens bei Ostorius Scapula[108] zum besten. Sofort wurde er von Cossutianus Capito[109], der vor kurzem auf die Fürbitte seines Schwie-

62 n. Chr.

gervaters Tigellinus[110] wieder den Rang eines Senators erhalten hatte, wegen Majestätsverbrechens angeklagt. Damals wurde zum erstenmal dieses Gesetz wieder wirksam[111], und man glaubte, dabei sei es weniger auf den Sturz des Antistius als auf den Ruhm des Imperators abgesehen gewesen, der den vom Senat Verurteilten aufgrund seines tribunizischen Einspruchsrechtes vor dem Tode bewahren würde. Ostorius erklärte als Zeuge, er habe nichts gehört; aber man glaubte den gegenteiligen Aussagen. Und so beantragte der designierte Konsul[112] Iunius Marullus, den Angeklagten als Prätor abzusetzen und ihn entsprechend der Sitte der Vorfahren hinzurichten[113]. Diesem Antrag stimmten alle zu. Nur Paetus Thrasea erklärte mit aller Ehrerbietung gegenüber dem Caesar und scharfem Tadel für Antistius: Nicht alles, was ein schuldiggesprochener Angeklagter zu leiden verdiene, müsse auch unter einem hervorragenden Princeps und bei einem durch keinen Zwang gebundenen Senat zum Beschluss erhoben werden. Henker und Strick seien schon längst abgeschafft, und die Strafen seien gesetzlich festgelegt, mit denen man ohne Grausamkeit der Richter und ohne Schande für die Zeit Kapitalstrafen beschließen könne. Ja, je länger Antistius auf einer Insel nach Beschlagnahme seines Vermögens schuldbeladen sein Leben friste, desto elender werde er für seine Person sein und dabei das augenfälligste Beispiel staatlicher Gnade bilden.

(49) Der Freimut Thraseas erschütterte die Knechtsgesinnung der übrigen. Als der Konsul die Abstimmung genehmigt hatte, traten sie mit wenigen Ausnahmen Thraseas Meinung bei. Unter diesen befand sich A. Vitellius[114], der sich mit seiner Schmeichelei ganz besonders hervortat. Er pflegte die besten Männer zu einem Wortwechsel herauszufordern und, wenn sie ihm Bescheid sagten, zu verstummen, wie es gewöhnlich die Art von Feiglingen ist. Aber da die Konsuln den Senatsbeschluss nicht durchzuführen wagten[115], gaben sie dem Caesar

einen schriftlichen Bericht über den einmütigen Beschluss. Dieser, zwischen Scham und Zorn hin und her schwankend, schrieb schließlich zurück, Antistius habe, ohne durch irgendeine Kränkung herausgefordert worden zu sein, sich zu den schwersten Schmähungen des Princeps hinreißen lassen, deren Bestrafung von den Vätern gefordert worden sei. Es wäre recht und billig gewesen, eine der Schwere des Vergehens entsprechende Strafe festzusetzen. Im übrigen wolle er, wo er doch die Absicht gehabt habe, einen strengen Beschluss zu verhindern, ihrer Milde nichts in den Weg legen. Sie sollten beschließen, was sie wollten. Sogar ein Freispruch werde anheimgestellt. Obgleich diese und ähnliche Äußerungen vorgelesen wurden und es klar war, dass Nero vor den Kopf gestoßen war, änderten die Konsuln doch nicht ihre Einstellung, auch nahm Thrasea seinen Antrag nicht zurück, noch gaben die übrigen, was sie gebilligt hatten, preis, ein Teil, um nicht den Anschein zu erwecken, als ob sie den Princeps in ein ungünstiges Licht setzen wollten[116], die Mehrzahl verschanzte sich hinter ihrer großen Zahl. Bei Thrasea waren seine gewohnte Charakterfestigkeit und der Wunsch maßgebend, sein rühmliches Ansehen nicht zu verlieren.

(50) Einer nicht unähnlichen Beschuldigung fiel Fabricius Veiento zum Opfer: er sollte viele Beschimpfungen gegen die Väter und Priester in den Schriften, denen er den Titel »Testamente«[117] gegeben hatte, erhoben haben. Sein Ankläger Tullius Geminus[118] fügte noch hinzu, er habe mit den Geschenken des Princeps und der Berechtigung zum Ämtererwerb Handel getrieben. Dies nahm Nero zum Anlass, die Gerichtsverhandlung selbst zu übernehmen. Veiento wurde für schuldig befunden. Nero verwies ihn aus Italien und ließ seine Schriften verbrennen, die man suchte und eifrig las, solange es gefährlich war, sie anzuschaffen. Später ließ die Erlaubnis, sie zu besitzen, sie in Vergessenheit geraten.

(51) Aber je drückender man von Tag zu Tag die öffentlichen Missstände empfand, desto geringer wurden die Möglichkeiten, Abhilfe zu schaffen: Burrus schied aus dem Leben, man weiß nicht, ob infolge einer Krankheit oder durch Gift. Eine Krankheit nahm man deshalb an, weil infolge einer Schwellung sich allmählich sein Hals innerlich verengte und er durch die Hemmung des Atmens erstickte. Die Mehrzahl behauptete, auf Neros Befehl sei, scheinbar als Anwendung eines Heilmittels, sein Gaumen mit einer schädlichen Salbe bestrichen worden. Burrus habe das Verbrechen gemerkt, und als der Princeps bei ihm einen Besuch machte, das Gesicht von ihm abgewandt und auf die Frage nach seinem Befinden nur geantwortet: »Mir geht es gut.« Seine Mitbürger vermissten ihn noch lange schmerzlich, da sie an seine Mannhaftigkeit und zugleich an seine Nachfolger dachten, von denen der eine ein rechtlicher, aber energieloser Mann, der andere ein ganz übler Verbrecher war. Der Caesar hatte nämlich zwei Männer zu Befehlshabern der prätorischen Kohorten gemacht: Faenius Rufus[119], weil er bei der Masse des Volkes beliebt war – er verwaltete das Getreidewesen uneigennützig –, und Ofonius Tigellinus, der ihm als alter, verrufener Wollüstling Vorbild war[120]. Und sie benahmen sich auch, wie es ihrem bekannten Charakter entsprach: Tigellinus übte größeren Einfluss auf den Princeps aus, der ihn zu seinen intimsten Ausschweifungen beizog, Rufus behielt seinen guten Ruf bei dem Volke und bei den Soldaten, was ihn bei Nero gegenteilige Erfahrungen machen ließ.

(52) Der Tod des Burrus brach den Einfluss Senecas, weil die guten Eigenschaften sich nach der Beseitigung des einen Mannes, der als Führer gedient hatte, nicht mehr in gleicher Weise auswirken konnten und Nero selbst sich zu den minderwertigen Elementen hingezogen fühlte. Diese griffen Seneca mit allerlei Beschuldigungen an: er vermehre sein ohnehin riesi-

ges, private Verhältnisse übersteigendes Vermögen, er wolle die Sympathien seiner Mitbürger auf sich lenken und mit seinen lieblichen Parkanlagen und prächtigen Landhäusern gleichsam den Princeps überbieten. Sie warfen ihm weiter vor, er nehme den Ruhm der Beredsamkeit für sich allein in Anspruch und mache häufiger Gedichte, seitdem Nero daran Gefallen gefunden habe. In der Öffentlichkeit zeige er sich gegenüber den Vergnügungen des Princeps ablehnend und setze dessen Fähigkeit als Pferdelenker herab. Auch mache er sich über Neros Vorträge lustig, sooft er singe. Wie lange es noch dauere, bis in dem Gemeinwesen nur das noch rühmlich sein werde, was man als von Seneca erfunden betrachte. Seine Kindheit habe Nero doch nun hinter sich und stehe in der Vollkraft seiner Jugend. Er solle sich seines Schulmeisters entledigen, da ihm in seinen Vorfahren genug tüchtige Lehrer zur Verfügung stünden.

(53) Aber Seneca, der seine Verleumder wohl kannte, weil diejenigen, die noch einen Funken von Anstandsgefühl hatten, ihn ins Bild setzten, bat den Caesar, der immer mehr den vertrauten Umgang mit ihm ablehnte, um einen Zeitpunkt für eine Aussprache. Als ihm diese bewilligt war, fing er folgendermaßen an: »Es ist nun vierzehn Jahre her, dass ich dir, dem hoffnungsvollen jungen Mann, zugeteilt wurde, acht Jahre, dass du die Regierung in Händen hast. In der Zwischenzeit hast du so viele Ehren[121] und so großen Reichtum auf mich gehäuft, dass mir an meinem Glück nichts mehr fehlt, als es mit Maß zu genießen. Ich will mich auf bedeutende Vorbilder, die ich nicht meinem, sondern deinem Stande entnehme, berufen. Dein Urgroßvater Augustus gestattete dem Marcus Agrippa, in der Abgeschiedenheit von Mytilene[122] zu leben, dem C. Maecenas, mitten in Rom wie in der Fremde der Muße zu pflegen. Der eine, sein Kriegsgefährte, der andere in Rom von einer größeren Fülle mühevoller Aufgaben umgetrieben, beide

haben ansehnliche, aber ihren großen Verdiensten entsprechende Belohnungen erhalten. Welche andere Gegenleistung konnte ich für deine Freigebigkeit erbringen als meine wissenschaftliche Tätigkeit, die, wie ich sagen möchte, im Schatten gereift ist und auf die nur deshalb ein Glanz fällt, weil ich, wie man von mir glaubt, dir in deiner Jugend behilflich gewesen bin, die Grundlagen der Bildung zu legen, womit ich ja reichlich belohnt bin. Aber du hast mich mit unermesslicher Gunst, mit unschätzbarem Reichtum überschüttet, in einem Maße, dass ich selbst oft mit mir zu Rate gehe: Wie, ich, ein Mann aus dem Ritterstand, aus einer Provinzstadt stammend, werde zu den ersten Männern der Bürgerschaft gezählt[123]? Unter lauter Adeligen, die mit langen Reihen ruhmvoller Ahnen aufwarten können, ist mir, einem Emporkömmling, solcher Glanz zuteil geworden? Wo ist jener Sinn geblieben, der sich mit bescheidenen Verhältnissen begnügt? Ist er es noch, der solche Gärten anlegt, der durch diese Landhäuser und durch so weit sich erstreckenden Landbesitz wandelt, der in einem so weit fundierten Zinseinkommen schwelgt? Eine einzige Entschuldigung bietet sich an: ich durfte deine Geschenke nicht ausschlagen.

(54) Aber nun haben wir beide das Maß erfüllt: du, indem du gespendet hast, soviel der Princeps einem Freund spenden kann, ich, indem ich soviel empfing, wie ein Freund von dem Princeps empfangen konnte. Weiteres wird nur den Neid vermehren. Zwar liegt dieser Neid, wie alles Menschliche, unter deiner Größe. Aber mich belastet es, mir muss man helfen. Wie ich, vom Kriegsdienst oder Marschieren ermüdet, um eine Stütze bäte, so suche ich jetzt auf diesem meinem Lebensweg als ein alter Mann, der auch den leichtesten Aufgaben nicht mehr gewachsen ist, deinen Schutz, weil ich die Last meines Reichtums nicht mehr tragen kann. Befiehl, dass mein Vermögen durch deine Prokuratoren verwaltet, dass es deinem Besitztum zugeschlagen wird. Doch will ich mich nicht selbst

in Armut stürzen, sondern wenn ich all das, was mich mit seinem Glanz blendet, abgegeben habe, werde ich die Zeit, die ich bisher auf die Verwaltung meiner Gärten und Landhäuser verwenden musste, meiner geistigen Betätigung widmen. Du verfügst noch über volle Jugendkraft und über ein in so vielen Jahren erlebtes höchstes Herrscheramt[124]. Wir, deine älteren Freunde, können fordern, dass wir einem geruhsamen Dasein zurückgegeben werden. Auch das wird dir zum Ruhme angerechnet werden, dass du Männer zur höchsten Stufe geführt hast, die sich auch in bescheidene Verhältnisse fügen.«

(55) Darauf gab Nero etwa folgende Antwort: »Wenn ich auf deine wohlvorbereitete Rede sofort erwidere, so erkenne darin das erste Geschenk, das ich von dir besitze. Du hast mich ja gelehrt, nicht nur vorbereitet, sondern auch aus dem Stegreif Fragen zu beantworten. Mein Urgroßvater Augustus hat Agrippa und Maecenas erlaubt, nach ihrer mühevollen Tätigkeit sich der Muße hinzugeben. Aber damals stand er selbst schon in einem Alter, dessen Gewicht alles, was er immer zuteilte und wie beschaffen dies auch war, rechtfertigte. Und trotzdem hat er keinem von beiden die ihnen gegebenen Belohnungen wieder entzogen. Sie hatten diese in Krieg und Frieden verdient. Und diese waren es ja auch, die die ständigen Begleiter von des Augustus Jugend waren. Auch dein Schwert und dein Arm hätten mir nicht gefehlt, wenn ich die Waffen hätte führen müssen. So aber hast du mich, wie es die augenblickliche Lage jeweils erforderte, mit Einsicht, Rat und Belehrung zuerst als Knabe und dann als Jüngling gefördert. Die Dienste, die du mir geleistet hast, werde ich mein ganzes Leben lang nicht vergessen. Was du von mir besitzest, Gärten, Einkünfte, Landhäuser, dies alles ist dem Zufall ausgesetzt. Mögen diese Geschenke auch reichlich erscheinen, so haben doch die meisten, die dir an Fähigkeiten keineswegs gleichkommen, noch mehr erhalten. Ich schäme mich, Freigelassene mit Namen zu nennen, die

mit noch größerem Reichtum sich zur Schau stellen[125]. Daher müsste ich auch erröten, dass du, der du meinem Herzen am nächsten stehst, nicht alle anderen an Glücksgütern überragst.

(56) Du[126] willst dich doch nicht niedriger einstufen als den dreimaligen Konsul Vitellius und mich als Claudius. Freilich, soviel wie Volusius[127] in einem langen Leben sich erworben hat, kann ich mit aller Freigebigkeit für dich nicht aufbringen. Aber auch du stehst noch in rüstigem Alter und bist den Geschäften gewachsen, deren Früchte du genießen kannst. Ich selbst trete in die ersten Abschnitte meiner Regierung ein. Ja, wenn ich irgendwo auf der Jugend schlüpfriger Bahn abirre, rufst du mich zurück und lenkst die durch deinen Rückhalt gestützte innere Kraft mit umso festerer Hand. Nicht dein Maßhalten, wenn du das Geld zurückgibst, nicht dein Wunsch nach Ruhe, wenn du den Princeps verlässt, sondern meine Habsucht, der Schrecken meiner Grausamkeit wird in aller Munde sein. Und wenn auch deine Genügsamkeit in höchsten Tönen gepriesen würde, so wäre es doch wohl für einen weisen Mann nicht ehrenvoll, durch eine Handlung sich Ruhm zu erwerben, die seinen Freund in schlechten Ruf bringt.« Nach diesen Worten umarmte er Seneca und küsste ihn, von Natur aus dazu veranlagt und durch Gewohnheit geschult, seinen Hass unter trügerischen Schmeicheleien zu verhüllen. Seneca sprach – so endigen ja alle Unterredungen mit einem Herrscher – seinen Dank aus. Aber die äußeren Formen seiner bisherigen Machtstellung änderte Seneca: er dämmte den großen Besucherstrom ein, vermied es, mit Gefolge[128] auszugehen, ließ sich selten in Rom sehen, als ob er durch seine angegriffene Gesundheit oder durch seine philosophischen Studien ans Haus gefesselt würde.

(57) Als Senecas Stellung erschüttert war, fiel es leicht, die des Rufus Faenius mit dem Vorwurf seiner Freundschaft mit Agrippina[129] zu untergraben. Tigellinus, der von Tag zu Tag

mächtiger wurde und glaubte, seine dunklen Machenschaften, die allein seine Stärke bildeten, würden ihn noch beliebter machen, wenn er den Princeps durch die Beteiligung an seinen Verbrechen an sich kette, suchte herauszubringen, vor wem sich dieser fürchte. Und da er feststellte, seine Furcht gelte in erster Linie Plautus und Sulla – beide waren erst kürzlich ausgewiesen worden, Plautus nach Asien, Sulla nach Gallia Narbonensis[130] –, sprach er von ihrem Adel und dass diesem die Heere des Orients, jenem die Germaniens nahe seien. Er setze nicht, wie Burrus, auf verschiedene Karten, sondern er habe einzig und allein Neros Wohlergehen im Auge. Dieser sei ja einigermaßen durch seine unmittelbare Tätigkeit gegen Anschläge in der Hauptstadt gesichert. Doch mit welchen Mitteln könne man Aufstände in entfernten Ländern niederschlagen? Aufgehorcht habe Gallien bei dem Diktatorennamen[131], und nicht weniger unsicher sei die Haltung der Völkerschaften Asiens angesichts des Glanzes, der von dem Namen des Großvaters Drusus ausgehe[132]. Sulla sei arm, eben dies sei es, was ihn besonders zu Frechheit verführe, und er spiele die Rolle eines energielosen Menschen, bis er Gelegenheit zu verwegenem Handeln finde. Plautus sei ein vermögender Mann und suche nicht einmal den Anschein eines untätigen Lebens zu erwecken, sondern gebärde sich als Nachahmer der alten Römer und trage die Anmaßung der Stoiker zur Schau, einer Sekte, die den Menschen die Köpfe verdrehe und sie zu Umtriebigkeit verführe[133]. Und nun gab es kein weiteres Zögern! Die Mörder fuhren nach Massilia, und am sechsten Tage wurde Sulla, noch ehe er etwas befürchtet und gerüchtweise vernommen hatte, umgebracht, als er sich eben zur Tafel setzte. Sein Kopf wurde Nero überbracht, der darüber spottete, dass er so frühzeitig ergraut und hässlich sei.

(58) Der Plan der Ermordung des Plautus blieb nicht ebenso geheim, da eine ganze Anzahl von Leuten um sein Leben be-

sorgt war. Auch hatte die weite Land- und Seereise und die lange Zeit zwischen Hin- und Rückreise das Entstehen von Gerüchten begünstigt. In der Öffentlichkeit herrschte die Vorstellung, er sei zu Corbulo gereist, der damals große Heere befehligte[134] und, wenn berühmte und unschuldige Männer umgebracht würden, in erster Linie in Gefahr sei. Ja, sogar Asien habe zugunsten des jungen Mannes zu den Waffen gegriffen, und die zur Durchführung des Verbrechens ausgesandten Soldaten seien weder zahlenmäßig stark noch entschlossen gewesen und, als sie die Befehle nicht hatten ausführen können, zu der anderen Partei übergegangen. Diese haltlosen Behauptungen wurden durch leichtgläubige Nichtstuer, wie es bei Gerüchten zu gehen pflegt, noch weiter ausgestaltet. Indessen fuhr ein Freigelassener des Plautus, durch starken Wind begünstigt, dem Centurio voraus und überbrachte eine Warnung des L. Antistius, des Schwiegervaters des Plautus[135]: er solle nicht die Hände in den Schoß legen und sich umbringen lassen, solange noch die Möglichkeit bestehe, sich zu retten. Das Mitgefühl mit seinem großen Namen werde ihn Gutgesinnte finden und Wagemutige für seine Sache gewinnen lassen. Inzwischen solle er keine Hilfe ablehnen. Wenn er die sechzig Soldaten – so viele waren unterwegs – fortgejagt habe, werde, bis die Nachricht zu Nero gelange und bis eine neue Abteilung zu ihm komme, vieles geschehen, was sich bis zu einem Krieg auswachsen könne. Kurz, man gewinne mit einem solchen Entschluss entweder sein Leben, oder der Wagemutige habe nicht Schlimmeres zu erleiden als der Verzagte.

(59) Aber auf Plautus machten diese Vorstellungen keinen Eindruck. Entweder sah er als Wehrloser und Verbannter keine Möglichkeit der Hilfe, oder er hatte es satt, sich zweifelhafter Hoffnung hinzugeben, oder war es die Liebe zu seiner Frau und zu seinen Kindern, denen, wie er hoffte, der Princeps versöhnlicher gesinnt sein würde, wenn ihn nicht mehr Sorge und

Unruhe umtreiben. Manche behaupten auch, die Nachrichten, die von seinem Schwiegervater gekommen seien, hätten anders gelautet: es stehe ihm nichts Schlimmes bevor. Und die beiden Lehrer der Philosophie Coeranus, ein Grieche, und Musonius, ein Tuscer[136], hätten ihm geraten, in fester Haltung den Tod zu erwarten, anstatt in Unsicherheit und Unruhe weiterzuleben. Jedenfalls wurde er um die Mittagszeit, für gymnastische Übungen entkleidet, angetroffen. In diesem Zustand ermordete ihn der Centurio in Gegenwart des Eunuchen Pelago, den Nero zum Vorgesetzten des Centurio und seines Manipels gemacht hatte, wie einen königlichen Bediensteten über Trabanten. Der Kopf des Ermordeten wurde Nero überbracht. Als ihn der Princeps sah – ich will seine Äußerung wörtlich wiedergeben –, sagte er: »Warum ...«[137] Dann traf er, befreit von dieser Furcht, Vorbereitungen zu der beschleunigten Hochzeit mit Poppaea, die er wegen solcher Ängste verschoben hatte, und zu der Verstoßung seiner Gattin Octavia, die ihm trotz ihrem anspruchslosen Verhalten wegen ihres Vaters und der Zuneigung des Volkes lästig geworden war. Aber an den Senat richtete er ein Schreiben, ohne die Ermordung des Plautus und Sulla einzugestehen. Vielmehr wies er auf beider aufrührerisches Wesen und auf seine große Sorge um das Wohl des Gemeinwesens hin. Auf diese Begründung hin wurden Dankprozessionen und die Ausstoßung des Sulla und Plautus aus dem Senat beschlossen: das Possenspiel wirkte bereits belastender als das Unglück an sich.

(60) Als nun Nero den Senatsbeschluss erhielt und sah, dass alle seine Verbrechen als rühmliche Handlungen begrüßt wurden, verstieß er Octavia mit der Begründung, sie sei unfruchtbar. Gleich darauf vermählte er sich mit Poppaea. Diese Frau, die schon lange die Geliebte Neros gewesen war und ihn als Ehebrecher und dann als Gatten beherrschte, veranlasste einen von Octavias Dienern, diese eines Liebesverhältnisses zu ei-

nem Sklaven zu bezichtigen. Zum Schuldigen wurde ein gewisser Eucaerus ausersehen, der aus Alexandria stammte und sich auf das Flötenspiel verstand. Peinliche Befragungen der Mägde Octavias darüber fanden statt, wobei einige sich unter den schweren Folterungen dazu bewegen ließen, die falschen Beschuldigungen anzuerkennen. Die Mehrzahl beharrte dabei, die Unbescholtenheit ihrer Herrin zu beteuern. Eine von ihnen antwortete dem Tigellinus auf sein Drängen: »Octavias Scham ist keuscher als dein Mund.« Dennoch wurde sie verstoßen[138], zuerst unter dem Schein einer bürgerlichen Scheidung. Sie erhielt das Haus des Burrus und die Landgüter des Plautus[139] als unselige Geschenke. Dann wurde sie nach Campanien verwiesen und unter militärische Bewachung gestellt. Darüber erhoben sich vielfach Klagen, die im Volk, das ja über weniger Klugheit verfügt, aber auch entsprechend seiner untergeordneten Stellung weniger gefährdet ist, nicht nur heimlich geäußert wurden. Dazu verbreitete sich das Gerücht, Nero habe aus Reue über sein schändliches Verhalten Octavia als seine Gattin zurückgerufen[140].

(61) Gleich darauf zog das Volk in froher Stimmung auf das Capitol und erwies nun endlich wieder den Göttern seine Verehrung. Sie stürzten die Standbilder der Poppaea um, trugen die Bildnisse der Octavia auf ihren Schultern, bestreuten sie mit Blumen und stellten sie auf dem Forum und in den Tempeln auf. Man erging sich sogar in Lobpreisungen des Princeps mit lärmenden Bezeugungen der Verehrung. Und schon drängte sich eine jubelnde Menschenmenge auf dem Palatium[141], als Haufen von Soldaten, die dorthin geschickt waren, mit Schlägen und mit gezückter Waffe die bestürzten Menschen auseinanderjagten. Und so stellte man wieder auf, was man im Aufruhr umgestürzt hatte, und Poppaeas Ehrenbilder wurden wieder an ihren alten Platz gesetzt. Sie, die schon immer von grimmigem Hass beseelt war, zu dem jetzt noch die

Furcht kam, es möchte sich der Pöbel zu weiteren Gewalttaten hinreißen oder Nero durch die Zuneigung des Volkes sich umstimmen lassen, warf sich ihm mit den Worten zu Füßen: soweit sei es mit ihr noch nicht gekommen, dass sie um die Ehe mit ihm kämpfe, obgleich ihr diese höher stehe als ihr Leben, sondern ihr Leben selbst sei durch die Klienten und Sklaven Octavias in äußerste Gefahr gebracht, da sich diese den Namen »Bürgerschaft« beigelegt hätten und sich im Frieden zu Handlungen erkühnten, wie sie kaum im Kriege geschehen. Jene Waffen seien gegen den Princeps erhoben worden. Nur ein Führer habe gefehlt, der sich bei einer Erhebung leicht finden lasse. Sie brauche nur Campanien zu verlassen und sich auf den Weg in die Hauptstadt selbst machen. Ihr Wink aus der Ferne genüge ja schon, um einen Aufruhr zu erregen. Worin sie denn eigentlich gefehlt habe? Wen sie gekränkt habe und womit? Etwa, weil sie echte Nachkommen dem Hause der Caesaren schenken werde? Wolle das römische Volk lieber den Sprössling eines ägyptischen Flötenspielers auf den Herrscherthron gesetzt wissen? Schließlich solle er, wenn es die Zustände bessere, lieber freiwillig als gezwungen die Herrin herbeirufen oder für seine Sicherheit sorgen. Durch eine gerechte Bestrafung und durch maßvolle Gegenmittel habe sich der erste Aufruhr gelegt. Aber wenn man die Hoffnung aufgebe, dass Octavia wieder die Gattin Neros werde, werde man ihr einen anderen Gatten geben.

(62) Diese Worte, die wohlberechnet abwechselnd Furcht und Zorn erregen sollten, erschreckten Nero, als er sie anhörte, und versetzten ihn zugleich in Wut. Aber der Verdacht, der sich gegen den Sklaven richtete, wirkte zu wenig und war zudem durch die Verhöre der Dienerinnen entkräftet worden. Deshalb beschloss man, irgendjemand für ein Geständnis ausfindig zu machen und ihm auch das Verbrechen des Hochverrates anzuhängen. Als geeignet hierzu erschien Anicetus, der

den Muttermord vollzogen hatte und Flottenpräfekt von Misenum war, wie ich schon erwähnt habe[142]. Er hatte sich nach der Ausführung des Verbrechens einige flüchtige Gunst erworben, die sich aber in umso schwereren Hass verwandelte, weil man ja die Helfershelfer bei schlimmen Taten immer wie einen lebendigen Vorwurf vor Augen hat. So ließ ihn denn der Caesar herbeirufen und erinnerte ihn an seine frühere Dienstleistung. Er allein habe das Leben des Princeps gegen die heimtückische Mutter geschützt. Jetzt biete sich Gelegenheit, sich nicht geringeren Dank zu verdienen, wenn er ihm die gefährliche Gattin wegschaffe. Dazu brauche man nicht Faust noch Mordwaffe. Er solle sich nur zum Ehebruch mit Octavia bekennen. Er versprach ihm hohe Belohnungen, die allerdings im Augenblick noch geheim bleiben müssten, und die Möglichkeit, sich in anmutige Gegenden zurückzuziehen. Im Falle der Ablehnung drohte er ihm mit dem gewaltsamen Tod. Anicetus, der von Haus aus ein verschlagener Mensch war und bei seinen früheren Schandtaten sich willfährig erwiesen hatte, erdichtete noch mehr, als ihm aufgetragen worden war. Er legte in einem Freundeskreis des Princeps, den dieser wie zu einer Beratung zusammengerufen hatte, das Geständnis ab. Dann wurde er nach Sardinien verwiesen, wo er als ein ziemlich wohlhabender Mann die Verbannung ertrug und eines natürlichen Todes starb.

(63) Aber Nero gab in einem Erlass bekannt: Octavia habe in der Hoffnung, die Flotte für sich zu gewinnen, den Präfekten verführt, auch habe sie – dabei vergaß er, dass er erst kurz zuvor den Vorwurf der Unfruchtbarkeit erhoben hatte – im Bewusstsein ihrer sinnlichen Ausschweifungen die Leibesfrucht abgetrieben[143]. Und das habe er verbürgt[144] erfahren. Er verbannte Octavia nach der Insel Pandateria[145]. Nie hat der Anblick einer verbannten Frau tieferes Mitleid erweckt. Manche erinnerten sich noch an Agrippina, die Tiberius verbannt hatte;

frischer stand noch im Gedächtnis Iulia, die von Claudius verbannt worden war[146]. Aber diese haben in der Vollkraft ihres Lebens gestanden; auch hatten sie manche frohen Zeiten erlebt, und über die harte Gegenwart half ihnen die Erinnerung an ihr einstiges besseres Geschick hinweg. Für Octavia bedeutete fürs erste der Tag ihrer Hochzeit zugleich ihr Leichenbegängnis: sie wurde in ein Haus geleitet, in dem sie nichts als Leid finden sollte, da ihr der Vater durch Gift entrissen wurde und gleich darauf auch ihr Bruder. Sodann hatte die Magd im Hause mehr zu sagen als die Herrin; die Hochzeit mit Poppaea schloss sich an, die nur zum Verderben der Gattin führte, und zuletzt eine Beschuldigung, die schwerer wog als jeglicher Tod.

(64) Das junge Weib[147], das im zwanzigsten Lebensjahr stand und umgeben von Centurionen und Soldaten war, hatte in Vorahnung des kommenden Unheils mit ihrem Leben bereits abgeschlossen, aber sich doch nicht zu einer gelassenen Haltung gegenüber dem Tod durchgerungen. Nur wenige Tage dauerte es, und sie erhielt den Befehl zu sterben. Vergebens berief sie sich darauf, dass sie ja schon Witwe und nur noch die Schwester des Princeps sei, auf die gemeinsamen Ahnen mit dem Namen Germanicus und zuletzt auf den Namen Agrippina, zu deren Lebzeiten sie zwar unglücklich verheiratet gewesen, aber doch wenigstens am Leben geblieben sei. Sie wurde gefesselt und ihr an allen Gliedern die Adern geöffnet. Da aber das Blut infolge ihrer Angst stockte und zu langsam floss, wurde sie in dem Dampf eines überheißen Bades vollends erstickt. Eine noch schrecklichere Grausamkeit schloss sich an: ihr abgeschnittenes Haupt wurde nach Rom gebracht, wo es Poppaea betrachtete. Aus diesem Anlass wurden Geschenke für die Tempel beschlossen. Zu welchem Zweck ich dies erwähnen will? Wer immer von den Geschehnissen jener Zeiten durch mich oder aus anderen Quellen Kenntnis erhält, soll von vornherein wissen, dass bei jeder Verbannung, bei jedem

Mord, den der Princeps befahl, den Göttern Dank gesagt wurde und dass, was einst das Kennzeichen glücklicher Ereignisse gewesen war, jetzt das eines allgemeinen Unglücks bildete. Dennoch werde ich nicht schweigen, wenn ein Senatsbeschluss eine bisher nicht dagewesene Art der Schmeichelei oder den höchsten Grad von Unterwürfigkeit zum Ausdruck brachte.

(65) In dem gleichen Jahre starben zwei der einflussreichsten Freigelassenen, von Nero vergiftet, wie man glaubte: Doryphorus[148], weil er sich angeblich der Hochzeit Poppaeas widersetzt hatte, Pallas, weil er als hochbetagter Greis an seinem gewaltigen Vermögen zu lange festhielt. Romanus hatte in heimlichen Verleumdungen Seneca beschuldigt, mit C. Piso im Bunde zu stehen[149]. Allein Seneca erhob seinerseits gegen ihn die gleiche Beschuldigung, einen wirkungsvolleren Gegenschlag. Dies versetzte Piso in Furcht, und damit nahm das großangelegte, aber gescheiterte Unternehmen des Anschlags auf Nero seinen Anfang.

Buch XV

(1) Inzwischen[1] hatte der Partherkönig Vologaeses von den Unternehmungen Corbulos und von der Einsetzung des fremdstämmigen Tigranes auf den Thron von Armenien erfahren. Zugleich wollte er sich für die Missachtung der Hoheit der Arsaciden, die durch die Vertreibung seines Bruders Tiridates erfolgt war, rächen. Andererseits sah er sich durch die Größe Roms und durch die Achtung vor dem ununterbrochenen Bündnis[2] zu widerstreitenden Erwägungen hingezogen, auch war er von Natur aus ein Zauderer und durch den Abfall des starken Volksstammes der Hyrcaner[3] in eine Reihe von Kämpfen verwickelt. Während er nun unschlüssig war, stachelte ihn die Nachricht von einer neuen Beleidigung auf: Tigranes hatte die Grenze von Armenien überschritten und das Gebiet der Adiabener, einer angrenzenden Völkerschaft[4], in weiterem Umkreis und länger verwüstet, als dies bei gewöhnlichen Raubzügen geschieht. Darüber waren die Stammeshäuptlinge entrüstet. In so tiefe Verachtung seien sie gesunken, dass es nicht einmal ein römischer Heerführer sei, der bei ihnen einfalle, sondern ein frecher Geisel, der so viele Jahre im Sklavenstand gelebt habe. Ihre Entrüstung schürte noch Monobazus[5], der in Adiabene regierte, durch die Anfrage, welchen Schutz er habe und woher er ihn holen solle. Schon habe man Armenien aufgegeben, und den anschließenden Gebieten gehe es ebenso. Wenn die Parther nicht die Verteidigung übernehmen, werde die Knechtschaft bei den Römern leichter sein, wenn man sich unterwerfe, als wenn man gefangen werde. Auch Tiridates, der aus seinem Königreich geflohen war, wirkte durch sein Schweigen oder seine zurückhaltenden Klagen nur umso bedrückender: Nicht durch eine verzagte Haltung behaupte man große Reiche. Mit Männern und Waffen müsse man zum Kampf antreten. Wenn man an höchster Stelle stehe, sei die

Sache des Stärkeren auch die gerechtere. Seinen Besitz zu behaupten, sei rühmlich für einen Privatmann, um fremden Besitz zu kämpfen, für einen König.

(2) Diese Worte beeindruckten Vologaeses. Er berief eine Versammlung[6], wies dem Tiridates unmittelbar neben sich den Platz an und begann folgendermaßen: »Diesen Mann, der den gleichen Vater hat wie ich, habe ich, als er mir in Anbetracht meines Alters den höchsten Rang abgetreten hat, in den Besitz Armeniens eingesetzt und damit in eine Machtstellung, die als die drittstärkste gilt. Denn Medien hatte Pacorus schon vorher erhalten. Und es schien mir, als ob ich im Gegensatz zu dem alten Bruderhass und den Zwistigkeiten die Verhältnisse in unserer Familie richtig geordnet hätte. Dagegen stellen sich die Römer und brechen den Frieden, den sie noch nie zu ihrem Heil gestört haben, auch jetzt zu ihrem eigenen Verderben. Ich will es nicht in Abrede stellen: lieber durch Gerechtigkeit als mit Blutvergießen, lieber durch Verhandeln als mit Waffengewalt hatte ich festhalten wollen, was die Vorfahren erworben haben. Habe ich durch Zaudern gefehlt, so will ich es durch männliche Haltung wiedergutmachen. Eure Kraft und eure Ehre ist ungeschwächt. Zudem habt ihr den Ruf maßvollen Verhaltens gewonnen, das auch die höchstgestellten Sterblichen nicht missachten dürfen und das selbst die Götter zu schätzen wissen.« Damit umwand er das Haupt des Tiridates mit dem Diadem, übergab die kampftüchtige Reiterschar, die nach der Sitte das Gefolge des Königs bildet, dem Monaeses, einem Mann aus dem Adel, verstärkte sie mit Hilfstruppen der Adiabener und gab den Auftrag, Tigranes aus Armenien zu verjagen, bis er selbst nach Beilegung der Zwistigkeiten mit den Hyrcanern seine Streitkräfte aus dem Innern seines Landes aufbiete und eine gewaltige Kriegsmacht zusammenbringe, um die römischen Provinzen zu bedrohen.

(3) Als Corbulo darüber sichere Kunde erhielt, schickte er

zwei Legionen unter Verulanus Severus und Vettius Bolanus[7] dem Tigranes zu Hilfe mit der geheimen Anweisung, überall mehr bedächtig als übereilt zu handeln. Denn er wollte lieber den Kriegszustand haben als den Krieg wirklich führen[8]. An den Caesar hatte er geschrieben, man benötige einen eigenen Feldherrn zur Verteidigung von Armenien, Syrien sei durch den drohenden Einfall des Vologaeses in schlimmerer Gefahr. Inzwischen ließ er die noch übrigen Legionen am Euphratufer Stellung beziehen, bewaffnete eine in aller Eile ausgehobene Mannschaft von Provinzialen und fing die einmarschierenden Feinde durch vorgeschobene Postierungen ab. Weil die Gegend wasserarm ist, wurden an den Quellen Kastelle angelegt. Einige Wasserläufe verschüttete er mit aufgehäuftem Sand.

(4) Während Corbulo diese Maßnahmen zur Sicherung Syriens traf, setzte sich Monaeses eilends in Marsch, um der Kunde von seinem Erscheinen zuvorzukommen, traf aber Tigranes nicht unwissend oder unvorbereitet an: Er hatte Tigranocerta[9] besetzt, das durch eine starke Besatzung und seine großen Mauern wohl geschützt war. Dazu umfließt der Nicephorius[10], ein beträchtlich breiter Strom, einen Teil der Mauern, und wo man sich auf den Fluss nicht verließ, war ein gewaltiger Graben gezogen. In der Stadt lagen römische Truppen[11], und ein Vorrat an Lebensmitteln war schon vorher bereitgestellt. Als dieser herangeführt wurde, waren einige Soldaten zu gierig ihm entgegengelaufen und von den Feinden plötzlich umzingelt worden, was bei den übrigen mehr Zorn als Furcht erweckte. Aber wenn es gilt, Belagerungen durchzuführen, zeigen die Parther keinen Mut und lassen sich auch auf keinen Nahkampf ein: mit vereinzelten Pfeilschüssen erschrecken sie keinen hinter den Mauern stehenden Feind und richten damit nichts aus. Als die Adiabener Leitern und Belagerungsmaschinen heranzubringen begannen, wurden sie ohne Mühe herun-

tergeworfen und dann von den Unsrigen bei einem Ausfall niedergemacht.

(5) Aber Corbulo, der glaubte, trotz seinen Erfolgen im Glück, maßhalten zu sollen, schickte Boten zu Vologaeses, um darüber Beschwerde zu führen, dass die Provinz angegriffen worden sei: ein verbündeter und befreundeter König sowie römische Kohorten seien eingeschlossen. Er solle lieber die Belagerung aufheben, sonst werde auch er, Corbulo, sein Lager auf feindlichem Boden aufschlagen. Der für diese Abordnung ausersehene Centurio Casperius[12] traf bei der von Tigranocerta siebenunddreißig Meilen entfernten Stadt Nisibis[13] den König und eröffnete ihm in schroffer Form seine Aufträge. Von jeher vertrat Vologaeses den Grundsatz, einen Waffengang mit den Römern zu vermeiden. Auch liefen die Dinge im Augenblick für ihn nicht günstig: die Belagerung blieb ohne Erfolg, Tigranes war gesichert durch seine Truppen und seine Vorräte, in die Flucht geschlagen waren die Truppen, die es unternommen hatten, die Stadt zu erobern, Legionen waren nach Armenien geschickt, andere an der Grenze Syriens zum Einmarsch bereitgestellt, seine eigene Reiterei war durch Futtermangel geschwächt. Denn ein gewaltiger Heuschreckenschwarm hatte alles Gras und Laub weggefressen. So ließ er denn seine Furcht nicht merken, schützte eine versöhnlichere Haltung vor und antwortete, er werde an den römischen Imperator Gesandte schicken wegen seines Anspruches auf Armenien und zur Festigung des Friedens. Dem Monaeses gab er den Befehl, Tigranocerta aufzugeben. Er selbst zog sich zurück.

(6) Dies pries die Mehrzahl als das glänzende Ergebnis der Einschüchterung des Königs und der Drohungen Corbulos. Andere deuteten es als eine geheime Verabredung, nach der beide Parteien auf den Krieg verzichten und mit dem Abzug des Vologaeses auch Tigranes Armenien räumen solle. Denn wozu sonst sei das römische Heer von Tigranocerta abgezogen

worden? Warum habe man die Waffen ruhen lassen und das Gebiet geräumt, das man durch Krieg verteidigt habe? Oder habe man im äußersten Winkel von Cappadocien in eilends errichteten Hütten besser überwintert als in dem Hauptort eines Reiches, das man eben noch fest in Händen gehalten hatte? Sicherlich habe man den Waffengang nur aufgeschoben, damit Vologaeses einen anderen Gegner als Corbulo bekomme und dieser seinen in so vielen Jahren verdienten Ruhm nicht weiterhin aufs Spiel setze. Denn er hatte, wie gesagt, zum Schutze von Armenien einen besonderen Feldherrn verlangt, und man hörte, Caesennius Paetus[14] befinde sich auf der Herreise. Und schon war er auch zur Stelle. Die Truppen wurden so aufgeteilt, dass die vierte und zwölfte Legion unter Zuteilung der fünften, kürzlich von Mösien aufgebotenen, und zugleich der pontischen, galatischen und cappadocischen Hilfstruppen unter dem Befehl des Paetus[15] standen, während die dritte, sechste und zehnte Legion und die früher in Syrien stationierten Truppen bei Corbulo blieben. Im übrigen sollten sie je nach der augenblicklichen Lage gemeinsam handeln oder die Rollen verteilen. Aber Corbulo vertrug sich mit keinem Rivalen, und Paetus, für den es genug des Ruhmes gewesen wäre, als der Nächste zu gelten, setzte Corbulos Erfolge herab: Es sei ja weder Blut geflossen noch Beute gemacht worden, die Eroberung von Städten sei nur dem Namen nach erfolgt. Er werde Abgaben auferlegen und Gesetze erlassen und statt eines Schattenkönigs das römische Recht den Besiegten auferlegen.

(7) Um die gleiche Zeit kamen die Gesandten, die, wie berichtet[16], Vologaeses zu dem Princeps geschickt hatte, unverrichteterdinge zurück[17], und die Parther nahmen die Feindseligkeiten offen auf. Paetus wich dem Krieg nicht aus, sondern mit zwei Legionen, von denen die vierte in dieser Zeit Funisolanus Vettonianus, die zwölfte Calavius Sabinus befehligte, marschierte er in Armenien ein, jedoch unter einem schlim-

men Vorzeichen: Beim Übergang über den Euphrat, der auf einer Brücke erfolgte, wurde ohne ersichtliche Ursache das Pferd, das die konsularischen Abzeichen trug[18], scheu und rannte zurück. Ferner ging ein Opfertier, das bei dem eben im Bau befindlichen Winterlager stand, durch und durchbrach die halbfertigen Befestigungswerke, wobei es über den Wall hinwegsetzte. Auch fingen die Speere der Soldaten Feuer, ein Wunderzeichen, das deshalb besonders auffällig war, weil die parthischen Feinde mit Wurfgeschossen kämpfen[19].

(8) Paetus missachtete jedoch diese Vorzeichen. Er zog in Eilmärschen, noch ehe das Winterlager genügend befestigt war und ohne für den Nachschub gesorgt zu haben, über den Taurus, um, wie er angab, Tigranocerta wiederzuerobern und die von Corbulo verschonten Gegenden zu brandschatzen. Und wirklich wurden einige Kastelle erobert, einiger Ruhm erworben und etwas Beute gemacht – hätte er nur bei seinem Ruhm maßgehalten und die Beute sorgsam behandelt. So aber durchzog er auf langen Märschen ein Gebiet, das er doch nicht halten konnte, die erbeuteten Vorräte verdarben, und da auch der Winter vor der Tür stand, führte er das Heer wieder zurück und verfasste einen großsprecherischen Bericht an den Caesar, der bar allen sachlichen Inhalts war, in dem er aber so tat, als ob der Krieg beendigt sei.

(9) Inzwischen sicherte Corbulo das nie außer acht gelassene Euphratufer durch eine dichtere Reihe von Stützpunkten, und damit nicht die feindlichen Reiterabteilungen einen Brückenschlag verhinderten (schon ließen sie sich ja, durch die Niederungen streifend, mit stattlichem Aufgebot sehen), legte er mit Schiffen von besonderer Größe, die mit Balken miteinander verbunden waren und Turmaufbauten hatten, eine Sperre durch den Fluss und verjagte mit Katapulten und Ballisten die Barbaren, die man mit Steinen und Speeren aus weiterer Entfernung traf, als die Pfeilschüsse der Feinde reichten. Dann

wurde der Brückenbau fortgesetzt. Die gegenüberliegenden Hügel wurden durch bundesgenössische Kohorten und dann durch ein Legionslager besetzt. Dies ging alles so schnell vor sich und zeigte so eindrucksvoll unsere Streitmacht, dass die Parther ihre Vorbereitungen zum Einfall in Syrien aufgaben und ihre ganze Hoffnung auf Armenien setzten.

(10) Dort befand sich Paetus, der die drohende Gefahr nicht ahnte. Er hatte seine fünfte Legion fern im Pontus gelassen. Auch hatte er die anderen Legionen durch die wahllose Gewährung von Urlaub geschwächt, bis man hörte, Vologaeses rücke mit einem großen Aufgebot zum Angriff heran. Nun wurde die zwölfte Legion herbeigeholt[20]. Aber während Paetus gehofft hatte, dadurch werde die Kunde von der Verstärkung seines Heeres umlaufen, wurde nur dessen Schwäche verraten. Und doch hätte Paetus mit diesem Heer das Lager behaupten und durch eine hinhaltende Kriegsführung die Parther zu keinem Erfolg kommen lassen können, wenn er auf seinen eigenen oder auch auf den von anderen stammenden Plänen beharrt hätte. Aber sobald ihn die kriegserfahrenen Männer gegen heraufziehende Gefahren ermutigt hatten, wechselte er wieder, um nicht den Anschein zu erwecken, als ob er fremden Rats bedürfe, zu entgegengesetzten, schlechteren Maßnahmen über. So auch jetzt: er verließ das Winterlager mit dem Ruf, nicht Graben, nicht Wall, sondern Menschen und Waffen seien ihm gegen den Feind in die Hand gegeben, und führte die Legionen heraus, als ob er eine Entscheidungsschlacht liefern wolle. Als er dann einen Centurio und mehrere Leute, die er zur Erkundung der feindlichen Truppen vorausgeschickt hatte, verlor, kehrte er ängstlich wieder zurück. Und weil Vologaeses die Verfolgung nicht tatkräftig aufnahm, stellte er in erneutem unbegründetem Selbstvertrauen dreitausend erlesene Mann zu Fuß auf dem zunächst gelegenen Bergrücken des Taurus auf, um dem König den Übergang zu verwehren. Auch

stellte er seine pannonischen Schwadronen, die Kerntruppe seiner Reiterei, seitwärts in der Ebene auf. Seine Frau und seinen Sohn ließ er in ein Kastell namens Arsamosata bringen und gab ihnen zu ihrem Schutz eine Kohorte[21] mit. So zersplitterte er seine Truppen, die, an einer Stelle zusammengehalten, den planlos umherstreifenden Feind mit größerer Schlagkraft gestellt hätten. Wie man erzählt, konnte er nur mit Mühe dazu gebracht werden, Corbulo seine Notlage einzugestehen. Doch auch Corbulo beeilte sich nicht: er wollte mit der Zunahme der Gefahren auch den Ruhm seiner Hilfe erhöhen. Dennoch gab er Befehl, es sollten sich je tausend Mann von den drei Legionen, achthundert Reiter und ebensoviel Mann von den Kohorten marschbereit machen.

(11) Aber obgleich Vologaeses erfahren hatte, Paetus habe auf der einen Seite mit dem Fußvolk, auf der anderen mit der Reiterei die Wege versperrt, änderte er doch nichts an seinem Plan, sondern rieb durch einen heftigen Angriff die Legionstruppen auf und jagte durch Scheinangriffe den Reiterabteilungen Schrecken ein. Nur ein einziger Centurio namens Tarquitius Crescens wagte den Turm, dessen Besatzung er befehligte, zu verteidigen. Er machte wiederholt Ausfälle und hieb die Barbaren, die zu nahe herankamen, nieder, bis er durch das Schleudern von Feuerbränden überwältigt wurde. Wer von dem Fußvolk unverwundet blieb, flüchtete sich in entlegene, unwegsame Gegenden, die Verwundeten kehrten in das Lager zurück, wo sie die Tapferkeit des Königs, die Wildheit und die Menge der Volksstämme, kurz alles in ihrer Angst übertrieben und bei denen leicht Glauben fanden, die die gleichen Ängste hatten. Nicht einmal der Heerführer bot dem Missgeschick die Stirn, sondern er hatte alle militärischen Verpflichtungen aufgegeben und zum zweitenmal an Corbulo die Bitte um beschleunigtes Erscheinen geschickt, um die Feldzeichen und die Adler und die Überreste des nur dem Namen nach noch vor-

handenen Heeres zu retten. Sie würden inzwischen bis zum letzten Atemzuge treu ausharren.

(12) Corbulo ließ sich nicht erschrecken. Er ließ einen Teil der Truppen in Syrien zurück, um die am Euphrat angelegten Befestigungen zu behaupten, und marschierte auf dem nächsten Wege, auf dem ihm die erforderlichen Lebensmittel zur Verfügung standen, nach Commagene, dann nach Cappadocien und von da nach Armenien[22]. Dem Heer folgte außer dem auch sonst üblichen Tross ein großer Zug mit Getreide beladener Kamele, der ebenso den Feind wie den Hunger vertreiben sollte. Zuerst begegnete ihm von der geschlagenen Truppe der Centurio der ersten Klasse Paccius, dann die Masse der Mannschaften. Als diese mit allen möglichen Begründungen ihre Flucht entschuldigten, ermahnte er sie, zu ihren Fahnen zurückzukehren und es mit der Milde des Paetus zu versuchen. Er selbst kenne Nachsicht nur gegenüber einer siegreichen Truppe. Zugleich wandte er sich an seine eigenen Legionen und sprach ihnen Mut zu: er erinnerte sie an ihre früheren Leistungen und stellte ihnen neuen Ruhm vor Augen. Nicht um Dörfer oder Städte der Armenier gehe es, sondern ein römisches Lager und in ihm zwei Legionen seien das Ziel und der Preis ihrer Anstrengungen. Wenn es schon eine besondere Auszeichnung für den einzelnen Mann bedeute, die Krone für einen geretteten Mitbürger aus der Hand des Imperators zu erhalten[23], welch hohe Ehre würde es sein, wenn man sehe, dass die Zahl der Retter und der Geretteten gleich groß sei. Durch solche und ähnliche Vorstellungen hob er die allgemeine Stimmung, wobei auch für manche schon die Gefahr, in der ihre Brüder oder Verwandten schwebten, einen persönlichen Ansporn bildete, und so setzten sie ununterbrochen bei Tag und Nacht den Eilmarsch fort.

(13) In umso größere Bedrängnis versetzte Vologaeses die Belagerten. Das eine Mal griff er den Wall der Legionen an, das

andere Mal das Kastell, in dessen Schutz sich die nicht waffenfähigen Leute befanden, wobei er näher heranrückte, als es sonst bei den Parthern üblich ist, um vielleicht durch eine solche Verwegenheit den Feind zum Kampf herauslocken zu können. Aber dieser war kaum aus den Zelten herauszubringen und beschränkte sich darauf, die Verschanzungen zu verteidigen, teils auf Befehl des Heerführers, teils aus persönlicher Feigheit oder auch, weil sie auf Corbulo warteten und, falls sie der Übermacht erliegen würden, sich das Beispiel der Übergabe bei Caudium und bei Numantia[24] vor Augen hielten. Und dabei hätten doch die Samniten, ein italischer Volksstamm[25], nicht über die gleiche Kraft verfügt wie die Parther, die Rivalen des römischen Reiches. Auch das kraftvolle und gepriesene Altertum habe, sooft sich das Schicksal gegen es wandte, für seine Rettung gesorgt. Durch diese verzweifelte Stimmung des Heeres sah sich der Heerführer gezwungen, ein Schreiben an Vologaeses zu verfassen, das jedoch vorerst nicht in bittendem Tone gehalten war, sondern gewissermaßen Beschwerde führte: für Armenien, das doch immer unter der Botmäßigkeit Roms oder eines von dem Imperator erwählten Königs gestanden habe, begehe er feindselige Handlungen[26]. Beiden Parteien sei der Friede gleichermaßen nützlich. Vologaeses dürfe nicht die augenblickliche Lage allein ins Auge fassen, er sei gegen zwei Legionen mit den gesamten Streitkräften seines Reiches angetreten. Aber den Römern stehe die ganze übrige Welt zur Fortführung des Krieges zur Verfügung.

(14) Dagegen schrieb Vologaeses, ohne auf die Sache weiter einzugehen, lediglich, er müsse auf seine Brüder Pacorus und Tiridates warten. Wo er jetzt sich befinde: Ort und Zeit seien für eine Beratung über das Schicksal von Armenien bestimmt. Zugleich hätten die Götter – was der Arsaciden würdig sei – vergönnt, dass sie auch über das Schicksal der römischen Legionen beschließen könnten. Darauf schickte Paetus erneut Bo-

ten und bat um eine Unterredung mit dem König, der dem Befehlshaber der Reiterei Vasaces befahl hinzugehen. Paetus wies auf Männer wie Lucullus und Pompeius sowie auf die Caesaren hin[27], soweit sie sich dafür eingesetzt hatten, Armenien zu behaupten oder zu verschenken. Vasaces dagegen betonte, dass wir nur scheinbar die Möglichkeit, Armenien zu behaupten oder zu verschenken, hätten, tatsächlich aber die Parther darüber verfügten. Nach langem Verhandeln hin und her wurde der Adiabener Monobazus für den folgenden Tag als Zeuge für die Vereinbarungen zugezogen. Man beschloss, die Belagerung der Legionen aufzuheben, die gesamten Truppen aus Armenien abzuziehen, die Kastelle und die Lebensmittelvorräte den Parthern auszuliefern. Wenn dies durchgeführt sei, solle Vologaeses die Möglichkeit zur Absendung einer Gesandtschaft an Nero erhalten.

(15) Inzwischen schlug Paetus über den Fluss Arsanias[28], der an dem Lager vorbeifloss, eine Brücke unter dem Vorwand, er brauche sie, um seinen Abmarsch durchzuführen. Jedoch hatten die Parther ihren Bau sozusagen als Beweis ihres Sieges befohlen. Denn sie waren es, die die Brücke benützten, während die Unsrigen in entgegengesetzter Richtung abzogen. Gerüchtweise verlautete sogar, die Legionen seien unter das Joch geschickt worden und es hätten sich auch noch andere unheilvolle Dinge abgespielt, die den bei den Armeniern üblichen Vorkommnissen ähnlich sahen. Denn sie drangen in die Befestigungswerke ein, noch ehe das römische Heer abmarschierte und umstanden die Lagerstraßen, wobei sie die einst von den Römern erbeuteten Sklaven oder Zugtiere, die sie als ihr früheres Eigentum wiedererkannten, wegschleppten. Auch Kleidungsstücke wurden geraubt, Waffen zurückbehalten, und die eingeschüchterten Soldaten ließen es zu, um nur ja keinen Anlass zu einer bewaffneten Auseinandersetzung zu geben. Vologaeses ließ Waffen und Leichen der Gefallenen auf einen Hau-

fen zusammentragen, um unsere Niederlage deutlich sichtbar zu machen, verzichtete aber darauf, sich die Flucht unserer Legionen anzusehen. Er suchte in den Ruf des Maßhaltens zu kommen, nachdem er seinem Hochmut Genüge getan hatte. Er saß auf einem Elefanten, während die nächste Umgebung des Königs auf Pferden ritt, und durchquerte den Fluss Arsanias, weil das Gerücht aufgekommen war, die Brücke werde der Belastung nachgeben; bei ihrem Bau sei Hinterlist am Werk gewesen. Aber wer es wagte, sie zu betreten, merkte, dass sie stark und zuverlässig war.

(16) Übrigens stand es außer Frage, dass die Belagerten so reichlich mit Lebensmitteln versorgt waren, dass sie ihre Speicher in Brand steckten, während Corbulo behauptet hat[29], die Parther hätten infolge von Mangel an Lebensmitteln und nach dem Verbrauch des Grünfutters die Belagerung aufgeben müssen und er selbst sei nur noch drei Tagereisen entfernt gewesen. Er fügte noch hinzu, Paetus habe sich im Beisein der vom König abgeordneten Zeugen bei den Fahnen eidlich verpflichtet, kein Römer werde Armenien betreten, bis das Antwortschreiben Neros gekommen sei, ob er dem Frieden zustimme. Mag dies auch erfunden sein, um die Schande noch größer zu machen, so lässt sich das übrige nicht verheimlichen, dass nämlich Paetus an einem einzigen Tage vierzig Meilen zurückgelegt hat[30], wobei er überall die Verwundeten liegen ließ, und dass jene Flucht Hals über Kopf nicht minder schändlich war, als wenn man in der Schlacht kehrtgemacht hätte. Corbulo traf mit ihnen an dem Ufer des Euphrat zusammen. Aber er ließ seine Truppen nicht im Schmuck ihrer Auszeichnungen und ihrer Waffen aufmarschieren, um die Geflohenen nicht durch das gegensätzliche Bild zu beschämen: eine traurige Stimmung herrschte unter ihnen, und das Los ihrer Kameraden beklagend, vergossen sie sogar Tränen. Kaum kam es vor Weinen zu der üblichen Begrüßung. Verschwunden war der Wettstreit

um den Preis der Tapferkeit und das eifersüchtige Ringen um Ruhm, wovon die Herzen glücklicher Menschen erfüllt sind. Nur das Mitleid machte sich geltend, und zwar bei den unteren Rangstufen in stärkerem Maße.

(17) Zwischen den Heerführern kam es dann zu einer kurzen Aussprache: der eine klagte, er habe sich vergeblich angestrengt, der Krieg hätte durch die Verjagung der Parther beendigt werden können. Der andere gab zur Antwort, noch sei für sie beide nichts verloren; sie dürften nur mit den Adlern kehrtmachen und vereint in das durch den Abzug des Vologaeses geschwächte Armenien einrücken. Corbulo erklärte dagegen, dazu habe er von dem Imperator keine Aufträge. Nur unter dem Eindruck der gefährlichen Lage der Legionen habe er die Provinz verlassen. Da er über die Absichten der Parther in Ungewissheit sei, werde er nach Syrien zurückkehren. Auch so müsse man die gütigste Fortuna anrufen, dass das von den Gewaltmärschen mitgenommene Fußvolk die kampffrische und auf dem ebenen Gelände leicht vorankommende Reiterei der Parther einhole[31]. Darauf ging Paetus in Cappadocien in die Winterquartiere. Aber Vologaeses schickte zu Corbulo Boten mit der Aufforderung, die Kastelle jenseits des Euphrat niederzureißen[32] und den Strom wieder, wie einst, zur Trennungslinie zu machen. Corbulo verlangte dagegen, dass auch Armenien von den feindlichen Besatzungen geräumt werde. Zuletzt willigte der König ein: die Befestigungen, die Corbulo jenseits des Euphrat angelegt hatte, wurden geschleift, und die Armenier blieben sich selbst überlassen.

(18) Aber in Rom wurden Siegestrophäen über die Parther und ein Triumphbogen mitten auf dem kapitolinischen Berge aufgestellt, wie es der Senat beschlossen hatte, als der Krieg noch in vollem Gange war, und worauf man auch jetzt nicht verzichtete, weil man die Schaulust befriedigen wollte und die Erkenntnis der Wirklichkeit verleugnete. Ja, um seine Besorg-

nis über die auswärtige Lage nicht merken zu lassen, ließ Nero das für die Plebs bestimmte, durch die lange Lagerung verdorbene Getreide in den Tiber werfen, um den Glauben an die gesicherte Getreideversorgung aufrechtzuerhalten. Der Preis des Getreides wurde nicht erhöht, obgleich etwa zweihundert schon im Hafen ankernde Schiffe ein heftiges Unwetter und hundert andere während der Fahrt den Tiber hinauf eine zufällige Feuersbrunst vernichtet hatte. Darauf beauftragte Nero drei ehemalige Konsuln, L. Piso, Ducennius Geminus und Pompeius Paulinus[33] mit der Verwaltung der Staatseinkünfte, nicht ohne einen Seitenhieb auf die früheren Herrscher, die infolge ihres verschwenderischen Aufwandes auf die normalen Einnahmen vorgegriffen hätten, während er dem Gemeinwesen jährlich sechzig Millionen Sesterzen schenke[34].

(19) In dieser Zeit hatte eine verderbliche Unsitte um sich gegriffen. Wenn sich die Wahlen näherten oder die Provinzen verlost wurden, nahmen sehr viele Kinderlose durch Scheinadoption Söhne an und entließen, sobald sie als Väter Präturen und Provinzen erlost hatten, die adoptierten Söhne gleich wieder aus der väterlichen Gewalt[35] … [Die richtigen Väter[36]] wandten sich in großer Erbitterung an den Senat. Sie wiesen auf ihr natürliches Recht, auf die mühselige Erziehung gegenüber dem betrügerischen Vorgehen, den Schlichen und der kurzen Dauer der Adoption hin. Genug belohnt seien die Kinderlosen, wenn sie in aller Sorglosigkeit, ohne alle Lasten, Gunst[37] und Ehrenstellen erlangten, kurz, alles ihnen wie von selbst in den Schoß falle. Was aber ihnen aufgrund der Gesetze versprochen sei und worauf sie lange warteten[38], um das würden sie hohnvoll betrogen, wenn jeder, der ohne Mühe Vater, ohne Trauer wieder kinderlos werde, nun sofort das erreiche, was sich die wirklichen Väter schon so lange wünschten. Daraufhin wurde ein Senatsbeschluss gefasst, eine Scheinadoption dürfe in keinem Fall bei der Bewerbung um ein öffentliches

Amt förderlich sein und dürfe auch nicht bei der Inanspruchnahme einer Erbschaft Nutzen bringen.

(20) Darauf wurde der Kreter Claudius Timarchus angeklagt[39]. Es waren Beschuldigungen, wie sie üblich sind bei Provinzialen, die, allzu mächtig und auf ihren zu großen Reichtum pochend, sich zu Übergriffen gegenüber ihren niedriger gestellten Mitbürgern hinreißen lassen. Aber mit einer einzigen Äußerung hatte er sich bis zu einer Schmähung des Senats verstiegen: er sollte gesagt haben, in seine Machtvollkommenheit sei es gelegt, ob den Prokonsuln, die Kreta verwaltet hätten, der Dank ausgesprochen werde[40]. Diese Gelegenheit benützte Thrasea, um für das Wohl der Allgemeinheit einzutreten. Als er dafür gestimmt hatte, den Angeklagten aus der Provinz Kreta zu verbannen, fügte er folgendes hinzu: »Durch die Erfahrung ist erwiesen, versammelte Väter, dass unter Gutgesinnten hervorragende Gesetze, edle Vorbilder ihr Entstehen den Verfehlungen anderer verdanken. So entstanden aus den Ausschreitungen der Redner der Gesetzesantrag des Cincius, aus den Wahlumtrieben der Amtsbewerber die Iulischen Gesetze, aus der Habsucht der Staatsbeamten die Calpurnischen Beschlüsse[41]. Denn die Schuld geht immer der Strafe voraus, die Besserung kommt erst nach der Verfehlung. Daher wollen wir gegen den unerhörten Übermut der Provinzialen einen der Redlichkeit und der Charakterfestigkeit der Römer würdigen Beschluss fassen, durch den die Fürsorge für die Bundesgenossen in keiner Weise geschmälert, jedoch von uns der Eindruck genommen wird, als ob für die Bewertung jedes einzelnen etwas anderes maßgebend ist als das Urteil der römischen Bürger.

(21) Einst schickte man ja nicht nur einen Prätor oder Konsul, sondern auch nichtamtliche Persönlichkeiten zur Besichtigung der Provinzen, damit sie berichteten, was man von dem Gehorsam eines jeglichen Provinzialen zu halten habe. Und

ganze Völkerschaften zitterten vor der Bewertung durch einzelne. Aber jetzt verhätscheln wir die Fremden und umschmeicheln sie, und wie auf den ersten Wink irgendeines Provinzialen eine Danksagung, so wird noch eilfertiger eine Anklage beschlossen. Mag sie auch beschlossen werden, und mag den Provinzialen die Möglichkeit verbleiben, ihre Macht auf solche Weise zu zeigen, doch ein falsches und durch Bitten herausgefordertes Lob möge ebenso unterbunden werden wie Bosheit und Grausamkeit. Mehr Fehler macht man oft, wenn man sich gefällig erweist, als wenn man Anstoß erregt. Ja, es ist doch so, dass gewisse Tugenden, wie unnachgiebige Strenge und eine von Gefälligkeiten unbeeinflussbare Gesinnung, Hass erzeugen. Deshalb sind auch die ersten Schritte unserer Beamten in der Regel die besseren, aber die letzten bewegen sich auf schiefer Bahn, indem wir nach Art der Amtsbewerber Stimmen für uns zusammensuchen. Wenn man solche Missbräuche ausschaltet, werden die Provinzen mit gerechterer und festerer Hand gelenkt werden. Denn wie die Furcht vor den Repetundengesetzen der Habsucht gesteuert hat, so wird durch ein Verbot der Dankbezeugungen der Liebedienerei Einhalt geboten werden.« Großen Beifall fand diese Auffassung.

(22) Doch konnte ein Senatsbeschluss nicht erreicht werden, da die Konsuln erklärten, dieser Punkt sei nicht auf die Tagesordnung gesetzt[42]. Nachher aber setzte man auf Veranlassung des Princeps fest, niemand dürfe bei einer Tagung von Bundesgenossen den Antrag stellen, den Proprätoren oder Prokonsuln[43] im Senat Dank zu sagen, und niemand dürfe eine solche Gesandtschaft übernehmen. Unter den gleichen Konsuln wurde das Gymnasium[44] durch einen Blitz getroffen und brannte ab, wobei das Bild Neros zu einem unförmigen Klumpen zusammenschmolz. Infolge eines Erdbebens stürzte die stark bevölkerte Stadt Pompeii zu einem großen Teil ein[45]. Die Vestali-

sche Jungfrau Laelia starb, an ihre Stelle wurde Cornelia aus der Familie der Cossi gesetzt.

63 n. Chr.

(23) Unter dem Konsulat des Memmius Regulus und Verginius Rufus[46] wurde Nero von Poppaea eine Tochter geboren, was er mit übermenschlicher Freude begrüßte. Er nannte sie Augusta[47] und gab Poppaea den gleichen Beinamen. Der Ort der Niederkunft war die Kolonie Antium, wo auch Nero geboren war. Schon vorher hatte der Senat den schwangeren Leib der Poppaea den Göttern anempfohlen und öffentliche Gelübde dargebracht, die jetzt vervielfacht eingelöst wurden. Auch Dankprozessionen wurden veranstaltet und ein Tempel der Fruchtbarkeit sowie ein Wettkampf nach dem Muster der religiösen Feier von Actium[48] beschlossen. Ferner sollten goldene Bilder der Glücksgöttinnen[49] an dem Thron des kapitolinischen Iuppiter aufgestellt und ein Circusspiel, wie für das iulische Geschlecht in Bovillae, für die Claudier und Domitier in Antium veranstaltet werden. Doch diese Beschlüsse wurden nicht wirksam: im vierten Monat starb das Kind. Und wiederum meldeten sich die Schmeichler und beantragten göttliche Verehrung, ein Götterpolster, einen Tempel und einen Priester. Wie in der Freude, so zeigte sich Nero in der Trauer maßlos. Es findet sich vermerkt, Thrasea sei, als der ganze Senat gleich nach der Geburt nach Antium strömte, dort abgewiesen worden und habe unerschütterten Sinnes diese Kränkung als Vorbote des bevorstehenden gewaltsamen Todes hingenommen. Hernach habe sich, wie berichtet wird, der Caesar gegenüber Seneca mit der Behauptung gebrüstet, er habe sich mit Thrasea ausgesöhnt, und Seneca habe dem Caesar dazu Glück gewünscht. Dies mehrte den Ruhm der beiden hervorragenden Männer, aber auch ihre Gefahren.

(24) Indessen brachten zu Beginn des Frühlings Gesandte der Parther mündliche Aufträge des Königs Vologaeses mit ei-

nem Schreiben gleichen Inhalts: er lasse jetzt die früheren, so oft vorgebrachten Erörterungen über die Ansprüche auf Armenien beiseite, weil ja die Götter als Schiedsrichter über Völker, mögen diese noch so mächtig sein, dessen Besitz den Parthern nicht ohne Schmach für die Römer überantwortet hätten. Kürzlich habe er Tigranes eingeschlossen, dann habe er Paetus und die Legionen, obgleich er sie hätte vernichten können, unbehelligt abziehen lassen. Zur Genüge habe er seine Macht erwiesen, auch von seiner Milde habe er eine Probe gegeben. Und Tiridates würde sich nicht weigern, zur Entgegennahme des Diadems nach Rom zu kommen, wenn er nicht durch die heilige Verpflichtung seines Priesteramtes festgehalten würde. Er werde vor den Feldzeichen und Bildern des Princeps[50] erscheinen, um dort in Gegenwart der Legionen feierlich die Königswürde entgegenzunehmen.

(25) Angesichts dieses Briefes des Vologaeses wurde der mit den Gesandten erschienene Centurio, weil ja Paetus gerade das Gegenteil geschrieben hatte, nämlich es sei alles in bester Ordnung, befragt, wie es in Armenien stehe. Er gab zur Antwort: »Alle Römer haben es geräumt.« Jetzt merkte man den Hohn der Barbaren, die um das baten, was sie uns bereits geraubt hatten. Nero hielt eine Beratung mit den führenden Männern der Bürgerschaft über die Frage ab, ob man einen Krieg mit zweifelhaftem Ausgang oder einen schimpflichen Frieden wählen solle. Ohne Schwanken entschied man sich für den Krieg. Corbulo, der schon seit so vielen Jahren seine Soldaten und die Feinde kannte, wurde mit seiner Durchführung beauftragt, damit nicht wiederum infolge der Unerfahrenheit eines anderen Beauftragten Fehler begangen würden und weil man des Paetus überdrüssig geworden war. So wurden die Gesandten unverrichteterdinge zurückgeschickt. Man gab ihnen jedoch Geschenke mit, um die Hoffnung zu erwecken, Tiridates würde die Bitte zum zweiten Male nicht vergeblich stellen, wenn

er sie persönlich vorbrächte. Die vollziehende Gewalt in Syrien wurde C. Cestius[51], die militärischen Befugnisse Corbulo übertragen. Die fünfzehnte Legion unter der Führung von Marius Celsus[52] wurde aus Pannonien herbeigeholt. An die Tetrarchen und Könige, an die Präfekten und Prokuratoren sowie an alle Prätoren[53], die die nächstgelegenen Provinzen verwalteten, erging ein schriftlicher Erlass, sie hätten den Befehlen Corbulos Folge zu leisten. Dadurch wurde dessen Befehlsgewalt etwa in dem Umfang verstärkt, wie sie das römische Volk dem Cn. Pompeius zur Führung des Seeräuberkrieges verliehen hatte[54]. Obgleich Paetus nach seiner Rückkehr Schlimmeres befürchtete, begnügte sich der Caesar, ihm mit spöttischen Worten zuzusetzen. Dem Sinne nach sagte er zu ihm, er wolle ihm sofort verzeihen, damit ihn nicht, wo er doch so leicht in Angst gerate, eine länger dauernde Beunruhigung auch noch krank mache.

(26) Aber Corbulo verlegte die vierte und zwölfte Legion, die nach dem Verlust ihrer tapfersten Leute angesichts des Schreckens, der die Übriggebliebenen erfasst hatte, nicht mehr recht kampfkräftig erschienen, nach Syrien und führte die sechste und dritte Legion, die noch intakt und in zahlreichen glücklichen Unternehmungen erprobt waren, nach Armenien. Er zog noch die fünfte Legion hinzu, die im Pontus stand und in die Niederlage nicht verwickelt worden war. Dazu kamen die eben herbeigeführte fünfzehnte Legion und auserlesene Truppenteile aus den Legionen in Illyricum[55] und Ägypten sowie alle verfügbaren Alen und Kohorten. Die Hilfstruppen der Könige wurden in Melitene[56] zusammengezogen, wo er Vorbereitungen zum Übergang über den Euphrat traf. Dann entsühnte er dem Brauche entsprechend das Heer und berief es zu einer Versammlung, in der er tönende Worte über die göttliche Berufung des Imperators und über seine eigenen Taten fand und alles Missgeschick auf die Unerfahrenheit des Paetus

schob, wobei ihm, dem Soldaten, sein hohes persönliches Ansehen die fehlende Beredsamkeit ersetzte.

(27) Darauf schlug er den Weg ein, auf dem einst L. Lucullus vormarschiert war[57], und ließ die Hindernisse, die im Laufe der langen Zeit den Weg versperrt hatten, beseitigen. Die Gesandten, die von Tiridates und Vologaeses zu Friedensverhandlungen kamen, wies er nicht ab, sondern gab ihnen Centurionen bei mit Aufträgen, die nicht unfreundlich waren: noch sei es nicht so weit gekommen, dass man den Kampf als letztes Mittel benötige. Vieles sei für die Römer, manches auch für die Parther glücklich verlaufen: eine Warnung vor Übermut. Darum sei es für Tiridates nützlich, ein von Verwüstungen verschontes Königreich als Geschenk zu empfangen, und Vologaeses werde besser durch ein Bündnis mit Rom als durch gegenseitige Schädigung für das parthische Volk sorgen. Er wisse ja, mit welchen Zwistigkeiten er im Inneren zu tun habe und wie unbändig und wild die Völker seien, über die er regiere. Dagegen habe sein Imperator bei allseitig ungestörtem Frieden nur diesen einzigen Krieg zu führen. Um zugleich seinem Rat durch Einschüchterung Nachdruck zu verleihen, verjagte er die armenischen Veziere, die zuerst von uns abgefallen waren, aus ihren Residenzen, zerstörte ihre Burgen und verbreitete in dem Flachland wie auch in den Bergen, unter Starken und Schwachen die gleiche Furcht.

(28) Der Name Corbulo wurde auch bei den Barbaren weder mit Erbitterung noch feindseligem Hass gehört, und so glaubten sie seinem Rat vertrauensvoll. Auch Vologaeses benahm sich, alles in allem genommen, nicht trotzig, suchte vielmehr für einige Statthalterschaften[58] einen Waffenstillstand zu erreichen. Tiridates verlangte Ort und Zeit für eine Unterredung. Ein naher Termin und als Ort der, an dem kürzlich die von Paetus befehligten Legionen belagert worden waren, wurden von den Barbaren im Gedenken an das dortige, für sie er-

freulichere Geschehen ausgewählt. Corbulo schlug dies nicht aus, um durch das unterschiedliche Geschick seinen Ruhm zu mehren. Auch fühlte er sich durch die Schande, die Paetus auf sich geladen hatte, nicht bedrückt[59], was dadurch besonders in Erscheinung trat, dass er dessen Sohn, einem Tribunen, den Befehl gab, einige Manipel dorthin zu führen und die Spuren des unseligen Kampfes zu beseitigen. An dem verabredeten Tage kamen Tiberius Alexander, ein erlauchter römischer Ritter, der ihm als Gehilfe für die Kriegführung zugeteilt war[60], und Vinicianus Annius, der Schwiegersohn Corbulos, der noch nicht im senatorischen Alter stand und an Stelle eines Legaten[61] die fünfte Legion befehligte, in das Lager des Tiridates. Dies sollte eine Ehrung für Tiridates und für ihn zugleich ein Sicherheitspfand gegenüber einer etwaigen Hinterlist sein. Jede Partei nahm zwanzig Reiter mit. Als der König Corbulo erblickte, sprang er zuerst vom Pferde, und auch Corbulo säumte nicht. Beide reichten sich stehend die Hände. Dann lobte der Römer den jungen Mann, dass er die abschüssige Bahn verlassen und den sicheren und heilbringenden Weg eingeschlagen habe. Tiridates erging sich zuerst weitschweifig über den Adel seines Geschlechtes, während er in seinen übrigen Ausführungen bescheiden war. Er werde also nach Rom gehen und dem Caesar eine unerhörte Ehrung bringen, den Besuch eines Arsaciden, der, ohne dass die Parther in misslicher Lage seien, als Bittsteller komme. Darauf wurde vereinbart, Tiridates solle vor dem Bild des Caesars das königliche Abzeichen niederlegen und es nur aus der Hand Neros zurücknehmen. Die Unterredung wurde mit einem Kuss beendigt.

(29) Dann wurden nach Verlauf von wenigen Tagen unter großem Gepränge beiderseits dort die Reiterei in Geschwadern mit ihren landesüblichen Abzeichen, hier die Kolonnen der Legionen mit funkelnden Adlern, Feldzeichen und Götterbildern, wie in einem Tempelbezirk, aufgestellt. In der Mitte

befand sich ein Tribunal, auf dem ein kurulischer Sessel stand mit dem Bild Neros. Zu diesem trat Tiridates vor, und als der Sitte entsprechend Opfertiere geschlachtet waren, nahm er von seinem Haupt das Diadem und legte es vor dem Bild nieder unter allseitiger tiefer Bewegung, die noch durch das immer noch vor Augen stehende Bild von den erschlagenen oder eingeschlossenen römischen Heeren verstärkt wurde. Doch jetzt habe sich die Lage gewandelt. Die Reise des Tiridates werde ein Schaustück für die ganze Welt bilden. Wie gering sei der Unterschied zwischen ihm und einem Gefangenen!

(30) Diesem ruhmvollen Akt ließ Corbulo in höflicher Weise ein Gastmahl folgen; und als der König bei allem ihm bisher Unbekannten, das er bemerkte, fragte, was es damit für eine Bewandtnis habe, z. B. dass durch einen Centurio das Aufziehen der Nachtwache gemeldet, dass der Schluss des Essens durch einen Trompetenstoß angezeigt und der vor dem Feldherrnzelt aufgebaute Altar durch eine Fackel in Brand gesetzt werde[62], gab er dem allem eine übertriebene Bedeutung und versetzte ihn in Erstaunen über den althergebrachten Brauch. Am folgenden Tage bat ihn Tiridates um Aufschub, um vor Antritt einer so weiten Reise noch vorher seine Brüder und seine Mutter zu besuchen. Er übergab inzwischen als Geisel seine Tochter und einen unterwürfigen Brief an Nero.

(31) Nach seiner Abreise traf er mit Pacorus in Medien, in Ecbatana[63] mit Vologaeses zusammen, der nicht ohne Sorge um seinen Bruder war. Er hatte nämlich von sich aus durch Boten Corbulo gebeten, Tiridates auch nicht dem Schein einer Unterwerfung auszusetzen, ihn auch nicht seine Waffe ablegen zu lassen, ihn nicht von der Begrüßung durch die Statthalter der Provinzen auszuschließen oder vor ihren Türen warten zu lassen. Es solle ihm in Rom die gleich hohe Ehre wie den Konsuln erwiesen werden. Offenbar hatte er, der an ausländischen Hochmut gewöhnt war, keine Kenntnis davon, dass bei uns

nur wirkliche Herrschermacht Geltung hat und eitles Getue übergangen wird.

(32) In demselben Jahr nahm der Caesar die Völkerschaften der Seealpen in das latinische Recht[64] auf. Den römischen Rittern wies er ihre Plätze im Circus vor denen der Bürgerschaft an. Denn bis zu diesem Tage gab es im Circus keine gesonderten Plätze, weil das Roscische Gesetz nur über die vierzehn Sitzreihen verfügt hat[65]. Die Gladiatorenspiele fanden in diesem Jahre mit der gleichen Pracht wie früher statt. Aber eine größere Anzahl von erlauchten Frauen und von Senatoren machten sich durch ihr Auftreten in der Arena Schande.

(33) Unter dem Konsulat des C. Laecanius und M. Licinius wurde Nero von einer von Tag zu Tag wachsenden Begierde erfasst, auf öffentlichen Bühnen aufzutreten. Bisher hatte er nur in seinem Palast oder in einem Park an den Iuvenalischen Spielen[66] gesungen, die er aber als zu schwach besucht und deren Rahmen er für seine mächtige Stimme als zu eng ablehnte. Doch wagte er es nicht, in Rom damit den Anfang zu machen, sondern er wählte dazu Neapel aus, weil es eine griechische Stadt sei. Dort wolle er zuerst auftreten und dann nach Achaia hinüberfahren, um die berühmten, seit alters geheiligten Kränze[67] zu erlangen und durch seinen so vermehrten Ruhm den Bürgern ihren Beifall zu entlocken. So wurde denn das dortige Stadtvolk zusammengetrieben, und zusammen mit ihm füllten die Bewohner der nächstgelegenen Kolonien und Landstädte, die die Kunde von diesem Ereignis herbeigelockt hatte, ferner alle diejenigen, die ehrenhalber oder zu allerlei dienstlichen Verpflichtungen im Gefolge des Caesars waren, ja sogar ganze Soldatenabteilungen[68] das Theater in Neapel.

64 n. Chr.

(34) Dort kam es, wie die meisten glaubten, zu einem traurigen, nach Neros Auffassung aber zu einem die Huld der Götter ankündenden Vorfall. Als das Publikum das Theater verlassen

hatte und dieses leer stand, stürzte es ein, jedoch ohne dass jemand Schaden nahm. Deshalb dankte er den Göttern in sorgsam ausgearbeiteten Liedern, in denen er den glücklichen Ausgang des kürzlichen Ereignisses pries. In der Absicht, über das Adriatische Meer zu fahren, machte er einstweilen in Benevent[69] halt. Dort veranstaltete Vatinius ein zahlreich besuchtes Gladiatorenspiel. Vatinius gehörte zu den abscheulichsten Missgeburten an Neros Hof. Er stammte aus einer Schusterwerkstatt, war missgestaltet, ein pöbelhafter Possenreißer, den man zuerst nur als Zielscheibe kränkenden Witzes zugezogen hatte, der es aber im Laufe der Zeit durch die Verleumdung der rechtschaffensten Männer zu solcher Geltung gebracht hatte, dass er durch Beliebtheit, Reichtum und durch sein schädliches Wirken sogar über die schlechten Elemente hinausragte[70].

(35) Nero, der das von Vatinius veranstaltete Schauspiel häufig besuchte, stellte sein verbrecherisches Treiben nicht einmal in der Zeit ein, da er sich diesen Genüssen hingab. Denn eben in diesen Tagen wurde Torquatus Silanus[71] in den Tod getrieben, weil er neben der Berühmtheit des iunischen Hauses Augustus als Urgroßvater aufzuweisen hatte. Die Ankläger hatten die Weisung, ihn als einen freigebigen Verschwender auszugeben, der seine ganze Hoffnung auf einen Umsturz gründe. Ja, unter seinen Freigelassenen befänden sich Leute, die er »ab epistulis«, »a libellis« und »a rationibus« nenne, lauter Titel, die eine Tätigkeit an höchster Stelle bezeichnen – und Vorübungen seien[72]. Dann wurden seine vertrautesten Freigelassenen verhaftet und abgeführt, und da seine Verurteilung bevorstand, schnitt sich Torquatus die Adern an den Armen auf. Hernach erklärte Nero, wie üblich, er sei zwar schuldig und habe mit Recht sich nicht auf eine Verteidigung eingelassen, aber er wäre am Leben geblieben, wenn er auf die Milde des Richters[73] gewartet hätte.

(36) Bald darauf verzichtete er für den Augenblick auf die Reise nach Achaia (die Gründe blieben im dunkeln) und kehrte nach Rom zurück, während sich im geheimen seine Phantasien mit den Provinzen des Orients, hauptsächlich mit Ägypten, beschäftigten. Als er dann in einem Edikt betont hatte, seine Abwesenheit werde nicht lange dauern und alles werde in dem Gemeinwesen ebenso unverändert wie glücklich weitergehen, besuchte er anlässlich dieser Reise das Capitol. Dort betete er zu den Göttern, und wie er auch den Tempel der Vesta betrat, überkam ihn ein plötzliches Zittern an allen Gliedern, mag ihn nun die Gottheit erschreckt haben, oder war er im Gedenken an seine Schandtaten nie frei von Angst. So gab er nun sein Vorhaben auf und erklärte, alle seine persönlichen Anliegen wögen leichter als seine Liebe zur Vaterstadt. Er habe die traurigen Gesichter seiner Mitbürger gesehen, er höre ihre geheimen Klagen darüber, dass er eine so weite Reise antreten wolle, wo sie doch nicht einmal seine kurzen Ausflüge ertrügen, weil sie gewohnt seien, gegenüber den Unberechenbarkeiten des Daseins im Blick auf den Princeps Trost zu finden. Wie man daher im Privatleben den nächsten Angehörigen den Vorzug gebe, so entscheide über ihn das römische Volk, und wenn es ihn zurückhalte, so müsse er gehorchen. Diese und ähnliche Beteuerungen hörte das Volk gerne, weil es vergnügungssüchtig ist und, was sein Hauptanliegen bildete, im Falle der Abwesenheit des Princeps Kornverteuerung befürchtete. Der Senat und die führenden Männer waren darüber im Zweifel, ob er schrecklicher wirke, wenn er abwesend oder wenn er anwesend sei. Zuletzt hielten sie, wie es in schweren Angstzuständen ganz natürlich ist, das für schlimmer, was dann wirklich eingetreten war.

(37) Um nun den Glauben zu erwecken, er fühle sich nirgends so wohl wie in Rom, veranstaltete er Bewirtungen an öffentlichen Plätzen und machte gleichsam die ganze Stadt zu

seinem Hause. Das größte Aufsehen und Gerede erregte durch seine Üppigkeit das Gastmahl, das Tigellinus veranstaltete. Ich will es als Beispiel anführen, um nicht zu oft von der gleichen Schlemmerei erzählen zu müssen. Auf dem See des Agrippa[74] ließ er ein Floß bauen, auf dem die Tafel angerichtet war und das im Schlepptau von anderen Fahrzeugen sich vorwärtsbewegte. Die Schiffe waren mit Gold und Elfenbein ausgelegt, und als Ruderer waren Lustknaben eingeteilt, die man nach dem Gesichtspunkt von Alter und Erfahrung in sinnlichen Ausschweifungen ausgewählt hatte. Er hatte Geflügel und Wildbret aus fernen Ländern sowie Seetiere weit vom Ozean herkommen lassen. An den Seeufern standen Bordelle voll mit adeligen Frauen, dagegen ließen sich öffentlich Freudenmädchen mit nackten Körpern sehen. Schon kam es auch zu unzüchtigen Gebärden und Bewegungen, und als es dunkel wurde, erscholl ringsum in dem ganzen Park und in den Häusern Gesang und erglänzte heller Lichterschein. Nero selbst, der sich in erlaubter und nicht erlaubter Weise bloßstellte, hatte keine Schandtat übriggelassen, die seine Verderbtheit noch hätte steigern können, nur dass er einige Tage später einen Lustknaben aus jener Horde – er hieß Pythagoras – in einer richtigen Hochzeitsfeier heiratete. Der Imperator wurde in einen Brautschleier gehüllt und Vogelschauer wurden geschickt[75]. Man sah die Mitgift, das Ehelager und die Hochzeitsfackeln, kurz alles, was sogar, wenn es sich um eine Frau handelt, die Nacht verhüllt.

(38) Es folgte nun ein Unglück, bei dem es ungewiss ist, ob es auf Zufall oder auf die Heimtücke des Princeps zurückzuführen war; beides haben die Schriftsteller überliefert. Aber es war schwerer und schrecklicher als alles, was je über diese Stadt durch Feuersmacht gekommen ist. Der Brand brach in dem an den Palatinischen und den Coelischen Berg stoßenden Teil des Circus aus. Dort nahm in den Kaufläden mit ihren leicht ent-

zündbaren Waren das Feuer gleich bei seinem Entstehen ein starkes Ausmaß an und erfasste, vom Wind angefacht, rasch die ganze Länge des Circus. Denn die Häuser waren weder durch Brandmauern abgeschirmt noch die Tempel mit Mauern umgeben, und auch sonst lag kein Hindernis dazwischen, das dem Feuer hätte Einhalt gebieten können. Der Feuersturm durchraste zuerst die ebenen Teile der Stadt, dann fraß er sich in die höher gelegenen hinauf, verheerte dann wieder die Niederungen und kam infolge der Schnelligkeit, mit der das Unheil um sich griff, allen Abwehrmaßnahmen zuvor. Denn die Stadt mit ihren engen Straßen und den hin und her sich windenden riesigen Häuserreihen, wie ja das alte Rom gebaut war, wurde eine leichte Beute des Feuers. Dazu gesellten sich die jammernden, verängstigten Frauen, die altersschwachen Greise und die unbeholfenen Kinder. Die Leute waren teils auf ihre eigene Rettung, teils auf die anderer bedacht, wobei sie Kranke wegschleppten oder noch auf solche warteten, teils stehen bleibend, teils sich beeilend, kurz überall hindernd im Wege waren. Und oft wurden sie, während sie zurücksahen, seitwärts oder von vorne von den Flammen eingeschlossen. Und wenn sie sich in nahegelegene Bezirke retten konnten, wurden auch diese von dem Feuer erfasst; ja in denen, die sie für weitab gehalten hatten, fanden sie die gleiche Lage vor. Zuletzt standen sie ratlos, welche Richtung sie meiden oder einschlagen sollten, in Haufen in den Straßen oder warfen sich auf den Feldern zu Boden. Manche hatten ihr ganzes Hab und Gut verloren, sogar die Lebensmittel für den täglichen Bedarf, andere kamen aus Liebe zu ihren Angehörigen, die sie nicht hatten retten können, um, obwohl sie die Möglichkeit zu fliehen gehabt hätten. Und niemand hatte den Mut, das Feuer einzudämmen, weil immer wieder zahlreiche Leute mit Drohungen das Löschen verhinderten, andere ganz offen Feuerbrände warfen und dabei schrien, hinter ihnen stehe ein Auftraggeber, umso ungehemmter plündern zu können. Vielleicht war es ihnen auch wirklich befohlen worden[76].

(39) In der Zwischenzeit hielt sich Nero in Antium auf und kehrte erst nach Rom zurück, als das Feuer sich seinem Palast, den er mit dem Palatium und den Parkanlagen des Maecenas[77] verbunden hatte, näherte. Doch konnte dem Feuer nicht Einhalt geboten werden. Auch das Palatium und sein Palast und alles ringsum wurde von ihm verzehrt. Als Trost für die obdachlose, umherirrende Bevölkerung gab er das Marsfeld und die Bauwerke des Agrippa frei, ja sogar seine eigenen Parkanlagen und errichtete Notbauten zur Unterbringung der mittellosen Menge. Hausrat wurde von Ostia und den benachbarten Landstädten herbeigeführt und der Getreidepreis auf drei Sesterzen herabgesetzt. Dies waren Maßnahmen, die zwar von dem Volk begrüßt wurden, aber sie verfehlten ihren Zweck, da sich das Gerücht verbreitet hatte, eben in der Zeit, da Rom brannte, sei Nero auf seiner Hausbühne aufgetreten und habe den Untergang Troias besungen, wobei er das augenblickliche Unglück mit Katastrophen aus dem Altertum verglich.

(40) Erst am sechsten Tage wurde man am untersten Teil der Esquilien[78] des Feuers dadurch Herr, dass man die Gebäude weithin einriss, damit das zusammenhängende Flammenmeer auf einen freien Raum und gleichsam auf den leeren Himmel stoße. Noch ehe sich die Furcht gelegt oder das Volk neue Hoffnung geschöpft hatte, griff das Feuer neuerdings um sich, und zwar mehr in den freiliegenden Stadtteilen, weshalb auch weniger Menschen umkamen. Jedoch Göttertempel und Säulenhallen, die dem Lustwandeln gewidmet waren, stürzten in umso größerem Ausmaß zusammen. Dieser erneute Brand war der Anlass zu noch üblerer Nachrede, weil er in den Aemilianischen Grundstücken[79] des Tigellinus ausgebrochen war und es so aussah, als ob Nero nach dem Ruhm des Gründers einer neuen Stadt trachte, die seinen Namen erhalten sollte.

Denn Rom ist in vierzehn Regionen eingeteilt, von denen nur vier unversehrt blieben. Drei wurden bis auf den Grund zerstört, von den sieben übrigen blieben nur wenige Häuserreste übrig, die schwer beschädigt und halb verbrannt waren.

(41) Die Zahl der Paläste, der Häuserviertel und Tempel, die verlorengingen, anzugeben, dürfte nicht leicht sein. Von den uralten, heiligen Stätten gingen in Flammen auf: die von Servius Tullius der Luna errichtete, der große Altar und die Kapelle, beide von dem Arcader Euandros dem Hercules anlässlich dessen Anwesenheit geweiht, der dem Iuppiter Stator von Romulus gelobte Tempel, die Königsburg des Numa und das Heiligtum der Vesta samt den Penaten des römischen Volkes[80], ferner die in so vielen Siegen erworbenen Schätze und Schmuckstücke griechischer Kunst, sodann die alten, noch unverfälschten Denkmäler großer Geister, deren viele, mochte auch die Stadt in noch so großer Schönheit wieder erstanden sein, die ältere Generation noch im Gedächtnis hat und die nicht wieder hergestellt werden konnten. Manche vermerkten, dass das Feuer am 19. Juli ausgebrochen sei, am gleichen Tage, an dem die Senonen[81] die eroberte Stadt in Flammen aufgehen ließen. Andere sind in ihrer sorgfältigen Berechnung so weit gegangen, dass sie gleich viele Jahre, Monate und Tage zwischen den beiden Bränden zählten[82].

(42) Nero aber machte sich die Zerstörung seiner Vaterstadt zunutze, indem er sich einen Palast[83] erbaute, in dem weniger Edelsteine und Gold, was schon längst zum üblichen, verbreiteten Luxus zählte, bewundert werden sollten als Grünanlagen und Teiche und, als ob man in menschenferner Gegend wäre, Waldbestände abwechselnd mit offenen Flächen und mit Fernsicht. Die Aufsicht über diese Anlagen sowie ihre Planung lagen in den Händen des Severus und Celer, die über die Erfindungskraft und auch über die Kühnheit verfügten, auch was die Natur versagt hatte, durch Kunst zu versuchen – und

die Mittel des Princeps zu vergeuden. Denn sie hatten versprochen, von dem Averner See[84] bis zu der Tibermündung einen schiffbaren Kanal zu graben entlang der unwirtlichen Küste oder auch durch die Berge, die im Wege lagen. Kein anderes Gebiet, das die erforderliche Wassermenge hätte liefern können, gab es dort außer den Pomptinischen Sümpfen. Alles übrige Land ist felsig und wasserarm, und hätte auch ein Durchstich gemacht werden können, so hätte es unüberwindliche Mühe gekostet, dabei ohne rechte Begründung. Nero jedoch versteifte sich entsprechend seiner Art, immer das Unglaubliche zu wollen, darauf, die dem Averner See zunächst gelegenen Höhen zu durchstechen. Noch immer sieht man die Spuren dieses vergeblichen Versuches.

(43) Was Neros Palast von dem Stadtgebiet nicht beanspruchte, wurde jedoch nicht, wie nach dem gallischen Brand, planlos, wie es gerade kam, wieder aufgebaut, sondern die Häuserreihen wurden regelmäßig angelegt mit breiten Straßen und mit beschränkter Gebäudehöhe. Auf den Bauplätzen wurde Hofraum frei gelassen und wurden Säulenhallen angefügt, um die Vorderseite der Mietshäuser zu beschatten. Diese Säulenhallen versprach Nero mit eigenem Gelde zu bauen und die Bauplätze, vom Schutt geräumt, den Eigentümern zu übergeben. Auch setzte er Prämien je nach dem Stand und der Vermögenslage des einzelnen aus und bestimmte eine Frist, innerhalb derer man die Prämien für die Fertigstellung der Einzelhäuser oder der Mietshäuser erhalten sollte. Für die Schuttablage bestimmte er die Sümpfe von Ostia und ordnete an, die Schiffe, die das Getreide den Tiber hinaufführten, bei der Rückfahrt mit dem Schutt zu beladen, ferner, dass ein bestimmter Teil der Gebäude selbst ohne Balken aus Gabinischem oder Albanischem Stein[85] fest aufgeführt werde, weil dieser gegen Feuer widerstandsfähiger ist. Auch sollten die Gebäude keine gemeinsamen Wände haben, sondern jedes

mit einer eigenen Mauer umgeben werden. Weiterhin wurden die Wasserleitungen, denen von Privatpersonen willkürlich Wasser entnommen worden war, unter Aufsicht gestellt, damit es reichlicher fließe und an einer größeren Zahl von Stellen der Bevölkerung zur Verfügung stehe. Auch sollte jeder Hausbesitzer in seinem Vorhof Löschmittel bereitstellen. Diese Maßnahmen, die ihres praktischen Nutzens wegen willkommen waren, dienten zugleich der Verschönerung der Stadt. Doch wurden auch Stimmen laut, die alte Bauweise sei der Gesundheit zuträglicher gewesen, weil die engen Straßen und die hohen Häuser nicht so sehr die Sonnenhitze hätten durchdringen lassen, während jetzt auf den breiten, offenen, von keinem Schatten geschützten Straßen die glühende Hitze noch drückender laste.

(44) Das waren die Maßnahmen, die menschlicher Fürsorge entsprangen. Dann suchte man die Götter zu versöhnen. Man wandte sich an die Sibyllinischen Bücher, denen zufolge Gebete an Volcanus, Ceres und Proserpina gerichtet wurden und die Gnade der Iuno[86] durch Matronen erfleht wurde, zuerst auf dem Capitol, dann an der zunächst gelegenen Stelle des Meeres, aus dem man Wasser zum Besprengen des Tempels sowie des Bildes der Göttin schöpfte. Auch veranstalteten verheiratete Frauen Speiseopfer und nächtliche Feiern[87]. Aber nicht menschliche Hilfe, nicht freigebige Spenden des Princeps oder Sühnemittel für die Götter konnten das schlimme Gerücht aus der Welt schaffen, der Brand sei auf Befehl gelegt worden. Und so schob Nero, um dieses Gerücht zu ersticken, die Schuld auf andere und verhängte über die, die durch ihr schändliches Gebaren[88] verhasst waren und im Volksmund »Christianer« hießen, die ausgesuchtesten Strafen. Dieser Name leitete sich von Christus ab, der unter der Regierung des Tiberius durch den Prokurator Pontius Pilatus hingerichtet worden war. Der für den Augenblick unterdrückte verhängnisvolle Aberglaube griff

von neuem um sich, nicht nur in Judäa, wo dieses Übel entstanden war, sondern auch in Rom, wo alle Scheußlichkeiten und Abscheulichkeiten aus der ganzen Welt zusammenströmen und freudigen Anklang finden. Und so wurden zuerst die Personen verhaftet, die sich als Christen bekannten, dann aufgrund von deren Aussagen ein weiterer großer Personenkreis, und sie wurden nicht nur des Verbrechens der Brandstiftung, sondern auch des Hasses gegen das Menschengeschlecht für schuldig befunden. Und mit den Todgeweihten trieb man noch seinen Spott: man hüllte sie in Tierhäute und ließ sie von Hunden zerfleischen, oder sie wurden, ans Kreuz geschlagen und für den Flammentod bestimmt, nach Tagesschluss als Beleuchtung für die Nacht verbrannt[89]. Für dieses Schauspiel hatte Nero seinen Park zur Verfügung gestellt. Zugleich veranstaltete er ein Circusspiel, wobei er im Aufzug eines Wagenlenkers sich unter den Pöbel mischte oder sich auch wirklich auf einen Wagen stellte. Dies führte dazu, dass sich Mitleid regte, wenn auch gegenüber Schuldigen, die die schwersten Strafen verdient hatten: man nahm an, dass sie nicht dem allgemeinen Wohl, sondern der Grausamkeit eines einzelnen zum Opfer fielen.

(45) Inzwischen wurde Italien durch das Eintreiben der Geldmittel ausgeplündert, die Provinzen wie auch die verbündeten Völkerschaften und die sogenannten freien Gemeinden ruiniert[90]. In diesen Raubzug wurden auch die Götter einbezogen: in Rom wurden die Tempel geplündert und das Gold herausgeholt, das bei Triumphen und bei Gelübden das römische Volk in seiner ganzen Geschichte in Zeiten des Glücks oder der Furcht geweiht hatte. In ganz Kleinasien und in Achaia wurden nicht nur die Geschenke, sondern auch die Bilder der Götter von den in diese Provinzen beorderten Acratus und Secundus Carrinas geraubt. Jener war ein Freigelassener[91], der zu jeder Schandtat ohne weiteres bereit war, dieser hatte es durch grie-

chischen Unterricht zu einer gewissen Zungenfertigkeit gebracht, sich aber keine tiefere Bildung zugelegt. Die Rede ging, Seneca habe, um die Empörung über den Tempelfrevel von seiner Person abzulenken, um die Genehmigung gebeten, sich auf ein entlegenes Landgut zurückzuziehen, sich, als dies abschlägig beschieden wurde, nervenkrank gestellt und sein Zimmer nicht mehr verlassen. Manche haben auch berichtet, sein eigener Freigelassener namens Cleonicus habe auf Befehl Neros ihn zu vergiften versucht, aber Seneca sei diesem Anschlag entgangen, weil ihm der Freigelassene dies verriet oder auch weil er, selbst in Furcht versetzt, sich auf einfache Ernährung beschränkte und nur mit wildgewachsenem Obst und gegen den Durst mit fließendem Wasser sein Dasein fristete.

(46) Um die gleiche Zeit wurde in der Landstadt Praeneste[92] ein Ausbruchsversuch der Gladiatoren durch das dort stationierte Wachkommando[93] vereitelt, während man in dem Volk bereits von Spartacus und anderen schlimmen Ereignissen der alten Zeit redete. Das Volk ist ja immer nach neuen Ereignissen begierig – und ist zugleich voller Angst. Bald darauf traf die Flotte ein Unglück zur See. Es handelte sich dabei nicht um ein Kriegsgeschehen – denn nie herrschte so tiefer Friede[94] –, vielmehr hatte Nero der Flotte die Rückkehr an einem bestimmten Tage nach Campanien befohlen, und zwar ohne Rücksicht auf die Wetterverhältnisse zur See zu nehmen. Deshalb fuhren die Steuermänner trotz der tobenden See von Formiae[95] aus ab, wurden aber bei dem Versuch, um das Vorgebirge Misenum herumzufahren, von einem heftigen Südwind an den Strand von Cumae geworfen und verloren zahlreiche Dreiruderer und eine Menge kleinerer Fahrzeuge.

(47) Am Ende des Jahres sprach man überall von Wunderzeichen, die bevorstehendes Unheil ankündigen: ungewöhnlich häufige Blitzschläge, das Erscheinen eines Kometen, das Nero immer[96] mit erlauchtem Blut sühnte, neugeborene Kin-

der mit zwei Köpfen oder andere Missgeburten, die auf der Straße ausgesetzt wurden oder sich bei Opfern vorfanden, an denen trächtige Tiere zu schlachten Sitte ist. In der Flur von Placentia[97] wurde an der Straße ein Kalb geboren, dessen Kopf angeblich am Schenkel angewachsen war. Dies gab den Opferschauern zu der Deutung Anlass, für die Welt sei ein anderes Haupt im Kommen, aber es werde nicht stark sein und auch nicht im verborgenen bleiben, weil es im Mutterleib eingezwängt gewesen und an der Straße geboren sei.

65 n. Chr.

(48) Darauf traten Silius Nerva und Atticus Vestinus[98] das Konsulat an, in dem Augenblick, da jene Verschwörung gleich mit ihrem Beginn auch schon größere Ausmaße annahm: wetteifernd hatten sich zur Beteiligung gemeldet: Senatoren, Ritter, Soldaten und auch Frauen, teils aus Hass gegen Nero, teils aus Sympathie für Piso[99]. Über ihn als einen Spross aus dem calpurnischen Geschlecht, der mit vielen hervorragenden Familien durch den Adel seines Vaters verbunden war, sprach man im Volk mit hoher Anerkennung wegen seiner Tugend oder wegen seines tugendähnlichen Gehabens. Denn er setzte seine Beredsamkeit für die Verteidigung seiner Mitbürger ein, übte Freigebigkeit gegenüber seinen Freunden und auch gegenüber Unbekannten und war leutselig im Gespräch und im gesellschaftlichen Auftreten. Dazu kamen auch zufällige Äußerlichkeiten: er war schlank gewachsen und hatte ein schönes Gesicht. Aber sittlicher Ernst lag ihm ebenso fern wie Beschränkung im Lebensgenuss. Er gab sich einem oberflächlichen, prunkliebenden, manchmal auch verschwenderischen Leben hin, was bei der Mehrzahl Gefallen fand, da diese angesichts der süßen Verlockungen der Laster keinen Herrn über sich haben will, der ein straffes und zu strenges Regiment führt.

(49) Den Ausgangspunkt der Verschwörung bilden nicht sein persönliches ehrgeiziges Streben. Allerdings könnte ich

auch nicht leicht angeben, wer der eigentliche Urheber gewesen ist, auf wessen Eingebung eine Bewegung hervorgerufen wurde, der sich dann so viele angeschlossen haben. Dass Subrius Flavus, der Tribun der Prätorianerkohorten, und der Centurio Sulpicius Asper die entschlossensten Personen gewesen sind, bewiesen sie durch ihre unerschütterliche Haltung, mit der sie in den Tod gingen. Auch Lucanus Annaeus und Plautius Lateranus[100] brachten ihren lebendigen Hass ins Komplott. Lucanus stachelten persönliche Gründe auf: Nero unterdrückte das Bekanntwerden seiner Gedichte und hatte in törichter Eifersucht verhindert, sie zu veröffentlichen. Den designierten Konsul Lateranus führte in den Kreis der Verschwörer keine persönliche Kränkung, sondern die Liebe zum Vaterland. Dass jedoch Flavius Scaevinus und Afranius Quintianus, beide dem Senatorenstand angehörig, sich an die Spitze des großen Unternehmens setzten, war mit dem Ruf, in dem sie standen, nicht zu vereinbaren. Denn Scaevinus war durch seinen ausschweifenden Lebenswandel geistig zerrüttet und verbrachte daher sein Dasein in dumpfer Schläfrigkeit, Quintianus war wegen widernatürlicher Unzucht verrufen und von Nero in einem Schmähgedicht bloßgestellt worden, weshalb er sich für die Beleidigung rächen wollte.

(50) Während nun diese über die Verbrechen des Princeps unter sich und unter weiteren Freunden sprachen und feststellten, dass das Ende seiner Herrschaft gekommen sei und man einen Mann erwählen müsse, der dem erschöpften Gemeinwesen wiederaufhelfe, zogen sie hinzu: Claudius Senecio[101], Cervarius Proculus, Vulcacius Araricus, Iulius Augurinus, Munatius Gratus, Antonius Natalis, Marcius Festus, lauter römische Ritter. Von diesen wurde Senecio, der zu den besonderen Vertrauten Neros zählte und den Schein der Freundschaft immer noch aufrechterhielt, in desto mehr Gefahren verwickelt. Natalis war in alle Geheimnisse Pisos einge-

weiht; die übrigen hofften, für sich aus einem Staatsstreich Gewinn zu ziehen. Zugezogen wurden noch außer Subrius und Sulpicius, über die ich schon berichtet habe, als handfeste Militärs Gavius Silvanus und Statius Proxumus, Tribunen der Prätorianerkohorten, sowie die Centurionen Maximus Scaurus und Venetus Paulus. Jedoch die gewichtigste Kraft glaubte man in dem Präfekten Faenius Rufus zu haben, der wegen seines löblichen Lebenswandels in gutem Rufe stand, dem aber in der Gunst des Princeps Tigellinus durch seine Grausamkeit und Schamlosigkeit den Rang ablief. Dieser bestürmte den Princeps mit Anschuldigungen und hatte ihn schon oft in Furcht versetzt mit der Behauptung, Rufus sei der Geliebte Agrippinas und sinne aus Verlangen nach ihr auf Rache. Als nun die Verschworenen aus wiederholten Äußerungen des Prätorianerpräfekten die Überzeugung gewonnen hatten, auch dieser sei für ihre Sache gewonnen, verhandelten sie nunmehr entschlossener über Zeit und Ort des Mordes. Man erzählte, Subrius Flavius habe den plötzlichen Entschluss gefasst, sich auf Nero, während dieser auf der Bühne singe, zu stürzen, oder dies schon damals, als er in dem brennenden Palast bei Nacht ohne Wache hin und her lief, tun wollen[102]. In diesem Falle hatte die Gelegenheit, Nero allein zu treffen, in jenem die große Menge der Zuschauer als die schönste Zeugin einer solchen Ruhmestat anfeuernd gewirkt. Doch der Wunsch, sein eigenes Leben nicht aufs Spiel zu setzen, der immer großen Wagnissen im Wege steht, hielt ihn zurück.

(51) Während sie so zögerten und das Schweben zwischen Hoffnung und Furcht sich weiter hinzog, stachelte eine gewisse Epicharis – man weiß nicht, wie sie von der Sache Kunde bekommen hatte; denn sie hatte sich bisher nie um anständige Dinge gekümmert – die Verschworenen durch Vorwürfe auf. Zuletzt konnte sie deren Entschlusslosigkeit nicht mehr länger ertragen und suchte, während sie sich in Campanien aufhielt,

die Offiziere der Flottenmannschaften in Misenum wankend zu machen und in die Mitwisserschaft zu verstricken, wobei sie folgendermaßen vorging: Es befand sich bei dieser Flotte ein Kapitän namens Volusius Proculus, der zu den Werkzeugen Neros bei der Ermordung seiner Mutter gehört hatte und, wie er glaubte, nicht entsprechend der Bedeutung des Verbrechens befördert worden war. Er war mit dem Weibe schon seit langem bekannt – es mag auch sein, dass er jetzt erst ihr Freund geworden war – und enthüllte nun seine dem Nero geleisteten Dienste, die ihm nichts eingebracht hätten. Dazu beklagte er sich über Nero und äußerte seinen Entschluss zur Rache, wenn sich dazu Gelegenheit biete. So machte er ihr Hoffnung, dass sie ihn verleiten und durch seine Vermittlung noch mehr Teilnehmer gewinnen könne. Die Unterstützung durch die Flotte falle sehr ins Gewicht. Sie biete ja zahlreiche günstige Möglichkeiten, weil Nero gerne und häufig sich am Meere in Puteoli und Misenum aufhalte. Nun brachte Epicharis noch mehr zur Sprache und zählte alle Verbrechen des Princeps der Reihe nach auf. Nichts Heiliges[103] gebe es mehr. Aber es sei vorgesorgt, dass er bald für die Zerrüttung des Gemeinwesens büße. Er solle sich nur zur wackeren Tat wappnen und die entschlossensten Soldaten zum Mitmachen veranlassen, um dann den entsprechenden Lohn zu erwarten. Jedoch die Namen der Verschworenen verschwieg sie. Deshalb hatte die Anzeige des Proculus keinen Erfolg, obgleich er dem Nero alles überbrachte, was er gehört hatte. Als nämlich Epicharis vorgeladen und dem Angeber gegenübergestellt wurde, konnte sie ihn, da er sich auf keine Zeugen stützte, leicht abfertigen. Aber sie selbst wurde in Haft behalten, da Nero argwöhnte, es sei nicht falsch, auch was als wahr nicht erwiesen wurde.

(52) Doch die Verschworenen beschlossen aus Furcht vor Verrat den Mord in Baiae beschleunigt durchzuführen, und zwar in dem anmutig gelegenen Landhaus Pisos, an dem der

Caesar Gefallen gefunden hatte und wohin er häufig kam, um zu baden und zu speisen, ohne eine Wache und ohne die Masse seines fürstlichen Gefolges. Aber Piso lehnte diesen Vorschlag mit der Begründung ab, es würde einen recht missgünstigen Eindruck machen, wenn man die Heiligkeit des Tisches und die das Gastrecht schützenden Götter durch die Ermordung des Princeps, mag dieser noch so schlimm sein, mit Blut besudele. Besser wäre es, wenn sie in der Hauptstadt in jenem verhassten, durch Ausbeutung der Mitbürger errichteten Palast oder auch in aller Öffentlichkeit den Plan durchführten, den sie zum Besten des Gemeinwesens gefasst hätten. So äußerte er sich vor den Verschworenen; aber im geheimen fürchtete er, L. Silanus[104], ein Mann aus dem höchsten Adel, der seine Erziehung und Bildung im Hause des Cassius genossen und zu allseitiger Berühmtheit gelangt war, werde die Regierung an sich reißen, die ihm bereitwillig alle die zubilligen würden, die mit der Verschwörung keine Berührung gehabt hätten und die es bedauerten, dass Nero durch ein Verbrechen umgekommen sei. Sehr viele glaubten auch, Piso habe dem leidenschaftlichen Temperament des Konsuls Vestinus aus dem Wege gehen wollen, damit er nicht zur Errichtung der Republik aufrufe oder mit der Wahl eines anderen Imperators das Gemeinwesen zu seinem persönlichen Geschenk mache. Denn er war an der Verschwörung nicht beteiligt, obgleich Nero diese Beschuldigung dazu benützte, seinen alten Hass an dem Unschuldigen auszulassen.

(53) Endlich beschlossen sie, am Tage der circensischen Spiele, einem Festtage der Ceres[105], ihren Plan durchzuführen. Denn der Caesar, der selten ausging und in seinem Palast oder Park abgeschlossen lebte, pflegte bei den Spielen im Circus zu erscheinen, wo man leichter an ihn herankommen konnte, während das Publikum diesen Spielen frohgestimmt zuschaute. Sie hatten den genauen Ablauf des Anschlages verabredet:

Lateranus, der ein mutiger, starker Mann war, sollte unter dem Schein, eine Unterstützung für seinen Hausstand zu erbitten, mit der Geste eines Bittstellers dem Princeps zu Füßen fallen, ihn dabei unversehens umwerfen und auf den Boden drücken. Wenn er dann am Boden liege und sich nicht bewegen könne, sollten die Tribunen und Centurionen und wer sonst dazu den Mut habe, herbeieilen und ihn umbringen, wobei die Hauptrolle Scaevinus für sich forderte, der einen Dolch aus dem Tempel der Salus [in Etrurien] oder, wie anderweitig berichtet wird, aus dem der Fortuna in der Stadt Ferentinum[106] geholt hatte und ihn bei sich trug, als ob er für das große Werk geheiligt wäre. Inzwischen sollte Piso im Tempel der Ceres[107] warten, von wo ihn der Präfekt Faenius mit den übrigen Verschworenen abholen und in die Prätorianerkaserne bringen sollte, und zwar in Begleitung von Antonia, der Tochter des Claudius Caesar, um die Gunst der großen Masse zu gewinnen[108]. So berichtet C. Plinius. Ich habe im Sinne gehabt, keine noch so geartete Überlieferung zu verheimlichen, so widersinnig es auch erscheinen mag, dass entweder Antonia ihren Namen mit einer leeren Hoffnung und dazu einem gefährlichen Spiel verbunden habe[109] oder dass Piso, dessen Liebe zu seiner Frau bekannt war, sich zu einer anderen Ehe verpflichtet hätte – es sei denn, dass die Herrschsucht brennender ist als jede andere Leidenschaft.

(54) Doch ist es erstaunlich, wie unter Menschen verschiedener Herkunft und verschiedenen Standes, Alters und Geschlechtes, unter Reichen und Armen alles in Schweigen gehüllt wurde, bis der Verrat in dem Hause des Scaevinus seinen Anfang nahm. Dieser führte an dem Tage vor dem geplanten Anschlag ein langes Gespräch mit Antonius Natalis und kehrte dann in sein Haus zurück, wo er sein Testament versiegelte. Dann zog er den Dolch, von dem ich oben berichtet habe, aus der Scheide, schalt, dass er alt und stumpf sei, und befahl, ihn

an einem Stein zu schleifen und zum Schärfen zu erhitzen. Dieses Geschäft übertrug er dem Freigelassenen Milichus. Zugleich hielt er eine ungewöhnlich reichhaltige Mahlzeit und schenkte seinen Lieblingssklaven die Freiheit, anderen Geld. Er selbst war in trüber Stimmung und offenbar mit einer wichtigen Überlegung beschäftigt, obgleich er Heiterkeit in seinen unsteten Gesprächen vortäuschte. Zuletzt befahl er, Binden für Wunden und Mittel zum Blutstillen zu beschaffen, womit er ebenfalls Milichus beauftragte, mag nun dieser von der Verschwörung gewusst und bis zu diesem Zeitpunkt Treue gewahrt oder nichts gewusst haben und jetzt erst argwöhnisch geworden sein, wie die gewöhnliche Überlieferung lautet. Über die weiteren Ereignisse herrscht Einmütigkeit. Als er in seiner Sklavengesinnung überdachte, welche Belohnungen seiner für einen Verrat warten und ihm zugleich Geld und Macht ohne Grenzen vor Augen standen, sagte er sich von seiner heiligen Pflicht los und gab das Wohl seines Herrn und das Gedenken an die ihm geschenkte Freiheit preis. Er hatte auch seine Frau zu Rate gezogen, die ihm als Weib zum Schlechteren riet. Denn sie machte ihm obendrein noch Angst: es hätten doch viele Freigelassene und Sklaven dabeigestanden, die es auch gesehen hätten. Das Schweigen eines einzelnen werde keinen Wert haben, aber die Belohnungen würden dem einen zufallen, der Anzeige vor den anderen erstattet habe.

(55) So eilte nun bei Tagesanbruch Milichus in den Servilianischen Park[110]. Als er an den Toren festgehalten wurde, erklärte er, er überbringe eine wichtige, schreckliche Botschaft. Darauf wurde er von den Pförtnern zu Neros Freigelassenem Epaphroditus[111] geleitet, dann von diesem zu Nero selbst. Er unterrichtete Nero von der drohenden Gefahr, von den gefährlichen Verschworenen und von allem, was er sonst gehört und sich zusammengereimt hatte. Auch die zu seiner Ermordung bereitgelegte Waffe zeigte er vor und forderte auf, den Be-

schuldigten herbeizuholen. Eiligst wurde dieser durch Soldaten herbeigeschleppt und setzte zu seiner Verteidigung an, wobei er entgegnete, die als Beweisstück dienende Waffe habe er schon seit langer Zeit als ein verehrtes, heiliges, aus seiner Heimat stammendes Stück in seinem Schlafgemach aufbewahrt und sie sei ihm durch den Freigelassenen böswillig entwendet worden. Seine testamentarischen Anordnungen habe er schon öfters und ohne besondere Beachtung der Tage versiegelt. Geld und Freiheit habe er seinen Sklaven auch schon früher geschenkt, aber in diesem Fall reichlicher, weil er angesichts seines bereits klein gewordenen Vermögens und des Drängens der Gläubiger sich auf sein Testament nicht mehr verlasse[112]. Zur Tafel habe er immer schon in weitherziger Weise eingeladen und überhaupt ein angenehmes Leben geführt, das durchaus nicht die Billigung strenger Richter gefunden habe. Verbandsmittel seien überhaupt nicht in seinem Auftrag bereitgestellt worden, vielmehr habe Milichus, weil alle seine übrigen Behauptungen offensichtlich haltlos gewesen seien, eine Beschuldigung hinzugefügt, für die er sich zugleich zum Angeber und zum Zeugen machen wolle. Seine Darlegungen unterstützte er durch eine feste Haltung. Er bezeichnete seinerseits Milichus als ehrlosen, verbrecherischen Menschen und zeigte dabei eine solche Sicherheit in seiner Stimme und Miene, dass der Anzeige jeder Rückhalt entzogen worden wäre, hätte nicht den Milichus seine Frau darauf aufmerksam gemacht, dass Antonius Natalis vielfach mit Scaevinus geheime Gespräche geführt habe und dass die beiden die engsten Freunde von C. Piso seien.

(56) So wurde denn Natalis herbeordert, und beide wurden getrennt darüber verhört, was dies für eine Unterredung gewesen sei und um was es sich dabei gehandelt habe. Jetzt erhob sich Verdacht, weil ihre Antworten nicht übereinstimmten, und sie wurden in Fesseln gelegt. Als sie die Folterwerkzeuge

sahen, mit denen man ihnen drohte, brachen sie zusammen. Zuerst legte Natalis, der in die ganze Verschwörung eingehender eingeweiht und zugleich geschickter war, seine Angaben glaubhaft zu machen, ein Geständnis ab. Er fing mit Piso an, dann nannte er Annaeus Seneca, mag dieser nun der Mittelsmann zwischen ihm und Piso gewesen sein, oder wollte er die Gunst Neros gewinnen, dem, da er über Seneca erbost war, jedes Mittel zu dessen Sturz recht war. Als sodann Scaevinus von der Aussage des Natalis erfuhr, gab auch er in der gleichen Schwachmütigkeit – vielleicht glaubte er auch, es sei ohnehin schon alles aufgedeckt und Schweigen biete keinen Vorteil mehr – alle übrigen Verschworenen an. Von ihnen leugneten Lucanus, Quintianus und Senecio lange Zeit. Als ihnen dann Straflosigkeit versprochen wurde, ließen sie sich, um ihr Zögern zu entschuldigen, dazu verführen, folgende Namen anzugeben: Lucanus nannte seine Mutter Acilia, Quintianus den Glitius Gallus, Senecio den Annius Pollio, ihre besten Freunde.

(57) Nero fiel es inzwischen ein, dass auf die Anzeige von Volusius Proculus hin Epicharis noch in Haft sei, und in dem Glauben, ein Weib halte den körperlichen Schmerz nicht aus, befahl er, sie zu foltern. Aber sie ließ sich nicht durch Schläge, nicht durch Feuer, nicht durch die Wut der Folterknechte, die umso schärfer vorgingen, weil sie sich nicht von einem Weibe missachten lassen wollten, davon abbringen, die Beschuldigungen zu leugnen. So blieb die peinliche Befragung am ersten Tag ergebnislos. Als man sie am folgenden Tage wieder zu den gleichen Martern schleppte – auf einem Tragstuhl, denn sie konnte mit ihren ausgerenkten Gliedern nicht mehr stehen –, knüpfte sie ihre Busenbinde, die sie abgenommen hatte, wie einen Strick an die Stuhllehne, steckte ihren Hals in die Schlinge, und indem sie durch ihr Körpergewicht die Schlinge zuschnürte, presste sie den schon schwachen Atem vollends

heraus. So gab diese freigelassene Frau, die fremde und ihr fast unbekannte Menschen in so schwerer eigener Notlage zu schützen suchte, ein umso rühmlicheres Beispiel, weil Freigeborene, Männer und römische Ritter und Senatoren, die mit keiner Folter in Berührung gekommen waren, ihre nächsten Angehörigen verrieten.

(58) Denn auch Lucanus und Senecio und Quintianus[113] zögerten nicht, Mitwisser in Menge anzugeben, wobei Nero in immer größeres Entsetzen geriet, obgleich er sich persönlich durch eine Vermehrung der Wachen geschützt hatte. Ja, er ließ sogar die Mauern der Stadt durch militärische Abteilungen besetzen, auch das Meer und den Fluss bewachen, und machte so aus der Stadt gleichsam ein einziges Gefängnis. Durch die freien Plätze, die Häuser in der Stadt, auch durch die Felder draußen und durch die nächstgelegenen Landstädte eilten Mannschaften zu Fuß und zu Pferd, vermischt mit Germanen, denen der Princeps als Ausländern traute[114]. Ununterbrochen wurden Scharen von Gefesselten herbeigeschleppt und lagen an den Toren der Parkanlagen[115]. Und wenn sie hereinkamen, um sich zu verantworten, galt es schon als ein Verbrechen, wenn sie sich einmal mit den Verschworenen gefreut, zufällig sich unterhalten hatten, unvorhergesehen ihnen begegnet waren, mit ihnen gespeist oder mit ihnen zusammen ein Schauspiel besucht hatten. Zu den brutalen Verhören des Nero und Tigellinus hinzu drangsalierte sie auch Faenius Rufus schwer, der, noch nicht von den Angebern mit Namen genannt, rücksichtslos gegen seine Mitverschworenen vorging, um sein Nichteingeweihtsein glaubhaft zu machen. Auch winkte er dem Subrius Flavius, der neben ihm stand und ihm zuwinkte, ob er nicht mitten in dem Verhör sein Schwert ziehen und den Mord vollziehen solle, ab und lähmte dessen plötzlichen Entschluss, als er schon die Hand an den Griff legte.

(59) Als nun die Verschwörung verraten war, forderten eini-

ge Teilnehmer während des Verhörs des Milichus und der Unentschlossenheit des Scaevinus, Piso auf, in die Kaserne zu gehen oder die Rednerbühne zu besteigen und zu versuchen, die Soldaten und das Volk für sich zu gewinnen. Wenn sich die Mitverschworenen seinem Vorgehen anschließen, würden auch bisher Unbeteiligte nachfolgen. Sei erst einmal eine Unternehmung in Gang gebracht, so rede man überall von ihr, was bei Umsturzplänen von größter Bedeutung sei. Nero habe für diesen Fall keine Vorkehrungen getroffen. Auch mutige Männer würden durch unerwartete Ereignisse in Schrecken versetzt, und es sei gar nicht anzunehmen, dass jener Bühnenheld, natürlich in Begleitung von Tigellinus und seinen Mätressen, bewaffnete Gegenmaßnahmen ergreifen werde. Vieles, was tatenlosen Menschen zu schwierig erscheine, führe zum Erfolg, wenn man nur erst einen Versuch mache. Es sei vergeblich, bei der seelischen und körperlichen Verfassung so vieler Mitverschworenen auf Stillschweigen und Treue zu hoffen. Mit Marterungen und Belohnungen sei alles erreichbar. Man werde kommen, um auch ihn zu fesseln und schließlich einem schmählichen Tode zu überantworten. Wieviel rühmlicher werde er sterben, wenn er sich für das Gemeinwesen einsetze, wenn er Kämpfer für die Freiheit aufrufe! Mögen sich auch die Soldaten versagen, mag ihn das Volk im Stiche lassen, wenn nur er für seine Person vor den Vorfahren, vor der Nachwelt, sollte er verfrüht sein Leben lassen, mit seinem Tode bestehe. – Unbeeindruckt von diesen Vorstellungen hielt er sich noch ganz kurz außerhalb seines Hauses auf, dann zog er sich allein in dieses zurück und wappnete sich für seine letzte Stunde, bis ein Trupp Soldaten kam, für den Nero Rekruten oder Leute mit kurzer Dienstzeit ausgewählt hatte. Denn man fürchtete bei den altgedienten Soldaten Sympathie für Piso[116]. Er starb durch Öffnen der Adern an den Armen. Mit den hässlichen Schmeicheleien in seinem Testament für Nero trug er der Liebe zu seiner Gemahlin Rechnung, die, moralisch minderwertig und nur durch ihre körperliche Schönheit anziehend, von ihm aus der Ehe mit einem Freunde entführt worden war. Die Frau hieß Satria Galla, ihr früherer Mann Domitius Silus. Dieser sorgte durch seine Duldsamkeit, jene durch ihre Unzüchtigkeit dafür, dass Pisos schlechter Ruf sich als dauerhaft erwies[117].

(60) Der nächste Mord, den Nero vollziehen ließ, betraf den designierten Konsul Plautius Lateranus, und zwar hatte es Nero dabei so eilig, dass er ihm nicht einmal gestattete, seine Kinder zu umarmen, und ihm auch nicht die kurze Spanne Zeit ließ, sich für eine Todesart zu entscheiden. Er wurde an die für die Bestrafung von Sklaven vorbehaltene Stätte[118] geschleppt und von dem Tribunen Statius eigenhändig umgebracht, wobei er in unerschütterlichem Schweigen verharrte, ohne dem Tribunen zum Vorwurf zu machen, dass er ja auch an der Verschwörung beteiligt sei.

Es folgte die Ermordung des Annaeus Seneca, die von dem Princeps mit besonderer Freude begrüßt wurde, nicht etwa, weil er von dessen unleugbarer Beteiligung an der Verschwörung erfahren hatte, sondern er wollte mit dem Schwerte wüten, wo das Gift keinen Erfolg gehabt hatte[119]. Denn Natalis war der einzige, der Aussagen machte, aber nur soweit, dass er zu dem kranken Seneca geschickt worden sei, um ihm einen Besuch zu machen und sich darüber zu beklagen, dass er es Piso verwehre, zu ihm zu kommen. Besser wäre es, wenn sie ihre Freundschaft in vertrautem Verkehr pflegen würden. Seneca habe geantwortet, gegenseitige Aussprachen und häufige Unterredungen seien keinem von beiden nützlich. Im übrigen hänge seine eigene Existenz von der Pisos ab. Der Tribun der Prätorianerkohorte Gavius Silanus erhielt den Befehl, diese Aussagen des Natalis dem Seneca zu überbringen und zu fragen, ob er sich zu den Worten des Natalis und zu seiner Erwiderung bekenne. Seneca war zufällig oder absichtlich an diesem Tage von Campanien zurückgekehrt und war vier Meilen von Rom auf seinem Landsitz abgestiegen. Dorthin kam der Tribun gegen Abend und sperrte das Landhaus durch Abteilungen von Soldaten ab. Dann gab er Seneca, der gerade mit seiner Gattin Pompeia Paulina und zwei Freunden speiste, die Aufträge des Imperators bekannt.

(61) Seneca antwortete, allerdings sei Natalis zu ihm geschickt worden und habe sich im Namen Pisos darüber beschwert, dass er seinen Besuch ablehne. Er selbst habe sich mit der Rücksichtnahme auf seine Gesundheit und mit dem Wunsch nach Ruhe entschuldigt. Das Wohl eines Privatmannes seiner eigenen Existenz vorzuziehen, dazu habe er keine Veranlassung gehabt. Auch habe er keine Veranlagung zu Schmeicheleien. Das wisse niemand besser als Nero, der öfters mit dem Freimut Senecas als mit seiner Unterwürfigkeit Bekanntschaft gemacht habe. Als dies von dem Tribunen in Anwesenheit von Poppaea und Tigellinus berichtet wurde – sie waren des rasenden Princeps engste Berater –, fragte Nero, ob Seneca Vorkehrungen treffe zu einem freiwilligen Tode. Darauf versicherte der Tribun, er habe keine Zeichen von Furcht, keine Spur von Niedergeschlagenheit in seinen Worten oder in seiner Miene entdecken können. Und so erhielt er den Befehl, nochmals hinzugehen und ihm den Tod anzukündigen. Fabius Rusticus überliefert, der Tribun sei nicht auf dem gleichen Weg zurückgekehrt, auf dem er gekommen war, sondern habe einen Umweg gemacht zu dem Präfekten Faenius, dem er die Befehle des Caesars dargelegt und den er gefragt habe, ob er sie befolgen solle. Dieser habe ihn aufgefordert, sie zu vollziehen. Das Schicksal wollte es, dass sie alle sich feige benahmen. Auch Silanus gehörte ja zu den Verschworenen und vermehrte die Verbrechen, zu deren Bestrafung er seine Zustimmung gegeben hatte. Doch ersparte er es sich, mit Seneca persönlich

zu sprechen und ihm vor Augen zu treten. Er schickte zu ihm einen von den Centurionen, der ihm ankündigen sollte, dass seine letzte Stunde gekommen sei.

(62) Seneca verlangte unerschrocken, die Niederschrift seines Testaments zu bringen. Als dies der Centurio ablehnte[120], wandte er sich an seine Freunde mit den Worten, da er ja gehindert werde, ihnen für ihre Verdienste den schuldigen Dank abzustatten, hinterlasse er ihnen das nunmehr einzige, jedoch auch das Schönste, das er besitze, das Bild seines Lebens. Wenn sie dies im Gedächtnis behielten, würden sie den Ruf einer edlen Bildung als Lohn für ihre so unerschütterliche Freundschaft davontragen. Zugleich suchte er durch allerlei Gespräche und dann wieder nachdrücklich im Tone der Zurechtweisung ihrem Weinen Einhalt zu gebieten und sie zu einer festen Haltung zurückzuführen, indem er fragte, wo denn die Lehren der Philosophie geblieben seien, wo die in so vielen Jahren geübte Einstellung auf drohende Gefahren. Wem sei die Grausamkeit Neros nicht bekannt gewesen? Es sei Nero ja nach der Ermordung seiner Mutter und seines Bruders nichts anderes übriggeblieben, als auch seinen Erzieher und Lehrer umzubringen.

(63) Als er dieses und ähnliches, gleichsam für die Allgemeinheit berechnet, gesprochen hatte, umarmte er seine Gemahlin, und weil er jetzt um sie fürchtete, etwas weicher gestimmt, bat er sie inständig, ihren Schmerz zu mäßigen und sich ihm nicht ewig hinzugeben, sondern in der Betrachtung seines der Tugend gewidmeten Lebens die Sehnsucht nach dem Gatten durch tröstende edle Gedanken zu mildern. Seine Frau dagegen beharrte darauf, dass auch ihr der Tod bestimmt sei, und forderte die Hand des Mörders. Da sagte Seneca, der ihrem rühmlichen Entschluss nichts in den Weg legen wollte, zugleich in der Furcht, er müsse die von ihm einzig Geliebte Misshandlungen überlassen: »Ich habe dir die Mittel gezeigt, die das Leben erträglicher machen, du ziehst es vor, rühmlich

zu sterben. Ich werde diesem deinem löblichen Entschluss nichts in den Weg legen. Mögen wir beide die gleiche feste Haltung bei diesem tapferen Sterben zeigen und dein Ende rühmlicher sein!« Darauf öffneten sie sich beide gleichzeitig die Pulsadern. Weil bei Senecas durch Alter und spärliche Nahrung geschwächtem Körper das Blut nur langsam abfloss, öffnete er auch die Adern an den Schenkeln und Kniekehlen. Von schweren Schmerzen erschöpft, riet er seiner Gattin, um nicht ihre mutige Haltung durch seine Schmerzen zu erschüttern und seinerseits durch den Anblick ihrer Qualen in einen Zustand des Schwachwerdens zu verfallen, in ein anderes Gemach zu gehen. Und da ihn auch im letzten Augenblick seine Beredsamkeit nicht im Stich ließ, rief er seine Schreiber herbei und diktierte ihnen längere Ausführungen, die im Wortlaut veröffentlicht worden sind, weshalb ich mir es erspare, sie umgeformt wiederzugeben[121].

(64) Aber da Nero keinen persönlichen Hass gegen Paulina hegte und er vermeiden wollte, dass die Empörung über seine Grausamkeit weiter um sich greife, befahl er, ihren Tod zu verhindern. Auf Zureden der Soldaten verbanden die Sklaven und Freigelassenen ihre Arme und stillten das Blut, wobei man nicht weiß, ob sie es bemerkte. Denn bei der Neigung der großen Masse, immer das Schlechtere anzunehmen, glaubten manche, solange sie Neros Unversöhnlichkeit gefürchtet habe, sei ihr der Ruhm eines gemeinsamen Todes mit ihrem Manne erwünscht gewesen, dann aber, als sich die Aussicht zeigte, gelinder davonzukommen, seien die Verlockungen des Lebens über sie Herr geworden. Sie lebte dann noch einige Jahre in löblichem Gedenken an ihren Mann mit so bleichem und fahlem Gesicht und Körper, dass man deutlich sah, wieviel sie von ihrer Lebenskraft eingebüßt hatte.

Indessen bat Seneca, da bei ihm das Verbluten nur langsam vor sich ging und das Sterben sich verzögerte, seinen lange bewährten treuen Freund und Arzt Statius Annaeus, das schon lange vorgesehene Gift zu holen, mit dem in Athen die von einem staatlichen Gericht Verurteilten hingerichtet wurden[122]. Man brachte es, und er trank es, doch ohne dass es wirkte. Denn seine Glieder waren schon erkaltet und der Körper nahm das Gift nicht mehr in sich auf. Zuletzt stieg er in ein Bassin mit heißem Wasser, und während er die zunächst stehenden Sklaven bespritzte, sagte er, er weihe dieses Nass Iuppiter, dem Befreier. Dann ließ er sich in das Dampfbad bringen, wo er erstickte. Darauf wurde er ohne jede Leichenfeier verbrannt. So hatte er es in seinem Testament angeordnet schon zu einer Zeit, da er als ein ungeheuer begüterter und einflussreicher Mann für sein Lebensende vorsorgte.

(65) Es ging das Gerücht, Subrius Flavus habe mit den Centurionen in einer geheimen Beratung, jedoch nicht ohne Senecas Wissen, ausgemacht, wenn Nero mit Hilfe Pisos ermordet sei, solle auch Piso umgebracht und die Regierung Seneca übergeben werden als einem Schuldlosen, der zu der höchsten Stellung lediglich aufgrund seiner rühmlichen Tugenden erwählt worden sei. Ja, es gingen sogar die Worte des Flavus um, es sei die gleiche Schande, wenn ein Zitherspieler beseitigt werde und dafür ein tragischer Bühnenheld der Nachfolger sei. Denn wie Nero zur Zither, so pflegte Piso im Kostüm eines tragischen Schauspielers zu singen.

(66) Doch auch die Verschwörung der Soldaten ließ sich nicht weiter verheimlichen, da die Erbitterten bei ihren Aussagen Faenius verrieten, dessen Doppelrolle als Mitverschworener und Untersuchungsrichter sie nicht hinnehmen wollten. Wie also dieser die Angeklagten bedrängte und bedrohte, sagte Scaevinus grinsend, keiner wisse mehr als er selbst. Dazu forderte er ihn auf, sich einem so gütigen Princeps dankbar zu erweisen[123]. Darauf fand Faenius keine Antwort. Aber er schwieg auch nicht, sondern brachte seine Worte nur stotternd

vor und die Angst stand ihm im Gesicht. Da auch die übrigen und besonders Cervarius Proculus, ein römischer Ritter, ihn zu überführen suchten, wurde er auf Befehl des Imperators von dem Soldaten Cassius, der wegen seiner hervorragenden Körperkraft zugezogen war, ergriffen und gefesselt.

(67) Bald darauf wurde durch die Anzeige der gleichen Männer der Tribun Subrius Flavus ins Verderben gestürzt. Zu seiner Verteidigung berief er sich zuerst darauf, dass er in seinem Charakter von den Verschworenen ganz verschieden sei, er, als Mann des Waffenhandwerks, hätte sich doch nicht mit verweichlichten Zivilisten zu einem solch schweren Verbrechen verbündet. Wie er dann ins Gedränge kam, glaubte er, Ruhm in einem Geständnis zu finden. Von Nero gefragt, aus welchen Beweggründen er sich so weit habe hinreißen lassen, seinen Fahneneid zu vergessen, sagte er: »Ich hasste dich. Keiner der Soldaten ist dir treuer gewesen, solange du Liebe verdient hast. Zu hassen habe ich begonnen, als du der Mörder deiner Mutter und deiner Gattin, Wagenlenker, Schauspieler und Brandstifter geworden bist.« Ich habe hier seine eigenen Worte berichtet, weil sie nicht, wie die Senecas, bekanntgeworden sind und weil es nicht weniger am Platz war, die ungeschminkte, mannhafte Gesinnung des Soldaten kennenzulernen. Es stand fest, dass bei der ganzen Verschwörung nichts Bedrückenderes Nero zu Ohren kam, da er zwar gleich bereit war, Verbrechen zu begehen, aber nicht gewohnt, von ihrer Ausführung zu hören. Die Bestrafung des Flavus wurde dem Tribunen Veianius Niger übertragen. Dieser ließ in nächster Nähe auf einem Felde eine Grube ausheben, die Flavus als zu nieder und zu eng tadelte, indem er zu den herumstehenden Soldaten sagte: »Nicht einmal dies nach Vorschrift!« Aufgefordert, seinen Hals mutig vorzubeugen, sagte er: »Wenn nur du so mutig draufhaust!« Obgleich dieser heftig zitterte, so dass er nur mit Mühe ihm den Kopf abschlug und dazu zwei Hiebe brauchte, prahlte er

noch vor Nero mit seiner Grausamkeit mit den Worten, er habe ihn mit anderthalb Hieben umgebracht.

(68) Der nächste, der ein Beispiel seiner Standhaftigkeit gab, war der Centurio Sulpicius Asper. Auf die Frage Neros, warum er sich zu seiner Ermordung verschworen habe, gab er die kurze Antwort, man habe sich gegen sein so vielfaches frevelhaftes Treiben nicht anders helfen können. Darauf erlitt er die befohlene Strafe. Und auch die übrigen Centurionen nahmen in edler Haltung ihre Hinrichtung auf sich. Dagegen zeigte Faenius Rufus nicht die gleiche Gesinnung: er verlegte sich aufs Jammern, das er sogar in sein Testament übertrug.

Nero wartete darauf, dass auch der Konsul Vestinus in die Anklage einbezogen werde, da er ihn für einen gewalttätigen Feind hielt. Aber die Verschworenen hatten Vestinus in ihre Pläne nicht eingeweiht, einige, weil sie schon seit langem mit ihm Streitigkeiten hatten, die Mehrzahl, weil sie ihn für unberechenbar und unverträglich hielten. Übrigens war der Hass Neros gegen Vestinus gerade aus ihrem sehr engen kameradschaftlichen Verhältnis entstanden, da Vestinus die Feigheit des Princeps durch und durch erkannte und ihn daher verachtete, während dieser die Brutalität des Freundes fürchtete, der ihn öfters mit beißendem Witz verspottete, der ja, wenn er sich weitgehend auf Wahrheit stützt, einen scharfen Stachel in der Erinnerung zurücklässt. Dazu war ein Anlass aus jüngster Zeit gekommen: Vestinus hatte Statilia Messalina[124] geheiratet, obwohl er wusste, dass einer ihrer Liebhaber auch der Caesar war.

(69) Da nun keine Anklage und auch kein Kläger vorhanden war und Nero sich nicht die Rolle eines Richters anmaßen konnte, griff er zu der Gewalt, über die er in seiner Herrscherstellung verfügte, und schickte den Tribunen Gerellanus und eine Kohorte Soldaten mit dem Befehl, den Maßnahmen des Konsuls zuvorzukommen, sein festungsähnliches Haus zu be-

setzen und die dortige auserlesene Mannschaft zu überwältigen. Denn Vestinus besaß ein Haus oberhalb des Forums und eine stattliche Schar von Sklaven, die alle in gleichem Alter standen. An diesem Tage hatte Vestinus alle seine Amtspflichten bereits erledigt und saß bei einem Gastmahl, ohne irgend etwas zu befürchten, vielleicht auch, um dies nicht merken zu lassen, als die Soldaten eindrangen und erklärten, der Tribun rufe ihn heraus. Er erhob sich ohne jedes Zögern, und alles spielte sich in einem Augenblick ab: er wird in sein Schlafzimmer eingeschlossen, ein Arzt ist schon zur Stelle, seine Adern werden geöffnet, noch bei vollen Kräften wird er in das Bad getragen und in das heiße Wasser untergetaucht, ohne dass er ein Wort hätte verlauten lassen, mit dem er sein Schicksal bejammerte. Seine Tischgäste wurden inzwischen von Wachen umringt und erst spät in der Nacht entlassen, nachdem Nero sich ihre Angst, vom Tische weg ihr Ende erwarten zu müssen, ausgemalt und spottend gesagt hatte, sie hätten nun für das Essen bei einem Konsul genug Strafe bezahlt.

(70) Dann befahl er, Annaeus Lucanus zu ermorden. Als dieser sein Blut verströmte und merkte, wie seine Füße und Hände kalt wurden und die Lebenskraft allmählich aus seinen äußersten Körperteilen entwich, während sein Herz noch warm und er selbst noch bei Besinnung war, erinnerte er sich an ein von ihm verfasstes Gedicht, in dem er einen verwundeten Soldaten in gleicher Weise hatte sterben lassen, und trug die entsprechenden Verse vor[125], die seine letzten Worte waren. Dann kamen Senecio, Quintianus und Scaevinus an die Reihe, die nicht so starben, wie man es nach ihrem bisherigen weichlichen Lebenswandel hätte erwarten sollen, dann die übrigen Verschworenen, doch ohne eine bemerkenswerte Handlung oder Äußerung.

(71) Aber inzwischen häuften sich in der Stadt die Leichen, auf dem Capitol die Opfertiere. Dem einen war ein Sohn, dem

anderen ein Bruder oder Verwandter oder Freund ermordet worden, und sie selbst sagten den Göttern Dank, schmückten den Palast[126] Neros mit Lorbeer, warfen sich ihm zu Füßen und wurden nicht müde, ihm die Hand zu küssen. Er hielt dies für eine Freudenkundgebung und belohnte Antonius Natalis und Cervarius Proculus für ihre eiligen Anzeigen mit Straflosigkeit. Milichus wurde reichlich belohnt und legte sich den Namen »Retter« auf Griechisch bei. Von den Tribunen beging Gavius Silvanus, obgleich er freigesprochen worden war, Selbstmord, Statius Proxumus machte den Freispruch, den er von dem Imperator erlangt hatte, durch einen leichtfertigen Tod[127] nachher hinfällig. Dann wurden als Tribunen abgesetzt ... Pompeius[128], Cornelius Martialis, Flavius Nepos, Statius Domitius, nicht etwa weil sie den Princeps wirklich gehasst hätten, sondern nur, weil man dies von ihnen annahm. Novius Priscus wurde wegen seiner Freundschaft mit Seneca verbannt, ebenso Glitius Gallus und Annius Pollio[129], die zwar verdächtigt, aber nicht überführt worden waren. Priscus wurde von seiner Gemahlin Artoria Flacilla begleitet, Gallus von Egnatia Maximilla, die zuerst noch ihr großes Vermögen unangetastet behielt, das ihr aber dann entrissen wurde, was beides zur Erhöhung ihres Ruhmes beitrug[130]. Ausgewiesen wurde auch Rufrius Crispinus[131], wozu die Verschwörung günstige Gelegenheit gab. In Wirklichkeit war er Nero verhasst, weil er früher mit Poppaea verheiratet gewesen war. Verginius Flavus und Musonius Rufus[132] hatten ihre Verbannung ihrem berühmten Namen zu verdanken. Denn Verginius förderte die Bildung der Jugend durch seine Beredsamkeit, Musonius durch seine philosophischen Lehren. Und Cluvidienus Quietus, Iulius Agrippa, Blitius Catulinus, Petronius Priscus und Iulius Altinus wurden, gleichsam um den Zug[133] und die Zahl abzurunden, einer Insel des Ägäischen Meeres anvertraut. Cadicia aber, der Gattin des Scaevinus, und Caesennius Maximus wurde nur der Aufenthalt in Italien verboten. Dass sie angeklagt worden waren, erfuhren sie nur durch ihre Bestrafung. Acilia, die Mutter des Annaeus Lucanus, wurde weder freigesprochen noch bestraft. Man tat so, als wäre sie nicht vorhanden.

(72) Als Nero diese Maßnahmen durchgeführt hatte, hielt er eine Soldatenversammlung ab[134] und verteilte unter den gemeinen Soldaten pro Kopf zweitausend Sesterzen, wozu er eine kostenlose Spende von Getreide fügte, für das sie bisher den üblichen Marktpreis hatten bezahlen müssen. Darauf berief er, als ob er von Kriegstaten Bericht erstatten wolle, den Senat und teilte die Triumphehrenzeichen dem Konsular Petronius Turpilianus, dem designierten Prätor Cocceius Nerva[135] und dem Prätorianerpräfekten Tigellinus zu, wobei er dem Tigellinus und Nerva so hohe Ehre zukommen ließ, dass er zu ihren Triumphbildern auf dem Forum hinzu auch ihre Standbilder auf dem Palatium aufstellen ließ. Die konsularischen Ehrenzeichen erhielt Nymphidius[136], über den ich, da er hier uns zum erstenmal begegnet, einiges kurz rückgreifend mitteilen möchte. Denn auch er wird in der Reihe der römischen Schicksalsschläge eine Rolle spielen[137]. Von einer Freigelassenen geboren, die ihren schönen Körper den Sklaven und Freigelassenen der Herrscher preisgegeben hatte, gab er an, er sei der Sohn des C. Caesar, weil er zufällig von hoher Gestalt war und ein finsteres Gesicht hatte oder auch weil C. Caesar in seinem Hang auch zu Dirnen sich sogar mit dessen Mutter abgegeben hatte ...[138]

(73) Aber Nero gab nach seiner Rede im Senat einen Erlass an das Volk bekannt, dem er die in die Protokolle eingetragenen Anzeigen und Geständnisse der Verurteilten beifügte. Denn er fühlte sich durch das überall in dem Volk umgehende Gerücht, er habe das Leben berühmter, unschuldiger Personen aus Hass oder Angst ausgelöscht, schwer getroffen. Dass übri-

gens eine Verschwörung angezettelt worden sei, dass sie um sich gegriffen habe und niedergeschlagen worden sei, bezweifelte damals niemand, dem es darum zu tun war, die Wahrheit kennenzulernen, und dies gaben auch diejenigen zu, die nach Neros Tod nach Rom zurückkehrten. Aber während im Senat sich alle und gerade die vom größten Leid Betroffenen niedriger Schmeichelei hingaben, schalt den Iunius Gallio[139], der durch den Tod seines Bruders Seneca in Angst versetzt war und um sein eigenes Leben flehte, Salienus Clemens heftig und nannte ihn einen Staatsfeind und Vatermörder[140], bis ihn die Väter einmütig zurechtwiesen mit der Warnung, den Anschein zu vermeiden, das Unglück des Gemeinwesens zur Befriedigung seines persönlichen Hasses auszunützen und, was dank der Milde des Princeps beigelegt und begraben sei, zu neuem grausamem Geschehen wiederaufzuwühlen.

(74) Dann wurden Geschenke und Dankfeiern für die Götter beschlossen sowie eine besondere Ehrung für den Sonnengott – er hat einen alten Tempel im Circus, in dem das Verbrechen vor sich gehen sollte –, weil er durch sein Walten die heimliche Verschwörung aufgedeckt habe. Auch sollten die circensischen Spiele beim Ceresfest mit einem größeren Wagenrennen gefeiert werden und der Monat April den Namen Nero erhalten[141], ferner der Salus ein Tempel an der Stelle errichtet werden ...[142], aus dem Scaevinus den Dolch geholt hatte. Nero selbst weihte den Dolch auf dem Capitol und ließ die Inschrift anbringen IOVI VINDICI[143]. Im Augenblick schenkte man ihr keine weitere Beachtung. Nach der bewaffneten Erhebung des Iulius Vindex[144] wurde sie als Vorbedeutung und Voraussage der später erfolgten Rache gedeutet. Ich finde in den Senatsprotokollen, der designierte Konsul Cerialis Anicius[145] habe bei seiner Stimmabgabe erklärt, es solle dem vergöttlichten Nero so rasch wie möglich auf Staatskosten ein Tempel errichtet werden. Freilich ging er bei diesem Antrag davon aus,

dass Nero über höchste menschliche Größe hinausgewachsen sei und göttliche Verehrung seitens der Menschen verdient habe – durch deren Hass eben dieser Tempel zur Vorbedeutung seines baldigen Todes werden sollte[146]. Denn göttliche Verehrung wird einem Princeps erst dann zuteil, wenn er aufgehört hat, unter den Menschen zu wirken[147].

Buch XVI

(1) Nun trieb Fortuna mit Nero ihr Spiel. Daran waren seine persönliche Eitelkeit schuld sowie die Versprechungen des Caesellius Bassus, eines Mannes von punischer Abkunft, der ein Wirrkopf war. Von einem Traum, den er hatte, ließ er sich zu der Hoffnung verleiten, dieser werde sich bestimmt verwirklichen. Er fuhr nach Rom, erkaufte sich den Zugang zum Princeps und erzählte ihm, auf seinem Grundstück habe er eine riesig tiefe Höhle entdeckt, in der eine große Menge Gold sei, nicht gemünzt, sondern in rohen altertümlichen Gewichtsstücken. Auf der einen Seite lägen überaus schwere Barren, auf der anderen stünden ganze Stangen. Diese seien so lange Zeit verborgen worden, damit sie den Reichtum der Gegenwart vermehren. Im übrigen – darauf wies er nur vermutungsweise hin – habe die Phönizierin Dido bei ihrer Flucht von Tyrus diese Schätze nach der Gründung Carthagos verborgen, damit nicht die neue Gemeinde durch allzu vieles Geld leichtsinnig werde oder die numidischen Könige, ohnehin schon feindlich gesinnt, sich durch ihr Verlangen nach Gold zu einem Krieg hinreißen ließen.

(2) Ohne nun die Glaubwürdigkeit des Erzählers oder die Sache selbst recht geprüft oder Leute zur Erkundung geschickt zu haben, ob das Berichtete auch wahr sei, gab Nero seinerseits dem Gerücht weitere Nahrung und sandte Boten ab, die die Beute, als ob sie schon bereitläge, herbeischaffen sollten. Es wurden Triremen mitgegeben und eine auserlesene Rudermannschaft, um die Fahrt zu beschleunigen. Über nichts anderes sprach in diesen Tagen das Volk, leichtgläubig die einen, während die Einsichtigen sich gegen das Gerücht wandten. Man feierte gerade zum zweitenmal das Quinquennalien-Spiel[1], wobei dieses den Rednern den Hauptstoff zum Preise des Princeps lieferte: nicht allein die üblichen Feldfrüchte und

in den Bergwerken das mit anderen Metallen vermischte Gold spende die Erde, sondern in einer noch nie erlebten Fruchtbarkeit erschließe sich die Erde und die Götter stellten ungesuchte Schätze zur Verfügung, und was sie sonst noch mit größter Beredsamkeit und mit nicht geringerer Schmeichelei in ihrer Unterwürfigkeit sich ausdachten, der Leichtgläubigkeit Neros gewiss.

(3) Einstweilen steigerte sich seine Verschwendungssucht aufgrund der eitlen Hoffnung. Die von früher überkommenen Mittel wurden verbraucht, als hätte er neue zur Verfügung, die er jahrelang verschwenden könnte. Ja er machte davon bereits Schenkungen. So wurde die Hoffnung auf Reichtum zu einer der Ursachen für die Armut des Gemeinwesens. Denn Bassus hatte sein Grundstück umgegraben und auch in weitem Umkreis das Ackerland. Er hatte bald diesen, bald jenen Platz als den Ort der verheißenen Höhle angegeben, wobei nicht nur die Soldaten mitliefen, sondern auch die für die Grabarbeiten zugezogene Landbevölkerung. Endlich gab Bassus sein wahnwitziges Unterfangen auf und versicherte, seine Träume seien zwar bisher stets eingetroffen; er habe sich jetzt zum ersten Male getäuscht. Der Schande und der Angst entzog er sich durch einen freiwilligen Tod. Manche haben überliefert, er sei ins Gefängnis geworfen, aber bald wieder freigelassen worden, nachdem man ihm sein Vermögen statt des königlichen Schatzes abgenommen habe.

(4) Indessen bot der Senat – die alle fünf Jahre stattfindenden Wettspiele standen bevor[2] – dem Imperator den Siegespreis im Gesang an und fügte den Ehrenkranz für Beredsamkeit hinzu, um das hässliche Auftreten als Schauspieler zu verhüllen. Aber Nero erklärte, er benötige keineswegs die Begünstigung und das Machtwort des Senats. Er stehe gleich auf gleich mit den anderen Bewerbern und werde nur durch die gewissenhafte Entscheidung der Kampfrichter sich den

verdienten Preis erwerben. So las er denn zuerst ein Gedicht auf der Bühne vor, und als ihn dann das Publikum bestürmte, alle seine Künste zum besten zu geben – so drückte es sich aus –, erschien er auf der Bühne des Theaters[3], wobei er sich an alle Regeln des Zitherspiels hielt: er setzte sich nicht, wenn er müde wurde, er wischte sich den Schweiß nur mit dem Kleide ab, das er trug, und man konnte ihn weder ausspucken noch sich schneuzen sehen. Zuletzt beugte er das Knie, huldigte mit einer Handbewegung den Versammelten und wartete mit geheucheltem Bangen auf die Sprüche der Richter. Und der Stadtpöbel, gewohnt, auch die Schauspieler bei ihren Gesten zu unterstützen, erfüllte den Theaterraum mit seinem taktmäßigen Beifallsklatschen. Man hätte glauben können, es sei der Ausdruck der Freude. Und vielleicht freuten sie sich auch in ihrer Unbekümmertheit um den Frevel, der an dem Gemeinwesen verübt wurde.

(5) Aber alle die Leute, die aus den entfernten Landstädten und aus dem immer noch an den alten, strengen Sitten festhaltenden Italien gekommen waren, ferner alle, die, ohne in den entlegenen Provinzen mit dem leichtsinnigen Leben in Rom Bekanntschaft gemacht zu haben, dorthin als Gesandte oder in privaten Geschäften eine Reise gemacht hatten, konnten den Anblick dieses Treibens nicht ertragen, auch reichten ihre Kräfte für die schändliche Mühe nicht aus, da ihre ungeübten Hände versagten und sie Verwirrung unter den Leuten, die sich darauf verstanden, stifteten und oft von den Soldaten geprügelt wurden, die in den Gängen standen, um darüber zu wachen, dass in keinem einzigen Augenblick das Beifallsgeschrei ungleichmäßig werde oder ein lahmes Stillschweigen eintrete. Es steht fest, dass eine ganze Anzahl Ritter, als sie sich durch die beengten Zugänge und durch die eindringende Menschenmasse Bahn zu brechen suchten, niedergetrampelt wurde, während andere Tag und Nacht auf ihren Plätzen ausharrten

und auf den Tod erkrankten. Denn noch Schlimmeres hatten sie zu befürchten, falls sie dem Schauspiel fernblieben, da viele Aufpasser, offene und noch mehr geheime, die Namen und Mienen der Besucher, deren Freude und Traurigkeit erforschten. Und so wurde über die Angehörigen niederen Standes sofort die Todesstrafe verhängt, bei den hochgestellten Persönlichkeiten ließ man für den Augenblick den Hass nicht merken, um ihn dann später sich auswirken zu lassen. Man erzählte, Vespasian sei, als er wie im Schlaf die Augen schloss, von dem Freigelassenen Phoebus hart angefahren und nur mit Mühe durch die Bitten der Bessergesinnten geschützt worden; auch sei er später dem drohenden Verderben nur dadurch entronnen, dass ihn das Schicksal zu höheren Aufgaben berufen habe[4].

(6) Nach der Beendigung der Spiele starb Poppaea. Bei einem plötzlichen Zornausbruch hatte der Gemahl der schwangeren Frau einen Fußtritt versetzt. An Gift möchte ich nicht glauben, obgleich dies einige Schriftsteller berichten, mehr aus Hass, als weil es der Wahrheit entspräche[5]. Denn Nero wollte Kinder haben und war seiner Gemahlin in Liebe zugetan. Ihr Leichnam wurde nicht verbrannt, wie es römische Sitte war, sondern, wie es bei ausländischen Königen Gewohnheit ist, einbalsamiert und in der Gruft der Iulier beigesetzt[6]. Doch wurde ein öffentliches Leichenbegängnis veranstaltet, und Nero pries auf der Rednerbühne ihre Schönheit, auch dass sie Mutter eines göttlichen Kindes[7] gewesen sei. Noch andere Gaben des Glücks hob er hervor – in Ermangelung von Tugenden.

(7) Den Tod Poppaeas, der zwar in der Öffentlichkeit betrauert, aber auch im Gedenken an ihre Lasterhaftigkeit und Grausamkeit freudig begrüßt wurde, ergänzte eine neue empörende Handlung[8] Neros: er hinderte C. Cassius[9], an dem Leichenbegängnis teilzunehmen. Das war das erste Anzeichen seines Sturzes. Und dieser ließ nicht lange auf sich warten. Doch auch

Silanus wurde in diesen hineingezogen. Es lag keine Beschuldigung gegen ihn vor, es sei denn, dass Cassius sich durch ererbten Reichtum und durch seinen sittlichen Ernst, Silanus[10] durch die Berühmtheit seines Geschlechtes und durch seine jugendliche Bescheidenheit hervortaten. So schickte Nero denn an den Senat eine Botschaft, es seien beide von der politischen Bühne zu entfernen. Dem Cassius warf er vor, er habe unter den Bildern seiner Vorfahren auch das des Cassius[11] aufgestellt mit der Inschrift »Dem Parteiführer«. Damit habe er versucht, die Saat zu einem Bürgerkrieg auszustreuen und den Abfall von dem Hause der Caesaren anzubahnen. Und damit nicht zufrieden, die Erinnerung an einen verhassten Namen zur Erregung von Zwietracht auszunützen, habe er Silanus hinzugezogen, einen Jüngling aus vornehmem Geschlecht, um ihn für einen Staatsstreich zu präsentieren.

(8) Darauf fuhr er über den Silanus mit den gleichen Beschuldigungen wie über seinen Oheim Torquatus[12] her, er verteile bereits die Regierungsgeschäfte und setze Freigelassene über die Finanzverwaltung und über die Staatskanzleien für Bittschriften und für Briefe, lauter ebenso nichtssagende wie falsche Beschuldigungen. Denn Silanus stand zu sehr unter dem Druck seiner Furcht, und das Ende seines Oheims hatte ihn so erschreckt, dass er auf der Hut war. Darauf wurden sogenannte Angeber in den Senat geführt, die der Lepida[13], der Gemahlin des Cassius und der Tante des Silanus, Blutschande mit dem Sohn ihres Bruders und abscheuliche religiöse Gebräuche[14] andichten sollten. Einbezogen wurden als Mitwisser die Senatoren Volcacius Tullinus und Marcellus Cornelius sowie der römische Ritter Calpurnius Fabatus[15]. Diese legten Berufung bei dem Princeps ein, verzögerten so die drohende Verurteilung und kamen dann später als Personen von minderer Bedeutung davon, da Nero mit Schandtaten größten Stiles voll in Anspruch genommen war.

(9) Darauf wurden durch Senatsbeschluss Cassius und Silanus mit Verbannung bestraft. Über Lepida sollte der Caesar entscheiden. Cassius wurde auf die Insel Sardinien deportiert, wobei man mit seinem hohen Alter rechnete[16]. Silanus wurde unter dem Vorgeben, er werde nach Naxos überführt, nach Ostia entfernt, dann in einer Landstadt Apuliens namens Barium[17] eingekerkert. Während er dort sein so unwürdiges Schicksal mit Weisheit auf sich nahm, fiel er einem Centurio, der zu seiner Ermordung abgeschickt worden war, in die Hände. Als dieser ihm riet, sich die Adern zu öffnen, sagte er, er sei zwar auf den Tod vorbereitet, aber er erlasse seinem Mörder nicht den Ruhm seiner Mithilfe. Wie jedoch der Centurio den zwar unbewaffneten, aber ungewöhnlich starken Mann eher zornig als furchtsam sah, befahl er den Soldaten, ihn zu knebeln. Doch wehrte sich Silanus nach Kräften und schlug um sich, soweit ihm dies mit bloßen Händen möglich war, bis er, von dem Centurio von vorn mehrfach verwundet, wie in einer Schlacht zu Boden sank.

(10) Nicht weniger gefasst gingen L. Vetus[18], seine Schwiegermutter Sextia und seine Tochter Pollitta in den Tod. Sie waren dem Princeps verhasst. Er empfand ihr weiteres Leben als einen Vorwurf wegen der Ermordung des Rubellius Plautus[19], des Schwiegersohnes des Lucius Vetus. Aber den Anlass, seine Grausamkeit zu enthüllen, gab der Freigelassene Fortunatus, der zuerst sich an dem Besitztum seines Herrn vergriffen hatte und dann dazu überging, ihn anzuklagen. Er zog Claudius Demianus hinzu, den Vetus als Prokonsul von Asien wegen seiner Verbrechen verhaftet hatte und den jetzt Nero als Lohn für seine Anklage wieder freiließ. Als dies der Angeklagte erfuhr, zugleich dass ihm sein Freigelassener Fortunatus vor Gericht als gleichberechtigter Kläger gegenübergestellt werde[20], begab er sich auf seine Besitzungen nach Formiae[21]. Dort wurde er unter die geheime Bewachung von Soldaten gesetzt. Seine

Tochter war bei ihm. Sie war, abgesehen von der unmittelbar drohenden Gefahr, durch das lange Leid verbittert, seitdem sie die Mörder ihres Gemahls Plautus gesehen hatte; damals hatte sie seinen blutigen Nacken umschlungen und bewahrte nun sein Blut und die blutbespritzte Kleidung auf, als eine Witwe, die dauernd in ihre Trauer versponnen war und nur so viel Nahrung zu sich nahm, dass sie dem Hungertod entging. Jetzt reiste sie, von ihrem Vater aufgefordert, nach Neapel. Da sie bei Nero nicht vorgelassen wurde, stellte sie sich ihm jedesmal, wenn er ausging, in den Weg und bat ihn, er solle doch ihren unschuldigen Vater anhören und nicht seinen einstigen Amtsgenossen im Konsulat einem Freigelassenen preisgeben, wobei sie das eine Mal in ein weibliches Geheul, dann wieder, ihr Geschlecht verleugnend, in ein drohendes Geschrei ausbrach, bis der Princeps unmissverständlich zu erkennen gab, dass er sich ebensowenig durch Bitten wie durch Hass rühren lasse.

(11) So teilte sie denn dem Vater mit, er müsse die Hoffnung aufgeben und sich in das Unvermeidliche fügen. Zugleich wurde die Nachricht überbracht, eine Untersuchung seitens des Senats werde in Gang gebracht und es sei ein hartes Urteil zu erwarten. Es fehlte auch nicht an Stimmen, die ihm rieten, den Caesar für einen großen Teil seines Vermögens als Erben einzusetzen und so den Rest für seine Enkel[22] zu sichern. Er lehnte dies ab und verschenkte, um nicht sein in fast völliger Unabhängigkeit verbrachtes Leben zuletzt noch durch eine sklavische Gesinnung zu entweihen, sein Geld, soweit es verfügbar war, an seine Sklaven. Jeder solle soviel mitnehmen, als er wegschaffen könne, und nur drei Bettstellen sollten für die letzten Stunden dagelassen werden. Dann öffneten sie sich die Adern in dem gleichen Gemach und mit dem gleichen Messer und wurden eilends, jeder in ein Tuch schamhaft gehüllt, in das Bad getragen, wobei der Vater auf die Tochter, die Großmutter auf die Enkelin ihre Blicke richteten und alle wettei-

fernd füreinander beteten, der entgleitende Lebensodem möge rasch den Körper verlassen, damit sie die Ihrigen noch lebend und erst nach ihnen zum Sterben bestimmt zurückließen. Und das Schicksal wahrte die natürliche Reihenfolge: zuerst starben die Älteren, dann sie, die noch in der Blüte ihrer Jugend stand. Angeklagt wurden sie erst nach ihrer Beisetzung. Man beschloss, sie nach der Sitte der Vorfahren zu bestrafen[23]. Doch Nero erhob Einspruch: er stelle ihnen die Todesart frei. Solcher Hohn folgte dem bereits vollzogenen Mord.

(12) Der römische Ritter Publius Gallus wurde geächtet, weil er mit Faenius Rufus[24] eng befreundet war und dem Vetus nahegestanden hatte. Dem Freigelassenen, der als Ankläger aufgetreten war, wurde als Belohnung für seine Bemühung ein Platz im Theater unter den tribunizischen Amtsdienern[25] gewährt. Die Namen der dem Aprilis – er hatte auch den Namen Neroneus – folgenden Monate wurden geändert: der Maius erhielt den Namen Claudius, der Iunius den Namen Germanicus[26], wobei der Antragsteller Cornelius Orfitus[27] zur Begründung anführte, es seien schon zwei Männer mit dem Namen Torquatus[28] als Verbrecher hingerichtet worden und sie hätten damit dem Namen Iunius eine unheilvolle Vorbedeutung gegeben.

(13) Dem durch so viele Greueltaten befleckten Jahr gaben auch noch die Götter durch Unwetter und Krankheiten ein besonderes Gepräge. Campanien wurde durch einen Orkan verwüstet, der überall Landhäuser zerstörte, Bäume entwurzelte, Feldfrüchte vernichtete und bis in die Nähe von Rom tobte. In der Stadt selbst wütete unter allen Bevölkerungsschichten eine schwere Seuche, ohne dass eine abnorme Witterung geherrscht hätte. In den Häusern häuften sich die Leichen und in den Straßen die Leichenzüge. Kein Geschlecht, kein Alter blieb verschont. Sklaven wie auch die freigeborenen Bürger wurden plötzlich inmitten ihrer jammernden Frauen und Kinder

weggerafft, die, eben noch bei dem Toten sitzend und ihn beweinend, oft auf dem gleichen Scheiterhaufen verbrannt wurden. Der Tod von Rittern und Senatoren, obwohl er auch bei ihnen keine Ausnahme machte, gab weniger Anlass zum Weinen; sie kamen ja bei dem allgemeinen Sterben dem Wüten des Princeps zuvor.

In dem gleichen Jahr fanden Aushebungen in dem narbonensischen Gallien, in Afrika und in Asien statt, um die Legionen in Illyricum aufzufüllen, bei denen die infolge von Alter und Krankheit nicht mehr tauglichen Leute ihres Fahneneides entbunden wurden. Lugdunum[29] bekam als Trost für das erlittene Unglück vier Millionen Sesterzen, um die Verluste der Stadt wieder auszugleichen. Die gleiche Summe hatte Lugdunum in früheren Notlagen Roms gespendet.

66 n. Chr.

(14) Unter dem Konsulat des C. Suetonius und Luccius Telesinus[30] erfuhr Antistius Sosianus, der für Schmähgedichte, die er auf Nero verfasst hatte, wie oben gesagt[31], mit Verbannung bestraft worden war, welch hohe Ehre den Angebern zuteil werde und wie rasch der Princeps bereit zum Morden sei. Als ein unruhiger Kopf, der gleich zugriff, wenn sich eine günstige Gelegenheit bot, gewann er Pammenes, der, an den gleichen Ort verbannt und durch seine astrologische Kunst berüchtigt, über vielfache Freundschaftsverbindungen verfügte, als seinen Schicksalsgenossen für sich, wobei er annahm, es sei nicht von ungefähr, dass so häufig Boten und Anfragen zu diesem kommen. Zugleich erfuhr er, dass dieser von P. Anteius[32] ein Jahresgehalt beziehe. Auch war es ihm nicht unbekannt, dass Anteius wegen seiner Liebe zu Agrippina dem Nero verhasst und sein Vermögen besonders geeignet war, die Habsucht Neros zu reizen, die ja schon vielen den Untergang gebracht hatte. Und so fing er einen Brief des Anteius ab, stahl auch Notizbücher, in denen Aufzeichnungen des Pammenes über den Geburtstag und das kommende Geschick

des Anteius in Geheimschrift standen, und fand zugleich eine Niederschrift über Geburt und Leben des Ostorius Scapula[33]. Nun schrieb er an den Princeps, er werde ihm wichtige und für seine Sicherheit nützliche Eröffnungen machen, wenn ihm eine kurzfristige Aufhebung der Verbannung bewilligt werde. Denn Anteius und Ostorius seien eine Gefahr für den Staat und stellten Nachforschungen über ihr eigenes Schicksal sowie das des Caesars[34] an. Sofort wurden einige Jachten abgeschickt und Sosianus eilig herbeigeholt. Als seine Anzeige ruchbar wurde, galten Anteius und Ostorius schon eher für Verurteilte als für Beschuldigte, so dass niemand mehr das Testament des Anteius unterzeichnet hätte, wenn nicht Tigellinus dies dadurch veranlasst hätte, dass er noch vor dem Erscheinen des Sosianus den Anteius aufforderte, mit der Niederschrift seines letzten Willens nicht zu zögern. Anteius nahm Gift, und ärgerlich über dessen langsame Wirkung, öffnete er sich die Adern und beschleunigte so seinen Tod.

(15) Ostorius war in diesen Tagen auf seinem fernen Landbesitz an der Grenze Liguriens. Dorthin wurde ein Centurio geschickt, der ihn rasch umbringen sollte. Der Grund zur Eile lag darin, dass Ostorius, der bei den Soldaten in hohem Ansehen stand und sich die Bürgerkrone in Britannien verdient hatte, mit seinem riesigen Körperbau und seiner Kenntnis des Waffenhandwerks Nero in Furcht vor einem Überfall versetzt hatte; er war ja schon immer in Angst und durch die kürzlich aufgedeckte Verschwörung noch mehr erschreckt worden. Der Centurio sperrte nun zuerst die Ausgänge des Landhauses und eröffnete dann dem Ostorius die Befehle des Imperators. Ostorius betätigte die schon oft gegen den Feind bewährte Tapferkeit gegen sich selbst. Und weil aus den Adern, obgleich sie durchschnitten waren, zu wenig Blut floss, nahm er die Hand des Sklaven zu Hilfe, aber nur so weit, dass dieser den Dolch unbeweglich hochhielt, während er selbst dessen

Hand gegen sich drückte und sich so den Dolch in die Kehle stieß.

(16) Selbst wenn es sich um auswärtige Kriege und um Männer handelte, die für das Gemeinwesen in den Tod gegangen sind, über deren so gleichförmiges Schicksal ich zu berichten hätte, wäre mir dies für meine Person zuviel geworden und müsste ich mit dem Überdruss meiner Leser rechnen, die von dem Ende ihrer Mitbürger, das, so ehrenvoll es auch im einzelnen Fall gewesen sein mag, doch nur eine ununterbrochene Kette von Leid gebildet hat, nichts mehr hören wollen. Wie sehr müssen jetzt das knechtische Geschehenlassen und die Ströme des im Frieden vergossenen Blutes das Herz müde und traurig beklommen machen! Auch will ich von denen, die davon Kenntnis nehmen werden, nur das zu meiner Rechtfertigung fordern, dass ich die Menschen, die so widerstandslos in den Tod gegangen sind, nicht hassen soll[35]. Es war der Zorn der Götter, der sich gegen das Römertum richtete, und darüber darf man nicht, wie bei Niederlagen von Heeren oder bei der Eroberung von Städten, mit einer einmaligen Erwähnung hinweggehen. Möge dies dem Nachleben erlauchter Männer zugebilligt werden: wie ihr Leichenbegängnis sich von dem bei Verstorbenen allgemein üblichen unterscheidet, so mögen sie durch den Bericht über ihre letzten Stunden ein besonderes Gedenken erhalten und behalten!

(17) Innerhalb weniger Tage wurden in einem und demselben Zuge Annaeus Mela, Cerialis Anicius, Rufrius Crispinus und T. Petronius in den Tod getrieben: Mela und Crispinus waren römische Ritter im Senatorenrange[36]. Crispinus, der einstige Prätorianerpräfekt, der mit den konsularischen Ehrenzeichen beschenkt und erst kürzlich unter der Beschuldigung, sich an der Verschwörung beteiligt zu haben, nach Sizilien verbannt worden war, nahm sich selbst das Leben, als er die Nachricht von seinem befohlenen Tode erhielt. Mela, der leibliche

Bruder von Gallio und Seneca, hatte sich von der Bewerbung um Ehrenämter ferngehalten aus verkehrtem Ehrgeiz: er wollte als römischer Ritter den Konsularen an Einfluss gleichgestellt werden. Zugleich glaubte er, der Weg zum Gelderwerb sei kürzer, wenn er als Prokurator die Privatgeschäfte des Princeps verwalte. Er war auch der Vater des Annaeus Lucanus[37], was viel zu seiner Berühmtheit beitrug. Als er nach dessen Hinrichtung eingehende Nachforschungen nach seinem Vermögen vornahm, rief er als Ankläger den Fabius Romanus, einen der engsten Freunde des Lucanus, auf den Plan[38]. Man stellte die erdichtete Behauptung auf, Vater und Sohn hätten sich von der Verschwörung gegenseitig in Kenntnis gesetzt, und benützte dazu einen gefälschten Brief des Lucanus. Nero nahm Einsicht in diesen und befahl, ihn Mela zu überbringen, da er auf dessen Vermögen gierig war. Mela aber öffnete sich die Adern, was damals die einfachste Todesart war. Er hatte noch vorher seinen letzten Willen aufgesetzt, in dem er eine hohe Geldsumme Tigellinus und dessen Schwiegersohn Cossutianus Capito[39] vermachte, damit wenigstens der Rest erhalten bleibe. Mela soll noch dem Testament, wohl um sich über die Unrechtmäßigkeit seines Todes zu beschweren, beigefügt haben, er sterbe ohne irgendwelchen Anlass zu seiner Hinrichtung, während Rufrius Crispinus und Anicius Cerialis sich als Feinde des Princeps ihres Lebens erfreuen. Man glaubte, er habe über Crispinus dies nur niedergeschrieben, weil dieser bereits hingerichtet war[40], und über Cerialis, damit er hingerichtet werde. Denn bald darauf beging Cerialis Selbstmord, wobei er weniger bedauert wurde als die übrigen, weil man daran dachte, dass er eine Verschwörung dem C. Caesar[41] verraten hatte.

(18) Wenn ich über Petronius berichte, so muss ich kurz auf eine frühere Zeit zurückgreifen. Bei Tag schlief er, bei Nacht kam er seiner Arbeit nach und gab sich den Genüssen des Da-

seins hin. Und wie andere durch ihren Fleiß, so war er durch sein Nichtstun zu Ansehen gekommen. Er galt nicht als verschwenderischer Schlemmer, wie viele andere, die ihr Vermögen vergeuden, sondern als der Mann eines verfeinerten Lebensgenusses. Und je ungezwungener seine Worte und Handlungen waren und ein gewisses Sichgehenlassen zur Schau trugen, umso angenehmer wirkten sie, da sie den Anschein der Natürlichkeit erweckten. Jedoch bewies er als Prokonsul von Bithynien und dann als Konsul Tatkraft und die Fähigkeit, seinen Aufgaben gerecht zu werden. Darauf sank er wieder in sein Lasterleben zurück – vielleicht tat er auch nur so nach außen – und wurde von Nero in den kleinen Kreis seiner engen Vertrauten aufgenommen als Schiedsrichter des guten Geschmacks[42], wobei Nero nur das als reizvoll und zu einem behaglichen Wohlleben gehörig betrachtete, was ihm Petronius empfahl. Das erweckte den Neid des Tigellinus, der in ihm den Rivalen und überlegenen Sachverständigen in den Fragen des Lebensgenusses sah. Deshalb suchte er die Grausamkeit des Princeps, hinter der alle seine anderen Leidenschaften zurückstanden, für sich auszunützen. Er warf dem Petronius die Freundschaft mit Scaevinus[43] vor, nachdem ein Sklave zur Erstattung einer Anzeige bestochen, Petronius die Möglichkeit, sich zu rechtfertigen, genommen und der größte Teil seines Gesindes in Fesseln gelegt worden war.

(19) Zufällig war in diesen Tagen der Princeps nach Campanien gereist. Petronius war ihm bis Cumae gefolgt, wo er festgehalten wurde. Da wollte er nicht länger das Schweben zwischen Furcht und Hoffnung ertragen. Doch nahm er sich nicht überstürzt das Leben, sondern er schnitt sich die Adern auf, verband sie, wie es ihm gerade einfiel, öffnete sie wieder und unterhielt sich dabei mit seinen Freunden, jedoch nicht über ernste Fragen oder um mit seinen Worten sich den Ruhm einer standhaften Haltung zu verschaffen. Er hörte den Freun-

den zu, die kein Wort über die Unsterblichkeit der Seele oder über philosophische Lehren verloren, sondern schlüpfrige Gedichte oder oberflächliche Verse vortrugen. Die einen seiner Sklaven beschenkte er, die andern ließ er auspeitschen. Er setzte sich zu Tisch, gab sich dem Schlafe hin, damit sein erzwungener Tod einem zufälligen gleiche. Auch in seinem Testament schmeichelte er nicht, wie die meisten Todgeweihten, Nero oder Tigellinus oder sonst irgendeinem der anderen Machthaber, sondern machte eine ausführliche Niederschrift der Schandtaten des Princeps unter namentlicher Anführung seiner Lustknaben und seiner Weiber sowie jeglicher Neuerung auf dem Gebiet der Unzucht. Dann schickte er sie versiegelt an Nero.

(20) Darauf zerbrach er seinen Siegelring, damit er nicht nachher dazu benützt werde, anderen den Prozess zu machen[44]. Während Nero hin und her überlegte, wie denn die Einfälle seiner Nächte bekannt werden konnten, fiel ihm Silia ein, die als Gemahlin eines Senators nicht unbekannt, von ihm selbst zu allen möglichen sinnlichen Ausschweifungen beigezogen und mit Petronius eng befreundet war. Sie wurde verbannt, als hätte sie nicht verschwiegen, was sie gesehen und durchgemacht hatte. Er befriedigte damit nur seinen persönlichen Hass. Dagegen den ehemaligen Prätor Minucius Thermus opferte er der Feindschaft des Tigellinus. Denn ein Freigelassener des Thermus hatte Tigellinus mit einigen Beschuldigungen angeschwärzt, die der Freigelassene selbst mit Folterqualen, sein Herr mit unverdientem Tod büßten.

(21) Nach der Ermordung so vieler hervorragender Männer gelüstete es Nero zuletzt, die Tugend selbst auszurotten durch die Ermordung von Thrasea Paetus und Barea Soranus[45]. Schon seit langem war er über beide erbost. Bei Thrasea kamen noch besondere Gründe hinzu. Er hatte ja, wie berichtet[46], bei der Verhandlung über Agrippina die Senatssitzung verlassen und

bei den Iuvenalienspielen zu wenig sichtbare Anteilnahme bezeugt. Nero fühlte sich dadurch umso tiefer getroffen, weil eben dieser Thrasea in seinem Geburtsort Patavium[47] an den von dem Trojaner Antenor gestifteten Fischerspielen[48] in der Rolle eines tragischen Schauspielers gesungen hatte. Auch an dem Tage, da der Prätor Antistius[49] wegen der Schmähgedichte auf Nero zum Tode verurteilt wurde, hatte er ein milderes Urteil beantragt und auch durchgesetzt. Als für Poppaea göttliche Ehren beschlossen wurden, war er absichtlich ferngeblieben und hatte sich auch nicht an ihrem Leichenbegängnis beteiligt. Diese Vorfälle ließ Capito Cossutianus nicht in Vergessenheit geraten. Er war ein Mensch, der schon wesensmäßig zu Verbrechen neigte. Zudem hasste er Thrasea, weil er durch dessen Einfluss zu Fall gebracht worden war, als Thrasea die Gesandten der Cilicier bei ihrer Klage gegen Capito wegen Erpressung unterstützte.

(22) Ja, auch folgende Vorwürfe erhob er gegen Thrasea: dieser vermeide es, bei Jahresbeginn den üblichen Eid abzulegen. Bei der Darbringung von Gelübden sei er nicht anwesend, obgleich er mit dem Priesteramt der »Fünfzehn Männer«[50] betraut sei. Nie habe er für das Leben des Princeps oder für seine himmlische Stimme geopfert. Früher immer bei den Sitzungen anwesend und unermüdlich auch bei unwichtigen Beschlüssen der Väter sein Für und Wider darlegend, habe er schon seit drei Jahren die Kurie nicht mehr betreten, und erst vor ganz kurzer Zeit, als alles um die Wette herbeirannte, um Silanus und Vetus zu maßregeln, habe er es vorgezogen, sich mit den privaten Angelegenheiten seiner Klienten zu beschäftigen. Dies bedeute bereits ein Sichabsondern, eine Parteibildung und, wenn sich eine größere Zahl zu der gleichen Haltung erdreiste, Krieg. »Wie einst von C. Caesar und von Cato[51]«, fuhr er fort, »die nach Zwietracht lüsterne Bürgerschaft sprach, so spricht sie jetzt von dir, Nero[52], und von Thrasea.

Und schon hat er Parteigänger – oder besser gesagt Trabanten –, die zwar noch nicht sein stures Verhalten bei den Abstimmungen, aber sein Gehaben und seine Miene nachmachen, also unzugänglich und unfreundlich sind, nur um dir zügellose Lebensweise vorzuwerfen. Er ist der einzige, der sich um dein Wohlergehen nicht kümmert, deinen Künsten nicht Ehre zollt. Was dem Princeps frommt, lehnt er ab. Vermögen ihn auch dessen Leid und Schmerz nicht zufriedenzustellen? Demselben Geiste entspringt es, wenn er Poppaea nicht für göttlich hält und auf die Verordnungen des vergöttlichten Augustus und des vergöttlichten Iulius nicht schwört[53]. Er verachtet religiöse Bindungen, er schafft die Gesetze ab. Die Staatszeitung des römischen Volkes wird in den Provinzen und bei den Heeren nur darum sorgfältiger gelesen, weil man erfahren will, was Thrasea nicht getan habe. Entweder lasst uns zu jenen Grundsätzen übergehen, sofern sie die besseren sind, oder es soll all denen, die einen Staatsstreich herbeiwünschen, der Führer und der Kopf genommen werden. Diese Sekte hat Leute wie Tubero und Favonius[54] hervorgebracht, Namen, an denen schon die alte Republik keine Freude gehabt hat. Um die Regierung zu stürzen, erheben sie die Fahne der Freiheit. Haben sie diese erst gestürzt, dann werden sie die Freiheit selbst angreifen. Vergeblich war es, dass du Cassius[55] beseitigt hast, wenn du dulden wirst, dass Leute, die dem Brutus[56] nacheifern, an Zahl zunehmen und an Macht gewinnen. Also: gib nicht selbst schriftliche Anweisung über Thrasea[57], überlasse dem Senat die Entscheidung über uns beide!« Nero lobte den im Zorn aufbrausenden Cossutianus und gab ihm in Marcellus Eprius[58] einen mitreißenden Redner zur Seite.

(23) Aber den Barea Soranus hatte bereits Ostorius Sabinus, ein römischer Ritter, als sein Opfer vor Gericht gefordert. Er berief sich auf dessen Statthalterschaft in Asien[59], in der er den Unwillen des Princeps durch seine Gerechtigkeit und Tatkraft

vermehrt hatte. Auch hatte er es sich sehr angelegen sein lassen, die Versandung des Hafens von Ephesos zu beseitigen, und den gewaltsamen Widerstand der Stadt Pergamum gegen die Wegführung von Statuen und Gemälden durch Acratus, einen Freigelassenen des Caesars[60], unbestraft gelassen. Aber als Verbrechen wurde ihm die Freundschaft mit Plautus[61] angerechnet und seine Umtriebe, für sich die Provinz zu gewinnen zum Zwecke eines Umsturzes.

Für die Verurteilung wurde die Zeit ausgewählt, da Tiridates, um die Krone von Armenien entgegenzunehmen, sich auf der Reise nach Rom befand. Dadurch, dass sich das Gerede in Rom den auswärtigen Fragen zuwende, sollte das im eigenen Land sich abspielende Verbrechen in den Hintergrund gedrängt werden. Vielleicht wollte auch Nero seine Herrschergröße durch die Ermordung hochgestellter Persönlichkeiten, gleichsam durch eine königliche Untat[62], ins rechte Licht setzen.

(24) Als daher die gesamte Bürgerschaft zum Empfang des Princeps[63] und um den König zu sehen aus der Stadt hinausströmte, wurde Thrasea zu der Begegnung nicht zugelassen. Jedoch ließ er den Mut nicht sinken, sondern setzte ein Schreiben an Nero auf, in dem er anfragte, was ihm denn eigentlich vorgeworfen werde, und versicherte, er werde sich rechtfertigen, wenn er Einsicht in die Anklagepunkte genommen und die Möglichkeit zu ihrer Widerlegung erhalten habe. Dieses Schreiben nahm Nero eiligst an sich in der Hoffnung, Thrasea habe in seinem Schrecken Äußerungen geschrieben, mit denen er den Ruhm des Princeps erhöhe und seinen eigenen Ruf erniedrige. Da dies nicht der Fall war und er selbst sich vor den Blicken, dem Selbstbewusstsein und dem Freimut des unschuldigen Mannes fürchtete, befahl er, die Väter zu berufen.

(25) Jetzt hielt Thrasea in engstem Kreise eine Beratung ab, ob er seine Verteidigung versuchen oder auf sie verzichten sol-

le. Die Meinungen waren geteilt. Die einen waren dafür, dass er in die Kurie gehe, und erklärten, sie seien darüber unbesorgt, dass er vielleicht seine feste Haltung verliere. Er werde kein Wort sagen, das nicht seinen Ruhm erhöhe. Nur schlaffe und ängstliche Gemüter verbrächten ihre letzten Stunden ganz für sich. Erblicken solle das ganze Volk den Mann, der dem Tode entgegengehe, hören solle der Senat die Worte, die, wie aus dem Munde einer Gottheit kommend, über menschliche Größe hinausragen. Eben durch sein bewunderungswürdiges Auftreten könne sogar ein Nero sich beeinflussen lassen. Wenn dieser aber bei seiner Grausamkeit verharre, so werde sicherlich die Nachwelt das Gedenken an seinen ehrenvollen Tod zu unterscheiden wissen von der Feigheit all derer, die stillschweigend in den Tod gehen.

(26) Die anderen, die dafür waren, dass Thrasea zu Hause warte, sprachen über ihn selbst in gleichem Sinne, aber betonten, dass er Hohn und Schmähungen zu erwarten habe. Er solle sich nicht dem Schelten und Schimpfen aussetzen. Nicht nur Cossutianus und Eprius seien zu jeder frevlerischen Handlung entschlossen. Es seien auch noch viele Leute da, die sich vielleicht in ihrer Unmenschlichkeit zu rohen Tätlichkeiten hinreißen lassen. Auch Gutgesinnte würden aus Furcht ihrem Beispiel folgen. Lieber solle er dem Senat, dessen Zierde er immer gewesen sei, die Schande einer solchen Freveltat ersparen und es im ungewissen lassen, was die Väter beim Anblick des beschuldigten Thrasea beschließen würden. Dass Nero von Beschämung über seine Schandtaten ergriffen werde, darauf setze man vergeblich seine Hoffnung. Viel mehr sei zu befürchten, dass sich sein Wüten dann gegen Thraseas Gattin, seine Tochter und gegen die übrigen nächsten Angehörigen richte. Daher solle er unentweiht und unbefleckt so rühmlich seinem Ende entgegengehen, wie die, deren Spuren und Bestrebungen er in seiner Lebensführung gefolgt sei[64]. Bei der Beratung war

auch Rusticus Arulenus[65] zugegen, ein leidenschaftlicher junger Mann, der in seinem Ehrgeiz sich anerbot, gegen den Senatsbeschluss Einsprache zu erheben. Denn er war Volkstribun. Sein Feuer dämpfte Thrasea: er solle sein zweckloses Beginnen lassen, das dem Angeklagten doch nichts nützen, aber dem, der Einspruch erhebe, verderblich sein werde. Seine Zeit sei erfüllt, und er dürfe seine so viele Jahre hindurch stetig eingehaltene Lebensordnung nicht preisgeben; er dagegen stehe erst am Beginn seiner Ämterlaufbahn und sein weiterer Weg stehe ihm noch voll und ganz offen. Er solle zuvor reiflich bei sich überlegen, welche Bahn er in einer solchen Zeit im Dienst des Gemeinwesens einzuschlagen habe. Im übrigen behielt es Thrasea einem weiteren eigenen Nachdenken vor, ob es für ihn am Platze sei, im Senat zu erscheinen.

(27) Aber am folgenden Tage besetzten zwei Prätorianerkohorten in voller Rüstung den Tempel der Genetrix Venus[66]. Den Zugang zum Senat hatte ein Haufen Soldaten in der Toga[67] gesperrt, die offen ihre Schwerter sehen ließen. Militärische Kommandos waren überall auf den freien Plätzen und in den Basiliken postiert. Unter deren Blicken und Drohungen gingen die Senatoren in die Kurie. Aus dem Munde eines Quästors[68] vernahmen die Senatoren die Botschaft des Princeps. Ohne einen einzelnen bei Namen zu nennen, beschuldigte er die Väter, ihre Pflichten gegenüber dem Gemeinwesen preiszugeben und durch ihr Beispiel die römischen Ritter zur Saumseligkeit zu verleiten. Sei es deshalb zu verwundern, dass man nicht aus den entfernten Provinzen herkomme[69], wenn so viele, die das Konsulat und Priesterämter erlangt hätten, lieber ihren anmutigen Gärten sich widmeten? Diesen Vorwurf griffen die Ankläger wie eine Waffe auf.

(28) Den Beginn machte Cossutianus, mit noch größerer Lautstärke schrie Marcellus: es handle sich hier um die Existenz des Staates. Die Widerspenstigkeit der Untertanen beein-

trächtige die Milde des Herrschers. Allzu nachgiebig seien bis zu dem heutigen Tage die Väter, die den abtrünnigen Thrasea und seinen dem gleichen Wahnsinn verfallenen Schwiegersohn Helvidius Priscus, ebenso Paconius Agrippinus, den Erben des väterlichen Hasses gegen das Fürstenhaus, und den Curtius Montanus, den Verfasser abscheulicher Gedichte, ungestraft höhnen lassen[70]. Er vermisse im Senat den Konsular, bei den Gelübden den Priester, bei der Eidesleistung den Bürger, während Thrasea gegen die Staatseinrichtungen und religiösen Gebräuche der Vorfahren die Rolle eines Verräters und Staatsfeindes übernommen habe. Kurz: er, der gewohnt sei, den Senator zu spielen[71] und für die Widersacher des Princeps einzutreten, solle kommen und beantragen, was er verbessert oder geändert wissen wolle. Man würde es leichter hinnehmen, wenn er über Einzelfälle schimpfe, als dieses jetzige schweigende Verurteilen von allem. Ob ihm etwa der Friede in der Welt missfalle oder die ohne Verluste von den Heeren errungenen Siege[72]? Einen Menschen, der traurig sei, wenn es dem Gemeinwesen gut gehe, und der die öffentlichen Plätze, die Theater, die Tempel als Einöden betrachte, der mit seinem Exil drohe, solle man nicht seinen verkehrten Ehrgeiz auskosten lassen. In seinen Augen seien dies doch keine Senatsbeschlüsse, keine Staatsbeamten, keine römische Hauptstadt. Er solle sein Leben scheiden von einer Bürgerschaft, auf deren Liebe er schon längst verzichtet habe und die er jetzt nicht mehr sehen wolle.

(29) Während Marcellus, finster und drohend, wie es seinem Wesen entsprach, mit solchen und ähnlichen Phrasen sich in Glut redete mit heißem Gesicht und funkelnden Augen, prägte sich nicht mehr jene schon bekannte, in den häufigen Prozessen bereits übliche Niedergeschlagenheit bei dem Senat aus, sondern, bei dem Anblick der Waffen in den Händen der Soldaten, ein bisher ungewohntes, tiefer gehendes Entsetzen.

Zugleich schwebte dem Senat Thraseas verehrungswürdige Gestalt vor Augen. Manche empfanden auch Mitleid mit Helvidius, der unschuldig für seine Verwandtschaft büßen sollte. Was habe man denn Agrippinus anderes vorgeworfen, als das traurige Schicksal seines Vaters, der ja ebenfalls unschuldig der Grausamkeit des Tiberius zum Opfer gefallen sei? Und gar Montanus, der unbescholtene junge Mann, dessen Gedicht keine Schmähung enthalten habe, werde außer Landes gejagt, weil er seine Begabung offen gezeigt habe.

(30) Inzwischen fand sich Ostorius Sabinus, der Ankläger des Soranus, ein und begann, von dessen Freundschaft mit Rubellius Plautus zu reden und dass Soranus das Prokonsulat von Asien eher zu seiner persönlichen Verherrlichung als zum Wohl der Allgemeinheit geführt und die Aufsässigkeit der Gemeinden gefördert habe. Doch dies waren alte Geschichten. Neu war nur die Beschuldigung, seine Tochter habe den Magiern Geldgeschenke gemacht, und damit verwickelte er sie in die gefährliche Lage ihres Vaters. Allerdings hatte Servilia – so hieß das Mädchen – dies getan, aber nur aus kindlicher Liebe. Sie hatte aus Anhänglichkeit an ihren Vater und zugleich in jugendlicher Unerfahrenheit gehandelt und sich über nichts anderes befragt als über das Wohlergehen ihrer Familie und darüber, ob Nero versöhnlich sei und ob die Untersuchung durch den Senat nicht schlimm ausfallen werde. So wurde sie denn in den Senat geholt, und beide standen gesondert da, vor dem Richterstuhl der Konsuln der hochbetagte Vater, ihm gegenüber die noch nicht zwanzig Jahre alte Tochter, die erst kürzlich durch die Verbannung ihres Gatten Annius Pollio[73] Witwe geworden und verlassen war und nun nicht einmal ihren Vater anschaute, dessen bedrohliche Lage sie ja verschlimmert zu haben schien.

(31) Als nun der Ankläger sie fragte, ob sie ihren Brautschmuck und ihr Halsgeschmeide verkauft habe, um sich das

Geld für magische Beschwörungen zu verschaffen, warf sie sich zuerst auf den Boden, weinte lange lautlos und legte dann ihre Arme um den Brandaltar[74] mit den Worten: »Ich habe keine Götter angerufen, die dem Princeps Verderben bringen sollen, keine Verwünschungen ausgesprochen und nichts anderes mit meinen unseligen Gebeten gewollt, als dass du, Caesar[75], und dass ihr, Väter, diesem meinem so guten Vater das Leben erhalten möget. So habe ich meine Edelsteine und Kleider und den Schmuck meines Standes hingegeben, wie ich mein Blut und mein Leben hingeben würde, wenn man es von mir verlangte. Möchten doch diese Männer dort dies gesehen haben[76], von denen ich bisher nicht wusste, welchen Namen sie haben und welche Künste sie betreiben. Ich habe den Princeps nie erwähnt, ohne ihn unter die Gottheiten einzureihen. Doch davon weiß mein unglücklicher Vater nichts, und ist es ein Verbrechen, so habe ich allein gefehlt.«

(32) Soranus fiel ihr ins Wort und rief: »Sie ist nicht mit mir in die Provinz gereist. Sie ist zu jung gewesen, um mit Plautus bekannt zu sein. Sie hat nichts mit den gegen ihren Mann erhobenen Vorwürfen zu tun. Nur zu großer Kindesliebe ist sie schuldig, und man muss das Verfahren gegen sie abtrennen. Ich selbst will jegliches Schicksal auf mich nehmen.« Zugleich wollte er sich seiner auf ihn zulaufenden Tochter in die Arme werfen. Aber die Liktoren stellten sich beiden in den Weg. Dann wurden die Zeugen aufgerufen, und so tief die Anteilnahme war, die die Unbarmherzigkeit des Anklägers erweckt hatte, so groß war die Erbitterung, die P. Egnatius[77] als Zeuge hervorrief. Er war ein Klient des Soranus und trat, jetzt gekauft, um den Freund ins Verderben zu stürzen, mit dem Anspruch eines Angehörigen der stoischen Schule auf, geübt, in seiner äußeren Haltung und in seiner Miene das Bild eines tugendhaften Mannes zu verkörpern, aber von treuloser und heimtückischer Gesinnung und heimlicher Habsucht und Zü-

gellosigkeit. Als sich dieser Charakter durch Bestechung enthüllt hatte, gab er ein warnendes Beispiel dafür, dass man sich ebenso vor gewerbsmäßigen Betrügern und gemeinen Schurken in acht nehmen muss wie vor falschen Tugendhelden und verräterischen Freunden.

(33) Jedoch brachte der gleiche Tag auch ein Beispiel ehrenhafter Gesinnung: Cassius Asclepiodotus[78], der aufgrund seines Reichtums bei den Bithynern eine große Rolle spielte, bewahrte die Ergebenheit, mit der er Soranus in seinen glücklichen Tagen gepriesen hatte, und ließ ihn nicht im Stich, als sein Stern sank. Dafür verlor er sein ganzes Vermögen und wurde verbannt, womit sich deutlich erwies, wie gleichgültig die Götter gegenüber Gut und Böse sind. Thrasea, Soranus und Servilia wurde die Art ihres Todes anheimgestellt. Helvidius und Paconius wurden aus Italien verbannt. Montanus wurde seinem Vater überlassen[79], jedoch mit dem Vorbehalt, dass er ihn nicht am politischen Leben sich beteiligen lasse. Den Anklägern Eprius und Cossutianus wurden je fünf Millionen Sesterzen, Ostorius eine Million und zweihunderttausend Sesterzen zuerkannt, außerdem die Abzeichen eines Quästors.

(34) Dann wurde zu Thrasea, der sich in seinem Parke aufhielt, der Quästor des Konsuls geschickt[80], als sich bereits der Tag neigte. Er hatte eine große Gesellschaft von erlauchten Männern und Frauen bei sich versammelt, wobei er sich besonders aufmerksam mit dem Lehrer der kynischen Philosophie, Demetrius[81], beschäftigte. Mit ihm sprach er, wie man den angespannten Mienen und den Worten, soweit sie diese lauter sprachen, entnehmen konnte, über das Wesen der Seele und die Trennung von Geist und Körper, bis Domitius Caecilianus, einer seiner nächsten Freunde, kam und ihm den Beschluss des Senats mitteilte. Und so forderte Thrasea die Anwesenden, die weinten und klagten, auf, eiligst sich aufzumachen und durch ihre Anteilnahme an dem Schicksal des

Verurteilten sich nicht selbst in Gefahr zu bringen, und ermahnte Arria, die ihrem Gatten in den Tod folgen und das Beispiel ihrer Mutter Arria[82] nachahmen wollte, am Leben zu bleiben und ihrer gemeinsamen Tochter nicht die einzige Stütze zu nehmen.

(35) Dann trat Thrasea in die Vorhalle, wo ihn der Quästor antraf; er war eher freudig gestimmt, weil er vernommen hatte, dass sein Schwiegersohn Helvidius nur aus Italien ausgewiesen werde. Als er dann den Senatsbeschluss empfangen hatte, führte er Helvidius und Demetrius in das Schlafzimmer. Er hielt die Adern beider Arme hin[83], und als das Blut herauslief, besprengte er den Boden, rief den Quästor herbei und sagte: »Wir wollen dem Befreier Iuppiter eine Spende darbringen. Schau her, junger Mann! Zwar mögen die Götter verhüten, dass es eine Vorbedeutung sei. Doch du bist in eine Zeit hineingeboren, in der es not tut, sein Herz zu stählen durch Vorbilder von Standhaftigkeit.« Als dann das langsame Hinsterben ihm schwere Qualen verursachte, wandte er sich zu Demetrius …

Der Rest des Buches ist verloren. Es fehlen die beiden letzten Regierungsjahre Neros, an die sich die Historien anschlossen.

Anhang

Zu dieser Ausgabe

Die vorliegende Ausgabe fasst die Übersetzung der *Annalen* und die zugehörigen Anmerkungen von Walther Sontheimer (1964), die bisher in den Bänden der Universal-Bibliothek Nr. 2457 und 2458 vorlagen, in einem Band zusammen.

Das Nachwort für diese Neuausgabe wurde von Kai Brodersen neu verfasst, der auch die Zeittafel ergänzt und die Literaturhinweise erstellt hat.

Anmerkungen

Buch I

1 Die *urbs Roma* steht an der Spitze des Werkes; um die stadtrömischen Geschehnisse geht es in erster Linie dem Geschichtsschreiber. – Für die geschichtlichen Ereignisse siehe die Zeittafel (S. 715 ff.).

2 Tacitus denkt wohl hauptsächlich an die *Römische Geschichte* des Livius, den er auch IV 34 als *eloquentiae ac fidei praeclarus in primis* nennt, sowie an C. Sallustius, der III 30 als *rerum Romanarum florentissimus auctor* bezeichnet wird.

3 Von 31–23 bekleidete er neunmal das Konsulat; die *tribunicia potestas* hatte er schon im Jahre 37 durch Volksbeschluss erhalten. Sie lief nach der Niederlegung des Konsulats automatisch weiter.

4 Getreidespenden waren seit der *lex frumentaria* des C. Gracchus (123 v. Chr.) in Rom eine stehende Einrichtung geworden, wobei ursprünglich jeder in Rom ansässige Bürger monatlich fünf Scheffel Weizen vom Staat ungefähr um die Hälfte des Preises, seit der *lex frumentaria* des Clodius sogar umsonst erhalten konnte. Caesar setzte die Zahl der Empfangsberechtigten auf 150 000 fest, Augustus erhöhte sie auf über 200 000.

5 Seine Verfügungen (*rescripta* oder *edicta*) traten an die Stelle der früher vom Volk beschlossenen Gesetze.

6 Siehe den Stammbaum (S. 719).

7 Insel in der Nähe von Elba (heute Pianosa).

8 Tacitus will mit diesem emphatischen Ausruf seine Freude darüber ausdrücken, dass Augustus trotz dem Einfluss Livias es wagte, Germanicus als Rivalen an die Seite des Tiberius zu setzen.

9 Eben Drusus, der Sohn der Vipsania, siehe I 12.

10 Tiberius verbrachte die Jahre 6 v. Chr. bis 2 n. Chr. in Rhodus. Er hatte dorthin von Augustus Urlaub erbeten, um dem sittenlosen Lebenswandel seiner Gemahlin Iulia aus dem Wege zu gehen und zugleich das Zusammensein mit den noch lebenden Adoptivsöhnen zu vermeiden.

11 Dorthin hatte ihn Augustus kurz vor seinem Tode geschickt. Illyricum umfasste Dalmatien, Pannonien und Mösien.

12 Nola, eine kleine Stadt in Campanien, die im 2. Punischen Krieg Rom treu blieb. Dort starb Augustus im Jahre 14 n. Chr.

13 Über Sextus Pompeius siehe III 11, über Sextus Appuleius siehe II 50, IV 22.

14 Die Reihenfolge erklärt sich daraus, dass dem Nichtbeamten der Eid von einem Beamten abgenommen werden musste, während der Beamte selbständig schwören durfte. Der Eid enthielt das Gelöbnis des Gehorsams.

15 Testamente und sonstige Dokumente, auch Geld und Kostbarkeiten, wurden in dem Tempel der Vesta aufbewahrt.

16 Als *heredes primi*, d. h. als Erben ersten Grades.

17 Die dem *populus* (d. h. dem Staatsvolk) vermachte Summe kam in das *aerarium* (Staatsschatz), die der Plebs vermachte wurde unter die ärmere Bevölkerung verteilt.

18 Die *cohortes civium* Romanorum waren Truppenteile, die nicht in einen Legionsverband eingeteilt, aber den Legionen gleichgestellt waren. In der Kaiserzeit waren es mindestens 32 Kohorten.

19 Seine Regierungszeit wird hier von seinem 1. Konsulat an, das er am 19. August 43 antrat, gerechnet. Eine andere Berechnung schließt sich an die Schlacht von Actium im Jahre 31 v. Chr. an, eine weitere geht von dem Jahr 27 v. Chr. aus, wo er den Titel »Augustus« erhielt.

20 Octavius starb im Jahr 58 v. Chr., als sein Sohn etwas über vier Jahre alt war.

21 Augustus war achtzehnmal, Valerius Corvus sechsmal, Marius siebenmal Konsul gewesen.

22 Die Übertragung der *tribunicia potestas* fand am 27. Juni 23 v. Chr. statt.

23 Der Titel »Imperator« wurde gewöhnlich dem Feldherrn von seinen Soldaten durch Akklamation nach einem Sieg von entscheidender Bedeutung verliehen und musste dann von dem Senat bestätigt werden.

24 Unter »Vater« ist wie auch nachher »Adoptivvater« (Caesar) zu verstehen.

25 Es waren die 4. Legion und die »Martische« des M. Antonius.

26 Die Rutenbündel der Liktoren mit den Beilen drückten das Recht über Leben und Tod aus.

27 Er wurde Proprätor, womit seine rechtlich nicht begründete Stellung legalisiert wurde.

28 Hirtius und Pansa, die beiden Konsuln des Jahres 43, fielen bei Mutina (heute Modena). Die anderweitigen Versionen sind spätere Erfindungen. Mit »Caesar« ist Augustus gemeint.

29 Antonius, Lepidus und Octavianus erhielten im Jahre 43 Vollmacht für die Neuordnung des Staates.

30 Mit Sex. Pompeius hatte Octavian im Jahre 39 v. Chr. einen Scheinfrieden geschlossen, dem im nächsten Jahr schon wieder Krieg folgte. Lepidus spielte in dem Triumvirat, in dem von Anfang an gegenseitiges Misstrauen herrschte, eine unbedeutende Nebenrolle und wurde im Jahr 36 aus ihm entfernt. Das Bündnis von Brundisium wurde im Jahr 40 v. Chr., das von Tarent im Jahr 37 geschlossen. Tacitus hat hier die Reihenfolge aus kompositorischen Gründen umgekehrt. Er hat damit das Bündnis von Tarent in Beziehung zu der Heirat des Antonius mit Octavia gesetzt, die das Bündnis bekräftigen sollte.

31 Über M. Lollius siehe III 48. Er erlitt im Jahr 16 v. Chr. durch die Germanen eine schwere Niederlage und verlor einen Adler. Über die Niederlage des Varus im Jahr 9 n. Chr. siehe I 61.

32 M. Varro Murena und Egnatius Rufus hatten im Jahr 23 v. Chr. eine Verschwörung gegen Augustus angezettelt. Iullus Antonius, der Sohn des Triumvirn und der Fulvia, wurde des Ehebruchs mit Iulia überführt (siehe I 53) und stand im Verdacht, nach der Herrschaft gestrebt zu haben.

33 Tiberius Nero, der Vater des Tiberius, musste im Jahr 38 v. Chr. seine neunzehnjährige Gattin scheinbar freiwillig Augustus überlassen, und dies in einer Zeit, da sie mit ihrem zweiten Sohn Drusus schwanger war.

34 Überliefert ist (korrupt) »que tedii«, was wohl mit Q. Vitellii wiederzugeben ist. II 41 berichtet Tacitus, dass er mit einigen anderen als Verschwender aus dem Senat gestoßen wurde. – P. Vedius Pollio, ein Ritter aus Caesarea in Bithynien, galt als ein unerreichter Ausbund von brutaler Schlemmerei; er soll sogar seine Muränen mit lebendigen Sklaven gefüttert haben.

35 *Sacerdos* ist die allgemeine Bezeichnung für Priester, *pontifex* drückt ihre priesterliche Funktion der Aufsicht über Religion und Kultus

aus. Das *collegium pontificum*, anfänglich aus 4, seit 300 v. Chr. aus 8, seit Sulla aus 15 Mitgliedern bestehend, bildete mit dem *pontifex maximus* an der Spitze eine rechtliche Einheit. Dazu kamen die 15 *flamines* (vom Anblasen des Opferfeuers); sie waren Einzelpriester je für eine bestimmte Gottheit. Außerdem gab es noch die 6 Virgines Vestae. – Augustus gestattete den Kultus seiner Person im Jahr 29 v. Chr. nur im Verein mit der *Dea Roma* und nur in den Provinzen des Reiches.

36 Zum drittenmal; zuerst im Jahr 7 v. Chr., dann 4 n. Chr. je auf fünf Jahre, dann im Jahr 9 n. Chr. auf Lebenszeit.

37 Die von den Römern abhängigen Königreiche waren: Iudaea, Cilicien, Pontus, Cappadocien, Thracien, Mauretanien.

38 Vipsanias Mutter war die Tochter des römischen Ritters Pomponius, des bekannten Freundes Ciceros; Tiberius musste sich auf Anordnung des Augustus von ihr trennen, um dessen Tochter Iulia zu heiraten. Vipsania war die Mutter des Drusus (siehe III 19 und den Stammbaum).

39 Asinius Pollio (76 v. Chr. bis 5 n. Chr.), unter Caesar und Antonius militärischer Befehlshaber, zog sich unter Augustus in das Privatleben zurück und ergab sich wissenschaftlichen und literarischen Neigungen. Er führte in Rom die »recitationes« ein, Vorlesungen vor einem Kreis geladener Gäste, und gründete dort die erste Bibliothek. Vergil widmete ihm seine 4. Ecloge, Horaz die 1. Ode des 2. Buches.

40 Die Konsuln hatten die Sitzung mit der Aufforderung an Tiberius, die Regierung zu übernehmen, eingeleitet.

41. *Palatium* heißt der Palast, den sich Augustus auf dem mons Palatinus, auf dem die älteste nach der Sage von Romulus gegründete Stadt stand, erbaute, und in der Folge der Raum, auf dem sich die übrigen Kaiserpaläste erhoben.

42 »Parens« und »mater patriae« ist die weibliche Angleichung an den Titel »pater patriae«.

43 Iulia ist der andere Name für Livia, seit sie in das iulische Geschlecht aufgenommen war.

44 Mit der Zuweisung eines Liktors hätte ihr Tiberius Exekutivgewalt zugebilligt.

45 Damit verfügte Germanicus über die Regierungsgewalt in den Provinzen.

46 *Consul designatus* war man in der Zeitspanne zwischen Wahl und Amtsantritt. – Als solcher hätte er im Senat zuerst oder, falls Tiberius selbst einen Antrag stellte, unter den ersten über seine eigene Erhöhung abstimmen müssen.

47 Die *comitia centuriata* auf dem Marsfelde. Dabei hatte sich in früherer Zeit das Gesamtvolk, nach Centurien geordnet, versammelt, um die Wahlen der höheren Beamten vorzunehmen und staatswichtige Entscheidungen (über Krieg und Frieden, Bündnisse u. a.) zu treffen.

48 Die Tribus waren noch als Stimmkörper formell vorhanden. Die Wahlen waren von Iulius Caesar dem Volk abgenommen, von Augustus aber scheinbar ihm zurückgegeben worden. Jetzt wurde auch der Schein und der Name einer Beteiligung des Volkes aufgehoben und die von dem Senat nach dem Vorschlag des Caesaren gewählten Staatsbeamten dem Volk öffentlich vorgestellt, wofür die Bezeichnung *comitia tributa* beibehalten wurde.

49 Die Prätoren trugen bei den Spielen, die sie leiteten, das Triumphkleid und fuhren auf dem *currus triumphalis.*

50 Pannonien war das Land zwischen Ostalpen, Donau und Save, das nach wiederholten Kriegen (seit dem Jahr 35 v. Chr.) zusammen mit Illyricum im Jahr 9 n. Chr. unterworfen wurde.

51 Die Centurionen sind die Unteroffiziere, die, aus dem Mannschaftsstand hervorgegangen, wegen besonderer Tapferkeit vor dem Feind oder Tüchtigkeit im sonstigen Dienst befördert wurden. Sie stehen an der Spitze einer Centurie, deren es in der Legion 60 gab. In jeder Legion gab es 6 *tribuni militum* (oder *militares*). Vor Caesar befehligten je 2 von ihnen zwei Monate lang die Legion. Seit Caesar bekamen sie nur noch selten ein kleineres Truppenkommando und wurden immer mehr Intendantur- und Verwaltungsbeamte.

52 Das As ist die kleinste römische Währungseinheit und hatte den Wert von ¼ Sesterz.

53 Der Denar – eine römische Silbermünze, seit 187 v. Chr. nachweisbar – war gleich 4 Sesterzen. Der Sesterz betrug das Zweieinhalbfache des As, seit dem 2. Punischen Krieg das Vierfache.

54 Die Mannschaften bekamen vielfach nicht nach der gesetzlichen

Dienstzeit von 16 Jahren ihre Entlassung, sondern wurden in besonderen Formationen (*vexilla veteranorum*) zurückbehalten, in denen sie Diensterleichterungen bekamen und in der Regel nur zum Kampfeinsatz verwendet wurden.

55 Zu dem stehenden Heer kamen die Prätorianer, die Garde, hinzu, *praetorium* genannt, ursprünglich die Leibgarde des *princeps*, die ihn auf seinen Reisen begleitete, seit Tiberius dauernd in Rom stationiert, mit 9 Kohorten zu je 500 Mann, einschließlich der 3 *cohortes urbanae* (der Stadtbesatzung).

56 Also die Manipelfahnen jeder der 10 Kohorten, zusammen 30 für jede Legion.

57 Nauportus (heute Oberlaibach in Krain), unter Augustus bedeutende Stadt, Stapelplatz des Kriegsmaterials und Versorgungsbasis für das Heer.

58 *Municipium* war die Bezeichnung für eine städtische Gemeinde außerhalb Roms, die römisches Bürgerrecht und örtliche Selbstverwaltung besaß.

59 *Gregarius miles* ist der Soldat des Mannschaftsstandes in seinem Verhältnis zu den Chargen des ganzen Heeres, *m. manipularis* im Verhältnis zu seiner Legion, *m. legionarius* im Verhältnis zu den bundesgenössischen Formationen.

60 *Tribunal* (Tribüne) bezeichnet hier den erhöhten Platz auf dem *principium* des Lagers, von dem aus der Heerführer seine Ansprachen an die Soldaten hielt. Siehe auch Anm. 119.

61 Gladiatoren hatte vielfach der Statthalter in seinem Gefolge, um in seiner Provinz Spiele zu veranstalten.

62 *Filii familiarum*, die noch unter der *patria potestas* standen und kein Eigentum besaßen, daher auch nichts verschenken konnten.

63 Die Mondfinsternis fand am 26. September statt. In der Zeit bis zu diesem Tag muss also die Nachricht von dem Tode des Augustus nach Pannonien und die von der Meuterei nach Rom gekommen sein.

64 Dadurch sollte der hinsterbenden Göttin Luna geholfen werden. Vielleicht hatte das Lärmen auch apotropäischen Sinn (Abwehr böser Geister).

65 Das eine (obere) Heer stand in Mainz (Mogontiacum), das andere

(untere) in Köln. Die Einteilung in Germania Superior und Inferior gab es damals noch nicht.

66 Die von Caesar unterworfenen gallischen Provinzen (ohne Narbonensis) zahlten ihre Abgaben an den römischen Staat in Geld, anfangs 40 Millionen Sesterzen. Es fand jeweils eine durch die römischen Beauftragten vorgenommene Vermögensschätzung statt. Germanicus hielt sie in seiner Eigenschaft als Statthalter der gallischen Provinz, der zugleich der Oberkommandierende der am Rhein stehenden Legionen war, ab.

67 Die Ubier, zur Zeit Caesars an der Lahn sesshaft, siedelte M. Agrippa im Jahr 38 v. Chr. auf dem westlichen Rheinufer an. Ihre Hauptstadt war Ara Ubiorum, das im Jahr 50 n. Chr. zu Ehren von Agrippina, der Tochter des Germanicus, die dort geboren war, zur Colonia Agrippinensium (Köln) erhoben wurde. Die Ubier zeichneten sich dadurch aus, dass sie stets den Römern treu blieben.

68 Drusus und sein Sohn Germanicus (s. Stammbaum). Drusus hatte den Beinamen Germanicus durch Senatsbeschluss wegen seiner Taten in Germanien erhalten. Der Beiname war in seiner Familie erblich.

69 60 Centurionen befanden sich in einer vollzähligen Legion (zu 10 Kohorten), die 6000 Mann stark war. So prügelten jetzt 60 Mann je einen Centurio, wie sonst 60 Centurionen 6000 Mann prügelten.

70 C. Caesar Caligula im Jahr 41 n. Chr. – Cassius Chaerea war damals *tribunus* in der Prätorianergarde.

71 Livia war eigentlich die »Stief«großmutter der Agrippina (maior). Agrippinas Mutter Iulia war in der Verbannung und starb in diesem Jahr. Daher vertrat Livia die Stelle einer Stiefmutter (siehe Stammbaum).

72 Damit wollten sie zum Ausdruck bringen, dass ihnen jegliche Absicht, Germanicus zu kränken, fernliege.

73 Durch die nach Gallien abziehenden Legionen.

74 *Auxilia* heißen die Hilfstruppen bei dem Heer, *socii* die Bundesgenossen in der Heimat.

75 Die Soldaten pflegten ihr Geld bei den Feldzeichen bzw. bei den *signiferi*, die zugleich Rechnungsführer waren, zu deponieren.

76 Die Vereidigung fand auf Tiberius statt.

77 *Chauci*, ein germanischer Volksstamm zwischen der unteren Ems und Elbe. Sie teilten sich in die *Chauci minores* westlich der Weser (diese sind hier gemeint) und in die *Chauci maiores* östlich der Weser. Sie waren im Jahr 5 n. Chr. unter römische Oberhoheit gekommen.

78 Die *veterani* waren in *vexilla* eingeteilt (s. auch Anm. 54). Jede Legion hatte ein *vexillum* in der Stärke einer Kohorte, dessen Fahnenträger *vexillarius veteranorum legionis* hieß. So wurde aber auch der Angehörige der durch ein *vexillum* gekennzeichneten Einheit genannt.

79 M'. Ennius war dazu als Lagerkommandant nicht befugt, da Todesstrafen über den gemeinen Soldaten zu verhängen erst der *legatus pro praetore* das Recht hatte.

80 In der Nähe der Stadt. Germanicus hatte sein Quartier in der Stadt selbst.

81 Gemeint ist das *vexillum* der Veteranentruppe, die, wie Germanicus, in der Stadt einquartiert war.

82 Die I 14 erwähnte Abordnung, die Germanicus die Verleihung des *imperium proconsulare* mitteilen und ihm zugleich das Beileid des Senats zum Tode des Augustus überbringen sollte.

83 C. Caesar, der spätere Princeps Caligula, der, im Jahr 12 n. Chr. geboren, damals erst zwei Jahre alt war.

84 Die Treverer waren ein keltisch-germanisches Mischvolk an der unteren Mosel mit der Hauptstadt Augusta Treverorum (Trier).

85 Mit »Vater« ist, wie auch sonst, der »Adoptivvater« Tiberius gemeint.

86 Im Jahre 47 v. Chr. vor dem Zug nach Afrika, als sich die Soldaten weigerten, ihm dorthin zu folgen. – »Quirites« ist die offizielle Anrede der römischen Bürger. Nach der römischen sagenhaften Überlieferung waren die Qu. Sabiner aus der Stadt Cures, die unter Titus Tatius den Quirinal besiedelten. Das Wort bedeutete den römischen *civis* im Gegensatz zu dem *miles* der Legionen. Dadurch, dass Caesar seine Soldaten nicht mit dem üblichen »commilitones«, sondern mit Qu. anredete, bezeichnete er sie als entlassen und als nicht mehr dem Heer angehörig.

87 Im Jahr 30 v. Chr., als die nach der Schlacht bei Actium nach Brundisium geschickten Veteranen revoltierten, während Octavian (Augustus) selbst auf Samos den Winter verbrachte.

88 Rätien, das heutige Graubünden mit Tirol, wurde im Jahr 15 v. Chr. zusammen mit Vindelicien (nördliches Alpenvorland bis zur Donau) von Drusus und Tiberius unterworfen und dann zu einer Provinz zusammengefasst.

89 Suebi, ein westgermanischer Volksstamm, mit dem Caesar zum ersten Mal zusammenstieß, solange sie in der Gegend des Main ihre Wohnsitze hatten und unter Ariovist in Gallien einzudringen versuchten. Bei Tacitus ein Sammelbegriff für alle vor dem Jahr 9 n. Chr. freien Germanen (Semnonen, Quaden, Marcomannen, Hermunduren).

90 Die alten Centurionen waren bei der Meuterei verjagt worden. Sie mussten in erster Linie bei der Neuverteilung der Centurionenstellen berücksichtigt werden.

91 Vetera (Xanten am Rhein), ein römisches Legionslager, angelegt zur Zeit des Augustus. Später wurden unter Claudius und Nero für zwei Legionen Steinbauten errichtet. Im Bataveraufstand wurde die Besatzung von Civilis eingeschlossen und zur Übergabe gezwungen. Danach wurde in der Nähe des früheren Lagers ein neues für eine Legion errichtet.

92 Die Rheinflotte, die von Drusus, dem Vater des Germanicus, erbaut (siehe II 18) und von Tiberius zu seinen Unternehmungen benützt worden war.

93 Germanicus nahm also etwa die Hälfte der am Niederrhein stehenden vier Legionen, soweit sie ihren Sollbestand von 6000 Mann aufwiesen, mit.

94 Die *silva Caesia* war ein nicht sicher lokalisierbares Waldgebiet nördlich der Ruhr. Germanicus war bei Vetera über den Rhein gegangen, durchschnitt (*scindit*) das Waldgebiet auf dem von Tiberius begonnenen Richtweg und schlug auf ihm (d.h. in beiderseitiger Anlehnung an den Wald), der an dieser Stelle sehr breit gewesen sein muss, sein Lager.

95 Dabei ist an Waffentänze und dgl. zu denken (vgl. Tac. Germania 24).

96 Die Marser wohnten zwischen Lippe und Ruhr. Nach Tac. Germ. 2 waren sie eines der vier Hauptvölker der Germanen. Auf ihrem Gebiet befand sich das berühmte Heiligtum der Tamfana (s. Anm. 97). Sie spielten für kürzere Zeit eine wichtige Rolle, so in der Varusschlacht und in den Kriegen des Germanicus, aber verschwanden aus dem geschichtlichen Geschehen, weil sie vermutlich keinen eigenen Volksstamm, sondern nur einen Stammesverband gebildet hatten, der sich wieder auflöste.

97 Es handelte sich wohl um einen heiligen Hain, der das kultische Zentrum des Stammesverbandes bildete, mit Altar sowie einfachen sakralen Bauten. Die Germanen kannten keine Tempelbauten (Tac. Germ. 9).

98 Die Bructerer hatten ihre Wohnsitze nördlich von den Marsern zwischen Lippe und oberer Ems; westlich von den Marsern am Rhein saßen die Tencterer; südlich von diesen, ebenfalls am Rhein, bis zu den Chatten hin die Usipeter (auch Usipi genannt), zwischen den Usipetern, Chatten und Ruhr die Tubanten.

99 Pandateria, Insel vor der campanischen Küste, nordwestlich vom Golf von Neapel (heute Vandotena), üblicher Verbannungsort in der Kaiserzeit.

100 Der Zusatz ist von Tacitus hinzugefügt, wohl um dieses Regium (heute Reggio di Calabria) an der Meerenge von Messina von Regium Lepidi (Reggio im Modenesischen) zu unterscheiden.

101 Sie war die Tochter des Augustus und die Mutter der voraussichtlichen Thronerben Gaius und Lucius (s. Stammbaum).

102 Agrippa Postumus war ihr letzter überlebender Sohn gewesen (s. Stammbaum).

103 Ihm hatten die durch ihr soziales Reformwerk berühmten beiden Gracchen, Ti. Sempronius und C. Gracchus, angehört.

104 Iulia hatte nach dem Tode ihres Mannes M. Agrippa im Jahr 13 v. Chr. Tiberius geheiratet (s. Stammbaum).

105 Cercina, eine Insel an der »Kleinen Syrte«, noch heute Kerkenah.

106 Er war 9 n. Chr. unter Varus Legat gewesen und hatte sich mit seinen zwei Legionen gerettet.

107 Titus Tatius, sagenhafter König der Sabiner, zog nach dem Raub der Sabinerinnen gegen Rom, wo er durch den Verrat der Tarpeia das

Kapitol eroberte und nach der Aussöhnung der Frauen Mitregent des Romulus wurde.

108 Maecenas, C. Cilnius, aus dem etruskischen Arretium stammend, Freund des Augustus, Förderer der Künste und der Dichter, besonders des Vergil und Horaz, gestorben 8 v. Chr. – Bathyllus war ein berühmter Pantomime aus Alexandria, der Erfinder des römischen Pantomimus, ein Freigelassener des Maecenas.

109 Die Chatten waren ein starker germanischer Volksstamm auf dem rechten Rheinufer (im heutigen Hessen). Sie wurden 11/10 v. Chr. von Drusus unterworfen. 17 n. Chr. triumphierte Germanicus über sie.

110 Adrana, die heutige Eder (in Hessen), die sich in die Fulda ergießt.

111 Mattium, nördlich der Eder, vielleicht das heutige Dorf Metze bei Gudensberg. Der Name der Mattiaci, die wir später bei Wiesbaden (Aquae Mattiacae) finden, hängt mit ihnen zusammen.

112 Am linken Rheinufer. Als neue Provinz wird das Gebiet betrachtet, das die Römer vor der Niederlage des Varus auf der rechten Seite des Rheins besessen hatten.

113 Der Bericht war in den verlorenen Büchern VII–XI enthalten. In Buch XI 16 wird aus dem Jahr 47 n. Chr. von dem Sohn des Arminius als gestorben gesprochen. Nach Strabon (VII 1, 4) hieß er Thumelicus.

114 Amisia, die heutige Ems.

115 Der germanische Volksstamm der Friesen wohnte zwischen Zuidersee und Ems. Sie waren seit 12 v. Chr. von Drusus unterworfen.

116 Die vier am Oberrhein stationierten Legionen. Die jetzt in der Zuidersee vereinigten Seen hingen früher nicht zusammen. Er fuhr in diese vom Rhein aus durch die fossa Drusiana, die heutige Ijssel.

117 Lupia, die heutige Lippe.

118 Über die Lokalisierung der Varus-Schlacht sind sich die Gelehrten auch heute noch nicht einig. Der moderne Name »Teutoburger Wald« ist erst im 18. Jahrhundert aufgekommen, dadurch dass der »Lippische Wald« genannte Teil des Osning mit dem »Teutoburgiensis saltus« identifiziert wurde.

119 Unter »principia« ist der Hauptplatz im Lager zu verstehen, wo sich das Feldherrnzelt (*praetorium*) und die Unterkünfte der Legaten und Tribunen befanden, wo die Fahnen abgestellt wurden und die Solda-

ten zu der *contio* antraten. Sein Umfang stand jeweils im Verhältnis zu dem des ganzen Lagers.

120 Die »Langen Brücken« sind Bohlenwege über das Sumpf- und Moorgebiet.

121 L. Domitius Ahenobarbus war Statthalter am Niederrhein gewesen. Über ihn siehe IV 44.

122 D. h. noch im Hinaufklettern begriffen waren.

123 Der ältere Plinius, aus Comum (Como) stammend, lebte vom Jahr 23–79 n. Chr. Er war kaiserlicher Procurator in Germanien, Gallien und Afrika und genoss das besondere Vertrauen Vespasians. Er war ein überaus fruchtbarer Schriftsteller. Erhalten ist nur sein großes Sammelwerk *naturalis historia* in 37 Büchern. Als höherer Offizier in Germanien, vermutlich im Jahr 50 n. Chr., unter Pomponius Secundus, hatte er Gelegenheit, die germanischen Verhältnisse an Ort und Stelle kennenzulernen, um diese Kenntnisse in einem Werk von zwanzig Büchern niederzulegen. Plinius d. Jüngere sagt ep. III 5: *quibus omnia, quae cum Germanis gessimus, bella collegit. Inchoavit, cum in Germania militaret* (»er hat in zwanzig Büchern alle Kriege, die wir mit den Germanen geführt haben, dargestellt. Er begann damit, als er in Germanien Kriegsdienste leistete«). Leider ist das Werk, das eine der wichtigsten Quellen für die antike Geschichtsschreibung über die Germanen und insbesondere für Tacitus selbst war, verloren. (S. auch das Nachwort S. 727.)

124 Visurgis, die Weser. Inwiefern hier die Weser genannt ist, wo doch Vitellius und Germanicus auf dem Wege von der Ems zum Rhein waren, ist nicht klar. Vermutlich handelte es sich um einen Irrtum, den Tacitus schon von seiner Quelle übernommen hat.

125 Diesen Namen hat Augustus seit dem Jahr 27 v. Chr. geführt.

126 Damit hätten seine Amtshandlungen Gesetzeskraft als verbindlich für gleichgelagerte Fälle gehabt. Während der republikanischen Zeit wurden nur die Gesetze beschworen. Das erste Beispiel einer Eidesleistung auf Amtshandlungen einer einzelnen Person war der Schwur der Triumvirn am 1. Januar 43 v. Chr., dass alles, was von ihnen geschehen sei, aufrechtzuerhalten sei, ein Schwur, den auch die anderen Behörden zu leisten hatten. Das gleiche geschah dann auch zu Lebzeiten des Augustus.

127 Die *lex Cornelia de maiestate* des Diktators Caesar scheint eine Bestimmung enthalten zu haben, die, wie aus Cic. fam. III 11, 2 hervorgeht, bei Beleidigung hochgestellter Persönlichkeiten ein Verfahren ermöglichte. Augustus hatte dieses Gesetz im Jahr 12 n. Chr. wieder in Kraft gesetzt. Das Majestätsgesetz war nicht ein einzelnes Gesetz, sondern es waren zu verschiedenen Zeiten wiederholt Gesetze zur Verfolgung derer gegeben worden, die sich gegen die Gesamtheit des populus Romanus vergangen hatten (schon in den Zwölf Tafeln). Das Gesetz des Diktators Caesar gab dem wegen Majestätsverbrechens Belangten die Möglichkeit der Appellation an das Volk. Dass Augustus die Verfolgung wegen Beleidigung einer einzelnen Person sanktionierte und an die Stelle der Majestät des Volkes die seiner Person und der Angehörigen des fürstlichen Hauses setzte, war das Neue.

128 Über Cassius Severus siehe IV 21.

129 Das Vereinswesen war in Rom streng geregelt und stand unter der Aufsicht des Staates. Collegien wurden nur genehmigt, wenn sie als nützlich für den Staat bezeichnet wurden. Die Genehmigung erteilte der Senat nach Einholung des Consenses des Princeps.

130 Die Konsuln führten den Vorsitz im Senat und hatten seit Augustus die Jurisdiktion in kriminellen Angelegenheiten über die Senatoren und deren unmittelbare Angehörigen sowie in Fällen von *crimen maiestatis* und *repetundarum.*

131 Unter Augustus war ein Teil der Provinzen unmittelbar dem Princeps, der andere dem Senat unterstellt worden. Die Statthalter der kaiserlichen Provinzen wurden von dem Princeps ernannt und hatten den Titel *legati pro praetore* oder in kleineren Provinzen *procuratores*, diejenigen der Senatsprovinzen führten den Titel *proconsules.* Bithynien war eine Senatsprovinz, Marcellus daher *proconsul*, aber zugleich auch ehemaliger *praetor*, wie ihn Tacitus hier betitelt.

132 Der einberufende Beamte berichtete zuerst über den vorliegenden Beratungsgegenstand (Tagesordnung). Dann wurden die Senatoren der Reihe nach aufgefordert, ihre Meinung zu äußern (*palam*). Zuerst sprach der princeps senatus, dann die übrigen der Reihe nach entsprechend ihrem Rang, den sie bekleidet hatten (*senatorii, praetorii*),

und ihrem Lebensalter, wobei sich die meisten der vorgetragenen Ansicht eines Vorredners anschlossen. Der vorsitzende Beamte fasste dann die geäußerten Ansichten (*sententiae*) in einen Antrag zusammen und ließ abstimmen, meist in der Form, dass die Senatoren in zwei Gruppen auseinander traten (*discessio*). Ein Eid wurde nur in ganz besonders wichtigen Fällen abgelegt.

133 Offenbar war es dem Princeps freigestellt, an erster oder letzter Stelle seine Stimme abzugeben.

134 Damit wurde der Prozess auf das privat-rechtliche Gebiet überwiesen, auf dem es sich nur um die Wiedererstattung (*recipere*) des unrechtmäßig angeeigneten Geldes, nicht um ein kriminelles Vergehen handelte.

135 Über Ateius Capito s. III 75. Er war von 13. n. Chr. bis zu seinem Tode, 22 n. Chr., *curator aquarum*. Über L. Arruntius siehe I 13.

136 Es waren Senatsprovinzen. S. Anm. 131.

137 Tarraco (heute Tarragona). Colonia Tarraconensis hieß der östliche und nördliche Teil des heutigen Spaniens. Schon zu seinen Lebzeiten hatte Augustus dort einen Altar. Jetzt wird der ganzen Provinz gestattet, dort einen gemeinsamen Tempel zu gründen, wie solche Augustus im Verein mit der »Roma« – neben dem überall verbreiteten privaten Kult einzelner Städte – in Pergamum, Nicomedia, Ancyra hatte.

138 Die Steuer war bereits im Jahr 43 v. Chr. von den Triumvirn eingeführt worden, und zwar zur Finanzierung ihrer militärischen Maßnahmen. Im Jahr 6 n. Chr. begründete dann Augustus das *aerarium militare*, um die Prämien für die entlassenen Soldaten zu bestreiten, also eine Art Versorgungskasse.

139 Clanis (heute Chiana), der unterhalb Orvieto in den Tiber mündet.

140 Der heutige Arno.

141 Interamnates, die Einwohner von Interamna Nahars (heute Terni), ein umbrisches Municipium am Nar.

142 Nar, der heutige Nera, linker Nebenfluss des Tiber.

143 Reatini, die Einwohner von Reate (Municipium im Sabinerland, heute Rieti), Heimat des M. Terentius Varro.

144 Der *lacus Velinus* liegt zwischen Reate und Interamna (heute Velino).

145 Überliefert ist »sociorum«. Aber der Bezug auf die *socii* ist nicht erklärlich, da die Bewohner des damaligen Italiens seit mindestens einem Jahrhundert *cives Romani* waren. Die Änderung in »maiorum« liegt nahe.

146 Über Poppaeus Sabinus siehe IV 46, V 10, VI 39, XIII 45. Er war der Großvater der Poppaea Sabina, der Gemahlin Neros.

147 Mösien, römische Provinz an der unteren Donau, seit Domitian (85 n. Chr.) geteilt in Moesia Superior und Moesia Inferior. Mösien war kaiserliche Provinz. Im 1. Jh. v. Chr. war es von Macedonien aus unterworfen worden und hatte im Jahr 44 n. Chr. eine eigene Verwaltung erhalten.

148 Seit Augustus bildete Achaia, nachdem es seit dem Jahr 146 v. Chr. zu der Provinz Macedonia gehört hatte, eine eigene Provinz mit der römischen Kolonie Korinth als Hauptort.

Buch II

1 Phraates IV., König der Parther seit 37 v. Chr., hatte seine männlichen Verwandten mitsamt seinem Vater Orodes umgebracht, wurde in dem Jahr 32 (oder 27) v. Chr. vertrieben, kehrte dann wieder zurück und lieferte die bei Carrhae erbeuteten römischen Feldzeichen an Augustus aus. Später schickte er je vier Söhne und Enkel als Geiseln nach Rom. Der älteste dieser vier Söhne war Vonones.

2 Vonones war seit 9 v. Chr. in Rom; zwischen 6 und 9 n. Chr. als König eingesetzt, wurde er von dem Arsaciden Artabanus III. 11 n. Chr. verjagt und bei einem Fluchtversuch 19 n. Chr. getötet. Er hatte etwa 20 Jahre in Rom gelebt.

3 Ein scythisches Volk im Südosten des Kaspischen Meeres.

4 Artavasdes, der Sohn und Nachfolger des von Lucullus und Pompeius besiegten Tigranes I., wurde von Antonius 34 v. Chr. in seine Gefangenschaft gelockt. Antonius glaubte, von ihm in dem parthischen Feldzug verraten worden zu sein (36 v. Chr.), und übergab ihn Kleopatra, die ihn umbringen ließ.

5 Tigranes II., der Sohn des Artavasdes, war von Antonius mit Vater und Brüdern nach Ägypten geschickt, dann von Augustus nach Rom gebracht und von den Armeniern nach der Ermordung des Artaxias

20 v. Chr. als Herrscher erbeten und von Tiberius eingesetzt worden. Er starb 6 v. Chr.

6 C. Caesar, der Sohn von Iulia und M. Agrippa (s. Stammbaum). Er wurde im Jahr 1 n. Chr. in seinem Konsulat nach dem Orient geschickt.

7 Über Creticus Silanus siehe II 43.

8 Siehe II 68.

9 Über P. Vitellius siehe I 70.

10 Batavi, ein germanischer Volksstamm, zuerst von Caesar bell. Gall. IV 10, 1 erwähnt, hatte seine Wohnsitze auf der Insula Batavorum (heute Betuvi). Sie wurden durch die Feldzüge des Drusus dem römischen Reich eingegliedert und waren, abgesehen von dem Aufstand des Civilis (im Jahr 70), den Römern immer treu. Sie genossen Steuerfreiheit und waren somit bevorzugte Untertanen.

11 Vahalis, der heutige Waal.

12 Mosa, die heutige Maas.

13 Drusus legte im Jahr 11 v. Chr. am Zusammenfluss von Elison und Lippe das Kastell Aliso als Ausgangspunkt für seine Operationen und zugleich als Versorgungsbasis an. Nach allgemeiner Ansicht stimmt die Örtlichkeit mit Haltern (an der unteren Lippe) überein.

14 Drusus hatte einen Teil des nördlichen Rheinarmes in die Ijssel geleitet und diese bis zu ihrer Mündung verbreitert.

15 »Classis Amisiae relicta laevo amne« kann nicht heißen »an dem linken Ufer der A.«, sondern muss übersetzt werden »in dem linken Flussbett der A.«, die damals also in zwei Armen floss.

16 Die *Angrivarii* hatten ihre Wohnsitze zwischen Hunte und Weser (Visurgis).

17 Hercules ist *interpretatio Romana* für den germanischen Donnergott.

18 Unter den »Freunden« ist die *cohors amicorum* (*et praetoriae*) der republikanischen Feldherren zu verstehen, die in der Prinzipatszeit ihren militärischen Charakter verloren hatte und nur noch das engere Gefolge der kaiserlichen Prinzen und Statthalter bezeichnete.

19 Die nicht sicher lokalisierbare Ebene »Idistaviso« lag vermutlich auf dem rechten Weserufer zwischen dem Strom und den Weserbergen.

20 Die Räter und Vindelicier gehörten zu den oben genannten gallischen, die Chauken zu den germanischen Hilfstruppen.

21 Die Reste des Walles sind bei dem Dorfe Leese nördlich von dem ersten Kampfplatz gefunden worden.

22 Über Seius Tubero siehe IV 29.

23 Tiberius führte sieben Jahre Krieg in Germanien (s. I 34) und wurde dann im Jahr 7 v. Chr. erneut dorthin gesandt.

24 Im Jahr 6 n. Chr. drang Tiberius von der Donau her gegen Maroboduus vor (s. II 46). – Die Sugambrer, zu der germanischen Gruppe der Istaevonen gehörig, waren an dem rechten Rheinufer sesshaft, gegenüber den Eburonen nördlich von den Ubiern.

25 Germanicus erhielt das Konsulat erst für das Jahr 18. Als Statthalter erhielt er keinen Nachfolger. Die beiden rheinischen Legaten waren von nun an dem Princeps unmittelbar unterstellt. Der Rhein bildete die Reichsgrenze.

26 Die Verleihung des Lorbeerkranzes bildete einen wesentlichen Bestandteil des Triumphes. Der Feldherr legte den Lorbeerkranz in den Schoß des Iuppiterbildes auf dem Kapitol.

27 M. Scribonius Libo Drusus war ein Enkel des L. Scribonius Libo (Konsul 34 v. Chr.). Dessen Schwester war Scribonia, die zweite Gemahlin des Augustus, die also seine Großtante war.

28 Die Caesares, Nero und Drusus Caesar, die Söhne der Agrippina und des Germanicus, waren als Urenkel der Scribonia seine Vettern (*consobrini*), s. Stammbaum. Sein Urgroßvater war Cn. Pompeius, insofern seine Mutter Pompeia eine Tochter des Sex. Pompeius war.

29 Über Fonteius Agrippa siehe II 86, über Vibius Serenus siehe IV 13. 28–30.

30 Die *actores* waren Geschäftsführer in staatlicher oder kommunaler Verwaltung, meist zuverlässige Sklaven, in den Municipien auch Freigelassene, die in der späteren Kaiserzeit zum Teil in hohe Ämter gelangten.

31 Cotta Messalinus hieß mit seinem vollen Namen nach seiner Mutter, deren Geschlecht sonst mit ihr erloschen wäre, M. Aurelius Cotta Maximus und nahm nach dem Tode seines Bruders (s. I 8) dessen Beinamen Messalinus an. Er war ein Freund des Ovid (vgl. ex Ponto

I 5. 9, II 3. 8, III 2. 5, IV 16. 41) und Großvater des XIII 34 genannten Aurelius Cotta. Siehe auch IV 20, V 3, VI 5.

32 Über Cn. Lentulus siehe IV 44.

33 Über Pomponius Flaccus siehe II 41. 66, VI 27. Er war damals *consul designatus*.

34 In der Handschrift steht nur LP, was ebensogut zu Plancus wie Piso ergänzt werden kann. – Über Asinius Gallus siehe I 12. – Papius Mutilus war im Jahr 9 n. Chr. *consul suffectus*. – Über L. Apronius siehe I 56.

35 Das Hornsignal bildete das Zeichen zum Zusammentritt der *comitia centuriata* und kündigte somit eine wichtige Staatsaktion an, zu der das Volk herbeigerufen wurde. – Die porta Esquilina befand sich an der Ostseite der Stadt. Auf dem campus Esquilinus fanden gewöhnlich die Hinrichtungen statt. – Unter *mos maiorum* ist die Enthauptung mit dem Beil nach vorausgegangener Auspeitschung zu verstehen.

36 Über Q. Haterius siehe IV 61. – Octavius Fronto wird von Tacitus nur hier genannt und auch sonst nicht erwähnt.

37 *Vestis serica* ist ein Kleid aus durchsichtiger indischer Seide. Vgl. Seneca de ben. VII 9, 5. – *Serica* war seit Augustus die Bezeichnung für den fernsten Osten, besonders für China, dessen Bewohner Seres hießen.

38 Der Eintritt in den Senatorenstand setzte ein Mindestvermögen von einer Million, der in den Ritterstand von 400 000 Sesterzen voraus.

39 Über Urgulania siehe IV 22. Ihre Enkelin Plautia Urganilla war die Gemahlin des Kaisers Claudius.

40 Die Ernennung der Beamten auf fünf Jahre, die alljährlich neu erfolgen sollte und daher zu einer fünffachen Vermehrung der Beamtenzahl geführt hätte (*quinquiplicari*), gab dem Princeps scheinbar eine große Machtfülle in die Hand. Allein diese Beamten konnten sich in dieser Zeit dem Abhängigkeitsverhältnis von dem Princeps weithin entziehen, da sie von ihm nicht mehr durch die Hoffnung auf Anstellung hingehalten werden konnten. Auch wenn der Princeps die Legionslegaten schon mit der Ernennung zu diesem Amt (*iam tum*) zu Prätoren bestimmte, war er in seiner Wahl gebunden. In Wirklich-

keit bedeutete dieser Vorschlag eine Einbuße der Macht des Princeps, was Tiberius wohl durchschaute. Aber er tat so, als merke er es nicht.

41 Sein Großvater war sehr reich gewesen. Sein Vater Q. Hortensius hatte in seiner Jugend einen anrüchigen Lebenswandel geführt, war zuerst auf der Seite Caesars gestanden und hatte sich dann an Brutus und Cassius angeschlossen, was ihn sein Vermögen und nach der Schlacht bei Philippi auch sein Leben kostete.

42 Über Postumus Agrippa siehe I 3.5.6.

43 Damit der Tod des Agrippa weniger nachweisbar wäre.

44 Cosa lag Planasia gegenüber am Portus Herculis auf einem Vorgebirge, das später Mons Argentarius hieß (heute Monte Argentario).

45 Clemens war als Sklave Eigentum des Agrippa gewesen und zusammen mit der übrigen Erbschaft an Tiberius gefallen.

46 Über Sallustius Crispus siehe III 30.

47 Dabei ist wohl in erster Linie an Freigelassene oder Sklaven zu denken.

48 Der Tempel des Saturnus lag am Forum Romanum vor dem Clivus Capitolinus. Der Tempel wurde im Jahr 497 v. Chr. geweiht, 43 v. Chr. wiederhergestellt.

49 Die *horti Caesaris* lagen auf dem rechten Tiberufer südlich vom Ianiculus.

50 Bovillae lag westlich der via Appia nahe dem Albanerberge, 11 Meilen von Rom entfernt.

51 Tacitus greift mit diesen Ausführungen auf das Jahr 14 zurück. Archelaus hatte sein Land im Jahr 36 v. Chr. von Antonius erhalten. – Cappadocia ist die weite Landschaft zwischen Taurus und Pontus Euxinus, die in Cappadocia am Pontus Euxinus, das Königreich Pontus, und in das Binnenreich Großcappadocien zerfiel, das unter Traian zur *provincia Cappadocia* mit der Hauptstadt Caesarea gemacht wurde.

52 Siehe Anm. I 138.

53 Commagena war die nördlichste Landschaft von Syrien, das Bindeglied zwischen Syrien und Cilicien, und eine Provinz des Seleucidenreiches mit der Hauptstadt Samosata am mittleren Euphrat. – Antiochus III., Sohn des Mithridates. Philopator II. war nicht König

von ganz Cilicien, sondern nur von einem Bezirk im Osten des Landes.

54 Siehe II 3.

55 Über Creticus Silanus siehe II 4. Er war durch Adoption aus der Familie der Iunii Silani in die der Caecilii Metelli gekommen und hieß mit vollem Namen Q. Caecilius Metellus Creticus. Er war *praetor urbanus* und *proconsul Sardiniae* gewesen, dann im Jahr 7 n. Chr. *consul* und verwaltete Syrien seit dem Jahr 11 n. Chr. – Cn. Calpurnius Piso war unter Augustus *triumvir monetalis.* Über sein Konsulat und seine Verwaltung von Hispania Tarraconensis siehe III 12. Seneca de ira I 16, 13 berichtet über seine Grausamkeit, die er sich als Prokonsul (wohl von Afrika) hat zuschulden kommen lassen.

56 Nach der Schlacht bei Pharsalus in den Jahren 47/46.

57 Seine Mutter Antonia war eine der beiden Töchter des Antonius aus seiner Ehe mit Octavia, der Schwester des Augustus (s. Stammbaum).

58 Atticus Agrippa ∞ Pomponia Tiberius ∞ Vipsania Agrippina Drusus ∞ Livia (Livilla).

59 Über Livia (Livilla) siehe II 84, IV 3 ff.

60 Drusus und Germanicus waren eigentlich Vettern. Aber durch die im Jahr 4 n. Chr. erfolgte Adoption durch Tiberius wurden sie »Brüder«.

61 Die Semnonen, zuerst 5 v. Chr. als Bewohner des Spree- und Havelgebietes in Erscheinung tretend, zuletzt erwähnt zum Jahr 177 n. Chr. Die Langobarden hatten ihre Wohnsitze nach ihrer Auswanderung aus Skandinavien an der linken Seite der unteren Elbe, wo Tiberius im Jahr 5 n. Chr. auf sie stieß.

62 Unter der *silva Hercynia* wird gewöhnlich die Gebirgsschwelle von der Donauquelle bis zu den Karpaten verstanden. Bei Tacitus ist es der östliche Teil der deutschen Mittelgebirge (Böhmerwald, Erzgebirge, Sudeten).

63 Im Jahr 6 n. Chr. wollte Tiberius Maroboduus zugleich von Süden und von Westen angreifen. Doch kam es nicht dazu, weil er durch den Aufstand in Pannonien und Dalmatien abberufen wurde.

64 Nach Böhmen. Die Marcomannen bildeten den westgermanischen Zweig der suebischen Völkergruppe. Sie traten zuerst im Heer des

Ariovist auf und waren dann in der Maingegend sesshaft. Unter Marobod entwickelten sie sich zu einem großen, selbständigen Volk und drangen in das von den Boiern verlassene Böhmen ein.

65 Nicht den Frieden zwischen den streitenden Parteien, sondern den Frieden für Rom.

66 Unter Asia ist der Westrand von Kleinasien zu verstehen.

67 Sardes (heute Sart), Magnesia am Sipylos (heute Manisa), Philadelphea (heute Alaschar), Apollonis nahe dem Dorf Palamout; Mostene, Hyrcania, südlich von Smyrna, Hierocaesaria (zwischen Papasli und Ak Hissar auf dem linken Ufer des Kumtchai), Tmolus lagen in Lydien; Temnos, Aegeae (zwischen Sari-Tcham und Halemly), Myrina und Cyme (heute Namurt) lagen in Mysien.

68 Herrenloser Besitz verfiel dem Fiskus.

69 M. Aemilius Lepidus war der Großneffe des ehemaligen Triumvirn Lepidus.

70 A. Postumius hatte den Tempel als Diktator vor der Schlacht am See Regillus im Jahr 499 v. Chr. gelobt. Im Jahr 493 wurde er vollendet.

71 Das *Forum holitarium*, der Gemüsemarkt, lag zwischen dem mons Capitolinus und dem Tiber. Dort war auch der Tempel der Spes.

72 Duilius hatte den Seesieg im 1. Punischen Krieg im Jahr 260 v. Chr. errungen (s. Zeittafel).

73 Ihre Mutter war vermutlich die Halbschwester des Augustus, Octavia maior, die mit Sex. Appuleius (Konsul 29 v. Chr.) verheiratet war.

74 Die *lex Iulia* vom Jahr 17 v. Chr. Die »härtere Strafe« bei Ehebruch bestand in teilweiser Konfiskation des Vermögens und Relegation auf eine Insel.

75 Sein Vater war der Redner Q. Haterius (siehe IV 61), der sechs Söhne verloren hatte. Vermutlich war seine Mutter eine Tochter des M. Agrippa und der Marcella, der Tochter der Octavia, die die Großmutter des Germanicus war. Des Germanicus Mutter Antonia war die Halbschwester dieser Marcella, und die Mutter des Haterius Agrippa war die Halbschwester der Agrippina, der Gemahlin des Germanicus (s. Stammbaum).

76 Die *lex Papia Poppaea de maritandis ordinibus*. Sie bestimmte unter anderem, dass bei der Verlosung der Senatsprovinzen die Verheirate-

ten und die Väter je nach der Zahl ihrer Kinder bevorzugt werden und dass ihnen ein Teil der Zeit, die sonst vor und zwischen den Ämtern eingehalten werden musste, erlassen wurde.

77 Über Tacfarinas siehe III 20. 32. 73, IV 23.

78 Die Cinithier hatten ihre Wohnsitze an der Kleinen Syrte.

79 M. Furius Camillus war der Eroberer von Veii im Jahr 396 v. Chr. nach zehnjähriger Belagerung. Er ging wegen angeblicher Unterschlagung der Beute ins Exil nach Ardea. Nach der Zerstörung Roms durch die Gallier unter Brennus soll er zurückgekehrt sein und die Gallier vernichtend geschlagen haben. An ihn knüpfen sich viele sagenhafte Züge.

80 Nicopolis in Epirus, Actium gegenüber, am Eingang des heutigen Golfs von Arta. Es wurde von Augustus zur Erinnerung an seinen Sieg bei Actium gegründet.

81 S. Anm. 60.

82 Perinthus, später in Heraclea umbenannt, heute Eregli.

83 Die berühmten Kabirenmysterien, ein Kult vorgriechischer Gottheiten, der »Großen Götter«, die hauptsächlich in Samothrake verehrt wurden.

84 Colophon in Ionien zwischen Smyrna und Ephesus. Die Clarische Orakelhöhle hat man zwischen Notion und dem heutigen Tschille gegenüber Giaurköi wiedergefunden.

85 Im 1. Mithridatischen Krieg in den Jahren 87/86 v. Chr. und in der Schlacht bei Actium im Jahr 31 v. Chr.

86 Der Hügel westlich der Akropolis von Athen, wo der älteste Gerichtshof tagte, in älterer Zeit höchste staatliche Instanz, später (seit 462 v. Chr.) nur noch über die Blutgerichtsbarkeit verfügend.

87 Siehe II 4.

88 Polemo I. war der Sohn des Rhetors Zeno von Laodicea. Durch Antonius und Augustus wurde er als Herrscher von Olba in Cilicien und als König des östlichen Pontus, Kleinarmeniens und des Bosporus eingesetzt.

89 Der Vorgang ist auf einer goldenen Münze erhalten. – Artaxata war Hauptstadt von Großarmenien am nördlichen Ufer des Araxes (heute Aras), gegründet 189 v. Chr. durch Artaxias I. auf den Rat Hannibals. Ruinen bei Ardaschar am Garni-Tschai.

90 Er hatte den Titel *legatus pro praetore* mit der Befugnis eines Prätors.

91 Cyrrhus, östlich der durch Alexander berühmt gewordenen Stadt Issus in Syrien (heute Choros).

92 Germanicus hatte bei seiner richterlichen Tätigkeit ein consilium angesehener Römer bei sich.

93 Die Nabatäer waren ein arabisches Volk nördlich vom arabischen Meerbusen.

94 Pompeiopolis, das frühere Soloi (heute Mezetlü), bedeutender Hafenplatz in Cilicien, Kolonie von Rhodus, von Alexander 333 unterworfen, von Tigranes zerstört und später durch Pompeius wiederaufgebaut und nach ihm benannt.

95 Auf einem Papyrus (Berliner Mus.) sind zwei Erlasse des Germanicus erhalten, die sich auf seine ägyptische Reise beziehen. In dem einen gibt er Weisungen über die Beschaffung der Mittel für seine und seines Gefolges Beförderung, in dem anderen verbittet er sich Titulierungen, die nur dem Princeps und seiner Gemahlin zukommen. – In Rom herrschte damals Hungersnot, weshalb er die Staatsspeicher (*horrea*) öffnen ließ.

96 Von Livius XXIX 19, 11 für das Jahr 205 (Scipio Africanus maior).

97 Canopus, in der Nähe der westlichen Nilmündung, nicht weit von Alexandria, von dem ein Kanal bis Canopus und in die nahe Nilmündung führte.

98 Aus der noch erhaltenen Inschrift geht hervor, dass der Dolmetscher die Zahlenangaben und das Ausmaß der Eroberungen erheblich übertrieben hat.

99 Rhamses II., aus der 19. Dynastie im 14. Jahrhundert.

100 Unter dem »Bithynischen Meer« ist der Pontus Euxinus, unter dem »Lycischen Meer« der nordöstliche Teil des Mittelmeeres zu verstehen.

101 Im westlichen Teil des alten Theben bei Medinet Habu befinden sich noch jetzt zwei sitzende Kolosse, die beide als Bildnisse des Königs Amenhoteps aus der 18. Dynastie gelten. Den nördlichen Koloss, der zerstört und in fünf Lagen wiederhergestellt ist, bezeichneten die Griechen als Memnon, den Sohn des Tithonus und der Eos, der von Achilleus getötet worden sei. Auf seinen Beinen befinden

sich zahlreiche griechische und lateinische Inschriften aus der Zeit von Nero bis Septimius Severus von denen, die das Tönen des Kolosses gehört haben wollten.

102 Der See lag südlich von Memphis im östlichen Teil des heutigen Fajum. Später verfiel die Anlage.

103 Im Süden von Ägypten, wo der Fluss durch ein enges Felsental fließt. Es sind die Engen und Stromschnellen bei Elephantine, deren Lotung wohl bei der reißenden Strömung nicht möglich war.

104 Sie saßen auf dem rechten Ufer der unteren Weichsel (siehe Tac. Germ. 43). Seit der Mitte des 1. Jh. n. Chr. schieben sie sich allmählich nach Süden vor und wandern um 200 nach dem Pontus zu ab. 230 haben sie feste Wohnsitze in Südrussland, von wo sie Einfälle in das römische Reich unternehmen (seit etwa 280).

105 Das Land zwischen Rätien und Pannonien. Mit Rätien kam 15 v. Chr. auch Noricum unter römische Herrschaft. Mit dem Princeps Claudius begann dann die Romanisierung des Landes.

106 Die Hermunduren waren ein suebischer Volksstamm, ursprünglich zwischen Elbe, Harz und Thüringer Wald, später auch südlich davon, dann im Reich des Maroboduus und in seinem germanischen Volksverband, um 100 n. Chr. (Tac. Germ. 41) zwischen Donau und Fichtelgebirge. Nach 200 verschwinden sie aus der Geschichte.

107 Forum Iulium, heute Fréjus, war damals, wie Ravenna, Flottenstation.

108 Marus, die heutige March; Cusus, die heutige Waag.

109 Die Quaden saßen in Mähren neben dem böhmischen Reich der Marcomannen.

110 Von Augustus zwischen Quirinal und Kapitol erbaut, anlässlich eines Gelübdes wegen der Rache an den Mördern Caesars. In dem Tempel waren die von den Parthern ausgelieferten Feldzeichen aufgestellt.

111 Die Bastarner waren der östlichste germanische Volksstamm, um 200 v. Chr. am Schwarzen Meer, später an der Donau, wo sie bei dem Versuch, weiter vorzudringen, im Jahr 29/28 v. Chr. bekriegt und bezwungen wurden. – Die Scythen, ein Sammelname für nichtgermanische Völkerschaften nordöstlich der Donau. Das Reich des Cotys reichte vom Schwarzen Meer vor Mösien hin bis zur Donau.

112 Die Albaner saßen an den Abhängen des Kaukasus (heute Schirwan und Daghestan). Sie wurden 65 v. Chr. von Pompeius unterworfen. – Die Heniocher nordwestlich von ihnen.

113 Pyramus, ein Fluss in Cilicien, mündend in die Bucht von Issus (heute Djihan).

114 Antiochia am Orontes (Azy), Hauptstadt Syriens (heute Antaki). In der Vorstadt Epidaphne wohnte Germanicus (siehe II 83).

115 Seleucia Pieria, nicht weit von Antiochia am Meer gelegen (heute Kepsy).

116 Alle Legaten hatten zum mindesten die Quästur bekleidet und waren damit im Senatorenrang.

117 Cos, dorische Insel an der kleinasiatischen Küste vor Carien; sie leistete im Jahr 88 v. Chr. Widerstand gegen Mithridates und wurde geplündert. Zur *provincia Asia* gehörig.

118 Zuerst musste ein Ankläger dem Gericht zur Kenntnis bringen, dass er eine Person anklagen wolle (*nomen deferre*), dann setzte das Gericht einen Termin fest (*diem prodicere*), an dem beide Parteien zu erscheinen hatten, gewöhnlich am 10. Tag nach der Anmeldung der Klage. – Es ist anzunehmen, dass unter Augustus und Tiberius über gemeine Verbrechen (Giftmord u. a.) nicht der Senat, sondern aus dessen Mitte ernannte (oder erwählte) Richter unter dem Vorsitz des das Verfahren leitenden Prätors auf dem Forum in der Weise der gewöhnlichen Gerichte verhandelten und dass eine solche Klage bei dem zuständigen Prätor eingebracht werden musste. Der Hohn des Piso ist darin zu erblicken, dass er den Marsus Vibius als unbefugt für die Mitteilung seiner Zurückberufung nach Rom ablehnt und sodann dass er es als selbstverständlich betrachtet, dass eine Anklage auf Vergiftung des Germanicus genauso behandelt werde, wie wenn dieses Verbrechen gegen jede andere gewöhnliche Person verübt worden wäre, während Germanicus selbst (cap. 71) und seine Freunde voraussetzen, dass dieses Verbrechen gegen einen Angehörigen der fürstlichen Familie im Senat verhandelt werde.

119 Laodicia, am Meer gelegen, gegenüber von Zypern, südlich der Mündung des Orontes, Gründung von Seleucus I. zu Ehren seiner Mutter. Hauptstadt einer Satrapie von Syrien.

120 Celenderis, heute Kilindri oder Gülnar.

121 Drusus, der Vater des Germanicus und der Stiefsohn des Augustus, sowie Germanicus.

122 Die Salier waren eine patrizische Priesterschaft des Kriegsgottes Mars, die an ihren Festen (19. März und 19. Oktober) mit den heiligen Lanzen und Schilden (*ancilia*) in altrömischer Kriegstracht durch die Stadt zogen und dabei einen Kriegstanz aufführten, bei dem sie ihr Lied (*carmen Saliare*) sangen, dessen altertümlicher Text nicht mehr verstanden wurde. Es wurden dabei einzelne Götter angerufen. Augustus wurde durch die Aufnahme seines Namens in das Lied geehrt.

123 Sein Bild sollte also zusammen mit den Götterbildern in dem feierlichen Aufzug, mit dem die Spiele eröffnet wurden, vorangetragen werden.

124 Siehe Anmerkung I, 35.

125 Gemeint ist Daphne, wie die Vorstadt von Antiochia hieß. Epidaphne war nur der Beiname der Stadt. Siehe auch Anm. 114. – Unter dem Tribunal ist ein Podium zu verstehen.

126 Nur die Medaillons für die regierenden Fürsten waren aus Gold.

127 Durch Anklage nach der *lex de adulteriis coercendis*. Der Ehemann musste sich von der bei Ehebruch ertappten Frau sofort scheiden lassen, wenn er nicht selbst wegen Kuppelei angeklagt und bestraft werden wollte. In einer Frist von 60 Tagen hatte er dann das Recht der alleinigen Anklage, nach dieser Frist verlor er dieses Anrecht.

128 Seriphos, zwischen Kythnos und Siphnos, eine der Kykladen (heute Serpho), durch seinen einstigen Reichtum an Eisen bekannt.

Buch III

1 Ein Teil der Fahrt fiel noch in das Jahr 19 n. Chr. Die neuen Konsuln traten ihr Amt an, noch ehe Agrippina nach Rom kam. – Corcyra, heute Corfu.

2 Brundisium, heute Brindisi.

3 Alle Städte in Italien waren damals entweder *coloniae* oder *municipia*. Sie hatten beide die gleiche staatsrechtliche Stellung, d. h., ihre Bewohner besaßen das römische Bürgerrecht. *Coloniae* schließt hier die *municipia* ein.

4 Tarracina (heute Terracina), an der via Appia, eine alte Seestadt der Volscer, auch Anxur genannt; in dem letzten Jahrhundert der Republik Militärstation, in der Kaiserzeit vielbesuchter Villenort.

5 Die Kinder waren Nero, Drusus, Agrippina und Drusilla (s. Stammbaum). In den Osten hatte ihn C. Caligula begleitet. Iulia wurde auf der Reise geboren.

6 Antonia war die jüngste Tochter des Triumvirn Antonius.

7 Eine der häufigen ironischen Bemerkungen des Schriftstellers.

8 Ticinum (heute Pavia), Gründung der Ligurer, in der Nähe der Brücken über Ticinus und Padus.

9 Drusus; Claudius ist nicht erwähnt.

10 Lucius Caesar im Jahr 2 n. Chr. und Gaius Caesar im Jahr 4 n. Chr.

11 Ein Fest zu Ehren der Göttermutter (*Magna Mater*), das Anfang Mai gefeiert wurde, hauptsächlich mit Schauspielen.

12 Achaia siehe Anm. I 148.

13 Das Volk nahm an, sie habe sich aus Schuldbewusstsein selbst vergiftet, und weil man keine Vergiftungserscheinungen an ihrem Körper feststellen konnte, sah man dies als Beweis dafür an, dass sie auch Germanicus, ohne eine Spur zu hinterlassen, vergiftet habe.

14 Drusus war (siehe III 7) damals in Illyricum.

15 Ancona war die nördlichste Stadt in der Landschaft Picenum, eine zu Ravenna gehörige Flottenstation mit wichtigem Hafen an der Adria. – Die via Flaminia führte von Ariminum (heute Rimini) durch Umbrien nach Rom.

16 Narnia lag im südlichen Umbrien (heute Narni) am Nar, vor dessen Mündung in den Tiber.

17 Über Fulcinius Trio siehe II 28; über Vitellius I 70, über Veranius II 56.

18 Über L. Arruntius und Asinius Gallus siehe I 13. – Bei Vinicius ist die Abkürzung des Vornamens in der Handschrift verderbt: entweder ist P. Vinicius gemeint, der im Jahr 2 n. Chr. Konsul war, oder der Konsul des Jahres 5 v. Chr., L. Vinicius. Da P. Vinicius mehrfach von dem Rhetor Seneca als Redner erwähnt wird (Controv. IV 11: pulchre dixit et nove), ist wohl an diesen zu denken. – Aeserninus Marcellus, Sohn des Konsuls von 22 v. Chr. und einer Tochter des Asinius Pollio. Über Sex. Pompeius siehe I 7, III 32. 72, über M'. Lepidus III 32, über L. Piso,

den Bruder des Cn. Piso, II 32. Livineius Regulus war, wie die anderen, ehemaliger Konsul.

19 Er war *legatus pro praetore* in Hispania Citerior gewesen.

20 Also wurde von Tiberius der Senat bei der Beauftragung Pisos beigezogen, obgleich es sich um eine kaiserliche Provinz handelte.

21. Siehe Anmerkung II 118.

22 Hinweis auf das II 75 Berichtete.

23 In der Handschrift ist hier eine Lücke. In ihr war berichtet worden, dass Piso auf sein Ersuchen eine nochmalige Verhandlung zugestanden worden war (*comperendinatio*). In cap. 15 ist die Rede von einer wiederholten Anklage und der sich anschließenden Verteidigung. Piso hat offenbar durch Beschuldigungen, die er gegen Germanicus erhob und die er schon früher Tiberius brieflich zur Kenntnis gebracht hatte (II 78), diese erneute Verhandlung begründet. Nun scheinen die Ankläger verlangt zu haben, dass die dort erwähnten Briefe des Piso an Tiberius sowie die der Plancina dem Senat vorgelegt werden, um so die Richter noch mehr zu erbittern.

24 Die Gemonien waren eine steinerne Treppe, über die man die im Gefängnis Erdrosselten an Haken in den Tiber schleppte.

25 Man wusste im Senat, dass Augusta ihre Freundin um jeden Preis gerettet wissen wollte, und vermutete, dass auch Tiberius sich dem Willen der Augusta würde fügen müssen.

26 Siehe Anmerkung 23.

27 In der Handschrift ist ein Wort ausgefallen, etwa »queritur«. Auch fehlt der Name des von Tiberius Befragten. Wahrscheinlich war es einer der beiden Söhne Pisos.

28 Der Triumvir Antonius, der zweimal, in den Jahren 44 und 32 v. Chr., »bellum patriae fecit« und zum Staatsfeind erklärt wurde, was zugleich die Beseitigung seines Namens auf den öffentlichen Denkmälern bedeutete, aber später unter dem Triumvirat und der Regierung des Augustus wieder rückgängig gemacht wurde. – Iullus Antonius war der Sohn des Triumvirn, der wegen Ehebruchs mit Iulia, der Tochter des Augustus, zum Tode verurteilt wurde.

29 Diese Strafe bestand in der Verbannung und der Ausstoßung aus dem Senat.

30 Siehe I 75, II 48.

31 Über Mars Ultor siehe II 64 und Anm. II 110.

32 Über Caecina Severus siehe I 31.

33 Nach III 11 hatte Drusus vorläufig auf den »Kleinen Triumph« verzichtet und war ohne ihn nach Rom zurückgekehrt. Um ihn jetzt durchführen zu können, musste er die Stadt verlassen und erneut das niedergelegte *imperium* übernehmen.

34 Die Enkelin des T. Pomponius Atticus, siehe Anm. II 57.

35 Die Zeitangabe stimmt nicht, da Tacfarinas im Jahre 17 n. Chr. von Camillus besiegt worden war. Siehe II 52.

36 Thala in Tunesien, noch heute Thala. Bei Sallust Iug. als große und reiche Stadt bezeichnet.

37 Die Eltern ihrer Mutter Cornelia waren Sulla, der Sohn des Diktators, und Pompeia, die Tochter des Pompeius.

38 Über M. Servilius siehe II 48.

39 Die Haft in der Kaserne der Prätorianer war strenger und härter als die von den Konsuln »in carcere« verfügte.

40 Hätte Drusus von seinem Vater den Auftrag gehabt, für Milde zu stimmen, so hätte er, wie sie meinten, sich diesen Ruhm nicht entgehen lassen. Durch sein Zurücktreten von der Stimmabgabe als erster sollte aber das Gehässige der beabsichtigten Härte von ihm ferngehalten werden.

41 Die Verbannung konnte entweder durch einen Senatsbeschluss oder durch beauftragte Richter nach der *lex Iulia de adulteriis* oder in der Kaiserzeit durch *edictum* des Princeps (*relegatio*) verhängt werden.

42 Die *lex Papia Poppaea* hatte ihren Namen von den *consules suffecti* des Jahres 9 n. Chr., Papia Mutilius und Poppaeus Secundus.

43 Der Diktator Caesar hatte schon im Jahr 46 v. Chr. Belohnungen für die Kindererzeugung ausgesetzt. Tacitus meint hier die *lex Iulia de maritandis ordinibus*, die Augustus im Jahre 17 n. Chr. erlassen hatte.

44 Ein besonderer Artikel der *lex Papia Poppaea* bestimmte Belohnungen für diejenigen, die von Übertretungen des Gesetzes Anzeige erstatteten, und gab daher Anlass zum Überhandnehmen des Denunziantentums.

45 Tacitus zeigt sich hier in besonderem Maße als Vertreter der alten Senatsrepublik aus aristokratischer Sicht. Nach seiner Ansicht ist die

Gesetzgebung, die den Zwölf Tafeln folgte, nicht mehr als gerecht zu bezeichnen, da sie in ihrer Veranlassung und in ihrer Durchführung von unsachlichen Motiven bestimmt war, wobei ihm die Ständekämpfe und die sozialen Revolutionen vor Augen schweben. Unter diesem Gesichtspunkt sind auch seine anschließenden Äußerungen über die Gracchen und deren Zusammenstellung mit Saturninus zu verstehen.

46 Der ältere der beiden Gracchen, Tiberius, im Jahr 133 v. Chr. Er wollte als Volkstribun in richtiger Einschätzung der sozialen Missstände durch seine Reformen die Hebung der niederen Volksschichten und den Rückgang der freien Bevölkerung Italiens aufhalten, wurde aber ermordet. Zehn Jahre später fand das gleiche Ende sein jüngerer Bruder Gaius, der die Reformpläne seines Bruders wieder aufgriff und durchführen wollte. – Saturninus war im Jahr 102 *tribunus plebis*, er trat in die Fußstapfen der beiden Gracchen, aber fiel als übler Demagog seiner Selbstsucht zum Opfer.

47 »Im Namen des Senats«: Drusus war in dem 2. Tribunat des C. Gracchus dessen Kollege und von dem Senat dafür gewonnen, durch eigene Anträge Gracchus zu überbieten, um sich die Volksgunst zu verschaffen, wofür er auch nachher Macedonien als Provinz erhielt. Den italischen Bundesgenossen wurde das römische Bürgerrecht versprochen. Als diese im Jahre 91 es mit den Waffen forderten, erweiterte er als Volkstribun die gracchischen Gesetzesvorschläge und wollte die ausschließliche richterliche Befugnis dem Ritterstand wieder entziehen, um so den Senat zu befriedigen. Aber er zog sich zuletzt den Hass beider Teile zu und wurde auf Anstiften des Senats umgebracht. Gleich darauf brach der Bundesgenossenkrieg aus (*bellum Italicum*).

48 Der Krieg zwischen Marius und Sulla.

49 Diese Bestimmungen beziehen sich auf die richterlichen Befugnisse. Vor den Gracchen waren diese in der Hand des Senats; C. Gracchus überwies sie dem Ritterstand, bei dem sie – nicht ohne vorübergehende Veränderungen – blieben, bis Sulla mit der *lex iudiciaria* im Jahre 81 sie wieder dem Senat zurückgab.

50 Lepidus war 78 Konsul. Er machte den Versuch, die sullanische Ordnung wieder aufzuheben, wodurch es zu einem kurzen Bürgerkrieg kam, in dem er von Pompeius besiegt wurde.

51 Sulla hatte den Volkstribunen im allgemeinen nur das Interzessionsrecht belassen. Zu den »alten Befugnissen«, die sie zurückerhielten, gehörte das Recht, selbständig Gesetzesanträge einzubringen ohne vorhergehende Einwilligung des Senats.

52 Dies verstieß gegen eine Bestimmung des Zwölf-Tafel-Gesetzes und bezog sich auf einen Antrag im Jahr 58 v. Chr., der die Verbannung Ciceros bezweckte.

53 Pompeius war im Jahr 52 v. Chr. zum dritten Mal Konsul.

54 Besonders durch die Gesetze *de vi* und *de ambitu*, die er zwei Tage nach der Amtsübernahme einbrachte. Das Gesetz de vi betraf den Mord an Clodius, die Niederbrennung der Curie und den Angriff auf das Haus des Interrex Lepidus, das Gesetz *de ambitu* bezog sich auf die Wahlumtriebe. Beide Anträge hatten den allgemeinen Zweck der Reform des Gerichtsverfahrens.

55 Die Beamten sollten erst fünf Jahre nach der Niederlegung ihres Amtes in die Provinz gehen und keiner sich abwesend um ein Amt bewerben dürfen. Er selbst handelte dagegen, indem er sich Spanien, das ihm auf fünf Jahre als Provinz zugewiesen war, für weitere fünf Jahre zuweisen ließ und für Caesar erwirkte, dass er sich abwesend um das Konsulat bewerben könne. Auch schützte er seinen Schwiegersohn Scipio durch Bearbeitung der Richter gegen die verdiente Anwendung des Gesetzes *de ambitu*.

56 Als Konsul hielt er Truppen in der Stadt, nach seinem Konsulat in der Nähe der Stadt. Er wurde im Jahr 48 v. Chr. bei Pharsalus von Caesar besiegt. Von diesem Jahr an, gerechnet bis zu dem sechsten Konsulat des Augustus im Jahr 28, sind es zwanzig Jahre.

57 Nero war damals 15 oder 16 Jahre alt.

58 Das Vigintivirat ist nach der Zahl der Männer, die es jeweils bekleideten, genannt. Diese waren auf vier Tätigkeitsbereiche mit niederer magistratischer Würde ziviler und militärischer Art verteilt.

59 Für Tiberius im Jahr 24 v. Chr., für Drusus im Jahr 19 v. Chr.

60 Er war der Sohn der Plautia Urgilla und starb wenige Tage nach der Verlobung.

61 L. Volusius war im Jahr 12 v. Chr. *consul suffectus* und im Jahr 6 v. Chr. Prokonsul von Afrika.

62 An ihn hat Horaz carm. II 2 gerichtet. C. Sallustius, der Verfasser der

coniuratio Catilinae, des *bellum Iugurthinum* und von *Historiae*, von denen nur noch Bruchstücke erhalten sind.

63 Über ihn siehe III 11.

64 Es handelte sich dabei um eine Senatsprovinz.

65 Im Jahre 15 n. Chr. stand er im 40. Dienstjahr (I 64), war aber noch im Jahre 16 in Germanien (siehe II 16).

66 Die *lex Oppia* des Volkstribunen C. Oppius aus dem Jahr 215 v. Chr. war gegen den überhandnehmenden Luxus der römischen Frauen gerichtet. Doch wurde sie schon im Jahr 195 v. Chr. wieder aufgehoben.

67 Über M'. Lepidus siehe III 32; über Iunius Blaesus I 16.

68 Die einhellige Schmeichelei der Senatoren machte es ihm leicht, seine nicht ernstgemeinte Weigerung fallenzulassen.

69 Er war ein in Macedonien gebürtiger und dort ansässiger römischer Bürger.

70 Die genannten drei Volksstämme hatten in dem Hämus- und Rhodopegebirge ihre Wohnsitze.

71 Philippopolis (heute Filibe), von dem Vater Alexanders d. Gr. gegründet, lag an dem südöstlichen Hebrus-Ufer (in Südbulgarien).

72 P. Vellaeus war *legatus pro praetore* von Mösien, Nachfolger von Pomponius Flaccus, siehe II 66.

73 Die Treverer waren ein keltisch-germanisches Mischvolk an der unteren Mosel zwischen Rhein, Maas, Nahe und Eifel. Ihre Hauptstadt war Augusta Treverorum (heute Trier).

74 Die (H)aeduer saßen zwischen Arar (heute Saône) und Liger (heute Loire). Ihre Hauptstadt war Augustodunum (heute Autun).

75 Vermutlich hatten sie von Caesar das Bürgerrecht erhalten. Von ihm und von Augustus rühren die vielfachen Iulii in Gallien her. Wer das römische Bürgerrecht erhielt, pflegte den Gentilnamen dessen anzunehmen, von dem er es erhalten hatte.

76 Die Andecavi und Turoni wohnten an der unteren Loire. Der Vorort der Andecavi war Andes (heute Angers), der der Turoni Caesarodunum (bzw. Turonum, das heutige Tours).

77 Acilius Aviola war *legatus pro praetore* von Gallia Lugdunensis.

78 Lugdunum (heute Lyon) war die Hauptstadt Galliens und das politische Zentrum des Keltenlandes.

79 Augustodunum (heute Autun) bildete einen kulturellen Mittelpunkt.

80 Die Sequaner, bekannt aus Caesars »Gallischem Krieg«, saßen in der Franche-Comté mit der Hauptstadt Vesontio (heute Besançon).

81 Hier ist in der Handschrift eine Lücke: das von *decorum principibus* abhängige Verbum ist ausgefallen. Vermutlich ist zu ergänzen »in den Krieg zu ziehen«.

82 Tiberius will zum Ausdruck bringen: jetzt, da ihn keine Furcht wegen eines für Rom bedenklichen Fortganges und Ausganges des Krieges mehr bestimmen und also sein Entschluss, nach Gallien zu gehen, auch nicht als durch Besorgnis eingegeben missdeutet werden kann, wolle er nach Gallien gehen.

83. Dolabella Cornelius war Konsul im Jahr 10 n. Chr., 14 *legatus pro praetore* in Dalmatien, 23 und 24 Prokonsul in Afrika.

84 Die Absicht des Tiberius, nach Gallien zu gehen, ließ erwarten, dass er zuerst nach Rom zurückkehren würde. Dolabella wollte dies durch eine Ovatio gefeiert wissen, wohl mit der Begründung, dass im Verlauf der Abwesenheit des Tiberius von Rom sein Heer in Gallien siegreich gewesen sei.

85 Über Sulpicius Quirinus siehe II 30.

86 Die Homonadenser hatten ihre Wohnsitze auf den fast unzugänglichen Höhen des Taurus, von wo sie Raubzüge in das umliegende Land machten.

87 M. Lollius (an ihn ist von Horaz carm. IV 9 gerichtet), war im Jahr 25 v. Chr. der erste *legatus pro praetore* von Galatien. Vorher schon im Jahr 16 v. Chr. *legatus pro praetore* von Germanien und 21 v. Chr. Konsul.

88 Siehe III 22.

89 P. Petronius war der Schwiegervater des späteren Kaisers Vitellius. Augur seit 7 n. Chr., *consul suffectus* 19 n. Chr., 29–35 n. Chr. *proconsul Asiae* und (vermutlich) 39–42 *legatus pro praetore Syriae*. Er ist gestorben unter Claudius, mit dem er befreundet war.

90 Über Haterius Agrippa siehe I 77, III 22.

91 Über Rubellius Blandus siehe VI 27.

92 Das *aerarium* befand sich in dem Hintergebäude des Saturnus-Tempels am Kapitol. Dort war auch das Staatsarchiv, in dem u. a. die

Senatsbeschlüsse registriert und deponiert wurden, womit sie Gültigkeit erlangten.

93 Sulpicius ist der ältere Bruder des späteren Kaisers Galba. Er beging Selbstmord, als Tiberius ihm später verbot, sich um das Konsulat zu bewerben. – Über D. Haterius siehe I 77.

94 Nämlich seit Tiberius und seinen Nachfolgern.

95 Tiberius Nero ist der offizielle Name des Tiberius vor seinem Regierungsantritt.

96 Tiberius war am 16. November 42 geboren. Er erhielt die *tribunicia potestas* im Jahre 7 v. Chr. Drusus muss im Jahr 14 v. Chr. geboren sein.

97 Über Q. Haterius siehe IV 61.

98 Servius Maluginensis (siehe III 71, IV 16) war bei der Verlosung einer konsularischen Provinz unter den verfügbaren Konsularen zuerst an der Reihe. Er musste also, falls sein Priesteramt kein Hindernis bildete, da Afrika schon vergeben war, Asien ohne weiteres erhalten.

99 Cornelius Merula hatte Selbstmord verübt nach der Rückkehr des Marius und Cinna im Jahr 87 v. Chr. Das Priestertum *flamonium Diale* hatte Augustus im Jahr 11 v. Chr. wiederhergestellt.

100 Lentulus war Konsul des Jahres 14 v. Chr. gewesen.

101 Gemeint sind die Urkunden, auf die sich das Bestehen der Asyle gründete, und die näheren Bestimmungen für die Asylie (persönliche Sicherheit und Unverletzlichkeit des Eigentums).

102 Magnesia am Mäander, wo ein durch seine Pracht und durch seine Kunstwerke berühmtes Heiligtum der Diana Leukophryne sich befand.

103 Er hatte den Beinamen Asiaticus. Er war im Jahr 190 v. Chr. Konsul gewesen und hatte, unterstützt von seinem Bruder, den syrischen Krieg geführt, wobei er bei Magnesia über Antiochus gesiegt hatte.

104 Aphrodisias, in Phrygien an der Grenze Kariens. – Stratonicea in Karien.

105 Hierocaesaria in Lydien.

106 Gemeint ist die Göttin Anaïtis, eine befruchtende und nährende Allmutter, dargestellt mit vielen Brüsten und umgeben von allerlei Tieren.

107 Perpenna war im Jahr 131 v. Chr. Konsul, besiegte im Jahr 130 den

Aristonicus. Als unehelicher Bruder des Königs Attalus III., der die Römer als Erben seines Reiches eingesetzt hatte, versuchte er, dieses Erbe für sich zu erobern. – P. Servilius Isauricus war mit Caesar Konsul im Jahr 48 v. Chr. und im Jahr 46 *proconsul Asiae.* Den Beinamen Isauricus hatte er von seinem Vater, der die Isaurier besiegt hatte, geerbt.

108 In den Städten Paphos, Amathus und Salamis (Zypern).

109 Smyrna (heute Ismir), an der Mündung des Hermos, in der Kaiserzeit neben Pergamum der Hauptsitz des Kaiserkultes der Provinz Asia.

110 Tenos, eine der Kykladen, heute Tino, zwischen Andros und Mykonos.

111 Das Theater des Marcellus war beim Campus Martius unmittelbar vor der Stadt.

112 »DIVO AUGUSTO IULIA« lautete wohl die Inschrift mit angefügtem TIBERIUS.

113 Die *Ludi Magni Romani* wurden regelmäßig im September und sonst auch bei außerordentlichen Anlässen gefeiert.

114 Das Priesterkollegium der »Fünfzehn Männer« hatte die Aufsicht über die »Sibyllinischen Bücher«. – Die »Sieben Männer« bildeten ein besonders vornehmes Priesterkollegium, das mit der Durchführung der *lectisternia* (Götterspeisungen bei den *supplicationes*) beauftragt war. – Die Sodales Augustales waren ein eigenes Kollegium für den Kult des Divus Augustus. Die Fetiales hatten die völkerrechtlichen Akte des Senats bzw. des Volkes (Kriegsbeginn, Friedensschluss, Verträge mit fremden Staaten) zu sanktionieren.

115 Die Senatoren zweiten Ranges (*pedarii senatores*) hatten im allgemeinen keine Gelegenheit, sich zum Wort zu melden, sondern stimmten nur ab (*pedibus ibant*). Offenbar waren es Männer, die aus dem Ritterstand in den Senat gekommen waren, ohne vorher ein Amt bekleidet zu haben, das sonst die Voraussetzung hierfür bildete.

116 C. Iunius Silanus war im Jahr 10 n. Chr. *consul*, in den Jahren 20/21 n. Chr. *proconsul Asiae.*

117 L. Cotta war 144 v. Chr. Konsul und mit Scipio verfeindet. – Servius Galba war ein berühmter Redner um die gleiche Zeit. – P. Rutilius war im Jahr 105 v. Chr. Konsul und galt als ein Muster der Uneigen-

nützigkeit. – M. Scaurus war Konsul im Jahr 115, Censor 109, seit 115 *princeps senatus*. Die Anklage fiel in das Jahr 116 v. Chr.

118 Siehe Anm. II 30. Er tritt hier offenbar mit richterlicher Befugnis auf.

119 Volesus Messala war im Jahr 5 n. Chr. Konsul. Von ihm berichtet Seneca de ira: »Unter Augustus Prokonsul von Asien, hatte er an einem Tage dreihundert Menschen mit dem Beil hinrichten lassen, ging darauf mit stolzer Miene zwischen den Leichnamen hindurch und rief, als hätte er etwas Großes getan, auf griechisch: ›Wahrhaft königlich!‹«

120 Gyarus war eine der Kykladen, zwischen Andros und Ceos (heute Giura).

121 Der *gens Atia* hatte die Mutter von Augustus angehört.

122 Cythnus war eine der Kykladen, südlich von Ceos (heute Therma).

123 Q. Fulvius Flaccus hatte im Jahr 180 v. Chr. der Fortuna Equestris einen Tempel gelobt, der im Jahr 173 v. Chr. eingeweiht wurde. Wahrscheinlich war er durch Feuer dann zerstört worden.

124 Sein Großvater L. Aemilius Paulus, Konsul im Jahr 50 v. Chr., hatte in seinem Konsulat die alte Basilica Fulvia wiederhergestellt und später an ihre Stelle eine neue Basilika erbaut, die nach ihm Basilica Pauli hieß (*avitum decus*). Wegen der Bürgerkriege wurde der Bau erst von dem Vater des Lepidus zu Ende geführt, brannte dann aber wieder im Jahr 14 v. Chr. ab und musste nochmals errichtet werden.

125 Über Statilius Taurus siehe VI 11. Er wird von dem Geschichtsschreiber Velleius zu den hervorragendsten Mitarbeitern des Augustus gerechnet, war mehrere Mal Konsul und baute ein Amphitheater. – L. Marcius Philippus war der Sohn des Stiefvaters des Augustus (im Jahr 56 v. Chr. Konsul), erbaute einen Tempel des Hercules. – Cornelius Balbus erbaute ein nach ihm benanntes Theater.

126 Siehe III 23. Nur die Szene war abgebrannt, da der übrige Bau aus Stein war.

127 Der Spartacus-Aufstand in den Jahren 73–71 v. Chr. Es handelt sich um die Heere der Konsuln des Jahres 72, Cn. Lentulus und L. Gellius.

128 Mit Sertorius in den Jahren 78–72, der sich in Spanien mit Unterstützung der einheimischen Bevölkerung ein eigenes Heer und eine Flotte geschaffen hatte und sich erfolgreich gegen die römischen

Feldherren verteidigte, bis er durch Meuchelmord aus dem Weg geräumt wurde. – Mithridates VI., König von Pontus in den Jahren 121–64 v. Chr., führte drei Kriege in den Jahren 88–64 mit Rom, den 3. in den Jahren 74–63 gegen Pompeius (s. Zeittafel).

129 Lepcis (oder Leptis) minor (heute Lemta), in der Bycacene (Nordafrika).

130 Die Garamanten saßen im heutigen Fezzan mit den Städten Ganrama und Gira. In die Gebirgspässe, die zu den Garamanten führten, verbrachten die Räuberhorden die im Küstengebiet gemachte Beute.

131 P. Cornelius Lentulus Scipio war Legat der 9. Legion und im Jahr 15 n. Chr. Prätor, im Jahr 24 n. Chr. *consul suffectus*.

132 Cirta war die Residenz Massinissas und seiner Nachfolger, die Hauptstadt Numidiens (heute Constantine).

133 Asinius Saloninus war der Sohn des Asinius Gallus (siehe I 12. 13, VI 23), der mit der Tochter (Vipsania) des M. Agrippa nach ihrer Scheidung von Tiberius verheiratet, also der Bruder des Drusus, des Sohnes des Tiberius war. Er sollte eine der Töchter des Germanicus heiraten. – Über Ateius siehe III 70.

134 Iunia, die Halbschwester des Cato Uticensis, war zuerst an M. Iunius Brutus verheiratet (aus dieser Ehe stammte der Caesarmörder M. Brutus), dann an den Konsul des Jahres 62 v. Chr., D. Iunius Silanus. Aus dieser Ehe stammten die beiden Schwestern des Brutus mit Namen Tertia, die mit C. Cassius, und Tertulla, die mit dem Triumvirn Lepidus verheiratet war.

135 Die Bilder von Cassius und Brutus durften nicht bei öffentlichen Aufzügen mitgeführt werden.

Buch IV

1 Vulsinii, in Etrurien (heute Bolsena), auf einem Hügel am Zusammenfluss von Chiana und Paglia.

2 Es lebten damals Drusus (minor), der Sohn des Tiberius (*iuvenis filius*), die Söhne des Germanicus: Nero und Drusus (*nepotes adulti*) und Caligula, ferner die Söhne des Drusus: Tiberius Gemellus und Germanicus.

3 Drusus, der Sohn des Tiberius.

4 Der *municeps* hatte die gleichen Rechte wie der in Rom wohnende römische Bürger. Aber derjenige, dessen Vorfahren außerhalb Roms ihren Wohnsitz gehabt hatten, konnte sich nicht darauf berufen, dass diese höhere Ämter bekleidet hatten, da dazu der Wohnsitz in Rom erforderlich gewesen wäre. Er galt also als *homo novus*.

5 Die damals zur Entlassung heranstanden.

6 Nach der Regierung des Tiberius kamen noch zu dem *imperium Romanum* Britannien, Dacien (nördlich der Donau) und Teile des Partherreiches.

7 Gemeint ist das *Mare Inferum* an der Südwestseite Italiens mit dem Kriegshafen Misenum bei Neapel und das *Mare Superum* (das Adriatische Meer) mit dem Kriegshafen Ravenna, das damals noch am Meer lag.

8 Forum Iulium, siehe Anm. II 107.

9 Iuba II., der Sohn des von Caesar im Jahr 46 v. Chr. bei Thapsus zusammen mit den Pompeianern besiegten Königs Iuba. Er hatte im Jahr 25 v. Chr. von Augustus sein Mauretanisches Reich (zusammen mit einem Teil Numidiens) wieder erhalten. Er betätigte sich literarisch auf dem Gebiet der Volkskunde und der Geographie.

10 (H)iberien, das heutige Georgien. – Albanien, das Gebiet westlich vom Kaspischen Meer am unteren Flussgebiet des Kyros.

11 Pannonien, das Land zwischen Donau und Save, im Jahr 9 n. Chr. endgültig unterworfen und kaiserliche Provinz. – Mösien, an der unteren Donau, seit Domitian (85 n. Chr.) geteilt in M. Superior und M. Inferior. – Dalmatien war seit dem Jahr 10 n. Chr. kaiserliche Provinz unter dem Namen Illyricum.

12 Entweder wurde das Getreide von den Provinzialen durch den Staat gekauft oder als Abgabe geliefert, um das Heer und Rom zu versorgen. Die *pecuniae vectigales* sind die direkten Abgaben in Geld (Zölle und dgl., Luxussteuern der römischen Bürger und das von Augustus eingeführte *tributum* der Provinzen), die der Staat unmittelbar sich aneignete. Die übrigen Staatseinkünfte (*cetera fructuum*) aus Waldungen, Salinen, Bergwerken u. a. wurden an Personen des Ritterstandes verpachtet, die sich zu Gesellschaften zusammenschlossen.

13 Zur Verwaltung seiner Güter und Einkünfte hatte der Princeps in allen Provinzen *procuratores*, die in den Senatsprovinzen diese spezi-

ellen Angelegenheiten, in den kaiserlichen Provinzen die gesamte Finanzverwaltung in Händen hatten. Der Unterschied zwischen dem Privatvermögen (*res suae-fiscus*) und dem *aerarium* verwischte sich in der Kaiserzeit immer mehr.

14 Die »Modestia« ist hier gewissermaßen personifiziert als göttliches Wesen zu denken.

15 Der Princeps saß im Senat zwischen den beiden Konsuln, deren Sessel über die der anderen Senatoren erhöht waren.

16 Germanicus, der Gemahl der Agrippina, war der Enkel der Augusta gewesen (siehe Stammbaum).

17 Über Vibius Serenus siehe II 30.

18 Amorgus war eine Insel der Kykladen östlich von Samos (heute Amurgo).

19 Über Carsidius Sacerdos siehe VI 48.

20 Über Sempronius Gracchus siehe I 53.

21 Cercina (heute Kerkenah), eine Insel in dem Meerbusen von Gabès (Kleine Syrte).

22 L. Aelius Lamia war Konsul im Jahr 3 n. Chr. – Über L. Apronius siehe III 21.

23 Samos und Cos (siehe II 75), Inseln im Ägäischen Meer nahe der Küste von Kleinasien.

24 Amphictyonen (eigentlich Umwohner) waren Verbände griechischer Stadtstaaten, die sich um ein zentrales Heiligtum bildeten.

25 Im Jahre 88 v. Chr., wobei 80 000 römische Bürger ermordet wurden.

26 Unter dem Oscum ludicrum sind die sogenannten *Atellanae fabulae* zu verstehen, ein campanisches Lustspiel, das nach dem Landstädtchen Atella benannt wurde. Es war ein Erzeugnis oscischgriechischer Mischkultur mit komischen Darstellungen aus dem Volksleben und stehenden Figuren, wie dem Bucco, Maccus, und bürgerte sich rasch in Rom ein.

27 Lucilius Longus war im Jahr 7 n. Chr. *consul suffectus*.

28 *Censorium funus* entspricht dem *publicum funus* (siehe III 5). Es hieß c., weil die nähere Durchführung des Staatsbegräbnisses von den Censoren vergeben wurde (*locare*).

29 Er war *procurator* der *res privata* des Princeps (s. Anm. 13). Hier liegt

der bezeichnende Fall vor, dass Tiberius sogar seine ihm persönlich unterstellten Beamten sich vor dem Senat verantworten ließ.

30 Siehe III 66–69.

31 Die *confarreatio* war die feierlichste Form der Eheschließung. Sie wurde von dem obersten Priester in Anwesenheit von mindestens zehn Zeugen vorgenommen, wobei die Eheleute von einem Kuchen (*panis farreus*) essen mussten.

32 Visellius Varro war der Sohn des III 41 f. erwähnten C. Visellius Varro, des Legaten von Niedergermanien.

33 Über die Taten des C. Silius in Germanien und Gallien siehe I 31, II 6. 7. 25, III 45. Er war von 14–21 n. Chr. Legat von Obergermanien gewesen.

34 Eine solche altertümliche Redensart war, wenn in Rom der Notstand ausgerufen wurde: *videant consules, ne quid detrimenti res publica capiat.*

35 D. h. ein Konsul im Sinne der alten Republikzeit.

36 Gemeint sind die Steuerpflichtigen in den Provinzen.

37 Über M'. Lepidus siehe III 32.

38 Siehe I 13.

39 Über Messalinus Cotta siehe II 32.

40 Über Calpurnius Piso siehe II 32.

41 Über die Vereidigung des Senats siehe Anm. I 132.

42 Eine des Camillus (II 52), eine zweite des Apronius (III 21), eine dritte des Blaesus (III 72).

43 Über Dolabella siehe III 47.

44 Thubuscum, identifiziert mit Tupusuctu (heute Tiklat), am Nasacath.

45 Auzea vermutlich identisch mit Auzia, Stadt in Mauretania Caesariensis (heute Aumale), 100 km südöstlich von Algier.

46 Die Handschrift hat »calles«, was soviel wie »Gebirgstriften« bedeutet. Ob eine Änderung in »Cales« (Stadt in Campanien) angängig ist, ist sehr fraglich, da von einer »provincia Cales« sonst nichts bekannt ist. Wahrscheinlich sind unter den »Calles« die Waldgebiete im östlichen Campanien zu verstehen, die seit alter Zeit (*vetere ex more*) von einem Quästor verwaltet wurden. (Vgl. auch die Calles Italicae in Cic. pro Sestio 5.)

47 Über den Vater Vibius Serenus siehe II 30, über den Sohn IV 36.

48 Über Cn. Lentulus siehe IV 44. – Seius Tubero war *consul suffectus* im Jahr 18 n. Chr. und der Bruder des Seianus. Siehe II 20.

49 Nach Cassius Dio 57, 24 soll Tiberius ausgerufen haben: »Da bin ich nicht mehr wert zu leben, wenn auch Lentulus mich hasst.«

50 Siehe II 30.

51 »Robur« hieß der Kerker im Tullianum, in dem die Eingekerkerten erdrosselt wurden oder verhungerten. Die Strafe für Vatermord bestand darin, dass der Mörder mit verhülltem Haupt in einen Ledersack eingenäht und dann in den Tiber geworfen wurde.

52 Über Libo siehe II 30.

53 Über Gyarus siehe Anm. III 120. – Donusa war eine Insel der Kykladen (heute Stenosa).

54 P. Suillius (Rufus), der Halbbruder des berühmten Feldherrn Corbulo (XI 18), war mit der Tochter von Ovids früherer Frau verheiratet.

55 II 27 f.

56 Cornelius Cossus war der ältere Bruder des Lentulus Gaetulicus (IV 42). – M. Asinius Agrippa, der 3. Sohn des Asinius Gallus. Sein Großvater mütterlicherseits war Agrippa, der Freund des Augustus, gewesen.

57 Cremutius Cordus hatte eine Geschichte des Augustus seit Caesars Tod mit republikanischer Tendenz verfasst.

58 Über Satrius Secundus siehe VI 18. – Die Pinarier waren ein altes italisches Geschlecht, das sich von Numas Sohn Pinus ableitete.

59 Parens kann sich hier auf Augustus, aber auch auf Augusta beziehen (siehe II 50).

60 Scipio war der Schwiegervater des Pompeius, im Jahr 52 v. Chr. Konsul. Er beging im Jahr 46 nach der Schlacht bei Thapsus Selbstmord. – Afranius war Konsul im Jahr 60, als Legat des Pompeius in Spanien im Jahr 49, wo er von Caesar besiegt wurde. Er fand ebenfalls im Jahr 46 in Afrika den Tod.

61 Asinius Pollio schrieb Historiae in 7 Büchern vom Jahr 60 an. Auch Messalla Corvinus schrieb über die Bürgerkriege.

62 Gegen die Lobschrift Ciceros *Cato* gab Caesar zwei Bücher *Anticatones* heraus, die verloren sind.

63 Von Catulls Gedichten gehören hierher 29 und 57. Unter den »Caesares« sind der Diktator Caesar und Augustus zu verstehen.

64 Seine Tochter Marcia hatte sie gerettet (Cass. Dio 57, 24; Seneca ad Marciam 22).

65 Das Latinerfest fand alle Jahre viertägig statt. Angeblich war es von Tarquinius Superbus anlässlich der Vereinigung der Latiner mit den Römern gestiftet.

66 Der Sohn des Germanicus. Der *praefectus urbis* war der Stellvertreter der Konsuln und der übrigen Beamten während des Latinerfestes, die sich in dieser Zeit, um die üblichen Opfer darzubringen, auf dem Albanerberg befanden. Dieser *praefectus* ist nicht mit dem ständigen Stadtpräfekten zu verwechseln.

67 Über Sextus Marius siehe VI 19.

68 Sie hatten einen Tempel für Augustus zu bauen begonnen, ihn aber nicht fertiggebaut.

69 Vibius Serenus, der Sohn (s. cap. 28).

70 Pergamum, Stadt in Mysien (Kleinasien) in der Kaikos-Ebene, bekannt durch seine großartigen Ruinen (Pergamon-Altar).

71 Nämlich damit, dass ihm die Nachwelt göttliche Ehren zuerkenne, ohne dass er es verlangen müsse.

72 Der Tochter des Augustus und der Scribonia, die zuerst mit Marcellus, dann mit Agrippa und zuletzt mit Tiberius verheiratet war (siehe Stammbaum).

73 Votienus war ein von dem Rhetor Seneca öfters erwähnter Rhetor und Deklamator.

74 Über Varius Ligus siehe VI 30.

75 Nach der *lex Iulia* verlor sie durch das *exilium* das Bürgerrecht und den größten Teil ihres Vermögens, während die *relegatio* nur ausnahmsweise die Vermögenskonfiskation zur Folge hatte.

76 Über den Eid s. Anm. I 126.

77 Limnatis ist der Beiname der Artemis in Limnai (an der Grenze zwischen Messenien und Lakonien auf dem Taygetos), wo die Göttin ein auch noch in der Kaiserzeit berühmtes Heiligtum hatte.

78 Antigonos Doson. Im Jahr 222 v. Chr., nach dem Krieg mit Kleomenes, dem König von Sparta 235–219. – Mummius, als er nach der Zerstörung Korinths im Jahr 146 Griechenland zur römischen Provinz machte.

79 Segesta, Stadt im westlichen Sizilien. – Der Eryx (heute S. Giuliano)

bei Drepanum (heute Trapani). Den Tempel soll nach der Sage Aeneas, der Sohn der Venus, gegründet haben. Von Iulus, dem Sohn des Aeneas, leitete sich das iulische Geschlecht ab.

80 Die Einwohner von Massilia (heute Marseille).

81 Über P. Rutilius siehe III 66.

82 Nämlich aufgrund der *lex de pecuniis repetundis*. Es gab mehrere Repetunden-Gesetze. Hier ist wohl die *lex Servilia* des Volkstribunen C. Servilius Glaucia aus dem Jahre 111 v. Chr. gemeint, durch die die Magistrate, die von römischen Untertanen und Bundesgenossen unter Verletzung ihrer Amtspflicht Geschenke angenommen, sich bestechlich erwiesen oder sich überhaupt unrechtmäßig bereichert hatten, zur Herausgabe des vierfachen Wertes verurteilt wurden, wozu zusätzlich noch Verbannung kommen konnte.

83 Über Smyrna siehe Anm. III 109.

84 Vulcacius Moschus, Rhetor aus Pergamum, wurde im Jahr 20 v. Chr. wegen Giftmordes angeklagt und von Asinius Pollio sowie von Torquatus, dem Freunde des Horaz (Ep. I 5, 9), verteidigt.

85 Über Cn. Cornelius Lentulus siehe II 32, III 68, Konsul im Jahr 18 v. Chr. Er hatte im Jahr 10 v. Chr. die Daher, die im Norden Mösiens an der Donau wohnten und Getae hießen, besiegt. – L. Domitius Ahenobarbus war der Enkel des Caesarfeindes. Sein Vater ging im Jahr 31 v. Chr. vor der Schlacht von Actium zu Octavian über.

86 Sueton Nero 5 berichtet richtig, dass L. Domitius die ältere Antonia, Drusus, der Bruder des Tiberius, die jüngere geheiratet habe.

87 L. Antonius war der Sohn des Iullus Antonius und der Claudia Marcella, der Tochter der Octavia. Iullus Antonius war der Sohn des Triumvirn und der Fulvia.

88 Ihre Stadt hieß Termes (heute Tiermes) im Norden des Duero.

89 Über Poppaeus Sabinus siehe I 80.

90 Pomponius Labeo war der Unterstatthalter des Sabinus in Mösien.

91 Die Sugambrer saßen zur Zeit Caesars rechts des Rheines zwischen Lippe und Sieg, bis sie 12 v. Chr. von Drusus besiegt, 8 v. Chr. zum großen Teil auf das linke Rheinufer verpflanzt und zwischen Ubiern und Batavern angesiedelt wurden.

92 Unter Rhoemetalces. Siehe IV 47.

93 Das heißt die Lanzen, die durch ihre Länge zur Verteidigung auf der Mauer besonders geeignet waren.

94 Claudia Pulchra war die Tochter des M. Valerius Messalla, der 12 v. Chr. als Konsul starb, und der jüngeren Marcella, der Tochter der Octavia, deren Bruder Augustus der Großvater der Agrippina war.

95 Über Sosia siehe IV 19.

96 Nach Sueton Tib. 53 lautete der Vers: »Wenn du nicht Herrscherin bist, mein Töchterchen, meinst du, man tue dir Unrecht.«

97 Mit Perseus, dem König von Macedonien, in den Jahren 171–168 v. Chr., und mit Aristonicus, dem Sohn des Königs Eumenes von Pergamum (131–129 v. Chr.). Mit den »anderen Königen« sind Mithridates und Pharnaces und die Partherkönige, vor allem Phraates IV. (37–32 v. Chr.) und Artabanus III. (10–40 n. Chr.) gemeint.

98 Hypaepa in Lydien am Tmolus (heute Bereki), Tralles in Karien (heute Aidin Guzelhissar). Laodicea in Phrygien (heute Eski Hissar), Magnesia am Mäander, berühmt durch seinen Artemistempel und die Epiphanie der Artemis Leukophryne.

99 Ilium siehe II 54, Pergamum III 63, Ephesus III 61, Milet II 54, Sardes II 47, Smyrna III 63. Halicarnassus war dorische Kolonie in Karien an der Südwestecke von Kleinasien (heute Budrun).

100 Tacitus hat hier ungenau die Peloponnes mit ganz Griechenland gleichgesetzt. – Pelops wird also von den Sardianern als Lyder ausgegeben.

101 Gemeint ist der Bundesgenossenkrieg von 90–88 v. Chr.

102 M. Porcius Cato Censorius war Konsul im Jahr 195 v. Chr.

103 Dies geschah im 1. Mithridatischen Krieg im Jahr 84 v. Chr.

104 Über Vibius Marsus siehe II 74, über M'. Lepidus III 32.

105 Capua (heute S. Maria di Capua), Nola (heute noch so genannt) in Süd-Campanien.

106 M. Cocceius Nerva war der Großvater des späteren Kaisers Nerva.

107 Über Curtius Atticus siehe VI 10. Er war der Freund von Ovid, der an ihn ex Ponto II 4. 7 gerichtet hat.

108 Spelunca (»Höhle«), in der Nähe von dem an der via Appia gelegenen Tarracina (heute Sperlonga).

109 Amunclanum mare bezeichnet den Meerbusen von Gaëta. –

Fundani montes sind die Berge von Fundi (heute Fondi) an der via Appia im Gebiet der Aurunci.

110 Über Asinius Agrippa siehe IV 34. Seine Großväter, Asinius Pollio und M. Agrippa, waren homines novi.

111 Über Q. Haterius siehe I 13, II 33, III 57.

112 M. Licinius Crassus war *praetor urbanus* im Jahr 24 n. Chr. – Über L. Calpurnius Piso siehe III 17.

113 Fidenae, fünf Meilen von Rom entfernt (heute bei Villa Spada), auf dem linken Tiberufer.

114 Sueton Tib. 40 gibt die Zahl mit »über 20 000« an.

115 Claudia Quinta war wahrscheinlich Enkelin des Appius Claudius Caecus. Nach einer, vor allem dichterischen, Ausschmückung soll das Schiff, das das Symbol der Göttermutter nach Rom bringen sollte (siehe auch Livius XXIX 14, 12), im Tiber auf eine Untiefe geraten sein. Da sei Claudia Quinta, die die Mädchengruppe zur Einholung der Göttermutter führte, hervorgetreten, habe zu der Göttermutter gebetet, wenn sie sie als keusch erkenne, ihr zu folgen, und habe dann mühelos das Schiff an das Land gezogen.

116 »Querquetulanus« ist abgeleitet von »quercus« (Eiche). Tacitus nimmt hier den ganzen Berg für einen Teilbezirk, nämlich die vorrömischen Niederlassungen an den Abhängen des mons Caelius.

117 Er war der Sohn des Varus, der beim Aufstand des Arminius sein Leben verlor. Durch seine Mutter Claudia Pulchra (siehe IV 52) war er mit Tiberius verwandt und vor ihrer Verurteilung mit einer Tochter des Germanicus verlobt gewesen.

118 Über P. Dolabella siehe III 47. – Über den Prozess der Claudia Pulchra und des Domitius Afer siehe IV 52.

119 Die Teleboer waren ein achäischer Volksstamm, der auf den Echinadischen Inseln vor Acarnanien gewohnt hatte.

120 Vermutlich waren die Landhäuser nach den zwölf römischen Hauptgöttern genannt worden.

121 Über Iunius Silanus siehe VI 19, XI 29. – P. Silius Nerva war der Enkel des gleichnamigen Konsuls des Jahres 20 v. Chr.

122 Über Titius Sabinus siehe IV 18. 19.

123 Er weist damit ironisch auf die am 1. Januar, dem Tag des Amtsantritts der Beamten, üblichen Opfer hin.

124 Über Lucanius (Latiaris) siehe VI 4. Das Ende des Opsius war in den verlorenen Büchern berichtet.

125 Dies bezieht sich nur auf Lucanius (Latiaris). Die übrigen sind unter Caligula bestraft worden.

126 Über Asinius Gallus siehe I 12. Über die Verwandtschaft I 12 und I 3.

127 Die Schwester des Agrippa Postumus und der Agrippina (siehe Stammbaum).

128 Trimerus, eine kleine Insel im Adriatischen Meer (heute Tremiti).

129 Der Bruder des Tiberius.

130 Die nähere Lage des Kastells ist unbekannt. Der Name »Flevum« ist noch erhalten in dem »Vlie-Strom« und in der der Zuidersee vorgelagerten Insel »Vlieland«.

131 Über L. Apronius siehe III 21.

132 Die Canninefaten wohnten auf der Rheininsel neben den Batavern zwischen Rhein und Waal.

133 Angesichts des Misserfolges hätte der Krieg mit dem Einsatz von stärkeren Kräften weitergeführt werden müssen, was aber Tiberius nicht wollte, um niemand größere Machtmittel in die Hand zu geben.

134 Sie war die Mutter des späteren Kaisers Nero (siehe I 3 und den Stammbaum). – Cn. Domitius Ahenobarbus war der Sohn des L. Domitius (siehe IV 44).

Buch V und VI

1 Ihr Vater M. Livius Drusus Claudianus, aus der patrizischen Familie der Claudii Pulchri, wurde in das Geschlecht der Livier, sie selbst von Augustus durch sein Testament in das der Iulier adoptiert. Bei ihrem Tode war sie 87 Jahre alt, also im Jahr 57 v. Chr. geboren.

2 Die Kinder waren der spätere Princeps Tiberius und sein Bruder Drusus (siehe Stammbaum).

3 Der Perusinische Krieg im Jahr 41/40 v. Chr. L. Antonius wurde durch Octavianus unter Mithilfe des M. Agrippa in Perusia (Etrurien) eingeschlossen und durch Hunger zur Übergabe gezwungen. Tiberius Nero war im Jahr 39 v. Chr. zurückgekehrt.

4 Germanicus war der Enkel der Livia Augusta, Agrippina die Enkelin

des Augustus, C. Caesar (Caligula) somit der Urenkel der Livia (siehe Stammbaum).

5 Caligula vollzog dann das Testament der Augusta.

6 Fufius starb im Jahr 31 n. Chr., siehe VI 10.

7 Über Cotta Messalinus siehe II 32.

8 Schon Iulius Caesar hatte in seinem ersten Konsulat die regelmäßige Abfassung und Veröffentlichung der Senatsprotokolle (*acta senatus*) angeordnet, um Fälschungen oder Unklarheiten vorzubeugen. Ihre Veröffentlichung hatte dann Augustus untersagt und Tiberius wieder eingeführt. Die Kontrolle über die Genauigkeit und Vollständigkeit hatte ein Vertrauensmann des Princeps (*curator actorum senatus* oder *ab actis*) auszuüben.

9 Es handelte sich um die Bestrafung der Livia (siehe V 5) wegen der Ermordung des Drusus. Der Prozess wurde im Jahr 31 durch die Anzeige von Apicata, der Frau des Seianus, eingeleitet.

10 Hier folgt nach einer kleineren Lücke der Schluss einer Ansprache eines mit Seianus befreundeten und deshalb angeklagten Mannes, welche dieser in seinem Hause an seine versammelten Freunde hielt.

11 Über Blaesus siehe III 35.

12 Über Vitellius siehe I 70. Er war einer der Freunde des Germanicus, die gegen Piso auftraten (siehe II 74, III 10. 13). – P. Pomponius Secundus war *consul suffectus* im Jahre 44 n. Chr.

13 Nämlich der Verschwörung des Seianus. Unter ihnen befanden sich auch Denunzianten, die sich durch Anzeigen zu retten suchten.

14 Aelius Gallus war vermutlich der älteste Sohn des Seianus. Seianus selbst war von dem römischen Ritter Aelius Gallus adoptiert worden.

15 Sie übernahmen bis zu der Entscheidung des Tiberius verantwortlich die Bewachung.

16 Nach IV 3 hatte Seianus drei Kinder. Das älteste wurde bald nach seiner Hinrichtung umgebracht. Ein Sohn und eine Tochter, beide noch minderjährig, waren noch am Leben.

17 Die *tresviri capitales* waren die Oberkerkermeister.

18 Drusus war damals in einem unterirdischen Gewölbe des Palatiums eingekerkert.

19 Über Poppaeus Sabinus siehe I 80, über seine Provinzen IV 46.

20 Der sinus Toronaeus (heute Golf von Kassandra), nach der Stadt To-

rona (heute Agio Mana), der sinus Thermaeus (heute Golf von Saloniki), nach der Stadt Therma (später Thessalonike) genannt. – Das »andere Meer« ist das ionische Meer. – Nicopolis siehe II 53, Stadt in Acarnanien am südlichsten Punkt von Epirus, wo Octavians Heer vor Actium gelagert hatte, gegründet 30 v. Chr.

21 Wohl identisch mit dem III 24 erwähnten M. Silanus.

1 Über Cn. Domitius siehe IV 75, über L. Arruntius Camillus Scribonianus siehe I 13. Er war vermutlich ein leiblicher Sohn des II 52 erwähnten Furius Camillus.

2 Das *aerarium* war die Staatskasse, der *fiscus* die Privatkasse des Princeps. Der Unterschied verwischte sich im Laufe der Prinzipatszeit immer mehr.

3 Iunius Gallio wird von dem Rhetor Seneca als einer der größten Redner seiner Zeit bezeichnet. Ovid richtete an ihn ex Ponto IV 11.

4 Die »Vierzehn Reihen« hießen die den Rittern vorbehaltenen Sitzreihen im Theater.

5 Die Verhandlungen zwischen Tiberius und dem Senat spielten sich damals alle schriftlich ab.

6 Über Sextius Paconianus siehe VI 39.

7 Siehe IV 68 ff.

8 Über Haterius Agrippa siehe I 77.

9 Vgl. V 11.

10 Über Cotta Messalinus siehe II 32.

11 Über M'. Lepidus siehe III 32, über L. Arruntius I 13.

12 Platon im *Gorgias* 524 E.

13 Der Bericht über diese Anklage stand in den verlorenen Büchern.

14 Über Q. Servaeus siehe II 56, über Minucius Thermus XVI 20.

15 Über C. Cestius siehe III 36.

16 Iulius Africanus, der Vater des unter Claudius und Nero berühmten Redners; vgl. Tacitus im *Dialogus* 15. – Santones im Norden der Garumna (heute Garonne) am Meer sesshaft.

17 Über Satrius siehe IV 34. Er und Pomponius waren berüchtigte Anhänger des Seianus.

18 Es waren Helfershelfer des Seianus. Außer Vinicianus hatten alle das Konsulat bekleidet.

19 Über Celsus siehe VI 14.
20 Dazu siehe II 28.
21 Siehe IV 58. Über das Ende des Curtius Atticus hatte Tacitus in dem verlorenen Teil von Buch V berichtet.
22 Auch dies ist in dem verlorenen Teil von Buch V berichtet worden. Sein Vater war der Schwiegervater von Iulius Caesar gewesen (Konsul im Jahr 58, Censor 50). Gegen ihn war die Rede Ciceros »in Pisonem« gerichtet. Piso selbst war Konsul im Jahre 15 v. Chr.
23 Im Jahre 36 v. Chr. und zusammen mit Agrippa im Jahr 31 v. Chr. Maecenas war damit zeitweilig der Vertreter des Reichsoberhauptes.
24 Messala Corvinus, der berühmte Redner. Er war *praefectus urbi* im Jahre 25 v. Chr. – Taurus Statilius war der unmittelbare Nachfolger von Messala im Jahr 25 v. Chr., nachdem er im Jahr zuvor sein zweites Konsulat bekleidet hatte.
25 Die Sibyllinischen Bücher wurden in Rom hochheilig gehalten und im Keller des Iuppitertempels auf dem Kapitol aufbewahrt. Ein Priesterkollegium von 2, später von 10 und seit Sulla von 15 Mitgliedern hütete die Bücher. In Notzeiten wurden sie im Auftrag des Senats zu Rate gezogen. Sie fielen in dem Bundesgenossenkrieg im Jahr 83 v. Chr. einem Brand zum Opfer, worauf man sie erneut sammelte und in staatliche Obhut nahm.
26 L. Caninius Gallus. Sein Großvater war der oft in den Briefen Ciceros erwähnte Volkstribun Caninius Gallus, sein Vater im Jahre 37 v. Chr. Konsul gewesen. Er war damals 60 Jahre alt.
27 »Magistri« hießen die Vorsteher des Collegiums der Quindecimviri.
28 Über Samos und Ilium siehe IV 14, II 53. – Erythrae (heute Lithry) bei Tschesme, gegenüber der Insel Chios.
29 Ser. Galba, der spätere Kaiser. Über L. Sulla siehe III 31. Er war ein Urenkel des Diktators oder auch von dessen Bruder.
30 Es waren Drusilla und Iulia, Drusilla damals 15 Jahre, Iulia Livilla 14 Jahre alt (siehe Stammbaum), beide Töchter des Germanicus.
31 Cales, Stadt im Lande der Aurunker (heute Calvi Risorta).
32 Der Nachfolger des Seianus als *praefectus praetorii*, der den Sturz des Seianus geleitet hatte. Er wurde im Jahr 38 n. Chr. von Caligula zum Selbstmord gezwungen.
33 Da die Römer ihre Zinsen monatlich berechneten, bedeutet *unciari-*

um faenus 1 Prozent des Kapitals jährlich, nicht 8 ⅓ Prozent. Außerdem wäre der Schritt von der Ermäßigung um die Hälfte zu der gänzlichen Abschaffung des Zinses gar zu groß gewesen. Der niedrige offizielle Zinsfuß ist bei den beschränkten Wirtschaftsverhältnissen der alten Zeit durchaus verständlich. Aber auch der Zinswucher erklärt sich aus dem offiziellen niederen Zinssatz, und um diesen geht es ja Tacitus bei der Darstellung der damaligen Verhältnisse.

34 Das ausgeliehene Geld wurde von den *faeneratores* (Kapitalisten) gekündigt, soweit der Zinsfuß gegen die gesetzlichen Bestimmungen verstieß.

35 Der Staat zog das konfiszierte Vermögen der Verurteilten und das aus dem Verkauf ihrer Liegenschaften erlöste Geld ein und thesaurierte es. Entweder kam das Geld entsprechend der alten Übung in das *aerarium Saturni*, oder es wurde willkürlich vom Senat oder vom Princeps dem Fiskus zugeschlagen.

36 Die entsprechende Stelle bei Sueton Tib. 48 lautet: »ut faeneratores duas patrimonii partes in solo collocarent, *debitores totidem aeris alieni solverent.*« (Dieser Zusatz fehlt bei Tacitus.) Die Gläubiger sollten also zwei Drittel ihrer Schulden zurückzahlen. Durch die letztere Forderung erhält die Darlegung des Tacitus erst ihren richtigen Sinn und wird der Satz »aber die Gläubiger forderten das Ganze« verständlich. Es sollte damit ein Ausgleich zwischen dem baren Geld und dem Grundstücksbesitz gewährleistet werden. Die Gläubiger sollten das zurückbezahlte Geld gemäß dem Senatsbeschluss in Grund und Boden anlegen, wozu sie ja achtzehn Monate Frist hatten und wobei sie warten konnten, bis dieser infolge der Geldknappheit billiger wurde. Gegenüber der Einforderung des gesamten Schuldkapitals durch die Gläubiger wollten aber die Schuldner nicht Einspruch erheben, um sich nicht durch die Berufung auf den Senatsbeschluss bloßzustellen.

37 C. Caesar Caligula. – Claudia: ihr voller Name war Claudia Iunia Claudilla (vgl. VI 45). Über ihren Vater siehe III 24.

38 C. Passienus Crispus war im Jahr 44 n. Chr. zum zweiten Mal Konsul. Er war zweimal verheiratet, zuerst mit der Schwester des Cn. Domitius (IV 75), dann mit Agrippina, der Frau dieses Domitius und Schwester des Caligula, und wurde von dieser unter Claudius vergiftet.

39 Dies stand in den verlorenen Büchern.
40 Asinius Gallus (siehe I 12) war im Jahr 30 n. Chr. von Tiberius in Capreae sehr freundlich aufgenommen worden, dann aber durch einen Brief des Tiberius an den Senat angeklagt und nach Rom gebracht worden, wo er in dem Hause der Konsuln gefangengehalten wurde.
41 Drusus, der Sohn des Germanicus, siehe V 5 und die Ergänzung des Textes zu dem verlorenen Teil.
42 Über Cocceius Nerva siehe IV 58.
43 Mit dem Tod der Agrippina und der Livia Augusta, siehe V 1.
44 Über Aelius Lamia siehe IV 13, über das *funus censorium* Anm. IV 26.
45 Tiberius hatte Lamia in Rom zurückgehalten, während Syrien von dessen Legaten verwaltet wurde. Flaccus Pomponius trat an die Stelle von Lamia, als dieser im Jahr 32 Stadtpräfekt geworden war.
46 Über Arruntius siehe I 13. Er verwaltete Hispania Citerior seit dem Tode des L. Piso im Jahre 25 n. Chr. von Rom aus durch seine Legaten.
47 Siehe IV 20.
48 L. Vitellius war der Vater des späteren Kaisers.
49 1461 Jahre umfassen die Periode, in der der Neujahrstag des ägyptischen Wandeljahres von 365 Tagen wieder zu dem astronomischen Neujahrstag zurückkehrt (4 mal 365 Tage und 1 Jahr). Die Zahlenangaben sind ursprünglich nur ein Versuch, in sinnfälliger Weise die unendlich lange Lebensdauer des Vogels augenscheinlich zu machen.
50 Wenn unter Sesosis der König Sesostris I. gemeint ist, so wären die Jahre 1970 bis 1935 anzusetzen. Amasis regierte 529 bis 526. Ptolemäus III. von 247–222.
51 Heliopolis, östlich von dem Beginn des Deltas (heute Matarea), das ursprüngliche Baalbeck, von den Griechen (unter Gleichsetzung von Baal mit Helios) umbenannt.
52 Siehe IV 47.
53 Über Mamercus Scaurus siehe I 13. Nach VI 19 war die Verhandlung gegen ihn von Tiberius aufgeschoben worden.
54 Die Tragödie hieß *Atreus*. Tiberius soll gesagt haben: »Er hat mich wegen Blutvergießens zum Atreus gemacht, ich will ihn zum Aiax machen.« Aiax hatte sich selbst umgebracht.
55 Über Varius Ligus siehe IV 42.

56 Über C. Cestius siehe III 36, über M. Servilius II 48.

57 Über Artabanus siehe II 3. 4. 58.

58 Über Artaxias siehe II 56.

59 Nach der Überlieferung bei Sueton warf er Tiberius Mordtaten, Feigheit und Genusssucht vor und forderte ihn auf, durch freiwilligen Tod dem gerechten Hass seiner Bürger Rechnung zu tragen.

60 Phraates war der Bruder des Vonones.

61 Über die Hiberer siehe IV 5.

62 Über L. Vitellius siehe VI 28.

63 Artaxata war die Hauptstadt Groß-Armeniens (siehe II 56), gegründet im Jahr 189 v. Chr. von Artaxias I. auf den Rat Hannibals.

64 Über die Albaner siehe II 68. – Die Sarmaten sind nördlich des Kaukasus anzusetzen.

65 Die montes Caspii sind (nach Ptolemäus) das Grenzgebirge zwischen Medien und Groß-Armenien. Dort die »Kaspischen Tore« (heute Tengi Sirdara).

66 *Etesiae* sind jährlich wiederkehrende Winde, ein Name, der bei den Griechen die sommerlichen Nordostpassate des Ägäischen Meeres bedeutete, der aber mit der Erweiterung des geographischen Gesichtskreises eine vielfältigere Anwendung gefunden hat.

67 Nach der Sage floh Phrixus vor seiner Stiefmutter Ino auf einem Widder mit goldenem Vlies aus Böotien nach Kolchis und wurde der Schwiegersohn des Aietes, des Königs von Kolchis, des Vaters der Medea.

68 Siehe VI 31.

69 Scythien an der Ostseite des Kaspischen Meeres. Die südlichsten der Scythen waren die Hyrcaner und Daher. Die Carmanier (Carmania, heute Kerman) wohnten auf der entgegengesetzten Seite des parthischen Reiches, im Süden am persischen Meerbusen.

70 Über Fulcinius Trio siehe V 11, VI 4.

71 Über Trebellenus Rufus siehe II 67; über Sextius Paconianus siehe VI 3.

72 Über Poppaeus Sabinus siehe I 80.

73 Über Q. Plautius siehe IV 22; über Sex. Papinius VI 49.

74 In der Lücke ist ausgefallen, was mit Aruseius (vielleicht der VI 7 erwähnte) geschehen ist, ebenso der Name des Hingerichteten.

75 Über C. Galba siehe III 52. Er war der ältere Bruder des späteren Kaisers Galba.

76 In dem verlorenen Teil von Buch V.

77 Die Cieten hatten ihre Wohnsitze in dem westlichen Teil von Cilicien (Cilicia Trachea).

78 Wie die römischen Provinzialen, die seit Augustus zu ihren früheren Abgaben noch eine Vermögenssteuer zu zahlen hatten.

79 Nicephorium und Anthemusias lagen in Mesopotamien, Artemita unweit des Tigris in Assyrien. Die Lage von Halus ist nicht sicher feststellbar.

80 Seleucia in Babylonien am rechten Tigrisufer, gegründet im Jahr 301 v. Chr. von Seleukos I.

81 Ctesiphon am linken Ufer des Tigris, gegenüber Seleucia, wo sich die Winterresidenz der Partherkönige befand.

82 *Surena* entspricht etwa dem römischen »Caesar« und bezeichnet die Würde des ersten Staatsbeamten (Großvesir).

83 Nämlich von dem Tigris.

84 Die Elymaeer saßen an der Nordspitze des Persischen Meerbusens.

85 Gemeint sind die Araber von Osroene.

86 Der Augustus-Tempel wurde zwischen dem Kapitol und dem Palatin erbaut. – Über die *scaena Pompeiani theatri* siehe III 72.

87 Siehe IV 75, VI 15. 27. Die drei ersten waren mit Agrippina, Drusilla, Iulia, den Töchtern des Germanicus, Rubellius mit Iulia, der Tochter des Drusus und der Livia (Livilla), verheiratet (siehe Stammbaum).

88 Über P. Petronius siehe III 49.

89 Siehe VI 20.

90 Caligula brachte den Tiberius Gemellus noch im gleichen Jahre um, während er selbst im Jahr 41 ermordet wurde.

91 Über Laelius Balbus, der ein angesehener Redner war, siehe VI 48, über P. Vitellius V 8.

92 Er war der Sohn des III 60 erwähnten Otho.

93 Über Satrius Secundus siehe IV 34.

94 Siehe IV 75. – Über L. Arruntius siehe I 13, über Vibius Marsus II 74.

95 Damit meint er die heuchlerischen Abstimmungen im Senat und seine Ernennung zum Statthalter in Spanien (VI 27), ein Amt, das er faktisch nie antreten konnte.

96 Über Carsidius Sacerdos siehe IV 13. Er war *praetor urbanus* im Jahr 27 n. Chr.

97 Das Vorgebirge Misenum in Campanien (heute Punta di Miseno). Misenum war ein zu Cumae gehöriger Villenort mit Hafen und Flottenstation.

98 Der Besieger des Mithridates im 3. Mithridatischen Krieg (74–64). Siehe Zeittafel.

99 Siehe V 1 und den Stammbaum.

100 Darüber siehe I 53.

101 Tiberius kehrte von Rhodus im Jahr 2 n. Chr. zurück. L. Caesar war im Jahr 2 n. Chr. gestorben, C. Caesar starb im Jahr 4 n. Chr., hatte sich aber seit der Rückkehr des Tiberius nicht mehr in Rom aufgehalten.

Buch XI

1 Valeria Messalina, die die dritte Gemahlin des Claudius war.

2 Nämlich der Poppaea Sabina, der Tochter des Poppaeus Sabinus und der gleichnamigen Gemahlin Neros. Sie war damals mit P. Scipio (s. Anm. 11) verheiratet. – Valerius Asiaticus war Konsul unter Caligula und im Jahre 46.

3 Lucullus, bekannt durch den Krieg gegen Mithridates (in den Jahren 74–67 v. Chr.). Die Gärten des Lucullus lagen im Norden der Stadt, auf der Westseite des *collis hortorum* (heute Monte Pincio).

4 Britannicus, mit seinem vollen Namen Tiberius Claudius Caesar Britannicus. Den Beinamen erhielt er nach seinem Vater Claudius, der sich die Eroberung Britanniens zuschrieb.

5 Des C. Caesar Caligula im Jahre 41.

6 Vienna war die Hauptstadt der Allobroger, heute Vienne in der Dauphiné.

7 Zu (Rufrius) Crispinus s. XI 4.

8 Baiae im Golf von Neapel war wegen seiner Lage und besonders wegen seiner heißen Heilquellen berühmt.

9 Der Senat war das für ihn zuständige Gericht.

10 Vitellius war der Vater des späteren Princeps Vitellius und der bevorzugte Günstling des Claudius. Tacitus berichtet hier mit wir-

kungsvoller Ironie, die mit der bloßen Gegenüberstellung der sich widersprechenden Tatsachen erreicht wird. Sie setzt sich am Anfang von XI 3 fort, besonders ausgeprägt in dem Begriff »Milde« (*clementia*).

11 P. Cornelius Lentulus Scipio. Er war im Jahre 24 n. Chr. Konsul gewesen (s. III 74).

12 Antonia, die Jüngere (s. III 3. 18, vgl. auch IV 44).

13 Britannien wurde im Jahre 43 n. Chr. erobert (s. Anm. 4).

14 »Erlauchte« (*illustres*) römische Ritter hießen die über den Senatorenzensus verfügenden. Mit diesem konnten sie in den Senat eintreten. Sie trugen, wie die Senatoren, den breiten Purpurstreifen (*latus clavus*).

15 Tiberius Iulius Mnester war ein Freigelassener des Tiberius und ein berühmter Pantomime, einer der Geliebten Messalinas, die hier aus Eifersucht handelte. Er ist nicht zu verwechseln mit dem XIV 9 genannten *histrio* gleichen Namens.

16 Eine Teuerung wäre dem Princeps zur Last gelegt worden, da er für die Versorgung Roms verantwortlich war.

17 Eine Million Sesterzen war der Senatorenzensus.

18 Damit brachte er als Ehemann der Poppaea zum Ausdruck, dass er den übrigen nur ungern zustimmte und dass er es offen ließ, ob er bei voller Handlungsfreiheit seine Zustimmung gegeben hätte.

19 »Ware auf dem Staatsmarkt« (*publica merx*) bezeichnet Tacitus hier die Objekte der Machenschaften, zu denen Personen in amtlicher Stellung sich durch Bestechung verleiten ließen. Zu diesem Personenkreis rechnet er auch die Anwälte (*advocati*) wegen ihrer Tätigkeit an den Gerichten.

20 Samius war von Suillius angeklagt und hatte diesen bestochen, dass er seine Anklagerede so einrichten solle, dass es zu keiner Verurteilung komme. Er beging in dem Hause des Suillius Selbstmord, um sich durch den öffentlichen Skandal für die Anklage und die erfolglose Aufwendung der Bestechungssumme zu rächen.

21 C. Silius war zum *consul suffectus* für die beiden letzten Monate des nächsten Jahres ernannt.

22 S. XI 12 und 26 ff.

23 Die *lex Cincia* war von dem Volkstribunen M. Cincius Alimentus im

Jahre 204 v. Chr. eingebracht worden. Sie wandte sich gegen übermäßige Schenkungen (*de donationibus*).

24 C. Asinius Pollio und M. Valerius Messala waren berühmte Redner am Ende der Republik und unter Augustus.

25 L. Arruntius und M. Claudius Marcellus Aeserninus, dieser ein Enkel des Asinius Pollio, waren ebenfalls berühmte Redner und Staatsmänner unter Augustus.

26 Das Gesetz ermöglichte gegen Beamte, die sich in ihrer Amtstätigkeit widerrechtlich bereichert hatten, eine Rückforderung durch die *actio repetundarum* (*pecuniarum*). Von Caesar wurde die Rückerstattung auf das Vierfache des in Frage kommenden Betrages festgesetzt.

27 Tacitus gebraucht den allgemeinen Ausdruck *rebus.* Er will zum Ausdruck bringen, man müsse Geld annehmen, um seinen Lebensbedürfnissen Rechnung zu tragen, was schon deshalb notwendig sei, weil sonst die Unbemittelten nicht mehr als Advokaten sich betätigen könnten und die Rechtsuchenden bei deren Fehlen von der Gnade der Mächtigen abhängig würden.

28 Kriegsdienst und Landwirtschaft waren die für den Senatorenstand einzig in Frage kommenden Erwerbsquellen.

29 P. Clodius war der als Feind Ciceros berüchtigte Volkstribun (58 v. Chr.) – C. Scribonius Curio, der Parteigänger Caesars im 2. Bürgerkrieg, Volkstribun und Pontifex Maximus im Jahre 50 v. Chr. Er fiel im Jahre 49 in Nordafrika.

30 Mit friedlicher Tätigkeit (*toga*) ist vor allem an Beredsamkeit und an Rechtskunde gedacht.

31 Tacitus hält sich hier mit der Zeitangabe nicht an eine genaue chronologische Reihenfolge. Er geht bis vor das Jahr 43 zurück und fasst, was sich in einem längeren Zeitraum entwickelte, in das Jahr zusammen, in dem eine parthische Gesandtschaft nach Rom kam, um von Claudius die Einsetzung eines neuen Königs zu erbitten. – Die Einsetzung des Mithridates ist VI 32 ff. berichtet, wo auch von Pharasmanes und den im Norden von Armenien wohnenden Hiberern die Rede ist. Der Bericht über die Regierung des Mithridates und seine Gefangensetzung durch Caligula ist in der Lücke zwischen Buch VI und XI verlorengegangen.

32 Gotarzes war der Adoptivsohn und Nachfolger von Artabanus III.

33 Vardanes war der jugendliche Sohn von Artabanus III.

34 1 Stadion ist ein griechisches Längenmaß von rund 200 m. Die Entfernung betrug also etwa 600 km. Es handelte sich bei dem Einfall wohl nur um ein kleineres berittenes Detachement. Aber auch so und selbst bei Zurechnung der beiden Nächte ist die Entfernungsangabe maßlos übertrieben oder ein Überlieferungsfehler.

35 Präfekturen wurden die Provinzen des parthischen Reiches und Armeniens genannt.

36 Durch den Tigris. – Seleucia war schon im Jahre 36 von Artabanus III. abgefallen und im Jahre 43 wieder unterworfen worden (s. VI 42).

37 Die Daher (s. Anm. II 3) und Hyrcaner saßen südöstlich des Kaspischen Meeres.

38 Die »Ebenen von Bactrien« im Nordosten des Parthischen Reiches.

39 Damit knüpft Tacitus wieder an den Anfang von XI 8 an.

40 Das hiberische Heer bestand zum größten Teil aus Reiterei.

41 Demonax war der parthische Satrap des nach dem Sturz des Mithridates wieder unter die parthische Oberhoheit gekommenen Landes.

42 Kleinarmenien (Armenia minor) war das Gebiet westlich von Großarmenien. – Cotys war der Sohn des thrakischen Königs Cotys (vgl. II 64 ff.). Von Caligula hatte er 39 n. Chr. Kleinarmenien erhalten.

43 Seleucia war im Jahre 36 von Artabanus abgefallen.

44 Vibius Marsus (vgl. II 74) war der Nachfolger des P. Petronius als Statthalter von Syrien. Er wurde im Jahre 44/45 abberufen.

45 Der Erindes (auch Charindas) ist der östlichste Fluss von Medien und mündet in das Kaspische Meer.

46 Der Fluss Sindes ist nicht sicher zu identifizieren, vermutlich der heutige Thedžen.

47 Arier hießen die Bewohner des Landes Aria im nordöstlichen Iran, die in den Bergen als Nomaden, in den Ebenen als feste Ansiedler lebten.

48 Arsaciden: die Nachkommen des Arsaces, des Begründers des parthischen Reiches.

49 Die hier geschilderten Ereignisse fallen in die Zeit bis zum Ende des Jahres 48. Der Bericht geht erst XII 10 weiter.

50 Meherdates, der Enkel von Phraates IV. und Sohn von Vonones II. (s. II 1 ff., XII 10 f.).

51 Konsuln waren Claudius zum viertenmal und L. Vitellius zum zweitenmal.

52 Die Säkularspiele wurden entsprechend einem Sibyllinischen Spruch zuerst im Jahr 249 v. Chr. gefeiert und sollten dann alle hundert Jahre wiederholt werden. Augustus rechnete das *saeculum* zu 110 Jahren und ließ, da er die Spiele im Jahre 17 v. Chr. = 737 a. u. c. abhalten wollte, die letzte Feier auf das Jahr 126 v. Chr. = 628 a. u. c. festsetzen, unter Einrechnung des durch die Kalenderreform Caesars bedingten einen Tages. Claudius fasste die Säkularspiele als hundertjährige Feier der Gründung Roms auf. Domitian feierte sie im Jahr 88 n. Chr. entsprechend der Berechnung des Augustus, aber setzte sie 6 Jahre zu früh an.

53 Die Geschichte Domitians stand in dem verlorenen Teil der Historien.

54 Die »Fünfzehnmänner« (*quindecimviri*) waren die Mitglieder eines der vier großen Priesterkollegien, zu deren besonderer Aufgabe die Bewahrung und Befragung der Sibyllinischen Bücher gehörten.

55 Im Jahre 88 n. Chr. (s. Anm. 52).

56 Nämlich diejenigen Staatsbeamten, die in dem fraglichen Jahr ein höheres Amt bekleideten.

57 Ein Reiterspiel, von Knaben vorgeführt, die aus angesehenen, meist adeligen Familien stammten. Von Vergil Aeneis V 545 ff. geschildert.

58 L. Domitius, der Sohn des Cn. Domitius und der Agrippina, der Tochter des Germanicus. Vgl. IV 75.

59 Agrippina war die älteste der drei Töchter des Germanicus.

60 Iunia Silana war die Tochter des L. Silanus, vgl. XIII 19. 22, XIV 12.

61 Claudius war zusammen mit L. Vitellius in der zweiten Hälfte des Jahres nach der Niederlegung des Konsulats (vgl. XI 2) Censor auf fünf Jahre (vgl. auch XII 4 f.).

62 Zu Publius Pomponius s. V 8. Er war nach dem Urteil Quintilians ein bedeutender Tragödiendichter.

63 Dies war in der damaligen Zeit in der Praxis wirkungslos.

64 Es waren zwei Leitungen, die *aqua Marcia* und der *Anio novus*, von

Caligula im Jahre 38 n. Chr. begonnen und von Claudius im Jahre 52 fertiggestellt. Die Simbruini colles bei dem heutigen Subiaco.

65 Es handelte sich um drei neue Buchstaben: 1. das auf den Kopf gestellte Digamma Ⅎ zur Bezeichnung des konsonantischen u; 2. um das Antisigma ↄ für bs und ps; 3. das Zeichen ⊢ für den Mittellaut zwischen ›u‹ und ›i‹. Im Jahre 47 befahl Claudius die Einführung dieser Buchstaben; doch verschwanden sie wieder nach seinem Tode.

66 »Hieroglyphen« war seit der ptolemäischen Zeit die Bezeichnung der dekorativen Schrift der Ägypter, die besonders auf Stein verwendet wurde, im Gegensatz zu der in der späteren Zeit den religiösen Texten vorbehaltenen hieratischen Buchschrift und der demotischen Schrift, d. h. der im täglichen Leben benützten Schreibschrift, die beide nur abgekürzte Varianten der Hieroglyphen waren. Deren Zeichen stellen Menschen, Tiere und Gegenstände des täglichen Lebens dar, mit denen man die gesamte ägyptische Sprache zu erfassen suchte.

67 Die Geschichten von Cecrops, Linus und Palamedes gehören der Sage an, während der phönizische Ursprung des griechischen Alphabets sicher ist.

68 Simonides aus Keos (um 556–468 v. Chr.) war neben Pindar der berühmteste Lyriker seiner Zeit. Er soll dem griechischen Alphabet die Buchstaben η, ψ, ω hinzugefügt haben.

69 Demaratus galt als der Vater des Tarquinius Superbus.

70 Euandros, ein arkadischer Heros aus Pallantion, soll nach seiner Auswanderung an der Stelle des späteren Rom die erste Niederlassung gegründet haben (s. Vergil Aeneis VIII 97).

71 Die *haruspices* waren ein Kollegium von Priestern, die aufgrund ihrer genauen Kenntnis der *disciplina Etrusca,* insbesondere der Blitzdeutung und Eingeweideschau, dem Senat bei schwerwiegenden Prodigien Auskunft gaben und zu diesem Zweck nach Rom geholt wurden.

72 Bei den fremdländischen Gottesdiensten kommen vor allem der ägyptische Isis- und Serapiskult in Betracht, aber auch die jüdische und die christliche Religion.

73 Gedacht ist an die Prinzen aus dem Hause der Arsaciden, die im Jahre 10 v. Chr. als Geiseln nach Rom verbracht und nacheinander in ihr

väterliches Reich zurückgeschickt wurden, um dort den Thron zu besetzen. Im Gegensatz zu diesen war Flavus römischer Staatsbürger und gehörte dem Ritterstand an.

74 »Kundschafter« (*exploratores*) galten als eine ausgesuchte Truppengattung von besonderer Zuverlässigkeit gegenüber Rom; ihnen wurden auch in den Standquartieren Vertrauensposten übertragen.

75 Über den Sohn des Arminius namens Thumelicus s. I 58.

76 Die Langobarden, ein germanischer Volksstamm skandinavischer Herkunft, saßen seit dem 2. Jh. v. Chr. im Gebiet der Elbe und waren die östlichen Nachbarn der Cherusker.

77 Tacitus Germania 36 berichtet von den Cheruskern, im Gegensatz zu seiner Verherrlichung der Chaucen, als einem Volksstamm: *olim boni aequique, nunc inertes et stulti.*

78 Die Chaucen wohnten zwischen Ems und Elbe am Meer.

79 Q. Sanquinius Maximus war *legatus pro praetore* in Germania inferior und war im Jahre 47 gestorben. Er wurde ersetzt durch Cn. Domitius Corbulo, der dort seine glänzende militärische Laufbahn begann (s. XIII 8. 34 ff., XIV 23 ff., XV 3–6. 9–17. 25–30. Tacitus Historiae II 76).

80 Die Canninefaten wohnten auf der Rheininsel neben den Batavern.

81 Die Friesen wohnten zwischen Zuidersee und Ems und waren im Jahre 12 v. Chr. von Drusus unterworfen worden. Sie suchten sich jedoch im Jahre 28 n. Chr., durch den harten Steuerdruck aufgebracht, in einem blutigen Aufstand der römischen Herrschaft zu entziehen.

82 Zu der Niederlage des L. Apronius, des Prätors von Germania inferior, s. IV 73.

83 Es wurde zwischen den Größeren (*maiores*) und den Kleineren (*minores*) Chaucen unterschieden, jene hatten ihre Wohnsitze zwischen Ems und Weser, diese zwischen Weser und Elbe.

84 Die Befürchtung lag nahe, dass Corbulo nach der Besiegung der Germanen zu mächtig würde und Herrschaftsgelüste bekäme, die ihn zur Auflehnung gegen den Princeps veranlassen könnten.

85 Für die Anordnung des Claudius waren zwei Gesichtspunkte maßgebend: Corbulo durfte nicht zu groß werden, und zu dem Krieg in Britannien und der militärischen Lage im Osten durfte nicht noch ein Krieg in Germanien kommen.

86 Curtius Rufus war *legatus pro praetore* in Germania inferior. Dass er mit dem bekannten Alexanderhistoriker identisch ist, erscheint unwahrscheinlich.

87 Das Gebiet der Mattiacer lag zwischen Wiesbaden und Homburg. Die Hauptstadt Aquae Mattiacae ist das heutige Wiesbaden.

88 Die Triumphinsignien wurden ausschließlich für militärische Erfolge verliehen. Ihre Verleihung an Rufus bedeutete daher ihre Entwertung.

89 (H)Adrumetum im römischen Afrika gelegen, in augusteischer Zeit Colonia Iulia.

90 Der Princeps konnte zu jedem Wahlmagistrat eine beliebige Zahl ihm genehmer Bewerber benennen, deren Wahl für den Senat verbindlich war.

91 Das konsularische Imperium ist identisch mit dem Konsulat.

92 Vor dem offiziellen Morgenempfang am Hofe wurden die Besucher genau durchsucht.

93 Zu P. Dolabella s. III 47.

94 D. h. der designierten Prätoren.

95 Diese Regelung bestand bis zu der *lex Villia* (*annalis*) im Jahre 180 v. Chr.

96 Die Kuriatischen Gesetze (*leges curiatae*) wurden in einer Versammlung des Volkes (von den Kurien) beschlossen. Die Könige und alle Magistrate der Republik, die ein Imperium innehatten, mussten sich ursprünglich ihre Befugnisse von den Kurien übertragen lassen, was in der späteren Zeit der Republik nur noch eine formale Angelegenheit war. L. Brutus wiederholte unverändert das Kuriatgesetz der Königszeit. Die Einrichtung der Quästur schon in der Königszeit erschließt Tacitus aus ihrer Erwähnung in der *Lex* des Brutus. Die Quästoren wurden von den Königen ernannt, eine Befugnis, die auch den Konsuln verblieb.

97 Im Jahre 447, zwei Jahre nach der Absetzung der Dezemvirn.

98 Zu den ursprünglich zwei Quästoren, die militärische Befugnisse hatten, kamen also zwei hinzu; später wurde ihre Zahl verdoppelt, es gab also vier neue Quästoren (im Jahre 267), die in Rom als Verwaltungsbeamte tätig waren. Tacitus hält diese verschiedenen Befugnisse nicht auseinander.

99 Dieses wurde im Jahre 81 v. Chr. erlassen. Durch die Bekleidung der Quästur gelangte man in den Senat.

100 Unter der Rechtsprechung (*iudicia*) sind die Kriminalgerichte zu verstehen. Bis auf C. Gracchus (123 v. Chr.) versahen die Gerichte die Senatoren, dann bis Sulla die Ritter, die von Sulla ganz aus der Rechtsprechung ausgeschaltet wurden.

101 Dies geschah im Jahre 70 v. Chr. durch die *lex Aurelia*. Man bedurfte also der Quästoren nicht mehr so sehr wie bisher und brauchte die Bewerbung um die Quästur nicht zu fördern. Dennoch wurde dieses Amt nach der Würdigkeit der Bewerber zugeteilt.

102 A. Vitellius ist der spätere Princeps. – L. Vipstanus Poblicola war der Vater oder der Oheim des C. Vipstanus Apronianus. Zu diesem s. XIV 1.

103 *Gallia comata* war der Name für das transalpine Gallien (ohne die Provincia Narbonensis).

104 Sie standen als Angehörige ihres Staates zu Rom in einem Vertragsverhältnis und hatten die *civitas Romana* durch persönliche Beziehungen und Verdienste erhalten, besaßen aber nicht die *dignitas senatoria* mit dem *latus clavus*.

105 Es war also ein »Staatsrat« einberufen worden.

106 Gedacht ist an die Zeit, da den Latinern und Sabinern noch nicht das volle Bürgerrecht zugestanden war.

107 Die Veneter saßen im Nordosten Italiens mit den Hauptstädten Aquileia und Patavium, die Insubrer in Gallia transpadana mit der Hauptstadt Mediolanum. Sie waren seit 194 v. Chr. endgültig unter die Herrschaft Roms gekommen.

108 Alesia, Stadt der Mandubier im keltischen Gallien, heute Aise-Sainte-Reine, am Mt. Auxois. Vercingetorix wurde dort im Jahre 52 v. Chr. von Caesar belagert und musste kapitulieren.

109 Wir besitzen noch Reste der wirklich gehaltenen Rede auf einer in Lyon gefundenen und dort aufgestellten Bronzetafel (s. auch Anm. 122).

110 Attus Clausus war nach der sagenhaften Überlieferung im Jahre 504 v. Chr. aus der Sabinerstadt Regillum nach Rom eingewandert und dort unter die Patrizier aufgenommen worden.

111 Alba (Longa), nach der Sage von dem Sohn des Aeneas bei den Alba-

nerbergen gegründet, galt als die Mutterstadt von Rom. Auch Cumerium lag in Latium, ebenso Tusculum (am Nordrand der Albanerberge), der Geburtsort von M. Porcius Cato.

112 Durch den Bundesgenossenkrieg (90–88 v. Chr.) erhielten das ganze restliche Italien und von Gallia cisalpina auch die Cispadaner das römische Bürgerrecht.

113 Dies erfolgte durch die Verleihung des Bürgerrechtes auch an die Transpadaner durch Caesar im Jahre 49 v. Chr.

114 Tacitus lässt hier Claudius den 2. Bürgerkrieg übergehen.

115 Gemeint sind die von Augustus zur Versorgung seiner Veteranen ausgesandten Militärkolonien, in die auch die Provinzialen, denen Augustus das Bürgerrecht verlieh, aufgenommen wurden.

116 Die Cornelii Balbi stammten aus Gades und hatten erst in der letzten Zeit der Republik das Bürgerrecht erhalten.

117 Die Lacedämonier durch die Unterwerfung der Messenier, die Athener durch die rücksichtslose Unterdrückung ihrer Bundesgenossen.

118 Von den Senonen wurden die Römer im Jahre 387 v. Chr. an der Allia besiegt, was zur Eroberung von Rom führte. Senones gleich Galli.

119 Im Jahre 321 durch die Niederlage in den kaudinischen Pässen.

120 Hier ist an die Unterwerfung von Gallia comata durch Caesar in den Jahren 59–50 v. Chr. gedacht.

121 Tacitus übergeht hier den Aufstand des Florus und den des Sacrovir (vgl. III 40).

122 Durch die Möglichkeit der Vergleichung der wirklich gehaltenen Rede und ihrer Umformung durch den Schriftsteller erhalten wir einen Einblick in die Arbeitsweise und die Einstellung des Tacitus bei der Wiedergabe von Reden.

123 Auf die Vorlage des Antrags des Princeps erfolgte also entgegen der sonstigen Übung ohne weitere Aussprache die Abstimmung.

124 Die Äduer, ein führender Volksstamm in Mittelgallien, zwischen Arar und Liger mit der Hauptstadt Bibracte. Es sollten nur diejenigen von ihnen Senatoren werden, die bereits die *civitas* besaßen. Das Recht, Ämter in Rom zu bekleiden, erhielten alle Gallier, die diese Voraussetzung erfüllten. Aber die Äduer waren die ersten, die dieses

Recht und damit die Möglichkeit, in den Senat aufgenommen zu werden, erhielten.

125 Die »ältesten«, nicht im Sinne des Lebensalters, sondern hinsichtlich der Zeit ihrer Zugehörigkeit zum Senat.

126 Durch die *lex Cassia* (der Antragsteller ist unbekannt) und die *lex Saenia* (genannt nach dem *consul suffectus* des Jahres 30 v. Chr.) wurde ihnen die Wahl übertragen.

127 Das Mittel war durch Augustus ausgedacht. Bis dahin wurden die Senatoren unter Angabe der Namen und der Gründe aus dem Senat ausgestoßen.

128 Durch die Doppelehe, da sie ja mit Claudius verheiratet war.

129 Vermutlich fand das Opfer wegen der glücklichen Ankunft der Getreideschiffe statt.

130 Die besondere, wohl nur den obersten Schichten der Bevölkerung zukommende Art der Eheschließung (*confarreatio*) war einem feierlich-sakralen Ritus unterworfen, wobei die beiden obersten Priester und zehn Zeugen anwesend sein mussten.

131 Gemeint ist Mnester; s. XI 36.

132 C. Iulius Callistus, der Freigelassene des Caligula, der mit dem Amt *a libellis* betraut war. Von ihm hatte Tacitus in den verlorenen Büchern berichtet. Narcissus war ein Freigelassener des Claudius und hatte das Amt *ab epistulis* inne (vgl. XII 1. 57. 65, XIII 1). Pallas war ein Freigelassener der Antonia, der Mutter des Princeps. Er hatte das Amt *a rationibus* inne. Vgl. XII 1. 25. 53. 65, XIII 2. 14. 23, XIV 2. 65. – Es handelt sich um den Konsul des Jahres 28 n. Chr. App. Iunius Silanus, der im Jahre 42 ermordet worden war.

133 Nämlich unter Caligula, unter dem er großen Einfluss ausgeübt hatte.

134 Zu Vettius Valens, einem bekannten Arzt, und Plautius s. XI 31. 35. 36.

135 Volk, Senat und Heer sind die drei Bestandteile der *res publica*.

136 Turranius hatte dieses Amt schon am Ende der Regierungszeit des Augustus und unter Tiberius bekleidet, s. I 7. Zu Lusius Geta s. XII 42.

137 Die Gärten des Lucullus befanden sich auf dem Monte Pincio (s. Anm. 3).

138 Britannicus und Octavia befanden sich vermutlich in dem Palatium.

139 Die älteste Vestalin hatte zugleich die Oberaufsicht. Der Princeps war der vom Senat erwählte Pontifex Maximus.

140 Zu L. Vitellius s. Anm. 10. Largus Caecina war einer der nächsten Freunde des Claudius (s. XI 31 *potissimum quemque amicorum*).

141 Dieser war unter Tiberius einer falschen Anklage wegen Majestätsverbrechens zum Opfer gefallen (s. IV 18 ff.). Die Ahnenbilder der *nobiles* waren in der Regel im Atrium untergebracht, hier in der Vorhalle (*vestibulum*).

142 Nero stammte von den Claudii Nerones und durch Adoption von den Livii Drusi ab. Hier handelt es sich um die Geschenke der Messalina (s. XI 12 und 30).

143 Er sollte mit Einwilligung der Messalina in dieser Eigenschaft den Silius der Treue Messalinas versichern.

144 Nämlich den die Hinrichtung vollziehenden Tribunen und Centurionen.

145 In der Gladiatorenschule wurden die Fechter ausgebildet, die von Nero zu seinen Spielen verwendet wurden.

146 Von den Schlägen, die er auf Befehl Messalinas erhalten hatte.

147 Zu Suillius Caesoninus s. XI 2, zu Plautius Lateranus s. XI 30, XIII 11, XV 49. 60. Sein Oheim war der Konsul des Jahres 28.

148 Er befehligte die prätorische Kohorte, die im Palatium stationiert war.

149 Domitia Lepida, eine Tochter des Domitius Lepidus und der Antonia maior, der Schwester des Cn. Domitius, des Gatten der Agrippina. Der Vater der Messalina war Valerius Messala Barbatus. Sie war verheiratet mit Appius Silanus, den Messalina mit Hilfe des Narcissus umbringen ließ, weil er ihr nicht zu Willen war.

150 Sittlich zu bejahen (*honestum*) war die Bestrafung der Messalina. Die schrecklichen und betrüblichen Folgen (*deterrima et tristia*) waren die Heirat des Claudius mit Agrippina, der Tod seiner Kinder und die Erhebung Neros zum Princeps.

Buch XII

1 Dies ist ein Hinweis auf die überragende, einflussreiche Stellung der Freigelassenen an dem Hofe des Princeps.

2 Lollia Paulina war kurze Zeit mit Caligula verheiratet.

3 Claudius war vor der Ehe mit Messalina zweimal verheiratet gewesen, zuerst mit Plautia Urgulanilla, sodann mit Aelia Paetina. Von beiden war er bereits geschieden, als er zur Herrschaft gelangte.

4 Der Scheidung lagen keine tieferen Zerwürfnisse zugrunde.

5 Antonia war die älteste Tochter des Claudius. Sie heiratete zuerst im Jahre 41 n. Chr. Cn. Pompeius Magnus und nach dessen Ermordung (um das Jahr 42) Faustus Cornelius Sulla Felix (über ihn s. XII 52). Im Jahre 65 ließ Nero sie als Beteiligte an der Pisonischen Verschwörung umbringen. Der Bericht von ihrem Tod ist mit dem Schluss von Buch XVI verlorengegangen.

6 Der Enkel des Germanicus ist L. Domitius. Agrippina war die letzte, die väterlicherseits dem Geschlecht der Iulier angehörte, da der von Augustus adoptierte Tiberius seinerseits ihren Vater Germanicus adoptiert hatte. Ebenso waren Claudius und seine Kinder die letzten Claudier.

7 Agrippina war im Jahre 15 n. Chr. geboren, also damals 33 Jahre alt.

8 L. Domitius Ahenobarbus, geb. 37 n. Chr. in Antium, der nachmalige Princeps Nero.

9 Octavia war die Tochter der Messalina, nach der Schwester des Augustus, der Mutter ihrer beiderseitigen Großmütter, genannt. – Im Jahre 28 vermählte Tiberius seine Enkelin Agrippina mit Cn. Ahenobarbus, der im Jahre 40 starb. Nach Sueton Nero 5, 1 war er ein Mann *omni parte vitae detestabilis.*

10 L. Silanus, der Sohn des Konsuls des Jahres 19 n. Chr. M. Iunius Silanus und der Aemilia Lepida, der Tochter des Konsuls (1 n. Chr.) L. Paulus und der Iulia, der Enkelin des Augustus.

11 Nicht des späteren Princeps, sondern seines jüngeren Bruders Lucius.

12 Der restliche Tag war der III. Kal. Jan.

13 Eprius Marcellus machte sich später als Angeber einen Namen.

14 Über C. Pompeius ist nichts weiter bekannt. Q. Veranius war im Jah-

re 18 bei der Einrichtung der Provinz Cappadocien als Legat des Germanicus tätig.

15 Durch die Strafe der Götter.

16 Die Befehle des Volkes (*iussa populi*) und der Beschluss des Senats (*auctoritas senatus*) sind aus der Zeit der Republik stammende staatsrechtliche Begriffe, die dem Volk bindende Beschlüsse, dem Senat ein Gutachten (*senatus consultum* oder *auctoritas*) zugestanden.

17 Claudius hatte das Amt des Censors übernommen (s. Anm. XI 61).

18 Britannicus war damals 8 Jahre alt, Octavia vermutlich etwas älter.

19 Agrippina war zuerst mit Cn. Domitius, dann mit dem Redner Crispus Passienus verheiratet (s. VI 20).

20 »Gehört« in Bezug auf Augustus, der dem Tiberius Nero seine Gattin Livia weggenommen hatte, »erlebt« bei Caligula, der dem Konsul Memmius seine Gattin Lollia Paulina weggenommen und sie nach kurzer Zeit wieder fortgeschickt hatte.

21 Sie kehrte im Jahre 59 wieder zurück und lebte noch unter Vespasian. Vitellius hatte sie wegen angeblicher Unzucht mit ihrem Bruder angezeigt (s. XII 4).

22 Vermutlich war es der berühmte Hain der Diana bei Aricia, an der via Appia.

23 D. h. zu einer Zeit, da Claudius sich selbst des Vergehens eines Inzestes schuldig gemacht hatte.

24 Seneca war im Jahre 41 nach Korsika verbannt worden, weil er bei Messalina in Ungnade gefallen war.

25 Gemeint ist Agrippina mit ihren Vertrauten.

26 Mammius Pollio war für dieses Jahr zum *consul suffectus* designiert worden.

27 Er war der Stiefsohn des Claudius, der zugleich der Oheim seiner Mutter war.

28 In XI 10.

29 Meherdates (Mithridates), ein Sohn des Vonones I., von dem in II 1 ff. berichtet wird.

30 Dieses Vertragsverhältnis war zuerst unter Augustus im Jahre 20 v. Chr. geschlossen, dann unter Tiberius (s. II 58) und zuletzt unter Caligula erneuert worden.

31 Zu Phraates s. II 1 f.

32 Augustus hatte Vonones, Tiberius, Phraates und Tiridates entsandt (s. II 1, VI 31 f.).

33 C. Cassius Longinus, ein Nachkomme des Caesarmörders gleichen Namens, war *consul suffectus* im Jahre 30 n. Chr. Über seine weiteren Schicksale s. XIII 41. 48, XIV 42, XV 52. Er wurde im Jahre 65 der Teilnahme an der Pisonischen Verschwörung beschuldigt und trotz Erblindung in die Verbannung nach Sardinien geschickt (XVI 7. 9). Er war mit Iunia Lepida, der Urenkelin des Augustus, verheiratet und ein berühmter Rechtsgelehrter.

34 Der Caesarmörder Cassius hatte im Jahre 51 v. Chr. die Parther bei Antiochia besiegt.

35 Zeugma lag am Euphrat gegenüber von Apameia (heute Biredjik), gegründet von Seleukos I. Beide Städte waren durch eine Schiffbrücke miteinander verbunden; daher der Name.

36 Acbarus war König von Osroene im Norden Mesopotamiens.

37 Edessa, Stadt in Osroene (heute Orfa), durch Lucullus und Pompeius unter römische Herrschaft gekommen, in den Partherkriegen von den Römern wiederholt erobert.

38 Carenes war Satrap von Mesopotamien.

39 Der Winter der Jahre 49/50.

40 Adiabene bezeichnet ursprünglich das Flussgebiet der beiden Zab im nördlichen Mesopotamien und wurde dann auch als Name für Assyrien gebraucht, weil es politisch den größten Teil der Landschaft Assyrien umfasste. Es wurde im 1. Jh. n. Chr. von eigenen Königen regiert, die aber von den Parthern abhängig waren und auch in die römisch-parthischen Kriege verwickelt wurden.

41 Izates war in den ersten Jahren der Regierung des Claudius auf den Thron gekommen.

42 Ninus (= Ninive) am Tigris in Adiabene.

43 In der Schlacht bei Gaugamela, in der Alexander im Jahre 331 Darius III. besiegte. – Das Kastell ist nach Lage und Namen nicht bekannt.

44 Sanbulos, ein Berg jenseits von Ninive, in dessen Nähe der letzte Kampf zwischen Darius III. und Alexander d. Gr. stattgefunden hatte.

45 Unter Hercules wird der iranische Gott Verethragna zu verstehen sein.

46 Der Fluss Corma ist nicht identifizierbar.

47 Gotarzes starb im Jahre 51, im gleichen Jahre auch Vonones.

48 Mithridates war ein Nachkomme des von Pompeius besiegten Bosporanischen Königs. Claudius hatte ihn im Jahre 41 zum König des Bosporanischen Reiches, also des Gebietes zwischen dem Schwarzen und dem Asowschen Meer, gemacht, ihn aber wieder verjagt und seinen Bruder Cotys, der ihn angeklagt hatte, auf den Thron gesetzt. Bosporus: Die Straße von Kertsch.

49 A. Didius Gallus hatte die Provinz Sizilien verwaltet, war in einem nicht näher bekannten Jahr *consul suffectus*, dann Prokonsul in Afrika gewesen und hatte als proprätorischer Legat von Mösien Mithridates vertrieben.

50 Die Dandariden saßen östlich des Schwarzen Meeres in der Gegend des Hypanis (Kuban).

51 Die Siracer saßen in der Gegend der Wolga.

52 Die Aorser saßen östlich der Wolga und am Kaspischen Meer.

53 Die Stadt Soza wie auch der nachher genannte Fluss Panda und die Stadt Uspe sind nicht zu identifizieren.

54 Auf der Chersonesus Taurica, der heutigen Krim.

55 Die alten Könige des Pontus, von denen der hier genannte Mithridates abstammte, rühmten sich des gemeinsamen Ursprungs von dem König Cyrus, dessen Ahnherr Achaemenes war.

56 Iunius Cilo war der Verwalter des dortigen Vermögens des Princeps.

57 Unter den Chaldaeern sind die Astrologen zu verstehen.

58 Apollo hatte in Clarus (Klaros), einer Stadt in Ionien, ein berühmtes Orakel.

59 L. Volusius war der Sohn des III 30 erwähnten und gerühmten Volusius. Zu Cotta Messalinus s. II 32, V 3, VI 5.7.

60 Zu Memmius Regulus s. V 11, VI 4.

61 Sie wurde verbannt, aber im Jahre 59 zurückgerufen.

62 Pontus und Bithynien waren eine Senatsprovinz unter einem prätorischen Prokonsul. Zum Repetundengesetz vgl. Anm. XI 26.

63. Nach einer Verordnung des Augustus durften die Senatoren sich aus Italien nicht ohne Genehmigung des Princeps in eine Provinz (außer Sizilien) entfernen. Die Erlaubnis, ohne Genehmigung auszureisen, wurde von Claudius nun auch auf Gallia Narbonensis ausgedehnt, was die rechtliche Gleichstellung mit Italien bedeutete.

64 Ituraea im Norden von Palaestina. Judäa bezeichnet hier das ganze übrige Palaestina. – Sohaemus hatte von Caligula Ituraea, Herodes Agrippa von Claudius ganz Palaestina erhalten. Beide Länder wurden dem *legatus pro praetore* von Syrien unterstellt.

65 Das letzte Augurium (offizielle Götterbefragung vor wichtigen Unternehmungen) hatte unter Augustus im Jahre 29 v. Chr. stattgefunden.

66 Claudius nahm dieses Recht aufgrund der Eroberung von Britannien für sich in Anspruch.

67 Das Weichbild der ältesten Stadt auf dem Palatin.

68 Der Rindermarkt, das *forum boarium*, befand sich an der Westspitze des Palatin.

69 Consus ist der Gott der eingebrachten Feldfrucht. Er hatte einen unterirdischen Altar an der Südspitze des Palatin. – Die alten Kurien (*Curiae veteres*) lagen an der Ostspitze des Palatin, die Kapelle der Laren (*sacellum Larum*) in der Mitte der Nordostseite, das Forum Romanum begann an der Nordspitze. – Claudius zog hauptsächlich den Aventin in das Pomerium ein.

70 Was unter den öffentlichen Dokumenten (*publica acta*) im einzelnen zu verstehen ist, ist nicht ersichtlich.

71 C. Antistius Vetus war der Konsul des Jahres 28 und *consul suffectus* im Jahre 46. – M. Suillius (Nerullinus) war ein Sohn des Angebers P. Suillius (s. XI 2 f.) und später vermutlich Prokonsul von Asien.

72 Formell bedeutete die Adoption nur die Gleichstellung von beiden. Aber da Nero älter war, ging er überall dem Britannicus vor.

73 Die plebeischen Claudier führten den Beinamen Marcellus.

74 Zu Attus Clausus s. Anm. XI 110.

75 Er hieß vor seiner Thronbesteigung Ti. Claudius Nero Caesar oder Nero Claudius Drusus Germanicus, nach der Thronbesteigung Nero Claudius oder nur Nero.

76 Die Ubier waren von Agrippa im Jahre 38 v. Chr. auf das linke Rheinufer umgesiedelt worden. Ihre Hauptstadt hieß Ara Ubiorum. Diese wurde im Jahre 50 n. Chr. zu Ehren von Agrippina, die dort geboren war, zur Colonia Agrippinensis erhoben: das heutige Köln.

77 Die Chatten waren ein starker Volksstamm im heutigen Hessen.

Germanicus unterwarf sie und triumphierte über sie im Jahre 17 n. Chr.

78 Zu Pomponius (Secundus) s. V 8. Er war berühmt als Dichter von Tragödien.

79 Die Vangionen saßen im Raum von Worms (Borbetomagus), die Nemeter in der Gegend von Speyer (Noviomagus Nemetum, später Spira).

80 Die eine Kolonne marschierte das Lahntal hinauf, die andere den Main entlang.

81 Der Mons Taunus, so seit etwa anderthalb Jahrhunderten in Wiederaufnahme des antiken Namens, bezeichnet die Höhe zwischen Rhein und Nidda.

82 S. II 63.

83 Palpellius Hister war *consul suffectus* im Jahre 43 gewesen. Die Statthalter Pannoniens waren in der Regel Konsulare.

84 Die Lugier waren ein vandalischer Volksstamm im östlichen Germanien am Oberlauf der Weichsel (vgl. Tacitus Germania 43).

85 Die iazygischen Sarmaten saßen in der Ebene zwischen Donau und Theiß.

86 Die Römer unterhielten zwei Flotten auf der Donau, die *classis Pannonica* und die *classis Moesica*.

87 Zu Sido s. Tacitus Historiae III 5. 21.

88 P. Ostorius Scapula war spätestens unter Claudius im Jahre 46 *consul suffectus*. Er muss, da sein Vorgänger in Britannien bereits im Jahre 47 seinen Triumph feierte, im gleichen Jahre sein Amt in der Provinz Britannien angetreten haben. Tacitus greift also in seinem Bericht auf eine frühere Zeit zurück und führt diesen dann bis zum Jahre 58. S. XII 40 am Ende.

89 Avona – Sabrina, heute Avon und Severn, beide münden nach ihrer Vereinigung in den Severn genannten Meerbusen zwischen Cardiff und Bristol.

90 Die Icener saßen in den Grafschaften Suffolk und Norfolk. Sie ließen sich die Forderung, ihre Waffen abzuliefern, nicht gefallen.

91 M. Ostorius s. XIV 48, XVI 14 f. Er war *consul suffectus* im Jahre 59.

92 Die Ceanger sind nicht weiter bekannt. Sie müssen nordwestlich von den Icenern ihre Wohnsitze gehabt haben.

93 Hibernia ist das heutige Irland.
94 Die Briganten, ein mächtiger Volksstamm und gefürchtete Gegner der Römer, hatten ihre Wohnsitze im nördlichen England. Ihr Hauptort war Eburacum. Sie wurden in mehreren Expeditionen in den Jahren 48, 51 (s. XII 40) und 69 (Tacitus Historiae III 45) unterworfen.
95 Die Silurer waren ein tapferer Stamm im Westen und Süden von Wales mit ihrem Hauptort Isca. Sie wurden erst von Iul. Frontinus kurz vor dem Jahr 78 unterworfen.
96 Camulodunum, heute Colchester, lag an der Straße von Venta Icenorum nach Londinum (London), benannt nach dem gallisch-britischen Gott Mars Camulus.
97 Caratacus war der Sohn des in Camulodunum residierenden Königs der Catavellauner namens Cunollinus. Er hatte schon bei dem ersten Zug der Römer nach Britannien unter Claudius (43) den Befehl über die Britannier innegehabt.
98 Die Ordovicer saßen nördlich von den Silurern, im nördlichen Teil von Wales.
99 Diese fürchteten, die Römer würden »im Frieden« ungehindert ihre bedrückende Herrschaft ausüben und zu »Bestrafungen« bei »Übergriffen« die Möglichkeit haben.
100 Dies ist rhetorische Übertreibung. Im Jahre 55 v. Chr. hatte Caesar mit einem Teil seiner Truppen eine Erkundung der Landemöglichkeiten in Britannien unternommen, im Sommer 54 drang er bis über die Themse vor, aber verzichtete auf eine dauernde Besitzergreifung, die angesichts der Unruhen in Gallien seine verfügbaren Kräfte überspannt hätte.
101 Die Präfekten der bundesgenössischen Kontingente, die Tribunen der römischen Legionen.
102 Der Krieg hatte im Jahre 42 begonnen, Caratacus wurde im Jahre 51 gefangengenommen. Tacitus hat somit in seinem Bericht um ein Jahr vorgegriffen.
103 D. h. bei solchen Kriegen, die Caratacus in Britannien geführt hatte.
104 Tacitus hat die Tochter, die dabei inbegriffen war, nicht besonders erwähnt.
105 Syphax, der König von Numidien, Hasdrubals Schwiegersohn,

wurde von P. Cornelius Scipio im Jahre 202, Perseus, der König von Macedonien, von L. Aemilius Paulus im Jahre 168 v. Chr. bei Pydna besiegt.

106 Die Sugambrer waren ein germanischer Volksstamm, zur Zeit Caesars am Rhein zwischen Lippe und Sieg. Sie wurden im Jahre 12 v. Chr. von Drusus besiegt und 8 v. Chr. von Tiberius zum Teil auf das linke Rheinufer umgesiedelt.

107 T. Manlius Valens war später Legat der unter Nero errichteten *legio prima Italica*. Er wurde erst in seinem 90. Lebensjahr Konsul und starb im Jahre 96.

108 Vor den Resten des Buches XI.

109 Venutius war noch im Jahre 69 König, da seitens der Römer der Krieg lässig geführt wurde. Erst unter Vespasian (im Jahre 71) wurden die Briganten durch Petilius Cerialis endgültig unterworfen (s. Anm. 94).

110 Didius hat die Provinz bis zum Jahre 58 verwaltet. – S. Anm. 88. Der Bericht wird XIV 29 weitergeführt.

111 Zu Servius Cornelius (Orfitus ist fremder Zusatz) vgl. noch XVI 12 und Tacitus Historiae IV 42.

112 Also noch vor dem gesetzlichen Mindestalter (in der Republik 43 Jahre, von Augustus herabgesetzt), entsprechend dem Vorgang bei den Enkeln des Augustus C. und L. Caesar. Das prokonsularische Imperium war unabhängig von dem Lebensalter, da es ein außerordentliches Amt war.

113 So hießen die Söhne der Herrscher vom Anlegen der Männertoga bis zum Eintritt in den Senat, ebenso die Führer der Rittercenturien. Nero war dreizehn Jahre alt. Die Männertoga erhielten sonst erst die siebzehn Jahre alten Knaben.

114 Die *toga praetexta* war die mit einem Purpursaum besetzte Toga der kurulischen Beamten.

115 Offiziere der Prätorianerkohorten.

116 Burrus Afranius stammte vermutlich aus Vasi, im Lande der Vocontier, und war zusammen mit Seneca der Vertraute Neros (vgl. XII 69, XIII 2. 6. 14. 20, XIV 7. 15. 51).

117 Zu Vitellius s. XI 2.

118 In der römischen Auguraldisziplin spielten Vögel, z. B. der Specht

und die Krähe, und als besonderer Unglücksvogel der Uhu eine große Rolle.

119 Vologaeses war im Jahre 51 auf den Thron gekommen. Seine Brüder waren Tiridates (s. XII 50) und Pacorus (s. XV 2).

120 Zu Pharasmanes s. VI 32, XI 8.

121 Die Albaner waren ein kriegerisches Volk an den östlichen Abhängen des Kaukasus (s. II 68).

122 Gorneae, ein Kastell unbekannter Lage, seit der Einsetzung des Mithridates mit einer römischen Besatzung.

123 Pharasmanes wird hier zu den Mördern gerechnet, weil er das Reich durch die Eroberung seines Sohnes mitbesaß.

124 Helvidius Priscus wurde von Quadratus abgeschickt.

125 Im Jahre 53. Der »harte Winter«, von dem nachher die Rede ist, fiel in das Jahr 53/54. Tiridates (s. Schluss von XII 51, ferner Anm. 119) hat den Thron von Armenien durch einen zweiten Einfall wieder eingenommen, der erst nach dem Tode des Claudius in Rom bekannt wurde, also in das Jahr 54 fiel.

126 Artabanus hatte nach dem Tode des 18 v. Chr. von Germanicus eingesetzten Artaxias in Armenien dessen ältesten Sohn Arsaces eingesetzt. Nach dessen gewaltsamem Tod nahm im Jahre 35 n. Chr. Mithridates (der Hiberer) das Land auf Veranlassung der Römer in Besitz. Er wurde von Caligula abberufen, worauf das Land bis zu der Rückkehr des Mithridates im Besitz der Parther war.

127 Artaxata war die Hauptstadt von Großarmenien (am Araxes gelegen). Sie wurde 58 n. Chr. von Corbulo zerstört und von Tiridates unter dem Namen »Neronia« wieder aufgebaut. – Tigranocerta, ebenfalls eine bedeutende Stadt von Großarmenien, wurde von Lucullus im Jahre 69 v. Chr. belagert und zerstört. Sie gelangte später unter den Parthern zu neuer Blüte. Ruinen vermutlich in Martyropolis (Farkin) am Fuße des Taurus.

128 Wohl die XII 46 f. erwähnte Tochter des Mithridates.

129 S. Anm. 125.

130 Faustus Sulla Felix – so sein voller Name – war ein Urenkel des einstigen Diktators und der Schwiegersohn des Claudius. Er wurde von Nero umgebracht. – L. Salvius Otho war der ältere Bruder des späteren Princeps.

131 Über die Astrologen s. II 27.

132 Zu Pallas s. XI 29.

133 Zu Barea Soranus s. XVI 21. 23ff., Tacitus Historiae IV 10. 40. Zu Cornelius Scipio s. III 74.

134 Dies war eine Fiktion, die sich davon herleitete, dass nach der Sage die Arkader unter der Führung des Euandros sich als erste auf dem Palatin angesiedelt hätten und von einem arkadischen König Pallas abstammten. Pallas war der Name, den er als Freigelassener erhalten hatte. Der Bericht des Tacitus ist voll bitterer Ironie hinsichtlich der damaligen Selbsterniedrigung des Senats.

135 Auch hier ironisch: »Er war noch unverschämter.«

136 Hier ist im Text eine Lücke, die aber dem Sinne nach von Tacitus Historiae V 1 ergänzt werden kann, wo es heißt: *iussi a Caesare* (Caligula) *effigiem eius in templo locare arma potius sumpsere, quem motum Caesaris mors diremit* (»es wurde ihnen von Caligula befohlen, sein Bild im Tempel aufzustellen, aber sie griffen lieber zu den Waffen. Doch der Tod des Caesars machte den Aufstand hinfällig«).

137 Die Samariter waren im Zusammenhang mit der babylonischen Gefangenschaft der Juden aus Persien nach Samaria verpflanzt worden. Sie waren ursprünglich Heiden, nahmen aber die jüdische Religion an. Die Feindschaft zwischen ihnen und den Juden brach mit der Rückkehr der Juden aus. Die Samariter hatten einen eigenen Tempel auf dem Berge Garizin und verbündeten sich häufig mit den Feinden der Juden.

138 S. XII 45.

139 Über die Cieten s. VI 41.

140 Anemurium lag in dem damals zu der Provinz Syrien gehörigen Cilicien.

141 Antiochus, der Sohn des II 42 erwähnten Antiochus, des Königs von Commagene, der nördlichsten Landschaft Syriens. Commagene war römische Provinz von 17 v. Chr. bis 38 n. Chr. Antiochus IV. wurde von Caligula wieder in sein Reich eingesetzt, zu dem Teile Ciliciens geschlagen wurden, und erhielt von Claudius noch einmal sein Reich zurück. Unter Vespasian wurde dann Commagene endgültig römische Provinz.

142 Der Fuciner See östlich von Rom in den Apenninen (heute Lago di

Celano). In den Liris (heute Garigliano) sollte der Fuciner See durch den Berg (heute Salviano) hindurch abgeleitet werden, was nach Sueton Claudius 20 die Zeit von elf Jahren beanspruchte.

143 In den *horti Caesaris*, auf dem rechten Tiberufer, südlich vom Ianiculum.

144 Es handelte sich um todeswürdige Verbrecher, die bewacht werden mussten, damit sie nicht ausbrechen und sich dem Kampf entziehen konnten.

145 Unter den Flottenmannschaften (*classiarii*) auf den Deckschiffen sind die von den Prätorianertruppen, die sich auf den Flößen befanden, bewachten Gladiatoren zu verstehen.

146 Die Chlamys (griech. ›Kleidung‹) war ein großer, auf der Brust durch einen Knopf zusammengehaltener Mantelkragen.

147 Die Brücken wurden über dem im See zurückgebliebenen Wasser angelegt.

148 S. XI 29. Agrippina hasste ihn, weil er gegen ihre Heirat mit dem Princeps aufgetreten war (s. XII 1).

149 D. Iunius (Silanus), der Bruder des Lucius und des Marcus Silanus (s. XII 3, XIII 1), ein Enkel der Iulia, der Tochter des Agrippa. – Q. Haterius (Antoninus) war der Sohn des D. Haterius Agrippa und der Enkel des berühmten Redners Q. Haterius (s. II 51).

150 Die Bewohner von Neu-Ilion. Sie hatten bereits von Caesar Abgabenfreiheit (*immunitas*) erhalten und wurden jetzt von jeder Leistung an Rom befreit, insbesondere von der Stellung von Truppen.

151 Das heutige Bologna.

152 Die Rhodier hatten ihre Selbständigkeit unter Claudius im Jahre 44 verloren. Diese bestand in einer eigenen Regierung, die unabhängig von der Rechtsprechung der römischen Beamten war.

153 Apamea am Maeander (Kleinasien) war seit Sulla (im Jahre 84 v. Chr.) römisch und zu Cilicien gehörig. Es war eine Hauptniederlassung römischer Handelsherren.

154 Statilius Taurus war der Konsul des Jahres 44.

155 Die Prokuratoren waren Beamte aus dem Ritterstande, meist kaiserliche Freigelassene. Sie wurden in der kaiserlichen Finanzverwaltung sowohl in Rom wie in den Provinzen als Vorsteher der verschiedenen Zweige der Steuer- und Zollverwaltung verwendet. Als Fi-

nanzprokuratoren waren sie unmittelbar dem Princeps unterstellt und daher unabhängig von den Provinzstatthaltern, so dass sich zwischen diesen (Prokonsuln und proprätorischen Legaten) und ihnen oft Kompetenzkonflikte ergaben.

156 Ägypten stand unter Präfekten, die der Princeps aus dem Ritterstande ernannte. Sie wurden durch Gesetz den Prokuratoren gleichgestellt. Zu dem Begriff des »hohen Beamten« (*magistratus populi Romani*) gehörte auch noch in der Principatszeit, dass er vom Senat oder von dessen Stellvertreter gewählt wurde.

157 Es gab ursprünglich zwei städtische Prätoren in Rom mit der Hauptaufgabe der Rechtspflege. Bei der Ausdehnung des Reiches richtete man später vier weitere Prätorenstellen mit vollem, auch militärischem Imperium für die Verwaltung der unterworfenen Gebiete ein. Seit Sulla änderte sich die Gesamtzahl der Prätoren wiederholt (vgl. Anm. I 131).

158 Claudius gab also allen Prokuratoren die gleichen richterlichen Befugnisse wie den Prätoren, womit die Gleichstellung des Ritterstandes mit dem alten Adel erfolgte. Unter der »gesamten Rechtsprechung« ist nur die innerhalb ihres eigentlichen Amtsbereiches, d.h. die richterliche Entscheidung in fiskalischen Fragen, zu verstehen.

159 Die Gesetze des C. Sempronius Gracchus, Volkstribun 123/122 v. Chr.

160 Es gab zwei Servilische Gesetze, die die Rechtsprechung betrafen, das des Konsuls im Jahre 106 Q. Servilius Caepio, das dem Senat die Gerichte zurückgab, und das des Volkstribunen C. Servilius Glaucia, durch das die Ritter die Gerichte wieder erhielten.

161 In dem Bürgerkrieg der Jahre 88 bis 81, an dessen Ende Sulla die Gerichte dem Senat übertrug.

162 Oppius und Cornelius Balbus, beides römische Ritter, Vertraute Caesars, die großen Einfluss auf die Staatsführung ausübten. – Balbus war *consul suffectus* im Jahre 40 v. Chr.

163 C. Matius und Vedius Pollio waren besondere Günstlinge des Augustus.

164 Coos (Kos), dorische Insel vor der kleinasiatischen Küste, zur Provinz Asia gehörig.

165 In dem dortigen Hain des Apollo hat die Ärzteschule der Asklepiaden die Tradition des Hippokrates gepflegt.

166 Auf einer Münze ist das Porträt dieses angeblichen Mörders des Claudius (s. XII 67) erhalten.

167 Er war in Wirklichkeit ein Gerber aus Adramyttion. – Der Krieg wurde in den Jahren 151–148 geführt.

168 Aristonicus war ein unehelicher Sohn von Attalos II. von Pergamon. Als Attalos III. im Jahre 133 v. Chr. sein Reich den Römern vererbte, erhob Aristonicus Anspruch auf den Thron und wurde erst nach schweren Kämpfen im Jahre 130 von den Römern gefangengenommen und in Rom im Gefängnis erdrosselt.

169 Antonius, der Vater des Triumvirn (74–72).

170 Sulla und Lucullus in den mithridatischen Kriegen. Pompeius besonders im Seeräuberkrieg.

171 Chalcedon, eine megarische Kolonie auf der asiatischen Seite des Bosporus.

172 Gemeint ist der Krieg des Jahres 46, dessen Bericht bei Tacitus in den verlorenen Büchern stand.

173 Zu M. Asinius s. XIV 40. M'. Acilius Aviola war im Jahre 65/66 Prokonsul von Asia.

174 Domitia Lepida war die Tochter der Antonia maior (nicht der Antonia minor, wie Tacitus schreibt, s. auch Anm. IV 86), der Schwester des Cn. Domitius Ahenobarbus, Enkelin der Octavia und Großnichte des Augustus. Sie war verheiratet mit M. Valerius Messala, von ihm Mutter der (Valeria) Messalina und in zweiter Ehe mit Faustus Cornelius Sulla (*consul suffectus* im Jahre 31) verheiratet, von dem sie einen Sohn gleichen Namens (Konsul 52) hatte.

175 Sinuessa (heute Mondragone), Stadt der Auruncer, an der Grenze von Latium und Campanien. In ihrer Nähe lagen die vielbesuchten Bäder Aquae Sinuessanae.

176 Nämlich von dem Vorkoster Halotus.

177 Das Vomieren mit Hilfe einer Feder war nach üppigen Gelagen üblich.

178 Nach der üblichen Sitte, den von den Soldaten zum Imperator ausgerufenen Heerführer auf einem Tragsessel in das Lager zu bringen.

179 Nämlich seitens der dort stationierten Truppen.

Buch XIII

1 M. Iunius Silanus war der älteste Bruder des L. Iunius Silanus (s. XII 3). Er war Konsul im Jahre 46 n. Chr. und der älteste Sohn der Aemilia Lepida.

2 P. Celer (s. XIII 33) und Helius waren Prokuratoren des privaten Vermögens des Princeps. Über den verderblichen Einfluss des Helius berichtet Tacitus Historiae I 37.

3 S. XII 57.

4 Sie wurde Flaminica des vergöttlichten Claudius, wie ihre Großmutter Livia (Iulia Augusta) für Augustus.

5 Über die wissenschaftliche Betätigung berichtet Sueton Claudius 41 ff. Er verfasste drei große Geschichtswerke, eines in lateinischer und zwei in griechischer Sprache.

6 Die Mitglieder des Hofes sollten nicht, wie unter Claudius, Einfluss auf die Führung der Staatsgeschäfte ausüben.

7 Darunter ist vor allem die Gesetzgebung, die Wahl der alten republikanischen Beamten und die Kriminalgerichtsbarkeit über die Senatoren zu verstehen.

8 Staatsprovinzen (= Senatsprovinzen) werden von den *provinciae Caesaris* unterschieden. In den letzteren standen die Heere (*mandatis exercitibus*). Die Vertretung von Italien und den Senatsprovinzen sollen also bei staatlichen Verhandlungen die Konsuln übernehmen und die jeweiligen Abgesandten in den Senat einführen.

9 Diese Regierungsmaßnahmen waren vermutlich in einem besonderen Edikt des Claudius verkündet worden. XI 22 ist von einem Senatsbeschluss nicht die Rede.

10 In dem Palatium befand sich ein Sitzungsraum in der dortigen Bibliothek.

11 Sie kamen wegen der verworrenen Lage in ihrem Lande, wo bald Radamistus, bald die Parther die Herrschaft in Händen hatten.

12 Damit knüpft Tacitus wieder an den Bericht XII 51 an, wo er von der Vertreibung des Radamistus erzählt.

13 »Auch jetzt«, d.h. wiederum. Denn er war im Jahre 53 bei dem ersten parthischen Einfall geflohen, ohne sich zur Schlacht gestellt zu haben (s. XII 50). Das zweite Mal war er ebenfalls geflohen, gezwungen

durch den Aufstand der Seinigen (s. XII 51), worauf Tiridates durch einen erneuten Einfall im Jahre 54 wieder auf den parthischen Thron kam.

14 Als Befehlshaber trat Pompeius zum erstenmal im Jahre 84 auf, wo er ein Heer gegen die Marianer führte. 19 Jahre alt war er im Jahre 87, wo er jedoch lediglich unter seinem Vater im Krieg gegen Cinna diente. – Augustus (Caesar Octavianus) ist im Jahre 63 geboren. Im Jahre 44 brach der 2. Bürgerkrieg aus.

15 Unter »Auspizien« ist die göttliche Berufung als Herrscher zu verstehen.

16 Es handelt sich bei der Aushebung um römische Bürger, die in den Provinzen ansässig waren oder sich dort aufhielten.

17 Agrippa, der Sohn des Herodes Agrippa (s. XII 23). Er hatte von Claudius in Syrien ein Herrschaftsgebiet erhalten. – Zu Antiochus von Commagene s. XII 55.

18 Aristobulus war der Sohn des Herodes von Chalcis, ein Urenkel von Herodes d. Gr. Nero gab ihm sechs Jahre später auch einen Teil von Großarmenien (XIV 26).

19 Sohaemus war im Jahre 54 seinem Bruder Azizius als König von Emesa in Syrien gefolgt. Sein Land Sophene lag zwischen Taurus und Antitaurus am Unterlauf des Arsanias.

20 Er war vermutlich ein Sohn des XI 8 ff. genannten Vardanes.

21 Vgl. XI 18. Corbulo war Statthalter von Germania inferior und erhielt als Legat die Provinz Cappadocia et Pontus.

22 Gehorsam zu leisten: Corbulo oder seinem Legaten Quadratus Ummidius.

23 Aegeae (heute Ajaskale) am Meer gelegen. Hier war Corbulo gelandet.

24 L. Antistius Vetus war der Sohn des gleichnamigen *consul suffectus* des Jahres 28 n. Chr. Über den Sohn vgl. XIII 53, XIV 58, XVI 10.

25 Nero ließ seinen Mitkonsul nicht schwören, um damit zu demonstrieren, dass er ihn während der gemeinsamen Amtszeit als gleichstehend betrachte. S. auch Anm. 118.

26 Zu Plautius Lateranus vgl. XI 36.

27 M. Salvius Otho ist der spätere Princeps des Jahres 69. Vgl. auch XIII 45 f. und Tacitus Historiae I 13. Sein Vater L. Salvius Otho war der ers-

te Konsul in der Familie gewesen (*consul suffectus* im Jahre 33 n. Chr.). – Zu Claudius Senecio s. XV 50. 56. 58. 70. Die Freilassung muss durch Claudius erfolgt sein.

28 Annaeus Serenus war – wie der Name Annaeus vermuten lässt – ein Verwandter von Seneca, der ihm die Schriften *de tranquillitate animi* und *nec iniuriam nec contumeliam accipere sapientem* gewidmet hat.

29 Agrippina nahm für sich das Verfügungsrecht über den ganzen Schmuck in Anspruch. Ein Teilgeschenk war für sie gleichbedeutend mit der Beschränkung der Verfügung über das Ganze.

30 Die alten republikanischen Beamten legten am letzten Tage ihrer Amtstätigkeit den Eid ab: *se nihil contra leges fecisse.*

31 D. h., dass er wegen Verwendung von Geldern zu seinem persönlichen Nutzen nicht zur Verantwortung gezogen werde.

32 Zu den beiden Brüdern M. Iunius und L. Iunius Silanus Torquatus s. XIII 1.

33 Das Saturnalienfest mit dem Haupttag am 17. Dezember war eine Art Karneval, an dem Gleichheit zwischen Herren und Gesinde herrschte.

34 Der »König« wurde durch Würfeln bestimmt und konnte beliebige Befehle erteilen.

35 Zu der Giftmischerin s. XII 66.

36 Die älteren Personen speisten entsprechend einer alten Sitte auf dem Triclinium liegend.

37 Die Beisetzung erfolgte in dem von Augustus erbauten Mausoleum auf dem Marsfelde.

38 Die »alte Geschichte« bezieht sich auf das Brüderpaar Romulus und Remus.

39 Der Tischgast galt, wie schon bei den Griechen, als unter dem Schutz der Götter stehend.

40 Die Schwestern waren Antonia und Octavia (s. XII 2). Antonia war bei der Schilderung des Giftmordes nicht als anwesend genannt.

41 Mit den »einflussreichsten Männern« sind in erster Linie Burrus und Seneca gemeint.

42 Mit den »Adeligen« sind diejenigen gemeint, deren Vorfahren schon in der Republik die höchsten Ämter bekleidet hatten und deren Zahl nur noch gering war.

43 Seit Augustus verfügten die Herrscher über eine persönliche Leibgarde aus germanischen Reitern der verschiedensten germanischen Völkerschaften.

44 Welche Antonia hier gemeint ist, steht nicht fest, es kann die Mutter des Germanicus und Urgroßmutter Neros oder die Mutter des Vaters Neros, des Cn. Domitius, sein.

45 T. Sextius Africanus war *consul suffectus* im Jahre 59 n. Chr., s. XIV 46, wo über seine Herkunft berichtet wird.

46 Nämlich von Nero, s. XIII 12.

47 Rubellius Plautus, der Sohn des Rubellius Blandus und der Iulia, der Tochter des Drusus und Enkelin des Tiberius und durch Adoption von Tiberius in das iulische Geschlecht aufgenommen, dadurch Urenkelin des Augustus.

48 Domitia, die Schwester der Domitia Lepida (s. XI 37). Sie war mit Agrippina verfeindet, weil ihr Mann Passienus Crispus sie verlassen hatte, um Agrippina, ihre frühere Schwägerin, zu heiraten. Sie wurde von Nero nach Agrippinas Ermordung ebenfalls umgebracht.

49 Fabius Rusticus war der Geschichtsschreiber der Regierungszeit des Nero und des Claudius.

50 Caecina Tuscus war der Sohn der Amme des Nero. Von Nero zum Präfekten von Ägypten erhoben, wurde er im Jahre 67 relegiert, aber nach Neros Tod wieder zurückberufen.

51 Cluvius Rufus war wie Plinius für Tacitus ein Quellenschriftsteller. Er schrieb Historiae (= Zeitgeschichte), war *consul suffectus* vor dem Jahr 65 und lebte noch unter Vespasian.

52 Nämlich des Atimetus.

53 Agrippina will zum Ausdruck bringen: »Wenn ich umgebracht würde, würde man von mir sagen, ich hätte meinen Sohn ermorden wollen, um den Weg für einen anderen frei zu machen. Der Caesar aber würde sich bewusst sein, dass er einen Muttermord, d. h. meine unschuldige Verurteilung, auf dem Gewissen hätte.« *Parricidium* kann Mord am Vater wie an der Mutter bedeuten.

54 »Oder«: der Gedanke ist, »wenn die Anklage gegen mich kein Theaterstück, sondern Wirklichkeit ist«.

55 Ergänze »des Princeps«.

56 Der Princeps war die höchste richterliche Instanz. Der Senat, der die

höhere Kriminalgerichtsbarkeit ausübte, war von dem Willen des Princeps abhängig.

57 L. Faenius Rufus wurde später zum *praefectus praetorio* ernannt. – L. Arruntius Stella: vermutlich der Vater des mit den Dichtern Statius und Martial befreundeten Dichters Stella. – Ti. Claudius Balbillus ist nicht weiter bekannt. Alle drei waren römische Ritter, die zu den *potentissimi amicorum* der Agrippina gehörten. – P. Anteius Rufus war Konsul in einem unbekannten Jahr; über seinen Tod s. XVI 14.

58 »Relegieren« bedeutete, dass sie ausgewiesen wurden, aber das Bürgerrecht behielten. Die mit *exilium* bestraften verloren dieses. Beide wurden begnadigt (s. XIV 12).

59 Zu Cornelius Sulla s. Anm. XII 130.

60 Paetus kaufte die von den Verurteilten eingezogenen Güter auf und verkaufte sie nach ihrer Aufteilung mit Gewinn weiter.

61 Die Verhandlung fand demnach vor dem Princeps statt.

62 Der Ankläger Paetus bekam für die Feststellung einer in Vergessenheit geratenen staatlichen Forderung eine entsprechende Belohnung.

63 Q. Volusius Saturninus war der Sohn des L. Volusius Saturninus, s. XIII 30. – Zu P. Scipio s. III 74.

64 D. h. nur dem »Stande«. Er selbst war nicht Senator, wofür die Voraussetzung die vorausgehende Bekleidung der Quästur war.

65 Hier ist im Text eine Lücke. Es fehlt ein Verbum, das das Schwanken des Princeps ausdrückt. Offenbar hat der Princeps, als er von dem Votum des Senats benachrichtigt worden war, einen geheimen Kabinettsrat einberufen (*inter paucos*).

66 Ironisch: denn der verwiesene Freigelassene konnte sich seinen Aufenthaltsort in einer Entfernung von über hundert Meilen von Rom wählen und sich die alle Annehmlichkeiten bietende Küste von Campanien, die nur wenig über hundert Meilen entfernt war, aussuchen.

67 D. h., das Verfahren spielte sich so ab, als ob es sich nicht um Freigelassene, sondern um irgendwelche beliebige Personen handle.

68 Mit den Tribus sind die vier hauptstädtischen Tribus, in denen sich die Zünfte organisiert hatten, gemeint, in den Dekurien hatten sich die Unterbeamten der *magistratus* und *sacerdotes* (*scribae, lictores,*

viatores, praecones) zusammengeschlossen, mit *ministeria* sind wohl die Hilfskräfte gemeint, die *accensi*, die den groben Dienst zu verrichten hatten.

69 Die eine Form der Freilassung war die *iusta manumissio* durch die *vindicta* (der Prätor berührt den Freizulassenden mit dem Freiheitsstab), die mit der Verleihung des römischen Bürgerrechts verbunden war, die andere eine formlose Freilassung ohne Verleihung des Bürgerrechts (*inter amicos, per epistulam* oder *convivio*).

70 Beides bezieht sich auf die formlose Freilassung. Tacitus will hier zum Ausdruck bringen: Wenn nur die *manumissio* vorhanden gewesen wäre und der Freilasser seine Handlung bereut hätte (wegen der Undankbarkeit des Freigelassenen), wäre diese »Reue« unwirksam gewesen, da eine *manumissio* nicht rückgängig gemacht werden konnte, was auch bei der formlosen Freilassung der Fall war. Aber bei dieser bestand die Möglichkeit, wenn der Freigelassene durch sein Verhalten eine Gesinnungsänderung (*paenitentia*) seines bisherigen Herrn veranlasste, den niederen Status der Freilassung zu behalten oder im Falle eines Verdienstes den höheren Status der *manumissio* (*novum beneficium*) zu bewilligen.

71 Paris (s. XIII 19 ff.) klagte gegen Domitia auf Zurückerstattung des Geldes, das sie von ihm für seine Freilassung erhalten hatte, weil er fälschlich für einen Sklaven gehalten worden sei. Dadurch, dass er den Prozess gewann, legitimierte er sich als Freigeborener.

72 Die Schädigung des Rufes des Princeps lag darin, dass er sich in die Rechtsprechung eingemischt hatte.

73 Obgleich die Rechtsprechung und auch die Entscheidung des Senats nicht frei waren.

74 Über Vibullius ist nichts weiter bekannt. – Zu Antistius Soranus s. XIV 48, XVI 14. 21.

75 S. XIII 25.

76 Den Tribunen sollte also untersagt werden, Prozesse gegen Personen, für die die Prätoren oder Konsuln zuständig waren, von vornherein an sich zu ziehen. Anscheinend hatte sich die Vorladung von Beschuldigten aus Italien zu einem Missbrauch entwickelt.

77 L. Calpurnius Piso, der Sohn des L. Piso, des Konsuls des Jahres 27 n. Chr. und der Vater des Tacitus Historiae IV 38 erwähnten L. Piso.

78 Zu Helvidius Priscus s. XII 49.

79 Obultronius Sabinus wurde von Galba umgebracht (s. Tacitus Historiae I 37).

80 Das Pfändungsrecht, d. h. die Befugnis, das Besitztum derer zu versteigern, die ihre Schulden an das Aerarium (Staatsschatz) nicht bezahlen konnten.

81 Zum Staatsschatz gehörten auch die dort aufbewahrten öffentlichen Urkunden.

82 Augustus hatte im Jahre 28 v. Chr. das Amt der Präfekten geschaffen. Es waren zwei aus der Zahl der gewesenen Prätoren.

83 Es waren ebenfalls zwei, die ausgelost wurden. Sie hatten den Titel *praetores aerarii*. Dies fiel in das Jahr 23 v. Chr.

84 Die Einsetzung von Quästoren erfolgte im Jahre 44, wodurch der Zustand vor Augustus wiederhergestellt wurde.

85 Sie verwalteten drei Jahre das Aerarium (sonst nur ein Jahr) und wurden gleich Prätoren, ohne wie üblich zuvor Ädil oder Tribun zu sein.

86 Sardinien war als Provinz seit dem Jahre 6 n. Chr. unmittelbar dem Princeps unterstellt und wurde erst unter Nero im Jahre 67 wieder Senatsprovinz.

87 Caninius Rebulus war der Enkel des »Eintagskonsuls« des Jahres 45 v. Chr., er selbst *consul suffectus* in einem unbekannten Jahr.

88 L. Volusius war *consul suffectus* im Jahre 3 n. Chr. Er starb als *praefectus urbi*.

89 In das Jahr 57 würden noch die Kriegsereignisse im Osten fallen. Jedoch hat Tacitus diese in das Jahr 58 verlegt.

90 Die Tageszeitung in Rom, *diurna urbis acta*, war der offizielle Staatsanzeiger.

91 Capua in Campanien, heute S. Maria di Capua, und Nuceria (heute Nocera) ebenfalls in Campanien gelegen.

92 »Volk« bezeichnet hier nicht das gesamte Staatsvolk, sondern nur den Teil des Staates, der nicht unmittelbar dem Princeps unterstellt war und vom Senat und den republikanischen Beamten geleitet wurde. Seine Finanzkasse war das *aerarium Saturni* zum Unterschied von dem *aerarium fisci* des Princeps, aus dem die erwähnten Summen kamen.

93 Sie gewannen dadurch an Popularität bei der Masse der Bevölkerung und verhinderten, dass die Bedrückten etwaige Anklagen erhoben oder sich sonst ihr Recht gegenüber den Statthaltern verschafften.

94 Dies entsprach einer alten Sitte (s. XIV 42).

95 Lurius Varus war *consul suffectus* in einem unbekannten Jahr. Er war wegen Erpressung (*repetundarum*) in seiner Tätigkeit als Prokonsul (in Afrika oder Asia) verurteilt worden, was wahrscheinlich in dem verlorenen Teil des Buches XI erzählt wurde.

96 A. Plautius war *consul suffectus* im Jahre 29 n. Chr. Er führte im Jahre 43 die Expedition des Claudius gegen Britannien und war dort *legatus pro praetore*. Über seinen kleinen Triumph (*ovatio*) hat Tacitus in den verlorenen Teilen des Buches XI berichtet. (S. auch Tacitus Agricola 14.)

97 Pomponia Graecina war wohl zum christlichen Glauben übergetreten, was nach der damaligen Auffassung zugleich ein Ehevergehen bedeutete. Sie wurde daher dem Sittengericht ihres Mannes überwiesen. Weshalb sie so lange um Iulia trauerte, wird nicht erwähnt.

98 Iulia, die Tochter des Drusus (nicht des Germanicus!). Über ihre Verheiratung mit Rubellius s. VI 27. Sie lebte etwa von 3 n. Chr.–43 n. Chr.

99 S. XIII 1.

100 »Groß« war das Verbrechen, weil Celer in Verbindung mit Neros Mutter den »Rivalen« Neros beseitigt hatte.

101 Zu Cossutianus Capito s. XI 6. Er war *legatus pro praetore* in der damaligen Provinz Lycia gewesen.

102 Zu Eprius Marcellus s. XII 4. Er war ebenfalls *legatus pro praetore* in den von Claudius zu einer Provinz vereinigten Ländern Pamphylia und Lycia gewesen.

103 Der Redner M. Valerius Messala Corvinus war mit Augustus im Jahre 31 v. Chr. Konsul gewesen.

104 Aurelius Cotta war vermutlich der Sohn des Konsuls des Jahres 20 n. Chr. (s. II 32). – Zu Haterius Antoninus s. XII 58.

105 Im Jahre 68 v. Chr. besiegte Lucullus Tigranes und Mithridates am Flusse Arsanias, 66 Pompeius den Mithridates am Euphrat, worauf sich Tigranes unterwarf. Armenien kam in Abhängigkeit von Rom,

wobei jedoch Rom sich auf den Anspruch beschränkte, dass ohne seine Zustimmung kein König auf den parthischen Thron komme.

106 Diese Ereignisse fallen noch in das Ende des Jahres 55 oder in den Beginn des Jahres 56, in dem auch die Aushebungen in Galatien und Cappadocien zur Verstärkung der Streitkräfte Corbulos stattfanden. Tacitus knüpft an das Ende von XIII 9 wieder an.

107 Es ist der Frühling des Jahres 58. Corbulo hatte sich also im Winter 57/58 bereits in Armenien aufgehalten.

108 Dies war schon seit alters eine disziplinarische Bestrafung.

109 Zu Antiochus s. XII 55.

110 Zu Pharasmanes und Radamistus s. VI 32, XI 8, XII 44 ff., XIII 6. – »Denn Pharasmanes«: Tacitus will sagen, Pharasmanes habe eine solche Ermahnung nicht benötigt, weil er …

111 Die Moscher waren ein Volksstamm südlich vom Kaukasus, in der Nähe des Schwarzen Meeres, im Nordwesten von Armenien.

112 Hyrcanien war eine parthische Satrapie am Kaspischen Meer, von Arsaces im Jahre 240 v. Chr. erobert.

113 Es ging bei diesen langwierigen Verhandlungen um die von Rom geforderte Anerkennung seiner Oberhoheit.

114 Die Lage des Kastells Volandum ist nicht genau festzulegen. Offenbar hatte es die Aufgabe, den Übergang in das Tal des Araxes zu sperren.

115 Der Erlös für die versklavten und verkauften Gefangenen fiel dem Staat bzw. der Kriegskasse zu, die übrige Beute wurde unter den Soldaten verteilt.

116 Meder und Albaner waren Volksstämme am Kaspischen Meer.

117 Unter den Leichtbewaffneten sind die Bogenschützen und Schleuderer zu verstehen.

118 D. h., das Konsulat wurde ihm auf weitere Jahre unbefristet übertragen. Er hatte sich das Konsulat für das Jahr 55 übertragen lassen.

119 Zu Cassius s. XII 11 f.

120 S. XII 8.

121 Unter den »nichtsnutzigen Studien« (*studia inertia*) ist besonders die stoische Philosophie zu verstehen.

122 Er war wegen der Beschuldigung, mit Iulia Livilla, der jüngsten Tochter des Germanicus, ein Verhältnis zu haben, verbannt worden.

123 »Königliche Freundschaft« soll bedeuten Freundschaft mit einem Tyrannen. Seit der Regierungsübernahme Neros. Über Senecas Vermögen s. XIII 18 und XIV 53 f.

124 Q. Pomponius Secundus war damals *legatus* in Dalmatien.

125 *Commentarii*: was ein vieldeutiger Begriff ist. Hier sind wohl unter *commentarii* private Notizen, Tagebücher zu verstehen.

126 Vermutlich hatte er sich die Erpressungen bei der Verwaltung einer dem Princeps unmittelbar unterstellten Provinz zuschulden kommen lassen als *legatus pro praetore*.

127 Die Konsuln waren die Vorsitzenden des Senatsgerichtes, das für ihn als Senator zuständig war.

128 Dieses Amt hätte ihn vor einer Verurteilung durch das Senatsgericht geschützt.

129 Sie behandelte also ihre Liebhaber, als wären sie Ehemänner und ihre Ehemänner, als wären sie ihre Liebhaber.

130 Zu Rufrius Crispinus, dem früheren *praefectus praetorio*, s. XI 1.

131 Tacitus gebraucht hier das Wort *contubernium*, das eine Ehe bezeichnet, die der *dominus* seinen Sklaven mit Sklavinnen mitunter gestattete, da Sklaven eine wirkliche Ehe nicht schließen konnten.

132 Dies war eine Ernennung *extra ordinem*, da Otho erst die Quästur bekleidet hatte, während sonst nur *legati pro praetore* die Provinz Lusitania verwalteten.

133 Unter dem Bürgerkrieg (*civilia arma*) ist die Erhebung Galbas im Jahre 68 n. Chr. zu verstehen.

134 Zu Cornelius Sulla s. Anm. XII 130.

135 Über den pons Mulvius (Tiberbrücke) führte die via Flaminia.

136 Die *horti Sallustiani*, die ursprünglich dem Geschichtsschreiber Sallustius gehörten, später in dem Besitz der Herrscher waren, lagen östlich der via Flaminia auf dem *collis hortorum* (Monte Pincio). S. Anm. XI 3.

137 Puteoli (heute Pozzuoli) in Campanien. S. XIV 27.

138 Zu C. Cassius s. XII 11 f.

139 Scribonius Rufus und Scribonius Proculus waren beide *legati pro praetore*, Rufus in Germania inferior, Proculus in Germania superior gewesen. Nero rief sie im Jahre 67 nach Griechenland und zwang sie zum Selbstmord.

140 P. Clodius Thrasea Paetus war *consul suffectus* im Jahre 56. Über sein weiteres Schicksal s. XIV 12. 48, XV 20. 23, XVI 21 ff.

141 Im Text *vectigalia,* was die indirekten Steuern (Zölle usw.) bezeichnet, während die *tributa* die direkten Steuern (Vermögenssteuern, in den Provinzen Naturalabgaben u. a.) bezeichnen.

142 Von den Konsuln durch gesetzliche Bestimmungen, von den Volkstribunen durch Plebiszite.

143 Unter Augustus und Tiberius waren die Edikte des Princeps Ausnahmeerscheinungen und auf besonders wichtige Fragen beschränkt. Gesetze, die das Finanzwesen betrafen, wurden in der Regel vom Senat erlassen.

144 Bisher waren die Bestimmungen für die praktische Durchführung des Steuereinzugs eine interne Angelegenheit der Steuerpächter (*publicani*) gewesen.

145 Wovon diese Abgaben erhoben wurden, ist nicht festzustellen.

146 Sulpicius Camerinus war *consul suffectus* im Jahre 46 n. Chr. und wurde im Jahre 67 mit seinem Sohn umgebracht. – Pompeius Silvanus war *consul suffectus* im Jahre 45 n. Chr.

147 Nur mittelbar durch seine Fürsprache bei dem Senat, vor dem die Verhandlung stattfand. Eine solche Fürsprache war gleichbedeutend mit einem Freispruch.

148 Silvanus hatte den Richtern Vermächtnisse versprochen. Diese wurden aber nicht wirksam, da die Bestochenen vor ihm starben.

149 Paulinus Pompeius war *consul suffectus* in einem unbekannten Jahr. Er war Befehlshaber in Germania inferior. – L. Antistius Vetus war Befehlshaber in Germania superior (s. XIII 11).

150 Arar, heute Saône.

151 Die Seen sind die heutige Zuidersee.

152 L. Dubius Avitus war *legatus pro praetore* von Aquitanien und für den Rest des Jahres 56 zusammen mit Thrasea (s. XIII 49) *consul suffectus* gewesen.

153 Auf dem campus Martius, dem ersten steinernen Theater, von Pompeius im Jahre 55 erbaut.

154 Den Senatoren waren besondere Sitze in den vordersten Reihen vorbehalten. Hinter ihnen waren die vierzehn Reihen für die Ritter.

155 Die Ampsivarier waren bis zum Jahre 58 Nachbarn der Friesen an der unteren Ems gewesen.

156 Im Jahre 9 n. Chr. Tiberius hatte von 9–11, Germanicus von 13–16 den Oberbefehl in Germanien innegehabt. – Zum lat. Text: nach *gregibus* ist ein Komma zu setzen, da der Ausdruck *inter hominum famem* zu dem folgenden *ne ... mallent* gehört. *Inter hominum famem* ist zur Betonung des Gegensatzes *greges* und *homines* vorausgenommen.

157 Die Chamaver wohnten nördlich der Lippe und östlich der Ijssel bis hin zur Zuidersee, die Tubanten zwischen den Usipetern und Chatten, die Usipeter (Usipi), die meist zusammen mit den Tencterern genannt werden und deren Schicksal teilten (s. Caesar Bellum Gallicum VI 1–15), später auf dem rechten Rheinufer an der Lippe.

158 Die Bructeri (minores) wohnten zwischen Ems und Lippe, die Bructeri (maiores) östlich von ihnen. – Die Tencterer (s. Anm. 157) hatten, aus Innerdeutschland verdrängt, im Jahre 56/55 den Rhein überschritten und wurden von Caesar fast ganz vernichtet. Ihre Reste siedelten sich zwischen den Usipetern (Lippe) und Chatten (Lahn) an.

159 Über die Chatten s. Anm. XII 77, über die Cherusker s. Anm. XI 77.

160 Die Hermunduren waren ein suebischer Volksstamm, ursprünglich zwischen Elbe, Harz und Thüringer Wald, später auch südlich sich ausbreitend. – Unter dem Fluss ist vermutlich die Werra zu verstehen. Dabei kommen natürlich für die Salzgewinnung nur salzhaltige Quellen in Frage.

161 Mars und Mercurius stehen in *interpretatio Romana* für die germanischen Götter Tiu und Wotan (vgl. Tacitus Germania 9).

162 Es muss sich um einen ausgedehnten Moorbrand gehandelt haben.

163 Das Comitium, am Abhang des Capitols an der Nordwest-Seite des Forums, war zur Abhaltung von Volksversammlungen bestimmt. Dorthin soll der Ruminalische Baum auf Geheiß des Augurs Attus Navius versetzt worden sein.

Buch XIV

1 Gaius Vipstanus wurde im Jahre 69 Prokonsul von Afrika. Er war der Vater oder Großvater des XI 23 erwähnten C. Vipstanus Apronianus. – Fonteius Capito war der Sohn des ehemaligen Prokonsuls von Asia.

2 Zu Cluvius Rufus und Fabius Rusticus s. XIII 20.

3 Zu Acte s. XIII 12.

4 Die »Vorbereitung« zu einem bisher unerhörten sinnlichen Akt (*novae libidinis meditatio*) bestand in dem Versuch, den betrunkenen Nero zu verführen.

5 (M.) Aemilius Lepidus, vermutlich der Sohn des gleichnamigen Konsuls des Jahres 6 n. Chr. (s. III 72), hatte sich mit Lentulus Gaetulicus (s. VI 30) gegen Caligula, dessen Liebling er war, verschworen und war im Jahre 40 umgebracht worden. – Agrippina wurde wegen ihres Verhältnisses zu ihm verbannt.

6 Tusculum, die alte Latinerstadt am Nordrand der Albanerberge, die Heimat des älteren Cato, Villenstadt (Cicero). – Antium, ebenfalls Stadt in Latium, am Meer gelegen (heute Porto d'Anzo), der Geburtsort von Caligula und Nero.

7 Misenum, Vorgebirge am Golf von Puteoli, seit Augustus Flottenstation.

8 Ein Fest der Minerva vom 19. bis 23. März, am fünften Tage nach den Iden gefeiert (*quinque*!). Ursprünglich ein eintägiges Fest.

9 Bauli war ein campanisches Seebad. Hier wohnte Agrippina und hier befand sich auch das Schiff, das sie zur Tafel Neros nach Baiae bringen sollte. Offenbar war sie davor gewarnt worden, es zur Fahrt nach Baiae zu benützen. Es wurde nur nach Baiae zur Rückfahrt geschickt, bei der auch das Verbrechen erst geplant war.

10 Der See von Baiae (Baianus lacus) ist der Golf von Puteoli.

11 Sie dachte wohl, in dieser Lage eher gerettet zu werden.

12 Ergänze: sondern in ihrer angeborenen Habsucht (s. XII 7).

13 Weil sie nicht eingeweiht und daher überrascht waren.

14 Im Text steht *militi*, was den einzelnen Soldaten bedeuten oder auch kollektiv verwendet sein kann.

15 Der Eid der Soldaten galt nicht nur dem Princeps, sondern seinem ganzen Hause.

16 Damit knüpft Tacitus wieder an das Ende von XIV 5 an.

17 Trierarchen hießen die Schiffskommandanten, denen sowohl die Seesoldaten (*classiarii*) mit ihren Offizieren (*centuriones*), wie auch die Matrosen (*remiges* oder *nautae*) unterstanden.

18 Die Offiziere der Prätorianerkohorte.

19 Die Geldspende (*donativum*) war für die Soldaten, die Kornverteilung (*congiarium*) für das Volk.

20 Es war bekannt, dass Seneca die Reden für den Princeps verfasste.

21 Die Pulvinarien waren die Polstersitze für die Götter, die man an den Lectisternien, den Götterspeisungen, in den Tempeln aufstellte.

22 Der Geburtstag der Agrippina war der 6. November.

23 Die Unglückstage, *dies nefasti*, waren religiöse Festtage aus Anlass eines öffentlichen Unglücks (Niederlage und dgl.) und öffentlicher Amtshandlungen. Es durften an ihnen keine Gerichtssitzungen stattfinden.

24 Zu Thrasea Paetus s. XIII 49. Man beachte das negative Urteil, das Tacitus hier über Thrasea fällt. Vgl. auch XIV 48 f., XV 20–23, XVI 21 f. 24–26. 28 f. 33–35.

25 Von Augustus war Rom in vierzehn Regionen eingeteilt worden.

26 Zu Iunia Calvina s. XII 4. 8. – Zu Calpurnia s. XII 22.

27 Unter den Tribus ist die *plebs urbana* Roms zu verstehen, d. h. die an der Kornverteilung u. a. teilhabenden Bürger, die als Zunftvereine unter Kuratoren organisiert waren.

28 Dabei ist an die großen griechischen Festspiele (olympische, nemeische und pythische) zu denken; nur fuhren an ihnen bei den Wagenrennen die Heerführer nicht selbst. Bei den Sängern kommen in erster Linie Pindar und Bakchylides in Betracht.

29 Nämlich als Gladiatoren und Tierkämpfer.

30 Der Prätorianergarde.

31 In den verlorenen Teilen vor dem Buch XI.

32 Pedius Blaesus war prätorischer Prokonsul der Senatsprovinz Kreta und Cyrene gewesen.

33 Im Jahre 96 v. Chr. hatte Ptolemaeus Apion Cyrene Rom vermacht.

34 Zu Domitius Afer s. IV 52. – Zu M. Servilius s. VI 31.

35 Tacitus will sagen: er war gleich begabt, aber ein charakterlich höher

stehender Mensch. Und dies gab seiner kultivierten Lebenshaltung einen besonderen Glanz.

36 Es waren die sogenannten Neronia, ein alle fünf Jahre gefeiertes Fest, das zum erstenmal nach griechischem Vorbild musische, gymnastische und reiterliche Wettkämpfe vereinigte.

37 S. Anm. XIII 153.

38 Damit ist in erster Linie die Knabenliebe gemeint.

39 Größere Prozesse in Staatsangelegenheiten waren den aus Angehörigen des Ritterstandes gebildeten drei Richterdekurien (*iudiciorum publicorum causa*) vorbehalten, deren Mitglieder auch als *iudices selecti* (auserwählte Richter) bezeichnet wurden.

40 Nach dem Bericht des Livius (VII 2) sollen die Römer im Jahre 364 v. Chr. die Schauspieler von den Etruskern nach Rom geholt haben. – Thurii war eine von Athen an Stelle des zerstörten Sybaris gegründete Kolonie. Sybaris war durch seine Pferdezucht berühmt.

41 Im Jahre 146 v. Chr. nach der Zerstörung von Korinth durch L. Mummius Achaicus wurde Achaia römische Provinz, Asia im Jahre 130 nach der Besiegung des Aristonicus.

42 »Heilig« waren die Neronia in Nachahmung der religiösen Charakter tragenden griechischen Festspiele.

43 Rubellius Plautus war der Sohn des Rubellius Blandus und der Iulia, der Enkelin des Tiberius. S. XIII 19.

44 Zu dem Simbruinischen See s. XI 13. Sublaqueum ist das heutige Subiaco; Tibur heute Tivoli.

45 Die aqua Marcia wurde im Jahre 144 v. Chr. von dem Prätor Q. Marcius Rex angelegt. Sie führte das beste Trinkwasser nach Rom, das sich durch besondere Frische auszeichnete.

46 Dies war noch im Spätsommer 58. Tacitus berichtet im folgenden vorausgreifend die Ereignisse der Jahre 59 und 60. – Über die Lage von Artaxata und Tigranocerta s. Anm. XII 127.

47 Mardi ist der Name verschiedener Volksstämme von Vorderasien. Die armenischen Mardi hatten bereits den Truppen Xenophons den Übergang über den Fluss Kentrites und den Einmarsch in das armenische Land verwehren wollen. Ihre Wohnsitze waren nach Ptolemaeus östlich von den Tigrisquellen und von Gordyene.

48 Die Hiberer waren als Bundesgenossen im Heere Corbulos.

49 Die Taurauniten waren die Bewohner des Taurus, genauer des mons Masius, an dessen südlichem Ausläufer Tigranocerta lag.

50 Über den Krieg mit den Hyrcanern s. XIII 37.

51 Das »Rote Meer« (*mare Rubrum*) ist der Persische Meerbusen.

52 Damit beginnen die Ereignisse des Jahres 59.

53 S. auch XV 3, wo Verulanus in der gleichen Stellung erscheint.

54 Der Großvater des Tigranes war Alexander, der Sohn des Königs von Judäa, Herodes d. Gr., seine Großmutter war eine Tochter des Königs Archelaos von Cappadocien. Der Vater des Tigranes hieß ebenfalls Alexander und war von Augustus als König eingesetzt, aber in Rom im Jahre 36 n. Chr. wegen Majestätsverbrechens hingerichtet worden.

55 Hiberien dem Pharasmanes s. XIII 37, Pontus dem Polemo, Sophene dem Antiochus, Kleinarmenien dem Aristobulus (s. XIII 7).

56 Zu Ummidius s. XII 45. 48. 54, XIII 8 f.

57 Laodicea (am Lykos) im Grenzgebiet von Karien und Phrygien. Zur Zeit Ciceros war es noch eine bedeutende Stadt, war aber später stark zurückgegangen, so dass die Bezeichnung *illustris* antiquiert war.

58 Puteoli (heute Pozzuoli) war um 528 v. Chr. als Hafenstadt von Cumae von Griechen unter dem Namen Dikaiarcheia gegründet worden. Dorthin hatte Rom im Jahre 194 v. Chr. eine Kolonie römischer Bürger gesandt und Augustus hatte sie erneuert. Neben dieser Kolonie bestand aber die alte Gemeinde weiter, seit dem Bundesgenossenkrieg als Municipium. Dieses alte Municipium (*vetus oppidum*) wurde nun von Nero ebenfalls zur Kolonie erhoben und damit eine einheitliche Verfassung hergestellt. Die gesamte Stadt erhielt den Namen Colonia Claudia Neronensis Puteolana.

59 Soldaten des Heeres war seit Augustus verboten, eine Ehe einzugehen.

60 Nämlich in den Jahren der Bürgerkriege, von Sulla bis Augustus.

61 Seit Tiberius wählte der Senat die alten republikanischen Beamten.

62 Es blieben also nur so viele Bewerber übrig, wie Stellen zu besetzen waren. Durch die Ernennung zum Legionslegaten erhielten die überzähligen Bewerber ein Amt, das sonst nur nach der Prätur verliehen wurde.

63 Wer an den Princeps appellierte, musste ein Drittel des Prozesswertes als Kaution deponieren. Er verlor die Summe, wenn die Berufung abgewiesen wurde.

64 Mauretanien wurde, nachdem Caligula den letzten König Ptolemaeus hatte umbringen lassen, von Claudius in zwei Provinzen geteilt, Mauretania Tingitana (Marokko) und Mauretania Caesariensis (Westalgerien). Vibius Secundus war dort Prokurator.

65 Vibius Crispus war berühmt als Redner. Er war *consul suffectus* im Jahre 57 oder 58.

66 Caesennius Paetus war in den Jahren 70–72 Legat von Syrien. S. XV 6–8. 10–17. 24. 26. 28. – Zu P. Petronius Turpilianus s. XIV 39, XV 72.

67 Zu Didius s. XII 15. 40.

68 Zu Veranius s. XII 5.

69 Über die Siluren s. XII 32.

70 Suetonius Paulinus war im Jahre 42 n. Chr. bei der Unterwerfung des aufständischen Mauretanien als prätorischer Legat tätig und wurde Konsul im Jahre 66.

71 Mona, heute Anglesey.

72 Anscheinend handelte es sich um eine nächtliche Unternehmung.

73 Menschenopfer gehörten zu der keltischen Religion (vgl. Caesar Bellum Gallicum VI 16).

74 Zu den Icenern s. XII 31.

75 Von Staatssklaven, die dem Prokurator zugeteilt waren.

76 Mit der Überführung in eine römische Provinz hatten sie ihre Selbständigkeit verloren und waren ganz der Willkür der Statthalter ausgesetzt.

77 Zu den Trinobanten und Camulodunum s. XII 32.

78 Der Tempel war für Claudius schon zu seinen Lebzeiten errichtet worden.

79 Die Priester wurden aus dem einheimischen Adel genommen. Offenbar bürdeten sie ihren Landsleuten übertriebene Abgaben für den Tempelbetrieb auf.

80 Tamesa, heute Themse.

81 Q. Petilius Cerialis Caesius Rufus war in den Jahren 71–74 als Legat in Britannien und unterwarf die Briganten.

82 Londinium, heute London.

83 Verulamium, bei dem heutigen St. Albans in der Grafschaft Hertford.

84 Vexillarier waren Soldaten eines Detachements, das aus einer Truppeneinheit vorübergehend zu einem Sonderauftrag ausgeschieden wurde, hier aus der *legio vicesima Valeria Victrix*.

85 Mit den »übrigen« sind die Angehörigen der zweiten Legion gemeint, die sich noch nicht mit der Hauptmacht vereinigt hatte.

86 Es war das von den Batavern gestellte Truppenkontingent.

87 Polyclitus war ein Freigelassener Neros, der auf Nero einen überaus verderblichen Einfluss ausübte.

88 Antonius Primus, geb. in Tolosa. Er erhielt später von Galba wieder seinen Senatorenrang und schloss sich im Jahre 69 den Flaviern an, erhielt den Oberbefehl über die Truppen in Pannonien und Mösien und kämpfte erfolgreich gegen Vitellius. – Asinius Marcellus war vermutlich im Jahre 54 Konsul.

89 Das übliche schriftliche Testament musste von sieben Zeugen unterschrieben und mit Siegel versehen werden.

90 Die *lex Cornelia* (*de falsis*) aus dem Jahre 81 v. Chr. bestrafte Fälschungen von Testamenten, Münzen und dgl.

91 Das Gericht des Stadtpräfekten urteilte summarischer und war mit seinen Urteilen weniger beeinflussbar als das Senatsgericht. Valerius Ponticus war durch seine Anklage bei dem Prätor anderen zuvorgekommen, die den Fall dem Stadtpräfekten übertragen wollten, und hatte behauptet, der Prätor sei die gesetzlich zuständige Instanz (*specie legum*).

92 Der Senatsbeschluss war identisch mit dem Urteilsspruch.

93 Als Strafe wegen falscher Anschuldigung war in einem Zivilprozess der zehnte oder vierte Teil des Klagobjekts festgesetzt, in einem Kriminalprozess konnte in der Kaiserzeit *relegatio* (Verbot des Aufenthaltes an bestimmten Orten, z. B. Rom, Italien, Spanien, unter Beibehaltung des Bürgerrechtes und seit Traianus auch des Vermögens), *exilium* (Zuweisung eines bestimmten Aufenthaltsortes oder Verschickung auf eine Insel mit Einziehung des Vermögens und Verlust des Bürgerrechtes) oder Verlust des Standes ausgesprochen werden.

94 L. Pedanius Secundus war im Jahre 43 *consul suffectus* gewesen.

95 Der *dominus* gestattete mitunter seinem *servus*, sich von seinem

persönlichen Erwerb freizukaufen, obwohl nach strengem Recht jeder Erwerb des Sklaven dem Herrn gehörte.

96 Der eingeklammerte Teil ist späterer, nicht in der Handschrift enthaltener Zusatz.

97 Die *praefecti urbi* wurden in der Regel aus der Zahl der *consulares*, der gewesenen Konsuln, genommen.

98 Dieser Senatsbeschluss fiel in das Jahr 57 (s. XIII 32).

99 Beachte die Ironie: ein Sklave konnte an und für sich überhaupt kein Vermögen besitzen und rechtlich auch keine Eltern und keine Familie haben.

100 In den früheren Zeiten setzte sich das Gesinde zum größten Teil aus den Nachkommen der gekauften Sklaven zusammen.

101 Cingonius Varro wurde als *consul designatus* wegen seiner Beteiligung an dem Putsch des Nymphidius Sabinus von Galba umgebracht.

102 Zu Statilius Taurus s. XII 59.

103 Zu Q. Volusius s. XIII 25, zu Sextius Africanus s. XIII 19; er war ein Nachkomme des Legaten Caesars, der dann für Antonius gegen die Caesarianer in Afrika kämpfte (daher »Africanus«). – Trebellius Maximus war zusammen mit Seneca *consul suffectus*. – Es handelt sich hier um die Veranlagung zur Vermögenssteuer.

104 Zu Memmius Regulus s. V 11.

105 Leibesübungen dienten in Rom vornehmlich der Übung in den Waffen. Für sonstige gymnastische Betätigung gab es keine Übungsstätten wie in Griechenland, wo jede Stadt ihr eigenes Gymnasium für die verschiedenen Sportarten hatte und wo sich die Ringer mit Öl einrieben, das von der Stadtgemeinde, privater Seite oder auch von den Vorstehern der Gymnasien (Gymnasiarchen) gespendet wurde (»in griechischer Gefälligkeit«). Die Bemerkung bezieht sich auf die *necessitas certandi* (XIV 20), der sich Senatoren und Ritter gefügt hatten, und ist, wie so oft bei Tacitus, ironisch aufzufassen. S. auch Anm. 29.

106 P. Marius war vermutlich zwischen 72 und 76 Legat in Syrien; er ist sonst, ebenso wie L. Afinius, nicht weiter bekannt.

107 S. XIII 28.

108 Zu M. Ostorius Scapula, dem Sohn des Legaten in Britannien, s. XII 31.

109 Zu Cossutianus Capito s. XI 6.

110 C. Ofonius Tigellinus wurde noch im Jahre 62 von Nero zum Gardepräfekt ernannt (s. XIV 51 und Anm. 120).

111 Die *lex maiestatis* war von Claudius außer Kraft gesetzt worden. – In der durch Sulla erlassenen *lex Cornelia* wurden zum erstenmal die unter das *crimen maiestatis* fallenden Tatbestände aufgezählt. Sie bildete die Grundlage der beiden *leges Iuliae* des Caesar und des Augustus, die sich mit den Verbrechen des Hochverrats und des Landesverrats befassten, wofür als Strafe Verbannung auf Lebenszeit stand. In der Zeit des Principats und des Dominats wurde das Majestätsverbrechen aus einem gegen den Staat gerichteten zum Verbrechen gegen die Person des Herrschers und seine Familie, wozu auch die Befragung der Astrologen und Wahrsager über die Zukunft des Princeps gehörte (*crimen laesae maiestatis*). Schon seit Tiberius war für dieses Verbrechen die Todesstrafe festgesetzt.

112 Als *consul designatus* stimmte er zuerst ab.

113 Der *mos maiorum* bestand in der Auspeitschung und anschließenden Enthauptung.

114 A. Vitellius, der spätere Princeps; s. auch XI 23.

115 Dies hätte durch die öffentliche Verkündigung (*pronuntiatio*) und die Eintragung in die Senatsprotokolle erfolgen müssen.

116 Weil sie damit den Glauben erweckt hätten, dass sie unter dem Druck des Princeps ihre Meinung geändert hatten.

117 Es handelte sich dabei um fingierte »Testamente«, in denen man damals seinem Unwillen über den Princeps und über andere Machthaber Luft machte. – Fabricius Veiento war unter Domitian Konsular und spielte als Denunziant eine üble Rolle.

118 Möglicherweise war der hier genannte Tullius Geminus, der später unter Nero *consul suffectus* war, identisch mit dem Epigrammdichter der Anthologia Palatina.

119 Zu Faenius Rufus s. XIII 22.

120 Eine Charakteristik bei Tacitus Historiae I 72. Vgl. auch XIV 57. 60, XV 37. 50. 72, XVI 14. 17. 19. Tigellinus wurde nach Neros Tod abgesetzt und zum Selbstmord gezwungen.

121 Unter den Ehren ist besonders das Konsulat gemeint, das Seneca mit Trebellius Maximus (s. XIV 46) bekleidete.

122 Um der Eifersucht des Marcellus zu entgehen, hatte Agrippa sich nach Mitylene (Lesbos) zurückgezogen, um dort die Stellung eines Statthalters des Ostens zu übernehmen.

123 Seneca stammte aus Corduba in Spanien. Sein Vater war L. Annaeus Seneca, der dem Ritterstand angehörte, als Rhetor tätig war und ein Geschichtswerk sowie zehn Bücher *Controversiae* (Behandlung von Streitfragen) und ein Buch *Suasoriae* (Beratungsreden) verfasste. – Seneca hatte im Jahre 56 das Konsulat bekleidet (s. Anm. 121).

124 Seneca will damit zum Ausdruck bringen, dass Nero nun genug Erfahrungen gesammelt habe, um die Herrschaft ohne Berater weiterführen zu können.

125 Hier wird auf den riesigen Reichtum des Freigelassenen Pallas angespielt.

126 Dieser und der nächste Satz (»Du willst ... nicht aufbringen«) folgt in der Handschrift auf die beiden nächsten (»Aber auch du ... meiner Regierung ein«).

127 L. Volusius war *consul suffectus* im Jahre 3 n. Chr. und starb als *praefectus urbi*, was er wahrscheinlich während der ganzen Regierungszeit des Claudius gewesen war. Vitellius, der Vater des Princeps, wurde für seine Verdienste von Claudius mit dem dreimaligen Konsulat belohnt. Nero bringt zum Ausdruck, dass Seneca ihn nicht für weniger dankbar als Claudius oder für weniger fähig halten solle, große Belohnungen aus einem Vermögen zu geben, wie es Volusius sich erspart hat.

128 Gemeint ist die morgendliche *salutatio*. – Die römischen maßgebenden Persönlichkeiten waren stets von einer Schar Klienten bei ihrem Erscheinen in der Öffentlichkeit begleitet, die damit ihre dankbare Gesinnung zum Ausdruck brachten und zugleich das Ansehen des Begleiteten förderten.

129 Über die Freundschaft des Rufus Faenius mit Agrippina siehe XIII 21 f.

130 Zu Plautus und Sulla s. XIII 47, XIV 22.

131 In Erinnerung an den Diktator Sulla.

132 Der Großvater Drusus ist der Sohn des Tiberius. S. Anm. XIII 47.

133 Die Stoiker waren wegen ihres geistigen Hochmuts und in ihrer Gesamtheit als Opposition gegen das Principat in Rom unbeliebt.

134 Corbulo befehligte damals sieben Legionen.

135 Zu L. Antistius s. XIII 11. – Zu Rubellius Plautus s. XIII 19 ff.

136 Über Coeranus ist nichts weiter bekannt. – Musonius Rufus stammte aus Volsinii (Etrurien). Er war der Lehrer des Epiktet und wurde im Jahre 65 verbannt (vgl. XV 71), kehrte aber später zurück und wurde bei der Philosophen-Ausweisung durch Vespasian als einziger ausgenommen.

137 Die weiteren Worte Neros sind nicht erhalten. Cassius Dio berichtet, Nero habe, als ihm der Kopf des Plautus gebracht wurde, gesagt: »Ich wusste nicht, dass er eine große Nase hatte.«

138 D. h., sie wurde von dem Hofe entfernt. Diese gewöhnliche Ehescheidung, die Aufkündigung der Ehe durch den zugesandten Scheidebrief, erfolgte mit der Begründung der Unfruchtbarkeit. Den Ehebruch wagte Nero noch nicht als bewiesen zu erklären und als Begründung zu benützen.

139 Das Haus des Burrus war durch Erbschaft oder Kauf, die Landgüter des Plautus waren durch Beschlagnahme in den Besitz des Princeps gelangt.

140 Schon in der Handschrift, die ohne Lücke ist, müssen einige Worte ausgefallen sein. Sie müssen etwa in Übersetzung gelautet haben: »Zu diesen Klagen kam noch das Gerücht hinzu …«

141 Palatium war der Name für den mittelsten der »Sieben Hügel« Roms, auf dem die älteste Ansiedlung und später die Kaiserpaläste angelegt waren. Tacitus gebraucht das Wort in der Regel in der Bedeutung »kaiserliche Residenz«, so auch hier, wenn auch manchmal die ursprüngliche Bedeutung anklingt.

142 XIV 3. 8.

143 Sie habe es nicht gewagt, sie als eheliche Kinder auszugeben.

144 Durch das Geständnis des Anicetus.

145 Nach der Insel Pandateria war auch Iulia, die Tochter des Augustus, verbannt worden.

146 Agrippina, die Gemahlin, und Iulia Livilla, die Tochter des Germanicus (s. den überleitenden Text nach V 5).

147 Sie war älter als ihr Bruder Britannicus.

148 Doryphorus war der Nachfolger des Callistus in dem Hofamt *a libellis*.

149 Romanus ist wohl ein sonst nicht bekannter Freigelassener des Princeps.

Buch XV

1 Tacitus knüpft seinen weiteren Bericht an XIV 26 an. Wir werden damit in das Jahr 61 zurückversetzt.

2 Zu dem Bündnis vgl. XII 10. Vologaeses hatte es im Jahre 54 erneuert (s. XIII 37, XIV 25).

3 Zu dem Abfall der Hyrcaner s. XIII 37, XIV 25.

4 Vgl. XII 13.

5 Monobazus war der Bruder und Nachfolger des Izates (vgl. XII 13).

6 Es handelte sich hier wohl nur um eine Versammlung des Adels.

7 Zu Verulanus Severus s. XIV 26. – Vettius Bolanus war später *consul suffectus*, 69 und 70 *legatus pro praetore* in Britannien und unter Vespasian Prokonsul von Asia.

8 Es kam ihm darauf an, seine Stellung zu sichern; aber er wollte zugleich nicht eingreifen, um nicht seinen Ruhm zu riskieren.

9 Zu Tigranocerta s. XII 50.

10 Der Nicephorius war ein östlicher Nebenfluss des Tigris. Seine Identifizierung ist unsicher.

11 Es handelt sich wohl um die von Corbulo im Jahre 60 dort stationierten Kontingente (s. XIV 26).

12 Zu Casperius s. XII 45.

13 Nisibis, Stadt in Mesopotamien, an der nördlichen Straße östlich von Dara.

14 Zu Caesennius Paetus s. XIV 29.

15 Es waren die vierte (Scythica), die zwölfte (Fulminata, s. XIII 35) und die fünfte Legion (Macedonica). Die vierte und zwölfte waren von Corbulo nach Armenien beordert und dann nach Cappadocien zurückgerufen worden.

16 S. XV 5 (am Ende).

17 Nero lehnte die Beleihung mit Armenien ab und verlangte, dass der armenische König persönlich vor ihm erscheine.

18 Es sind die *fasces* der Liktoren, die während des Marsches auf einem Pferd mitgeführt wurden.

19 Es ist die gleiche Erscheinung, wie sie XII 64 bei den *signa* und *tentoria* als *prodigium* erwähnt werden, vielleicht eine Art Elmsfeuer. Von den Parthern konnte sie nicht verursacht werden, weil sie keine Brandpfeile zum Kampf verwendeten.

20 In das Winterlager des Paetus, in dem die vierte Legion sich befand.

21 Eine bundesgenössische Kohorte. Durch die Absendung der dreitausend Legionssoldaten und die gesonderte Verwendung der pannonischen Reiterei hatte Paetus seine Hauptmacht sehr geschwächt.

22 In Wirklichkeit kam Corbulo nur bis zur Grenze von Cappadocien. Mit Paetus traf er am Euphrat zusammen (s. XV 16).

23 Die *corona civica* wurde von dem Feldherrn verliehen, der mit eigenen Auspizien Krieg führte. Aber seit Caligula standen diese Auspizien nur dem Princeps zu, in dessen Auftrag daher auch die *corona civica* verliehen wurde.

24 Bei Caudium schlossen die Samniten im Jahre 321 v. Chr. ein römisches Heer ein und ließen nach der Kapitulation jeden einzelnen Römer unter einem niedrig gehaltenen Speer hindurchkriechen (Caudinisches Joch). – In dem numantinischen Krieg (143–133 v. Chr.) streckte im Jahre 137 der römische Feldherr Mancinus mit zwanzigtausend Mann die Waffen.

25 Der Zusatz »ein italischer Volksstamm« soll zum Ausdruck bringen, wie geringfügig die damalige Macht der Samniten war, die nur einen Teil von Italien darstellten.

26 »Für Armenien«: dieses stand damals auf der Seite der Parther (s. XV 14 f.).

24 Lucullus besiegte im Jahre 68 v. Chr. den mit Mithridates vereinigten Tigranes am oberen Euphrat und eroberte Armenien im folgenden Jahre zurück. Bei dem nun sich ergebenden Bruch zwischen Tigranes und Mithridates und dem Eingreifen der Römer unter Pompeius im Jahre 66 wurde Mithridates als König belassen. – Zu den Caesaren vgl. II 2. 56, VI 31, XI 8, XII 44, XIII 34, XIV 23.

28 Arsanias war ein kleiner Nebenfluss des vereinigten Euphrat, der diesem bei den Taurus-Pässen zufließt (heute Arzen oder Ardzis).

29 Corbulo schrieb Memoiren, auf die sich Tacitus im wesentlichen bei seiner Schilderung der Ereignisse stützt.

30 Vierzig Meilen sind sechzig Kilometer, während der normale Tagesmarsch zwischen zwanzig und dreißig Kilometer schwankt.

31 Corbulo befürchtete, dass die Reiterei der Parther vor ihm in Syrien einrücke.

32 Zu diesen Kastellen s. XV 9.12.

33 Zu L. Piso s. XIII 28. – A. Ducennius Geminus war *praefectus urbi* unter Galba, unter Nero *legatus pro praetore* von Dalmatien. – Zu Pompeius Paulinus s. XIII 53.

34 Es handelt sich um die Naturalabgaben (hauptsächlich vom Getreide) der Senatsprovinzen in das *aerarium Saturni* zur Finanzierung des Staatshaushaltes, zum Unterschied von dem Privathaushalt (*fiscus*) des Princeps, aus dem dieser jährlich sechzig Millionen Sesterzen für das Gemeinwesen mehr ausgab, als er von diesem einnahm.

35 Durch die *lex Papia Poppaea* (*de maritandis ordinibus*) aus dem Jahre 9 n. Chr. war bestimmt, dass bei der Verlosung der Senatsprovinzen den Verheirateten und Vätern je nach der Anzahl ihrer Kinder der Vorrang gegeben und in besonderen Fällen genehmigt werde, dass solche bevorzugten Bewerber auch ihre Ämter über die gesetzliche Dauer von einem Jahr beibehalten konnten.

36 Hier ist im Text eine Lücke. Es fehlt das Subjekt des folgenden Satzes, bei dem nur die richtigen Väter, d. h. solche mit selbst erzeugten und aufgezogenen Kindern, gemeint sein können.

37 »Gunst« seitens zahlreicher Senatoren, die sich für die Berücksichtigung in dem Testament der Kinderlosen dadurch erkenntlich erwiesen, dass sie diese bei der Bewerbung um Ehrenämter (*honores*) unterstützten.

38 Sie warteten seit der Erreichung des für das jeweilige Amt erforderlichen Mindestalters, wurden dann aber wegen der großen Zahl der Bewerber und der ungerechten Bevorzugung einzelner zurückgehalten.

39 Die Verhandlung fand vor dem Senat statt, der die höchste richterliche Instanz in den Angelegenheiten der Senatsprovinzen bildete.

40 Durch eine Abordnung der Provinzvertreter, die nach Rom geschickt werden sollte, um diesen Dank für eine erfolgreiche Verwaltung dort durchzusetzen.

41 Zu dem Gesetzesantrag des Cincius s. XI 23. Unter den Iulischen

Gesetzen ist die *lex Iulia de ambitu* des Augustus aus dem Jahre 18 n. Chr. zu verstehen, die als Strafe zunächst fünfjährige Unfähigkeit zur Bekleidung eines öffentlichen Amtes und bei vielfacher Bestechung außerdem eine Geldstrafe vorsah, unter den Calpurnischen Beschlüssen die *Calpurnia scita de ambitu*, die sich gegen die Wahlumtriebe wendete, eines der vielen Gesetze aus der letzten Zeit der Republik (67 v. Chr.), erlassen von den beiden Konsuln M'. Acilius Glabrio und C. Calpurnius Piso.

42 Ein Beschluss konnte vom Senat nur gefasst werden, wenn der Gegenstand auf die Tagesordnung gesetzt war. Die Konsuln, die dies hätten tun können, lehnten es ab, weil sie ohne vorherige Befragung des Princeps keinen Senatsbeschluss herbeiführen wollten.

43 Proprätoren waren die Verwalter der dem Princeps unterstellten Provinzen, Prokonsuln die der Senatsprovinzen.

44 Von seiner Einweihung ist XIV 47 berichtet.

45 Das Erdbeben war wohl der Vorbote des Vesuvausbruchs im Jahre 79.

46 Zu Memmius Regulus s. V 11. – Verginius Rufus besiegte später den Vindex (s. XV 74) und wurde von seinem Heere zum Princeps erwählt, was er aber ablehnte. Er war im Jahre 69 und 97 (im Alter von 83 Jahren) Konsul und starb während seines Konsulats.

47 Ihr Name war Claudia.

48 Die in Actium von Augustus eingesetzten Spiele hatten in Nachahmung der olympischen religiöse Bedeutung.

49 In Antium war eine berühmte Kultstätte der Fortuna, in der zwei Fortunae verehrt wurden, die als Schwestern gedacht waren.

50 Bilder der Herrscher befanden sich an den Fahnen der Legionen und wurden in deren Truppenlager aufgestellt, hier in einer nahegelegenen Provinz (Syrien oder Cappadocien).

51 C. Cestius Gallus war *consul suffectus* im Jahre 42, verwaltete 66/67 Syrien. In dem Krieg mit den Juden belagerte er Jerusalem, musste aber unter Verlusten die Belagerung abbrechen und starb im Jahre 67 in Syrien. – Vollziehende Gewalt: Rechtsprechung und Verwaltung.

52 Marius Celsus war ein treuer Gefolgsmann des Galba und dann als Feldherr Othos tätig (s. Tacitus Historiae I 14. 31. 39. 45. 71. 77. 87. 90, II 23. 33. 40. 44. 60).

53 Die Präfekten sind die Befehlshaber der bundesgenössischen Truppen in den kleineren Provinzen, die Prokuratoren die höchsten Beamten der dem Princeps unmittelbar unterstellten Provinzen (hier von Cappadocien), die Prätoren sind die Verwalter der Provinzen, in die ehemalige Prätoren unter dem Titel *legati pro praetore* geschickt wurden (Cilicien, Lycien, Pamphylien, Galatien). Hinzu kam noch der Prokonsul von Pontus und Bithynien.

54 Durch die *lex Gabinia* des Volkstribunen M'. Acilius Gabinius im Jahre 67 v. Chr.

55 Illyricum umfasste die Provinzen Dalmatien, Pannonien und Mösien.

56 Melitene, eine Übergangsstelle über den Euphrat, war ein wichtiger Straßenkreuzungspunkt.

57 Lucullus war nach dem Sieg über Mithridates im Jahre 69 v. Chr. durch die Landschaft Sophene und Armenien nach Tigranocerta marschiert, das er belagerte und zerstörte.

58 D. h. für einige Provinzen Armeniens.

59 Der Ort hätte ja für ihn eine schlimme Vorbedeutung haben können.

60 Tiberius Iulius Alexander, ein gebürtiger Jude, war seit dem Jahre 46. n. Chr. Prokurator von Judäa, seit dem Jahre 67 Präfekt von Ägypten, 70 als *praefectus praetorio* bei Titus in Judäa. Er war *illustris eques*, d. h. Ritter mit Senatorenzensus.

61 Vinicianus Annius versuchte im Jahre 66 eine Verschwörung gegen Nero zu inszenieren, die aber aufgedeckt wurde. Seine Witwe wurde vermutlich später die Gemahlin des Domitian. – Die *senatoria aetas* war 25 Jahre. *Legatus legionis* wurde man frühestens nach der Quästur, also ebenfalls mit dem 25. Lebensjahr. Er versah die Stelle eines Legaten, ohne den dafür erforderlichen senatorischen Rang zu haben.

62 Offenbar wurde jedesmal ein Altar aus leicht brennbaren Stoffen aufgebaut.

63 Ecbatana in der parthischen Provinz Großmedien war wegen seines verhältnismäßig kühlen Klimas die Sommerresidenz der parthischen Könige.

64 Die Bürger latinischen Rechts (*nominis Latini*) hatten vor allen Pro-

vinzialen eine Vorzugsstellung. Sie konnten leicht die volle *civitas Romana* erhalten, wenn sie z. B. in ihrer Heimat ein höheres Amt bekleideten.

65 Die *lex Roscia theatralis* aus dem Jahre 67 v. Chr., von dem Volkstribunen L. Roscius Otho eingebracht, überließ den Rittern vierzehn Sitzreihen im Theater hinter den Senatorensitzen. Im Circus erhielten die Senatoren besondere Sitze erst durch Claudius.

66 Offenbar produzierte sich Nero hier vorerst nur vor einem geladenen Publikum.

67 Kränze, wie man sie bei den großen, heiligen Festspielen in Griechenland errang. Der Siegespreis war bei den olympischen Spielen ein Kranz vom wilden Ölbaum, und zwar von einem ganz bestimmten, uralten, in der Altis befindlichen.

68 Abteilungen der Prätorianergarde.

69 Beneventum war die Vaterstadt des Vatinius. Zu diesem s. Tacitus Historiae I 37 und Tacitus Dialogus de oratore 11.

70 An dem Hofe befanden sich *nur* schlechte Elemente.

71 Zu D. Iunius Torquatus Silanus, dem Konsul des Jahres 53, s. XII 58.

72 Zu diesen Hofämtern s. XI 29. Die Tätigkeit in diesen einflussreichen Hofämtern bezeichnet Tacitus als *meditamenta*, d. h., diese Ämter boten gewissermaßen die Möglichkeiten, sich auf einen Umsturz (*novae res*) vorzubereiten.

73 Milde (*clementia*) konnte der Princeps als oberster Richter, der gegen jedes Urteil des Senats aufgrund seiner *tribunicia potestas* Einspruch erheben konnte, walten lassen.

74 Der See war auf dem Marsfeld angelegt worden.

75 Es war Sitte, dass der Verlobte (hier also Pythagoras) zu seiner Braut einen Vogelschauer (*auspex*) schickte.

76 Vgl. auch die Alternative am Beginn des Kapitels. Tacitus hält also zum mindesten Nero für fähig, den Brand gelegt zu haben.

77 Die Parkanlagen des Maecenas lagen auf dem Esquilin. Sie waren durch Erbschaft in den Besitz des Herrscherhauses gekommen.

78 Die Esquilien lagen zwischen Esquilin und Viminal.

79 Diese Grundstücke lagen auf den Aemiliana, einem Stadtteil auf dem campus Martius zwischen Capitol und Quirinal.

80 Der Tempel der Luna lag auf dem Aventin, der Große Altar und die

Kapelle des Hercules am *forum boarium* (Hercules soll bei seiner Rückkehr aus Hispanien mit den Rindern des Geryoneus durch Rom gekommen sein), der Tempel des Iuppiter Stator, die Regia des Numa und der Vestatempel lagen an der Nordseite des Palatin.

81 Im Jahre 387/386 v. Chr.

82 Es handelt sich um nicht näher definierbare Rechenkunststücke.

83 Die berühmte *domus aurea*.

84 Der Averner See östlich von Cumae. Hier ließ Vergil den Aeneas in die Unterwelt steigen.

85 Stein aus Gabii (heute Paulano am Lago di Castiglianao) und Stein aus den Albanerbergen (heute Monte Cavo) waren vulkanischer Tuffstein.

86 Das Standbild der Iuno befand sich in einer der drei Zellen des Iuppitertempels auf dem Capitol zusammen mit Iuppiter (in der Mitte) und Minerva.

87 Speiseopfer (*sellisternia*) für die Göttinnen (gleichbedeutend mit den *lectisternia* für die Götter) waren öffentliche Bewirtungen der Göttinnen. – Nachtfeiern (*pervigilia*) waren nächtliche Kultfeiern, so das Fest der Bona Dea (griechischer Kult). An diesen Feiern durften nur Frauen teilnehmen.

88 Man beschuldigte sie sogar des rituellen Kindermordes.

89 Der Übersetzung der offensichtlich verderbten Stelle ist folgender Text zugrunde gelegt: *ut ferarum tergis contecti laniatu canum interirent aut crucibus affixi flammandique, ubi defecisset dies, in usum nocturni luminis urerentur*. Der Spott kann sich nicht auf die besondere Art der Hinrichtung, die Kreuzigung, beziehen, da diese mit *ludibrium* nicht hätte bezeichnet werden können, sondern nur auf das Einhüllen in Tierhäute und auf die Verwendung der Gekreuzigten als nächtliche Beleuchtung.

90 Freie Gemeinden sind solche, die eigene Verwaltung und Gerichtsbarkeit haben sowie Abgabenfreiheit.

91 Freigelassener des Caesars.

92 Praeneste (heute Palestrina), latinische Stadt nahe bei Rom.

93 In Praeneste befand sich eine Gladiatorenschule (*ludus gladiatorius*) des Nero mit einer Prätorianerabteilung als Wachkommando.

94 Der Friede mit den Parthern war bereits geschlossen.

95 Formiae, Stadt der Volscer an der via Appia.

96 »Immer« (*semper*) ist bei Tacitus nicht immer wörtlich zu nehmen. Tatsächlich ist außer diesem Komet nur ein einziger weiterer unter der Regierung Neros bekannt (s. XIV 22), mit dessen Erscheinen die Verbannung des Rubellius Plautus und seine spätere Ermordung nicht unbedingt zusammenhing.

97 Placentia (heute Piacenza) an der via Aemilia.

98 Atticus Vestinus ist wohl der Sohn des L. Vestinus, der in den Jahren 59/60 Präfekt von Ägypten war und in der Rede des Claudius erwähnt wird.

99 C. Calpurnius Piso, von Tacitus schon XIV 65 als socius Senecae genannt. An seinem Hochzeitstage hatte ihm Caligula im Jahre 38 seine Frau Livia Orestilla weggenommen. Im Jahre 40 war er verbannt worden, wurde aber unter Claudius wieder zurückberufen und *consul suffectus*.

100 M. Annaeus Lucanus aus Corduba, der Neffe Senecas, der ein Epos Pharsalia über den Bürgerkrieg zwischen Pompeius und Caesar verfasste. – Zu Plautius Lateranus s. XI 36.

101 Zu Claudius Senecio s. XIII 12.

102 Vermutlich bei dem Auftreten Neros an den Iuvenalien, s. XV 33f. – Über den brennenden Palast s. XV 39. Die Anfänge der Verschwörung reichten also bis in das Jahr 64 zurück.

103 Im Text steht *neque senatui quid* (*quam*) *manere*, was aber im Hinblick auf die *scelera principis* nicht recht zu passen scheint. Daher ist dem Vorschlag, *senatui* in *sancti* zu ändern, in der Übersetzung gefolgt.

104 L. Iunius Silanus Torquatus, der Sohn des M. Iunius Silanus (s. XIII 1). Er war der Enkel der Iulia, der Enkelin des Augustus, also nach Nero der letzte unmittelbare Spross aus dem augusteischen Hause. Sein Lehrer war C. Cassius Longinus, der bedeutende Rechtsgelehrte, der mit Iunia Lepida, der Tante des Silanus, verheiratet war.

105 Das Fest der Ceres, die Cerealia, wurde vom 12. bis 19. April gefeiert. Am 19. fanden Circusspiele, in der Principatszeit auch Theateraufführungen statt.

106 Ferentinum, Stadt der Herniker an der via Latina in Latium.

107 Der Tempel der Ceres lag zwischen dem Circus Maximus und dem

Aventin. Er wurde 31 v. Chr. durch Feuer zerstört und von Augustus wieder aufgebaut.

108 Zu Antonia s. XII 2. – Das Gedenken an Claudius sollte hier eine günstige Rolle spielen.

109 Die »leere Hoffnung«, nämlich auf den Thron zu kommen, war dadurch gegeben, dass sichere Bürgschaften Pisos nicht vorlagen.

110 Die Lage des Servilianischen Parks ist unbekannt.

111 Epaphroditus war der Nachfolger des Doryphorus (s. XIV 65) in dem Amt *a libellis* (Sekretariat für Bittschriften), das er auch unter Domitian bekleidete. Von diesem wurde er im Jahre 95 umgebracht, weil er Nero bei dem Selbstmord geholfen habe.

112 Von dem Nachlass hätten die Forderungen der Gläubiger erfüllt werden müssen, bevor die Schenkungen berücksichtigt wurden.

113 Also nicht nur die unbedeutenderen unter den Verschworenen.

114 Es war die berittene Leibwache des Princeps, die *corpore custodes*, die, in *decuriae* gegliedert, sich aus den einzelnen unterworfenen Völkerschaften (Friesen, Ubier, Bataver u. a.) zusammensetzte und germanische Gefolgschaftstreue bewahrte.

115 Wohl des Servilianischen Parks, in dem damals Nero residierte.

116 Zu dieser Befürchtung hatte Nero deshalb Anlass, weil eine große Anzahl ihrer Vorgesetzten zu den Verschworenen gehörte.

117 Die Duldsamkeit (*patientia*, ironisch) des Domitius Silus bestand darin, dass er seine Gattin ohne weiteres an Piso abtrat, der schlechte Ruf (*infamia*) Pisos darin, dass er ein solches Weib heiratete.

118 Dies war das sogenannte Sessorium auf dem campus Esquilinus.

119 S. XV 45, wo von dem Befehl Neros zur Vergiftung Senecas als einer der Überlieferungsversionen berichtet wird; dieser wird nun als glaubwürdig bezeichnet.

120 Der Centurio wollte verhindern, dass im Hinblick auf die Beschlagnahme des Vermögens Senecas im Testament noch etwas geändert würde.

121 »Umgeformt«, in der Weise der alten griechischen und römischen Geschichtsschreibung, die die Reden der handelnden Persönlichkeiten dem Sinne nach und der jeweiligen Situation angepasst wiedergab.

122 Mit dem Schierlingsgift, das auch Sokrates trinken musste.

123 Dankbar dafür, dass ihm der Princeps gestattete, bei der Verhandlung gegen seine Mitverschworenen mitzuwirken.

124 Nero heiratete sie nach dem Tode der Poppaea Sabina im Jahre 66 (s. XVI 6).

125 Aus seinem Epos *Pharsalia* die Verse III 635 ff.

126 Im Text steht *domum*, womit wohl der Palast Neros gemeint ist und nicht ihre Häuser, sonst würde *domos* stehen.

127 Näheres darüber ist nicht bekannt.

128 Das Praenomen des genannten Pompeius ist in der Handschrift ausgefallen.

129 Zu Glitius Gallus und Annius Pollio s. XV 56.

130 Sie opferte die Möglichkeit, das Vermögen in Rom für ihre Interessen zu verwenden, und verlor es um ihres Mannes willen.

131 Zu Rufrius Crispinus s. XI 1.

132 Verginius Flavus war Lehrer des Persius. Er schrieb eine von Quintilian benutzte Rhetorik. – Zu Musonius Rufus s. XIV 59.

133 Tacitus benützte das Wort *agmen*, bei dem ihm wohl das Bild von dem langen »Zug« der aus Rom Verbannten vor Augen schwebte.

134 Nämlich der Prätorianertruppe.

135 Zu Petronius Turpilianus s. XIV 29. – Cocceius Nerva ist der spätere Princeps (96–98).

136 Hier ist im Text eine Lücke, die etwa so zu ergänzen ist: *Consularia insignia Nymphidio decreta sunt, de quo ...*

137 Nymphidius wurde anstelle des Faenius Rufus Gardepräfekt und später bei dem Versuch, sich selbst zum Princeps zu machen, von seinen Soldaten umgebracht. Darauf spielt Tacitus mit der *pars cladium* wohl an.

138 Auch hier ist im Text eine Lücke anzunehmen. Was hier mitgeteilt wird, entspricht nicht der Ankündigung (*repetam*), da von seiner früheren Laufbahn vor der Ernennung zum Präfekten nichts ausgesagt wird.

139 Sein voller Name ist L. Annius Gallio. Durch Adoption war er in das Geschlecht der Iunier gekommen, vorher hatte er Annaeus Novatus geheißen.

140 Im Hinblick auf den *pater patriae* Nero, womit er ihn als Mitverschworenen bezeichnen wollte.

141 Er wurde Neroneus genannt, weil im Monat April die Verschwörung aufgedeckt worden war.

142 In der Textlücke war vermutlich angegeben, wo in Rom ein Tempel der Salus errichtet werden sollte und welche Ehren dem Tempel zukommen sollten, aus dem Scaevinus den Dolch geholt hatte.

143 IUPPITER DEM RÄCHER.

144 Er war *legatus pro praetore* von Gallia Lugdunensis, fiel im Jahre 68 von Nero ab und beging, von den germanischen Legionen unter Führung des Verginius Rufus geschlagen, im Mai 68 bei Vesontio Selbstmord. Sein Aufstand führte unmittelbar zum Sturz Neros (s. Tacitus Historiae I 6. 8. 51).

145 Zu Cerialis Anicius s. noch XVI 17.

146 Die Lesart ist unsicher. Hier ist der in der Ausgabe von Nipperdey-Andresen (1908) enthaltenen gefolgt: *quorum odio idem ad omen maturi exitus verteretur.*

147 Dies galt in der ersten Principatszeit nur für die Provinzialen. Göttliche Verehrung wurde von den römischen Bürgern den Herrschern damals in Tempeln nicht zuteil.

Buch XVI

1 Zu dem Quinquennalien-Spiel s. XIV 20. Es waren die Neronia, die im fünften Regierungsjahr von Nero gestiftet worden waren.

2 Die Anzeige des Bassus über seinen angeblichen Fund muss vor den Quinquennalien, seine Entlarvung als Schwindler nach dem Fest erfolgt sein. Tacitus hat die Geschichte mit Bassus vorausgenommen, gewissermaßen als eindrucksvolles Vorspiel. Mit XVI 4 greift er auf die Zeit vor den Quinquennalien zurück, aber nur mit dem Anerbieten des Senats. Das Weitere spielte sich bei den Quinquennalien ab.

3 Es war wohl das Theater des Pompeius, s. XIII 54, XIV 20.

4 Sueton Vespasian 4 berichtet, in Griechenland, wohin Nero reiste, um sich hören zu lassen, sei Vespasian, der zu seinem Gefolge gehörte, öfters während der Vorstellung weggegangen oder eingeschlafen. Er habe den Hof verlassen und sich in einem abgelegenen Städtchen verbergen müssen, bis die Notwendigkeit eintrat, ihn zum Feldherrn in Judäa zu machen.

5 Tacitus lehnt also in diesem Falle die Nero feindliche Überlieferung ab.
6 In dem Mausoleum auf dem Marsfeld.
7 Der *diva Claudia*, s. XV 23.
8 Die andere empörende Handlung hatte darin bestanden, dass Nero das Volk gezwungen hatte, den Tod der Poppaea Sabina öffentlich zu betrauern. »Den Tod Poppaeas« steht kurz für die erzwungene Trauer über den Tod.
9 Zu C. Cassius s. XII 11.
10 Zu L. Silanus s. XV 52.
11 Des Caesarmörders Cassius.
12 Zu Torquatus s. XV 35.
13 Sie hieß Iunia Lepida und war eine Schwester der Iunia Calvina (s. XII 4. 8). Der Sohn ihres Bruders war L. Silanus.
14 Es wird sich wohl um magische Riten, wie Kinderopfer, gehandelt haben.
15 Calpurnius Fabatus war der Großvater der Gemahlin des jüngeren Plinius, von dem er oft in seinen Briefen erwähnt wird.
16 Diese Rechnung ging nicht auf, da Cassius unter Vespasian zurückkehrte.
17 Barium (heute Bari), ein wichtiger Straßenkreuzpunkt und Hafenplatz in Apulien, Stadt der Peuketier.
18 Zu L. Antistius Vetus s. XIII 11.
19 Zu Rubellius Plautus s. XIV 57 ff.
20 Einem Freigelassenen war eine Klage gegen seinen Freilasser nur in ganz besonderen Ausnahmefällen und in einer Kriminalklage überhaupt nicht gestattet.
21 Zu Formiae s. XV 46.
22 Den Kindern des Rubellius Plautus (s. XIV 59).
23 Zu der Sitte der Vorfahren s. Anm. XIV 113.
24 Zu Faenius Rufus s. XV 50.
25 Die tribunizischen Amtsdiener bildeten wohl eine besondere Dekurie (s. XIII 27) und hatten mit den übrigen Amtsdienern (*apparitores*) besondere Plätze im Theater.
26 Damit waren alle drei Monate nach Nero benannt, der ja auch die Namen Claudius und Germanicus führte.

27 Zu Cornelius Orfitus s. XII 41.

28 S. XV 35 und XVI 8. Beide führten auch das *nomen gentile Iunius*.

29 Lugdunum (Lyon) war im Jahre 65 n. Chr. durch eine Feuersbrunst schwer heimgesucht worden.

30 Zu C. Suetonius s. XIV 29. – Telesinus wurde unter Domitian mit den übrigen Philosophen verbannt.

31 S. XIV 48.

32 Zu P. Anteius s. XIII 22.

33 Zu Ostorius Scapula s. XII 31.

34 Das astrologische Erforschen des Schicksals des Princeps galt als Majestätsverbrechen. S. Anm. XIV 111.

35 Der Sinn ist: »Wenn mir meine Leser gestatten, dass ich jene Männer nicht hasse, die ohne jeden Widerstand in den Tod gegangen sind, so geben sie mir damit auch die Zustimmung für meine Ausführungen, durch die ihr Gedächtnis der Nachwelt nicht entzogen wird.«

36 Sie sind identisch mit den *equites illustres*, die den Senatorenzensus hatten.

37 Zu Annaeus Lucanus s. XV 49. 70.

38 Fabius Romanus hatte vermutlich von Lucanus Geld geliehen.

39 Zu Tigellinus und Cossutianus Capito s. XIV 48. 51.

40 Die Anklage war daher gegenstandslos. Er erwähnte Crispinus nur, um nicht durch die alleinige Nennung des Cerialis zu verraten, dass er ihn aus persönlicher Feindschaft angeklagt hatte.

41 Es handelte sich um eine Verschwörung gegen Caligula im Jahre 40, über die nur ganz dürftige Nachrichten vorliegen.

42 Der bekannte Ausdruck lautet *arbiter elegantiarum*.

43 Scaevinus gehörte zu den Teilnehmern an der Pisonischen Verschwörung.

44 Indem gefälschte Briefe oder Dokumente versiegelt werden.

45 Zu Thrasea Paetus s. XIII 49. – Zu Barea Soranus s. XII 53.

46 S. XIV 12.

47 Patavium, heute Padua.

48 Die »Fischerspiele« fanden alle dreißig Jahre statt. Sie standen im Zusammenhang mit dem dortigen Thunfischfang. Patavium war durch den Medoacus (Brenta) mit dem Meer verbunden und hatte

dort einen Hafen, weshalb es auch besonderes Interesse am Thunfischfang hatte. – Nach der sagenhaften Überlieferung (Livius I 1, Vergil Aeneis I 247) hatte Antenor Patavium gegründet.

49 S. XIV 48.

50 Das »Kollegium der Fünfzehnmänner« (*quindecimviri sacris faciundis*) betreute den Kult der neu in Rom eingeführten griechischen Götter, besonders des Apollo, und war für die Aufbewahrung und die Befragung der Sibyllinischen Bücher verantwortlich.

51 M. Porcius Cato Uticensis (95–46 v. Chr.) vertrat als erbitterter Gegner Caesars die republikanische Staatsordnung. Er beging nach der Schlacht bei Thapsus in Utica Selbstmord.

52 Tacitus lässt Capito im Tone des Volkes reden, das nicht von dem »Caesar«, sondern von »Nero« sprach.

53 Zu diesem Eid war er am Schluss des Amtsjahres verpflichtet.

54 Mit der »Sekte« ist die stoische Philosophenschule gemeint. Q. Aelius Tubero war als Stoiker ein Schüler des griechischen Philosophen Panaitios und berühmt als Rechtsgelehrter. – M. Favonius war Anhänger Catos im Kampf gegen die Triumvirn, wurde von Caesar begnadigt, schloss sich aber dann doch den Caesarmördern an und wurde bei Philippi gefangengenommen. Octavian ließ ihn hinrichten.

55 Er identifiziert den Cassius mit dem einstigen Caesarmörder.

56 M. Iunius Brutus und D. Iunius Brutus waren die Mitverschworenen des Caesarmörders.

57 Mit einer schriftlichen Anweisung seitens des Princeps wäre der Senat nur das gehorchende Organ geworden und hätte keine freie Entscheidungsmöglichkeit mehr gehabt (*disceptator*).

58 Zu Eprius Marcellus s. XII 4.

59 Zu (Q. Marcius) Barea Soranus s. XII 5. Seine Statthalterschaft muss einige Jahre zurückliegen (s. XVI 30 *vetera haec*) und wird wohl in das Jahr 60/61 fallen.

60 S. XV 45. Acratus sollte Kunstwerke für die Ausschmückung Roms bei dem Wiederaufbau und für den neuen Palast des Princeps herbeischaffen.

61 Zu Rubellius Plautus s. XIII 19.

62 »Königlich« ist ironisch im Sinne von »tyrannisch« zu verstehen.

63 Nero hielt mit Tiridates von Campanien aus, wohin er zu dessen Empfang gereist war, seinen feierlichen Einzug in Rom.

64 Nach der stoischen Lehre, die den Selbstmord als die freie Entscheidung des Weisen über sein Leben bejahte.

65 Arulenus Rusticus war Stoiker, wie Thrasea und Helvidius Priscus. Er wurde von Domitian umgebracht (Tacitus Historiae III 80. Tacitus Agricola 2).

66 Der Tempel der Venus Genetrix lag am forum Iulium. In der Nähe war die Curia Iulia, in die der Senat einberufen worden war.

67 In Rom trug der Soldat in der Regel die Toga. Selbst die Palastwachen zogen in der Toga auf, und es durfte keine Waffe offen getragen werden. Sie zu zeigen galt als eine ungesetzliche Gewaltandrohung. S. a. XIV 61.

68 Ein oder zwei Quästoren standen dem Princeps zur Seite, um seine Reden und Erlasse in seiner Vertretung im Senat vorzutragen.

69 Gemeint sind damit die Handelsherren und Steuerpächter ritterlichen Standes, die sich als Richter in Rom zur Verfügung stellen sollten.

70 Helvidius Priscus war unter Claudius Quästor von Achaia. Er verbrachte seine Verbannung in Apollonia (s. auch Tacitus Historiae II 91, IV 4 ff. 53. Tacitus Dialogus de oratore 5. Tacitus Agricola 2). Er wurde unter Vespasian umgebracht (Sueton Vespasian 15). – M. Paconius, der Vater, war Legat des C. Silanus, des Prokonsuls von Asia im Jahre 20/21 gewesen. Als Silanus von den Provinzialen im Jahre 22 wegen Erpressung angeklagt wurde, trat er gegen ihn auf. Unter Tiberius wurde Paconius des Majestätsverbrechens beschuldigt und, angeblich unschuldig, hingerichtet. Von seinem Tod hatte Tacitus in dem verlorenen Teil nach Buch V berichtet. – Curtius Montanus war ein offensichtlich begabter satirischer Dichter. »Abscheulich« waren seine Gedichte, die gegen hochstehende Persönlichkeiten und wohl auch gegen Nero gerichtet waren, vom Standpunkt des Anklägers aus. Dass es sich bei Nero um Eifersucht handelte, geht aus dem Schluss von XVI 29 hervor (*quia protulerit ingenium*).

71 Gedanklich ist hinzuzufügen »ohne die Pflichten eines solchen zu erfüllen«.

72 Mit dem ohne Verluste errungenen Sieg ist die durch Verhandlun-

gen erfolgte Unterwerfung Armeniens gemeint, angesichts der XV 10 ff. berichteten Niederlage des Paetus eine rhetorische Übertreibung.

73 Zu Annius Pollio und seiner Einbeziehung in die Untersuchung der Pisonischen Verschwörung s. XV 56. 71.

74 Im Text *altaria et aram*: *altaria* ist der Brandaufsatz auf dem Opfertisch. Beide Wörter zusammen bezeichnen den »Brandaltar«.

75 »Du, Caesar«: Nero wird angeredet, als ob er anwesend wäre.

76 »Möchten doch ... dies gesehen haben«: nämlich »unter welchen Umständen und aus welchen Motiven ich meinen Schmuck usw. hergegeben und wie ich zu den Göttern gebetet habe«.

77 P. Egnatius Celer, ein Jude aus Berytus, der das römische Bürgerrecht erhalten hatte, war stoischer Philosoph. Er wurde später wegen seines falschen Zeugnisses von Musonius Rufus im Jahre 69 angeklagt und verbannt.

78 Asclepiodotus stammte aus Nicaea. Er war wohl als Zeuge geladen.

79 Der Vater wird von Iuvenal IV 107. 131 als Ratgeber Domitians erwähnt. Aus Vers 136 ff. geht hervor, dass er sich an Neros Orgien beteiligte und dessen Gunst genoss.

80 Der Konsul als der Vorsitzende des Senats hatte die Vollstreckung des Urteils zu veranlassen. Der Quästor war sein Beauftragter.

81 Des Demetrius Bedürfnislosigkeit und Freimut wird von Seneca wiederholt gerühmt. Er wirkte später in Korinth, wohin er vermutlich von Nero verwiesen wurde. Unter Vespasian kehrte er zurück, wurde aber mit den übrigen Philosophen erneut verbannt.

82 Ihre Mutter Arria, die Frau des Caecina Paetus, der sich mit Camillus Scribonianus, dem Legaten von Dalmatien, gegen Claudius verschwor und zum Tode verurteilt wurde, hatte im Jahre 42 zusammen mit ihrem Gatten Selbstmord begangen.

83 Wohl einem seiner Diener.

Register

Das Register verzeichnet alle Namen von Personen, Völkern, Städten, Flüssen usw.; auch solche Stellen wurden aufgenommen, an denen von einer Person die Rede ist, ohne dass der Name ausdrücklich genannt wird (z. B.: Valerius Asiaticus XI 2). Gesetze erscheinen zusammen unter dem Stichwort »Gesetze«.

Zeittafel

I. Königtum und Republik

753 Gründung Roms (nach Varro)
510 Ende der Königsherrschaft
474 Sieg Hierons I. über die Etrusker bei Cumae
451/450 Die Dezemvirn
406–396 Krieg Roms gegen Veii
387 Schlacht an der Allia und Zerstörung Roms durch die Gallier
338 Latinerkrieg
327 Beginn der Samniterkriege
1. Krieg 327–304. 321 Niederlage der Römer bei Caudium
2. Krieg 298–290. 295 Schlacht bei Sentinum.
282–272 Krieg mit Tarent und Pyrrhus
280 Schlacht bei Heraclea
275 Schlacht bei Beneventum
272 Tod des Pyrrhus
264–241 1. Punischer Krieg
260 Sieg des M. Duilius bei Mylae
241 Sieg des C. Lutatius Catulus bei den Ägatischen Inseln. Sizilien erste römische Provinz
229–219 Die beiden Illyrischen Kriege
218–201 2. Punischer Krieg
218 Schlacht am Ticinus und am Trebia
217 Schlacht am Trasumennersee
216 Schlacht bei Cannae
212 Eroberung von Syrakus durch Marcellus, von Tarent durch Hannibal
211 Hannibal vor Rom
207 Schlacht am Metaurus
202/01 Schlacht bei Zama. Friedensschluss
200–197 Krieg gegen Philipp V. von Macedonien (2. Mac. Krieg)
197 Schlacht bei Kynoskephalae
196 Griechenland wird für frei erklärt
192–189 Krieg gegen Antiochus von Syrien

190	Schlacht bei Magnesia am Sipylus
183	Tod Hannibals
168	Schlacht bei Pydna (3. Mac. Krieg gegen Perseus)
149–146	3. Punischer Krieg
146	Zerstörung Karthagos und Korinths. Afrika und Macedonien römische Provinz
133	Zerstörung von Numantia. Ende des Aufstandes in Spanien. Asien röm. Provinz. Ti. Sempronius Gracchus Volkstribun
123	C. Sempronius Gracchus Volkstribun
111–105	Iugurthinischer Krieg
107–100	Konsulate des Marius
102	Sieg bei Aquae Sextiae
101	Sieg bei Vercellae
90–88	Bundesgenossenkrieg
88	Sulla erobert Rom (Diktator 82–79)
86	7. Konsulat des Marius und sein Tod
78	Sullas Tod. M. Aemilius Lepidus Konsul
74–63	3. Mithridatischer Krieg
73–71	Spartakus-Aufstand
70	Konsulat des Pompeius und Crassus
68–67	Seeräuberkrieg
63	Cicero Konsul. Catilinarische Verschwörung. Geburt des Augustus
60	1. Triumvirat (Caesar, Pompeius, Crassus)
59	Caesar Konsul
58–51	Caesars Kriege in Gallien
58	Caesar besiegt die Helvetier bei Bibracte
53	Crassus fällt bei Carrhae
49	Ausbruch des Bürgerkrieges
48	Schlacht bei Pharsalus. Tod des Pompeius
46	Schlacht bei Thapsus (Afrika)
45	Schlacht bei Munda (Spanien)
44	Caesars Ermordung
43	Triumvirat (Octavianus, Antonius, Lepidus)
42	Schlacht bei Philippi. Tod des Brutus und Cassius
31	Schlacht bei Actium. Tod des Antonius

II. Die Herrscher aus dem iulisch-claudischen und dem flavischen Hause 27 vor bis 96 nach Chr.

27 Octavian nimmt den Titel Augustus an

27 v. bis 14 n. Chr. Augustus

12–9 v. Chr. Sicherung des unteren Donaugebietes durch Tiberius gegen die Geten und Bastarner. Neue Provinz Mösien. Feldzüge des Drusus zwischen Rhein und Elbe

9 v. Chr. Tod des Drusus

9 n. Chr. Niederlage des Varus im »Teutoburger Wald«. Zurückverlegung der römischen Reichsgrenze an den Rhein

Tiberius 14–37
Caligula 37–41
Claudius 41–54
Nero 54–68
Galba. Otho. Vitellius 69
Vespasianus 69–79
Titus 79–81
Domitianus 81–96

III. Übersicht von der Geburt des Augustus bis zum Ende Neros

(In den erhaltenen Teilen von Tacitus' *Annalen* erwähnte Ereignisse sind kursiv gedruckt)

v. Chr.

63 Geburt des Octavianus (Augustus)
44 Ermordung des Gaius Iulius Caesar
43 Triumvirat: Octavianus, Marcus Antonius, Lepidus
31 Schlacht von Actium, Niederlage des Marcus Antonius und der Kleopatra
27 Octavianus' Alleinherrschaft
25 Eheschließung von Iulia mit Marcellus
21 Eheschließung von Iulia mit Agrippa
11 Eheschließung von Iulia mit Tiberius

10 Geburt des Claudius
6 Tiberius' Rückzug nach Rhodos

n. Chr.
2 Tiberius' Rückkehr nach Rom, Tod des Lucius Caesar
4 Tod des Gaius Caesar, Augustus adopiert Tiberius
9 Niederlage des Varus in Germanien
12 Geburt des Caligula
14 *Tod des Augustus, Herrschaftsantritt des Tiberius*
16 *Prozess gegen Libo Drusus*
19 *Tod des Germanicus*
20 *Prozess gegen Gnaeus Calpurnius Piso und Plancina.*
23 *Tod des Tiberius-Sohnes Drusus*
26 *Rückzug des Tiberius nach Capri*
29 *Tod der Livia*
31 Sturz des Seianus, Tod des Germanicus-Sohnes Nero
33 *Tod des Germanicus-Sohnes Drusus. Tod Agrippinas d. Ä.*
37 *Tod des Tiberius, Herrschaftsantritt Caligulas, Geburt Neros*
41 Ermordung Caligulas, Herrschaftsantritt des Claudius
43 Claudius' Britannienfeldzug
47 *Sturz des Valerius Asiaticus*
48 *Skandal um Messalina und Silius*
49 *Ehe des Claudius mit Agrippina d. J.*
50 *Adoption Neros durch Claudius*
51 *Bestellung des Burrus als Praetorianerpraefekt*
53 *Ehe Neros mit Octavia*
54 *Tod des Claudius, Herrschaftsantritt Neros*
55 *Ermordung des Britannicus.* Um oder bald nach 55 Geburt des Tacitus
59 *Ermordung der Agrippina*
60 *Aufstand der Boudicca*
62 *Tod des Burrus*
64 *Brand Roms, Christenverfolgung*
65 *Pisonische Verschwörung*
66 Griechenlandreise Neros
68 Selbstmord Neros

Stammbäume

- C. Iulius Caesar ∞ Aurelia
  - Caesar (100–44 a.) ∞ Cornelia (→ Cinna)
    - Iulia ∞ Pompeius
  - Iulia ∞ M. Atius Balbus
    - Atia ∞ C. Octavius (†58 a.)
      - C. Claudius Marcellus (†40 a.) ∞ (1) Octavia (†11 a.) (2) ∞ Marcus Antonius (†30 a.)
        - (1) Marcella ∞ (1) Agrippa (2) Iullus Antonius (→ Antonius)
        - (1) Marcella ∞ Valerius Messala
          - Valerius Messala ∞ Domitia (→ C. Domitius Ahenobarbus)
            - Messalina ∞ Claudius (41–54 p.)
          - Claudia
        - (1) Marcellus (†23 a.) ∞ Iulia (→ Augustus)
        - (2) Antonia ∞ C. Domitius Ahenobarbus
          - Cn. Domitius ∞ Agrippina minor (→ Germanicus)
            - Nero (54–68 p.)
          - Domitia ∞ Valerius Messala
        - (2) Antonia ∞ Drusus maior (†9 a.)
      - C. Octavianus Augustus (27 a.–14 p.)

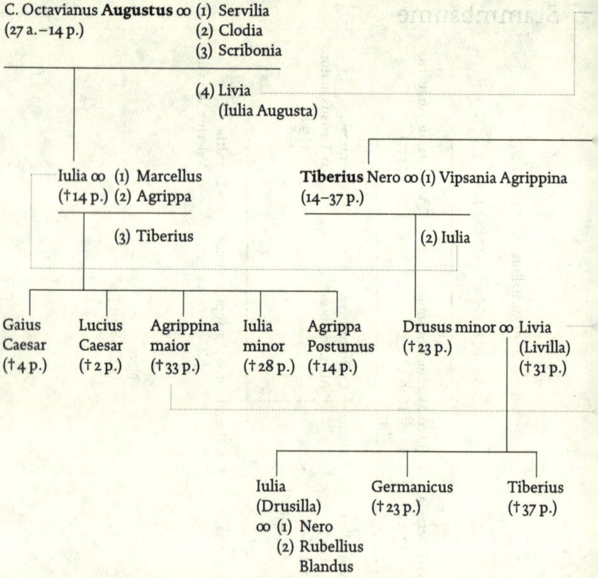

Zeichenerklärung
∞ = verheiratet mit
→ = Sohn oder Tochter von

Die Namen der Herrscher sind durch Fettdruck hervorgehoben

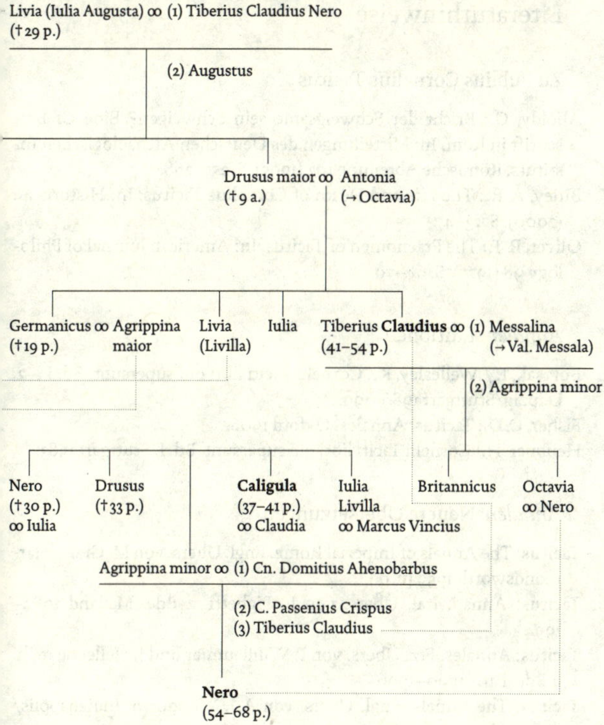
Livia (Iulia Augusta) ∞ (1) Tiberius Claudius Nero
(†29 p.)
(2) Augustus
Drusus maior ∞ Antonia
(†9 a.)
(→Octavia)
Germanicus ∞ Agrippina maior
(†19 p.)
Livia
(Livilla)
Iulia
Tiberius **Claudius** ∞ (1) Messalina
(41–54 p.)
(→Val. Messala)
(2) Agrippina minor
Nero
(†30 p.)
∞ Iulia
Drusus
(†33 p.)
Caligula
(37–41 p.)
∞ Claudia
Iulia
Livilla
∞ Marcus Vincius
Britannicus
Octavia
∞ Nero
Agrippina minor ∞ (1) Cn. Domitius Ahenobarbus
(2) C. Passenius Crispus
(3) Tiberius Claudius
Nero
(54–68 p.)

Literaturhinweise

Zu Publius Cornelius Tacitus

Alföldy, G.: Bricht der Schweigsame sein Schweigen? Eine Grabinschrift in Rom. In: Mitteilungen des Deutschen Archäologischen Instituts, Römische Abteilung 102 (1995). S. 251–268.

Birley, A. R.: The Life and Death of Cornelius Tacitus. In: Historia 49 (2000). S. 23–47.

Oliver, R. P.: The Praenomen of Tacitus. In: American Journal of Philology 98 (1977). S. 64–70.

Annalen: Editionen

Borzsak, I. / Wellesley, K.: Cornelii Taciti libri qui supersunt. Bd. I 1–2. Leipzig/Stuttgart 1986–1992.

Fisher, C. D.: Tacitus, Annales. Oxford 1906.

Heubner, H.: Cornelii Taciti libri qui supersunt. Bd. I. Stuttgart 1983.

Annalen: Neuere Übersetzungen

Tacitus: The Annals of Imperial Rome. Engl. Übers. von M. Grant. Harmondsworth 1959 [u. ö.].

Tacitus: Annali. Ital. Übers. von L. Pighetti. 2 Bde. Mailand 1984–1994.

Tacitus: Annales. Frz. Übers. von P. Wuilleumier und J. Hellegouarc'h. 4 Bde. Paris 1990–1996.

Tacitus: The Annals. Engl. Übers. von A. J. Woodman. Indianapolis/Cambridge 2004.

Tacitus: Annalen. Dt. Übers. von E. Heller. München 1982 [u. ö.].

Tacitus: The Annals. Engl. Übers. von J. C. Yardley. Oxford 2008.

Tacitus: Annalen. Dt. Übers. von A. Städele. 3 Bde. Darmstadt 2011–2012.

Tacitus: Annals. Engl. Übers. von C. Damon. Harmondsworth 2012.

Annalen: Kommentare

Benario, H. W. B.: Tacitus. Annals XI and XII. Lanham (Md.) 1983.
Furneaux, H.: The Annals of Tacitus. 2 Bde. Oxford 1896–1907.
Goodyear, F. R. D.: The Annals of Tacitus. 2 Bde. Cambridge 1972–1981.
Koesterman, E.: Cornelius Tacitus. Annalen. 4 Bde. Heidelberg 1963–1968.
Martin, R. / Woodman, A. J.: Tacitus. Annals Book IV. Cambridge 1989.
Martin, R.: Tacitus. Annals V and VI. Warminster 2001.
Miller, N.: Tacitus. Annals Book I. London 1963. Book XIV. Bristol 1987. Annalium Liber XV. London 1963.
Shotter, D. C. A.: Cornelius Tacitus. Annals IV. Warminster 1989.
Woodcock, E. C.: The Annals of Tacitus. Book XIV. London 1939
Woodman, A. J. / Martin, R.: The Annals of Tacitus. Book III. Cambridge 1996.

Zu Tacitus' Werk

Benario, H. W. B.: An Introduction to Tacitus. Athens (Ga.) 1975.
Luce, T. J. / Woodman, A. J. (Hrsg.): Tacitus and the Tacitean Tradition. Princeton 1993.
Martin, R.: Tacitus. London 1981 [Neuausg. 1994].
Mellor, R.: Tacitus. New York 1993.
– (Hrsg.): Tacitus. The Classical Heritage. New York 1995.
– : Tacitus' Annals. Oxford 2011.
O'Gorman, E.: Irony and Misreading in the Annals of Tacitus. Cambridge 2000.
Schmal, St.: Tacitus. Hildesheim 2005.
Sinclair, P.: Tacitus – The Sententious Historian. University Park (Pa.) 1995.
Syme, R.: Tacitus. 2 Bde. Oxford 1958.
Walker, B.: The Annals of Tacitus. Manchester 1952.
Woodman, A. J.: Tacitus Reviewed. Oxford 1998.

Zu den im Nachwort zitierten Werken und Inschriften

Tacitus: Historien. Übers. von H. Vretska. Stuttgart 1984.

Plinius: Sämtliche Briefe. Übers. von H. Philips und M. Giebel. Stuttgart 1998.

CIL = Corpus Inscriptionum Latinarum. Berlin 1863 ff.

OGIS = W. Dittenberger: Orientis Graecae Inscriptiones Selectae. 2 Bde. Leipzig 1903–1905.

RS = M. H. Crawford: Roman Statutes. Bd. 1. London 1996.

Eck, W. / Caballos, A. / Fernández, F.: Das *senatus consultum de Cn. Pisone patre*. München 1996.

Zu Walther Sontheimer

Mommsen, P.: Walter Sontheimer. In: Kaßberger, Th. / Bochow, G. / Mommsen, P.: Bewahrung – Besinnung – Neubeginn: Die drei Schulleiter nach dem Kriegsende 1945. Veröffentlichung des Schularchivs des Eberhard-Ludwigs-Gymnasiums. Stuttgart 2009. S. 51–83.

Nachwort

Tacitus – lateinisch für »der Schweigsame« – ist, was das Leben des Autors der *Annalen* angeht, ein passender Beiname. Von den drei Namen des römischen Bürgers, Vorname, Familienname und Beiname, ist bei Publius Cornelius Tacitus der Vorname nur dem einzigen mittelalterlichen Codex zu entnehmen, der die ersten Bücher der *Annalen* überliefert (spätere Angaben kennen – wohl zu Unrecht – den Vornamen Gaius). Der Familienname Cornelius lässt sich vielleicht dadurch erklären, dass die Familie des Tacitus wie die seines Freundes Plinius' d. J. (61/62–113 n. Chr.) aus Gallien stammte (sei es – wie Plinius – aus dem heutigen Norditalien, sei es aus der Gallia Narbonnensis, dem heutigen Südfrankreich) und den Familiennamen Cornelius wohl einst erhalten hatte, als ein (uns sonst unbekannter) römischer Amtsträger namens Cornelius den ansässigen gallischen Familien das römische Bürgerrecht verliehen hatte. Der Beiname Tacitus schließlich ermöglicht es vielleicht, den Vater des Autors zu identifizieren, denn der Beiname ist recht selten, aber auch für einen römischen, aus dem Ritterstand stammenden Prokurator in Gallia Belgica namens Cornelius Tacitus erwähnt (Plinius d. Ä., *Naturalis historia* 7,76). Die Familie des Publius Cornelius Tacitus gehörte jedenfalls offenbar zum Ritterstand und nicht zum höchsten Stand der so genannten Senatsaristokratie.

Geboren wohl um oder bald nach 55 n. Chr., heiratete Publius Cornelius Tacitus 77 n. Chr. die Tochter des Gnaeus Iulius Agricola und begann eine politische Karriere in Rom, wie er selbst angibt:

> Dass mein politisches Ansehen (*dignitas*) von Vespasian begründet, von Titus gemehrt, von Domitian noch weiter er-

höht worden ist, möchte ich nicht leugnen. (Tacitus, *Historien* 1,1,3, übers. von Helmuth Vretska)

Einer Grabinschrift (CIL VI 1574) kann man – wenn man der 1995 publizierten Deutung durch den Althistoriker Géza Alföldy folgt – entnehmen, dass Tacitus' erstes, wohl unter Vespasian (Kaiser 69–79 n. Chr.) übernommenes Amt eines im Zwanzigmännerkollegium der *Vigintiviri* war, konkret das eines *Decemvir* in der Rechtspflege. Die nächste Karrierestation – vielleicht die eines Legionstribunen – ist unbekannt; wohl unter Titus (Kaiser 79–81 n. Chr.) wird Tacitus einer der 20 Quästoren geworden sein. Dieses Amt in der Finanzverwaltung konnte man frühestens im Alter von 25 Jahren erreichen (woraus Tacitus' Geburtsjahr zu schätzen ist); die erwähnte Grabinschrift konkretisiert das Amt des Tacitus dabei als das eines *Quaestor Augusti*, also als einen der beiden Quästoren, die den Kaiser bei seiner Abwesenheit im Senat vertreten durften. Das Quästor-Amt markierte den Aufstieg des Tacitus als *homo novus* aus dem Ritter- in den Senatorenstand und bedeutete in der Tat eine große Mehrung seiner *dignitas*.

Als nächstes wurde Tacitus der Grabinschrift zufolge Tribun, und 88 n. Chr., also unter Domitian (Kaiser 81–96 n. Chr.), »noch weiter erhöht«, indem er einer der 18 für die Rechtspflege zuständigen Prätoren wurde und zugleich dem für die Kultaufsicht zuständigen Kollegium der »Fünfzehnmänner« (*Quindecimviri sacris faciundis*) angehörte, wie er selbst (*Annalen* 11,11) angibt; an der Leitung der in jenem Jahr durchgeführten Säkularspiele zur Feier Roms war er maßgeblich beteiligt. In den nächsten Jahren scheint Tacitus als Proprätor wiederholt auswärtige Positionen übernommen zu haben und dem Regime Domitians auf diese Weise fern gewesen zu sein.

Nach Domitians Ermordung erreichte Tacitus unter Nerva (Kaiser 96–98 n. Chr.) im Spätjahr 97 n. Chr. das höchste

Wahlamt der *respublica* Rom: Er wurde als Nachrücker (*suffectus*) einer der beiden Konsuln. In diesem Amt hielt Tacitus eine vielbeachtete (heute verlorene) Leichenrede, von der Plinius d. J. (*Epistulae* 2,1) spricht. Die Freundschaft mit Plinius ist aus elf erhaltenen Briefen des Plinius an Tacitus deutlich (*Epistulae* 1,6.20; 4,13; 6,9.16.20; 7,20.33; 8,7; 9;10.14), in denen das intellektuelle Vergnügen der beiden Autoren und die Freude über ihre Bekanntschaft deutlich wird. Dafür nämlich, dass Tacitus nun auch als Autor wirkte, steht eine von Plinius (*Epistulae* 9,23) wiedergegebene Anekdote:

> Tacitus berichtete, bei den letzten Zirkusspielen habe neben ihm ein Angehöriger des Ritterstands gesessen. Dieser habe ihn nach einer Unterhaltung über verschiedene wissenschaftliche Themen gefragt: »Bist du aus Italien oder aus einer Provinz?« Hierauf habe er geantwortet: »Du kennst mich, und zwar aus meinen literarischen Werken (*studia*).« Darauf habe jener geantwortet: »Bist du Tacitus oder Plinius?« (Plinius d. J., *Epistulae* 9,23,2, übers. von Heribert Philips)

Dass Tacitus nicht nur Autor, sondern unter Trajan (Kaiser 98–117 n. Chr.) auch Statthalter der Provinz Asia (Kleinasien) war, belegt schließlich eine griechische Inschrift aus Mylasa (Milas in der Türkei; OGIS 487) wohl für 112/113 n. Chr. Wahrscheinlich erst unter Hadrian (Kaiser 117–138 n. Chr.) starb Publius Cornelius Tacitus.

Tacitus' erste nach Domitians Tod öffentlich gemachte Schrift war eine Darstellung seines 93 n. Chr. verstorbenen Schwiegervaters Agricola, dem langjährigen Statthalter der Provinz Britannia unter Kaiser Domitian; es folgten die ethnographische moralisierende Studie *Germania* und wohl als nächstes der *Dialogus de oratoribus*, der den Verfall der rhetorischen Standards thematisiert. Das erste große Werk des

Tacitus, an dem er mehrere Jahre arbeitete, sind die *Historien*, die mit der Amtsübernahme der beiden Konsuln am 1. Januar 69 n. Chr. beginnen und bis zum Ende des Kaisers Domitian 96 n. Chr. führen. Es steht in der Tradition der Annalistik, also der jahrweisen Darstellung von Geschichte; die davor liegende Zeit nach dem Selbstmord des Kaisers Nero am 9. Juni 68 n. Chr. behandelte Tacitus deshalb in einem kurzen Rückblick. Den zunächst gefassten Plan, anschließend den »ergiebigeren und gefahrloseren« Stoff der Geschichte unter den Kaisern Nerva und Trajan zu behandeln (*Historien* 1,1,4), setzte Tacitus offenbar nicht um; vielmehr unternahm er es, in den *Annalen* die Geschichte Roms *ab excessu divi Augusti*, »ab dem Tod des vergöttlichten (Kaisers) Augustus« 14 n. Chr. bis zum Tod Neros zu schreiben, deren erhaltene Teile in diesem Band in der Übersetzung von Walther Sontheimer (1890–1984) vorgelegt werden.

Die Zeit unter Domitian erlebte Tacitus als bedrückend:

> Fast hätten wir mit der Stimme auch das Gedächtnis verloren, wenn das Vergessen uns ebenso anheimgestellt wäre wie das Schweigen. ... Geist und Wissenschaft lassen sich leichter ersticken als wieder beleben. Selbst die Tatenlosigkeit, anfangs verhasst, gewinnt man im Laufe der Zeit lieb. Sind nicht viele in den 15 Jahren (der Herrschaft Domitians) – ein beträchtlicher Zeitraum in einem Menschenleben – durch Schicksalsschläge, die tatkräftigsten Männer durch die Grausamkeit des Herrschers umgekommen? Wenige von uns haben sozusagen nicht nur andere, sondern sich selbst überlebt, wobei uns mitten aus dem Leben alle die Jahre herausgerissen wurden, da der junge Mann ins Greisenalter, der Greis beinahe an das Ende seines Lebens gewissermaßen schweigend hinüber geschritten ist. (Tacitus, *Agricola* 2–3, übers. von Walther Sontheimer)

Dass Tacitus' *dignitas* »von Domitian noch weiter erhöht worden« war, mochte er – wie oben dargelegt – freilich »nicht leugnen«. Walther Sontheimer, der als NSDAP-Mitglied in der NS-Zeit u.a. Leiter des Seminars für Studienreferendare in Stuttgart gewesen und in der Klageschrift der Spruchkammer 1947 als »Belasteter«, später nurmehr als »Mitläufer« eingestuft worden war und der, ab 1951 Schulleiter in Stuttgart, im Ruhestand dann vermehrt als Herausgeber und Übersetzer antiker Werke wirkte, hat in seiner Einleitung zu den *Annalen* 1964 die Fragen zu Tacitus' Haltung so formuliert. »Heute, da wir durch das eigene Erlebnis einer Tyrannis für solche Situationen einen geschärften Blick haben, drängt sich uns, um moderne Ausdrücke zu gebrauchen, die Frage auf: War er Mitläufer und Nutznießer?«

Als Quellen für seine historiographischen Werke nutzte Tacitus mündliche Überlieferung (z.B. *Annalen* 3,16; 11,27) und Archivalien wie die *acta diurna* (3,3; 13,31; 16,22) und die Aufzeichnungen des Senats über seine Beschlüsse (15,47). In den letzten Jahrzehnten sind die Texte solcher Senatsbeschlüsse durch Inschriftenfunde neu zugänglich geworden: 1982 wurde die *Tabula Siarensis* (RS 38) aus Spanien über die Ehrungen des Senats für Germanicus 19 n.Chr. publiziert, von denen auch die seit 1947 bekannte *Tabula Hebana* (RS 37) aus Etrurien von 20 n.Chr. und eben Tacitus in den *Annalen* (2,83; 3,3–5) handeln; 1996 wurde eine ebenfalls aus Spanien stammende Inschrift mit dem *Senatus Consultum de Cn. Pisone Patre*, dem Senatsbeschluss über Gnaeus Calpurnius Piso d.Ä. aus dem Jahr 20 n.Chr. publiziert, über den Tacitus in den *Annalen* (2,67–3,17) spricht. Schon länger bekannt sind Bronzetafeln aus Lyon, die Claudius' Rede über die Aufnahme von Senatoren aus Gallien behandeln (CIL XIII 1668), die Tacitus in den *Annalen* (11,24) zitiert. Der Vergleich der inschriftlich erhaltenen Texte mit dem, was Tacitus aus ihnen macht, ist für seine Arbeitsweise höchst aufschlussreich. Dass Tacitus außerdem die Werke anderer Historiker und weitere Quellen nutzte – etwa die Reden (1,18; 2,63) und Briefe des Tiberius (6,6), die Memoiren der jüngeren Agrippina (4,53) oder Aufzeichnungen des Corbulo (15,16), aber auch das (uns verlorene) Werk Plinius' d. Ä. über die römischen Feldzüge in Germanien (1,69) – versteht sich, auch wenn Umfang und Art von Tacitus' Quellennutzung in der Forschung umstritten sind.

Tacitus' *Annalen* sind nur teilweise durch zwei Abschriften aus dem 9. bzw. 11. Jh. n. Chr. erhalten, die – wohl in Corvey oder Fulda bzw. in Monte Cassino entstanden – heute beide in der Biblioteca Medicea Laurenziana in Florenz als Codex Laurentianus 68.1 bzw 2 (»Mediceus I« bzw. »II«) bewahrt werden. Auf der Grundlage dieser Codices kann der lateinische Text der Bücher 1–6 und 11–16 rekonstruiert werden; allerdings sind auch Teile von Buch 5 und 6, der Anfang von Buch 11 und das Ende von Buch 16 verloren (was zu Lücken in der erhaltenen Darstellung der Jahre 29–31, 37–47 und 66–68 n. Chr. führt). Teil III der Zeittafel nennt die wichtigsten Daten jener Epoche und verzeichnet, über welche davon auch in den *Annalen* gesprochen wird; über die Verwandtschaftsverhältnisse der Kaiser informieren die Stammtafeln.

Als »der Schweigsame« erweist sich Tacitus nur in Bezug auf seine eigene Person. Seine Werke hingegen waren in der Antike lange bekannt: Im 4. Jh. n. Chr. setzte der aus Antiocheia am Orontes stammende, lateinisch schreibende Historiker Ammianus Marcellinus Tacitus' Werk fort, indem der sein eigenes (uns nur teilweise erhaltenes) Werk mit dem Ende von Tacitus' *Historien*, also mit der Herrschaftsübernahme durch Kaiser Nerva 96 n. Chr. beginnen ließ. Im Mittelalter waren Tacitus' Werke fast verloren; überhaupt nur eine einzige erhaltene mittelalterliche Abschrift hat einige von ihnen für die Neuzeit bewahrt. Das Interesse der frühen Neuzeit an Tacitus' historischen Werken war hingegen sehr groß, nicht nur, weil sie für Teile der Ereignisgeschichte eine der wichtigsten Quellen sind, sondern auch wegen ihrer einsichtsvollen Deutungen und wegen ihres hohen, ja hochdramatischen Stils. Tacitus, »der Schweigsame«, wurde so bis heute zu einem Exponenten einer besonders wirkungsmächtigen Form der Historiographie.

Kai Brodersen

Inhalt